U0926540

2015年度国家社会科学基金项目
“20世纪30年代国统区舆论界苏联观研究”
（批准号：15BZS082）最终成果

# 20世纪30年代《大公报》等舆论界的苏联观研究

阎书钦 著

學苑出版社

**图书在版编目（CIP）数据**

20 世纪 30 年代《大公报》等舆论界的苏联观研究 / 阎书钦著. -- 北京 : 学苑出版社, 2025. 8. -- ISBN 978-7-5077-7181-7

Ⅰ. G219.296；A841.64

中国国家版本馆 CIP 数据核字第 2025TE4623 号

出 版 人：洪文雄
责任编辑：陈　佳
助理编辑：余兴亚
出版发行：学苑出版社
社　　址：北京市丰台区南方庄 2 号院 1 号楼
邮政编码：100079
网　　址：www.book001.com
电子邮箱：xueyuanpress@163.com
联系电话：010-67601101（营销部）、010-67603091（总编室）
印 刷 厂：廊坊市印艺阁数字科技有限公司
开本尺寸：710 mm × 1000 mm　1/16
印　　张：35.75
字　　数：540 千字
版　　次：2025 年 8 月第 1 版
印　　次：2025 年 8 月第 1 次印刷
定　　价：168.00 元

# 作者简介

阎书钦，1967年5月生，河北省南宫市人，历史学博士，天津师范大学历史文化学院、马克思主义学院教授、博士生导师，主要研究民国思想史、学术史与舆论史。1984年9月至1991年6月在兰州大学历史系学习，获历史学学士、硕士学位。1991年6月至2006年7月在河北省社会科学院历史研究所工作，曾任该所革命根据地史研究室副主任、副研究员。在河北省社会科学院工作期间，2002年9月至2006年7月在清华大学历史系学习，获历史学博士学位。2006年7月调入天津师范大学历史文化学院，任副教授，2011年10月任教授。出版学术专著《国家与经济：抗战时期知识界关于中国经济发展道路的论争——以〈新经济〉半月刊为中心》（中国社会科学出版社2010年7月第1版）、《范式的引介与学科的创建：民国时期社会科学话语中的科学观念》（中国社会科学出版社2017年6月第1版）2部。在《近代史研究》《史学理论研究》《中共党史研究》等学术刊物发表学术论文40余篇，被《新华文摘》《中国社会科学文摘》、人大复印报刊资料《中国近代史》《中国现代史》转载17篇次。获教育部第六届高等学校科学研究优秀成果奖（人文社会科学）三等奖、清华大学校级优秀博士论文一等奖。主持国家社科基金项目、国家社科基金重大项目子项目、教育部人文社科项目、天津市社科规划后期资助项目、天津市高等学校人文社科项目5项。

# 目　录

# 绪　言

## 一、选题意义与研究现状

在世界各国中，苏联是对20世纪中国影响最大的国家之一。苏联是世界上以马克思列宁主义为指导建立的第一个社会主义国家。苏联社会主义政治、经济、文化体制及其思想意识形态、国家建设成就，对中国社会各方面产生了极为巨大且深远的影响。可以说，20世纪中国的社会变革是在苏联的全面而巨大的影响之下进行的，中国社会各方面在苏联的影响下进行了彻底的重构。从某种程度上说，20世纪70年代后期开始的中国改革开放进程的重要任务，就是消除中国社会模式存在的苏联因素中不利于中国社会发展的成分。

说到苏联对20世纪中国的影响，人们首先会想到苏联对中国新民主主义革命及新中国成立后的社会主义制度的影响。马克思、恩格斯等19世纪马克思主义经典作家创立了马克思主义理论体系，进入20世纪，列宁等人依据俄国革命实际，将马克思主义推进到列宁主义阶段，并以此为指导建立起全新的社会主义国家。中国共产党将马克思列宁主义理论与中国革命实践相结合，取得了中国新民主主义革命的胜利，并于20世纪50年代在中国建立起社会主义制度。显然，苏联的思想理论、社会主义制度对中国共产党领导的革命与建设事业的影响是极其巨大而深远的。苏联对以中国共产党为代表的中国马克思主义者的影响，是马克思主义中国化的重要研究课题，中共党史及马克思主义理论学界已经做了大量研究工作。

实际上，在新中国成立前的 20 世纪前期，苏联的思想理论、社会模式不仅对中国共产党领导的革命与建设事业影响巨大，也对中国的其他社会群体、政治势力产生了相当大的影响。例如，20 年代国共合作进行的国民革命就是在苏联政治、军事模式的强烈影响下进行的。国民党在与中国共产党合作、接受共产国际指导过程中，在政党、军事体制方面深受苏联影响。虽然 1927 年国民党背离了国共合作路线，开始镇压中国共产党领导的新民主主义革命，但是，除中国共产党领导的中央苏区等革命根据地外的占中国大部分国土面积的国民党统治区仍然深受苏联社会模式的影响。从某种程度上说，1928 年后掌握全国政权的国民党及其统治区各种社会势力，更重视苏联国家建设模式，这与当时正在致力于新民主主义革命事业的中国共产党更重视苏联的革命模式和革命经验，是有所不同的。

进入 20 世纪 30 年代，至 1937 年 7 月全面抗战爆发，中国内部矛盾错综复杂，面临着日益严重的社会危机。并且，中国的外部环境也在产生巨大变化。随着日本侵华的步步深入，中国的民族危机日益深重。1929 年爆发的波及整个资本主义世界的经济危机，导致各资本主义国家陷入持久的经济衰退，这促使世界各国人士反思资本主义经济制度的弊端。同时，苏联开始形成以计划经济为特征的斯大林经济模式，通过第一、第二两个五年计划建设，实现了苏联经济的高速发展。看到各资本主义国家的严重经济危机、苏联国家建设的快速发展，正在急于寻找国家建设道路以壮大国力、抵御日本侵略的中国各界人士，不能不重视苏联国家建设经验。这些人虽不认同苏联的马列主义意识形态和建立社会主义制度的无产阶级革命道路，并且政治立场和思想理念各异，但对苏联的国家建设模式是非常看重的。显然，关于苏联国家建设模式对 1930 年至 1937 年中国社会影响的研究是一个非常重要的研究课题。

在苏联国家建设模式对中国社会的各种影响中，当时的中国舆论界特别是国统区舆论界对于苏联国家建设模式和建设成就的介绍、评论、看法，是非常重要的内容。本书旨在通过对 1937 年 7 月全面抗战爆发前的 30 年代的有代表性的报刊史料的系统解读，全面、深入考察当时舆论界的苏联观，呈现当时舆论界对苏联国家建设成就和模式的关注视角、关注重点，并分析其思想内核及其形成原因。

关于1930年至1937年中国舆论界乃至思想界的苏联观问题，已引起学术界一定关注。一些论者从宏观角度考察了20世纪前期知识界对苏联的认知，如林精华《俄罗斯问题的中国表述——关于20世纪中国对苏俄认知的研究》(《俄罗斯研究》2009年第5期)、高龙彬《东西方知识分子视野下的20世纪20—30年代的苏俄》(《西伯利亚研究》2013年第2期)等文。陈廷湘《1928—1937年〈大公报〉等报刊对中苏关系认识的演变》(《近代史研究》2006年第3期)从《大公报》《申报》《东方杂志》等报刊资料入手，分析了从中东路事件到九一八事变后舆论界在看待中苏关系时由与苏联的意识形态对立到重视国家利益、由仇苏到亲苏的态度转变。另有论者以胡适、丁文江、蒋廷黻等知识分子为例，分析了二三十年代知识界对苏联的认知，如徐希军《胡适对苏联外交的评判——以对华政策为中心》(《安徽史学》2004年第5期)、胡旭华《近代中国自由主义者视域中的苏俄——以胡适为中心的考察》(《安徽史学》2010年第4期)、欧阳哲生《丁文江的"苏俄经验"与思想调整》(《福建论坛》2008年第10期)、蔡禹龙与张玉龙合撰《〈独立评论〉派对共产主义革命认知差异的原因——以蒋廷黻、胡适为中心》(《沈阳大学学报》2011年第4期)等文。苏联经济体制对中国思想界的影响，亦引起学术界关注。郑大华与张英合撰《论苏联"一五计划"对20世纪30年代初中国知识界的影响》(《世界历史》2009年第2期)集中考察了苏联一五计划对中国思想界的影响。骆晓会《近代中国知识界视野和观念中的苏联经济体制》(《株洲师范高等专科学校学报》2006年第1期)分析了知识界对苏联经济体制的认知。一些论者考察了二三十年代知识界所撰访苏游记或通讯，如陈晓兰《两个苏联——20世纪30年代旅苏游记中的苏联形象》(《文学评论》2009年第3期)、冯峰《从"旅俄游记"看1930年代知识分子对苏联的态度》(《青岛大学师范学院学报》2010年第4期)、杨丽娟《"苏俄通讯"与苏俄经验的"中国化"》(《当代世界与社会主义》2014年第5期)等文。一些论文在考察20世纪三四十年代中国社会主义、计划经济与统制经济思潮时，涉及思想界对苏联经济体制的认知，如郑大华与谭庆辉合撰《20 世纪 30 年代初中国知识界的社会主义思潮》(《近代史研究》2008 年第 3 期)、阎润鱼《试析自由主义与社会主义的“重叠共识”——基于 20 世纪上半叶中国思想界的考察》(《教学与研究》2010 年第 10 期)、夏学花《30 年代初现代化问题大讨论中的社会主义思想研究》(《社会主义研究》2011 年第 2 期)、黄岭峻《30—40 年代中国思想界的“计划经济”思潮》(《近代史研究》2000 年第 2 期)、张连国《20 世纪 30 年代中国统制经济思潮与自由主义者的反应》(《历史教学》2006 年第 2 期)、郑会欣《战前“统制经济”口号的提出及其实践》(《1930 年代的中国》上卷，北京：社会科学文献出版社 2006 年版)、钟祥财《20 世纪三四十年代中国的统制经济思潮》(《史林》2008 年第 2 期)。此外，张太原《自由主义与马克思主义：〈独立评论〉对中国共产党的态度》(《历史研究》2002 年第 4 期)在考察《独立评论》论者群体对中国共产党的态度时，涉及知识界苏联观问题。

由上述研究成果可见，对 1930 年至 1937 年中国舆论界苏联观的研究，虽引起学术界一定程度关注，但无论研究深度与广度，还是资料搜集与整理的力度，均严重不足。第一，迄今尚无立足于全面梳理相关报刊史料、对中国舆论界苏联观进行系统考察的专著问世。第二，相关专题论文不仅为数不多，且研究深度与系统性明显不足。一些从宏观角度考察 20 世纪前期苏联观的论文，并未立足于相关史料的系统梳理，深度明显不足。虽有若干论文深入考察了中国舆论界或知识界关于中苏关系的认知、苏联经济体制对中国思想界的影响、各界人士所撰访苏游记或通讯以及某些自由主义者的苏联观，但若干个案性研究尚不足以形成系统的研究成果。一些旨在考察 30 年代社会主义、计划经济或统制经济思潮的论文，虽涉及中国舆论界苏联观，但未正面考察相关问题。第三，目前相关研究多集中于自由主义知识界苏联观，缺乏对于接受三民主义理论的国民党派论者苏联观的关注。第四，目前相关研究成果尚未深入而系统地挖掘、整理 30 年代报刊史料，尤其《大公报》《中央日报》《申报》《中苏文化》《俄罗斯研究》《独立评论》《经济学季刊》等代表性报刊刊载的文本尚缺乏系统整理。这造成目前研究成果多集中于 30 年代初，对涉及 30 年代中期的诸多重要问题尚缺乏研究。

## 二、本书的研究对象、研究目标与研究方法

所谓舆论界，是指表达舆论的主体，即包括刊登承载舆论文章的报纸、期刊或表达舆论的社会团体、机构，也包括表达舆论的人，如报纸和期刊等社会媒体的编者和记者、具有社会影响力的人物、社会普通民众等。舆论界通过向社会公开发表或表达舆论，发挥自己的社会作用，产生自己的社会影响。所谓舆论，即社会的公众言论，具有公开性、公共性，是由各种媒体或社会成员向社会传达的各种信念、意见和态度的总和，往往承载着各种媒体或社会成员对某种社会现象的评价，很大程度上反映着普遍性的社会心理。舆论往往具有较大的社会影响。

由上述舆论界、舆论的定义可知，所谓1930年至1937年中国舆论界的苏联观，就是当时中国的报纸、期刊等社会媒体和社会团体、机构刊登或表达的，由媒体编者和记者、社会成员撰写或在公共场合发表的各类文章与言论对于苏联的认知与评价。本书既然以考察全面抗战爆发前的30年代中国舆论界的苏联观为研究目标，那么，本书的研究对象就主要是这个时间段内出版的报纸、期刊刊登的各类文本中有关苏联的内容，这些文本既包括社会成员撰写的各种文章，也包括关于社会成员、团体、机构在公共场合发表的言论的报道。这些文本的体裁非常广泛，既包括各类报刊刊登的长篇和短篇报道、通讯，又包括社评、通俗性和专业性文章，还包括相关的学术论文，甚至包括与苏联相关的各类广告。这些文本包含大量对当时苏联各方面情况的介绍、分析和看法。通过广泛收集、梳理和解读这些文本，既可以看出报纸、期刊编者对于苏联的认知视角和认识重点，亦可以看出当时各类作者（包括知识分子、政客、普通民众等各类人群）对苏联的认知与评价，从而使我们从整体上看到当时社会对苏联的印象与认知，厘清中国舆论界形成这些认知与评价的思想与社会原因。

需要说明的是，本书所说的20世纪30年代指全面抗战爆发前的30年代，涉及的具体时间段始于1930年，终于1937年7月全面抗战爆发。本书之所以将考察的时间起点置于1930年，是因为在此前后，无论是中苏两国国内历史，还是两国关系、中国舆论界对苏联的看法，都发生了巨大转变。

在中国，国民党于1928年推翻了北洋政府，中国进入国民党统治时期，政治、经济、军事、文化教育等各领域都发生了巨大变化。在苏联，斯大林逐步战胜了托洛茨基、季诺维也夫、加米涅夫、布哈林等党内反对势力，确立起他在苏联的最高领导地位，并开始构建斯大林模式。在经济领域，苏联放弃20年代的新经济政策，推行计划经济体制；推行以重工业为重点、以国防为导向的工业化；实行农业集体化和机械化。在政治领域，苏联建立起以斯大林为权力核心的政治体制。在文化教育领域，苏联采取面向社会、与国家建设相结合的方针。1930年前后，中苏关系也发生了巨大转折。1927年"四一二"政变和"七一五"政变后，国民党与共产国际决裂。这导致国民党成为中国的执政党后，中苏关系迅速恶化。尤其是1929年的中东路事件，使两国关系降至冰点。受中东路事件的影响，中国舆论界对苏联的观感也急剧恶化。所以，1930年是我们考察中国舆论界对苏联认知的一个重要时间节点。本书之所以将考察的时段止于1937年7月，是因为全面抗战的爆发是20世纪前期中国历史的一个重要时间节点，在此前后，中国整体的社会舆论和思想态势发生了巨大变化，人们的关注重点和认知观念出现了巨大转变，中国舆论和思想在连续性上存在极大的断裂，作为一项专题性研究，不宜将这个时间节点前后的社会舆论和思想作为一个整体进行考察。

在这里，还需要说明一下当时中国舆论界对苏联的称谓问题。"苏联""苏俄"两词在当时中国报刊上是两个混用的名词，在时人笔下，两词几乎没有区别。但是，当时报刊使用"苏俄"的频率，要比使用"苏联"的频率高得多。除以"苏俄"指称苏联外，亦有不少时人以"俄国"指称苏联。在使用"苏联""苏俄""俄国"之间，时人并无褒贬之意，仅仅是书写方式的不同。不过，在当时即有论者指出将"苏联"称作"苏俄"的弊端，认为有以名混实之嫌，"苏俄与苏联这两个名子，字只差了一个，意义却差得太远。苏俄（俄罗斯苏维埃社会主义联邦共和国）只是苏联（苏维埃社会主义共和国联盟）的七个共和国之一"[1]。但是，当时绝大多数论者并没有认识到"苏联"与"苏俄"两个称谓的区别。

1 林风：《谈名》（5月27日），《大公报》（天津版）1933年6月8日，第3张第11版。

在研究方法方面，本书力争做到以下几点：第一，从当时出版的报纸、杂志中，挖掘、整理、解读此前学界未使用或较少使用的原始资料，尽量不使用学术界已经整理、编辑的史料。同时，坚持收集史料的连贯性和广泛性。对于当时出版的报纸、杂志中的史料，进行不带选择性的全面的收集、整理与解读，从而更客观、更深入地展现当时中国舆论界对苏联的评价和观念，力争提出更具创新性的观点，得出更具原创性的结论。第二，注重考察中国舆论界对苏联观念的演变过程。为此，坚持在考察时间上的连续性，将相关文本置于相应的时间点进行分析，重点分析论者言论的时间背景，从而细致、连续地展现时人的观念随着时间的推移、受当时国内和国际各种重大历史事件的影响而发生的演变。第三，力图全面考察当时中国各类人群的对苏观念，试图将当时社会各阶层、各种人群的相关观念，全面、系统地展示出来，既考察当时新闻界、政界、知识界精英人士的对苏观念，又考察普通社会民众的对苏观念。考察各论者个体和群体之间的交流互动，既考察其异，又考察其同。第四，将当时中国舆论界对苏联情况的介绍与评论置于同时期的社会语境中进行分析，注重对30年代社会整体思想态势的把握。为了认识时人对苏联看法的真实内涵，既参照当时苏联的各方面情况、中苏关系的演变进程、中苏各方面交流情况，又参照30年代中国的民族危机、各种社会问题、整体舆论与思想环境，从而将对时人关于苏联的介绍与评论的考察，与当时苏联的发展情况、中国社会演变态势相结合，从而深入解读各论者的思想观念与真实意图。

需要说明的是，当时中国舆论界的苏联观一方面是一种客观实在，另一方面，相对于苏联的真实情况又具有主观性。因为这种苏联观是苏联当时各方面情况在当时中国舆论界的一种主观反映。一方面，苏联各方面情况是一种客观存在，是不以反映它的中国舆论界的主观认识为转移的；另一方面，中国舆论界对苏联情况的反映，只是其自身的思维活动，必然受到其自身因素乃至中国社会环境的限制，存在各种各样的立场、视角，既有真实的一面，亦有失真的一面。但是，无论这种反映是真实的，还是失真的，对于中国舆论界来说，又都是一种客观的思维活动的结果。所以，中国舆论界对于苏联情况的反映，作为当时客观存在的思维活动的结果，对它的考察又是必要的。

## 三、研究史料与论者群体

下面，简要介绍一下本书依据的主要报纸、期刊的办报或办刊方针及其思想倾向，并结合这些内容，简要介绍主要论者群体的情况。

《大公报》是民国时期的重要民营报纸。该报于1902年6月由英敛之创办于天津，曾于1925年11月停刊。1926年9月，吴鼎昌、胡政之、张季鸾组成新记公司大公报社，恢复出版该报。1936年4月，《大公报》创办上海版。该报坚持不偏向任何党派的言论自由的独立办报方针，在一定程度上持民主政治、自由主义立场，1931年九一八事变后，该报具有强烈的抗日立场。1926年9月1日该报复刊号发表《本社同人之志趣》一文，提出"四不"原则，即"不党""不卖""不私""不盲"。[1]全面抗战时期，该报在总结其办报方针时，标榜"文人论政"的"自由主义"自我定位。1941年5月15日，美国密苏里大学新闻学院授予该报1941年度荣誉奖。当日，该报发表感言称："假若本报尚有渺小的价值，就在于虽按着商业经营，而仍能保持文人论政的本来面目。"[2]1942年11月22日，英国议会访华团在重庆访问该报报社。该报向访华团作自我介绍称："若使我们勉强与英国同业相较，则《大公报》在精神上颇有几分相像《曼彻斯特卫报》，是一个代表进步自由主义的报纸。"[3]《大公报》天津版和上海版刊登的社评，具有很大的舆论影响力，与该报的办报方针是一致的。该报的记者和编者，如曹谷冰、陈丕士、马季廉等，所撰写的通信、报道、文章，亦大致符合其办报方针。该报"星期论文"版刊登的文章的作者，多系在北平、天津地区高校和科研机构任职的知识分子，如胡适、丁文江、傅斯年、何廉等人，往往具有留学欧美背景，有着自由主义的思想倾向。该报"经济周刊"版的撰文者多为南开大学经济研究所的教师，均为经济学领域学有所长的学者。该报"读者论坛"版刊登了大量社会普通民众的文章。该报"小公园""园景"版刊登的小品文，反映

1 记者:《本社同人之志趣》,《大公报》(天津版)1926年9月1日，第1版。

2 《本社同人的声明》(社评),《大公报》(重庆版)1941年5月15日，第1张第2版。

3 《向英议会访华团介绍我们自己》(社评),《大公报》(重庆版)1942年11月22日，第1张第2版。

出当时国人的普遍的社会心态。该报“军事周刊”“军事”版的作者多为研究军事的学者。该报“家庭”“妇女与家庭”版的撰文者多为倡导中国妇女解放的各方面人士。该报“明日之教育”版的撰文者多为教育学领域的专家学者。该报“医学周刊”版刊登了大量医学专家的文章。该报对苏联文学艺术表现出了相当强烈的关注。天津版“文艺”“艺术周刊”“戏剧”“文学副刊”等版面的文章作者多为文艺界人士。尤其是1936年4月该报上海版创刊后，其“大公俱乐部”“文艺”“大公园地”“戏剧与电影”等版面依托上海地区文艺评论界人员众多的优势，刊登了大量关于苏联文学、戏剧、电影的评论。这些文章作者不仅文艺评论造诣高，而且，很多人具有左翼倾向。上述各版的文章作者或频繁介绍、评论苏联各方面情况，或在讨论中国问题时关注到苏联情况。

《中苏文化》杂志是中苏文化协会的机关刊物。中苏文化协会成立于1935年10月，由国民党知苏人士筹备成立。其宗旨是沟通中苏文化、宣传中苏友好、发展中苏关系。它虽是民间团体，但有着深厚的中苏两国官方背景。协会由国民党左翼人士张西曼等人发起成立，国民政府立法院长孙科长期担任会长。协会成员既包括国民党当局党政系统的很多人员，又包括南京、上海等地的文化教育界、工商界人士。关于协会成立的详细过程，本书后文将会详细介绍。1936年5月，中苏文化协会将《中国与苏俄》杂志改名为《中苏文化》，作为其机关刊物。[1]孙科在《发刊词》中表示，杂志创办的目的在于两国“文化的沟通”，“我们希望这个刊物，能够顾名思义的促进今后中苏文化的沟通，使中苏关系日益密切而谅解，于东亚和平当有相当的贡献”。[2]此杂志的创办有一个筹备过程。同年2月6日，协会召开第三次理事会会议，决定成立出版委员会，推定梁寒操、黄文山、张西曼、徐恩曾、何汉文、沈苑明、西门宗华、周天僇8人为委员，由梁寒操负责召集。2月8日，梁寒操主持出版委员会会议，决定出版委员会分为杂志、丛书二组，公推徐恩曾、张西曼任杂志组正、副主任，西门宗华任专任编辑；黄文山、何

1 《中国与苏俄杂志社启事》,《中苏文化》第1卷第1期，1936年5月15日，扉页。

2 孙科:《发刊词》(1936年4月),《中苏文化》第1卷第1期，1936年5月15日，第2—3页。

汉文任丛书组正、副主任，沈苑明任专任编辑。[1]孙科题写刊名，徐恩曾任社长，张冲任副社长。[2]可见，《中苏文化》杂志的直接指导人员主要是梁寒操、徐恩曾、张西曼、张冲，而相当于主编的专任编辑则是西门宗华。其中，梁寒操代表立法院方面，徐恩曾、张冲代表CC系方面，张西曼、西门宗华主要负责日常工作。西门宗华本来是《中国与苏俄》杂志的创办人，自然成为《中苏文化》杂志的专任编辑。该刊在介绍苏联文化的同时，又强调立足中国看苏联，并刊登了大量关于苏联建设经验的文章。1936年11月1日，其编者在《编辑后记》中提出，计划调整办刊方针，“除翻译材料外，多提倡写作，即站在中国民族文化建设的观点上来分析和论述苏联的文化建设[3]”。该刊的作者除一些国民党当局党政机关人员外，还包括文化界、教育界对苏联感兴趣的人员，甚至包括一些倾向马克思主义的人员，如漆琪生等。

《俄罗斯研究》杂志由南京俄事研究会于1930年2月创办。这份刊物编者和作者多有20年代在苏联学习和居住的经历。该刊创刊号刊登的《本志的使命》称：“同人中间有一大半曾在苏联住过。”[4]从该刊的编者和作者多系留俄同学会成员来看，似乎俄事研究会与留俄同学会有很大关联。据有的学者研究，留俄同学会虽正式成立于1937年2月，但许多人员从20年代末就开始以这个团体的名义活动。其成员多为曾在20年代国共合作时期留学苏联的、后在国民党党政军系统任职的人员。1928年9月至10月，国民党当局建立负责接待、甄别留苏归国学生及分派工作的留俄归国学生招待所，由国民党中央训练部党员训练科主管，1929年3月，这个机构改隶国民党中央组织部，于国桢任所长。同时，1928年冬，白瑜、刘咏尧、韦碧辉等率先提出组织留俄同学会，此事由段诗园全面负责，韦碧辉协助，刘咏尧负责勤务，所需经费由在中央军校担任政治教官的白瑜提供。此后数年间，留俄同学会会员越来越多，从最初的留苏生，扩展到张西曼、吴成章、彭昭贤、耿

---

1 《会务纪要》，《中苏文化》第1卷第1期，1936年5月15日，第7页。

2 参见李玉贞：《抗战时期中苏关系的一个侧面——孙科与中苏文化协会》，《广州大学学报》（社会科学版）2005年第11期，第7页。

3 编者：《编辑后记》，《中苏文化》第1卷第6期，1936年11月1日，第200页。

4 济之：《本志的使命》，《俄罗斯研究》第1号，1930年2月25日，第3页。

济之等沙俄时代的留学生，以及曾就读于北京俄文专修馆、哈尔滨俄文法政学院、哈尔滨俄文工业学校的学生。贺衷寒、邓文仪、康泽等留苏学生纷纷捐款，国民党元老、莫斯科中山大学名誉学生于右任也给予支持。[1]《俄罗斯研究》虽声称对苏联持一种不抱任何成见、作中立观察的态度，但其国民党的政治倾向极为明显。该刊刊登的《本志的使命》即称，其办刊宗旨即要对苏联采取客观评判的态度，又必须坚持“三民主义”立场，“我们一方面用冷静的头脑、科学的眼光，去留心、注意和研究关于苏联的一切，它方面要站在三民主义的立场上，对于它在理论方面、在事实方面的各种表现，予以深刻的、彻底的评判”，“我们只是要根据三民主义的理论，对于苏联的一切作彻底的研究，下公正的批评而已”[2]。

《独立评论》由北平地区的自由主义知识分子于 1932 年 5 月创办，是 30 年代中国最具代表性的自由主义政论杂志。该刊初期的社员有胡适、丁文江、蒋廷黻、傅斯年、任鸿隽、陈衡哲、翁文灏、吴景超等人，后来作者越来越多，如陈之迈、张奚若（熙若）、何廉、周炳琳、周诒春、陈岱孙、顾毓琇、吴宪、张忠绂、徐炳昶、张佛泉、陈序经、董时进、郑林庄等人。这些人多为在北平、天津等地高校、科研机构任职的自由主义知识分子。该刊主要由胡适编辑，其他编辑人员有丁文江、傅斯年、蒋廷黻、吴景超等。该刊标榜“独立的精神”，以自由主义为基本理念。其创刊号刊登的《引言》称：“我们叫这刊物做‘独立评论’，因为我们都希望永远保持一点独立的精神。不倚傍任何党派，不迷信任何成见，用负责任的言论来发表我们各人思考的结果。这是独立的精神。”[3] 该刊作者基于自由主义理念，对苏联作了大量评论。

《经济学季刊》系中国经济学社机关刊物，创刊于 1930 年 4 月。1929 年中国经济学社第六届年会决议将社刊改为《经济学季刊》，推定李权时为编辑。1930 年 4 月至 1933 年 12 月，一直由李权时编辑；自 1934 年 4 月开始，

1 参见刘振宇：《20 世纪 20 年代留苏热潮的产物：留俄同学会》，《徐州师范大学学报》（哲学社会科学版）2011 年第 6 期，第 7—8 页。

2 济之：《本志的使命》，《俄罗斯研究》第 1 号，1930 年 2 月 25 日，第 2—3 页。

3 《引言》，《独立评论》第 1 号，1932 年 5 月 22 日，第 2 页。

改由唐庆增编辑。[1]这份由具有欧美留学背景的自由主义经济学者主导的刊物，不仅其编辑倾向自由经济理论，而且，其作者也多偏向自由经济理论。其前期编辑李权时长期留学美国，先后获得芝加哥大学学士、硕士学位，哥伦比亚大学博士学位，一直崇信自由经济理论，只是在30年代中后期随着苏联、德国等政府经济干预体制的兴起，才一定程度上接受国家经济干预论，与自由经济论有所疏离。而其后期编辑唐庆增也长期留学美国，先后获得密歇根大学经济学学士学位、哈佛大学经济学硕士学位，在30年代一直是自由经济理论的鼓吹者，即便在诸多自由主义论者推崇苏联计划经济、资本主义国家统制经济的情况下，他仍坚定地信奉自由经济理论。同时，该刊一直以研究独立的高深学问为旨趣。唐庆增于1934年3月在《本刊之回顾与前瞻》一文中称：本刊"以提倡经济学之精深研究为鹄"，"发言专揭真理，不趋众好，立场无偏无党，不激不随"。[2]该刊作者从经济学角度，对苏联30年代的社会主义经济制度和经济建设成就，进行了一系列讨论。

除上述报刊外，本书还利用了部分《中央日报》《申报》资料。《中央日报》虽是国民党中央党部机关报，反映着国民党当局的政治立场和方针政策，但对苏联30年代的经济建设、社会生活表现出极大兴趣，刊登了大量相关文章。《申报》是民国时期上海地区最具影响力的报纸，也刊登了大量有关苏联的文章，但在30年代，其舆论影响力逐渐落后于《大公报》。

## 四、研究思路与主要研究问题

对于1930年至1937年以《大公报》等报刊为核心的舆论界的苏联观研究是一个多角度的研究。这项研究，既要眼光向内，又要眼光向外。一方面，这项研究本质上是关于中国舆论界思想、观念的研究。要深刻领会当时舆论界的思想、观念，不仅要厘清其思想、观念的本身，还要将这些思想、

1 唐庆增：《本刊之回顾与前瞻》（1934年3月），《经济学季刊》第5卷第1期，1934年4月，第1页。

2 唐庆增：《本刊之回顾与前瞻》（1934年3月），《经济学季刊》第5卷第1期，1934年4月，第1—2页。

观念置于当时整体社会语境中进行认识和考察，只有这样，才能真正理解、体会当时舆论界所思、所想的动机与真义，才能真正弄清当时舆论界认知苏联问题的中国视角和立场。所以，这项研究必须结合当时中国社会的政治、经济、对外关系、民族危机等各方面社会情况。另一方面，这项研究又涉及苏联的政治、经济、军事、文化教育等各方面情况，所考察的是中国舆论界对苏联各方面情况的认知。所以，这项研究又须尽可能弄清苏联各方面的情况，尽管中国舆论界对苏联情况的反映和认识并不完全符合苏联的实际。同时，当时的中苏关系对当时中国舆论界的对苏认知有着深刻影响。所以，这项研究又必须结合当时中苏关系的演进，既要厘清当时中苏关系的大概，又要有针对性地结合当时舆论界讨论的中苏关系中的一些关键问题，去厘清当时中苏关系的一些重要事件和节点。尤其是在中苏关系方面，当时中苏两国之间的一些重要的人员交流和访问，对当时舆论界的对苏认知有直接影响，甚至当时人们的一些对苏认知就是在访问苏联过程中产生的，所以，本书试图通过考察当时人们的一些访苏活动，反映当时人们的对苏认知与观念。需要说明的是，当时人们的对苏认知是多方面的。所以，本书将重点问题的考察与全面研究结合起来，既全面考察当时舆论界对中苏关系、苏联经济发展、苏联社会主义计划经济体制、苏联文化建设、苏联社会生活的认识与评价，又抓住其中的若干关键问题，进行深入考察。

本书主要就20世纪30年代舆论界对苏联最为关注的几个方面展开研究。中国舆论界对苏联的介绍、观察、分析和评论具有鲜明的中国视角。在中国深受列强侵略的情况下，中国舆论界非常关心如何改善中国的国际环境问题，所以，特别重视中苏关系。同时，主要由非马克思主义者组成的中国舆论界，与苏联存在巨大的意识形态隔阂，不主张在中国传播苏联马列主义理论，不主张在中国开展以马列主义为指导的革命，也不主张在中国建立苏联式的无产阶级专政政治制度，所以，不太关注苏联的马列主义理论、无产阶级革命道路、苏联政治制度，而是将关注重心置于苏联现实的经济发展、经济制度、文化建设、社会生活等国家建设和发展领域，期望从苏联这些领域的发展和建设模式与经验中，寻找推进中国经济、文化、社会建设的途径，以实现中国经济的快速发展，解决中国面临的严峻社会问题，改善中国民众生活和精神面貌，以充实抵御外侮的国力，提振中国民众抵御外侮的精神。所以，1930年至1937年中国舆论界苏联观主要体现在中苏关系观、苏联经济发展观、苏联经济制度观、苏联文化观、苏联社会生活观这样几个方面。因此，本书主要就如下五个专题展开研究：

一、中苏关系观。考察中国舆论界对苏联处理中东路问题的观察和评论；考察九一八事变后中国舆论界对中苏外交关系和经济关系的态度和评论；考察在日本大举侵华情况下中国舆论界对苏联在东北亚国际格局中的地位和作用的认知与评论。

二、苏联经济发展观。考察中国不同舆论主体对苏联经济建设进程的不同认知；考察中国舆论界对苏联工业建设的认识；考察中国舆论界在苏联经济发展问题上的认知视角和认知倾向。

三、苏联经济制度观。考察中国舆论界在苏联社会主义基本经济制度问题上的认知歧异和认知倾向；考察中国舆论界对苏联社会主义具体经济制度的认识与分歧；结合中国舆论界的统制经济思潮，考察中国舆论界对苏联计划经济制度的认知。

四、苏联文化观。考察1930年至1937年中苏两国的文化交流及其对中国舆论界的思想影响；考察中国舆论界对苏联文学、电影、戏剧的介绍、认识与评论；考察中国舆论界对苏联美术、博物馆、新闻事业、科学技术的认知。

五、苏联社会生活观。考察中国舆论界对苏联民众日常生活的认知；考察中国舆论界对苏联妇女解放事业及其社会影响的认识；考察中国舆论界对苏联民众受教育水平、社会主义教育模式和各类教育事业的认知。

上述五个专题研究基本涵盖了中国舆论界关于中苏关系及苏联社会各方面情况的分析、评论和观点，对1930年至1937年中国舆论界苏联观的重要方面做了较为系统的考察。同时，本书试图从多个维度考察中国日益严峻的经济社会问题和日本侵华导致的日益深重的中国民族危机对中国舆论界苏联观的思想影响。

# 第一章

# 20世纪30年代舆论界的中苏关系观

在20世纪30年代，中国和苏联是世界上两个最大的邻国。然而，两国关系又非常复杂。其关系的复杂性，首先是由历史形成的。自晚清开始，中国的国家主权就遭受位于北方的俄国的侵犯，从而形成了两国间诸多尚未解决的悬案。其中，中东路[1]问题最为突出。诸多现实因素亦造成了两国关系的复杂性。在30年代，苏联对华有诸多不友好举动。苏联继续控制中东路，并不顾中方的抗议将该路售给日本。但是，九一八事变后日本对中国的步步侵略，又极大影响了东北亚国际关系格局。中日矛盾的激化、日苏矛盾的逐步尖锐化，给中苏关系走近增添了动力。但是，苏联在日本大举侵华的情况下，又采取不介入政策。显然，30年代的中苏关系是极其复杂而多面的。中苏关系的复杂与多面，又造成中国舆论界对中苏关系的看法的复杂与多面。面对中苏之间大量的国家主权与利益纠葛，处于日本侵华造成的东北亚国际关系格局的深刻变化之中，中国舆论界既不满苏联对中国的种种不友好举动，警惕苏联在中日之间的中立政策；又不得不重视中苏关系，将苏联视作遏制日本侵略中国的潜在国际力量。问题是，处于30年代复杂的国际关系格局和复杂的中苏关系之中的中国舆论界的苏联观包含哪些内容？其关注的重心是什么？中国舆论界的苏联观是如何形成的，又经历了怎样的演变过程？

---

1　中东路又称中东铁路、东清铁路、东省铁路、长春铁路，是沙俄根据1896年《中俄密约》，于1898年8月至1903年7月建成的铁路。中东路分北满主线、南满支线两部分。北满主线西起满洲里，中经哈尔滨，东至绥芬河，与俄国境内西伯利亚铁路相接。南满支线北起哈尔滨，中经长春，南至旅顺。1904年至1905年日俄战争后，沙俄把长春以南南满支线转让给日本。十月革命后，1924年5月，北洋政府与苏联签订《中俄协定》，规定中东路可由中国赎回，赎回前由中苏共管。1929年7月至11月，发生中东路事件。1935年3月，苏联把中东路北满主线出售给日本。1945年8月抗战胜利后，中东路由中苏共管。中华人民共和国成立后，1950年2月，中苏签订《中苏友好同盟互助条约》《中苏关于中国长春铁路、旅顺口及大连的协定》等文件，规定苏联于1952年末以前将中东路无偿移交给中国。1952年12月，中国收回中东路。

# 第一节
# 对苏联处理中东路问题的反应

从 1930 年至 1935 年，中苏双方就中东路问题进行了激烈的外交和舆论交锋。这种外交、舆论交锋对当时的中苏关系和中国舆论界影响巨大。1929 年 12 月中苏签订的《伯力协定》规定，中苏两国通过中苏会议正式解决中东路问题。1930 年至 1931 年举行的中苏会议议题不仅涉及中东路问题，还涉及两国复交、通商问题。但是，持续一年多的中苏会议，不仅未正式谈判两国复交、通商问题，甚至未在中东路问题上取得任何进展。从 1933 年开始，苏联与日本展开了近两年的出售中东路谈判，最终于 1935 年 3 月将中东路出售给日本。苏联处理中东路问题的做法引起中国舆论界的极大关注。中国舆论界的反应表现出维护国家主权的强烈爱国主义精神。

## 一、中东路事件后对苏联的消极态度和对《伯力协定》的不同看法

1929 年发生的中东路事件，对中苏关系和中国舆论界都产生了巨大影响。这个事件一方面使中苏关系降至冰点，而且使中国舆论界形成对苏联的消极态度。舆论界对苏联的消极态度是在国民党当局的主导下形成的，呈现出国民党当局主导、民间舆论附和的态势。

在 1929 年 7 月发生的中东路事件中，中国东北当局虽然一度从苏联手中收回中东路管理权，但苏军不久即攻入中国境内。同年 12 月 7 日，张学良委

派蔡运升为中苏交涉代表，与苏方磋商解决中东路事件的条件。12 月 17 日，蔡运升以辽宁省政府全权代表名义，与苏方全权代表西门诺夫斯基在伯力举行谈判，于 12 月 22 日签订《中苏伯力会议草约》(《伯力协定》)。苏联依据这个协定，恢复了对中东路的管理权。也就是说，这个协定使中国对中东路的管理权得而复失。

1930 年初，国民党地方当局在社会各界发动了一系列反苏活动，营造出浓厚的反苏氛围。以天津为例，社会各界参与的对苏抗议活动明显是在国民党天津市党部的组织下出现的。1929 年 12 月 11 日至 1930 年 1 月 7 日，由天津市政府、国民党天津市党部、警备司令部、宪兵司令部等天津党政军部门和津海关、商协会、废约会、妇协会、新闻记者联合会等天津民间团体代表 15 人组成慰劳东北将士代表团，由国民党天津市党部党务整理委员刘不同担任主任，赴东北沈阳、洮南、齐齐哈尔、哈尔滨、吉林等地劳军。刘不同回天津后，又于 1930 年 1 月 15 日在天津《大公报》发表文章表示，中东路事件关系于“外交之成败”“民族之存亡”。[1]天津对俄外交后援会于同月 25 日举行的东北对俄阵亡将士追悼会进一步渲染出对苏联的不满情绪。从追悼会举办的地点和国民党天津市各党政机关普遍参与来看，这个活动也是由天津市国民党当局发动的。追悼会的场地安排在国民党天津市党部大礼堂。天津市各党政军机关及各界“竞送挽联花圈”，“各机关、各团体均派代表”。追悼会由刘不同主祭。天津对俄外交后援会在祭文中将中国称作抵抗苏军的自卫方，声称：“中东铁路，朝方收回，而赤俄军队，夕即侵入。吾中华民族，为抵抗无礼之压迫，始出以自卫之战争。”[2]1930 年 5 月莫德惠一行启程赴苏联参加中苏会议之前，国民党中央当局虽未发动全国性反苏活动，但由国民党地方当局发动的反苏活动可以推测，国民党中央当局对苏联的态度也是强硬的。

《俄罗斯研究》是一份由在南京国民党党政军机关任职的曾留学苏联的人员创办的、具有深厚国民党意识形态色彩的刊物。针对中东路事件，这份

---

1 刘不同:《东北劳军随感录》,《大公报》(天津版)1930 年 1 月 15 日，第 1 张第 4 版。

2 《追悼东北对俄阵亡将士》,《大公报》(天津版)1936 年 1 月 26 日，第 3 张第 11 版。

刊物也发表文章，指出苏联在远东地区的扩张企图。该刊1930年2月25日出版的创刊号刊登的两篇文章均表达了这一观点。介绍该刊办刊宗旨的《本志的使命》一文将苏联与英国、日本一起划入与中国“每天发生利害冲突”的“帝国主义”之列。[1]何汉文的文章指明了苏联力图继续控制中东路的图谋。他介绍，苏联“已经向日本帝国主义者很坦白地表示，中东路是他的西伯利亚铁路的最重要部分，为了要保障其在远东势力，所以，无论如何不能放弃”[2]。何汉文曾于20年代由国民党湖南省党部派到莫斯科中山大学学习。他从1928年起，任南京国民党中央党部训练部党员训练课总干事。1931年12月，国民党中央党部训练部改为民众运动指导委员会，他任编审科主任。《俄罗斯研究》又于1930年3月25日刊登两篇文章，讨论苏联对中国的扩张问题。署名“西溪”的文章将苏联看成在远东扩张的国家，认为“直至今日，苏维埃联邦依然鼓动外蒙，把持东路，强军压我边境，残杀无辜民众。在在足以表示俄罗斯人之侵略本性”。[3]吴成章的文章则担心苏联对中国的经济扩张。吴成章在讨论《伯力协定》时注意到，有时人认为，“现在苏联已为政治上、经济上强有力之国家，自应引而近之”[4]。吴成章对此说表示反对，认为此说“不过说明苏联经济上之独立，究竟与我何关？若引而近之，则使彼国之国际贸易，横行于中国，则中国经济上之秩序，必更为紊乱”。[5]显然，在1930年初，深具国民党背景的《俄罗斯研究》杂志是密切响应国民党当局对苏联强硬政策的。

与国民党当局和亲国民党论者一样，作为民间媒体的天津《大公报》也指出了苏联在远东的扩张企图。1930年2月23日，苏军在满洲里以北苏联境内大乌里一带举行演习，这被该报认作是向中国示威。该报于当月28日刊登报道，并发表短评，极为关注此事。该报在报道中称，苏军此举“对我

1　济之：《本志的使命》，《俄罗斯研究》第1号，1930年2月25日，第1页，第3页。

2　汉文：《日俄在满洲之冲突》，《俄罗斯研究》第1号，1930年2月25日，第5页。

3　西溪：《苏联移民远东之现状》，《俄罗斯研究》第2号，1930年3月25日，第8页。

4　吴成章：《中俄伯利议定书内容之解剖（续）》，《俄罗斯研究》第2号，1930年3月25日，第6页。

5　吴成章：《中俄伯利议定书内容之解剖（续）》，《俄罗斯研究》第2号，1930年3月25日，第9页。

有示威意”[1]。该报在短评中指责苏联得寸进尺，表示：苏联通过《伯力协定》达到了恢复中东路管理权的目的，“还摆的甚么架子，示的甚么威”[2]？同年6月30日，该报详细报道了苏联对东北的经济扩张，认为苏联对东北的经济扩张并不比日本差多少，“苏俄以哈尔滨为中心，以东铁沿线为脉络，伸张其凶焰，手段之狡，实不亚于日本”[3]。

除了由中东路事件指明苏联的扩张企图外，当时中国舆论界又将《伯力协定》视作丧权辱国的城下之盟，主张追究协定签订者及其负责者的责任。《伯力协定》使中国已经收回的中东路管理权得而复失，遭到了中国舆论界的一致声讨。协定签字后，中国“舆情哗然，群以其为畸形之协定，换言之，乃苏联胁迫之片面条约也”[4]。

与国民党当局关系密切的《俄罗斯研究》创刊伊始，就把指责、批判《伯力协定》当作该刊的重要任务。1930年2月25日，该刊创刊号刊登了一系列文章，严厉批判《伯力协定》。耿济之指责《伯力协定》将中东路事件的责任完全归在中国身上。他声称，苏方排斥中东路中方人员，擅自把持路务，不尊重中国主权，是导致中东路事件的重要原因。所以，中东路事件的责任不全在中方。“但是，伯利议定书对于责任问题的规定都完全归到中国一方面来了。”[5]吴成章对《伯力协定》关于“回复争执以前原状”的规定提出质疑。他认为，必须有条件地恢复中东路原状，“即仅此承认回复原状一切，已无异向俄人负荆自责”。[6]由吴厉秋起草的南京俄事研究会对于《伯力协定》补救办法的建议，认为此协定“实为历来未有之畸形条约，质言之，纯是苏联片面的条件、苏联命令式的条件、苏联胁迫式的条件，乃我四万万同胞所万难承认者”，主张由即将举行的中苏会议进行补救，以便中苏两国缔结

---

1 《俄军抵大乌里》,《大公报》(天津版) 1930年2月28日，第1张第4版。

2 螭:《俄军又示威？》(短评),《大公报》(天津版) 1930年2月28日，第2张第7版。

3 《日俄互争经济领土》,《大公报》(天津版) 1930年6月30日，第1张第4版。

4 《中俄会议概述》,《大公报》(天津版) 1930年5月16日，第1张第3版、第4版。

5 济之:《中俄会议国人应持的主张》(1930年2月11日完稿),《俄罗斯研究》第1号，1930年2月25日，第3—4页，第7页。

6 吴成章:《中俄伯利议定书内容之解剖》,《俄罗斯研究》第1号，1930年2月25日，第8页。

“双方均有利益之条约”。[1]同年 4 月 25 日，吴成章又在《俄罗斯研究》上指责，《伯力协定》内容的核心是苏联对中国进行政治、经济侵略，认为协定条款“必为灭忘[亡]中国之左券”[2]。

作为民间媒体的天津《大公报》虽对苏联根据《伯力协定》恢复中东路管理权表示厌恶，但相较于《俄罗斯研究》，对《伯力协定》本身的态度相对和缓。一方面，天津《大公报》认为，不能将签订《伯力协定》完全诿过于蔡运升；另一方面，又认为中国以自己的国力，没有推翻《伯力协定》的能力。

对于苏联恢复中东路管理权，天津《大公报》是反感的。1930 年 2 月 21 日，被中方驱逐的原中东路管理局局长叶木沙诺夫就任中东路理事会副理事长。同月 24 日，天津《大公报》以“其何以堪”并加三个感叹号为题报道此事，颇有蔑视之意。[3]同年 3 月 4 日，该报又发表短评，告诫东北国人不要怕苏联在中东路上的强势，做到“软不欺，硬不怕”[4]。

对于蔡运升签订《伯力协定》的责任问题，天津《大公报》另有说法。不少时人将蔡运升视作“丧权辱国之责任人”。1930 年 1 月 26 日，天津《大公报》刊登了一篇蔡运升自我辩解的文章。蔡运升辩解说，他签订这个协定的内容依据中东路事件发生后中国驻德国公使蒋作宾与苏联驻德大使在德国议定的原则，而他虽由东北地方当局直接派遣，但实由南京国民政府授意。1929 年 10 月，蒋介石与冯玉祥战事再起，南京国民政府派外交部亚洲司司长周龙光到辽宁，提出“请蔡运升负责，依从前办法，进行交涉”[5]。天津《大公报》于同年 2 月 3 日发表社评认为，不能将所有责任都扣在蔡运升头上。蔡运升不过是具体办事的“区区文吏”，张学良乃至国民政府都有责任，“蔡

---

1 《首都俄事研究会对于中俄伯利议定书补救办法之建议》，《俄罗斯研究》第 1 号，1930 年 2 月 25 日，第 1 页，第 4 页。

2 吴成章：《中俄伯利议定书内容之解剖（再续）》，《俄罗斯研究》第 3 号，1930 年 4 月 25 日，第 22—23 页。

3 《其何以堪！！！东铁前俄局长到哈，昨就任副理事长职》，《大公报》（天津版）1930 年 2 月 24 日，第 1 张第 4 版。

4 芸：《软不欺，硬不怕》（短评），《大公报》（天津版）1930 年 3 月 4 日，第 2 张第 7 版。

5 《从搜领馆到城下盟，蔡运升口中之一部失败史》，《大公报》（天津版）1930 年 1 月 26 日，第 1 张第 3、4 版。

绝非以个人地位、一己意见而可以签字者，其签字之权限，必系其高级长官所赋与”。他虽未直接呈报南京国民政府，但呈报了边防长官张学良。“此事性质为边防长官负责解决，而请政府追认者。故由第一层理论言，边防长官之张学良不能无责任也。”中苏冲突发生后，国民政府未能予以军事支援，使东北军单独对苏作战，“当危急之时，政府既不能御寇，自不能深责边吏之急于息兵。故由第二层理论言，国府本身不能无责任也”[1]。

对于如何处理《伯力协定》问题，天津《大公报》认为，由于苏联军力的强大，中国只能采取冷静态度，于无可奈何中承认现状。该报于 1930 年 2 月 3 日发表社评认为，中国政府在事实上不可能推翻该协定，也不可能进行局部修改。该协定是中国在中东路事件中军事失败导致的结果，“是以能否推翻，为一事实问题”。《俄罗斯研究》刊登的南京俄事研究会所提建议，即对《伯力协定》进行局部补救，也难以做到。《伯力协定》在性质上只是一个休战撤兵、恢复原状的临时协定，一切中苏间的重大问题，有待中苏正式会议解决。“是以不承认休战撤兵、东铁复原则已，如此等事实的要点，既已承认，尚何补救之可论？”社评提醒当局负责者应对中东路事件进行反省，尤应“查外情”，对苏联加强了解，不能再信所谓“俄国兵没有枪枪没有子”一类“无常识的笑语”，“勿再以国境安危之大事当儿戏”，“以知彼知己为对外奋斗之前提。”[2]

1930 年上半年，在国民党地方当局的主导和发动下，天津等地出现了一系列反苏活动，营造出浓厚的反苏氛围。在这种氛围中，具有国民党背景的《俄罗斯研究》认定苏联在远东的扩张企图，天津《大公报》等民间媒体也进行附和。可见，在中东路事件刚刚结束的 1930 年初，将苏联认定为在远东扩张的国家成为中国舆论界的共识。这就形成中国舆论界对苏联的消极态度。但是，对于《伯力协定》，具有国民党背景的《俄罗斯研究》与作为民间舆论的天津《大公报》之间，在态度上有所不同。《俄罗斯研究》严厉指责协定的丧权辱国，而天津《大公报》则较为冷静，认为不能将签订协定的

1 《伯力纪录与蔡运升》（社评），《大公报》（天津版）1930 年 2 月 3 日，第 1 张第 2 版。
2 《伯力纪录与蔡运升》（社评），《大公报》（天津版）1930 年 2 月 3 日，第 1 张第 2 版。

责任完全扣在蔡运升头上，并且以中国的国力，中国无力推翻或修改协定，中国应多了解苏联，做到知彼知己。

## 二、中苏会议召开前关于会议议题讨论中对苏联的戒备心理

根据《伯力协定》，中苏两国应于1930年1月25日在莫斯科召开正式的中苏会议，解决两国在中东路问题上的争端和两国的通商问题。[1]但是，这个会议未能如期举行。莫德惠率领的中国代表团迟至当年5月上旬才由哈尔滨启程，抵达莫斯科，而会议的正式召开则是当年10月11日的事了。从1930年1月中苏会议开始筹备，至当年10月会议正式召开，在长达多半年的时间中，中苏两国政府及双方直接谈判代表莫德惠、加拉罕，就会议议题争执不下。中方反对以《伯力协定》为基础进行谈判，并主张中苏会议只讨论中东路问题。而苏方则主张中苏会议以《伯力协定》为基础进行，同时讨论两国通商、恢复外交关系问题。在这个问题上，天津《大公报》等民间舆论与国民党当局官方的立场基本一致，并发表了一系列评论。从其发表的相关评论可见，天津《大公报》对苏联是充满戒备心理的。

从1930年1月初开始，中方开始筹备参加中苏会议。当年1月6日，莫德惠就任中东路督办、理事会理事长。同时，国民政府任命莫德惠为中苏会议全权代表。[2]对于即将召开的中苏会议，天津《大公报》是极为重视的。该报于1930年2月3日发表社评认为，对苏联善后，应注全力于中苏正式会议，“须注意代表人才，须准备至公正至坚决之方案，堂堂正正与之争于樽俎间。”[3]

不过，在中苏会议议题问题上，天津《大公报》的前后主张并不一致。在国民政府任命莫德惠为全权代表之初，天津《大公报》是主张中苏会议讨论中苏通商和复交问题的，并且主张中苏会议以《伯力协定》为基础。该报误认为《伯力协定》规定由中苏通过正式会议讨论两国通商、复交问题。

---

1 《中俄会议概述》,《大公报》(天津版)1930年5月16日，第1张第3版、第4版。

2 《中东路一切迅速复原》,《大公报》(天津版)1930年1月7日，第1张第3版。

3 《伯力纪录与蔡运升》(社评),《大公报》(天津版)1930年2月3日，第1张第2版。

1930年1月12日，该报发表社评称,《伯力协定》规定，两国外交关系与领事关系由中苏正式会议讨论；两国间的整体商业关系由中苏正式会议讨论。[1]而实际上,《伯力协定》只规定，中苏会议召开前，将两国复交问题作为悬案，先恢复苏联在东北地区的领事馆和中国在苏联远东地区的领事馆；中苏通商问题，由中苏会议解决。[2]也就是说,《伯力协定》只提及中苏会议谈判两国通商问题，并未提及谈判两国复交问题。天津《大公报》的说法并不符合实际。而且，由天津《大公报》的这个说法看，该报似乎是主张以《伯力协定》为基础召开中苏会议的。但是，该报依据这个误见，认为中苏会议应讨论通商、复交两个问题，并提醒国民政府做好讨论这些问题的充分准备。该报1月12日的社评称，由中苏正式会议讨论的"此等恢复两国外交关系及各个商业关系之问题，自与中国国家全部利害有关，不容草率从事"。南京中央当局与东北地方当局对于中苏关系的重大问题尚无充分准备，"与其盲人瞎马，孤踪域外，轻临会场，受人摆布，再铸大错，万劫不复，尚不如延缓到会，多作准备功夫，以便开会谈判，应付裕如"[3]。显然，该报是主张待中方做好充分准备后再赴会的。由此亦可见该报对苏联的强烈戒备心理。

正因为天津《大公报》对苏联抱有强烈的戒备心理，所以，该报在国民政府任命莫德惠为全权代表之初，对于中苏会议讨论的中东路问题，态度强硬，主张寸步不让。1930年1月20日，该报发表社评，主张中国不应再放弃1917年俄国十月革命后中国已收回的中东路约外权益。社评介绍，自中东路建成后，俄国夺取很多《中俄密约》《中俄合办东省铁路公司合同章程》之外的权益，如铁路附近的森林采伐权、俄国船只在东北内河航行权、铁路沿线俄国法庭审判权、俄国铁路沿线设置警察和驻扎护路军权、铁路两侧占地权、铁路沿线的电话电报线垄断权。十月革命后，中国逐步将这些约外权利收回，尤其在1929年中东路事件中收回铁路沿线占地权、电报电话权。社评认为，"吾人所愿唤起国人注意者，东路已失之种种权利地位，十年来渐次收回，实非易易。今日既有再度丧失之危机，吾人应予以严重之监督，

1 《中俄正式会议应当延期》(社评),《大公报》(天津版) 1930年1月12日，第1张第2版。
2 《中俄会议概述》,《大公报》(天津版) 1930年5月16日，第1张第3版、第4版。
3 《中俄正式会议应当延期》(社评),《大公报》(天津版) 1930年1月12日，第1张第2版。

勿再颟顸漠视，任令放弃”[1]。

但是，1930 年 2 月 8 日国民政府外交部发表关于《伯力协定》和中苏会议的声明后，天津《大公报》主张中苏会议以《伯力协定》为基础，一并谈判中东路、通商、复交等问题的态度发生了改变。2 月 8 日，国民政府外交部声明，一方面表示，《伯力协定》未经中国中央政府批准，法律上不能成立，暗含该协定不能作为中苏谈判的基础之意；另一方面强调，中苏会议只能讨论中东路问题，中苏会议“专为讨论中东铁路善后问题，至该路以后关于两国通商及其他一般问题，苏联政府如认为有商议之必要，另派代表来华时，国民政府亦愿与之商议”[2]。4 月 23 日，天津《大公报》发表社评，认为中苏会议议题应限于中东铁路本身问题，至于两国商务、恢复外交关系等问题，应放到以后再谈。社评表示：“对于中苏会议，从实际事务上着眼，先以中东路为范围，表示其所谓‘诚恳意志’，就东路善后，缔结平等、相互双方有益之办法，将历年管理该路种种争执不平之点，一扫而空。更充分造成所谓‘友谊与合作空气’，则更进而成立通商条约，解决一般问题，其易直如反掌。盖中国政府无论如何变化，要之对俄外交，终须视察全国民众倾向而定。如果东路问题，圆满就绪，中俄‘友谊与合作’之空气，洋溢于中国国民心目中，则进一步的任何协商，无论何时何地，胥易得国民之赞助，其成功绝对不难。”[3]显然，在中苏会议议题问题上，天津《大公报》与国民政府一致。

国民政府外交部于 1930 年 2 月 8 日的声明发表后，天津《大公报》对苏联的疑虑更重了。对于国民政府外交部的声明，苏联方面迟迟未作任何表示。直到 4 月 12 日，外交部驻哈尔滨特派员钟毓对苏联发出参加中苏会议的通知，并告知莫德惠行程，苏联《消息报》才于同月 15 日发表社评，对钟毓关于中方参加中苏会议的通知表示欢迎，对中方委派莫德惠为中方首席谈判代表表示满意。[4]天津《大公报》认为，这是苏方在有意拖延，居心叵测。

1 《注意中东路上已收回之权利》（社评），《大公报》（天津版）1930 年 1 月 20 日，第 1 张第 2 版。
2 《中俄会议概述》，《大公报》（天津版）1930 年 5 月 16 日，第 1 张第 3 版、第 4 版。
3 《中苏会议之范围问题》（社评），《大公报》（天津版）1930 年 4 月 23 日，第 1 张第 2 版。
4 《中苏会议如何》，《大公报》（天津版）1930 年 4 月 17 日，第 1 张第 3 版。

对于《消息报》社评，该报于 4 月 17 日发表短评称：2 月 8 日国民政府外交部发表声明后，两三个月间，未见苏方有任何表示，“这种一言不发的景象”令人担心苏联外交的“难测”。短评对于会议的前景持怀疑态度，表示：“伯力会议已是城下之盟了，近在眼前的莫斯科会议，又将如何？”[1]1930 年 5 月 1 日，莫德惠率中国谈判代表团自哈尔滨启程赴苏联。就在莫德惠启程的当天，天津《大公报》于 5 月 1 日发表短评，在希望莫德惠争回利权的同时，对苏联充满戒备心理。短评表示：“所谓东铁事件之发生，正当解释之，本起源于自卫。乃因当局不知彼知己之故，卒至构成受国际耻笑之失败。”“莫氏现承袭此种笑柄而远征赤都，马上成功，固属奢望，而保持利权及力争体面，则应努力为之。”[2]

莫德惠出国前后，关于会议议题，南京国民政府不限于中东路善后问题，还提出了中国赎回中东路问题。[3]莫德惠出国前，也屡次在不同场合发表谈话，提出赎回中东路的主张。[4]不过，对国民政府提出的赎路问题，天津《大公报》不抱希望。莫德惠一行于 1930 年 5 月 9 日抵达莫斯科后，该报于 5 月 11 日发表社评，一方面要求莫德惠只与苏方讨论中东路善后问题，另一方面，对国民政府提出的赎路问题不抱期望。社评认为，赎路问题，中国目前无力办到，此次会议未必能够解决。[5]

莫德惠抵达莫斯科后，中苏双方就中国赎路问题、中苏会议的谈判议题问题各执己见。莫德惠会晤加拉罕，表达了中方赎路的意见，提出缩短赎路的期限，并另行制定赎路的具体办法。而加拉罕坚持，不能逾越 1924 年《奉俄协定》关于赎路的条款，不能改变《奉俄协定》规定的赎路的期限。同时，双方在中苏会议的谈判基础、谈判范围问题上存在意见分歧。尤其是，是否承认《伯力协定》的合法性，成为中苏双方争论的焦点。中方主张，《伯力协定》是蔡运升越权签订的城下之盟，不能作为会议讨论的基础，

---

1 芸:《注意中俄会议》(短评),《大公报》(天津版) 1930 年 4 月 17 日，第 2 张第 7 版。
2 芸:《莫德惠等赴俄》(短评),《大公报》(天津版) 1930 年 5 月 1 日，第 2 张第 7 版。
3 《莫德惠出国通电》,《大公报》(天津版) 1930 年 5 月 4 日，第 1 张第 3 版。
4 《中俄会议概述》,《大公报》(天津版) 1930 年 5 月 16 日，第 1 张第 3 版、第 4 版。
5 《莫德惠等已抵俄京》(社评),《大公报》1930 年 5 月 11 日，第 1 张第 2 版。

会议应以1924年中俄、奉俄两个协定为基础进行谈判，只能讨论改善中东路的管理问题。苏方主张，应以《伯力协定》为基础进行谈判，不仅解决两国关于中东路的争执，还应讨论两国通商、复交等问题。[1]

自莫德惠等人于5月9日抵达莫斯科，至6月初，中苏会议开始的日期毫无音讯。对此，天津《大公报》认为，这是苏联在故意拖延，说明苏联毫无通过会谈解决问题的诚意。该报于6月6日发表社评，推测中苏会议“将不免以一幕滑稽的喜剧而终”，认为“俄方实无解决问题之诚意”，不如将此次中苏会议暂时搁置。[2]至7月上旬，双方正式会谈仍然无期。天津《大公报》于7月8日发表社评，对中苏会议长期延宕表示不满。社评表示：莫德惠一行于5月1日离国，正式会议已拖延两月之久，仍未召开，“中国自有外交会议以来，其销声匿迹，未有如此次之甚者”[3]。

天津《大公报》所言不错，中苏会议的正式会谈之所以迟迟未能举行，苏联当时确实没有诚意与中国解决问题，是在故意拖延。就在莫德惠启程赴苏联前夕，1930年4月，蒋介石与阎锡山、冯玉祥、桂系之间爆发大规模的中原大战，中国国内局势前景极不明朗。苏联方面不想此时与中方达成任何协议。次年，莫德惠回国向国民政府汇报工作，2月1日途经天津时，向记者介绍：自己到莫斯科后，因国内爆发中原大战，“在最初五个月间，俄方观察中国时局，不甚明了，对于统一，颇示怀疑”，中原大战结束后，“中国大局，臻于稳定，会议之事，乃渐入顺调”[4]。随着1930年10月中原大战结束，苏联方面不再拖延中苏会议，不再坚持以《伯力协定》为基础进行谈判。同时，中方也不再坚持优先讨论中东路问题。1930年10月初，中国政府同意了苏联扩大中苏会议议题的要求。国民政府外交部长王正廷于10月初致电苏联外交人民委员李维诺夫表示，莫德惠“对于中东路、通商、复交问题，有讨论、签字之权。惟所签订文件，须经国民政府批准后方生效力”[5]。

---

1 《中苏会议如何》,《大公报》(天津版)1930年6月3日，第1张第3版;《中俄会议结果难期》(社评),《大公报》(天津版)1930年6月6日，第1张第2版。

2 《中俄会议结果难期》(社评),《大公报》(天津版)1930年6月6日，第1张第2版。

3 《中俄会议之真相如何》(社评),《大公报》(天津版)1930年7月8日，第1张第2版。

4 《莫德惠昨过津入京》,《大公报》(天津版)1931年2月2日，第1张第4版。

5 《中俄会扩大》,《大公报》(天津版)1930年10月9日，第1张第3版。

这样，中国方面就将莫德惠的权限由谈判中东路问题，扩大到谈判通商、复交问题，从而满足了苏联方面的愿望。由于中国政府满足了苏联的要求，中苏会议于10月11日在莫斯科正式举行。国民政府外交部计划再派四专员，协助莫德惠与苏联谈判通商、复交问题。[1]

随着中苏会议的正式举行，天津《大公报》希望国民政府多披露会议的消息。10月15日，该报发表短评表示：虽然中苏会议正式召开了，但中国方面竟无只字消息。中国当局对会议的低调，与国民革命以来的狂热宣传形成鲜明反差。“中国这几年来，在所谓革命高潮中，到处都是标语传单式的狂热宣传。怎么遇到这样大事情，反倒没有宣传的本领了呢？”[2]从该报对国民政府低调处理中苏会议的指责中，可以看到该报对中苏会议的极度关心，期望中国当局能更多维护中国的主权。这也表明该报对苏联的戒备心理。

从1930年1月中方开始筹备参加中苏会议至当年10月会议正式举行，在长达多半年的时间里，中苏双方就会议议题问题进行了激烈的交锋。中国方面主张，中苏会议应以1924年的《中俄协定》《奉俄协定》为基础，只讨论中东路本身问题。《伯力协定》乃是苏联强迫中国签订的草约，不能作为中苏会议的讨论基础。而苏联方面则主张，中苏会议的讨论应以《伯力协定》为基础，不仅讨论中东路问题，还应讨论通商、复交问题。天津《大公报》在会议筹备之初曾一度主张中苏会议讨论通商、复交问题，但随着国民政府外交部2月8日声明将会议议题限于中东路问题，遂改变态度，附和外交部的主张。透过中苏双方关于中苏会议议题的争执，可见1930年中国舆论界对苏联的强硬态度以及对苏联的戒备心理。

## 三、中苏会议正式举行期间对苏联态度出现缓和

中苏会议正式召开于1930年10月11日。会议的谈判过程分为两个阶段，自会议正式召开至同年12月下旬莫德惠回国为第一个阶段；1931年3

1 《外部将再派四专员赴俄办理通商复交》,《大公报》(天津版)1930年10月15日，第1张第3版。

2 芸:《静听人家的消息》(短评),《大公报》(天津版)1930年10月15日，第1张第4版。

月下旬莫德惠返回莫斯科至同年九一八事变后会议无果而终为第二个阶段。第一个阶段的谈判，起初在是否承认《伯力协定》问题上僵持不下，之后，终于就会议的议题达成一致意见，决定分为中东路、通商、复交三组，分别讨论中东路、通商、复交三个议题。第二个阶段的谈判主要讨论中国赎回中东路问题，但未取得实质进展，而通商、复交问题并未涉及。在中苏会议第一阶段，天津《大公报》对苏联的态度仍然强硬，看到会议长时间没有突破，甚至提出暂停会议。在中苏会议的第二个阶段，天津《大公报》对苏联的态度开始缓和，主张中苏尽快复交，并提出暂时不赎回中东路。这个态度与国民党当局的态度有所不同，国民党当局依然坚持赎回中东路，并对中苏复交不积极。

本来，在会议正式召开之前，中苏双方已有初步共识，即苏方不再坚持以《伯力协定》为基础进行谈判，中方同意将会议议题由中东路问题扩大到通商、复交问题。但是，中苏会议于1930年10月11日正式举行后，双方仍纠缠于这些问题，一度相持不下。尤其是，苏联反复要求中方承认《伯力协定》。在10月11日第一天的会议上，加拉罕反复要求莫德惠承认《伯力协定》，莫德惠始终声言按照中国政府赋予的权限讨论中东路各问题。双方激烈辩论至晚8点。1930年9月被派往莫斯科向莫德惠一行传达机密指示的乌泽声于10月回国后介绍，“加氏仍抱定伯力纪录问题，循环诘问，莫全权始终本诸政府二月八日宣言主旨，与之周旋。滔滔辩论至三小时之久”。当天会议“虽不得要领而散，但莫全权之态度可谓不屈、不挠、不偾事、不辱国也”。[1]19日，双方再次举行会谈。会谈一开始，苏方就要求中国正式承认《伯力协定》，而中方主张须根据1924年中俄、奉俄两协定，讨论改善中东路管理问题。莫德惠声明，须向中国政府请示，嗣后，会议即未再开。[2]显然，10月11日和19日的两次会谈，双方纠缠于是否承认《伯力协定》问题上，中方对此采取模糊做法，只承诺会议以《中俄协定》《奉俄协定》为基础讨

1 《停顿中之中俄会议》，《大公报》（天津版）1930年10月28日，第1张第3版；《召莫归国之谜》，《大公报》（天津版）1930年10月31日，第1张第3版。

2 《停顿中之中俄会议》，《大公报》（天津版）1930年10月28日，第1张第3版；《召莫归国之谜》，《大公报》（天津版）1930年10月31日，第1张第3版。

论中东路问题。这使以莫德惠为首的中国代表团对会议前途颇觉灰心，认为会议恐无圆满结果。10 月 16 日，莫德惠致电南京国民政府和辽宁东北当局，表示苏联始终坚持《伯力协定》，毫无交涉诚意。10 月 23 日，莫德惠又致电国民党中政会表示，苏方对中苏会议无诚意，会议之再开殆属绝望。国民党中政会于同日决定，由外交部致电莫斯科，召莫德惠回国报告。[1] 又据天津《大公报》刊登的通信介绍，随莫德惠赴苏的某人称，“苏俄外交，素以狡展著称，将来结果，恐难如吾人所希冀者之圆满”。通信作者认为，“此实为持平之论”。[2]

了解到 10 月 11 日的会谈毫无结果及此后会谈的停滞，天津《大公报》颇感焦虑，并感到奇怪。该报于 10 月 21 日发表短评说，“中俄正式会议自从本月十一日开幕以来，到今日整整十天，简直听不到下文”，双方会谈进展如何，“代表团总应该有报告啊！”短评又说，“一切的一切，简直都是莫明其妙。人说外交等于军事，请问这种做梦式的外交还会不全军覆没吗？！”[3] 显然，至 10 月 21 日，天津《大公报》编者只得到 11 日会谈的消息，尚不知 19 日会谈的情况。几天后，对于中苏会议遇到的阻碍，天津《大公报》又于 10 月 26 日发表短评，主张将会议暂时搁置。短评认为，中苏会议之所以搁浅，关键原因是《伯力协定》问题，“苏俄方面一口咬定不肯放松，中国方面在名义上却不肯如此承认，于是乎僵”。而且，中苏之间即使没有《伯力协定》问题，两国之间的问题仍然“头绪万端”，“不是仓促可了的”。“在这个僵局之际，不如就此暂停，以便各自作充分准备，再以诚意相见。”[4] 显然，天津《大公报》对此次中苏会议的态度很冷淡，对中苏关系的改善没抱太大期望。

10 月 19 日的会谈后，中苏会议再次陷于停顿。国民党中政会曾于 10 月 23 日决定召莫德惠回国。但 11 月 10 日前后，莫德惠致电国民政府外交部，称中苏会议已有“转机”，申请将留苏时间再延长三个月。11 月 11 日，加拉

1 《中俄会议濒于破裂》,《大公报》(天津版) 1930 年 10 月 24 日，第 1 张第 3 版。
2 《停顿中之中俄会议》,《大公报》(天津版) 1930 年 10 月 28 日，第 1 张第 3 版。
3 芸:《做梦式的外交》(短评),《大公报》(天津版) 1930 年 10 月 21 日，第 1 张第 4 版。
4 芸:《欢迎莫全权回国》(短评),《大公报》(天津版) 1930 年 10 月 26 日，第 1 张第 4 版。

罕致函莫德惠，表示中国对《伯力协定》各要点均已履行，中苏会议再开已无任何障碍。对此，天津《大公报》于11月13日发表社评，对苏方将中国履行《伯力协定》视作中苏会议“转机”的说法表示遗憾，认为“设使此即转机之所在，可谓绝大滑稽”，“查自正式会议举行以来，俄方对伯力协定之效果，不肯放松一步，而中国在名义上又不便作直截之承认，僵局已成”。“盖俄方所要求者为伯力协定，中国所不肯承认者亦为伯力协定。今乃由要求之一方对拒绝之一方提出种种事实，证明拒绝之事情业已由拒绝者完全履行无遗，因曰‘请勿芥蒂，障碍已无，可以继续开会矣’，岂非滑稽？”[1]由此可见，天津《大公报》对苏联关于中国已事实上履行《伯力协定》的说法大不以为然，对《伯力协定》仍持排斥心理。

值得注意的是，在中苏会议停顿的11月，天津《大公报》对由中苏会议解决中苏复交、通商的态度开始变得积极了。同样在11月13日的社评中，天津《大公报》更明确提出，通过中苏会议解决两国通商、复交问题。社评认为，如果苏方有诚意继续谈判，中方自然乐意继续判谈。因为两国恢复通商和外交关系，对于中国更有必要，一方面两国有着数千里国界线，“事实上不容断绝交往”，另一方面，中国对大多数国家的贸易为入超，只有对苏联贸易为出超，“即以茶叶、皮毛两项而论，关系中国商业者极大。自两国陷于断交状态以来，此两业所受之打击，已极可惊”，“故通商、复交毋宁谓于中国之利益较多也”。[2]显然，天津《大公报》在由会议讨论通商、复交问题上，态度开始变得积极。从1930年11月中旬开始，莫德惠与加拉罕往复函辩，商定12月4日重开中苏会议。在函辩中，双方仍然就会议议题各执己见，莫德惠只提中东路问题，加拉罕则列举中东路、通商、复交问题。12月2日，天津《大公报》对于即将重开的中苏会议发表社评，再次强调中苏会议谈判中苏复交的重要性，认为“中俄一切纷纠，皆从根本上之一点发生，即国交断绝、情感积恶之故”[3]。

12月4日召开的中苏第二次正式会议确定了会议手续，决定成立三个委

1 《对中俄会议再开之希望》（社评），《大公报》（天津版）1930年11月13日，第1张第2版。
2 《对中俄会议再开之希望》（社评），《大公报》（天津版）1930年11月13日，第1张第2版。
3 《中俄会议再开》（社评），《大公报》（天津版）1930年12月2日，第1张第2版。

员会，分别讨论中东路、通商、复交三个问题。12 月 4 日会谈后，莫德惠鉴于中苏会议已有常轨可循，遂请假回国，向国民政府面陈机宜，并听取国民政府的指示。他于 1930 年 12 月 21 日由莫斯科启程回国。国民党中央组织部秘书沈苑明于 1931 年 1 月 25 日在《俄罗斯研究》发表文章认为，莫德惠回国是必要的。因为莫德惠赴苏时，其职权主要是与苏联判断中东路问题，而此时莫德惠的职责已增多，有必要回国向国民政府请示工作，"盖莫氏去国之时，政府所赋权责，重在解决东路问题。今也情势已异，自不能置其他问题于不谈。因此，莫氏对于交涉之责任，又增重许多，则是回国请示，自为必要之行"[1]。

12 月 4 日中苏第二次正式会议后，天津《大公报》对由会议解决中苏复交、通商问题态度更为积极。12 月 28 日，该报发表社评提出，中苏会议中东路、通商、复交三组的讨论应该并进，"以吾人之意，三组不妨同时并进，程序则宜互相因应。如以东路谈判，促成复交问题，更以复交问题，促进商约解决"。天津《大公报》之所以在通商、复交问题上越来越积极，是因为该报编者注意到了苏联一五计划建设进展及其对提高苏联国际地位的促进作用，"夫苏俄在世界资本主义国家环伺之下，卓然有自立之能力。五年工业化计画，著著进步。虽反对之者，亦不能不表示赞佩"，并认为应加强两国经济交往，觉得两国接壤数千里，再加上中东路将两国国境连接在一起，"为两国经济联合之一大动脉，已成欲分不可之关系"。[2]从天津《大公报》此言来看，自 1930 年底，该报开始注意到苏联一五计划建设的成就，并注意到发展中苏两国经济关系的可能性与必要性。这进一步促使天津《大公报》转变 1929 年中东路事件以来的对苏强硬态度，主张尽快恢复对苏邦交。天津《大公报》鉴于苏联经济发展取得的进展，主张加强中苏经济联系，进而发展两国关系的看法，在当时并非孤例。莫德惠也有此想法。莫德惠于 1931 年 2 月 3 日到达南京。莫德惠向记者表示，他将向国民政府请示通商、复交两问题的谈判方针，并报告前一段中苏会议的情况。[3]莫德惠于 2 月上旬向南

---

1 沈苑明：《一年来之中俄交涉》，《俄罗斯研究》第 2 卷第 1 号，1931 年 1 月 25 日，第 10 页。
2 《莫德惠回国与中苏交涉》（社评），《大公报》（天津版）1930 年 12 月 28 日，第 1 张第 2 版。
3 《莫德惠昨晨抵京》，《大公报》（天津版）1931 年 2 月 4 日，第 1 张第 3 版。

京国民党当局各要人详细陈述了苏联情况，并建议“以数年来中国对苏俄情形极隔阂，为明了苏俄情形计，及研究俄事起见，宜派重要人员前赴俄国实地视察，为异日解决中俄间一切悬案之助”[1]。显然，在苏联住了半年多的莫德惠对苏联各方面情况了解定会很多，并深切认识到尽快解决中苏两国通商、复交问题的必要性。

国民党中政会于 1931 年 2 月 17 日开会决定，莫德惠尽快返回苏联，并加派讨论中东路问题以外的专门委员与之同行，与苏联继续谈判。对此，天津《大公报》于 19 日发表社评，更加明确地主张与苏联尽快谈判，解决复交、通商问题。社评认为，这意味着中苏将依据莫德惠、加拉罕所定的协定，“组织东路、复交、通商三委员会，开始会议”。社评表示：“吾人年来主张，对俄应谈判复交、通商。缘苏俄为中国最大之邻邦，纠纷甚多，应随时解决。断交状态，势不宜久。而通商则与我有利故也。”[2]

在天津《大公报》积极主张尽快解决中苏通商、复交问题的同时，国民政府却在这个问题上顾虑重重，并不积极。国民政府外交部长王正廷就屡次表示，仍期望中苏会议重点讨论中东路问题。1930 年 12 月 22 日，王正廷称：“我方仍主张俟东路议定办法后，再讨论其他事项。”[3]王正廷又于 1931 年 1 月 17 日在北平对记者表示，“中俄各交涉虽同时进行，惟须首先解决中东路问题，次及其他”[4]。据天津《大公报》刊登的通信介绍，国民政府的顾虑有两个方面：一是在南方中国共产党领导的革命根据地日益发展的情况下，对于苏联支持中国共产党民主革命颇有顾虑，二是在中国经济基础不稳固的情况下，遽与苏联通商，可能对中国经济不利。[5]显然，在中苏通商、复交问题上，天津《大公报》与国民政府变得不同调，甚至出现分歧。

早在 1930 年 5 月莫德惠启程赴苏联前后，国民政府即提出了赎回中东

1 《对俄方针详审考虑中，始终贯彻二八宣言？》，《大公报》（天津版）1931 年 2 月 7 日，第 1 张第 3 版。

2 《对俄问题》（社评），《大公报》（天津版）1931 年 2 月 19 日，第 1 张第 2 版。

3 《过去一年中外交工作回顾——王正廷在外部纪念周演词》，《大公报》（天津版）1930 年 12 月 27 日，第 1 张第 3 版。

4 《外交一般形势——王正廷对平记者谈》，《大公报》（天津版）1931 年 1 月 18 日，第 1 张第 3 版。

5 《通商复交慎重考虑》，《大公报》（天津版）1931 年 2 月 11 日，第 1 张第 3 版。

路问题。但是，此后的各次会谈均未讨论这个问题。对于中国政府力推在中苏会议上讨论的赎回中东路问题，到1931年初，天津《大公报》的态度开始变得冷静，认为当时中国尚没有赎路的能力。该报于当年1月21日发表社评，认为中国不必与苏联谈提前赎回中东路问题，因为事实上中国并无赎路的资金，可以根据1924年9月《奉俄协定》规定的无偿交还中国的60年期限，到1956年由苏方无偿交还中国。如此，一方面苏联可以在此以前继续使用中东路，另一方面也解决了中国方面的诸多关切，并省下一笔赎路资金，从而圆满地解决中东路问题。[1]

天津《大公报》在赎路问题上的冷静态度是符合事实的。这在此后中苏会议的谈判中得到了证明。自莫德惠于1931年3月28日返回莫斯科至同年6月中旬，中苏会议共举行了8次会谈。这些会谈的主要议题是赎路问题。在这个问题上，双方仅讨论了中国赎回中东路的原则，尚未讨论赎路的具体方案，"易言之，即现在只说到'我们要赎路'，尚未说到'我们要怎么样赎路'"[2]。至于通商、复交问题，双方并未开始讨论。即便在赎路原则问题上，双方的谈判也没有取得实质进展。4月11日，中苏双方举行第三次正式会议。莫德惠依据国民政府外交部制定的方案，正式向苏方提出赎回中东路办法。[3] 4月21日，双方举行第四次会议，主要议题仍是赎路问题。对于两次会议讨论的赎路问题，天津《大公报》于4月25日发表社评，再次分析，中国目前以高价赎回中东路并不划算。社评指出，根据1924年9月《奉俄协定》，苏联应于1956年无条件将中东路交还中国。而中东路运营费用浩大，并随着中国东北其他铁路的开通，其交通地位开始降低，经济收益剧减。"自中国言之，费巨额之代价，贪主权之虚名，买回一道支线性质之铁路，夫岂合算之办法？"所以，中国目前只宜以最短时间、最合适的价格、最轻便的付款办法赎回。否则，不如暂不收回，只要求苏联进一步缩短无偿交还中国的时限，并以尽量有利的条件与苏联缔结管理中东路暂行协定。[4]

---

1 《中东路悬案与中苏会议》（社评），《大公报》（天津版）1931年1月21日，第1张第2版。
2 《中苏第九次会改二十一日举行》，《大公报》（天津版）1931年6月17日，第1张第4版。
3 《中苏第三次会议，莫德惠提赎路案》，《大公报》（天津版）1931年4月13日，第1张第3版。
4 《中苏会议中之赎路问题》（社评），《大公报》（天津版）1931年4月25日，第1张第2版。

但是，与国民党官方关系密切的《俄罗斯研究》在赎路问题上的态度却仍然激进，与天津《大公报》的态度形成鲜明的对照。1931年5月10日出版的《俄罗斯研究》发表黄永伟的文章称，苏联以中东路为大本营，加大对东北的经济、政治、军事侵略，中国应通过中苏会议“赎回苏俄侵占东三省的大本营中东路”。[1]

九一八事变后，由于东北被日军占领，以讨论中东路为主要议题的中苏会议事实上陷于停顿，最终不了了之。中东路苏方副理事长库慈尼错夫于1931年12月初在哈尔滨向记者表示，日本占领东北后，中苏会议无形中陷于停顿，“此实由于东北事变结果，使贵国代表发言感觉困难”[2]。中苏会议秘书长王印川介绍，1932年3月伪“满洲国”成立后，中苏会议中方代表团在莫斯科益无事可做，“对俄政府无可谈之事，俄方亦不愿与我方作无事之周旋”，莫德惠深受刺激，“意态颇消极”，屡次向国民政府提出辞职，迄未得到批准，不得已托病于1932年4月离开苏联，赴意大利游览。中国在苏联的其他代表也多离开莫斯科。[3]

中苏会议于1930年10月举行正式会议之初，针对苏联不顾此前双方共识，继续纠缠会议议题问题，坚持以《伯力协定》为基础进行谈判，天津《大公报》对苏联的做法深感失望，甚至提出将会议暂停。但是，从当年11月开始，天津《大公报》的对苏态度逐渐缓和，积极主张由中苏会议谈判、解决两国通商、复交问题。而且，天津《大公报》的态度越来越明显。而同时期，国民政府却对中苏复交态度并不积极。对于国民政府力推在中苏会议上解决的赎路问题，天津《大公报》则态度冷静，不主张不计代价地赎回中东路。这说明，在谈判后期，天津《大公报》与国民政府之间，对于中苏会议的看法开始出现分歧。

---

1　黄永伟:《苏俄侵略下之东三省》,《俄罗斯研究》第2卷第4、5号合刊，1931年5月10日，第18—19页，第22页。

2　《中俄会议陷于停顿》,《大公报》（天津版）1931年12月10日，第1张第4版。

3　《王印川由俄抵平》,《大公报》（天津版）1932年5月15日，第1张第3版。

## 四、苏日出售中东路第一阶段谈判期间对苏联的不满与包容

九一八事变后，中苏会议不了了之。中苏两国虽然于1932年12月恢复了外交关系，但中东路问题一直悬而未决。日本占领东北后，对苏联控制的中东路施加越来越大的压力，尤其是，在该路周围修建了若干条平行铁路线，使中东路的运输价值大减，再加上苏联对中东路的管理不善，使中东路处于亏损状态。同时，苏联加紧铺设西伯利亚铁路双轨，对中东路的战略需求减少。所以，苏联向日本主动提出出售中东路。1933年5月2日，苏联外交人民委员李维诺夫向日本驻苏联大使太田为吉提出将中东路售与日本。五天后，苏联政府于当月7日公开了这个消息，并证实日本愿以8000万日元购买中东路。[1]5月11日，李维诺夫在与塔斯社记者的谈话中承认，他曾向日本驻苏联大使太田为吉提议让渡中东路。[2]随后，日本政府决定由伪“满洲国”出面收买，由日本居中斡旋。6月26日，苏日售路谈判开始在日本东京举行。7月间，双方在交易价格问题上相持不下。7月3日，苏方提出售价，总额为2.5亿金卢布，折合6.25亿日元。伪满提出的购价为5000万日元，仅为苏联索价的十二分之一。双方在价格问题上陷入僵局，谈判陷入停顿状态。[3]10月，双方中止谈判。[4]此为两国第一阶段谈判。值得注意的是，1933年5月苏联向日本提出出售中东路的举动，是在1932年12月中苏两国建交后不久做出的，而且，此时正值中国长城抗战失败并与日本签订《塘沽协定》之际。这表明，苏联并未顾及两国刚刚复交的友好气氛，并在中国国难空前深重的情况下，做出对中国的不友好举动。中国舆论界对苏联向日本出售中东路，深感错愕和震惊，表示强烈不满，纷纷指责苏联违反1924年《中俄协定》。

国民政府得知苏联出售中东路的消息后，立即做出强烈反应。5月8日，

1 《东铁问题益形混沌》，《大公报》（天津版）1933年5月8日，第1张第4版。

2 《俄竟宣言出售东铁，外部将提严重抗议》，《大公报》（天津版）1933年5月13日，第1张第4版。

3 《中东路让渡交涉成立》（社评），《大公报》（天津版）1935年1月23日，第1张第2版。

4 王维显：《中东铁路在政治上及经济上之价值》，《大公报》（天津版）1934年10月3日，第3张第11版。

外交部训令驻苏联大使颜惠庆向苏联政府声明，并由外长罗文干召见苏联驻华大使鲍格莫洛夫，表示中东路非得中国政府许可，不得作任何处置，不得违反1924年《中俄协定》。[1] 5月9日，外交部又发表关于中东路问题的正式声明，表示："关于中东路之一切事宜，应继续依照1924年中俄两国所订之协定处理，由中俄两国取决，而不容第三者干涉，自不待言。任何新订办法，未经中国同意者，自属违犯前项协定，应视为无效，中国政府绝对不予承认。"同日，外交部发言人也表示："若俄果将东路出卖，则中俄复交伊始，陡有此举，实堪惋惜，且足发生其他影响，尤其是两国间未来之订约交涉。"[2] 5月13日，国民政府行政院召开会议，讨论应对方针，决定由外交部依照1924年《中俄协定》，向苏联提出抗议书，从法律角度阐明苏联无权单独处理中东路。[3] 同日，外交部向苏联提出严重抗议，指出：依据1924年《中俄协定》，苏联无权擅自向中国以外的任何一方出售中东路。抗议书尤其强调，苏联向伪"满洲国"出售中东路，无疑是违反国际法，承认国际社会不承认的非法的伪"满洲国"，"而予侵略国家以援助"。[4]5月14日，中国驻苏联大使颜惠庆也在莫斯科对于苏联出售中东路深表惊异，认为苏联此举"必将引起各国间之恶感"，申明"中俄复交未久，李维诺夫之宣言，殊为遗憾"。[5] 苏联向日本提议出售中东路的举动，也引起一些国民党地方实力派的不满。陈济棠和桂系控制的设于广州的国民政府西南政务委员会于1933年5月19日致电国联行政院和各国政府，抗议苏联出售中东路。国民政府外交部驻广东、广西特派员甘介侯亦于5月20日在广州发表谈话，对苏联表示不满，认为"售路事如果实现，将违反一九二四年《中俄协定》，不容坐视"[6]。

---

1 《外部对苏俄声明，不得私行出让东铁》，《大公报》（天津版）1933年5月9日，第1张第4版。

2 《苏俄出售东铁问题，外部发表正式声明》，《大公报》（天津版）1933年5月10日，第1张第4版。

3 《苏俄出售东铁案，行政院昨会议对策》，《大公报》（天津版）1933年5月14日，第1张第4版。

4 《苏俄忽视条约义务，我抗议书昨日发表》，《大公报》（天津版）1933年5月15日，第1张第4版。

5 《颜大使指摘苏俄外交，谓将引起国际恶感》，《大公报》（天津版）1933年5月16日，第1张第4版。

6 《西南政分会抗议苏俄出售东铁》，《大公报》（天津版）1933年5月21日，第1张第4版。

显然，对于苏联出售中东路，国民政府及一些国民党地方实力派反应非常强烈，一方面指出苏联此举违反1924年《中俄协定》，一方面指出苏联与伪“满洲国”交涉售路，涉嫌承认伪组织。

除国民党当局外，中国各界对苏联出售中东路的做法也反应强烈，表示不满。上海市总工会于5月10日凌晨致电苏联外交部，表示“人民反对俄售中东路”。[1]南京各民众团体联合国民党南京市党部致电苏联驻华大使鲍格莫洛夫并转苏联政府，“盼遵守中俄协定，以敦睦中俄邦交，勿堕日伪之诡计，愈陷远东纠纷于不可收拾之地位”[2]。上海各大学教职员联合会于5月20日召开会议，决定致函苏联驻华大使和苏联政府，谴责苏联的做法。该函表示：苏联“竟欲乘敝国上下抗日之际，反予日本以援助”[3]。显然，苏联此举令中国政府和民间极为失望，对苏联援助中国抗日不抱期望。

1933年5月23日，日本政府决定，由伪“满洲国”出面与苏联交涉购买中东路问题，“日本仅处于指导地位”[4]。日本此举在外交上为苏联设了一个套，即苏联政府如与伪“满洲国”直接谈判中东路问题，就存在承认伪“满洲国”的嫌疑。苏联与日本政府经过协商，计划于6月下旬开始谈判出售中东路问题。6月中旬，国民政府外交部得知此事后，决定分别向苏联、日本提出抗议。[5]对于国民政府5月13日的抗议，苏联政府迟至6月20日，即与日本、伪“满洲国”正式谈判的前夕，才作了回应，解释出售中东路的理由。[6]接到苏联的回复后，国民政府外交部于6月22日再度向苏联提出抗议。苏联与日本、伪“满洲国”关于出售中东路问题的谈判于6月26日在日本东京举行。[7]

---

1 《苏俄出售东铁问题，外部发表正式声明》，《大公报》（天津版）1933年5月10日，第1张第4版。

2 《俄竟宣言出售东铁，外部将提严重抗议》，《大公报》（天津版）1933年5月13日，第1张第4版。

3 《沪大学联忠告苏俄》，《大公报》（天津版）1933年5月24日，第1张第4版。

4 《中东路问题，日本决嗾伪国购买，苏俄报纸迭发谬论》，《大公报》（天津版）1933年5月24日，第1张第4版。

5 《日俄伪谈判售路案》，《大公报》（天津版）1933年6月18日，第1张第3版。

6 《中东路问题》，《大公报》（天津版）1933年6月22日，第1张第4版。

7 《中东路出售问题，俄日伪昨竟开谈判》，《大公报》（天津版）1933年6月27日，第1张第4版。

苏联出售中东路问题，在天津《大公报》看来，是一个相当敏感的问题。该报对此事表现出极大关注，连续刊登相关的报道、文章、评论。不过，该报对苏联此举的心态非常矛盾，一方面表示强烈不满，另一方面又出于维护中苏关系的考虑，不希望因此事与苏联闹翻，将中苏矛盾升级，甚至对苏联此举表示理解。

天津《大公报》对苏联决定将中东路卖给日本极为不满。该报1933年5月13日的报道，即以“俄违约背信，卸责于我，中俄亲睦邦交将受严重影响”为副标题。[1]同一天，该报又发表短评称：中苏复交不久，苏联就做出此举，“这是何等的不幸！”“中东路非经中国政府同意，不得为任何处分。收买中东路俄方权利之惟一合法的主体是中国政府。”短评敦促国民政府，“应该继续对苏联抗议，阻其出售”。短评同时期望苏联政府“注意此事与中苏新邦交有不良影响，而停止出售”[2]。5月24日，该报发表短评，谴责苏联背弃法理、对日本退让、欺负中国的做法，表示：“自从苏俄发表准备出售中东路，很明显的可以看出俄国的真态度。她为了惧怕强横的日本，不惜背弃法理，贬抑中俄邦交的价值。”短评进而认为，由苏联对中国的态度可以得到一个结论，即中国只能依靠自己的力量才能维护国家主权，苏联是不可靠的，“我们从此得到一种教训，就是国家无分红白，必惟弱者是欺。国际公道，端在自强”[3]。

对于苏日两国政府计划于6月下旬开始在东京谈判出售中东路，天津《大公报》于6月6日发表短评指出，虽名义上是苏联与伪满间的交易，实质上是苏联将中东路卖给日本，“‘满洲国’是日本的私生子，虽说由它收买，事实上是给它娘”[4]。6月15日，天津《大公报》发表社评，谴责苏联政府决定派代表赴日本谈判。社评强调，苏联此举违反两国协定，损害中国主权。“根据中俄协定，有商议处分该路之权者，惟中苏两政府。今苏联卖路与伪

1 《俄竟宣言出售东铁，外部将提严重抗议》，《大公报》（天津版）1933年5月13日，第1张第4版。

2 《中东路问题》（短评），《大公报》（天津版）1933年5月13日，第1张第4版。

3 《中东路问题》（短评），《大公报》（天津版）1933年5月24日，第1张第4版。

4 《中东路问题》（短评），《大公报》（天津版）1933年6月6日，第1张第4版。

国，中国虽据约抗议，而苏联漠然置之，进行愈紧。任令如何诡辩，终不能脱离违约之责任。其精神上之漠视中国国家之权利，尤足令希望中苏友好之中国国民，痛感遗憾也。”社评又表示，两国复交未久，苏联驻华大使刚刚到职，苏联此举令中国人心寒，“即衡以常人交友之道，苏联此举，诚抹杀中国面目，足令吾民寒心”[1]。

对于苏联政府于6月20日回复中国政府时所说的售路理由，天津《大公报》极不认同。该报于6月22日发表短评指出，“苏俄这个覆照的如何措词，现在尚不可知，但此事不讲理便罢，如要讲理，无论如何也讲不通”。根据中东路合同，该路所有权属于中国，“俄国有什么权力售卖？”短评又质问苏联：“请问‘满洲国’是什么东西，它那有收买中东路资格”？[2]

天津《大公报》在表示强烈不满的同时，又不希望因此事与苏联决裂。1933年5月13日，该报在短评中对苏联持温和态度，期望国民政府“对此案始终本和平的精神，和苏联交涉，不可持极端的态度”。[3]在苏联决定派代表赴日本谈判的情况下，该报在6月15日的社评中反对与苏联闹翻，主张继续发展中苏关系，尤其主张发展与苏联的经济关系，以便有益于中国的国家建设。社评表示：“中国今日，坐看四省被占，停战撤兵，则势不能因东路问题，而使中苏关系，再度恶化，且亦不能因此而使中苏间之全部问题，陷于僵持。”“中国对卖路问题，自始终否认，纵其出卖，亦当主张权利到底。但同时，对苏联仍当设法进行商约会议，及其他通常应办之事。且苏联卖路，有负中国，故正在趁此时机，向苏联谈判其他悬案，或议办其他新的事业。”“中国国家，经此一年半之打击，泥污满面，创痛周身，自今为始，势须沉默奋斗，加紧建设。而在此挣扎生存之期间，凡世界上可用以助我平和建设之资藉，应无不充分利用。是则在发展途中之苏联工业，亦或将为其重要之对象也。”[4]该报甚至由对苏联出售中东路原因的分析，而对苏联此举表示理解。5月20日，该报发表社评，分析认为，苏联出售中东路是出于为二五

1 《苏联卖路与中苏关系》（社评），《大公报》（天津版）1933年6月15日，第1张第2版。
2 《苏俄无理可讲》（短评），《大公报》（天津版）1933年6月22日，第1张第4版。
3 《中东路问题》（短评），《大公报》（天津版）1933年5月13日，第1张第4版。
4 《苏联卖路与中苏关系》（社评），《大公报》（天津版）1933年6月15日，第1张第2版。

计划建设营造和平国际环境、不愿与日本开战的目的，“顾其国策，在于完成第二五年计画，充实建设能力。故除非领土被人侵略，断不轻启兵戎。盖其自身既有一整个的打算，自不能随客观环境而草率变更。彼之对日取慎重态度，原因在此”[1]。

由分析苏联出售中东路的原因，对苏联此举表示理解，天津《大公报》的态度并非孤例。7月3日，国民党天津市党部党务整理委员会委员邵汉元在国民党天津市党部纪念周上作报告。他判断，苏联之所以出售中东路，对日本让步，是因为苏联尚未完成国防建设及相关准备工作。他表示：“回顾苏俄，表面上对日屈服，出售东路问题，到东京开谈判，实在因军备及一切准备尚未完成，暂时不得不容忍。”[2]7月5日，傅勤先在天津《大公报》“经济周刊”版发表文章分析，苏联之所以出售中东路，是因在日本占领东北情况下，借中东路侵略中国的目的难以达到。“俄国为什么要卖中东路？简单点说，从前想藉中东路作侵略中国的大本营，现在有日本制造的傀儡国夹在中间，这个目的不易达到，所以要卖。”他又分析，苏联二五计划建设需要大笔资金，“第二个五年计划是需要向国外购买大批机件、商船、军舰以及诸建设等费”，“如果出卖中东路，能得着一批资本，当然亦大可补益它的建设计划了”。[3]

苏联于1933年5月初向日本提出出售中东路后，两国很快于6月下旬开始谈判，7月初，两国在交易价格问题上产生严重分歧，谈判陷入停顿，至10月，双方中止谈判。对苏联出售中东路的举动，国民政府和中国舆论界反应强烈，纷纷指责苏联此举违反1924年《中俄协定》，强调只有中国政府才有资格与苏联谈判中东路问题。时人在强烈指责苏联不顾中苏友谊、违反两国已达成的协定的同时，又从维护中苏关系大局出发，不乐意因此事与苏联闹翻，主张继续发展中苏关系，甚至在分析苏联出售中东路的原因时，对苏联此举持某种理解、包容态度。

---

1 《中东路的三角关系》（社评），《大公报》（天津版）1933年5月20日，第1张第2版。

2 《市党部昨日纪念周》，《大公报》（天津版）1933年7月4日，第3张第9版。

3 傅勤先：《中东铁路问题》，《大公报》（天津版）1933年7月5日，第3张第11版。

## 五、对苏日谈判相持阶段的观望心理

苏日谈判因交易价格问题于1933年10月中止。在此前后，双方在中东路问题上剑拔弩张。9月，日本以武力压迫中东路，逮捕多名中东路苏联重要职员。10月8日，苏联公开日伪图谋攫取中东路的秘密文件。1934年2月，双方重新开始谈判，苏联将售路价格减为2亿日元，并允许半额以日货抵付。屡经磋商，一直没有结果。7月23日，日本外相广田弘毅提出最后折衷方案，将买价增加为1.2亿日元，承诺伪满负担遣散苏联员工津贴。[1]广田弘毅的提议遭到苏方的拒绝。9月下旬，苏方向日本提出1.7亿日元的售价，广田弘毅表示认可。这样，双方就售路价格基本达成共识。

1933年10月苏联与日本中止谈判前夕，天津《大公报》非常欣赏苏联在谈判中与日本巧妙周旋的外交政策。9月21日，该报发表社评，认为苏联在出售中东路谈判中与日本极尽周旋之能事，颇值得中国外交当局学习，说道："中东铁路之攫取，固日本所念念不忘者。乃俄国始则提议出卖，以歆动之，继则刁难条件，以磋磨之，终则陈重兵于边境，示日本以凛然不可犯，而后延宕推闪，故示时缓时急，忽远忽近，以日本之急躁褊狭，终无如之何也。由此可见外交之妙用。"[2]不久，伪满任命的中东路负责人逮捕了中东路管理局数名苏联职员，并将其职位改由伪满人员充任，中东路管理局苏联局长鲁德义则任命这些职位新的苏联职员。双方僵持不下。[3]对此，天津《大公报》连发几篇短评或社评，赞赏苏联在与伪满交涉被捕苏联职员和出售中东路谈判过程中与日本斗智，故意拖延，软硬兼施，巧妙周旋的做法。9月30日，该报发表短评，认为苏联"抓住了日本，要叫他负破坏东路组织的责任，以为宕延卖路交涉的口实"，"这一幕斗智不斗力的活剧，煞是好看"，苏联采用"拖字诀"，"到底不叫日本讨着便宜去，这是我们很可注意的"。[4]

1 《中东路让渡交涉成立》（社评），《大公报》（天津版）1935年1月23日，第1张第2版；王维显：《中东铁路在政治上及经济上之价值》，《大公报》（天津版）1934年10月3日，第3张第11版。

2 《国民党与中日外交》（社评），《大公报》（天津版）1933年9月21日，第1张第2版。

3 《俄日争夺战极剧烈》，《大公报》（天津版）1933年9月30日，第1张第4版。

4 《日俄斗智》（短评），《大公报》（天津版）1933年9月30日，第1张第4版。

该报又于10月12日发表社评注意到，苏联对日本控制中国东北、意图攫取中东路，采取软硬兼施的政策，“苏联对日，向有其一贯之政策，即卖路交涉，决取延宕，俄边防务，积极布置。如此，足使日阀虽咬牙切齿，终不敢出以断然处置”[1]。几天后，该报又于10月18日发表社评，分析苏联以国家实力为后盾对日本左右应付的外交政策，认为“若夫苏联则整军经武，昕夕不遑，以翘然独异之经济组织，据纵横自如之国际地位。其对待日本，随缘应付，使其啼笑皆非，软硬两失”[2]。11月8日，该报在社评中又赞赏苏联对日本外交政策的灵活与伸缩自如。社评注意到，“九一八以后，日本武力，遍布全满，俄国猝不及防，恐慌备至，乃以出卖中东路为饵，博日本之欢心，纾国境之危难。其后，开会复开会，迁延复迁延，待至布防完密，抵御有力，遂一变其委屈周旋之态度，显示坚决强硬之立场”，“日本虽盛怒，卒无如之何也”[3]。在天津《大公报》看来，苏联以国家实力做后盾，与日本巧妙周旋，难能可贵。

1934年上半年，虽然苏联与日本就中东路交易价格问题进行了一系列谈判，但中国媒体关注不多。日本外相广田弘毅为一举解决拖延一年余的购买中东路问题，于同年7月23日提出最终方案，将买价提高为1.2亿日元，并承诺由伪满负担遣散苏联员工的津贴。但是，苏联驻日本大使于7月30日拜访广田弘毅，表示不予接受，另提苏方新方案。苏方新方案与广田方案相差甚远，广田弘毅表示难以接受。苏日双方再次在价格问题上不欢而散。对于日本与苏联出售中东路形成的僵局，天津《大公报》持欣慰的看热闹心态。该报于8月1日发表短评，注意到苏联在谈判中“硬挺尽拖”的做法，认为“这种牛皮糖式的外交，真够日本受，因为无论怎么样，日本总不敢用武力强占中东路，给苏俄一个大翻脸的口实”，苏联这种外交“真是巧妙”，“俄国不肯随便卖，日本不能勉强拿，看来，东铁交涉还有得拖咧”。[4]天津《大公报》从苏联的故意拖延中判断，苏联不愿意放弃中东路。9月6日，该报

1 《日俄紧张与日本政局》（社评），《大公报》（天津版）1933年10月12日，第1张第2版。
2 《广田外交之真面目》（社评），《大公报》（天津版）1933年10月18日，第1张第2版。
3 《外交本是曲线的》（社评），《大公报》（天津版）1933年11月8日，第1张第2版。
4 《东铁交涉》（短评），《大公报》（天津版）1934年8月1日，第1张第4版。

发表社评认为，虽然中东路的经济价值已降到零点，但苏联是不乐意放弃中东路的。“本来今日之东路，经济上价值濒于零点。顾自另一方面立论，则依然为苏俄在远东政治关系之一础石，苟非万不得已，终愿保此硕果，固无待论。”[1]

1934 年 9 月，苏联与日本就出售中东路价格问题再次进行沟通。9 月 24 日，苏方向广田弘毅提出 1.7 亿日元的售路价格，广田弘毅认为妥当。[2]其中，1.4 亿日元为售路正价，0.3 亿日元为遣散苏联员工津贴。[3]对此，天津《大公报》于 9 月 25 日在短评中预感到苏联与日本有成交的可能。短评分析，由双方谈判的经过来看，双方所出价格相差不过几千万日元，“现在如果买方再肯加两千万，当然就可成交。我们对于这事，一向认为有解决的可能性，所以，纵令日本消息不错，在我们也并非意外”[4]。

在苏日买卖中东路有可能成交的情况下，中国舆论界关心起日苏间的交易是否涉及苏联承认伪“满洲国”的问题。舆论界的关心源于日本外务省发言人的谈话。日本外务省发言人于 9 月 26 日称，售路谈判成功后，“此事涉及法律的或事实的承认‘满洲国’”[5]。9 月 27 日，天津《大公报》发表短评申明，苏联与日本进行出售中东路谈判，不涉及承认伪“满洲国”问题，“在我们看，无论售路交涉成功与否，根本与‘承认’二字无关”。第一，苏联进行售路谈判，完全以日本为对象，因为据 9 月 24 日日本新联电称“东铁售路交涉妥协案，由俄方向广田提出，广田认为妥当而受诺”。第二，所谓售价 1.7 亿元，是以日元为单位的。所以，“严格的讲，苏俄并未与伪国交涉，根本谈不到什么法律的承认或事实的承认”。[6]一位署名“敦吉”的作者于 11 月 15 日在天津《大公报》发表文章认为，苏联与日本、伪满在东京举行售路谈判，不涉及正式的国际公约和国际会议问题，只是一种私下的接触，不涉及承认伪满的问题，“在东京进行的所谓日‘满’俄售路交涉会议，这也

1 《日俄之外交战》（社评），《大公报》（天津版）1934 年 9 月 6 日，第 1 张第 2 版。
2 《东铁交涉传将妥协》，《大公报》（天津版）1934 年 9 月 25 日，第 1 张第 4 版。
3 《中东路让渡交涉成立》（社评），《大公报》（天津版）1935 年 1 月 23 日，第 1 张第 2 版。
4 《中东路出卖交涉进展？》（短评），《大公报》（天津版）1934 年 9 月 25 日，第 1 张第 4 版。
5 《日本得寸进尺》，《大公报》（天津版）1934 年 9 月 27 日，第 1 张第 4 版。
6 《出卖东路与承认伪国》（短评），《大公报》（天津版）1934 年 9 月 27 日，第 1 张第 4 版。

是私的性质，不能认为苏俄和伪方会议，便成为事实上的承认。并且，苏联在提议售路的时候，请日本政府斡旋；开会的时候，又认定日本是对手。所以，承认问题，更谈不到”。“苏俄和伪国的外交接触，是基于不承认主义之下而求解决地方悬案的方式。”[1]在“敦吉”看来，虽然苏联对伪满因种种原因有一定外交接触，但并未越过不承认伪满的底线。

关于两国谈判的进展，日本较为乐观。日本外务省发言人于9月26日称，苏日售路谈判在当年10月底有成功可能。[2]苏联方面的态度似乎没有日本那样乐观。据天津《大公报》9月29日报道，苏联一方面承认中东路购价已商妥，另一方面又强调，日苏双方商妥购价，只是苏联与日方重开谈判的初步，谈判的最后成功，尚有其他细节问题需要讨论，如购款如何支付、苏联职员如何安置等。[3]对此，中国舆论界不希望日苏达成协议。针对苏联方面的说法，天津《大公报》于9月29日发表短评认为，虽然苏日双方的交涉有了进展，但距最终的结果，仍有很长的路要走，“还不能像日方宣传的那样乐观”，“这项交涉再拖延一年半载，也不是意外”。短评分析，现在仅为正式谈判的开始，谈判进行中随时有发生变化的可能；付款、交路等细节问题讨论，“是否能如日方预期的顺利，尚是问题”。[4]10月3日，王维显在天津《大公报》“经济周刊”版发表长篇论文，强调中东路的经济和战略价值依然极大，苏联绝不会轻易放弃。对于苏日售路谈判的前景，编辑该版的南开大学经济学院表达了与天津《大公报》短评一致的看法，认为苏日谈判不会像日本宣称的那样顺利，“售路问题将来之结局如何，虽难预测，然据以往情形，吾人可知苏俄之出售东铁，系出于不得已，绝非甘心。谈判虽可再开，然随时皆有发生变化之可能。且价格上虽易获得妥协，然细目之商讨，亦时有发生纠纷之可能。故售路谈判，恐难如日方宣传之乐观”[5]。由舆论界指出苏日中

1　敦吉：《从不承认主义观察各国对伪外交立场（续）》，《大公报》（天津版）1934年11月15日，第1张第3版。

2　《日本得寸进尺》，《大公报》（天津版）1934年9月27日，第1张第4版。

3　《莫斯科传来之消息，东铁出售大致商妥》，《大公报》（天津版）1934年9月29日，第1张第4版。

4　《中东路出卖交涉》（短评），《大公报》（天津版）1934年9月29日，第1张第4版。

5　王维显：《中东铁路在政治上及经济上之价值》，《大公报》（天津版）1934年10月3日，第3张第11版。

东路谈判不会顺利来看，时人是不乐见苏联出售中东路一事成功的。

苏联驻日本大使优列尼夫于10月5日拜会日本外相广田弘毅，提出因苏联尚未承认伪“满洲国”，应由日本政府做伪满支付中东路路款的担保。广田弘毅坚称由伪满向日本银行团借款支付路款。[1]对此，天津《大公报》于10月7日发表短评强调，苏联终于认清了日本是中东路的真正买主。短评指出，“中东路的买卖交涉，谁都知道是日本要出相当代价，把路权买到手上，但他偏叫傀儡出名，自己立于斡旋者的地位”。对此，“苏俄的心中是雪亮的”，所以，苏联坚持要日本代表会同签字，并由驻日大使向日本外相广田弘毅提出，由日本政府为伪满担保付款。这“都是要把牵线者拉出前台的做法”。[2]显然，在苏联出售中东路即将成为事实的情况下，天津《大公报》在深感遗憾的同时，又对苏联揭破日本借伪满之名购买中东路的实质，感到一丝欣慰。

自1933年10月苏日第一阶段谈判中止至1934年底，苏联与日本的谈判时开时停，双方主要就售路价格问题展开交锋。在1934年9月以前，双方相持不下，谈判一直没有取得进展。对苏日谈判的长期拖延，中国舆论界特别赞赏苏联对日本软硬兼施、巧妙周旋的外交政策。对于苏日就售路价格问题的长期争执，中国舆论界甚至抱着一种欣慰的看热闹心理。在苏日于1934年9月就售路价格问题基本达成一致后，中国舆论界一方面不希望、不相信苏日会很快达成出售中东路协议，另一方面非常关心苏联与日本的售路协议是否涉及苏联承认伪“满洲国”的问题。因为在名义上，苏联谈判的对手是伪满，日本只是居中斡旋。

## 六、对苏联正式出售中东路的复杂与克制心情

1934年9月苏日就售路价格达成一致意见后，两国谈判没有像中国舆论界希望的那样遇到障碍。1935年1月3日，苏联与日本就日本担保伪满支

---

1 《售路交涉，俄使访广田》,《大公报》(天津版) 1934年10月7日，第1张第4版。

2 《牵线者的苦恼》(短评),《大公报》(天津版) 1934年10月7日，第1张第4版。

付中东路售路款问题达成一致意见，议定由日本政府保证支付。[1]这样，苏日双方在所有关键性问题上均达成一致意见。对此，天津《大公报》于 1 月 5 日发表短评，预感到苏日售路谈判即将完成，表示："俄国出卖中东路问题，拖延两年，到最近真快解决了。因为俄国最后坚持付款要日本负责担保一层，日本已经应允，所以，今后已没有什么难题。"对于苏联即将把中东路卖给日本，短评作者可谓心绪复杂，一方面认为"中东路当然是非法买卖"，另一方面又觉得不能苛责苏联，因为"中国自己的领土，没能力守卫，单单在已失领土中的一条铁路，要责备他国替我们保全，其将何以自解"。[2]

1 月 22 日，苏日就出售中东路问题达成最终意见，并进入正式协定起草阶段。苏日双方议定，售路价格为 1.4 亿日元，三分之二以日货抵付，三分之一用现款支付。日本政府用公文保障伪满必须履行支付，不采取由日本代替伪满支付方式。[3]这个价格与 1934 年 9 月的意见相同，另外，由伪满支付被遣散的苏联员工津贴。对于日苏就售路问题达成一致意见，天津《大公报》于 1 月 23 日发表社评，表示不满。社评称，中东路主权属于中国，只有中国政府才有购买此路的资格，苏日两国"抹杀中国之地位，擅相授受"，中国"仍将坚持不承认之旨，以待他日之申雪"。社评认为，这是中国的又一"国难纪念日"，"由日本言，是则东路解决之日，即其独占满洲完成之日，故即为中国国难之一新纪念日也"！社评又指出，透过苏联与日本达成一致意见，可以看出，"苏俄对日仍一意息事宁人"。[4]

自 1 月 22 日苏日达成最终意见后，国民政府就予以密切关注。3 月 11 日，苏联与日本在东京草签中东路出售协定。国民政府外交部于 3 月 9 日电令中国驻苏联大使馆向苏联外交人民委员会提出抗议，指出此买卖为非法，中国政府绝不承认。同日，国民政府外交部又以发言人名义公开中东路事件经过，阐明中国政府立场。[5]颜惠庆于 3 月 13 日从国内回到莫斯科后，数次面

1 《售路谈判进行中》，《大公报》（天津版）1935 年 1 月 5 日，第 1 张第 4 版。
2 《中东路问题真快解决了》（短评），《大公报》（天津版）1935 年 1 月 5 日，第 1 张第 4 版。
3 《售路问题商得妥协》，《大公报》（天津版）1935 年 1 月 23 日，第 1 张第 4 版。
4 《中东路让渡交涉成立》（社评），《大公报》（天津版）1935 年 1 月 23 日，第 1 张第 2 版。
5 《东铁非法买卖成交，外部向苏联抗议》，《大公报》（天津版）1935 年 3 月 12 日，第 1 张第 3 版。

见苏联外交人民委员李维诺夫，提出口头抗议，据理交涉。[1] 3月16日，国民政府外交部发表声明书，再次表明中国政府立场，强调苏联与日本此举为非法，丝毫不影响中国在中东路上的权利，“苏联政府无论以出售或其他方式将该路让渡，中国政府及人民只有认此举为不合法之行为，无丝毫之拘束力，且认为国际间之谬举”[2]。

天津《大公报》编者对于苏联将中东路卖给日本，可谓心绪复杂。该报于3月13日发表短评，一方面表示，中国人不能承认这一非法买卖，“苏俄非法出卖中东路，在法律上，我们当然不能承认”，另一方面又对苏联此举表现出相当的理解，认为苏联出售中东路是出于避免与日本发生军事冲突的考虑，“苏俄在第二五年计划没有成功以前，的确不愿对外多事”，国人“至少对于苏俄这种委曲退让的苦衷，能够相当同情”。[3] 中东路让渡协定正式签字仪式于3月23日在日本外相官邸举行。[4] 在苏日正式签订出售中东路协定之际，天津《大公报》并未情绪激昂地抗议苏联与日本之间的这一交易，而是冷静地分析日本与苏联之间在中东路出售问题上的得失和远东地区苏日关系的前景。该报于当天发表社评分析，苏联断然让渡中东路，“作放弃北满势力范围之姿态，就苏俄言，乃为有计划的，故其得失利害，颇难断言。惟日本目前显有所得，且甚重要，则属无可否认”[5]。在社评看来，在此问题上，日本得大于失。

对于1935年3月苏联与日本签订的出售中东路协议，国民政府和中国舆论界的反应总体上是克制的。国民政府发表声明，并通过各种渠道向苏联提出抗议，只是例行公事式地表明了中国政府的原则立场。天津《大公报》发表的评论也不算多，在痛斥苏联出售中东路非法的同时，又对苏联此举表示理解，认为这表明了苏联不愿与日本发生冲突、在远东息事宁人的态度。毕竟，在东北沦陷、中国事实上丧失与苏联共管中东路的权力的情况下，想让

1 《颜大使抗议中东路非法买卖》，《大公报》（天津版）1935年3月26日，第1张第4版。

2 《外交部昨日发表声明书，否认东铁非法买卖，并保留我国对该路一切权利》，《大公报》（天津版）1935年3月19日，第1张第3版。

3 《中东路问题将了》（短评），《大公报》（天津版）1935年3月13日，第1张第4版。

4 《东铁非法买卖昨正式签字矣！》，《大公报》（天津版）1935年3月24日，第1张第4版。

5 《中东路今日转让！》（社评），《大公报》（天津版）1935年3月23日，第1张第2版。

苏联替中国维护对中东路的法理管理权，本身就是一个难以实现的梦想。

中苏在中东路问题上的外交交锋，可谓一波三折。1930 年至 1931 年的中苏会议，仅就会议议题达成了一致意见，由中东路问题，扩展到中苏复交、通商问题。会议几经延宕，没有取得任何谈判成果。在中苏会议前后，中国舆论界对中苏关系的态度，逐渐由强硬转向缓和。中国舆论界最初强调苏联在远东扩张企图，随着会议谈判的进展，舆论界逐渐倾向赞成恢复中苏外交和商业关系，并认识到赎回中东路条件的不成熟。在苏联与日本谈判出售中东路过程中，中国舆论界一方面对苏联的做法表示错愕、不满，另一方面在东北被日本占领的情况下，对苏日之间的售路交易，感到无可奈何，甚至对苏联此举表现出某种理解。在中苏就中东路进行外交和舆论交锋的几年间，中国舆论界基本上与国民政府的外交政策保持一致，但也有不一致之处，例如，在中苏复交问题上，舆论界比国民政府更为积极；在赎回中东路问题上，舆论界的态度比国民政府更为冷静和理性；在苏联出售中东路问题上，国民政府只是做了一系列例行性抗议，舆论界则做了一些理性的分析，从实际出发，认识到苏联不可能帮助中国维持中国对中东路的主权，表现出无可奈何的态度。综观 1930 年至 1935 年中苏在外交和舆论领域的交锋，我们可以看出中国舆论界坚决维护国家主权的强烈爱国主义精神。中国舆论界的观点和态度，尽管屡经变化，但一直是从维护中国在中东路上的权益为出发点的。

## 第二节

# 对中苏外交、经济关系的观察

在1930年至1937年整个中苏关系中，两国外交、经济关系具有基础地位。在两国关系因意识形态不同导致两国政治关系得不到发展的情况下，两国外交、经济关系的好坏，很大程度上，决定着两国整体关系的好坏。所以，中国舆论界高度关注中苏外交、经济关系，天津《大公报》等媒体发表了大量社评、短评，不少论者也发表了一系列文章，阐述对中苏外交、经济关系的看法。应该说，舆论界的相关看法是随着两国关系的演变而演变的。然而，中国舆论界对中苏外交、经济关系的主张是怎样的？这种主张与同时期中苏关系的实况存在怎样的关系，又呈现出怎样的样态和演变过程？这些都是需要深入考察的问题。

### 一、九一八事变后恢复与苏联外交关系成为中国舆论界的共识

九一八事变后，中国与苏联在中东路问题上的矛盾，被中日之间的矛盾隐蔽起来。如何抵抗日本侵略，成为中国舆论界关注的最主要问题。在这种情况下，中国舆论界从应付日本侵略角度积极主张与苏联恢复外交关系，中苏复交论渐成当时中国舆论界的主流观念。

1930年开始的中苏会议就涉及中苏复交问题。当时，在这个问题上，苏联是主动方，中国是被动方。苏联希望中苏会议一并讨论中东路、通商、复

交三个问题。国民政府外交部于1930年10月初同意了苏联方面的要求。同年12月4日的会谈决定，中苏会议成立中东路、通商、复交三个委员会，同时谈判三个问题。但是，此后中苏会议关于两国复交的谈判没有开始。无论是国民党当局及其各官员，还是中国舆论界，主动提出恢复与苏联的外交关系问题，是从1931年九一八事变开始的。

日本占领东北后，国民党内开始出现提议尽快与苏联恢复外交关系的声音。1931年10月18日，李烈钧、程潜、徐谦、张知本、陈嘉佑拟定了一份南京、广州国民党当局统一会议提案，共九条内容，其中一条即为“恢复对俄国交，增进对美国际关系”[1]。进入1932年，一些国民党地方官员纷纷表示支持中苏复交。当年6月，察哈尔省财政厅长文光从增加该省财政收入角度支持中苏复交。他提出，要改变察哈尔财政的亏损状况，惟有恢复中苏外交关系，以便恢复张家口与库伦之间的交通，“惟有中俄复交，使张库贸易复通，藉其入口之货，征收销场税，或可补派解军需之不足”[2]。同年6月13日，国民党天津市党部党务整理委员钱家栋在国民党天津市党部纪念周上，表示赞成与苏联恢复外交关系。他认为，与苏联恢复外交关系，有利于与苏联通商，以便中国商品出口苏联，也可防止苏联承认伪“满洲国”，“满洲伪国现正利诱苏联在东三省之利益，冀得承认。我若仍持前见，则苏联进而承认伪国，国际间即失一友国”[3]。任职于察哈尔省教育厅的刘永昌于同年7月在天津《大公报》发表文章，从发展对外蒙古贸易角度，阐述中苏复交的必要性。关于为何与苏联谈判对外蒙古贸易问题，他解释说，“不免有人疑难，外蒙即为中国领土，何能与苏俄谈判？然中国国难当头，东北失地尚未收复，势不可能兴师讨蒙。况外蒙已为苏俄所统治，外蒙方面不能直接对外发生关系”[4]。国民政府行政院长汪精卫也于同年5月初对记者发表谈话称，“对俄复

---

1 《李烈钧等拟具重要方案，开放党禁，对俄复交》，《大公报》（天津版）1931年10月19日，第1张第3版。

2 《救济察省财政，惟有中俄复交》，《大公报》（天津版）1932年6月11日，第1张第3版。

3 《党部纪念周之对俄复交谈》，《大公报》（天津版）1932年6月14日，第2张第7版。

4 刘永昌：《西北商业衰颓与中俄复交》（7月13日写于张家口教育厅），《大公报》（天津版）1932年7月18日，第2张第5版；刘永昌：《西北商业衰颓与中俄复交（续）》（7月13日写于张家口教育厅），《大公报》（天津版）1932年7月20日，第2张第5版。

交原无问题，惟时机待酌”[1]。

九一八事变后，天津《大公报》及中国社会各界主张中苏复交的呼声逐渐高涨。天津《大公报》于1931年10月28日发表社评，呼吁与苏联复交，表示：“抑自吾人观之，对俄复交，在中国方面，今殊不应成为问题，所当研究者，复交谈判应如何慎重将事，以期事后不生流弊，及如何推动之，使得顺利进行而已。”[2]东北沦陷后，南京及全国各地学生汇聚南京，举行大规模示威游行，并向国民政府请愿。其中，不少学生提出恢复与苏联邦交的要求。同年12月10日，济南市学生请愿团在南京向国民政府提出和平统一、收复失地、退出国联、恢复苏俄国交、公布外交方针等11案。[3]进入1932年，联苏制日逐渐成为一些论者头脑中的重要选项。当年1月28日，天津《大公报》“读者论坛”版发表陈常健的文章分析，如果中日开战，最有可能对中国进行军事和物资援助的国家只有苏联。因为在中国海军、空军几乎为零的情况下，中国的海岸必为日军封锁，英美“远水难救近火”。而中苏两国有着漫长的边境线，“能以陆军及军事上必需之物质援助我者，又除俄国莫属”[4]。时在北平闭门著书的老同盟会员刘揆一也觉得苏联是一个可以争取的对付日本的力量。同年2月4日，他在天津《大公报》发表文章设想，在中国出兵东北之初，即应与苏联联络，“暂为缓议中东路事件，而先行恢复国交，藉为声援，以制日人之后”[5]。在刘揆一看来，中东路问题已经不重要了，要紧的是如何联合苏联，对付日本。显然，在东北被日本占领的情况下，各界人士开始深入思考中苏复交的必要性，希望通过与苏联复交，在东北问题上取得苏联的谅解，以便联合苏联对付日本侵略。还有一些人虽不指望苏联援助中国抗日，但认为至少可以通过中苏复交，利用苏联调动国际社会的反日力量。同年1月31日，天津《大公报》“读者论坛”版发表署名“乐成”的文章认为，“与俄复交，确为当务之急。苏俄能否给我以实力帮助，自是另

1 《外交问题之两点》（社评），《大公报》（天津版）1932年5月2日，第1张第2版。

2 《热望对俄复交之新趋势》（社评），《大公报》（天津版）1931年10月28日，第1张第2版。

3 《首都示威热》，《大公报》（天津版）1931年12月15日，第1张第4版。

4 陈常健：《中俄复交与抗日问题》，《大公报》（天津版）1932年1月28日，第2张第8版。

5 刘揆一：《救国方略之我见（续）》（1932年1月16日），《大公报》（天津版）1932年2月4日，第2张第8版。

一问题，但利用之以恐吓各帝国主义，则收效必大”[1]。此文虽然认为苏联不一定会真正帮助中国抗日，但至少可以利用苏联与各“帝国主义”国家之间的矛盾，以挟制各“帝国主义”国家，尽可能使各“帝国主义”国家支持中国抗日。

在东北被日本占领的情况下，各界人士期望中苏尽快复交，还有一个非常实际的原因。这就是中国在苏联尤其远东地区设立的领事馆的地位问题。根据《伯力协定》，中苏两国虽没有外交关系，但双方在对方境内恢复了领事馆。苏联在沈阳、哈尔滨仍设有总领事，中国亦在苏联远东地区设有领事。1932年4月，发生了中国驻苏联海兰泡领事馆代发正在黑龙江抗战的马占山的电报事件。1932年4月17日，中国驻国联代表颜惠庆在瑞士日内瓦将马占山的一份电报提交国联行政院和各成员国。马占山在电报中斥责日本在东北“成立一伪国家，以为实行侵吞之梯阶”。此电报由马占山于4月14日从中国黑河发给黑龙江对岸的中国驻海兰泡领事馆。[2]中国驻海兰泡领事馆将电报转发到中国各地、其他国家和颜惠庆。苏联外交人民委员李维诺夫认为，中国驻海兰泡领事馆此举“或将妨碍苏联对于满事严格不干涉之政策”，要求中国召回驻海兰泡领事，并提出由伪“满洲国”另派驻海兰泡领事。[3]苏联此举意味着，苏联有与伪“满洲国”发生外交接触，甚至有承认伪“满洲国”的可能性。这在中苏没有外交关系的情况下，中国政府很难应对。当时的舆论界就敏锐地指出了这个问题。天津《大公报》于1932年4月21日就在报道中说：苏联此举“显有承认伪国意味”，南京方面“以中俄邦交未复，应付十分困难”。[4]同时，天津《大公报》对苏联此举表示不满。4月19日该报另一篇报道就以“怪哉苏俄”为题。[5]但天津《大公报》又对苏联此举不感到惊愕，于4月20日发表短评认为，在中苏两国尚无外交关系的情况下，此事并不出人意外。“中俄现在，并无国交，领事的存在，就是变态的。本无

1　乐成：《国难会议的使命》（1月25日），《大公报》（天津版）1932年1月31日，第2张第8版。
2　《马占山电到国联》，《大公报》（天津版）1932年4月19日，第1张第3版。
3　《日俄关系亦弛亦张》，《大公报》（天津版）1932年4月20日，第1张第4版。
4　《俄请撤领事，邦交未复，应付为难》，《大公报》（天津版）1932年4月21日，第1张第4版。
5　《怪哉苏俄》，《大公报》（天津版）1932年4月19日，第1张第4版。

轨道可循，那有法理可讲？”[1]在天津《大公报》看来，由于中苏没有外交关系，苏联此举并未违反国际关系通则。5月14日，天津《大公报》再次发表社评，从苏联有可能承认伪满角度，更深入分析了中苏尽快复交的必要性。社评指出：如果伪“满洲国”向海兰泡派出新的领事，“则等于与苏联发生事实的外交关系”，而中苏之间反而没有外交关系，“此中利害，不辩自明矣”。如果苏联境内中国领事均被伪“满洲国”取代，“将成苏联之事实的承认伪国”。[2]

在将中国驻远东领事改由伪满人员担任问题上，苏联说到做到了。苏联政府于1932年5月下旬认可了伪“满洲国”驻伯力、赤塔、海参崴、海兰泡四地的领事证书。这引起了新一轮主张中苏复交的声浪。天津《大公报》在5月29日的报道中认为，“此为苏俄对伪国事实承认之初步”[3]。5月29日，天津《大公报》发表短评，认为这正显示出中国尽快与苏联恢复外交关系的必要性，催促国民政府尽快与苏联恢复邦交，表示：“南京和俄国复交不复交，在俄国是没有多大关系，只问我们有没有需要，和复交后有没有其他做法。”[4]天津《大公报》又于6月6日发表社评分析，正是中苏没有外交关系，导致苏联有允许伪“满洲国”在苏联远东地区派驻领事的倾向，其弊端已经显现，“近且以中国对俄未复邦交，而有接待伪国派驻远东各地领事之倾向焉”[5]。天津《大公报》又于9月24日发表社评认为，如不尽快与苏联复交，确实存在苏联承认伪满的危险。社评分析：“苏联固不至，亦不应，承认满洲之傀儡组织，然中苏长此断交，整个的中国，不速求进行对苏外交之方法，则愈推演，愈于中国不利，无疑义矣。”[6]时人觉得，在伪“满洲国”出笼后，苏联在外交上多了一种选择，既可以与中国政府发展关系，也有可能与伪“满洲国”打交道。在这个意义上，时人觉得中国与苏联恢复外交关系越来越必要。

---

1 《苏联要求撤领事件》（短评），《大公报》（天津版）1932年4月20日，第1张第4版。
2 《中俄复交问题》（社评），《大公报》（天津版）1932年5月14日，第1张第2版。
3 《伪国委任驻俄领事》，《大公报》（天津版）1932年5月29日，第1张第3版。
4 《对俄复交还成问题？》（短评），《大公报》（天津版）1932年5月29日，第1张第4版。
5 《对俄复交尚何所待？》（社评），《大公报》（天津版）1932年6月6日，第1张第2版。
6 《苏联与满洲》（社评），《大公报》（天津版）1932年9月24日，第1张第2版。

东北沦陷迫使中国舆论界从中日苏三角关系角度重新认识苏联的国际角色，一改此前将苏联视作“侵略国”的定位，开始将苏联定位为与中国有着共同利益的国家。这又成为舆论界论证中苏复交必要性的论据。1932年6月10日，天津《大公报》发表社评分析，在对付日本侵略方面，两国利益一致。从苏联方面说，两国绝交，“俄国于是东不得不妥协日本，西不得不敷衍英法”。从中国方面说，如果中苏不绝交，东北或许不会全面沦陷，“向使中俄国交圆满，关系亲密，则日本对东三省之进攻，必有戒心，而九一八以后之日祸，或不能如此其烈”。所以，两国“尤应提携互助，以图善应世界未来之变局”[1]。天津《大公报》又于8月12日发表社评，从中、苏、日地缘关系上论述与苏联复交的必要性。社评分析，苏联和日本是中国两大强邻。日本侵占东北，导致中日交恶。同时，外蒙古因被苏联控制而与内地隔绝，“西北洞开”。中国对于两大邻国，不能同时敌对，“既为甲所侵犯，必须和乙，以免另一方面之窥伺”。“欲解决对甲之纠纷，亦必须和乙。”在中国被日本侵略、日苏关系紧张的情况下，惟有中国与苏联恢复国交，才可以解决中日间、日苏间的纠纷，从而形成中、苏、日三国的相安局面。[2]10月27日，天津《大公报》在社评中又分析，如果中苏不复交，苏联有倒向日本的可能。社评注意到，日本通讯社纷传日本政府正在考虑响应苏联的提议，与苏联签订互不侵犯协定。社评认为，如果日本与苏联拉近关系，对中国极为不利，“乃中俄复交，迟迟不进，今若令日本制于机先，在外交上取得优势，则于我实有大害”[3]。天津《大公报》从东北亚国际格局角度觉得，中国应争取苏联，而非疏远苏联，以避免将苏联推向日本一方。

在东北被日本占领的情况下，中国舆论界越来越感到中苏复交的必要性。人们感到，一方面，在应对日本扩张方面，中苏两国有着相当大的共同利益；另一方面，在东北亚中、日、苏三角关系中，苏联具有举足轻重的地位，如果不与苏联复交，就有可能将苏联推向日本方面。同时，东北沦陷后，因为苏联与东北接壤，苏联与伪满事实上存在诸多事务性纠葛，如中东

---

1 《中俄关系之新调整》（社评），《大公报》（天津版）1932年6月10日，第1张第2版。

2 《赞同孙科对俄复交之主张》（社评），《大公报》（天津版）1932年8月12日，第1张第2版。

3 《日俄将议订不侵犯条约》（社评），《大公报》（天津版）1932年10月27日，第1张第2版。

路、领事馆等，所以，苏联与伪满的关系极为敏感。这也成为促使中国尽快与苏联复交的重要因素。主张中苏尽快复交，逐渐成为中国舆论界的主流意见。

## 二、对 1932 年 12 月中苏复交的庆贺与期望

虽然九一八事变后，在中苏复交问题上，中国舆论界已经形成共识，但是，中苏复交几乎是突然出现的。1932 年 12 月 12 日，中国驻国联代表颜惠庆与苏联外交人民委员李维诺夫在瑞士日内瓦互换文件，决定即日起恢复两国外交关系。此事引起了中国各界非常积极和热烈的反应。

在中苏复交既成事实的情况下，许多国民党要员纷纷表明支持中苏复交的态度。南京国民政府委员伍朝枢于 1932 年 12 月 13 日在上海表示："复交为应做有益之事，无可疑虑。"[1] 张学良也于同年 12 月 14 日在北平向路透社记者发表谈话，对中苏复交表示支持，称"我相信两国定能互以诚意，发展友谊，在东亚与世界之今日，可为足资纪念之和平曙光也"[2]。国民党中央监察委员张继在 20 年代是西山会议派的首要分子，长期以反共和反苏著称。此时，他也高唱"联俄"。12 月下旬，开发西北协会在南京中央大学主办讲演会，邀请张继发表演讲。他在演讲会上声称，"兄弟是主张联俄的"。中苏复交对于中国应付日本的侵略极有帮助，"须知应付日本，非单用外交方法可以解决，故中俄间能维持良好关系，则中国民族可以解决亚洲事情的"。[3] 显然，张继指望通过与苏联发展关系，解决日本占领东北问题。这些国民党要员可能内心不赞成与苏联复交，但他们的公开表态，在当时确实壮大了赞成中苏复交的舆论声势。

对于中苏两国恢复外交关系，中国舆论界纷纷表示庆贺和支持。天津《大公报》即报道，南京各报纸"对中俄复交均表赞同"，"《中央日报》谓

1 《伍朝枢谈复交》，《大公报》（天津版）1932 年 12 月 14 日，第 1 张第 3 版。

2 《张学良谈话》，《大公报》（天津版）1932 年 12 月 15 日，第 1 张第 3 版。

3 《开发西北问题——张继在开发西北协会之演词》，《大公报》（天津版）1932 年 12 月 30 日，第 1 张第 4 版。

此为数年来舆论之具体实现，并赞许外交当局之果敏”。[1]天津《大公报》也迭发社评与文章，在祝贺中苏复交的同时，对中苏关系的前景表现出极大期待。该报于1932年12月14日发表社评，对中苏复交表示欣慰，称“此中国外交一大事也。吾人四年以来，迭次著论，主张中俄两国不宜长在断交状态。九一八国难前后，申说尤力。乃以内外障碍重重，至今日始闻主张之贯彻。回溯旧论，盖不胜其感喟”。社评期望中苏两国相互了解，相互提携，共谋进步，表示：“吾人对于中俄两国，向来主张互研国情，共谋亲善。盖以苏俄在世界为翘然独异之国家，中国在国际迄居被压迫之地位，中俄国际利害，并无冲突，而东西两大民族之了解与提携，实可构成改造世界大势之一种动力。”[2]该报又于12月14日和15日连载长文，回顾1917年十月革命后至九一八事变的中苏关系。在发表此文的按语中，该报将中苏复交与东北沦陷两件事非常密切地联系起来，说道：自1929年两国中断外交关系以来，“在此时期之中，两国间在精神上、物质上所受之损失，固不胜计，而两大相持，予第三者以因利乘便之机会，因而构成一年来之东方大变局，至可悲慨”。[3]显然，天津《大公报》从九一八事变后的国难认识中苏复交的意义，并将中苏中断外交关系视作导致东北被日本占领的重要原因。

对于中苏两国恢复外交关系，天津《大公报》编者的心态是比较冷静的，并未对苏联帮助中国抗战抱有奢望。该报于1932年12月24日发表社评，认为两国恢复外交关系只是两国发展正常的国与国之间的关系，中国要想维护国家权益，要依靠中国自身的实力，而不能指望苏联的帮助。社评认为，一方面，中国在东北被日本占领的情况下，“与俄复交，打开西北通路，互剂经济之有无，此当然为有益之事”，另一方面，“一国当危急之秋，欲于外交上觅取与国，原非不可之事，然其为祸为福，则全系于己身之力量若何。盖未有己身无为，而能以外交托国者”。在中国国难之中，中国与苏联恢复外交关系，“国人或不免有第三次联俄之联想”，但是，“我政府及国民，须切记一义焉。欲联与国，必本身先有特立独行之能力，否则，己德不竞，

1 《中俄舆论对复交均表赞成》，《大公报》（天津版）1932年12月15日，第1张第3版。
2 《中俄复交矣》（社评），《大公报》（天津版）1932年12月14日，第1张第2版。
3 《中俄邦交之回顾》，《大公报》（天津版）1932年12月14日，第1张第4版。

徒赖他人，结果唯有召侮”。[1]1933 年 1 月初，苏联宣布由鲍格莫洛夫担任驻华大使。天津《大公报》于同年 2 月 2 日发表社评，不客气地向即将到任的鲍格莫洛夫提出了两个需要苏方澄清的问题：一、伪满驻苏联领事问题，“俄国对满洲伪国虽未承认，而日本支配下之伪外交部固已派遣领事赴海兰泡、赤塔等处驻扎，且公然以日本人充副领事，俄国对此，作何应付，此中国所宜问者也”。二、苏联允许日本军队使用中东路问题，“中俄、奉俄两协定，依然存在，俄国何以牺牲中国一半之路权，放任日本，长久利用东路，运兵作战，此又中国所不容默尔而息者也”。[2]

天津《大公报》主张趁中苏复交的机会，加强两国的相互了解。该报于 12 月 15 日发表社评表示：“今当复交之始，俄人应如何求得中国之真认识，自当别论。吾人则应负起责任，使俄人了解中国，更应奋发努力，使自身了解俄国。”社评尤其强调，中国应深入了解苏联的经济建设事业，“俄自共产革命成功，举全力以行经济建设，并世诸邦，虽极厌恨俄国者，近年亦不能否认其五年计划之成绩。而第二五年计划，更于利用厚生之道，加意创造。以是，欧美、日本考察俄国之人员，公私踵接，著述繁多”。因此，社评建议，组织全国各界“赴俄视察团”，汇集专门人才，“一同赴俄研究”。一方面考察苏联的建设工作，“引为师资”，一方面向苏联宣传中国的历史民情、国际地位、生产程度。社评强调，“中俄交利而尤有裨于中国之建设事业也”。中国民族的出路本在东北与西北，东北沦陷后，“西北开辟，尤为亟务”，“应利用西北之经营，藉为收复东北之动力”。而西北地区的铁路建设、中苏通商，尤其与经济界有关。所以，“全国工商事业家，应为组织赴俄视察团之中心”。[3]12 月 25 日，天津《大公报》在社评中又强调，中国应学习苏联的建设经验，“就中国之建设言，我国人对于苏俄近年之进步向上，亦须加意研究，取其所长，补我所短”。[4]显然，在中苏复交之际，天津《大公报》特别关注苏联的经济建设事业，认为中国应学习苏联经济建设经验，并主张

1 《中俄复交之反响》（社评），《大公报》（天津版）1932 年 12 月 24 日，第 1 张第 2 版。
2 《忌嫉中伤中之中俄关系》（社评），《大公报》（天津版）1933 年 2 月 2 日，第 1 张第 2 版。
3 《国人宜组织赴俄视察团》（社评），《大公报》（天津版）1932 年 12 月 15 日，第 1 张第 2 版。
4 《中俄间几个具体问题》（社评），《大公报》（天津版）1932 年 12 月 25 日，第 1 张第 2 版。

中苏两国应在经济上交流互助。

对于1932年12月中苏复交，天津《大公报》等中国媒体一致表示欢迎。不仅舆论界，就是不少国民党当局人士，亦纷纷发表谈话，欢迎两国恢复外交关系。尤其是，天津《大公报》发表了一系列社评，对中苏复交后的两国关系问题进行分析。值得注意的是，面对中苏复交，天津《大公报》的态度是冷静的，一方面，赞同恢复与苏联的外交关系，尤其主张学习苏联的建设经验，另一方面，又意识到两国间仍存在亟待解决的严重问题。

## 三、对中苏外交关系停滞的不满和矛盾心情

1932年12月中苏复交后，虽然中国舆论界非常重视中苏关系，主张深入发展两国关系，但是，两国关系存在一系列内在矛盾，导致两国外交关系没有大的进展。对此，中国舆论界表示不满，并心情矛盾。

中苏复交后，进入1933年，中国各界对苏联的关注持续高涨。柳亚子、鲁迅、胡愈之等于1933年元旦发起成立苏俄研究协会。[1]这虽然是由左翼人士组织的一个团体，但仍表明时人对苏联关注度的提高。天津《大公报》于1933年3月3日发表社评，再次强调中苏两国应加强相互了解，“中俄两国，能否彼此相知，为今后外交上之第一义”，一方面，“使苏联知中国”，另一方面，“使中国政府、国民知苏联”。[2]天津《大公报》甚至期望中苏两国能够进一步实现结盟。1933年3月，中国驻苏联大使颜惠庆一度说，中苏两国即将签订互不侵犯条约。天津《大公报》于当月16日发表短评，表示支持，认为“这当然是复交后应做的事，早在一般意料之中。在日阀猖狂、远东火灾逐渐扩大之时，中俄两国的接近是特别有意义的”[3]。尽管中苏互不侵犯条约迟至1937年8月才签订，但天津《大公报》的态度仍说明该报对发展两国关系的迫切期待。新任苏联驻华大使鲍格莫洛夫于1933年4月23日抵达上海。当天，天津《大公报》发表社评，强调中苏两国在经济建设、远东国

---

1 《苏俄驻华大使波格莫洛夫任命发表》，《大公报》（天津版）1933年1月3日，第1张第3版。
2 《从日内瓦到莫斯科》（社评），《大公报》（天津版）1933年3月3日，第1张第2版。
3 《中俄不侵犯条约将签字》（短评），《大公报》（天津版）1933年3月16日，第1张第4版。

际关系方面利益的一致性。社评强调，两国应借复交之机，尽快实现经济互助，“夫中俄两国，当然皆不能仅以恢复通常国交为满足，凡举一切经济生活、建设事业，胥有互助之必要”。同时，两国之间应在远东国际关系方面，尤其在对付日本方面，相互提携，“尤要者，彼我在远东之国际环境，实处于利害共通之地位，允宜有亲切之提携”。社评分析，日本对于中苏两国均为一大威胁，“查日本对俄，惟恐其国力强盛，妨碍日本霸权；其对华也，又惟恐其建设进步，力能抵抗强暴。故因俄国五年计划成功，而加紧侵略中国，又因削弱中国势力而加紧对俄压迫。张弛之间，因果联系，此不可不察也”。[1] 显然，在苏联驻华大使到任之际，天津《大公报》主张两国相互帮助，共同应对日本的威胁。

国人对中苏外交关系的重视，从蒋廷黻继任驻苏大使前后的相关言论和各界的反应中，亦可看出。颜惠庆于 1936 年 3 月以体弱多病为由，坚辞驻苏大使一职。同年 6 月，回到天津，结束外交生涯。国民政府外交部于同年 8 月批准颜惠庆辞职，决定由蒋廷黻继任驻苏联大使。[2] 蒋廷黻被批准担任驻苏联大使后，于 8 月 28 日接受记者采访表示：由于中苏两国均致力于国内建设，均期望世界和平，所以，对中苏两国关系的发展表示乐观，“两国目前正努力于国内经济建设，力求国际和平，故本人此次奉派出使苏联，图谋两国友好邦交方面，当不感任何困难”[3]。上海各界人士和苏联驻华外交人员为蒋廷黻赴任举行了一系列欢送活动。9 月 19 日中午、下午、晚上，上海各界、中苏文化协会、苏联驻华大使分别举行欢送活动，蒋廷黻一天的日程极为紧凑。中午，上海市市长吴铁城与上海各界名流组织的“礼拜六会”在上海静安寺路国际饭店宴请蒋廷黻。下午，中苏文化协会上海分会、留美哥伦比亚同学会，由交通大学校长黎照寰主持，在上海天潼路新亚酒店举行茶会，欢送蒋廷黻。上海市市长吴铁城、苏联驻华大使鲍格莫洛夫及上海文化教育界黎照寰、何炳松、刘湛恩、翁之龙、颜福庆、汪亚尘、萧友梅、王志莘等 70 余人出席。黎照寰致答词称：“希望蒋大使将来多多将苏联文化，介绍回

1 《新任俄大使今日到沪》（社评），《大公报》（天津版）1933 年 4 月 23 日，第 1 张第 2 版。
2 《蒋廷黻将任驻苏联大使》，《大公报》（天津版）1936 年 8 月 20 日，第 1 张第 3 版。
3 《蒋廷黻十月中旬赴俄就任》，《大公报》（天津版）1936 年 8 月 29 日，第 1 张第 3 版。

国，并将本国文化，向苏联介绍。”晚上，鲍格莫洛夫在苏联驻上海领事馆设宴款待蒋廷黻，并邀吴铁城、国民政府外交部驻上海办事处主任周珏及颜福庆、黎照寰等参加。[1]10 月 24 日，蒋廷黻自上海启程赴苏联。[2]蒋廷黻启程前夕，上海各界于 10 月 22 日、23 日两天连续举行了盛大的欢送会。22 日，上海国际问题研究会、上海市商会、上海市银行公会、上海市地方协会、寰球中国学生会、上海纳税华人会、上海公教促进会、太平洋国际学会、上海各大学联合会、上海钱业公会、上海青年会等团体，在上海香港路银行俱乐部举行欢送茶会。[3] 23 日，上海《大公报》社在上海国际饭店，中国青年会在八仙桥上海青年会，分别举行宴会，欢送蒋廷黻。清华同学会也于同日在静安寺路会所举行茶会，为蒋送行。中国青年会的欢送宴会，参加者有蔡元培、黄炎培、林康侯、张乃燕、钱新之、陈鹤琴及苏联驻华大使鲍格莫洛夫等 100 余人。[4]虽然蒋廷黻等人发展中苏关系的言论均为外交辞令，但由参加欢送蒋廷黻各项活动的人员之众可以看出，中苏关系受到各界人士的广泛关注。

实际上，中苏外交关系面临着巨大的政治障碍。天津《大公报》即于 1933 年 4 月 28 日发表社评分析，中苏两国很难在政治上相互提携。国民党与苏联共产党在历史上结怨甚深，“国党之于俄党，旧有深厚因缘，竟结严重恶果，惟其如此，其相互提携之难，更甚于向无交谊之政府”。同时，国民党当局推行以国联和北美为中心的外交政策，“既重视国联与北美，则势不能与苏联谋政治的提携”。[5]两国关系存在的政治障碍，从鲍格莫洛夫抵达南京后对记者的表态亦可看出。鲍格莫洛夫于 5 月 4 日举行记者招待会，除冠冕堂皇地表达了全面发展两国关系的愿望外，发言谨慎。记者招待会完全按预先准备的程序进行，他几乎未作临场发挥。他先用俄语将准备好的演讲词朗读一遍。之后，由中央社记者代表与会记者致词。鲍格莫洛夫起立答

1 《中苏文化协会昨欢宴蒋廷黻》,《大公报》(上海版)1936 年 9 月 20 日，第 1 张第 4 版。
2 《蒋大使出国》,《大公报》(上海版)1936 年 10 月 25 日，第 1 张第 3 版。
3 《蒋廷黻将出国》,《大公报》(上海版)1936 年 10 月 22 日，第 1 张第 3 版。
4 《蒋大使今日赴任》,《大公报》(上海版)1936 年 10 月 24 日，第 1 张第 3 版。
5 《新甘铁路问题》(社评),《大公报》(天津版)1933 年 4 月 28 日，第 1 张第 2 版。

谢，所言亦仅为客套话，强调新闻记者对于维护中苏友谊和世界和平的重要作用。随后，他约记者到另一个房间进行自由问答，但对记者提问亦仅为圆滑应付，甚至是答非所问。天津《大公报》刊登的文章称，“俄使所答实异常圆滑而巧妙，对所问绝不作肯定答语”，“问者虽众，而俄使所答类皆轻描淡写，不着边际”。[1]鲍格莫洛夫此种态度表明，当时中苏关系仍处于十分敏感、脆弱状态。所以，天津《大公报》从两国关系面临的政治障碍出发，提出两国签订互不侵犯条约的重要性。该报于1933年5月3日发表社评表示，在中苏关系方面，中国“本无积极要求”，仅希望苏联“勿复干涉我之内政，使中国早得休养生息之力”。在目前中国内政外交现状之下，中苏关系难以遽求政治关系的深入发展，而为两国利益计，“互不侵犯条约，实应尽速成立”。[2]

中苏复交后的几年间，两国外交关系并无大的发展。曾经纷传一时的签订互不侵犯条约，也长期没有下文。两国关系不仅处于停滞状态，反而出现了大量的外交分歧与纠葛，如苏联向日本出售中东路问题等。而且，两国大使馆一度长期处于无大使状态。1934年春，中国驻苏联大使颜惠庆请假回国，次年3月才返回莫斯科。鲍格莫洛夫也于1934年10月13日回国，由苏联驻上海总领事代行大使馆事务，次年4月才返回南京。天津《大公报》1934年10月18日发表的通信就说道：“中俄两大使，且皆因目前一时无事可做，而请假归其故乡。中俄外交关系之岑寂疏隔，盖完全暴露矣。”这篇通信又分析说：“盖中俄复交以来，所已做到者，不过互换使领之一步，此外，任何事皆未进行。中俄两国真正仅是复交而止。复交以后，两国关系，胥未能再有增进。”[3]就鲍格莫洛夫于1934年10月13日回国一事，天津《大公报》于当月18日发表短评，对中苏关系的停滞表示失望。短评注意到，鲍格莫洛夫忽然回国，事前国民政府外交部亦不知道，“殊为可异”。短评分析，“本来中苏复交以后，一般人对于两国进一步的亲近，狠有许多期待。

1 《俄大使昨日招待首都新闻界》，《大公报》（天津版）1933年5月5日，第1张第3版。

2 《今后之中俄关系》（社评），《大公报》（天津版）1933年5月3日，第1张第2版。

3 《俄使归国，中俄关系之检讨》（10月14日），《大公报》（天津版）1934年10月18日，第1张第3版。

结果，两三年来，始终只不过寻常的交际往来，此外，任什么活动都没有。这叫热心希望两国亲交的人们，不能无失望之感”[1]。

在蒋廷黻赴任驻苏大使之际，清华大学政治学教授萧公权对苏联外交政策的态度是复杂的。在他看来，从世界和平秩序尤其远东和平秩序角度看苏联外交问题，苏联是一个和平主义国家；从苏联控制中国外蒙古、向新疆渗透等角度看苏联外交政策，苏联又是一个具有侵略性的国家。他于1936年10月25日在《独立评论》发表文章，一方面从远东国际和平大局出发，期望中苏关系能得到全面发展，另一方面又认识到中苏关系的复杂性和两国关系发展过程中存在的巨大障碍。他期望蒋廷黻“此去能在困难的环境当中，扫除两国间的阴霾，为亚洲和平做一番基础的工作”，认为“为亚洲的和平起见，中苏间的关系是应该急速加以调整的”。但是，他又分析，两国关系之所以在恢复邦交以来没有大的发展，苏联对中国的侵略政策是一个重要原因，“苏联对我，也免不了侵略国的面目”，苏联控制了中国的外蒙古和新疆西部，苏联对中国的“侵略手段的阴险毒辣”，相较于日本侵略中国东北、冀东、察北，“也毫无逊色”。“苏联的侵略政策，也是两国邦交不能圆满的症结。”所以，他对中苏关系并不抱太大期望，认为大家不应对中苏关系“有过度的奢望”。[2]显然，他将中苏关系得不到快速发展的大部分责任推向苏联一边。

对于中苏外交关系的停滞，天津《大公报》一方面甚为不满，另一方面，认为应继续推进两国关系。该报于1933年9月3日和4日连载的一篇通信，一方面分析了两国外交关系难以深入的情况，认为中苏两国外交关系并不密切，存在的问题仍多，“中俄的国交，现在昏暗的状态中，甚至商务关系（不要谈政治及外交关系），均在怠惰的状态中。数年来双方所采的政策、造成的误会，尚没有除去的样子”；另一方面强调中国出于两国在远东的共同利益，应尽量拉近与苏联的关系，“中国政府假使看见苏俄政府注意远东政策的时候，应立即采取有效的步骤，使两国密切合作。在现时，我们和苏

1 《俄大使忽然回国》（短评），《大公报》（天津版）1934年10月18日，第1张第4版。

2 君衡：《中苏关系》，《独立评论》第224号，1936年10月25日，第2—4页。君衡系萧公权笔名。

俄没有冲突，亦不应有冲突”[1]。1934年5月28日，该报发表社评，既对两国外交关系的停滞甚为不满，又主张进一步深化两国关系。社评注意到，中苏复交一年多来，中国政府除抗议苏联向日本出售中东路外，“似未闻有何项交涉之进展”。社评建议，国民政府应尽快与苏联谈判商约问题，并筹划解决外蒙古等悬案，注意新疆等西北边境与苏联的接触问题，“务须引导苏联之政策，使与我利益一致”。[2]

中苏复交后，中国舆论界非常看重中苏外交关系，热情期望两国关系得到全面发展。但是，复交后的几年间，两国外交关系面临着巨大的政治障碍，这既由于两国意识形态的不同，亦由于两国外交政策的相异。苏联在日本占领东北问题上采取不介入政策，将中东路出售给日本，并控制外蒙古，向新疆进行渗透，而中国的外交政策更重视与欧美资本主义国家的关系，并受到日本对华政策的牵制。这导致1937年全面抗战爆发前，两国外交关系没有大的发展。对于中苏外交关系的停滞，中国舆论界非常不满，并心情矛盾，既看到两国外交关系面临的困难，又认识到发展中苏外交关系的重要性。

## 四、对中苏经济关系的认识和期待

经济关系是中苏两国整体关系中的重要方面。在全面抗战爆发前的30年代，中苏经济关系以1932年12月两国复交为分界，经历了复交前的对立、复交后的合作两个阶段。在第一个阶段，中国舆论界对中苏经济交往不抱希望，在人们眼中，苏联扮演着经济侵略国的角色。在第二个阶段，中国舆论界极度关心两国经济合作、贸易问题，这一度成为人们讨论的焦点话题。

30年代初，在中苏经济交往方面，苏联在中国媒体上的形象多是负面的。中国舆论界对苏联经济侵略中国表现出极大的担忧，抱有强烈的戒备心理。苏联的此种负面形象，与中东路事件后两国关系的断绝和舆论界对苏联

1 《苏俄的外交政策（续）》（莫斯科特约通信），《大公报》（天津版）1933年9月4日，第1张第4版。

2 《今后之中苏关系》（社评），《大公报》（天津版）1934年5月28日，第1张第2版。

的整体恶感有关。1930 年 3 月，天津《大公报》屡次介绍苏联对中国北方的经济侵略。3 日，该报刊登通讯分析，苏联对中国的经济侵略不仅涉及外蒙古，而且涉及中国华北、西北、东北的广大地区，“其经济吸吮之力，何止外蒙一隅？若甘、新、绥、察、热、辽，悉在其吸吮力之范围，言之惊人”[1]。10 日，该报刊登消息介绍说，苏联经济委员会已拟订“经济侵略北满之计划”，交伯力经济委员会“就近实行”。[2]26 日，该报刊登一篇通讯，将苏联远东滨海地区的乌苏里铁路称作“苏俄侵略北满之利器”。通讯称，“乌苏里铁路为沟通欧亚交通之孔道，与东铁及满铁，均订有联运细则，苏联经济侵略北满之野心，尤无所不用其极”。[3]《俄罗斯研究》也刊登文章，介绍苏联对中国的经济侵略。1931 年 5 月 10 日，黄永伟在《俄罗斯研究》发表文章注意到，苏联加大对东北的经济侵略。苏联为了获取经济建设的资金，向中国东北大量低价倾销粮食、木材、煤油等农产品和原料产品。[4]进入 1932 年，一些经济界人士开始感觉到苏联商品对中国市场的冲击。当年 1 月 16 日，北平市商会主席冷家骧向国民政府实业部建议，成立“对外贸易部”（或称“国际贸易部”），集中管理对外贸易，以对抗列强的经济侵略。他注意到，不仅资本主义列强大量向中国倾销产品，就是苏联随着五年计划建设的进展，产品日增，也开始冲击中国市场，“俄国五年计划，方经第二期实行之际，而输入我国名品，较任何舶来品已属物美价廉，足以战胜一切”[5]。在人们眼中，苏联完全是一个经济侵略国。

1932 年 12 月中苏复交后，中苏经济合作与贸易呈现高开低走的态势。复交之初，中国各界一度对中苏经济合作寄以很大期望。中苏贸易问题尤其成为时人讨论的焦点话题。人们普遍期望尽快签订中苏商约，全面发展两国贸易。国民政府和中国舆论界提出了种种建议和计划。而实际上，自中苏复

---

1 《西北商业大可忧》，《大公报》（天津版）1930 年 3 月 3 日，第 1 张第 4 版。

2 《俄侵北满》，《大公报》（天津版）1930 年 3 月 10 日，第 1 张第 4 版。

3 《乌苏里铁路积极发展》，《大公报》（天津版）1930 年 3 月 26 日，第 1 张第 4 版。

4 黄永伟：《苏俄侵略下之东三省》，《俄罗斯研究》第 2 卷第 4、5 号合刊，1931 年 5 月 10 日，第 4 页。

5 《请设国际贸易部，以集中对外贸易 —— 冷家骧对实业部之建议》，《大公报》（天津版）1932 年 1 月 17 日，第 1 张第 4 版。

交至1937年7月全面抗战爆发，中苏经济合作、中苏贸易始终没有全面发展起来，人们提出的各种建议和计划大多没有实现。而且，时人对苏联对外贸易国营制度普遍心怀芥蒂，提出了一系列应对措施。

中苏复交后，中国舆论界密切关注两国贸易问题。天津《大公报》屡次发表社评，期望中苏贸易得到快速发展，并期望两国尽快签订商约。该报于1933年3月3日发表社评希望，中苏两国在经济上实现互利提携，“今幸国交复活，已恢复寻常之睦谊，此后通商发达，或更能成立善邻之提携”[1]。同年5月3日，该报又发表社评，阐述了尽快签订中苏商约的重要性。社评指出，缔结两国商约对于中国比对于苏联更为重要，“关于通商问题，则我国利害之重大，殆较俄方为甚，故中俄商约，亟应准备开议”。在两国贸易方面，苏联几乎无求于中国，所以，中国“应从速与之交涉”。[2]

曹树铭于30年代中期在驻苏大使馆任职，1936年3月，由莫斯科回到南京，任职于国民政府外交部。[3]他于1937年4月18日至28日在上海《大公报》发表文章，分析了起草中苏商约涉及的一系列问题，如苏联在华商务代表处及商务专员办事处之外交承认问题、中国驻苏联大使馆商务参赞的设置问题、成立对苏贸易华商协会问题、由华商协会与苏总商会成立中苏商联会问题、由中苏商联会成立中苏商事公断委员会以解决贸易纷争问题、确定两国间进出口最低额问题、规定两国之间贸易商品种类及其数量问题、确定两国税率互惠的商品种类问题、两国间偿付方式问题、两国间成立信用借款问题等。曹树铭所讨论的问题非常系统，涉及中苏贸易的方方面面。对于这些问题，他都作了非常深入、细致的探讨，并提出了自己的设想。曹树铭撰写的这份意见书篇幅很长，内容丰富，上海《大公报》分9次以大篇幅进行刊载。这不仅说明曹树铭对中苏贸易问题极为关注，也说明上海《大公报》对此问题的高度关注。曹树铭主张中苏两国应尽早缔结正式的商约。他指出，中苏两国虽于1932年12月恢复邦交，但一直未缔结商约，导致两国贸易发

---

1 《从日内瓦到莫斯科》（社评），《大公报》（天津版）1933年3月3日，第1张第2版。

2 《今后之中俄关系》（社评），《大公报》（天津版）1933年5月3日，第1张第2版。

3 《留俄研究俄国法律，曹树铭返国抵京，将在外交部担任要职》，《中央日报》1936年3月9日，第2张第4版。

展受阻。“中俄贸易迄不能如双方之理想而发展，其最大原因在于无商约关系以为贸易之范畴，此为至明且显之事。为贸易而贸易，商约之缔结固为不可或缓之举。进一步言，为增进中俄邦交之敦睦，从经济合作起，商约殆亦为基本工作之一。”[1]

中苏复交后，中国各界纷纷筹组各种形式的苏联考察团，以便开展与苏联经济界的交流，发展中苏贸易。1933年2月，全国实业界头面人物筹备组织“苏俄考察团”。上海工商界参加者颇多。考察团的目的有三：第一，考察苏联一五计划的成绩和二五计划的进展；第二，与苏联实业界人士交换意见；第三，发展中苏之间的商业。[2]他们起草“振兴中俄商业之意见书”，打算当年3月中旬办妥出国手续。参加该团者包括张嘉璈、吴鼎昌、徐新六、丁文江等。[3]显然，当时诸多实业界、科技界名流均参与其中。国民政府实业部于1933年2月着手组织“苏俄实业考察团”，准备派遣人员赴苏联，考察苏联实业，以资借鉴。[4]但是，实业部组织的“苏俄实业考察团”一直拖延未能成行。陈公博于同年5月30日发表谈话称：“关于苏俄实业考察团事，目前尚谈不到，一因中俄商约尚在郑重研究，未能订定，一因关税问题未解决，贸然前往考察，必无结果。”[5]1934年2月20日，回国述职的驻苏大使颜惠庆在北平《外交月报》社为他举行的欢迎会上发表演说，对各界筹组的苏联考察团未能成行表示遗憾。他注意到，中苏复交后，国内各界一度筹划往苏联派经济考察团、实业考察团，但后来均未实现。他主张中国应努力落实往苏联派考察团一事。他表示，他当时曾屡次致电国民政府外交部，催促派考察团一事，“现仍盼望国人将此事实现”[6]。

虽然中国各界期望中苏尽快发展贸易关系，并签订两国商约，但实际情况并未如时人所愿，不仅两国商约一直没有签订，就是两国商业关系也处于

1　曹树铭:《中俄商约意见书》,《大公报》(上海版)1937年4月18日，第1张第4版。
2　《全国实业界组织苏俄考察团》,《大公报》(天津版)1933年2月12日，第1张第3版。
3　《苏俄实业考察团现正从事应有之准备，出国手续下月可办妥》,《大公报》(天津版)1933年2月15日，第1张第3版。
4　《苏俄实业，实业部计划派员考察》,《大公报》(天津版)1933年2月14日，第1张第3版。
5　《陈公博谈话，展期否未定》,《大公报》(天津版)1933年5月31日，第1张第3版。
6　《颜大使讲演中俄关系》,《大公报》(天津版)1934年2月21日，第1张第3版。

畸形发展状态。一方面，苏联对华出口有了较大增长，另一方面，中国对苏联出口毫无起色，就是作为中国特色产品的茶叶，对苏联的出口额亦不大。

对于中苏复交后中国在中苏贸易中由出超转为入超的情况，中苏复交之初，国民政府实业部就有了准确判断。1932年12月，实业部国际贸易局局长何炳贤向天津《大公报》记者表示：随着中苏复交，中国对苏贸易将会有较大增长，但很可能由此前的出超变为入超。他分析，由于苏联对外贸易有自己的政策，进口限于苏联的必需品，出口又以不妨碍苏联国民经济为原则，“非其他自由经营商业之国家可比”，所以，复交以后，中国对苏贸易会趋向入超，“如煤油、木材以及其他苏俄能运销国外之商品，当有大宗输入”，而中国对苏出口可能不会有显著增加。由于豆类的主要产地东北沦陷，作为出口苏联主要货物的豆类出口并不乐观，中国的其他产品“多非俄国所必需”。[1]实业部长陈公博的看法与何炳贤一致。他于1933年2月16日在上海向记者介绍，在中苏复交后的贸易关系中，中国会处于入超地位，不会有多大优势。他分析，在过去的中俄贸易中，中国出口商品以大豆、茶叶、棉货为主，并处于出超地位。但现在形势变了。中国大豆的主产区东北被日本侵占。自中苏断绝外交关系后，中国向苏联的茶叶出口尚未恢复，“将来是否能恢复至原有状况，亦不敢说”。在清代，中国对俄的棉货出口量非常可观，后来，逐渐减少，近二年来，“俄国棉货，反向我国输入，其数殊足惊人”。所以，“若自由贸易，则我国受亏必巨”。[2]

事实也确如实业部负责人所料，两国恢复外交关系后，苏联向中国出口的商品便开始增加，而中国对苏联出口一直不振。据天津《大公报》于1933年2月24日报道，自从中苏复交后，苏联输入中国的货物数量“逐渐增加”，海参崴与天津、上海之间，“近已有航轮四艘，定期开行，每轮每次载货约在一万吨左右”，中国进口苏联的煤油、木材、布匹、五金、毛织品等产品甚多。[3]两年后，天津《大公报》又于1935年2月12日介绍：中苏复交

1 《中俄复交后两国贸易趋势》，《大公报》（天津版）1932年12月23日，第1张第4版。

2 《实业部十年计划，陈公博谈五月前起草完竣，创设硫酸厂现正筹商手续》（17日），《大公报》（天津版）1933年2月20日，第1张第4版。

3 《中俄商务渐开展》，《大公报》（天津版）1933年2月24日，第2张第7版。

后，苏联在上海成立贸易协会，积极向中国倾销商品。1934 年中国进口苏联货物约 2000 余万元，以棉织、金属、矿物、麻为大宗。中国对苏出口，向来以茶叶、大豆为主。因大豆主产区东北沦陷，中国对苏联大豆出口锐减。茶叶出口亦不及以前。苏联茶叶市场，红茶为印度、锡兰、爪哇所夺，绿茶为日本所夺，中国茶叶 1934 年仅在苏联销售 300 万元，比五六年前减少三分之二。[1]

苏联产品进口对中国商品的冲击，引起不少人的警觉。新疆外交特派员吴霭辰于 1934 年 4 月 6 日抵达南京，向国民政府行政院长汪精卫汇报新疆情况。他对苏联货大量进入中国，而中国货几乎无法进入苏联的现状深感担忧，表示："我国自与苏联复交，彼之货品，尽量畅销于我市场，而我国商货，尚未闻有何运销彼国。长此以往，邻益厚而我益薄，此国人所应急起直追者也。"[2]北平市商会于 1935 年 2 月 21 日召开各同业公会代表大会，通过一份提案，在分析中国经济衰落的原因时，将苏联向中国倾销低级工业品和低价农业产品视作重要原因。提案称："就列强经济政策观之，吾国今后之经济前途，势必日趋衰落，因一方面受日伪统制经济之榨迫，一方面受各国尤其美国的通货膨胀政策之高压，一方面复将受苏联第二五年计划将近完成之低级工业及低价农产品之打击。"[3]显然，北平商界对苏联向中国低价倾销工农业产品充满了危机感。

中国舆论界在分析中国在中苏贸易中由出超转为入超的原因时，认识到苏联的国营贸易制度起着重要作用。时人认定，苏联会通过对外贸易国营方式限制中国商品进入苏联，向中国大量倾销商品。周亚伯于 1934 年 3 月 14 日在天津《大公报》"经济周刊"版发表书评注意到，与资本主义国家的私营贸易商一样，苏联的国营贸易机构也采用倾销政策，"国家贸易，亦有采用倾销政策者，如苏俄是。其目的不在维持国内价格，而在用多量廉价物品，在国外销售，垄断国外市场，以便交换外国生产，而为本国急需之物

1 《中俄复交后二年来贸易情形》，《大公报》（天津版）1935 年 2 月 12 日，第 2 张第 7 版。

2 《吴霭辰谈新疆现状》，《大公报》（天津版）1934 年 4 月 9 日，第 1 张第 4 版。

3 《平市商会筹划统制营业》，《大公报》（天津版）1935 年 2 月 22 日，第 1 张第 4 版。

品。”[1]天津《大公报》又于1933年5月3日在社评中分析，苏联实行对外贸易国营，进出口完全由政府管控，实行“量出为入之政策”，“与各国之由商人自由交易者，迥乎不同”。[2]所以，在对苏联贸易问题上，大家深感苏联通过对外贸易国营制度向中国倾销商品对中国的巨大压力。

诸多时人提出了应对苏联对外贸易国营制度的方案。张国忱通晓俄文，20年代末在奉系军队中负责对苏外交工作，九一八事变后，一度担任天津市财政局长。1933年2月，寓居天津的张国忱提出在国民政府实业部设立“对苏贸易局”，垄断经营对苏联贸易，以对付苏联通过国营对外贸易制度向中国倾销货物，从而保护中国的幼稚工商业，“以苏联之法，抵制苏联”。[3]实业部长陈公博似乎没有采纳张国忱的建议。陈公博于1933年2月提出，对苏贸易采取“国家统制政策”，由实业部国际贸易局负责办理。[4]陈公博一方面未采纳张国忱提出的成立“对苏贸易局”的意见，而是主张由实业部国际贸易局负责管理对苏贸易；另一方面也没有采纳张国忱提出的对苏贸易国营政策，而是主张实行国家统制，所谓国家统制，既包括国家统制私营对苏贸易，也包括国家统制各国营机构的对苏贸易。虽然陈公博表示不实行对苏联贸易国营制度，但在这个问题上，实业部似乎是犹豫不决的。天津《大公报》即于1933年2月24日报道：为了应对苏联的对外贸易国营制度，国民政府实业部拟采用对苏贸易国营制度，“俾收需求相应之效，而免损失过巨”[5]。实业部次长许锡清于1933年4月中旬介绍，该部计划由实业部“国际贸易所”设立“中俄专营贸易机关”。[6]后来，陈公博似乎也计划成立“对俄贸易局”。1933年5月10日，刚刚上任的苏联驻华大使鲍格莫洛夫拜访陈公博，商谈发展中苏商务问题。陈公博告诉鲍格莫洛夫，中国将成立“对俄贸易局”。鲍格莫洛夫颇表赞同，希望中国成立一个“有系统之国际贸易机

---

1 周亚伯:《社会科学大词典》(书评),《大公报》(天津版)1934年3月14日，第3张第11版。
2 《今后之中俄关系》(社评),《大公报》(天津版)1933年5月3日，第1张第2版。
3 《组织对俄贸易局》,《大公报》(天津版)1933年2月17日，第1张第4版。
4 《陈公博建议对俄贸易采国家统制政策》,《大公报》(天津版)1933年2月19日，第1张第3版。
5 《中俄商务渐开展》,《大公报》(天津版)1933年2月24日，第2张第7版。
6 《许锡清谈实业计划》,《大公报》(天津版)1933年4月14日，第2张第6版。

关”。[1]成立所谓“对苏贸易局”或“对俄贸易局”一事，因当年5月苏联证实向日本出售中东路的意愿，被国民政府实业部搁置起来。[2]

1934年2月20日，颜惠庆在北平发表演说，也就应对苏联对外贸易国营制度问题提出了自己的设想。他向大家介绍，1933年11月美苏建交后，自己曾在法国巴黎遇到美国驻苏大使，见其带领的使馆人员多达80余人，其中大多为办理商务的人员，足见美国非常重视发展与苏联的经济关系。他又介绍，美国各商家为了应对苏联对外贸易国营制度，联合为一个大团体，共同与苏联开展贸易交往，“苏俄对外贸易，买卖均由国营，力量非常之大。谁对我好，即买谁的货。谁对我不好，即不买谁的货，操纵如意”。“现在美国商家结合大团体，增大力量，俾对苏俄之国营贸易够一个敌体资格。”他认为，美国的这个做法值得中国学习，“这一点也是国人应当注意的。譬如，茶叶向为对俄输出之大宗，茶商现应联合起来，组织一个大团体”。[3]

纵观1930年至1937年7月全面抗战爆发前中国舆论界对中苏经济关系的认识，以中苏两国复交为界，存在由对中苏经济关系持负面看法，将苏联视作对中国进行经济侵略的国家，到高度重视中苏经济关系，主张全面发展中苏经贸关系的转变过程。中苏复交后，中苏贸易、经济合作问题引起中国舆论界的极大关注，舆论界对中苏经济合作尤其两国贸易寄以很大期望，普遍希望两国尽快签订商约，全面发展两国经济关系。由于种种原因，中苏经济关系发展得并不顺利，两国贸易实际上没有全面发展起来，不仅中苏贸易额不大，而且存在苏联单方面向中国倾销商品、中国对苏出口不振的问题。舆论界的诸多发展中苏经济关系的设想多未实现，各界赴苏考察苏联经济的计划大多搁浅，两国商约也未签订。尤其是，舆论界在分析中国对苏贸易由入超转为出超的原因时，认为苏联对外贸易国营制度起着关键作用，所以，提出了不少应对苏联对外贸易国营制度的方案。

1930年至1937年，主张全面发展中苏外交、经济关系一直是中国舆论

---

1 《中俄商务》，《大公报》（天津版）1933年5月11日，第1张第3版。

2 《中东路问题，日本决赚伪国购买，苏俄报纸迭发谬论》，《大公报》（天津版）1933年5月24日，第1张第4版。

3 《颜大使讲演中俄关系》，《大公报》（天津版）1934年2月21日，第1张第3版。

界的主流意见。人们对中苏外交、经济关系的看法，既受到中苏两国外交、经济关系的制约，又受到日本侵华的强烈影响。尤其是，在东北沦陷后，舆论界期望苏联能成为制约日本侵华的积极力量，而不是负面力量。所以，九一八事变后，倡导中苏复交成为舆论界的共识。在两国复交之前，舆论界的看法与国民党当局的态度存在差异，国民党当局在一段时间内对中苏复交态度不积极。在 1932 年 12 月两国复交后，中国舆论界进一步主张深入推进两国关系。但是，由于两国之间存在的巨大政治障碍等原因，两国关系处于停滞状态，没有大的发展。对于中苏关系的停滞，中国舆论界感到不满和失望，尤其是，因苏联对中日之间的纠纷采取不介入政策、在中东路和外蒙古问题上对华不友好，舆论界对中苏关系的停滞，心绪复杂。在两国经济关系方面，九一八事变后，舆论界改变了苏联是经济侵略国的印象，一方面，出于通过发展中苏经济关系发展中国经济，以应付日本侵华的考虑，主张发展中苏经济关系；另一方面，又对苏联通过国营贸易制度向中国倾销商品、限制中国对苏出口，抱着戒备心理。这说明，全面抗战爆发以前，中国舆论界对中苏外交、经济关系的看法，随着中苏关系的演变和日本侵华的推进，呈现出极为复杂的样态。

## 第三节

# 对苏联东北亚国际角色的认知与评论

1931 年九一八事变后，日本占领中国东北，使原本存在的由中、苏、日三国势力构成的东北亚国际格局发生了深刻变化。中国舆论界从日本侵华出发，开始重新思考和认识苏联在东北亚国际关系格局中的角色。尤其是，出于联苏制日的考虑，舆论界越来越重视苏联的国际地位，期望苏联帮助中国的抗日斗争，至少不要倒向日本方面，成为中国抗战的牵制力量。由此，舆论界对苏联的国际角色的认识发生了根本变化，更多将苏联视作致力于维护世界和平的重要力量。然而，中国舆论界将苏联视作和平大国的看法是如何形成的？舆论界对苏联在东北亚国际地位及其角色的认知是如何形成的，又随着日本侵华的深入，发生了怎样的演变？这些都是中国舆论界对中苏关系整体认知中的重要问题。

### 一、对苏联作为和平大国的定位

苏联在中国舆论界的形象，有一个角色转换的过程。本章上文已经指明，受中东路事件的影响，中国舆论界一度将苏联视作侵略中国的国家。随着日本占领中国东北，在越来越多的国人眼中，苏联逐渐变为一个维护世界和平的要角。人们期望苏联能够成为制衡日本在远东扩张的重要国际力量。中国舆论界对苏联认知的这种转变，也与苏联的外交政策调整有关。从 1932

年起，苏联逐渐改变了此前孤立的外交政策，开始重视发展与资本主义国家的关系。1932年1月，苏联与芬兰、波兰签订互不侵犯条约。同年11月，苏联与法国签订互不侵犯条约。1934年9月，苏联正式加入国联。这也导致国人对苏联外交政策的认识转变，给中国舆论界造成苏联逐渐融入国际社会、有可能成为帮助中国抗击日本侵略的国家的印象。在舆论界眼中，苏联由致力于发动世界革命的国家，变成一个“和平国家”。对苏联这种国际定位的转变，促使舆论界益加看重苏联在东北亚国际关系格局中的作用。

九一八事变后，中国舆论界越发感受到苏联外交政策由世界革命政策向和平外交政策的转变。北平民国学院教授赵普巨于1932年2月10日和12日在天津《大公报》发表文章，分析了苏联外交政策由世界革命向和平外交的转变。他分析，苏联站在国家立场上，开始与资本主义国家的统治者谋求妥协，以发展本国经济。苏联外交的这种转变有其国内经济原因，“它本身则侧重国家立场，把世界革命的高论，暂时放在一旁（自然不是绝对的），朝野上下，万众一心，努力所谓社会主义之建设”[1]。1936年10月25日，清华大学生物学教授彭光钦在《独立评论》发表文章认为，苏联对中国没有侵略野心。他分析，苏联虽有“赤化”全世界的远大抱负，但目前尚无这样的企图。苏联正致力于国家建设，“使生产事业科学化、机械化，以增加国家的生产力，给共产党打一个稳固的基础”。所以，苏联的对外政策以营造和平的、有利于国家建设的国际环境为出发点。[2]1936年11月29日，清华大学政治学教授陈之迈以“微尘”[3]为笔名在《独立评论》发表文章。他认为，“苏联的确曾是一个到处提倡社会革命的国家”，但是，斯大林当政后，放弃了这种输出革命的政策，“苏联近年来一变其前此不与资本主义国家发生干系的政策，与美国复交，加入了国联，与法国携手，与英国接近，主张维持现状，尊重条约及国际信义，以集体安全的办法保证世界和平”。[4]

---

1 赵普巨：《苏俄最近之外交》（1932年2月2日于北平），《大公报》（天津版）1932年2月10日，第1张第4版。

2 光钦：《安定东亚之一条可能的路线》，《独立评论》第224号，1936年10月25日，第5页。

3 陈之迈自《独立评论》时期开始，偶用“微尘”笔名。参见《民国人物小传（五十五）·陈之迈（1908—1978）》，《传记文学》第34卷第2期，1979年2月1日，第141页。

4 微尘：《论日德同盟的传说》，《独立评论》第229号，1936年11月29日，第7页。

苏联组织太平洋学会并计划加入"太平洋国交讨论会"一事，也被时人视作苏联由国际孤立政策向国际合作政策转变的重要标志。太平洋学会成立于1925年，其宗旨为集合各国名流、学者，探讨太平洋沿岸列强的冲突根源。[1]1934年8月，苏联开始筹备成立太平洋学会苏联分会，申请加入位于美国的太平洋学会总会。[2]对此，天津《大公报》表示出了极大关注。该报于同年8月7日发表短评分析，这标志着苏联逐渐由孤立政策转向与世界各国合作的政策。"俄国自从共产革命成功以后，政府以至人民，对外都保持疏远的态度。""这两年情形，却渐渐改变了。俄国政府不特与各国广事交际，而且很为活跃"，"这次学者专家们组织太平洋学会，行将加入太平洋国交讨论会，正和政府的态度相呼应"。[3]1934年12月，太平洋学会苏联分会正式成立，创办《太平洋》季刊，并向太平洋学会总会通告成立的消息。在中国舆论界看来，这是苏联融入世界的一个重要事件。天津《大公报》于同年12月23日刊登的通信即介绍，苏联将派代表出席下次太平洋学会会议，并宣读专门的论文。"这次苏联组织太平洋学会的分会，很受各方面欢迎。"[4]第六届太平洋学会会议于1936年8月在美国加利福尼亚州约瑟米地（Josemite）国家公园召开。在本届会议上，苏联代表第一次参加学会活动。天津《大公报》于同年9月14日刊登的报道分析，从苏联代表发表的意见、提出的报告来看，"无论就和平或战争之事业而言，今后苏联必将被认为远东之重要因素是也"[5]。同年10月15日，曹树铭也对此事极为关注。他在《中苏文化》发表文章认为，苏联此举"是很值得注意的一件事！因为这是与太平洋的和平极有关系的一件事！"。他设想，中国应与太平洋沿岸各关系国分别议订"不侵及互助条约"，以此建立太平洋地区的集体安全机制。苏联能够在这方

1 《本届太平洋学会概观，中日问题毫无结论》，《大公报》（天津版）1936年9月14日，第1张第4版。

2 《苏俄研究东方问题，以熟悉远东事务专家，组织特别太平洋学会》，《大公报》（天津版）1934年8月7日，第2张第5版。

3 《俄人组织太平洋学会》（短评），《大公报》（天津版）1934年8月7日，第1张第4版。

4 丕士：《太平洋学会俄分会成立》（11月28日），《大公报》（天津版）1934年12月23日，第1张第4版。

5 《本届太平洋学会概观，中日问题毫无结论》，《大公报》（天津版）1936年9月14日，第1张第4版。

面起带头作用，“希望一向主张不侵及互助条约最力之苏联，首先和我国缔结此项条约，为沿太平洋其他各国倡”[1]。

九一八事变后至1937年7月全面抗战爆发的30年代，将苏联的外交政策定位为和平外交政策，将苏联视作维护世界和平的重要力量，几乎成为中国论者的普遍共识。陈丕士于1933年5月25日发表的一篇通信即认为，苏联执行的是和平外交政策。他介绍：“苏俄之外交政策，目的在维持邻国间之和平，苏俄政府现时之心情，亦似无变更此种政策之意向。”[2]1936年9月19日，即将担任驻苏联大使的蒋廷黻在中苏文化协会上海分会欢送他赴任的茶会上表示，“中苏两国，地大物博，历史文化悠久，两国现亦均在建设之中，且均主张和平，不欲凌人”[3]。在蒋廷黻口中，中苏两国均是致力于经济建设、谋求世界和平的力量。虽然蒋廷黻此言包含外交辞令意味，但亦颇能反映时人对中苏关系的一般看法。

天津《大公报》屡次发表社评，将苏联和平外交政策与日本的侵略外交政策进行对比，对苏联和平外交政策表示赞赏。1934年1月25日，该报发表社评，认为日本的侵略外交导致无一友好国家，而苏联虽政治体制独特，却有不少友好国家，“苏俄为国体孤立之国，今则多助；日本以防御东方赤

---

1 新吾：《苏联参加太平洋学会与太平洋之和平》（1936年9月18日于南京），《中苏文化》第1卷第4、5期合刊，1936年10月15日，第1页，第9页。新吾系曹树铭笔名。新吾在《苏联参加太平洋学会与太平洋之和平》一文注1中称，他曾由上海商务印书馆出版《国际会议指南》一书。参见新吾《苏联参加太平洋学会与太平洋之和平》（1936年9月18日于南京）注1，《中苏文化》第1卷第4、5期合刊，1936年10月15日，第10页。而1931年9月上海商务印书馆出版《国际会议指南》的编者系曹树铭。

2 丕士：《苏俄的外交对欧美关系的解剖》（5月25日寄自莫斯科），《大公报》（天津版）1933年6月29日，第1张第4版。丕士，即陈丕士。他是民主革命家陈友仁之子，20年代国民革命时期，曾参加武汉收回英租界的斗争，任国民政府外交部秘书。1927年，他奉父命护送以鲍罗廷为首的苏联顾问团回国，后留居苏联。他于1935年5月回国，致力于建立统一战线工作。全面抗战时期，为宣传抗战努力工作，曾任国民政府立法院顾问兼立法院长孙科的私人秘书、中国国际法学会秘书长。参见杨保筠主编：《华侨华人百科全书·人物卷》，中国华侨出版社，2001年，第58页。陈丕士自1933年起，担任天津《大公报》驻莫斯科记者。他在回忆录中说：“就在1933年的这个时候，我也是中国《大公报》的记者。”参见陈丕士：《中国召唤我——我参加中国革命的历程》，郭济祖译，商务印书馆，1983年，第206页。

3 《鲍格莫洛夫昨晚欢宴蒋廷黻·中苏文化协会昨下午茶会·蒋鲍两大使即席发表演说》，《申报》1936年9月20日，第3张第11版。

化自命，今则无助”[1]。至 1936 年，随着日本向中国华北地区的大举侵略，并越来越多地向美国、苏联示强，美国、英国、苏联越来越一致地抨击日本。在这种情况下，中国舆论界感到苏联在外交上是得道多助者，而日本越来越孤立。该报于 1936 年 2 月 13 日发表社评指出：“关于日俄问题，吾人自外交形势观察，苏俄多助，胜于日本，故日人虽盛陈赤化之危机，以防共为己任，而世界对之，别具感想，十分冷淡。此无他，日本之国际同情，逐年自行毁弃殆尽，而苏俄之外交环境，则经李维诺夫之多方努力，大见改造，其地位迥非日俄战争时代可比，此又世人所一致公认者也。”[2]由此可见，面对日本咄咄逼人的侵略政策，《大公报》更加深切感到苏联外交政策的可贵。

由天津《大公报》经常将苏联外交政策与日本侵略外交政策对比亦可看出，中国舆论界之所以赞赏苏联的和平外交政策，很大程度上出于期望中苏两国共同应对日本的想法。在天津《大公报》看来，在应付日本侵略方面，苏联与中国实处于同样的境地。1934 年 1 月 31 日，该报发表社评分析，在对日关系上，苏联与中国同样是“被侵害者”，同样单靠本国的力量难以抵抗日本，所以，苏联不得不联合政治、经济体制与其相异的美国及其他列强，“以图自救”。[3]由这种思路分析，中苏两国在应对日本方面，利害相同。1934 年 3 月 2 日和 3 日，该报连载一篇通信，认为出于自身利益，中国外交政策应亲近苏联及其所组织的集团。[4]“日本为吾人之真正敌人，故余主张应与苏俄为友。”[5]所以，在一些人士看来，在与日本矛盾激化情况下，苏联有可能成为援助中国的力量。1933 年 6 月，刘振东在《经济学季刊》发表文章认为，在日本成为世界公敌、美国和苏联与日本矛盾日益尖锐的情况下，“与日本对敌的国家，到了不得已而准备作战的时候，也必然愿意与中国相结

---

1 《备战中之日本外交》（社评），《大公报》（天津版）1934 年 1 月 25 日，第 1 张第 2 版。

2 《英美俄与日本》（社评），《大公报》（天津版）1936 年 2 月 13 日，第 1 张第 2 版。

3 《日苏外交斗争声中之国际政局》（社评），《大公报》（天津版）1934 年 1 月 31 日，第 1 张第 2 版。

4 《太平洋问题，中美俄日之关系》（本报莫斯科特约通信），《大公报》（天津版）1934 年 3 月 2 日，第 1 张第 3、4 版。

5 《太平洋问题，中美俄日之关系（续）》（本报莫斯科特约通信），《大公报》（天津版）1934 年 3 月 3 日，第 1 张第 3 版。

纳，协力以制暴日”[1]。

出于上述想法，一些论者将苏联归入与日本、德国组成的侵略集团对立的和平阵营。旨在宣传中苏友好的《中苏文化》杂志发表了一系列文章，阐明这个观点。1936年11月1日，曾长期在莫斯科中山大学学习和工作的盛岳强调，必须从“和平阵线”与“侵略阵线”的角度，认识日苏关系的性质，“日苏间的关系应看成和平阵线与侵略阵线间的关系，两国力量的对比的变化，直接影响到世界和平的动摇与巩固”[2]。同年12月1日，任教于燕京大学的历史学家钱穆认为：“现世界的两种力：一方是社会主义的建设者、和平的壁垒的苏联与国际联盟的诸国；一方是战争的‘燃放者’、侵略的大本营、法西斯的意德日奥诸国。前者为着世界大同、人类和平而努力；后者却张大血口，想吞噬进新生的国家与制度，而倒拨着前进的历史的时针。”[3]1936年11月1日，该刊编辑袁孟超强调，中国应拥护苏联等国家组成的和平阵营。他分析，德、日、意三国组成“侵略阵线”，导致日苏、德苏关系同时恶化，“使苏联感到东西两阵线上夹击的威胁”。这种国际关系变化“并不是中国民族解放斗争以外毫不相干的事体”，中国必须拥护包括苏联在内的“和平阵线”。[4]《中苏文化》论者之所以如此看重苏联的国际地位，是因为在他们看来，在中国抗日斗争中，苏联是一个可以依靠的强盛大国。1936年5月15日，浙江大学史地系世界史教授顾谷宜在《中苏文化》发表文章认为，苏联是一个具有领导作用的亚洲大国。虽然苏联的国家重心在欧洲，但在亚洲有广大的领土和众多的人口，“在科学的技能上、物质的建设上，苏联可以领导亚洲”。苏联是“亚细亚国家中之新进者”，中国应该“欢迎这个新侣伴”。[5]

---

1 刘振东：《国难时期之经济政策》，《经济学季刊》第4卷第2期，1933年6月，第23页，第30页。

2 盛岳：《日苏关系的新动向与中国》（1936年10月22日脱稿），《中苏文化》第1卷第6期，1936年11月1日，第4—5页。

3 钱穆：《以国防为基点之苏联经济建设》（1936年11月25日），《中苏文化》第1卷第7期，1936年12月1日，第13页。

4 袁孟超：《德苏关系与中国》，《中苏文化》第1卷第6期，1936年11月1日，第19—20页。

5 顾谷宜：《中苏互助与亚洲之复兴》，《中苏文化》第1卷第1期，1936年5月15日，第3—4页。

1934 年 9 月，苏联正式加入国联。中国舆论界将此事认作苏联外交政策发生重大转变的标志。这使舆论界进一步认识到，苏联改变了先前的世界革命政策，开始实行和平外交政策。

1934 年 3 月中旬，国际新闻界开始透露出苏联加入国联的消息。[1]之后，欧洲各国政界和报界纷纷谈论苏联加入国联一事。有人推测，苏联会改变政策，同意加入国联。[2]得知这个消息后，同年 3 月 21 日，天津《大公报》发表短评，也判断苏联有可能同意加入国联。社评分析，苏联的外交政策完全是以国家利益为中心的，“大凡外交是只问利害，不问是非的，苏俄外交，尤其如此”，苏联可能出于利害关系而加入国联。短评对苏联加入国联持欢迎态度，表示：“国联自受日本打击，原已气息仅属，实在有注射新血液的必要。问题只在苏俄是不是愿意拿它做工具。”[3]天津《大公报》于同年 4 月 18 日发表社评认为，如果苏联同意加入国联，说明苏联是“为以和平之维持为主要的斗争手段之国”，这是因为“愈能维持和平，则第二五年计划愈可完成，国力愈可增加”。[4]

1934 年 9 月 18 日，国联大会正式通过苏联加入国联案，并赋予苏联国联行政院常任理事席位。[5]对于苏联正式加入国联，天津《大公报》表示高度赞赏。该报于 9 月 12 日发表短评，将苏联加入国联视作给国联这个“濒死的病人”注射了“新血液”。[6]次日，该报又发表社评认为，苏联加入国联对远东局势虽无直接影响，但有间接影响，这种影响有两个方面：第一，日苏之间的战争将更遥远；第二，远东的和平空气将更浓。社评分析，苏联加入国联后，欧洲的和平形势更稳定。日本知道苏联西顾无忧，会进一步放弃挑战苏联的念头，这样，日苏战争更加遥远无期，同时，苏联加入国联造成的整个世界和平空气的益加浓厚，会间接影响到东亚，“日本虽称逞情直行，悍

1 《法报离奇消息，俄将加入国联？》，《大公报》（天津版）1934 年 3 月 19 日，第 2 张第 5 版。
2 《生机一线之国联续命汤》，《大公报》（天津版）1934 年 3 月 21 日，第 2 张第 5 版。
3 《苏俄加入国联？》，《大公报》（天津版）1934 年 3 月 21 日，第 1 张第 4 版。
4 《苏联将加入国联欤》（社评），《大公报》（天津版）1934 年 4 月 18 日，第 1 张第 2 版。
5 《苏俄代表初次出席发言，期待修改盟约》，《大公报》（天津版）1934 年 9 月 20 日，第 1 张第 3 版。
6 《苏联入盟》（短评），《大公报》（天津版）1934 年 9 月 12 日，第 1 张第 4 版。

然不顾，但对于平和大势之推演，亦要不能无若干消极的感触”[1]。显然，天津《大公报》出于抗日立场，将苏联加入国联与日本侵华联系起来。由于将苏联加入国联与中国抗日斗争密切联系起来，天津《大公报》进而注意到了苏联加入国联对中苏两国关系的促进作用。同年9月26日，该报在社评中认为，随着苏联加入国联，中苏关系即将进入“切实携手以保持各自利益”的时期。社评分析，苏联加入国联后，在最近的将来，世界乃至东亚和平将可以暂时维持。在这种情况下，中苏两国的当前急务，均为发展经济，以增强对外实力。苏联为了完成二五计划，需要与中国发展贸易。中国为了发展经济，亦乐意发展对苏贸易。在外交上，苏联为了使国联在东方发挥作用，需要拉拢中国等国联内的东方大国，同样，中国为了使国联在东方发挥作用，也有结纳在东方有利害关系的苏联的需求。如果将来东亚地区爆发战争，中苏两国亦有协同对敌的必要，“从将来之世界大战言之，中俄双方似俱有从危机已伏之今日起，即从事提携之客观的必要也”[2]。

在苏联正式加入国联之际，国民党当局明确表示欢迎。在苏联正式加入国联前夕，国民党当局一些人士就表示了欢迎态度。1934年9月1日，汪精卫书面答复记者称，“对苏联加入国联当然赞成，因国联会员国必盼世界各国一同加入”[3]。几天后，中国驻苏联大使颜惠庆于9月6日在青岛表示：“苏联加入国际联盟事，中国当表欢迎。”[4]苏联正式加入国联后，国民党当局人士进一步表达了欢迎态度。1934年9月14日，中国驻英公使郭泰祺在日内瓦国联大会上发表演说称：“中国竭诚欢迎苏联即日加入国联。”[5]立法院长孙科于同年9月17日在国民党中央党部总理纪念周上报告国际形势时，重点强调了苏联加入国联对远东国际关系的影响。他认为，“如俄加入国联及与法提携后，自能集中视线于远东。我国对此国际情势，殊不可忽视”[6]。对于苏联正式加入国联，正在天津家中养病的驻苏联大使颜惠庆于同年9月21日对记

1 《苏联入盟与远东》（社评），《大公报》（天津版）1934年9月13日，第1张第2版。
2 《中苏关系之新估量》（社评），《大公报》（天津版）1934年9月26日，第1张第2、3版。
3 《林主席今晨返京》，《大公报》（天津版）1934年9月2日，第1张第3版。
4 《颜使将返津》，《大公报》（天津版）1934年9月7日，第1张第3版。
5 《国联大会席上，郭代表之重要演说》，《大公报》（天津版）1934年9月15日，第1张第3版。
6 《汪抵牯岭，黄尚留京》，《大公报》（天津版）1934年9月18日，第1张第3版。

者表示，苏联加入国联对于远东国际形势有重大影响，对日本是一个打击，“于远东局势今后自能于法律上、道德上、政治上予侵略者以相当之打击”[1]。国民党当局人士这种态度说明，他们此时将苏联视作与中国同属一个阵营的国家，尤其关心苏联加入国联对远东国际局势尤其对中国国际环境的影响。

崇尚自由主义的胡适也认为，苏联加入国联可以为国联增加一些新气象。1934年9月30日，胡适对苏联加入国联表示极大欣喜。他认为，“苏俄加入国联，是世界国际关系史上的一件最大事”。他之所以对苏联加入国联表示欣喜，是因为他认为苏联是一个富有理想的国家。他认为，“苏俄的个性是敢于冲开一切阻力来实现一个理想”，作为“一个最大胆向前看的理想主义的会员国”，苏联“可以使国联增加一点新的勇气，打开一个新的生命”。[2]显然，胡适也是认可苏联是世界上的一个和平大国的。

对于苏联加入国联，中国舆论界和国民党当局官方明确表示欢迎。人们一方面认为，这是苏联由孤立的外交政策，转向与世界各国合作的和平外交政策的重要标志，同时，普遍认为，这可以促进中苏关系的发展，并有利于中国应对日本的侵略，由此，时人更加重视苏联的国际地位。

九一八事变后，中国舆论界普遍将苏联视作一个和平大国。舆论界的这种认识，既与苏联寻求改善与西方资本主义国家关系的外交政策有关，亦与舆论界在日本侵华日亟的形势下对东北亚国际关系格局的深切思考有关。日本侵占中国东北后，原来的中苏矛盾被中日矛盾遮蔽起来，在时人眼中逐渐淡化。而且，作为直接与中国东北接壤的北方大国，苏联确实有可能会对牵制日本侵华起到一定作用。同时，随着苏联经济、国防建设的发展，苏联确实具有对抗日本的实力。这使人们不得不重视苏联的国际作用。由此，在舆论界眼中，苏联在东北亚国际关系格局中的重要性日益凸显。种种因素，使中国舆论界形成了将苏联视作和平大国的国际定位。但是，历史事实并未如中国舆论界期望的那样，苏联对中日之间的矛盾采取了不介入政策。当时中国舆论界对苏联和平大国的定位与苏联对日政策之间，形成了较大的错位。

---

1 《颜使谈外交》,《大公报》(天津版) 1934年9月21日，第1张第3版。

2 胡适:《论国联大会的两件事》,《独立评论》第120号，1934年9月30日，第2—3页。

## 二、九一八事变至一·二八上海抗战期间对苏联置身事外态度的反应

1931年九一八事变发生后，对于日本占领中国东北，苏联既表明了不允许日本侵犯苏联的立场，又表明了置身事外的观望态度。苏联对日本侵华的此种态度，使中国舆论界认识到，在中苏尚未复交、两国猜疑甚深的情况下，中国不能指望苏联会帮助中国抗日。

九一八事变的发生，使中国舆论界对苏联的观感由中东路事件造成的敌视、中苏会议造成的猜忌，迅速转变为对苏联的好感。中国舆论界觉得要应对日本占领东北，苏联是值得联合的力量。天津《大公报》即认为，日本占领东北，增加了中国人对苏联的好感，使中国人庆幸当初中国未赎回中东路，由“反赤”转向反日。1931年9月26日，该报发表社评说：日本发动九一八事变，“无形中乃成援助苏联，岂非奇事？何以言之？中国近年一种流行思想，为速赎中东铁路。由今证明，中国幸而未赎耳。假令该路完全为中国管理，则定与四洮及北宁关外段同其运命，而哈尔滨、齐齐哈尔，定已为日军所占领。今日北满一带，尚得粗安者，不幸事实上只因有苏联势力之故。中国为反共反赤之国家，而其领土人民之一部，乃因苏联之故而未受日军行动之波及，此岂非日本无形中援助苏联在华之地位乎？”[1]。而且，天津《大公报》反过来又认为中苏断交给日本提供了占领东北的机会。九一八事变发生两年后，该报于1933年10月27日分析，“九一八后，识者渐悟中俄绝交与九一八事件，不无关联。假使中俄邦交早复，事前或不无顾虑，因之事变或不无缓和，即使爆发，或亦不至如是之决裂”[2]。孙以坚也于同年11月18日在天津《大公报》发表文章认为，日本发动九一八事变是“乘中俄绝交、中国夹在日俄两大国间的孤立状态的时机”，“假如中俄复交在‘九一八’以前，日本必将考虑他武力霸占的方式和时期”。[3]

虽然中国舆论界对苏联的好感迅速增加，但九一八事变发生后，苏联很快表明了置身事外的态度。苏联副外交人民委员加拉罕于1931年10月19日

1 《愿日本国民反省》（社评），《大公报》（天津版）1931年9月26日，第1张第2版。

2 《美俄复交与中国》（社评），《大公报》（天津版）1933年10月27日，第1张第2版。

3 孙以坚：《美俄复交问题》，《大公报》（天津版）1933年11月18日，第1张第3版。

表示，苏联既不与日本合谋中国主权，又希望中国自行解决与日本的纠纷，“苏联所奉主义，根本与国际侵掠行为相水火，决不与帝国主义者协谋以图他国，甚望中国从速自行制止日本在满蒙阴谋”[1]。据天津《大公报》报道，日军于1931年12月进抵齐齐哈尔，进入东北北部腹地，苏联并无军事动向，“苏俄不惟未藉口护路以进兵，并进兵之准备亦无之”。中东路苏方副理事长库慈尼错夫于同年12月初在哈尔滨向记者表示，“苏俄虽同情中国，亦仅于精神上之援助而止，若出于实力之接济，恐将引起远东不可想像之紊乱，或速成第二次世界大战之爆发，亦未可知，深背苏俄立国政策之和平本旨，故不出此”。对于日本占领东北，苏联“实退处于第三者之地位”。[2]苏联方面于1932年初再次明确表达了不干涉政策。当年1月，苏联《莫斯科工人》报声明，苏联并不在中国东北北部主张势力范围和特权。日本将势力范围扩张到苏联边境，并未侵犯苏联利益。如果日本“在北满的行动不损及苏俄面子，苏俄皆可接受”[3]。显然，九一八事变后，苏联对日本占领中国东北的行动采取观望态度。天津《大公报》对此作了屡次报道，使国人充分了解了苏联的此种立场。

苏联在表明置身事外态度的同时，又提议与日本签订互不侵犯条约，这显然是一种对日妥协方针。苏联外交人民委员李维诺夫于1931年12月31日在莫斯科向日本外相芳泽谦吉提议两国缔结互不侵犯条约。之后，苏联驻日本大使杜罗叶诺夫斯基于1932年1月12日在东京拜会日本首相犬养毅时，又探寻犬养毅对签订日苏互不侵犯条约的态度。[4]这引起了中国舆论界的关注。天津《大公报》很快作了报道，并于1932年2月21日发表社评，分析苏联这种对日隐忍和妥协政策。社评表示：“近自东北事起，日本对俄，一再挑衅。哈尔滨之武力攻占，直不啻为白俄树立远东根据地。乃俄国一方面受日本欺侮，一方面仍忍辱交欢，不惜提议缔结日俄不侵之约，以减少日本之敌

1 《各国分别通牒中日政府，请求注意非战公约义务，行政院昨日讨论议决案，拟限日本三星期内撤兵》，《大公报》（天津版）1931年10月20日，第1张第3版。

2 《中俄会议陷于停顿》，《大公报》（天津版）1931年12月10日，第1张第4版。

3 《俄对满洲问题态度》，《大公报》（天津版）1932年1月10日，第1张第4版。

4 《苏俄对日本提议缔结互不侵犯条约》，《大公报》（天津版）1932年1月17日，第1张第4版。

视心理。此无他，利害然也！”[1]显然，对于苏联置身事外的态度，中国舆论界感受是深切的。天津《大公报》于1931年12月6日在社评中判断，苏联对日本占领东北持避战态度，“日本今已垂涎中东路，而苏联政策，力主避战，是日阀在北满之推进，尚未已也”[2]。徐用仪是北京师范大学助教。他于1931年12月10日在天津《大公报》“读者论坛”版发表文章分析，“苏俄以五年计划未成，虽暴日侵占北满之苏俄利益，苏俄亦不愿轻于对暴日作战”[3]。

看到苏联这种置身事外的态度，中国舆论界不指望苏联会援助中国抗战。1931年11月20日，天津《大公报》刊登在美国威斯康星留学的刘震东的长信。刘震东认为，中国要驱逐日本出中国，需靠自己国家的实力。一些青年人“顺着情感冲动，不能把脑子冷静一下”，“因为对国联失望了，所以，嚷着要政府和苏俄复交”，期望苏联帮助中国驱逐日本，是一种幻想，“这很可以表现我们青年的稚气”。他分析，“我们应否和苏俄复交是另外一个问题，假如我们以为和苏俄复交了，苏俄立时会帮忙，赶日本出东三省，那是没有的事。苏俄有苏俄的外交政策，不会受中国的影响”。[4]同年12月7日，天津《大公报》在社评中也判断，苏联正忙于巩固国防和国家建设，英美则困于经济危机，都不可能帮助中国抗击日本侵略。社评表示：“经济凋敝，各国所同，英美苦于失业问题，苏俄忙于国防布置，势禁形格，自顾不遑，实力相助，断少希望。”[5]

正因为不相信苏联会援助中国抗日，所以，中国舆论界认为，联苏抗日的想法是一种空想。天津《大公报》于1932年1月17日发表社评，认为联苏是不可能实现的空想，因为苏联刚刚提议与日本签订互不侵犯条约，“可知其现在无意卷入中日斗争之涡中”[6]。由此可见，天津《大公报》编者敏锐地感觉到苏联是不可能与日本发生军事上的纠葛的。同日，陆征宪在天津《大

1 《覆巢下之各党各派》（社评），《大公报》（天津版）1932年2月21日，第1张第2版。

2 《中国亟宜宣布对日整个方针》（社评），《大公报》（天津版）1931年12月6日，第1张第2版。

3 徐用仪：《国民应明了暴日之野心（续）》（1931年12月1日），《大公报》（天津版）1931年12月10日，第2张第8版。

4 刘震东：《留美学生一封沉痛书》（10月24日自美国威斯康星发），《大公报》（天津版）1931年11月20日，第1张第4版。

5 《愿青年勉抑感情，诉之理智》（社评），《大公报》（天津版）1931年12月7日，第1张第2版。

6 《论绝交》（社评），《大公报》（天津版）1932年1月17日，第1张第2版。

公报》“读者论坛”版发表文章提出，在日本占领东北的情况下，中国应在美英“帝国主义”阵营和苏联“反帝国主义”阵营之间采取对等外交政策，利用两者之间的矛盾，谋取中国最大的利益。他认为，“联俄抗日政策”颇为危险，“容易促成各帝国主义的一时联合来对付苏俄，那时，中国反受其累”。他提出，中国应“一方面努力充实自己的实力，为自卫的准备，一方面，我国应立于超然的地位，既不徇苏俄之意而开罪列强，又不徇强烈之意而开罪苏俄。同时，要用一种手腕来联络他们双方”。[1]可见，在中苏尚未复交的情况下，陆征宪并不主张全面倒向苏联，联合苏联对付日本。

九一八事变发生之初，在中苏尚未复交、两国互不信任的情况下，国民党要人也无联苏抗日的打算。1931年10月，广州国民党当局负责人汪精卫、孙科、陈友仁到上海与南京国民党当局谈判双方整合问题。他们于10月23日在上海招待记者，阐述广州当局的政策方针。有记者问陈友仁，与苏联联合对中国是否有利？陈友仁否认有利，并进一步解释说：“一个联盟的成立，不在两国政府间的关系，是在两国人民的意志。中国人民现在有要求和俄国联盟的意志吗？我看现在还没有，也许将来会有。”关于与苏联联合对日，“我们不单要和俄国合作对日，我们要和世界各国合作对日”。[2]显然，陈友仁对记者所提联苏对日问题，闪烁其词。

1932年上半年，在中日关系上，发生了一系列重要事件。当年1月28日，日军进攻上海，日中之间在上海发生了几个月的武装冲突。之后，日本又于当年3月扶植伪“满洲国”傀儡政权。这表明东亚局势进一步发生深刻变化。在此过程中，虽然苏联采取置身事外的政策，不干预中日之间的武装冲突，但在东亚局势发生新变化的情况下，中国舆论界更加看重苏联的在东亚地区的国际地位。

在日本大举进攻上海期间，中国舆论界继续判断，苏联不会干预日本侵略中国。事实上，苏联对于一·二八事变保持了沉默。自1932年1月28日

1 陆征宪:《中国外交何以着着失败？》(1月11日于北平),《大公报》(天津版)1932年1月17日，第2张第8版。

2 《粤方对时局之总态度，在沪招待记者汪等报告详纪》,《大公报》(天津版)1931年10月26日，第1张第4版。

上海抗战爆发至3月战事基本结束，仅苏联革命军事委员会主席伏罗希洛夫对合众社记者谈过一次远东问题，而苏联最高领袖斯大林、人民委员会主席莫洛托夫、外交人民委员李维诺夫、副外交人民委员加拉罕，均未对外国记者作过表态。[1]天津《大公报》于1932年2月15日发表社评认为，苏联对日本进攻上海会采取坐山观虎斗政策。社评分析，日本进攻上海会损害英美的远东权益，但与苏联关系不大，苏联会乐意看到日本与英美在远东的矛盾激化，“夫自苏俄言，于英美日本，皆视为另一世界之国家，既断定其不能终合，又窃幸其互为破坏”。日本进攻上海，只会帮助苏联实现“摧毁欧美远东市场之理想”。中日之间在上海的战事，“英美蹙额旁观，疏解棘手，独俄国乃开颜作会心之笑，最后决算，局中人无一不输，惟苏俄自幸可以拾得无穷之机会焉”。[2]基于对苏联的不干预政策的分析，天津《大公报》提醒国人不要抱苏联援助中国抗日的期望。该报于同年3月11日在社评中呼吁，全国人民与日本军国主义者作殊死奋斗，“不达到完全自由解放不止！”同时，社评强调，这种奋斗必须靠自己，“绝不假外力，不望外援”，既不能靠国联，也不能指望苏联。“外报近传中国因国联无力，欲恢复联俄，此讯即不确，盖类儿戏之谣言，为中国国民所不取。”“我既不望之国联北美，又安能望之于风马牛不相及之苏联哉？”[3]

虽然苏联对日本进攻上海采取不干预政策，但天津《大公报》密切关注着苏联对日态度的变化，尤其注意到苏联对日本的态度开始有所强硬。苏联陆海军人民委员伏罗希洛夫于1932年2月22日在红军成立14周年纪念大会上表示：“苏俄红军今日应努力准备保守远东领土，该处领土在极大危险中。”该报在当月24日报道这个消息时注意到：“盖此为苏俄负责官吏对最近远东问题第一次公开演说也。数星期前，苏俄官方及报纸，对中日冲突，维持不佳之静默。”[4]同年2月，哈尔滨日军司令部要求中东路当局供给列车，由哈尔滨往绥芬河中苏边境运送日本军队。苏联副外交人民委员加拉罕于2月

1 《沉默的苏联》,《大公报》(天津版) 1932年4月1日，第1张第4版。

2 《日本大增陆军寇沪》(社评),《大公报》(天津版) 1932年2月15日，第1张第2版。

3 《长期奋斗之根本义》(社评),《大公报》(天津版) 1932年3月11日，第1张第2版。

4 《苏俄红军十四周年纪念》,《大公报》(天津版) 1932年2月24日，第1张第4版。

26日拒绝了日本的要求，并抗议日本进军中东路东段。[1]该报于2月28日发表短评，对加拉罕的抗议表示关注。短评表示："俄国对于日本，许久不说话，保持着猛虎在山的势子，叫人捉摸不透，所以，日本注意苏俄，或者比对英美还要加劲。现在因为日本进兵东铁东线，加拉罕忍不住有了正式抗议。抗议不听，又将如何？难道也和英美般说说就算了吗？这是值得大家关心的事情。"[2]苏联中央执行委员会主席加里宁于同年3月8日发表了一个对日本软中带硬的声明，表示："苏俄以维持和平为远东政策之基础，但同时若任何资本主义国家之行动危及苏俄人民之利益，苏俄决不坐视，而全国人民亦愿作战到底。"[3]加里宁这个软中带硬的声明，给中国人以苏联对日渐趋强硬的印象。《大公报》在报道这个消息时，就以"苏联远东政策以维持和平为基础，同时充分防御外侮"为题。[4]

从1932年3月1日伪满成立开始，中国舆论界更加重视苏联在远东的地位和影响，并开始意识到中苏两国对付日本的共同利害，所以，开始期望苏联介入中日之间的纠纷。

伪满的成立表明，日本逐渐巩固了对东北的统治。在这种情况下，中国舆论界非常关注苏联对东北局势的态度。天津《大公报》于1932年3月12日刊登消息介绍："苏俄政府已正式不承认新建之满洲独立国。"[5]同时，舆论界越来越觉得苏联在东北局势的演变中起着重要作用。天津《大公报》于同年3月16日发表社评认为，从国际形势而言，"日本与苏俄，政治上绝对不能相容"，日本之所以于3月初扶植成立伪"满洲国"，"恐怖苏俄，防止赤化"是一个重要考虑。同时，社评预计："吉黑沿边，中俄日韩杂处，俄国久认为赤化发酵地，日本势力今更逼近之，则其酝酿必愈亟，此岂世界和平

---

1　《日阀企图进兵东铁东线，苏俄对日本提抗议》，《大公报》（天津版）1932年2月28日，第1张第4版。

2　《日俄关系尖锐化！》（短评），《大公报》（天津版）1932年2月28日，第1张第4版。

3　《苏联远东政策以维持和平为基础，同时充分防御外侮》，《大公报》（天津版）1932年3月10日，第1张第3版。

4　《苏联远东政策以维持和平为基础，同时充分防御外侮》，《大公报》（天津版）1932年3月10日，第1张第3版。

5　《东北叛逆，苏俄政府不承认》，《大公报》（天津版）1932年3月12日，第1张第3版。

之福？”[1]

日本占领东北后，中苏在中东路问题上的矛盾被日军隔离开来，而且，在日本向中东路苏联管理者提出种种要求的情况下，中国舆论界逐渐觉得苏联也是中东路的受害者。这样，在中国舆论界眼中，中苏两国之间出现了不少共同利害。这样，在东北尤其是中东路问题上，中国舆论界由九一八事变前对苏联的敌视态度，转变为同情苏联。伪“满洲国”于1932年3月初成立后，向苏联提出重新任命中东路理事，以代替国民政府任命的人员。同时，由于伪满成立后，苏联陆续将中国境内的中东路车辆，调至苏联境内。所以，伪满当局准备向苏联索要中东路车辆。[2]天津《大公报》于1932年3月16日发表短评认为，这是伪满替日本向苏联挑衅，“这很明显是替日阀做虎伥，以压迫苏俄”，“日本强占东三省，是欺凌中国，也是对付苏俄。日阀一再向苏俄挑衅，破坏中东路，占领哈尔滨，苏俄均予隐忍。日阀现在更运用他的傀儡，对苏俄作进一步的压迫了”。[3]显然，由于日本占领东北，中国与苏联在东北尤其中东路问题上的矛盾逐渐淡化。在时人眼中，在东北权益问题上，中国与苏联逐渐成为一同被日本侵犯权益的同命相怜的受害者。所以，时人进一步觉得，中苏之间在对付日本侵略方面利益渐趋一致。1932年3月31日，黄文弼在天津《大公报》“读者论坛”版发表文章认为，日本占领东北损害了中国与苏联的各自战略利益，因此，在对付日本问题上，中国与苏联的利害渐趋一致。他分析，从中国方面说，“盖满蒙凹入于中俄本土之间，中国如失满蒙，则山东、津沽立受威迫，而华北之屏障全失”，如此，“则满蒙为中国之生命线，万不能不争”。从苏联方面说，“海参崴最在东垂，完全藉西伯利亚为之联络”，如果日本控制东北，“则西伯利亚为日本势力所冲断，苏俄之极东与中部顿失其联络，故亦不能不起而阻止”。由此，“因中俄两国之利害关系相同，可能的站在一条线上，合力以御日本”。[4]

中国舆论界进一步指出，苏联是日本侵占中国东北的重要事关方，并期

1 《上海与东北系在一条阵线》（社评），《大公报》（天津版）1932年3月16日，第1张第2版。
2 《伪国不知自量如此！》，《大公报》（天津版）1932年3月16日，第1张第4版。
3 《日阀继续压迫苏俄》（短评），《大公报》（天津版）1932年3月16日，第1张第4版。
4 黄文弼：《日本之炮弹与远东》，《大公报》（天津版）1932年3月31日，第2张第8版。

望苏联能够介入中日在东北的纠纷。天津《大公报》于1932年4月19日发表社评认为，一方面苏联不愿与日本开战，另一方面日苏矛盾会逐步升级，最终会爆发冲突。社评分析，苏联正忙于国内五年计划建设，确实不愿与日本开战，但是，日本占领中国东北全境，导致日本与苏联直接接触，双方的冲突终不可免，“由日俄关系言之，苏联过去视日本为不急之敌，今则一变而为最紧急最危险之敌。日本军队纵不入俄境，然北满既占，战备日修，苏联势必不得不为对抗之设施，固不能不坐视其大规模攻势准备之完成，而静待其一击。双方迫近，互相激荡，从此势必日益紧张，终至于大冲突而后已”[1]。同年4月22日，《大公报》再次发表社评，强调苏联与日本矛盾的不可调和性。社评注意到，日本陆军省宣称“远东和平全赖日俄交谊，日本对俄绝无意武力侵略”，而苏联人民委员会主席莫洛托夫则声称“日本军阀准备大规模侵略，将不以占取满洲为止境”。社评认为，日方所言为表，苏方所言则为里。日本绝不会止于占领中国东北，“事实上占领全满，即攻取西比利亚之初步，制造满洲国，即制造白俄国之初步”，日本军事计划完成之日即苏联滨海边疆区成为“第二满洲”之日，“即白俄国出现之日”，“彼俄人者，非痴非聋，顾能对此无所觉察而不为之备哉？”[2]

实际上，在一·二八事变和伪满成立前后，中国舆论界对苏联的态度是矛盾的，一方面认为中苏在对付日本扩张方面有共同利害，期望苏联介入中日纠纷，另一方面又不相信苏联会帮助中国抗日。1932年4月21日，天津《大公报》在社评中就认为，虽然苏联有抗击日本侵略的决心，但并无帮助中国抗日之意，“更因日本对俄挑战，凌厉直前，益以激起苏联自卫之决心”。“我于国际上反渐入孤立之地位，今不特英法不肯相助，即美俄又何尝肯轻下决心，以实力为我张目？”[3]莫国万在同年4月25日出版的天津《大公报》“读者论坛”版发表文章，也不相信苏联会以武力帮助中国抗战。他注意到，九一八事变后，有些人“请求苏俄秉承其援助弱小民族的政纲给以武力援助”。他认为，这种想法“无异望梅止渴”。苏联之所以不会武力援助

---

1 《最近之日俄关系》（社评），《大公报》（天津版）1932年4月19日，第1张第2版。

2 《再论日俄关系》（社评），《大公报》（天津版）1932年4月22日，第1张第2版。

3 《倚赖外交与自主外交》（社评），《大公报》（天津版）1932年4月21日，第1张第2版。

中国抗日，是害怕引起第二次世界大战，“这并不是苏俄袒护暴日，实因它要武力干涉暴日时，便要引起第二次世界大战，那时，它本身大有覆灭的危险”[1]。同年4月28日出版的天津《大公报》“读者论坛”版发表署名“琗”的文章。此文注意到，苏联为了营造国内建设的良好国际环境，对日本占领中国东北，采取不干预政策，“至对国际问题，苏俄只知埋首工作，对外不问不闻，同时，又派使国联，力倡和平之论调。远东利益，虽哈尔滨根据地被日侵占，若不受创过甚，亦不同他人计较”[2]。显然，一·二八上海抗战爆发后，虽然人们认识到了中苏利害的一致，并期望苏联介入中日之间的矛盾，但在中苏尚未复交的情况下，中国舆论界仍然判断苏联不会出兵援助中国抗战。

九一八事变的发生使国人对苏联的观感发生了很大转变。人们对苏联的看法，由此前围绕中东路、中苏会议问题产生的恶感与不信任，转变到对苏联怀有一定的好感。但是，在中苏尚未复交的情况下，苏联明确表明了不参与中日纠纷、置身事外的态度。中国舆论界透彻了解到苏联的这种态度，并由此指出联苏抗日的不可能性。1932年1月至3月，在日本大举进攻上海、扶植成立伪满的情况下，中国舆论界更加关注苏联在远东的国际地位，进一步认识到了中苏两国在对付日本扩张方面的利害一致，并期望苏联介入中日之间的纠纷。但是，舆论界的这种看法并未导致舆论界相信苏会直接帮助中国抗日。应该说，在中苏尚未恢复外交关系、苏联坚持对中日纠纷置身事外政策的情况下，这个判断是准确的。

## 三、一·二八事变后对日苏冷对峙的观察

1932年5月5日，中日签订《上海停战协定》，一·二八上海抗战结束。这样，自1931年九一八事变以来持续多半年的中日武装冲突暂告一个段落。在1933年1月日军进攻热河、长城抗战爆发以前，中日之间的关系有所缓

---

1 莫国万:《中国历史将另起一页》(1932年4月5日),《大公报》(天津版) 1932年4月25日，第3张第10版。

2 琗:《现在国际情势之概观(续)》,《大公报》(天津版) 1932年4月28日，第2张第8版。

和。而在此期间，中苏于 1932 年 12 月恢复了外交关系。这种情况下，日苏之间的关系进入冷对峙状态。苏联积极在远东扩充军力，预防日本的侵略，同时，亦无对日作战的意图。

中日签订《上海停战协定》后，天津《大公报》等媒体敏锐地观察到日苏关系有缓和的可能。该报于 1932 年 5 月 15 日发表社评注意到，日本前驻苏联大使向日本政府建议，对苏联采取缓和政策，接受苏联提出的签订互不侵犯条约的建议。社评判断："自日本论，占领三省，此时之大欲已偿，而实力上又势不敢攻入西比利亚，故日俄虽根本不两立，而一时之缓和，则有可能性也。""假定日俄果订结不侵犯协约，其意义为冲突之慢性症化，问题固无解决，现状则可拖延。"[1] 中苏会议秘书长王印川于同年 5 月中旬从莫斯科抵达天津、北平。他在北平介绍了苏联既积极备战，又无意与日本开战的政策。他介绍，九一八事变发生后，苏联对日本侵入东北即甚注意。自日军侵入北满后，"更于军事上积极准备"。苏联坚持"不侵人寸土，亦不许人侵苏联寸土"原则，而日本现在又绝不会侵入苏境，所以，目前，"俄日之间不至发生战事"。[2] 而且，在 1932 年夏天的中国舆论界眼中，苏联与日本在远东的关系，呈现日本进攻、苏联防守的态势。天津《大公报》于当年 7 月 26 日发表短评注意到，日本占领东北后，"尚继续北侵，想迫俄国出来再作这幕大悲剧的主角"，"在苏俄一再退让避冲的时候，而不幸的消息却屡屡传来"，日本指使伪满试图接收中东路，日苏渔船又在堪察加半岛海域开火，苏联政府因此撤回驻哈尔滨、沈阳领事，并召回中东路苏方理事。短评劝告日本谨慎从事，不要挑起新的世界大战，"我们为了东方大局的和平与幸福计，希望这些消息不致成为 1914 年塞尔维亚的炸弹，同时，奉劝日本军阀要深刻省察历史的教训"。[3] 可见，中国舆论界判断，虽然日本屡向苏联挑衅，但日苏之间打不起来。

1932 年夏秋，中国普通民众也感受到了苏联在中日之间的中立态度。"惜梦"与五名同伴于当年 7 月 5 日由上海登船，9 日抵达海参崴，计划由海

---

1 《日本对俄态度之转变》（社评），《大公报》（天津版）1932 年 5 月 15 日，第 1 张第 2 版。

2 《王印川由俄抵平》，《大公报》（天津版）1932 年 5 月 15 日，第 1 张第 3 版。

3 《历史的教训》（短评），《大公报》（天津版）1932 年 7 月 26 日，第 1 张第 4 版。

参崴进入吉林、黑龙江，参加抗日斗争。不想，他们在海参崴被苏联当局拘捕。8月7日，他们被苏联遣返回上海。从与苏联看管监狱的军人的谈话中，“惜梦”感受到苏联对中国友好但不介入中日冲突的态度。他介绍，这位军人“态度异常的和蔼”，对他说：“中俄是两个伟大的民族，在历史上，在地理上，早应该真诚地携起手来。”“在我们只是努力于自己的建设，关于中日的问题，就目下说，原是站在同样的关系上，我们只有中立。中国的事情，只是要自己努力了。”在将“惜梦”等人送回上海前，海参崴政治局局长于8月6日找他们谈话，说明了将他们遣返回中国的三条理由，其中两条就是：“国际的情势是这样急剧的转变，苏联因为处境的特殊，对中日问题是绝对中立。”“无论中日某一方，只要是含有政治意味的活动，在苏联的境内都一样的不许通过。”[1]天津《大公报》刊登的“惜梦”日记，使更多国人直观地了解到苏联的不介入中日纠纷的中立立场。同年9月12日和13日，一位署名“晓明”的作者在天津《大公报》发表文章分析，苏联对日本占领东北的态度，是既保持中立，又有所防备。“苏俄正在从事经济建设的现在，实是没有与任何国家武装冲突的意念，除非是帝国主义国家特别地去向他进攻。所以，他官场同舆论对满洲问题的保持中立的声明，我们是可以十分相信的。”同时，日本集中兵力于东北北部“又不得不惹起他的武装准备”。[2]

随着1932年整体国际关系的演变，中国舆论界倾向从积极方面看待苏联与日本关系的缓和。时人觉得，苏联尽量拖延与日本对决的时间，争取更多的时间进行国内建设，以增强国力，与中国尽量争取国家建设的时间，在国际战略上有重叠之处。1932年6月2日，天津《大公报》发表社评分析，在日本侵华问题上，美苏两国均不想立即与日本开战，而力图拖延时间，积蓄与日本作战的实力，“从各方考察，目前美国殊无起应世界大战之积极意思，俄国亦方待五年国防计划之彻底完成。故两国共通心理，此时胥欲不战而屈人之兵，冀图以连横之势，和缓远东之危机，延长大战之准备。预料日本如果不迫苏俄以不能不战，则苏俄必将尽其忍耐之能事，以避免重大之冲

---

1 惜梦：《海参崴拘留记（续）》，《大公报》（天津版）1932年9月5日，第1张第3版。

2 晓明：《日本承认伪国，国际情势行将转变（续）》（1932年9月8日于北平），《大公报》（天津版）1932年9月13日，第1张第3版。

突。美国希望，度亦如是”。社评认为，美苏两国的这种意图与中国的国家利益有一致之处，“中国当赤白势力错综交恶之冲，环境困难，实开五千年未有之奇局，与其大战速发，躬为鱼肉，无便宜之可讨，不如艰苦肆应，尽量延缓之有利。就此点言，与美俄固利害一致也”[1]。而且，天津《大公报》在社评中还认识到，在日苏这种表面缓和的状态之下，苏联实给日本造成巨大的军事压力。该报于 1932 年 6 月 4 日在社评中深深感受到日本在苏联压力之下的心理紧张。社评表示：“夫日本防俄之心理，如是紧张，而俄国集中大军于远东，又为西比利亚、海参崴各处来人所亲见。双方相忌相防之形势，当局愈辨明，愈以证实其不安之情态。”[2]

在 1932 年，苏联申明了对日本不愿战、不怕战的态度。1932 年 11 月 7 日，在庆祝十月革命 15 周年纪念大会上，苏联陆海军人民委员、革命军事委员会主席伏罗希洛夫发表演说称，“苏联迫切为和平而奋斗，但具有决心。如受人攻击时，不能不事戒备”[3]。一些在苏联采访的外国记者也注意到了苏联的这种态度。同年 7 月上旬，此前采访苏联西伯利亚的美国记者亨特在北平介绍：苏联虽不愿意对日开战，但有维护远东主权的决心。“据彼自海参崴至赤塔观察所及，人民均表示一种‘镇争坚决’态度。彼等不欲开战，但决心维持其领土与权利，即一英寸之地土，亦不能丧失。”[4]中国舆论界也认识到了苏联对日本既克制又决心维护苏联远东权益的态度。同年 10 月 21 日，该报在社评中分析苏联对日本的态度时说道：苏联“于冷静中见威棱”，是“铁的冷静”，做了大量应对日本向苏联扩张的准备，“盖吾人固知一年以来，远东俄境，大举增兵，飞机军火，日益充实，‘铁’的准备，异常积极。其对日本，不但有铁的意志，且有铁的物质在其后也”。苏联对于东北问题有一个限度，就是“北满地方，决不能令日本完全统一。盖俄国除非决心抛弃海参崴，退出远东，则断然不容日本自由发展势力于北满全境，以打破其最

---

1 《美俄日之三角关系》（社评），《大公报》（天津版）1932 年 6 月 2 日，第 1 张第 2 版。
2 《日本新内阁之外交方针》（社评），《大公报》（天津版）1932 年 6 月 4 日，第 1 张第 2 版。
3 《苏俄革命纪念，关心远东情势》，《大公报》（天津版）1932 年 11 月 8 日，第 1 张第 4 版。
4 《美记者旅俄印象谈》，《大公报》（天津版）1932 年 7 月 8 日，第 1 张第 4 版。

后壁垒”[1]。不过，后来的事实证明，《大公报》认为苏联将“北满”视作不许日本跨越的红线，是一个幻想。最终，苏联还是将中东路出售给日本，完全退出了东北北部。

自1932年5月中日签订《上海停战协定》至1933年1月日军进犯山海关，中日苏三国关系处于相对平稳状态。在这个时期，苏联与日本之间处于冷对峙状态。一方面，苏联与日本之间的关系有所缓和，苏联也表明了在中日之间的中立态度；另一方面，苏联也向日本表明了不愿战、不怕战的态度，积极在远东地区进行对日作战的军事准备。中国舆论界从积极方面看待苏联的这种对日政策，认为苏联拖延对日作战的时间，以便致力于国内和平建设，与中国进行国内建设、积蓄抗战国力的战略是一致的。

## 四、长城抗战期间对中苏邦交的重视

自1933年1月日军进犯山海关至同年5月中日签订《塘沽协定》，中国与日本进行了5个多月的长城抗战。经过长城抗战，日本对中国的侵略，继九一八事变后，又上了一个台阶。日军控制了长城沿线，冀东也成为非武装区，北平、天津直接显露于日军的威胁之下。民族危机的进一步深化，使中国舆论界更加看重刚刚于1932年12月复交的中苏两国关系。但是，苏联并未改变在中日之间的中立政策，甚至于1933年5月向日本提出将中东路出售给日本，这无疑是趁中国之危落井下石。但是，中国舆论界面临日本向华北地区的大举进犯，不得不重视中苏关系。

中苏复交和长城抗战爆发后，苏联在中日之间的中立政策并未发生改变。时人对苏联的这种中立政策认识得非常清楚。时任国民政府委员的伍朝枢于1933年2月1日在上海就对记者表示：苏联对日本采取的是忍耐态度，“日本攫占东北后，即极力扩张势力，使苏俄有戒心，利害冲突，自属难免。但观察苏俄态度，颇能忍耐，似不欲因此发生意外变化”[2]。从天津《大公报》

---

1 《彷徨中之日本对俄外交》（社评），《大公报》（天津版）1932年10月21日，第1张第2版。
2 《伍朝枢谈国际情势》，《大公报》（天津版）1933年2月4日，第1张第4版。

发表的文章来看，时人判断苏联会继续避免对日本开战。1933年4月，日本封锁中东路满洲里段，并声言逮捕中东路苏联局长。当月12日，天津《大公报》发表社评分析，这是日本向苏联的进一步挑衅，会进一步加剧日本与苏联的矛盾，但苏联出于经济和国防建设考虑，不会与日本开战。“以大势度之，苏联殆采屈之一途”，“自九一八以来，苏俄之一贯的政策，为忍耐的旁观。苟非日本侵犯俄境，决不轻动。东铁利益，虽苏俄所愿保持，然至万不得已时，宁舍东铁而避战争”。苏联对于远东的政策是“乐得专心建设，乘机观变”，“不愿作过早之战”，避免第二个五年计划建设中辍。[1]

虽然苏联一直坚持不介入的中立政策，但在长城抗战期间，时人普遍希望进一步发展刚刚复交的两国关系。燕京大学政治学教授徐淑希曾于1932年秋应国民政府之聘，赴日内瓦参与办理中日交涉和中苏复交事务。1933年2月7日，上海国际问题研究会邀请徐淑希就国际与东北问题发表演讲。徐淑希认为，“苏联以地势关系，中国利害，几完全一致。日本并吞三省后，俄之沿海二州，决不能保全。如日人之势侵入蒙古，则并西伯利亚亦无可守之道”。所以，徐淑希主张进一步发展中苏两国的友好关系，“今日中俄已恢复邦交，固可欣慰，然不能以复交为已足，应进一步而谋中俄亲善”。[2]显然，徐淑希从东北亚国际格局角度重点分析了发展中苏关系的重要性。同年2月21日，日军进攻热河，3月10日，热河全境沦陷。日军进攻热河期间，天津《大公报》于1933年3月3日发表社评，益加感到发展中苏关系的重要。社评表示，“今日本既悍然破坏中国，无可回旋，是则对俄外交，益增重要。日本侵华愈烈，中俄关系愈重”[3]。在社评看来，中国应尽力争取苏联对中国抗战的支持。几天后，徐淑希也于3月8日在燕京大学全体师生大会上发表演讲，分析应付日本侵略的外交策略。他认为，中国为了应对日本占领东北，在外交上，除重视发挥国联和美国的作用外，必须发展与苏联的关系。“现在中俄既已恢复邦交，我们应该更进一步，求中俄的亲善与美俄的亲善。若是中美俄与国联能行到合作的地步，不独是东省问题可以解决，就是受军阀

1 《东铁风潮与日俄关系》（社评），《大公报》（天津版）1933年4月12日，第1张第2版。

2 《东北与国际》，《大公报》（天津版）1933年2月11日，第1张第4版。

3 《从日内瓦到莫斯科》（社评），《大公报》（天津版）1933年3月3日，第1张第2版。

压迫陷于水深火热的日本无辜人民，亦可从此超生了！”[1]

长城抗战期间，在日军攻陷山海关、占领热河的情况下，中国舆论界虽然对苏联不会参与中日之间的军事冲突认识得非常清楚，但从应付日本侵略的国际关系格局出发，非常重视恢复不久的中苏外交关系。不过，长城抗战还未结束，由于当年5月上旬苏联证实向日本出售中东路的意愿，给舆论界发展中苏关系的愿望泼了一盆冷水。

## 五、从抗日角度对苏联国防建设的认识

尽管由于苏联一直坚持不介入中日纠纷的政策，中国舆论界不指望苏联会直接援助中国抗日，但是，九一八事变后，苏联国防建设仍是中国舆论界关注的焦点之一。中国舆论界之所以关注苏联国防建设，抵抗日本侵略仍是一个非常重要的视角。一方面，舆论界希望学习与借鉴苏联快速推进国防建设的经验，加快中国自身的国防建设，以抵御外侮；另一方面，在日军占领东北、一步步侵略华北的情况下，中国面临着日本空前的军事压力。人们意识到，苏联强大的国防实力，可以成为减轻日本对中国的军事压力、牵制日本侵华的有效力量。

日本对中国步步深入的侵略，使中国舆论界开始注意苏联国防建设的进展，期望以此为榜样，推进中国的国防建设。日本于1931年发动九一八事变占领东北，之后，又于1932年发动一·二八事变进攻上海。这两个事变激发起中国舆论界对苏联国防建设的兴趣。1932年6月17日出版的天津《大公报》“军事周刊”版以整版篇幅发表题为“睥睨一切之苏俄军备”的长文，大力宣传苏联军备的强大。此文希望在九一八事变和一·二八事变导致国难日益严重的情况下，国人应多关注苏联的军备情况，“自日军侵占东北、入寇淞沪的两次战役，证明了吾国的军队及武器不足以适应近代战争的要求”，“爱国的同胞，再不要拿地大物博不致于亡的话来壮自家的胆子，为争民族

1 《中日问题观测》,《大公报》(天津版)1933年3月10日，第1张第4版。

的生存权，为免自己的子孙作亡国奴，请你多多留意别人国家的军备”。[1]

1933 年长城抗战的失败，再次使中国舆论界认识到苏联国防建设经验的可贵。天津《大公报》以苏联快速国防和军队现代化的经验，勉励中国政府加快国防建设。当年 3 月，日本军队进占热河。对此，3 月 8 日，天津《大公报》发表社评认为，日军在此次进攻热河过程中，使用了飞机、“钢甲战车队”等新式武器，这都是日本刚开始发展的新装备。社评由此认为，只要中国致力于培养相关操作人才，也可以使用这些新式武器。“我苟于驾驶操纵之人才迅速养成，则此类新兵器，何尝不可使用？”社评以苏联全力从事国防现代化建设勉励中国政府和军队，表示“试观俄国于革命后，方大举改造军队，专从化学战、机械战，全力以赴。今仅十数年间，已成世界上一大陆军国，即日本亦不敢正视，此仍不过努力硬干之成效而已。日俄情形如此，新式战备，又有何难，是在我国之有无决心耳”。[2] 3、4 月间，中日军队在长城沿线展开激烈战斗，日军攻入冀东地区。处在抗战前线的天津的《大公报》社编辑杨历樵对苏联蒸蒸日上的国防事业极度羡慕。他节译了杜本金（Elias Tobenkin）《斯大林的梯阶》（*Stalin's Ladder*）一书有关苏联军事训练内容，发表在 1933 年 4 月 24 日出版的天津《大公报》上。杜本金介绍，苏联军事训练在国民中的普及程度在世界各国中无与伦比。杨历樵在译者按中惊呼：“东亚大国独我无国防！”他表示：“中日俄东亚三大国，一个海陆军军备齐全，已达到世界列强的地位；一个正在积极筹备陆军国防，建设重工业，突飞猛进，不遗余力；一个徒拥有丰厚的国土，严格的可以说是没有国防军备。我们这样说，并不是长他人的志气，灭自己的威风。从事实上讲起来，试问抵抗外侮，是空言可以奏效的？是坐言而不起行可以成功的？我们不必谈羽翼已成的日本，国人们，请看苏俄的榜样。”他提醒国人，“奋发啊，全中国四万 [ 万 ] 五千万的国民！准备啊，七年之病，何难求三年之艾？”[3]

在国难日益严重的情况下，中国普通民众非常赞赏苏联民众热心国防的

---

1 《睥睨一世之苏俄军备》，《大公报》（天津版）1932 年 6 月 17 日，第 2 张第 8 版。

2 《热河变局与中日前途》（社评），《大公报》（天津版）1933 年 3 月 8 日，第 1 张第 2 版。

3 历樵译：《苏俄军事训练》，《大公报》（天津版）1933 年 4 月 24 日，第 1 张第 4 版。

意识。1932 年 9 月，天津《大公报》社代收救国飞机基金捐款。一位山东省立第三师范附属小学的捐款者给该报社写信说："美国小学生能捐出糖果费造成巨大的'亚美利加幼童号'军舰，俄国工人能捐出一日工资，造成巩固国防的唐克车队。我们被侵略的国家，全国有四百万小学生，四万万人民，若每人捐洋五分，购买飞机，夺回东省，岂是难事？"[1] 显然，苏联民众捐资建造坦克队的事迹，给中国民众留下深刻印象。

由于苏联远东地区与中国东北接壤，在中国东北被日本占领的情况下，苏联远东军事实力与中国息息相关，所以，中国舆论界特别关心苏联远东地区军事部署和实力。人们希望，苏联日益增长的远东军事实力，能成为控制日本侵华的有效力量。

在日军进入中国无阻的情况下，中国舆论界非常羡慕苏联远东边境线防守的严密。1933 年 4 月 16 日，天津《大公报》"小公园"版发表随苏炳文东北抗日部队退入苏联境内的陈姓人士有关苏联观感的日记。日记详细记述了此人在苏联的观感。陈姓人士介绍，他们于 1932 年 12 月 8 日因弹尽粮绝由满洲里退入苏联境内。后于 1933 年 3 月 19 日从海参崴回国。在靠近满洲里的苏联境内的十八里小站，他看到山坡间的公路上跑着巡查边界的汽车，"要想偷越他的国境，真比登天还难"。苏方对于空中边界的防卫尤其严密，"凡未经过他们政府许可的飞机，只要一入空界，便会有十数架飞机起来包围它"。"这样看来，苏联的边防，真如同铜墙铁壁一般，我们怎能不佩服！"[2] 陈姓人士在抵抗日本失败退入外国领土的情况下，对苏联边境防守的严密印象非常深刻。一位名叫赵儒强的人问一位自称"老糊涂"的测字先生，怎样防止扒手偷窃自己的皮夹。这位测字先生在 1937 年 6 月 14 日上海《大公报》上告诉他，只有个人加强防备。测字先生联想到，中国无国防，东北被日本窃走，而苏联国防森严，日本不敢侵略西伯利亚。"东北四省，没有国防，可让扒手扒去了。苏联的西伯利亚，因为戒备森严的原故，扒手连正眼不敢看他。国家的事是这样，个人的事又何独不然？"[3]

---

1 《救国飞机基金捐款》，《大公报》（天津版）1932 年 9 月 23 日，第 1 张第 4 版。
2 《苏俄边境流亡记》，《大公报》（天津版）1933 年 4 月 16 日，第 3 张第 12 版。
3 老糊涂批：《测字摊》，《大公报》（上海版）1937 年 6 月 14 日，第 4 张第 13 版。

时人从抗日角度关注到苏联远东地区的海军实力。天津《大公报》“军事”版于1933年8月26日刊登周参丙撰写的长篇文章，介绍世界列强海军建设情况。周参丙提醒国人重视海军建设。他表示：“我国自一·二八事变以还，国人因海军不助十九军抗日之故，于是，重空轻海之论调，已成普遍之现象。但须知空军为不能独立之兵种，空军无海军，犹海军之无大陆，失去根据，则无战斗力矣。”“今者不明是理，舍本逐末，妄谓军舰之效用不及飞机。其见解之陋，实不值识者一噱。”他重点介绍了苏联远东海军的实力，认为“现时苏俄之远东海军实力，已不可厚侮矣”。[1]1936年9月17日和18日，天津《大公报》连载了日本《现代》杂志当年9月号的一篇译文，介绍苏联海参崴一带远东舰队的发展情况。这篇文章的译者按介绍，“九一八后，苏联不仅充实陆上边防，且亦积极整备远东海军军备”，“苏联远东舰队之发展，不仅世人注目，日人关心尤切”。[2]由此篇译者按可见，时人对当时苏联远东太平洋舰队的发展及日本的反应，相当关注。

在全面抗战爆发前的1936年，中国舆论界认识到，苏联远东的军事力量已对日本形成压倒性优势。《中苏文化》发表了一系列文章，高度评价苏联远东军事实力。当年7月15日，吴铁峰估计，苏联远东的总兵力约在22万至30万之间，飞机、坦克、装甲车各有1000架（辆）。苏联远东海军实力亦不可小觑，“海参威的要塞，其坚固远在往年的旅顺口以上”，由海参崴至尼古拉耶夫斯克（庙街），“沿海岸各处，都设有防御工作的潜水艇根据地”，“最近，由于远东风云的紧急，苏联更在极力加紧东部边境海军实力的扩充”。苏联“海陆并重，无一不表示苏联对远东防卫用心之积极了”。[3]在吴铁峰看来，苏联远东陆军、海军实力均不可小觑。同年12月1日，赵康注意到，苏联远东的军事力量已对日本构成巨大威胁。尤其是，苏联远东空军的新式轰炸机续航长度达3500公里，由苏联东部起飞，“日本的东京及其他主

---

1 周参丙：《列强海军现况及中国海军在世界上之地位（一）》，《大公报》（天津版）1933年8月26日，第3张第11版。

2 石炎译：《苏联的远东舰队（上）》，《大公报》（天津版）1936年9月17日，第1张第4版。

3 吴铁峰：《苏联的外交与国防》（1936年6月12日），《中苏文化》第1卷第3期，1936年7月15日，第23—24页。

要都市、工业都市、日本和大陆交通线的朝鲜和满洲，都全在它行动的半径之内。这种超重轰炸机，不只足以袭击日本全国的要地，并且进而可以袭击千岛和西南群岛”。他认为，由于苏联远东国防实力的增强，日本已无力在远东挑战苏联。“日本帝国主义倘若还要拿帝俄时代来比拟今日的远东，真是历史的盲目啊！”“日本要在此巩固的苏联远东国防之下，企图完成其侵略政策，恐终非易事了。”[1]

中国舆论界立足于远东中国、日本、苏联之间紧张而深刻的矛盾，高度关注苏联在远东国际军事格局中的作用。1932年9月4日出版的天津《大公报》发表“敬慈”摘译的日本参谋部少校藤塚止戈夫撰写的《苏俄在远东之军事设备》一文。此文介绍了苏联红军在远东地区的军力、部署，并强调，苏联在九一八事变后，在远东地区增派了大量军队，苏联在远东的军事部署构成对日本的巨大威胁。“敬慈”在译者按语中表示：“远东风云变色，日俄关系，虽弛实紧。苏俄在远东方面，备有强有力之十万大军，及最新式武器，意在对日备战，为不可掩之事实。”[2]国民政府外交官员也非常关心苏联远东军事建设。1934年5月1日，中国驻英国公使郭泰祺在伦敦对路透社记者表示：“依渠观之，远东真正危险，俄国知之较他国为详切，故俄国对此时局，甚为重要，渠信俄国现正竭力巩固远东防务。”[3]在舆论界眼中，苏联已经成为能够阻止日本扩张的世界列强之一。同年12月14日，《大公报》发表社评，在分析太平洋地区各国海军建设形势时称：“吾人身当太平洋未来斗争之冲，环顾美国之经营夏威夷与亚鲁辛[4]群岛，苏俄之努力建设海参崴与伯力，英国更将以新加坡与达尔文港为铁链，以阻止日本舰队之西进。惟我则置身于此群龙搏斗之场，而有身罹池鱼幕燕之惧。海上防卫，直等于零。”[5]

在天津《大公报》看来，日本占领东北，是促使苏联加强远东军备的最大原因。该报于1932年9月16日在社评中分析，“盖日阀既明明占北满以

---

1 赵康：《苏联在远东的国防》，《中苏文化》第1卷第7期，1936年12月1日，第33—34页，第38页。

2 敬慈摘译：《苏俄在远东之军事设备》，《大公报》（天津版）1932年9月4日，第1张第4版。

3 《郭泰祺对西门演词意见》，《大公报》（天津版）1934年5月2日，第1张第3版。

4 即美国阿留申群岛。

5 《新加坡演习之重要性》（社评），《大公报》（天津版）1934年12月14日，第1张第2版。

充要塞，其军队已迫近俄境，刻刻有可以侵占西比利亚东部之势。则彼苏联者，苟非神经麻痹，当然加紧戒备。九一八以来，事实上，苏联政府热狂备战，工厂、学校皆军队化。对象为何？自为日本”[1]。该报于 1934 年 5 月 31 日在社评中再次表达了同样的观点。社评在分析 1933 年 5 月《塘沽协定》签订后的远东局势时认为，苏联、美国的扩军备战，完全是日本在远东扩张的结果，“美国在华府、伦敦两次会议之后，海军造舰，始终没有到达条约所许的限度；苏俄从前与日本和平相安，在远东一直没设多量的军备。但是，日本自九一八以后，天天嚷着日美、日俄的危机，时时加紧独霸远东的侵略，于是，国际不安，美俄自危，美国不得不扩充海军，苏俄不得不进行战备。这种环境，完全是日本自身造成”[2]。从《大公报》这个分析来看，当时中国舆论界将苏联视作日本的对立面。黄又铮于 1937 年 8 月 1 日在《中苏文化》杂志发表文章，表达了与天津《大公报》一致的看法。他分析，日本占领中国东北后，试图侵略苏联远东地区，“在帝国主义与苏联冲突之必然性上说，远东之战祸，时有爆发可能”，为此，苏联加紧远东地区的国防建设。[3]在黄又铮看来，苏联之所以加快远东地区的国防建设，完全是出于防御日本侵略的需要。

由于从抗日角度认识苏联国防建设，所以，苏联工业建设的国防性引起了中国舆论界的关注。舆论界认识到，在苏联工业建设进程中，发展重工业与国防建设有着密切关系。要大量生产军事装备，就必须尽先建立起完整的重工业体系。

九一八事变后不久，中国舆论界就注重从国防角度理解苏联一五计划建设。1932 年 2 月 5 日出版的天津《大公报》“园景”版刊登小品文注意到，苏联一五计划含有很大的国防性和军事性，认为“倘此种伟大之计划告竣，移其动员之方向于战事，实含有伟大之军力也。观于其声明五年计划之目的，有增强国防力与发展关系国防力之诸工业语意，并高唱世界有战争勃发之危险，永久和平，需要世界革命，世界革命之主力，在乎苏联之军队，而

1 《日承认伪国之世界的意义》（社评），《大公报》（天津版）1932 年 9 月 16 日，第 1 张第 2 版。

2 《去年今日！》（社评），《大公报》（天津版）1934 年 5 月 31 日，第 1 张第 2 版。

3 黄又铮：《准战时期的苏联远东建设》，《中苏文化》第 2 卷第 8 期，1937 年 8 月 1 日，第 84 页。

锐意努力训练其国民与军队”[1]。北平民国学院教授赵普巨于同年2月10日和12日在天津《大公报》发表文章，也注意到苏联五年计划的军事性。他认为，“五年计划一方是个伟大的经济计划，同时也是个军事计划。它极力想避免今日的战争，而充分准备将来的战争”[2]。天津《大公报》“军事周刊”版于同年7月1日至29日分五次连载“乃强”翻译的苏联军事专家札依曹夫撰写的《苏俄五年计划的军事价值》长文。《大公报》“军事周刊”编者在编者按中表示，“苏俄五年计划，首重军事资源之开发，如钢、铁、铜、锡、汽油等军需品之开采提炼是”[3]。在时人看来，国防建设是苏联一五计划的重要组成部分，也是苏联一五计划的重要目的。

工业建设是苏联五年计划建设的核心内容，所以，中国舆论界纷纷分析苏联工业建设与国防的关系。1933年12月28日，天津《大公报》刊登了章渊若在上海青年会的一篇演讲稿。在演讲中，章渊若预计，到1936年，随着苏联第二个五年计划的完成，苏联军力将会大增，会与其他国家产生更大的对立，“这第二次五年计划，在表现上看来，固系努力于工业建设，而实际则是在做军事的准备。苏俄第二次五年计划成功之日，正是适逢一九三六年，而其他各国战争准备，刚刚碰得巧，也就是在这年内完成。这也足以造成严重的结果”[4]。南开大学经济研究所的丁洪范也注意到苏联工业建设与国防的关系。他于1936年1月13日在天津《大公报》“经济周刊”版发表文章，在讨论中国的战时经济问题时表示，“因经济能力对于现代战争的重要，经济准备已成为现代军事准备的一主要部分了。现代国家的平时经济组织在各种不同程度之下，无不含有国防的意义”。“现在著名的苏联五年及第二五年经济计划亦公认为置重国防的计划。”[5]1936年9月22日，天津《大公报》“家庭”版刊登的《集邮小识》介绍了一套莫斯科地铁图案邮票。《集邮

1　用三:《东鳞西爪（其二）》,《大公报》(天津版）1932年2月5日，第3张第9版。

2　赵普巨:《苏俄最近之外交（续）》(1932年2月2日于北平),《大公报》(天津版）1932年2月12日，第2张第5版。

3　札依曹夫著，乃强译:《苏俄五年计划的军事价值》(1932年5月18日译完),《大公报》(天津版）1932年7月1日，第2张第8版。

4　《一九三六年之欧洲大陆与中国民族应取之教训》,《大公报》(天津版）1933年12月28日，第1张第3版。

5　丁洪范:《中国战时的经济问题》,《大公报》(天津版）1936年1月13日，第2张第6版。

小识》说："苏俄的第二个五年计画，趋重于重工业建设"，这种重工业建设"是国防建设"，"德国是苏俄西境上的一个仇敌，日本是苏俄东境上的一个仇敌，她的重工业建设就是应付这两个仇敌的"。[1]

《中苏文化》发表了一系列文章，分析苏联重工业建设与国防建设之间的密切联系。1936年12月1日，袁孟超分析，苏联重工业建设的很多领域都与军事工业关系密切，"苏联经济建设的猛进，及其巨大的成功，其主要的工业部门，如冶金、钢铁及机械制造业等，实无一不与军事工业有着极密切的关系"，因而，"苏联的军备也就顺应着近代化工业的发展，有了极强大的扩张"。[2]1937年5月1日，南京《苏俄评论》编辑朱惠之分析，苏联之所以以重工业为发展重点，是出于国防的需要，"因为没有重工业，就没有国防，如冶金、钢铁与机械制造等，虽为重工业发展之基础，但亦为国防军需能力之基础。因为各种兵器，如大炮、机关枪、步枪、飞机、坦克车、军舰，以至子弹火药及弹筒等，无一不基于此种工业"。[3]

中国舆论界赞赏苏联这种以国防为导向的工业发展模式。九一八事变发生后不久，1932年8月3日和4日，天津《大公报》连载该社记者杨历樵翻译的美国人薛罗佛（Miles M. Sherover）关于苏联马格尼托哥尔斯克（Magnitogorsk）、库兹涅茨克（Kusnetsk）钢铁厂的文章。杨历樵翻译此文意在提醒国人注意苏联以国防为导向的工业建设。他在译者按语中写道："国难临头，大家才想到国防，但是，吆喝尽管是吆喝，具体的建设，又在那里呢？国防岂是空谈所能做到？""苏俄这种具体的建设，很可以做空谈国防论者的针砭"，从薛罗佛此文，"可以看出，苏俄踏实建设的精神、工业国防的准备，确可钦佩，确可做救亡的药饵"。[4]显然，在东北沦陷、国难当头的情况下，杨历樵越发觉得苏联这种以国防为导向的工业建设的可贵，期

1 《集邮小识·列宁墓与苏俄地下的火车道》，《大公报》（天津版）1936年9月22日，第3张第12版。

2 袁孟超：《以武力为后盾之和平政策》，《中苏文化》第1卷第7期，1936年12月1日，第9页。

3 朱惠之：《论苏联工业建设的经验与中国经济建设——献给中国国民经济建设之运动者》，《中苏文化》第2卷第4、5期合刊，1937年5月1日，第156—157页。

4 历樵：《苏俄惊人的工业国防建设（一）》，《大公报》（天津版）1932年8月3日，第1张第3版。

望中国学习苏联这种工业建设模式。1934年1月30日，天津《大公报》发表社评，对苏联重点建设重工业，以奠定国防基础的做法表示赞赏，认为中国亦应重点发展与国防相关的基本工业，“苏俄实力，寄于重工业之勃兴。吾国工业，本极不振，基本工业，尤无基础。现在许多固有工业，因本身组织不良、根底腐朽之故，天然淘汰，理无可免。今后宜以国家之力，提倡基本工业，为修养国力之源泉。近如国营钢铁厂已有定议，商办硫酸厂已在进行，此皆国家建设之福音，值得吾人欣慰”[1]。国民政府主席林森也赞赏苏联以国防为导向的经济建设模式。林森在1937年3月8日举行的国民政府纪念周上发表讲演。他重点分析了经济建设与国防建设之间的关系，认为“实业计划，即国防计划，为我国经济建设基本方案”。他重点介绍了苏联这方面的经验。他介绍说：“苏俄因为努力经济建设，其五年计划完成之时，不仅解决人民生计问题，同时也树立苏联强大国防。”[2]工业建设是林森所说的苏联经济建设的核心内容。朱惠之于1937年5月1日在《中苏文化》发表文章，对苏联以国防为导向的工业发展模式表示赞同，认为虽然苏联因此“牺牲过一般民众日用的必需品”，“虽民众过了一时啼饥号寒的生活，可是，整个的苏联国防能力却充实起来了”。“以部分的饥寒去换取全部的国防，这是很合算的，何况充实国防是保障整个民生的必备条件呢！”[3]朱惠之认为，中国国民经济建设运动应学习苏联以国防为导向、以重工业为重点的经济建设模式。中国同样具有建设国防的巨大需求，由于日本步步进逼，“中国现正处在非常时期的局面下，不晓得战神什么时候降临，所以，更得加紧作战的准备工作”，“必须实施起码的国防经济建设。纵不能做到一切自给自足的地步，但是，最重要的国防武器，必须能自制自造，而凭藉所有的人力与财力，集中于重工业的发展，并将有国防意义的大企业组织，尽量收归国家经营”。[4]

九一八事变后，中国舆论界密切关注苏联的国防建设。日本步步侵华是

---

1 《目前时代谁与弱者讲理？》（社评），《大公报》（天津版）1934年1月30日，第1张第2版。

2 《中央国府纪念周》，《大公报》（上海版）1937年3月9日，第1张第3版。

3 朱惠之：《论苏联工业建设的经验与中国经济建设——献给中国国民经济建设之运动者》，《中苏文化》第2卷第4、5期合刊，1937年5月1日，第156—157页。

4 朱惠之：《论苏联工业建设的经验与中国经济建设——献给中国国民经济建设之运动者》，《中苏文化》第2卷第4、5期合刊，1937年5月1日，第158—159页。

舆论界关注苏联国防建设的大环境。所以，舆论界对苏联国防建设的关注有着强烈的抗日视角。舆论界以苏联国防建设取得的成绩为榜样，期望中国学习苏联国防建设经验，以便加快中国的国防建设，从而抵御外侮。同时，舆论界从中、日、苏等国构成的远东国际关系角度认识苏联的国防建设，认为日本的军事压力是苏联加快远东国防建设的重要原因，并将苏联国防实力视作牵制日本侵华的重要的潜在力量。由于苏联远东地区紧邻中国东北，苏联远东地区的军事势力就成为中国舆论界的重要关心对象。舆论界对苏联远东军事实力评价很高，将苏联远东军队视作作战力极强的劲旅。由于注重从抗日角度看待苏联的国防建设，所以，舆论界非常关注苏联工业建设的国防性。舆论界认识到，苏联之所以重点发展重工业建设，加快国防建设是一个重要原因。舆论界从抗日角度，认同苏联以国防为导向的工业建设模式。

九一八事变后，在日本大举入侵中国的情况下，中国舆论界从抗战角度出发，分析了苏联在由中、日、苏等国构成的远东地区国际格局中的国际地位、国际角色，并从抗战角度，分析苏联的国防建设，并进而分析苏联工业建设与国防建设之间的关系。在这种情况下，舆论界一改此前将苏联视作侵略国的观念，将苏联视作一个和平大国。舆论界对苏联的和平大国定位，既与当时中国舆论界所处的抗日环境有关，亦与苏联逐渐改善与西方资本主义国家的关系有关。虽然中国舆论界将苏联看作一个和平大国，将苏联视作中国值得争取的可以帮助中国抗日或在远东牵制日本侵华的潜在力量，但苏联的实际外交政策也与中国舆论界的期待存在很大差距。从九一八事变发生，直到中国全面抗战爆发，苏联一直在中日之间坚持不介入中日纠纷、对中日纠纷置身事外的中立政策。但是，即便这样，在民族危机日深的情况下，中国舆论界仍然非常重视发展中苏关系，仍然期望苏联能够成为牵制日本侵华的有效力量。这集中表现在舆论界对苏联国防建设的认知。舆论界之所以高度关注苏联的国防建设，抵抗日本侵略是一个重要原因。在当时中国国力比日本、苏联都非常落后并遭受日本侵略的情况下，中国舆论界不能不重视苏联与日本之间的矛盾，期望苏联能支持中国的抗战。

强烈要求维护国家主权的民族主义意识和爱国主义精神构成30年代中国舆论界苏联观的核心内容。同时，中国舆论界的苏联观又深受中苏关系演变和日本侵华的影响。出于维护中国对中东路的主权，在1929年中东路事件后，舆论界强烈不满苏联恢复中东路管理权，之后，在苏联将中东路出售给日本的情况下，舆论界对苏联危害中国主权的政策，表现出极大警惕。在中苏会议期间，舆论界无论是主张将会议议题限于中东路本身，还是主张将会议议题扩大到复交、通商，都是出于维护中国国家主权和权益的考虑。九一八事变后，舆论界从抵抗日本侵略的现实需求出发，一方面希望恢复中苏外交关系，并进而主张全面发展中苏关系，另一方面，又对中苏关系的停滞和面临的障碍，深感失望和不满。同时，舆论界深入思考日本侵华造成的东北亚国际关系格局的新变化，深刻认识到苏联在东北亚国际关系中的特殊和重要地位。尽管苏联在中日之间持中立政策，但舆论界仍从抗日视角阐述发展中苏关系的重要性。虽然在中苏之间国力差距巨大的局面下，中国舆论界的这些主张和期望很难实现，但面对中苏之间的复杂关系，舆论界仍坚持民族主义和爱国主义立场，提出种种建议和设想，以期最大限度地维护国家主权和权益。总之，中国舆论界的中苏关系观，不满、警惕与对苏联友好并存，呈现出复杂而多面的态势。

# 第二章

# 20世纪30年代舆论界的苏联经济发展观

考察1930年至1937年全面抗战爆发前中国舆论界的苏联经济发展观是民国思想史研究领域非常重要的课题。首先，这个时期是苏联经济发展的关键时期。苏联先后于1928年至1932年、1933年至1937年实施了第一、第二两个五年计划。在1929年爆发的经济危机导致资本主义国家经济衰退的情况下，苏联成为当时世界经济发展最快的国家。其次，这种重要性在于中国思想状况的复杂性。严峻而复杂的内忧外患促使中国各界深刻分析中国社会现状，从多方面探寻国家的出路。苏联经济的快速发展、资本主义国家经济的衰退，再加上处于严重民族危机之中的中国经济的落后与停滞，导致中国舆论界从多角度认知苏联经济发展问题。其中，中国舆论界不同舆论主体对苏联经济发展进程形成的认知态势，中国舆论界对作为苏联经济发展核心内容的苏联工业建设的认识，以及中国舆论界认知苏联经济发展问题的视角和倾向，都是需要厘清的问题。

# 第一节

# 不同舆论主体对苏联经济建设进程的认知

对20世纪30年代苏联总体经济建设进程的认知是中国舆论界苏联经济发展观的重要组成部分，这表现出当时舆论界对苏联经济发展的总体看法。苏联经济发展进程在30年代的整体世界经济演变进程中，具有鲜明的特征。不像资本主义国家深陷1929年经济危机不能自拔，苏联通过1928年至1932年一五计划、1933年至1937年二五计划建设，实现了经济的快速发展。苏联这种经济发展进程引起了中国舆论界的极大瞩目。所以，系统了解30年代中国舆论界对于当时苏联经济发展进程的不同认知，是一个非常重要的问题。由于当时中国舆论界是由不同的舆论主体构成的，所以，考察当时不同舆论主体对苏联经济发展进程的感受与想法，是非常重要的视角。本节将当时中国舆论主体分为访苏人士、中国媒体、国民党当局人士、中国民间个体四个部分进行考察。其中，访苏人士虽然涵盖后三部分舆论主体，但他们均实地参访苏联，其观感表现了其对苏联经济建设进程的直接感受。中国媒体的意见，不是以个人，而是以某个媒体名义发表的。国民党当局人士以在当时国民党党政机构任职的人员为主。中国民间个体则以在当时报刊发表文章的不在国民党当局官方任职的自发的撰稿人员为主。

## 一、访苏人士的观感及其在中国社会的传播效应

从1930年开始，就不断有中国人士参访苏联，有的人是因为参加中苏会议而访问苏联，也有的人是因为去欧洲其他国家路过苏联。1932年中苏复交后，因各种原因访问苏联的人逐渐增多。在30年代初，人们对苏联的经济情况毁誉参半，到30年代中期，随着苏联一五、二五两个五年计划的推进，人们对苏联的观感逐渐转向正面。尤其是天津《大公报》记者曹谷冰于1931年3月至6月对苏联做了相当全面的采访，对苏联各方面情况有了深入认识。

一些于1930年偶尔途经苏联的中国人士对苏联的观感并不好，看到了许多苏联经济的落后和困难。人民生活困难、粮食缺乏、商业萧条，是他们对苏联的共同印象。韩有刚分别在美国、比利时出席国际生丝会议和万国博览会后，于1930年夏经苏联乘火车回国。他用几个小时游览了莫斯科市容。在他眼中，苏联是一个人民生活困难、粮食缺乏、商业萧条的国家。在莫斯科，他注意到面带饥容的市民排长队领取面包的情景，“见饥民满坑满谷，雁集于面包铺前，守领黑色面包。至于商店，则十室九空，更无商业之可言。行路之人，均面带饥容”。之后，他由莫斯科乘火车回国，见途经各地“乞丐成群，人民苦不堪言”。[1]李彦士和沈嗣芳在参加柏林第二次世界动力会议并考察德国、英国、法国、瑞士等国电业情况后，回国途中，于1930年8月游览莫斯科。他们观察到，莫斯科市民生活困难，“无不鸠形鹄面，形同乞丐”，而且，莫斯科商品缺乏，“所谓国家大商店者，广厦数十间，并无货物，仅于橱窗内陈列物品数种，均系陈旧之货，且大半供外国人购买，国人无凭证不得购也”。他们又看到，莫斯科市政管理很差，垃圾满地，灰尘堆积，脏气扑鼻，“其人民刻苦耐劳，恶衣恶食，有非西方文明国人所能受者”。[2]苏州美术专科学校校长颜文梁在访问了西欧资本主义国家后，于1931年路过苏联。回国后，他介绍苏联情况说：“俄国是一个过渡的国家。莫斯

1 《国际生丝会议代表韩有刚谈此行感想》，《大公报》（天津版）1930年8月4日，第2张第6版。
2 《世界动力会议经过——李彦士、沈嗣芳回国后之报告（续）》，《大公报》（天津版）1930年9月9日，第1张第4版。

科所见的是破，是补。破是什么呢？人民穿的衣服不整洁，破得无从说起。补是什么呢？他们共产党员有时 [ 以 ] 言过其实的宣传来补足他们自己的缺点哩。”[1]可见，颜文梁既看到苏联人民服装的破旧，又认为苏联往往以“言过其实”的宣传掩盖工作的缺点。这些路过苏联的人士对苏联的参观多为自由行动。这些人之所以对苏联印象不佳，既有此时苏联一五计划实施尚未过半、其经济成果尚不显著的因素，也有因自行游览看到了更多苏联负面景象的因素。

从 1930 年起，一些国民党当局官方人士对苏联进行了一些参观考察活动。不像韩有刚、李彦士、沈嗣芳等自由参观者，这些考察活动都是在苏联相关部门安排下进行的，自然看到的都是苏联光鲜的一面。莫德惠率领的中苏会议中国代表团于 1930 年在参观苏联过程中，虽然看到了苏联经济面临的困难，但更多看到了苏联经济发展的潜力。莫德惠一行于 1930 年 5 月 9 日抵达莫斯科后，苏联外交人民委员会安排他们参观了莫斯科的多个工厂及其他地方。同年 10 月，他们参观了苏联南部、列宁格勒等地。[2]在列宁格勒，他们看到，“俄国党政工作，确极认真，五年计划，若能成功，亦不过新国家建设之萌芽，前途所需要之努力，尚未可限”[3]。通过参观，他们看到苏联正在开展大规模的建设工作，感受到了苏联发展的巨大潜力。莫德惠于 1931 年 2 月回南京向国民政府汇报工作。他向南京国民党当局领导人传递了苏联的建设信息。他受到蒋介石数次召见，拜访了外交部部长王正廷、立法院院长胡汉民等人。莫德惠告诉他们，斯大林正致力于国内经济建设，“其政策现为制造本国之经济实力”。随莫德惠回国的国民政府外交部一位科长李琛向南京记者介绍，一方面，苏联一五计划建设面临许多困难，“其第一困难为资本不足，第二为人才亦不足”，其能否成功，尚难言之，另一方面，苏联领导人推进国家建设的态度非常坚决，“史达林现厉行五年实业计划，只求达

1　人佣：《从苏州说到上海，火车辘辘中畅说欧洲》（14 日寄），《大公报》（天津版）1931 年 7 月 18 日，第 2 张第 5 版。

2　《全权赴俄实等游历》，《大公报》（天津版）1930 年 6 月 30 日，第 1 张第 4 版；《停顿中之中俄会议》，《大公报》（天津版）1930 年 10 月 28 日，第 1 张第 3 版；《中俄会议濒于破裂》，《大公报》（天津版）1930 年 10 月 24 日，第 1 张第 3 版。

3　《莫德惠昨过津入京》，《大公报》（天津版）1931 年 2 月 2 日，第 1 张第 4 版。

到其所企图之目的，虽一切牺牲均非所顾忌”。莫德惠等人的介绍促进了蒋介石等国民党高层人士对苏联情况的关注，“自莫入京以后，蒋于向来研究俄事人，多方搜罗，如传见从前随加伦将军充翻译曾两游莫斯科之李长卿详论五年计画内容，如近拟移北平俄文法学院置之南京，并闻将有俄事专门之研究组织”。王正廷“之对俄事，似亦非从前之冷淡”。[1]

1930 年 9 月至 10 月到莫斯科向莫德惠一行传达国民党当局指示的乌泽声，既看到了苏联人民因缺乏粮食而造成的生活困难，又看到了苏联的建设气息。他于当年 10 月回国后，在沈阳向记者讲了他坐火车所见苏联沿途情况。他介绍，一方面沿途地区粮食缺乏，同时，颇有建设气象，“惟沿途各站，食物缺乏，面包、牛奶每不易得，同行旅客长途七日，大有枵腹之忧。此虽为一种苦况，但各站多有将成未成之新建筑及新式农具，乃苏联五年实业计划之端也”[2]。

1931 年 3 月 17 日至 4 月 16 日，驻德国公使蒋作宾自德国返回中国途中，奉国民政府的指示，在苏联考察了一个月时间。苏联五年计划建设情况是其考察重点。他专门听取了苏联“五年经济设计最高委员会”人员的讲解，以便了解苏联为何实施五年计划及用何种方法实施五年计划。之后，他在苏联“五年经济设计最高委员会”人员引导下，先后参观了列宁格勒和后高加索地区。蒋作宾对苏联的建设气象印象颇好。他离开莫斯科归国前夕对天津《大公报》记者曹冰谷说：“俄人节衣缩食，良好出产全部输出，建设精神殊堪重视，国人应多加研究。本人考察印象甚佳。”[3]蒋作宾的考察活动是国民党当局官方主动进行的对苏联的较早详细考察，而且，他对苏联建设情况的印象也是非常正面的，促进了国民党当局对苏联五年计划建设的了解。与莫德惠等人一样，蒋作宾的参访活动也是在苏联相关部门的安排下进行的，看到的都是苏联好的一面。

在 1931 年，也有人通过路经苏联的火车上的所见所闻，对苏联经济形

---

1 《几经研究之对俄方案，一部分复交论者之主张》，《大公报》（天津版）1931 年 2 月 18 日，第 1 张第 3 版。

2 《召莫归国之谜》，《大公报》（天津版）1930 年 10 月 31 日，第 1 张第 3 版。

3 《蒋作宾离俄归国》，《大公报》（天津版）1931 年 4 月 17 日，第 1 张第 3 版；《俄人精神至为可惊》，《大公报》（天津版）1931 年 4 月 28 日，第 1 张第 4 版。

成了良好印象。当年春，在德国留学的国民党人士萧淑宇由中国返回德国途中，乘火车经过苏联时，从车窗看到，“苏俄的农村和城市建设上，虽然还比不上西欧各国，可是很有一种新的精神”，“在人民的生活状态上，就外表而言，当然也比不上那些先进的资本主义国家，然而，他们却是全国一律，并没有贫富悬殊之分”。他听火车上的三个苏联人说，苏联是“近代国际间最善良的经济组织”，不像资本主义国家“成群的失业工人、乞丐和盗贼”，苏联人“个个有饭吃，有工作”；苏联不像资本主义国家经济衰退，而是“农业日见发达，生产日见增多”；苏联不像其他国家贫富差距巨大，而是“完全无阶级之分”。回到柏林，他看到“德国的景色确然依旧”，德国“工业的衰落，商务的萧条，失业人数的增加，乞丐的满途，盗劫案件的繁多，实在令人不寒而栗”。见到德国的情况，他“回想到车中那个俄国人的话语，更觉其语语逼真”。于是，他在德国收集资料，研究苏联的经济情况。萧淑宇为了“刺激国人，使其知所借镜与奋发”，将自己的感受和通过收集资料得到的苏联经济情况，写成文章，于 1931 年 6 月发表在天津《大公报》上。[1] 显然，萧淑宇感受到苏联经济的欣欣向荣和社会主义经济制度的优越。不过，他并未下车参观苏联，只是通过车窗走马观花式的浏览和与苏联人的交谈了解苏联，其印象存在很大的片面性。生活在南京的夏鸣读了萧淑宇的文章，对苏联动员全体人民努力建设的做法感慨万端。他于同月 17 日在天津《大公报》发表文章表示，萧淑宇此文“就给我不少的影响，使我太难过了”，“苏俄这一种精神，并不希奇，在我们历史上，到处都找得到”，“人的成功，断没有一位是养尊处优，不劳而获的。愈是刻苦自己，勉励自己，他的效果愈是扩大。若是持势与利，勉强做表面的工作（这些工作只求笼络一二人，而不顾及群众），终有崩溃的可能”。[2]

从 1932 年起，到访苏联的中国人士对苏联的印象越来越好。1932 年 9 月，天津《大公报》连载署名“惜梦”的日记。“惜梦”等人于当年 7 月 10

---

1　萧淑宇：《苏俄的新兴工业及其经济建设之情况》（5 月 20 日自柏林寄），《大公报》（天津版）1931 年 6 月 7 日，第 1 张第 3 版。

2　夏鸣：《读〈苏俄的新兴工业及其经济建设之情况〉的感想》（6 月 10 日自南京寄），《大公报》（天津版）1931 年 6 月 17 日，第 3 张第 11 版。

日抵达苏联海参崴，计划进入中国东北参加抗日斗争。他们于7月16日被海参崴当局拘捕，后于8月7日被遣返回上海。他们深切感受到海参崴破坏和建设两方面的气象。"惜梦"介绍，"我们一踏进海参崴的大街，精神上便起了一种异样的刺激。在新旧的楼房，在开闭的店铺，在街上络绎不绝的行人的衣饰上、精神上，都充分的表现着革命后破坏与建设两面的疤痕"[1]。在关押他们的苏联监狱中，他读到了苏联用中文刊行的远东党政机关报《工人之路》。他看到，报纸内容大部分是有关苏联经济建设的消息，从中感受到了苏联经济建设的气象。他介绍，"虽然只是小小的一张，已能充分的表现出诱掖工人努力建设的作用。除了国际间少许的消息，第一是注意在各地工业的建设，第二是注意在各地工作的比较，第三是注意在各地公债的认购"。他又读到一本《斯大林传》。这本书使他"在苦闷中，在困顿中，不自觉的兴奋了许多"。于是，他写成了一首《寄我的祖国》的小诗，其中说道："苏维埃十几年不断的斗争，终于是创造了伟大的光荣。那西伯利亚广袤的平原啊，已经在充满着簇新的人生。""南望着我的祖国不觉涕零，锦绣的河山已满涂着血膻。英雄啊都在向自家里屠杀，有谁曾顾念到国运和民命？""我是一只羔羊在异国哀鸣，愿意放大我这微细的音声。亲爱的同胞们快些醒醒吧，不要只是温着往日的美梦！"显然，他看到苏联蒸蒸日上的国家建设，又想到混乱、内战、衰落、民不聊生的祖国，百感交集，希望国人赶紧振作起来，学习苏联。他又表示，"对苏联虽然没有怎样较深的观察，但从一些狠小的事情，都可以看出来他们是真正的努力于建设，决不像我们中国人只是喊在口头上"[2]。从"惜梦"日记可见，他对苏联的印象一方面是通过被苏联拘捕前的几天对海参崴市容的浏览获得的，另一方面是通过狱中读苏联宣传性的报纸获得的，所以，他对苏联的印象既不深入，又不全面。

1932年12月中苏复交后，一些国民政府的外交人员有机会访问苏联。驻苏联大使颜惠庆在任期间，曾参观了不少苏联工业城市。例如，他于1933年8月参观了乌克兰基辅、哈尔科夫。[3]颜惠庆对苏联建设成就印象深刻。卸

1 惜梦：《海参崴拘留记》，《大公报》（天津版）1932年9月3日，第1张第3版。
2 惜梦：《海参崴拘留记（续）》，《大公报》（天津版）1932年9月5日，第1张第3版。
3 《颜使游南俄，参观工业中心区》，《大公报》（天津版）1933年8月24日，第1张第3版。

任驻苏联大使职务后，1936年9月，他在天津家中对中央社记者表示，自己对苏联二五计划印象颇好，“过去在俄所得观感甚佳，苏俄第二五年计画完成，但提高人民生活程度不少”[1]。外交部部长罗文干于1933年9月至10月赴新疆考察后，由塔城出境，经土西铁路至新西伯利亚，又乘火车至海参崴。他于11月8日乘海轮至天津，对天津《大公报》记者谈了他对苏联的印象。他表示，“俄国社会之猛进，实令人佩服。俄国摩登女子及游手好闲、有嗜好之女子，均无饭吃。非工作，不能谋得衣食，故很少无职业之人。官吏亦无贪污之风，国民无懒惰之习。新西比利亚沿途建设甚多，工业极为发达。予二十五年前、二十二年前，曾两游此路，觉现在进步实速。俄人进取精神，实足惊人”。罗文干的随员林东海也对记者说，“苏联第一五年计划业已成功，预料其第二个五年计划收获尤巨。其第一五年计划试验区之新西比利亚，建设实足惊人，工业发达已达极点。予居欧美十余年，未见有此伟大之成功。且俄人精神极佳，进步甚速，其教育较十数年前帝俄时代进步多多”。林东海进而强调，“吾国同胞，如有此精神，不患不能图强”。[2]显然，罗文干、林东海等人对苏联西伯利亚地区尤其是新西伯利亚市的建设气象留下了深刻印象，认为新西伯利亚市的工业建设已达到了极高水平。而且，他们对苏联人民勤奋劳动的精神赞叹不已。他们认为，中国要实现国家的富强，就必须学习苏联人民的刻苦精神。

1934年，国民党当局派出了一些考察团访问苏联。当年2、3月间，杨杰率领的军事考察团访问了苏联。2月28日，他们抵达敖德萨，3月2日，抵达莫斯科，游览莫斯科市容，“赞美苏俄新式建筑之宏伟，惟谓南京运动场较此间者为大”[3]。3月7日，杨杰会见苏联军事委员长伏罗希洛夫时表示，“苏俄在工业及文化诸方面若许发展，实足令人惊讶，苏俄人民无疑地有极大合作能力”[4]。杨杰一行于3月8日离开莫斯科时表示，“对苏联新建设印象

1 《颜惠庆谈日俄关系》，《大公报》（上海版）1936年9月21日，第1张第2版。

2 《车中纵谈赴新经过》，《大公报》（天津版）1933年11月9日，第1张第3版。

3 《杨杰抵俄》，《大公报》（天津版）1934年3月2日，第1张第4版；《杨杰抵俄京》，《大公报》（天津版）1934年3月4日，第1张第3版。

4 《俄军事委员长接见杨杰》，《大公报》（天津版）1934年3月8日，第1张第4版。

尤佳”[1]。“当余初到时，意中殊未料及苏俄工业如此发达。”[2]他们在莫斯科访问了一个星期时间，参观了苏联航空动力中央研究会和一些工业企业，又在莫斯科几个剧院观看了电影和戏剧。[3] 1934年10月，由俞飞鹏、徐庭瑶、毛邦初等组成的军事交通考察团，在苏联莫斯科等地参观了一周时间，参观了不少苏联的军事、交通设施。他们于10月7日抵达莫斯科。[4] 10月9日，他们分成两组赴苏联各地参观。俞飞鹏等参观了苏联国际电台和位于诺金的铁路交轨站。徐庭瑶、毛邦初等参观了位于科勃雅考发的苏联陆军营房，并观摩了当地的军事演习。[5] 10月11日，他们参观了水上飞机制造厂。[6]10月14日，他们参观了苏联交通大学，并参观了莫斯科新建成的地铁、博物院，还与苏联专家进行了交流。同日午夜，他们离开莫斯科时表示，“留俄时间虽短，然得观察各项新建设，至为满意”[7]。虽然这些人所言多有外交辞令意味，而且，其参访活动是在苏联专门安排下进行的，但从其所言亦可看出，他们对苏联国家建设的进展感到惊讶。

清华大学历史系教授蒋廷黻因到西欧查阅资料，顺便于1934年8月下旬至11月上旬对苏联做了长时间详细考察。他在火车上观察了沿途西伯利亚的景象，考察了莫斯科、列宁格勒等地。他看到了苏联国家建设的新气象。他感到，苏联的建设和生产好于一般国家，“从建设及生财方面看，也没有问题，是在普通国家水平线之上”[8]。莫斯科的建筑比较现代化，建设规模很大，“纽约的‘摩天大楼’（Skyscrapers）虽不见于此地，六七层高的大厦也不少”[9]。“许多工人的新住宅，一排一排的，很像清华学生宿舍那样。”“莫斯科现在有几个大建筑正在进行：地下电车、一个可容一千一百万册的图书馆、一个有两千房间的旅馆、一个造汽车的工厂（现有工人二万，将扩大

1 《杨杰一行昨晚赴波兰》,《大公报》（天津版）1934年3月9日，第1张第3版。
2 《杨杰离俄时谈游俄印象》,《大公报》（天津版）1934年3月11日，第1张第3版。
3 《杨杰离俄前之酬酢》,《大公报》（天津版）1934年3月10日，第1张第3版。
4 《徐庭瑶等明日可抵俄京》,《大公报》（天津版）1934年10月6日，第1张第3版。
5 《俞、徐在俄分组参观交通与军事》,《大公报》（天津版）1934年10月12日，第1张第4版。
6 《俄外次宴中国考察团》,《大公报》（天津版）1934年10月13日，第1张第3版。
7 《徐、俞一行离俄赴波兰》,《大公报》（天津版）1934年10月15日，第1张第3版。
8 蒋廷黻:《欧游随笔（二）》,《独立评论》第124号，1934年10月28日，第15页。
9 蒋廷黻:《欧游随笔（三）》,《独立评论》第125号，1934年11月4日，第15页。

至七万）。”[1]他认为，苏联经过 17 年的“奋斗和建设”，已经成为世界强国，“苏联论其国力及国际地位，毫无问题是当代的强权之一”[2]。11 月 7 日，蒋廷黻在莫斯科红场参观了苏联纪念十月革命 17 周年大阅兵。当苏联“巨无霸型的飞机”飞过红场上空的时候，他“瞪着眼看呆了”。[3]他看到红场上苏联红军的阅兵式，对红军的作战水平留下了深刻印象，说道：“苏联不但有最新式的军器，且有具有宗教热忱的兵士。我以为，在将来的世界大战之中，红军的成绩一定不在十八世纪末年法国革命军队之下。”[4]蒋廷黻作为具有自由主义理念的学者，而且，他的这些描述刊登在宣扬自由主义理念的《独立评论》上，对苏联的这些描述应该是他发自内心的，较少政治性的宣传色彩。

在 1934 年，虽然也有访苏人士看到了苏联人民生活艰苦的一面，但倾向从积极方面理解苏联人民的艰苦生活。国民政府外交部派往新疆的特派员吴蔼辰，在考察新疆后，又参观了苏联莫斯科、列宁格勒、乌克兰、高加索、中亚等地。他于 1934 年 4 月 6 日回到南京，向记者谈了他参观苏联的感想。他表示，通过参观，“所至多有感触，视察心理亦随环境而转移”。他看到苏联人民生活很艰苦，但认为这是由苏联政府为了积累建设资金，要求人民节约消费造成的。他介绍，“今日苏联人民之衣食住行，仍坚苦异常”。苏联只进口外国机器，不进口外国消费品，“所有进口货品，皆系生产之机器，全国市面，不见有外国货，即需要物品，苟国内未备，亦宁阙而不用，杜绝漏卮，从根本上解决”。他反观中国洋货充斥的情况，无限感慨，表示：“以视吾国之洋货充斥，人人惟知以洋式为排场者，能无愧死。”他又对苏联大量出口货物，以换取机器的做法表示钦佩，介绍说：“苏联又能极力增加出口货，即关系人民生死之粮食，亦系大批运出，以便更换机器。”[5]

1935 年 3 月、4 月赴苏联演出的梅兰芳剧团，也深切感受到了苏联的建设气象。剧团成员郭建英对苏联的建设气象的感受尤其深刻。回国后，他撰

1　蒋廷黻：《欧游随笔（三）》，《独立评论》第 125 号，1934 年 11 月 4 日，第 16—17 页。

2　蒋廷黻：《欧游随笔（七）》，《独立评论》第 133 号，1934 年 12 月 30 日，第 18 页。

3　丕士：《俄京闲话（二）》（11 月 16 日），《大公报》（天津版）1934 年 12 月 17 日，第 1 张第 4 版。

4　蒋廷黻：《欧游随笔（七）》，《独立评论》第 133 号，1934 年 12 月 30 日，第 17 页。

5　《吴蔼辰谈新疆现状》，《大公报》（天津版）1934 年 4 月 9 日，第 1 张第 4 版。

写了《梅剧团游俄纪实》，1936年4月26日至5月12日，发表在上海《大公报》上，大量描述了苏联的建设情况。其他剧团成员虽没有留下相关文字，但从郭建英对苏联建设情况的感受看，他们也一定对苏联建设情况的印象很深。郭建英坐在行驶于西伯利亚的火车上，看到“每到一个车站，都堆满着无数的汽车和打禾机、耕地机、播种机等等的农具”。他又看到“每一辆车上都悬挂着五年计划的图表，特别是，在五年内全国建筑几条铁道、运货和乘客的数目的逐年增加多少，全都列在表上”。对此，他感慨良多，说道：“这一方面作了斯拉夫民族奋斗的标帜，而另一方面则是给予乘客对社会主义苏联的认识。”[1]可见，郭建英很羡慕苏联的建设气势。

天津《大公报》一直积极关注苏联的建设情况。1931年3月21日，报社派记者曹谷冰搭莫德惠专车赴苏联采访。该报在公布派曹谷冰赴苏采访的消息时申明，曹谷冰除采访中苏会议外，还将“对彼邦社会情状、建设成绩，视察研究，随时报告”[2]。曹谷冰后来在天津《大公报》发表的一系列通信和文章，关于中苏会议的内容很少，大量是对苏联建设情况的描述。可见，他对苏联建设情况尤为注意。在曹谷冰采访苏联期间，《大公报》又将报社派遣曹谷冰赴苏联采访称作该报社会责任感的表现。该报表示，新记公司自1926年9月复刊《大公报》后，抱定“事业本位之理想”，“必使本报成为有利人群之社会事业”，“凡有益于事业者，不惜资本，不辞劳瘁，必求无忝于‘为办报而办报’之真精神”，“举凡正当支出，决不稍有吝惜。如最近特派记者曹君谷冰赴俄，所费实至不资。盖同人理想，以为新闻乃社会文化机关，不应带私人谋利性质，但求营业足以维持，不愿苟简罔利”。[3]

曹谷冰于1931年3月28日抵莫斯科后，即赴苏联相关部门接洽。苏联相关部门送给他大量参考资料和照片。自4月4日起，苏联对外文化协会便“派员导往各处调查”，“并将所得参考资料实地对照”。他表示，自己尽量作

---

1 郭建英：《梅剧团游俄记实——在西伯利亚途中》，《大公报》（上海版）1936年5月1日，第3张第12版。

2 《本报特派记者赴俄，采访中苏会议消息，兼任俄国调查》，《大公报》（天津版）1931年3月22日，第1张第3版。

3 《从一号到一万号》，《大公报》（天津版）1931年5月22日，第1张第1版。

客观的报道，“兹就耳目所接，先作忠实之报告”。[1]值得注意的是，虽然曹谷冰主观上努力作客观报道，但其采访的地点是由苏联对外文化协会派人领他去的，也就是说，他采访的地点是由苏联方面安排的，而不是他自己随意去的，是有限制的。在这种情况下，苏联方面为了宣传建设成果，自然会安排他参观好的地方，尽量避开有损苏联形象的地方。关于曹谷冰对苏联报道的片面性，《大公报》社也有所说明。该报于同年9月5日发表的一篇社评即申明，“本社记者所视察，乃限于苏联政府许可外人视察之地域与机关，而其不欲外人视察之地域与机关，则不知”[2]。

曹谷冰自1931年3月22日乘火车进入苏联境内，至当年6月27日离开莫斯科，在苏联考察了三个多月。其足迹遍及莫斯科、列宁格勒、高加索、乌克兰等苏联大量地区。他既考察了苏联的城市建设、工业企业，也考察了苏联的集体农场和农业，既了解了苏联民众的日常生活、文化教育，也了解了苏联的一些经济建设和经济体制情况，可谓对苏联有了全面而直观的了解。除在天津《大公报》发表20多篇通信外，回国后，从1931年7月10日开始，他又在《大公报》连续发表5篇《游俄印象记》，介绍对苏联之行的观感和思考。之后，他将上述通信和文章进行整理，又补充了3万余字，于7月底辑成《苏俄视察记》一书，当年9月由天津《大公报》社出版。

曹谷冰对苏联一五计划建设的成功完成，抱有非常乐观的预期。他判断，苏联一五计划建设肯定会成功完成。他认为，苏联重工业建设一定会实现一五计划的目标，“如果在今后两三年中，没有意外的阻碍发生，俄国重工业建设的成功，是没有疑问的。不但可以成功，而且平均计算起来，还会超过五年计划里面所预期的成绩”。但是，他认为，苏联轻工业不可能实现一五计划目标，“轻工业建设呢？自然没有如期完成的希望，或者竟会和预期的成绩相差十分之二三，也不可知”。不过，虽然苏联轻工业难以完成一五计划规定的建设任务，但并不妨碍苏联一五计划的整体成功，“我不愿意因为俄国轻工业建设的不能如期完成，便说五年计划没有成功的可能”。

1　曹谷冰：《赴俄特派员第四信——苏联儿童教育之一瞥》（4月7日寄自莫斯科），《大公报》（天津版）1931年4月26日，第1张第3版。

2　《牛兰案》（社评），《大公报》（天津版）1931年9月5日，第1张第2版。

曹谷冰对苏联一五计划建设成功的预期，有着作为工业落后国家的中国的国民的切身感受。他表示："要是一个工业先进国家的人往俄国去考察，或许不会得到这么一个印象。那末，我便很老实地说，任何中国人往俄国去考察，他得到的印象，一定会比欧美人不同。譬喻说罢，在我们中国那一个人、那一处地方所用的电灯泡是本国自造的？我们见了俄国电业托辣斯所属的工厂，每天可以制造电灯泡十二万枚，那能说他不是一所大工厂？"[1]显然，在中国根本谈不上工业建设尤其重工业建设的情况下，他对苏联重工业建设是非常羡慕的。

1931年5月中旬，曹谷冰参观正在建设中的第聂伯河水电站，惊疑于其建设规模之巨。他在大坝工地上看到，大坝两侧的水面高度约相差8米，"水流湍急，为向所未见，激荡之声，无殊万马奔腾"。他又想象到大坝建成后的情形，"异日全堤竣工，两旁水面将差三十六米达以上，则其水流情形，又不难想象得之也"。对第聂伯河水电站的发电量，他感叹道："此伟大工事，全部完成后，九十一万匹马力之发电机，仅需一定数额之技师、工人，启闭闸口，操纵水流，即昼夜工作，节省人工与燃料若干。吾人试一计算，对于俄人之建设当羡慕不置也。"[2]

《苏俄视察记》出版后，在《大公报》社的宣传下，全国各地求购者踊跃，销量极大，销售时间也很长。这从一个侧面反映出30年代中国社会各界对苏联兴趣之浓厚。《大公报》社对此书作了强力宣传。从1931年8月1日开始，《大公报》连续刊登广告，预售此书。广告特别强调了研究和了解苏联的重要性，表示："盖苏俄面积占全世界六分之一，而政治经济制度尤与各国不同，故其内部之情状，既不容忽视，而欲与并立周旋，更有深切认识之必要也。"[3]这份预售广告登出后，各地预订此书者极多，一个月内预订量即超过1万册的原定印数。在此书即将于当年9月1日正式出版的前夕，《大

1 曹谷冰：《游俄印象记（一）》，《大公报》（天津版）1931年7月10日，第1张第3版。

2 曹谷冰：《赴俄记者第十六信——最大水电厂克起卡斯发电厂参观记》（5月16日寄自克起卡斯），《大公报》（天津版）1931年6月4日，第1张第3版。

3 《苏俄视察记》（广告），《大公报》（天津版）1931年8月1日，第1张第1版。

公报》再发广告，宣布加印一万册，继续接受读者的预订。[1]至当年 9 月底，该书实际加印的数量为 1.5 万册。第二次印刷的 1.5 万册，除出售给预约者外，至 11 月初亦售罄。《大公报》社鉴于“来函购读者，仍络绎于途，日有数十起”，再加上各地分销商、直接到报社购买者纷纷求购，决定再印刷 1 万册。[2]但是，原定 11 月 25 日印竣的第三批 1 万册，因当月日本策划的天津便衣队暴乱而拖延，至 1932 年 1 月初才印竣。[3]可见，该书自 1931 年 9 月 1 日正式出版至次年 1 月初的 4 个多月内，就印了 3.5 万册。此书之所以广受读者欢迎，东北地区的沦陷是一个重要原因。就在该书正式出版不久，日本即发动九一八事变。人们从痛苦的国难中，深感了解、学习苏联的必要性。从上海《大公报》于 1936 年 5 月 19 日曾刊登此书广告看，《苏俄视察记》迄 1936 年还在销售。[4]

由各地出现大量《苏俄视察记》盗版书亦可见此书受社会各界欢迎之热烈。在 1932 年 1 月初此书第三次印竣之际，北平等地就出现了盗版本。[5]不久，同年 5 月，天津也出现了盗版书。[6]同年 6 月初，北平琉璃厂宝仁堂书局私自翻印了不少《苏俄视察记》。[7]同年底，太原也出现了大量盗版本。[8]至 1933 年春，仍有不少盗版本在市面出售。例如，当年 2 月，张家口出现盗版本，[9]当年 5 月，有人在天津法租界天祥市场集粹书社购得盗版本。[10]可见，1932 年 1 月至 1933 年春，大量《苏俄视察记》盗版本一度遍布全国各地大小书店。由盗版本数量之多，出现的地域之广，可见国人关心苏联热情之高。

---

1 《〈苏俄视察记〉再版启事》（广告），《大公报》（天津版）1931 年 8 月 28 日，第 2 张第 6 版。

2 《〈苏俄视察记〉三版启事》，《大公报》（天津版）1931 年 11 月 6 日，第 1 张第 2 版。

3 《苏俄视察记》（广告），《大公报》（天津版）1932 年 1 月 4 日，第 2 张第 6 版。

4 《苏俄视察记》（广告），《大公报》（上海版）1936 年 5 月 19 日，第 2 张第 8 版。

5 《爱读〈苏俄视察记〉者注意》（广告），《大公报》（天津版）1932 年 1 月 22 日，第 1 张第 2 版。

6 《北马路谦祥书局发现翻版书籍极多》，《大公报》（天津版）1932 年 5 月 18 日，第 2 张第 7 版。

7 《平市翻版书机关》，《大公报》（天津版）1932 年 6 月 2 日，第 1 张第 4 版。

8 《翻版书籍，太原亦有机关，已被破获究办》，《大公报》（天津版）1932 年 12 月 28 日，第 1 张第 3 版。

9 《翻版书又查获一批》，《大公报》（天津版）1933 年 2 月 19 日，第 2 张第 6 版。

10 《法租界查获翻版书》，《大公报》（天津版）1933 年 5 月 7 日，第 4 张第 13 版。

《苏俄视察记》在当时的读者群体是很大的。例如，在天津《大公报》社工作的杨历樵于1932年2月回家乡无锡。在由南京开往无锡的火车上，他见到车上乘客“谈话中间有论及苏俄事情，并有阅读本社所出《苏俄视察记》者，是亦反映一般智识阶级之思潮也”[1]。显然，此书在东北沦陷的情况下，愈益受到中国读者的欢迎，形成了一股购读高潮。这说明，苏联国家建设情况极受中国各界的关注。

从1930年开始，就陆续有中国人士因各种原因赴苏联实地了解苏联经济建设情况。在30年代初，一些途经苏联的自由旅行者，由于没有苏联当局的安排，在游览莫斯科等地时，看到了苏联粮食缺乏、人民生活困难、商业萧条的一面。而一些通过苏联官方途径访问苏联的中国人士，由于参观地点由苏联相关部门安排，看到的更多是苏联光鲜的一面。不过，在30年代，中国人士的访苏观感呈现积极向好的趋势。尽管30年代初苏联一五计划的经济成果尚未显现，但一些通过苏联官方渠道访问苏联的人士，在看到苏联经济仍较落后的同时，也看到了苏联的建设气象和发展潜力。此后，到30年代中期，中国人士向国内传递的苏联建设信息以积极正面为主。30年代的中国访苏人士对苏联建设情况的介绍，在中国社会产生了巨大反响。尤其在九一八事变后，苏联建设情况成为中国各界的关注热点。

## 二、中国媒体对苏联经济建设进程的大量报道与认知

在全面抗战爆发前的30年代，《大公报》等中国媒体对苏联经济建设进程作了大量的报道。苏联一五、二五计划的实施进程、经济建设的进展和成绩，时常见于报端。这说明，苏联经济建设进程受到当时媒体编者的极大关注。当时的媒体编者在热衷向中国读者介绍苏联经济建设进程的同时，又在社评等以报社名义发表的文章中，表达了大量对苏联经济建设进程的看法。其看法具有明显的特点，即对标苏联经济建设的进程和成绩，看到中国经济建设的不足，提出中国经济和社会发展的总体性意见。

---

1 历樵:《津锡纪行》(16日于无锡),《大公报》(天津版)1932年2月22日，第1张第4版。

中国媒体集中报道了苏联一五、二五计划的实施进程。早在 1930 年，天津《大公报》刊登了不少关于苏联一五计划建设情况的报道，频繁而详细地介绍苏联一五计划的建设进展。苏共第 16 次全国代表大会于当年 6 月 26 日召开。会议召开前夕，该报于当月 11 日对会议作了长篇预报。报道以大篇幅介绍了苏联“最高经济局”局长库必沙夫对一五计划头两年建设成绩的总结和对未来经济发展的展望。[1]同年 12 月 23 日，该报报道了苏联 1931 年度经济发展计划，尤其是详细列举了 1931 年度苏联工业、农业、交通、邮电等各方面的经济发展计划数字。[2]

进入 1931 年，天津《大公报》更密集地报道苏联一五计划建设情况。例如，当年 1 月苏联中央执行委员会讨论通过的一五计划第三年（1931 年）度计划，受到《大公报》的强烈关注。1 月 7 日，该报报道了苏联中央执行委员会关于一五计划的讨论情况。[3] 1 月 16 日，该报报道了会议通过的庞大的 1931 年度经济计划。[4] 3 月 14 日，该报报道了当月召开的苏联苏维埃全国代表大会对一五建设表达的决心和信心。报道称，苏联苏维埃代表大会深信四年完成一五计划、三年完成一五计划的基本工业部分的可能性，向苏联劳动者提出口号：在十年内“赶上并越过先进资本主义国家之技术的与经济的各方面”[5]。这些报道极大影响了中国读者，使人们对苏联建设成就感到震惊，看好苏联发展前景。

1931 年底 1932 年初以后，苏联二五计划逐渐成为天津《大公报》关注的焦点。苏联于 1931 年下半年着手编制二五计划，并于 1932 年 1 月在各大报纸公布二五计划大纲，1932 年 1 月 30 日至 2 月 4 日召开的苏共第十七次代表会议通过了二五计划大纲。之后，苏联国家计划委员会将大纲下发到各地方计划部门和各工业企业，由这些单位制订具体计划。苏联全国计划委员

---

1 《第十六届全俄共党大会决于本月杪开幕》，《大公报》（天津版）1930 年 6 月 11 日，第 1 张第 4 版。

2 《俄要人大变动，一九三一年之新经济计划》，《大公报》（天津版）1930 年 12 月 23 日，第 1 张第 4 版。

3 《苏俄中执会开会》，《大公报》（天津版）1931 年 1 月 7 日，第 1 张第 4 版。

4 《苏俄中执委闭幕》，《大公报》（天津版）1931 年 1 月 16 日，第 1 张第 4 版。

5 《苏俄对内对外政策，经苏联大会完全肯定》，《大公报》（天津版）1931 年 3 月 14 日，第 1 张第 4 版。

会对各地呈交的计划进行汇总，制成全国计划。天津《大公报》实时而详细地报道了苏联二五计划的制订过程。1931 年 8 月 14 日，该报刊登消息，报道正在拟议中的苏联二五计划关于农业的发展计划。[1]同年 12 月 31 日，该报刊登报道，介绍苏联二五计划的编制情况。这篇报道介绍说："关于第二五年计划之编制，自最高机关至各工业与工厂，顷均在着手进行中。"[2]1932 年 1 月 28 日，该报以大篇幅报道了苏联二五计划大纲的内容，并介绍说：二五计划"较第一五年计划，尤为宏伟，至足耸吾人之视听也"，"第二五年计划之结果，苏俄将一跃而为欧洲第一工业国家"。[3]1934 年 1 月 26 日至 2 月 10 日召开的苏共第十七次代表大会正式通过苏联二五计划。天津《大公报》非常关注这个消息，详细介绍了苏联二五计划的内容。1934 年元旦，该报报道了苏联于上年 12 月 30 日公布二五计划纲领的消息，称苏联"各报咸以大字公布，此项纲领将呈交即将举行之全联邦共产党十七次代表大会核准实行"。该报同时以大篇幅详细介绍了苏联二五计划纲领的主要内容，重点介绍说："在完成第二五年计划之时，苏联将成为技术上与经济上独立 [ 国 ] 家，同时在技术观点上亦为世界最先进国家。"[4]同年 2 月 7 日至 11 日，该报分五次以大篇幅摘要连载了苏联人民委员会主席莫洛托夫在苏共十七大上作的关于二五计划的报告。莫洛托夫在报告中声称，苏联将在经济领域赶超英、美等资本主义国家。[5]《大公报》对莫洛托夫报告的长篇介绍，使国人系统而全面地了解到苏联二五计划飞速发展的宏伟蓝图。

《中央日报》也特别关注苏联五年计划的实施情况。例如，1936 年 1 月，苏共中央召开中央全会，审议 1935 年五年计划实施情况，讨论 1936 年五年计划实施方案。《中央日报》于 1936 年 1 月 13 日对会议情况作了长篇报道。[6]同年 6 月 19 日，《中央日报》又刊发消息，介绍 1936 年下半年苏联二五计划

1 《第二五年计划之苏俄农业》,《大公报》( 天津版 ) 1931 年 8 月 14 日，第 1 张第 4 版。

2 《苏俄将召集共党大会，讨论第二五年计划》,《大公报》( 天津版 ) 1931 年 12 月 31 日，第 1 张第 4 版。

3 《苏俄发表第二五年计划》,《大公报》( 天津版 ) 1932 年 1 月 28 日，第 1 张第 4 版。

4 《苏俄努力建设事业，新五年计划纲领发表，从事生产提高民众生活，政治任务消灭阶级存在》,《大公报》( 天津版 ) 1934 年 1 月 1 日，第 1 张第 4 版。

5 《苏俄第二五年计划》,《大公报》( 天津版 ) 1934 年 2 月 7 日，第 1 张第 4 版。

6 《苏联中央执委会举行第二次全体会议》,《中央日报》1936 年 1 月 13 日，第 1 张第 3 版。

建设的具体安排。[1]

天津《大公报》从30年代初开始，就经常性地报道了苏联经济建设的进展和成绩。1930年7月，在土地专家第二次国际大会在苏联列宁格勒和莫斯科举行之际，该报报道了苏联农业建设的成绩。会议召开前夕，该报于7月15日在预报会议情况的同时，又专门刊登一条新闻，介绍说：苏联1930年的农业产量将比1929年“平均甚为增加”，“共同经济之农场”（集体农场）产量将比“个人经营之农场”高，而“国营农场”产量又比集体农场和个人农场高，“故俄国之主要农业地方，可以豫想其收获将凌驾战前之收获无疑”。[2]而实际上，1930年，苏联正在采取激烈措施推进农业集体化，强迫农民建立集体农场，这些激烈措施引起了农民的不安和骚动，并极大影响了苏联的农业生产。这篇报道所言苏联农业总产量1930年高于1929年，苏联国营农场产量高于集体农场，集体农场高于个人农场，可能来自苏联方面的宣传性报道，不一定符合苏联实际情况，因为苏联期望通过这次国际性土地专家会议，向世界各国展示苏联农业发展成就。进入1932年，天津《大公报》关于苏联经济建设的报道进一步增加。例如，新年伊始，该报即于当年1月3日报道了苏联几件振奋人心的建设消息。一是莫斯科一座高22层的高楼奠基。二是苏联将开辟几条远程航空线，如莫斯科经新西伯利亚、伊尔库茨克至海参崴的航线，以及联络北西伯利亚、中亚细亚、高加索地区的多条航空线。[3]

尽管中国媒体对苏联五年计划实施进程、经济建设进展和成绩的介绍，不一定符合苏联的经济实际，有的来源于苏联的宣传材料，但是，这些媒体对苏联经济建设的频繁报道，给中国各界人士造成了苏联经济快速发展的印象。而且，这些媒体编者对苏联经济的快速发展也是深信不疑的。所以，他们以苏联经济建设为榜样，反观中国的经济建设，在指出中国经济建设的不足的同时，提出了一些发展中国经济的建议。

---

1 《苏联经济计划本年度后半期内容决定》，《中央日报》1936年6月19日，第2张第1版。

2 《国际土地专家会议月内在列宁格勒举行》，《大公报》（天津版）1930年7月15日，第1张第4版。

3 《俄报谓资本国家均濒破产》，《大公报》（天津版）1932年1月3日，第1张第4版。

天津《大公报》等媒体的编者对苏联经济建设进程评价颇高，对苏联经济建设的成绩深信不疑。1930 年 12 月 28 日，天津《大公报》在社评中相信，一五计划建设促进了苏联经济发展，并提高了苏联在国际上的独立地位，“夫苏俄在世界资本主义国家环伺之下，卓然有自立之能力。五年工业化计画，著著进步。虽反对之者，亦不能不表示赞佩”[1]。在苏联实施二五计划之初，他们相信苏联通过实施二五计划超欧赶美。1932 年 11 月 7 日，在苏联十月革命 15 周年之际，天津《大公报》发表社评，高度评价 15 年来苏联在国家建设方面取得的巨大成绩，认为苏联由最初处于风雨飘摇之中的弱小国家，经过连续不断的努力，终于成长为强大的新兴大国，“苏联革命之始，无不料其脆弱，亦无不诅其夭亡。然而，苏联竟能挣扎于外患内忧交迫之中，奋斗于工农经济建设之路，遇穷则变，因变而通，而五年，而十年，而十五年，今已居然成一基础巩固之新兴大国”[2]。1933 年 1 月 7 日和 8 日，天津《大公报》刊登了日本人饶平名智太郎撰写的介绍苏联二五计划的文章。该报刊登的译者按语乐观预期苏联二五计划的前景，“苏俄第一次五年计划，四年之间就完成了。现在正实施第二次五年计划，成功的希望狠多，欧洲的产业界，固瞠乎其后，差不多可追及美国的富庶”[3]。1936 年 9 月 22 日，天津《大公报》“家庭”版刊登的《集邮小识》，介绍了一套纪念列宁逝世十周年纪念的苏联邮票。在介绍这些邮票时，表现出对苏联建设成绩的推崇。这篇短文说：“列宁死后，苏俄的国力竟很迅速的发扬光大起来，把举世视为理想的五年计划见诸事实。创造者见不到他所期待着的事业成功，这虽然是一桩憾事，但把成功的事业仍归于创造者，却差足以慰死者的英灵！”[4]

天津和上海《大公报》发表的一系列小品文或警句，以诙谐的语言，指出中国与苏联在经济建设方面的巨大差距。这些未署名的文章或警句显然是《大公报》编者所写。1930 年 5 月苏联土西铁路建成后，天津《大公报》于

1 《莫德惠回国与中苏交涉》（社评），《大公报》（天津版）1930 年 12 月 28 日，第 1 张第 2 版。
2 《苏联十五周年》（社评），《大公报》（天津版）1932 年 11 月 7 日，第 1 张第 2 版。
3 饶平名智太郎：《苏俄第二次五年计划的展望》，敬慈译，《大公报》（天津版）1933 年 1 月 7 日，第 1 张第 3 版。
4 《集邮小识·列宁墓与苏俄地下的火车道》，《大公报》（天津版）1936 年 9 月 22 日，第 3 张第 12 版。

同年6月21日在“灯下闲话”栏目中说道：“俄国的西土铁路建筑成功之时，中国的政治家正在发表空洞的蒙古会议宣言，军事家则在实地演习战争。相形之下，觉得这种好整以暇的态度，真吓得死人。”[1]由其所言可见，该报编者对苏联在经济建设上的实干极为赞赏。该报编者看到，就在苏联实干的同时，中国的军人却在当年的中原大战中大打出手，中国的政客则在当年5、6月间在南京召开的蒙古会议上发表空洞的宣言。1932年2月5日，天津《大公报》“园景”版刊登小品文，在介绍苏联一五计划建设“远超预定”的同时，反观中国，自叹不如，说道：“我国亦号称革命之邦，今日言建设，明日亦言建设，徒见险象环生，抑又何世？”[2]同年8月5日，天津《大公报》“小公园”版刊登了几段警句，其中一段说道：“苏俄五年计画成功了。我们也有什么森林计画、三年计画，但毕竟说是说，做是做，即或实行起来，弄些‘相应函达’‘等因准此’的玩艺儿，便会占去全计划的一半时间。”[3]1937年6月1日，上海《大公报》刊登了一短小品文。文中，名叫“陈痛”的人了解到四川、陕西、河南灾情严重，问自称“老糊涂”的测字先生，有何办法使中国“路无饿莩”？这位测字先生回答说，川、陕、豫的灾情，责任不在老百姓，而在“官老爷”。“官老爷”平时不在老百姓身上用“脑筋”，却用心于“花天酒地”“麻雀牌”，因而，“水利不兴，堤防不整，以至于年年的闹着灾荒”。他希望中国的“官老爷”多在“为大众谋福利的事件上面”用一点“脑筋”。这位测字先生以苏联政府用心谋划五年计划建设为例说道：“洋人肯用‘脑筋’。比如说苏联吧，第一届五年计划完成了，再来一个第二届五年计划，第二届五年计划完成了，现在又来第三届五年计划了。所谓计划，都是用脑筋的结果。苏联的五年计划，尽是一些数目字，保险中国人看见了头痛，然而，苏联却没有灾荒，也没有路有饿殍。”[4]

由于《大公报》等媒体编者相信苏联经济建设的成绩，并看到了在经济建设方面中国与苏联之间的巨大差距，所以，他们就将苏联视作中国在经济

1　冷：《灯下闲话》，《大公报》（天津版）1930年6月21日，第2张第7版。

2　用三：《东鳞西爪（其二）》，《大公报》（天津版）1932年2月5日，第3张第9版。

3　振：《碎石》，《大公报》（天津版）1932年8月5日，第3张第9版。

4　老糊涂批：《测字摊》，《大公报》（上海版）1937年6月1日，第5张第15版。

建设方面的学习榜样，建议中国在经济建设方面学习苏联的建设经验和推进经济建设的精神。1930年7月15日，天津《大公报》在介绍当月在苏联召开的土地专家第二次国际大会时，发表短评，提出中国应学习苏联农业建设的经验。短评提醒国人，应转变对苏联的负面看法，“一提及苏俄，大家便觉得洪水猛兽般地可怕，不然便说‘大鼻子’怎样无用，或是怎样贫乏。其实，他们的努力，是很值得我们钦敬的”。国人不应空言“反赤”，而应学习苏联农业建设的经验。“中俄同是幅员广漠的农业国家，其应发展农业，自然也无所轩轾。而俄国能在强敌环伺、千疮百孔之中，向其理想的计划迈进，中国却乱糟糟的，只有破坏。此而不加努力，空言反赤何益？”[1]1931年1月5日，天津《大公报》发表社评提出，中国如欲建设新国家，就应学习苏联五年计划的经济发展效率，“立国于今日世界，苟无自卫自主之能力，则随时有被国际狂潮，卷入漩涡之危险”，中国“今方努力建国，首宜认清世界大势，养成自卫能力”。“观于苏俄五年计画之效率，窃愿政府与国民，亦宜明定年限，急起自奋也。”[2]1936年4月30日，天津《大公报》在介绍即将完工的西伯利亚铁路双轨建设时，发表短评，提出中国应学习苏联人民艰苦奋斗的建设精神。短评写道：“近些年俄国人也在咬牙，使劲，故也不可侮。据莫斯科公布，西伯利亚双轨铁路已大致完工，筑路之工头，百分之八十以女子充之云。此路在现今远东大势上的价值及意义，世人多能知道，且不去谈。单看俄国人这股子狠劲，便不可侮。”短评告诫国人，苏联人的这种精神值得中国人学习。“东方几个大国，日俄都有她们的‘立’劲，中国却懒洋洋的躺着，不想爬起来，岂不羞愧煞人？中国人啊，我们要立志爬起来！”[3]

除主张中国在经济建设方面学习苏联的建设经验和精神外，天津《大公报》又以苏联经济建设为例，阐述中国的社会发展问题。在九一八事变即将一周年之际，该报于1932年9月6日发表社评，批评国民党当局在内政上的不作为。社评指出，外交的关键在内政，要维护国家主权，必须以刷新内

1 芸：《苏俄农业进步的可惊》（短评），《大公报》（天津版）1930年7月15日，第1张第4版。

2 《建国运动与世界大势》（社评），《大公报》（天津版）1931年1月5日，第1张第2版。

3 《有感》（短评），《大公报》（天津版）1936年4月30日，第1张第4版。

政为基础。“试回自九一八以来，瞬届周岁，中国在此一年中，政治上，军事上，果何事有进步，何地曾改良？”“由今回顾，除国家财政、人民经济，更增加困穷之外，政治、军事之任何方面，绝不异于一年以前。”社评反观苏联，指出苏联五年计划建设的成功，不在于计划的完备，而在于实施计划的人和行动，“近国人多羡慕苏联五年工业计画之成功，然岂知所难者，不在计画，亦不在技术，实在于实行计画之有人，与其能节缩一切以供建设之国家整个的设施。故其工业之成功者，果也，有以使其成功者，因也。倘只羡其果，而不究其因，以为彼能之我亦能之者，误矣”。[1]显然，在《大公报》编者看来，苏联当局认真致力于建设的做法，比苏联经济建设的成绩重要。

天津《大公报》以苏联经济建设为例，讨论中国经济发展计划和国营企业发展问题。该报于1931年6月3日和4月先后刊登曹谷冰撰写的《苏俄新工业区乌克兰参观记》《最大水电厂克起卡斯发电厂参观记》两篇通讯，生动描述乌克兰哈尔科夫的工业建设和第聂伯河水电站的巨大建设规模。为此，该报专门于6月4日发表社评，钦佩苏联经济建设规模之大、进展之速，表示：“今观特派员屡次通信，不得不承认苏联建设规模之大及其进步之猛。”在工业建设方面，曹谷冰所述乌克兰工业区、第聂伯河水电站情况，“已足令人惊叹不置”，“仅此可观者，已足为中国所深羡”。社评认为，中国的建设亦应有远大计划，并以国营方式兴办大型工业。社评分析，苏联之所以从科学技术、工业薄弱之国而有如今的成就，关键在于苏联政府有远大的计划，“夫俄为工业幼稚之国，其历史犹浅于日本，科学技术，去西欧远甚。苏联现政府之可称者，则在有整个的远大之计画，自根本上建设起来”。中国“整个计划，应参考苏联”。同时，在发展国营工业方面，中国尤应学习苏联。中国民营企业大多亏损，“是以在现状之下，以私人资本创办大规模工业之事，殆完全绝望。故建设之前提，非望国家主办大工业不可，非大体上学步苏联计画不可”。“凡重要工业，应积极国营，此可学苏联”，“彼等建设及改进之经验，中国可不经任何迂途以得之”。[2]1932年11月11日，该

1 《外交关键在内政》（社评），《大公报》（天津版）1932年9月6日，第1张第2版。
2 《读日俄工业参观记感言》（社评），《大公报》（天津版）1931年6月4日，第1张第2版。

报又发表社评，以苏联五年计划工业建设为参照，讨论中国的国营企业发展问题。社评认为，国营企业能否管理好、发展好，是中国存亡的关键，“应知救国必须建设，建设只有国营，是以一切国营事业，皆为救国要素”。同时，社评注意到，中国国营企业管理积弊极深，浪费、舞弊、敷衍等大量充斥，“苟不速改革风气，健全组织，则任何建设，皆徒为少数做官者发财之具，而国家依然趋衰亡之途而已”。说到这里，社评提醒国人，如果中国国营企业积习不改，“中国凭空绝不能如苏联产生五年计划之工业！以现状论，则虽一世纪而不能！”，如果政府和管理者对国营企业大加改革，消除积弊，“此而成功，苏联不足羡也，不然，终惟沦于亡国民之列耳”。[1]

在 30 年代，天津《大公报》等媒体以羡慕的眼光经常性地报道苏联经济建设进程，介绍苏联经济建设取得的进展和成绩。尽管由于其中一些报道的信息来源于苏联的宣传性材料，未必与苏联经济实际相符，但是，这些报道给中国各界造成了苏联经济取得快速发展的印象，而且，天津《大公报》等媒体编者自己对于苏联经济建设的成绩和进展也是相信的。由此，中国在经济建设方面与苏联存在巨大差距，就成为当时天津《大公报》等媒体编者的思维定式。出于此种认知，天津《大公报》编者不仅极力主张中国学习苏联建设经验，而且，以苏联经济建设为例，阐述中国社会发展问题。

## 三、国民党当局人士关于苏联经济建设进程的言论和表态

在 30 年代，国民党当局人士非常关注苏联经济建设进程。他们关于苏联经济建设情况的言论和表态，成为当时中国媒体上的重要内容，成为当时中国的重要舆论声音。国民党当局人士关于苏联经济建设进程的言论和表态，往往具有明显的国民党政治色彩。有的将苏联经济发展视作对中国的威胁，有的将苏联五年计划建设与国民党的理论相关联，有的结合国民党当局的执政事务认识苏联经济建设，有的将苏联经济建设当作相互吹捧的材料。不过，一些在国民党党政机构工作的普通职员，对苏联经济建设有着较为正

---

1 《论国营事业》（社评），《大公报》（天津版）1932 年 11 月 11 日，第 1 张第 2 版。

面的看法。

苏联经济建设进程颇受国民党当局人士的重视。早在 1930 年，时任国民政府铁道部部长的孙科就注意到了苏联的一五计划建设。当年 12 月，他在国民政府纪念周发表演说时提到，美国要克服 1929 年开始的经济危机，就必须大力开拓中国的商品市场，“美国的市场有两个大地方，一个是苏俄，一个是中国。但是，苏俄方面，现在他们有一个五年经济建设计划，这个计划一成功，绝不会再为外国的市场。所以，美国的唯一希望，便是中国”[1]。1934 年 5 月 20 日，在国民政府铁道部组织的第三届全国铁路沿线出产货品展览会在北平举办之际，铁道部次长曾仲鸣在天津《大公报》发表文章指出，工业先进国家的铁路为了与航空、汽车运输竞争，努力提高火车的行驶速度，并推广电气化铁路。苏联也不例外。苏联在二五计划期间，计划建设 2.5 万至 3 万公里的新铁路，并改进机车设备，“且拟扩充电汽化路线数案”，“希望根本完全改造铁道的运输方法”[2]。国民政府的一些经济建设部门也很关注苏联经济建设情况。1934 年上半年，国民政府实业部国际贸易局密切关注苏联二五计划。当年 5 月上旬，国际贸易局起草成 1933 年度中国国际贸易报告，呈交实业部。这份报告提到，“苏俄则于本年开始第二届五年计划，已立定下年之稳固基础”[3]。苏联建设情况也受到了国民政府建设委员会的关注。天津《大公报》于 1935 年 4 月刊登了这样一条简报：“建委会最近研究事项为白银问题、各国物质建设数量及苏俄建设事业等问题。”[4]

在一些国民党当局人士眼中，苏联经济发展是对中国的一种威胁。1931 年 5 月 5 日，蒋介石在国民会议开幕式上致词，在谈到中国的国际环境问题时，一方面非常重视苏联一五计划建设进展，并对苏联发展前景表示乐观，另一方面，又深感苏联经济发展对中国的影响和威胁。他表示，“就以共产主义号召之苏俄论，当其五年计画完成以后，亦系世界商场上竞争之新

---

1 《经济建设与外资——孙科在国府纪念周之演词》,《大公报》(天津版)1930 年 12 月 21 日，第 1 张第 3 版。

2 曾仲鸣:《铁展之意义与希望》,《大公报》(天津版)1934 年 5 月 20 日，第 4 张第 13 版。

3 《国际贸易局公布上年度之国际贸易暨国内经济情形》,《大公报》(天津版)1934 年 5 月 8 日，第 1 张第 4 版。

4 《简报》,《大公报》(天津版)1935 年 4 月 9 日，第 1 张第 3 版。

势力”。苏联以 1.3 亿多人口之“总动员”，运用 800 亿卢布之资本，“将全俄农场、工厂作集产的科学生产化，其规模自有可观。设其成功，生产力亦自未易侮。今苏俄更缩短五年期为四年期，以求从速完成。即就其在中央亚细亚所经营之产棉事业而论，其突飞猛进之数量，势将以中国为尾闾。况其一四四五公里环绕新疆边境以联接西伯利亚干线之新路，已于去年竣工，与深入我国东北之中东铁路，左提右挈，势成常山之蛇，疆域衔错，绵亘万里，无论军事、经济、宣传各方面，国人皆应严重注意者也”[1]。蒋介石的这番话说明，到 1931 年上半年，国民党当局高层人士已充分关注到苏联的五年计划建设及其对中国的影响，但此时蒋介石更多将苏联视作一种因五年计划建设而越来越大的威胁。同年 5 月 18 日，不久前考察苏联的驻德国公使蒋作宾在国民政府外交部纪念周作报告，介绍了苏联一五计划情况。他认为，中国应深入研究苏联一五计划建设。他分析：“苏俄一旦五年计划完成，自必谋向外发展。欧美对此防御殊严，恐不易侵入。我国与苏俄接壤万余里，尤为彼邦所垂涎。我国边圉素称松懈，一旦有事，我国将束手无策。故我国国民，对于苏俄宜加以严密之研究，因不明俄国国内之真象，实无从筹措应付之方法也。”[2] 显然，蒋作宾对苏联一五计划的关注更多出于防备心理，担心苏联强大后会加紧对中国的侵略。

有的国民党当局人士从国民党理论角度论述苏联五年计划建设进程。1931 年 5 月 9 日，在国民党安徽凤阳县党部工作的丁人杰在天津《大公报》发表文章，将孙中山《实业计划》与苏联五年计划作对比，认为苏联五年计划虽不及孙中山《实业计划》精密，但苏联努力实行，而中国只是纸上谈兵，敦促中国像苏联那样努力于工业建设。他表示，孙中山《实业计划》之所以“至今尚无所成者，以未曾实行故也”，而“俄国工业政策，精密不及总理《实业计划》，以能一致努力，故行之未久，而成效卓著”。他提醒大家说：“愿国人勿再以敷衍主义以自欺，享乐主义以自陨。否则，灭亡无日

1 《蒋主席国议开幕致词全文》，《大公报》（天津版）1931 年 5 月 8 日，第 2 张第 5 版。

2 《国际现状——蒋作宾在外部报告》，《大公报》（天津版）1931 年 5 月 20 日，第 1 张第 2 版。

矣，建设之云何！”[1]1934年10月17日，山东省主席韩复榘在济南市童子军第一次大露营上，对参加露营的童子军儿童们说，人类生存于社会上，需要自养、自卫，“上述二者，我国都很落后，如不急起直追，不但要长此落后，即想生存，亦难乎其难矣。现在世界各国，无论任何团体，凡百事业，均在努力迈进。新兴国如苏俄、义大利，无不蒸蒸日上”[2]。可见，在韩复榘眼中，苏联随着经济建设的推进，成为与意大利一样的新兴大国。而韩复榘所言自养、自卫，是当时国民党推行的管、教、养、卫的社会教育政策的重要内容。

一些国民党当局人士对苏联经济建设的关注是从国民党当局的具体执政事务考虑的。行政院副院长兼财政部长宋子文主持拟定的1930年度（1929年7月1日至1930年6月30日会计年）财政报告书于1931年3月由财政部呈送国民党中央政治会议。这份报告书高度预期苏联一五计划建设前景，认为“五年计划之伟大程序，将使苏俄成一完全工业化之国家”[3]。1931年4月，国民党中央政治会议决定设立全国经济委员会。同年11月，全国经济委员会正式成立。国民党当局决定设立全国经济委员会很大程度上是受苏联影响的结果。当年4月17日，宋子文在谈设置全国经济委员会原因时就表示：“世界大战后，欧洲各国均有经济委员会之组织，以计划全国整个的经济事项。苏俄方面亦有最高经济委员会之组织，以实现其五年的经济计划。中国方面社会情况虽与苏俄不同，但为谋国家大规模的经济建设顺利进行，不能不设立统筹的机关。”宋子文虽然说一战后欧洲各国均设有类似组织，但重点说了苏联的“最高经济委员会”和一五计划建设情况，这说明宋子文在阐述全国经济委员会成立的必要性时，苏联的做法在其脑中有着很大分量。[4]阎锡山出于发展山西经济的考虑，对苏联旨在提高劳动效率的斯达汉诺夫运动表现出浓厚兴趣。1936年9月12日，山西造产救国社在太原召开全体会。

---

1 丁人杰：《总理实业计划与苏俄工业政策》（5月2日于皖北凤阳县党部），《大公报》（天津版）1931年5月9日，第3张第11版。

2 《千佛山麓童军大露营》，《大公报》（天津版）1934年10月19日，第2张第8版。

3 《十九年度财政报告书（续）》，《大公报》（天津版）1931年3月22日，第2张第5版。

4 《宋子文谈经济委员会》，《大公报》（天津版）1931年4月18日，第1张第3版。

他在会上提出，“把俄国斯达汉诺夫运动方法，应用在本省的生产上，以仅有的机器，来增加出更多的物品”。阎锡山还决定于 1936 年 9 月 29 日举行造产运动大会。[1]

监察院长于右任将苏联五年计划建设当作吹捧蒋介石的材料。1936 年 10 月 31 日是蒋介石 50 岁生日。他专门撰写寿言，大肆吹嘘蒋介石的所谓政绩。他把蒋介石发起的国民经济建设运动与美国罗斯福新政、苏联五年计划建设相类比，吹捧其功绩在美国罗斯福新政与苏联五年计划建设之上。他说道：“蒋先生之国民经济建设运动计划，广大精微，切合中国国民目前之需要，而为民生主义建设所必资。以视美国现正从事之复兴政策、苏俄之五年建设计划，曾不是过也。”[2] 虽然于右任意在借苏联五年计划建设和美国罗斯福新政抬高蒋介石的身价，但他拿苏联五年计划与蒋介石发起的国民经济建设运动相类比，正说明苏联五年计划在国民党当局高层人士心中具有很高的地位。

一些在国民党党政机构工作的普通职员和专业技术人员对苏联经济建设的看法比较正面。国民党中央组织部秘书沈苑明于 1930 年 7 月 25 日在《俄罗斯研究》发表文章，高度评价土西铁路的建设成就，并分析了这条铁路对苏联国内政治、经济的影响。他表示，土西铁路的建成是一个“惊人的消息”。这条铁路把苏联西伯利亚和中亚地区联系起来，其交通价值堪比中国古代的大运河、19 世纪的苏伊士运河、20 世纪的巴拿马运河。[3] 在沈苑明看来，土西铁路对于苏联中亚、西伯利亚地区的经济发展，乃至于苏联整个经济建设事业，都有巨大促进作用。国民政府建设委员会技正兼全国电气事业指导委员会主任委员恽震非常看重苏联的水利建设及其与工业区相配合的建设规划，试图学习苏联水电厂与工业区相结合的建设经验。1933 年初，他率领长江上游水力勘测队，实地勘察了宜昌以上长江上游的地质条件，为兴建大型水电站做准备。回南京后，恽震向建设委员会提交考察报告。恽震提

---

1 《太原举行造产运动》，《大公报》（天津版）1936 年 9 月 23 日，第 1 张第 4 版。

2 《蒋介石先生五秩诞辰寿言》，《大公报》（上海版）1936 年 10 月 31 日，第 1 张第 4 版。

3 苑明：《土西铁路之完成与中俄关系》，《俄罗斯研究》第 5、6 号合刊，1930 年 7 月 25 日，第 1 页。

出，“宜昌附近，有葛洲坝及黄陵庙两处，堪以建坝设厂”，兴建大型水电站。他又提出，为了与宜昌附近的水电站配套，应将宜昌建设成为全国化学工业区。为此，他以苏联为例，论证这个规划的必要性。他介绍，“苏俄在尼普河上建设七十五万六千马力之水力电厂，其负荷中心即在三英里外之新建城市，其中，有八种重要工业，如钢铁厂、炼焦厂、合金厂、制铅厂、水泥厂等，皆汇集于此，以就廉价之电力”[1]。

国民党当局人士对苏联经济建设情况是高度关注的。他们对苏联经济建设情况的关注，具有很强的国民党政治、理论色彩。不过，一些在国民党党政机构工作的普通职员和专业技术人员对苏联的经济建设的看法的国民党色彩要少得多。

## 四、民间个体对苏联经济建设进程的认知

民间个体构成中国舆论界的重要力量。这些人员虽然理念和观点各异，但既不代表媒体发声，亦不在国民党党政机构任职，而是作为自由撰稿人自发地在媒体表达个人的意见。这些人对苏联经济建设的看法，更为自由、多元。

以《独立评论》作者为代表的自由主义论者，虽然不认同苏联的政治制度和马列主义意识形态，但看到苏联经济建设取得的进展和成绩，感到深深的震撼，从而在中国经济建设层面疏离于其原有的自由主义理念，认为中国应学习、借鉴苏联经济建设的做法。翁文灏从苏联经济建设进程中，感到苏联经济建设精神的可贵。1932年8月28日，他在《独立评论》发表文章认为，中国处于国弱民穷、内忧外患的情况下，“我们还是努力我们自己的工作”，中国要赶上列强，“非但要努力，真还要拼命”，“苏俄的建设工作便是拼命赶的榜样”。[2]在30年代的自由主义论者中，蒋廷黻是推崇苏联建设成就较为突出的论者之一。1933年7月16日，他在《独立评论》发表文章，高

---

1 《创设水力发电厂》，《大公报》（天津版）1933年2月26日，第1张第4版。

2 翁文灏：《我的意见不过如此》，《独立评论》第15号，1932年8月28日，第5页。

度期待苏联的发展前景，认为苏联将“宗教的热忱”和“科学的物质设备”相结合，肯定会有巨大的发展，“天下最可怕的势力是宗教的热忱及科学的物质设备之合并。在现在的世界上，苏俄是这种的势力”。蒋廷黻由羡慕苏联建设成就，期望中国也能像苏联那样加快建设进程。他表示，“我们现在所须要的是建设，火速的建设，大规模的建设”，“模范省的计划不错，完成粤汉及陇海铁路的计划不错，救济农村的计划不错，导淮的计划不错：不过要作，要实行，要快快的实行”。[1] 主张民主政治的陈之迈虽然不认同苏联的马列主义和政治制度，但对苏联通过五年计划建设取得经济的快速发展是赞赏的。在 30 年代民主与宪政的争论中，1935 年 1 月 6 日，陈之迈在《独立评论》发表文章认为，通过专制或武力实现的国家统一只是表面的，中国实现国家统一的基础在于建立“现代经济制度”，并通过这种经济制度实现经济的发展。他认为，苏联这方面是一个很好的榜样。“苏俄为什么在气焰正盛的时候把托洛斯基赶了出去而一心一意地去实行五年计划，正是看透此层。他们头脑比我们清楚，虽则他们的主义我们不敢苟同。苏俄为什么在高唱世界革命的时候没有什么人理它，而第一次五年计划成功后忽然惹起了世人的注意，这正是这种政策的成功。”[2]

旨在宣传中苏友好、推进中苏交流的《中苏文化》杂志的文章作者，非常乐观地看待苏联五年计划建设进程，赞美苏联经济建设取得的成绩。漆琪生和钱穆就在该刊发表文章，赞扬苏联一五、二五计划的进展。1936 年 6 月 15 日，漆琪生注意到，苏联二五计划正在以巨大规模和速度积极推进。他介绍，作为二五计划建设第三年度的 1935 年，“苏联经济建设的成绩，即足惊人”，而作为第四年度的 1936 年，其建设规模将更加巨大，“无论对于任何经济部门，苏联今年皆以比较去年更加积极和扩大的计划，从事建设和发展”。[3] 同年 12 月 1 日，钱穆极力赞扬苏联两个五年计划建设取得的成就。他表示，苏联两个五年计划建设成就巨大，“由于苏联和平奋斗的结果，在将

1 蒋廷黻：《这一星期》，《独立评论》第 59 号，1933 年 7 月 16 日，第 5—6 页。

2 陈之迈：《统一的基础》，《独立评论》第 134 号，1935 年 1 月 6 日，第 4—页。

3 漆琪生：《苏联经济建设的现状及其最近计划》（1936 年 5 月 31 日），《中苏文化》第 1 卷第 2 期，1936 年 6 月 15 日，第 2 页。

近十年的计划经济中，以最科学、最前进的方法，奠定了社会主义的稳固的基础”[1]。陈羲伯在该刊发表文章，称赞苏联五年计划建设已经超欧赶美。他于 1937 年 8 月 1 日宣称：“苏联早就怀有一种信念，就是她的新建设确能‘迎头赶上资本主义国家’。目前的事实已经证明她这信念并非幻想，现在她的工业建设，确已飞腾直上，驾凌欧洲，赶上美国。”[2]吴铁峰以苏联开发西伯利亚的成就说明中国开发边疆的紧迫性。他于 1937 年 1 月 1 日在该刊发表文章介绍，十月革命后，西伯利亚“渐次发达”，“西伯利亚铁路的筑成，不仅使广袤的西伯利亚成为建筑铁道网的重心，而且，逐渐形成重要的新兴工业和农业的重心了”。[3]他提醒大家，中国的蒙古、新疆、西藏与西伯利亚一样，属于资源丰富的边陲之地，但仍处于未开发状态，“反观我们中国吧，内外蒙古、新疆、西藏等边陲地方，又何尝不是像西伯利亚一样被人目为‘不明之土’，更何尝不是同样具备了丰富的资源，然而，却仍旧是置之不顾”。他认为，为了实现民族复兴，中国应该学习苏联开发边远地区的做法。“‘开发西北’的口号虽然唱了几年，但是，有谁会脚踏实地去做呢？”“像苏联人们那样‘迎头赶上去’的百折不挠的苦干精神，是值得我们钦佩而效法的。今后我们当本此精神，大家为民族尽一份力量，否则，如果一味徒托空言，舍本逐末，必然会忽略了复兴民族国家的基本任务。”[4]

天津《大公报》的文章作者在肯定苏联经济建设取得的成绩的同时，往往结合自己了解或感兴趣的领域，以苏联经济建设为范本，具体讨论中国的经济建设问题。这些人在总体上是认可苏联五年计划建设取得的成绩的。早在 1930 年，在苏联一五计划建设刚刚过半的情况下，张抱横即于当年 10 月 14 日就在该报发表文章，对苏联一五计划的完成持乐观态度，认为苏联完全可以在国内筹集足够的资金，完成一五计划建设，“苏俄即使不借外款也能

---

1　钱穆：《以国防为基点之苏联经济建设》（1936 年 11 月 25 日），《中苏文化》第 1 卷第 7 期，1936 年 12 月 1 日，第 21 页。

2　陈羲伯：《苏联的肃清文盲运动》，《中苏文化》第 2 卷第 8 期，1937 年 8 月 1 日，第 21 页。

3　吴铁峰：《西伯利亚的经济发展及其现势》，《中苏文化》第 2 卷第 1 期，1937 年 1 月 1 日，第 35 页。

4　吴铁峰：《西伯利亚的经济发展及其现势》，《中苏文化》第 2 卷第 1 期，1937 年 1 月 1 日，第 40 页。

将全国变为实业化的”[1]。在苏联一五计划后期，一些论者纷纷在该报发表文章，认为苏联一五计划建设已经取得了相当大的成就。通过参观 1931 年 4 月在日本东京举行的第三次化学工业博览会苏联馆，李烛尘感受到了苏联一五计划建设的巨大成就。他与其他 5 位天津化学工业专家参观了这次博览会。回国后，当年 5 月，他以“镜剑生”为笔名在该报连续发表《赴日参观记》。他看到，博览会专门设有“苏俄馆”。苏联通过此馆大力宣传一五计划建设情况。他介绍说：馆内“壁画上所映写之五年计画，均着着进行。有实物之表现。其一种伟大之发达精神，自然令观者起感服及惊骇之思”[2]。该报“读者论坛”版又于 1932 年 4 月 28 日发表署名“琈”的文章，认为苏联一五计划取得了巨大成就。此文介绍说，苏联一五计划实施“甫过三年，已著奇效，举世震惊”[3]。

天津《大公报》记者杨历樵、萧乾从内心深处认可苏联农业建设成就。他们在《大公报》发表文章，表达了他们对苏联经济建设的感想。在一·二八上海抗战期间，杨历樵于 1932 年 2 月由天津乘津浦路列车回家乡无锡。他乘车行驶在天津至德州之间时，看到“弥望原野，广漠无垠”，便联想到，“如用大农生产法耕耨之，其伟大当不逊苏俄之‘巨无霸’农场也”。[4]他的这种感想说明，苏联国家建设对他的思想影响是非常大的。萧乾采访了 1937 年 4 月在南京举行的第二届全国美术展览会。他在描述陈晓南的绘画作品《建设时期》时说：“这幅画着一簇工人奔忙工作在一座建筑中的楼房，梁柱参差，搬砖的，负木材的，蠕动着俨然如一窝蚂蚁。在题材上，它使我们想到苏联的五年计划。”[5]显然，苏联五年计划建设形象深深印在了他的脑际。

不少人纷纷在天津《大公报》发表文章，以苏联五年计划为榜样，分析中国社会发展问题。1931 年 6 月 12 日，一位署名“二吉”的作者在该报

---

1 张抱横：《三年来之苏俄实业（续）》（据 Hopper 文简译），《大公报》（天津版）1930 年 10 月 14 日，第 3 张第 11 版。

2 镜剑生：《赴日参观记（第三信）》，《大公报》（天津版）1931 年 5 月 9 日，第 1 张第 4 版。

3 琈：《现在国际情势之概观（续）》，《大公报》（天津版）1932 年 4 月 28 日，第 2 张第 8 版。

4 历樵：《津锡纪行》（16 日于无锡），《大公报》（天津版）1932 年 2 月 22 日，第 1 张第 4 版。

5 萧乾：《会场巡礼》（4 月 1 日寄自南京），《大公报》（上海版）1937 年 4 月 2 日，第 1 张第 3 版。

发表文章认为，中国应发扬苏联一五计划建设的科学和实干精神，改革中国家庭制度。他认为："最近苏俄的五年计划，几乎全在科学的建设"。"我们先不论共产主义的是非，第一我要赞成他们'干'的精神！我绝不信任'天资'，只要是'人'能努力，就立刻有显著的成绩。"[1] 在天津《大公报》社工作的费彝民对苏联一五计划的预算规模感到吃惊。他于同年 8 月 1 日在该报发表文章，以苏联一五计划的大规模预算，分析中国成立官商合办的大规模产业公司，承担发展全国经济的任务的可行性。他认为，这个产业公司的资金额应为 1 亿元现款，还应具有发行债券的权力。他强调，1 亿元看起来数目很大，"其实决不敷用"。他以苏联一五计划为例说，苏联一五计划的预算达 340 亿美元，"这个数目直可使浅识者流讥为梦呓，想不到人家节节前进，成绩反有超过预算的地方"。[2]

九一八事变后，更多论者在天津《大公报》发表文章，结合苏联一五计划建设，探讨中国经济建设面临的实际问题。生活在日本东京的张景崧于 1931 年 10 月讨论福建厦门嵩屿港口、嵩屿至龙岩铁路的建设计划时，就以苏联五年计划为例，说明建设这项工程的必要性。他表示，"今者，吾人例之世界先进各国，关于建设实业，均有预定伟大惊人之工程计划，如日本因大地震，乃有东京十年之帝都复兴，苏俄因经济之落后，乃有五年工业计划之全国总动员。吾人推测其因，要皆其最大目的，为解救国难也"。他强调，"吾国与工业先进诸国较之，虽处处落后他人，倘能以零碎之建设，由一点一滴而完成整个，则将来亦未尝不能不与外国并驾齐驱，而跻富强之域"。[3]

1932 年 1 月 17 日，张元夫在天津《大公报》"读者论坛"版发表文章，以即将实施的苏联二五计划为例，说明中国经济发展应以农业为重，同时，开发西北比发展东南地区经济重要。他提出，"从世界之大势立论，应知发展中国各地农家之生产，实较国家举办重工事业为重，开发西北，更切于

---

1　二吉：《过渡期中的中国家庭制度及其他》（1931 年 6 月 6 日于停课期中自南开寄），《大公报》（天津版）1931 年 6 月 12 日，第 3 张第 11 版。

2　费彝民：《产业救国及其政策（续）》（1931 年 7 月），《大公报》（天津版）1931 年 8 月 1 日，第 1 张第 2 版。

3　张景崧：《嵩屿之辟港与嵩龙铁路（续）》（1931 年 10 月 10 日脱稿于东京），《大公报》（天津版）1931 年 10 月 24 日，第 2 张第 5 版。

东南”。在他看来，中国之所以不应重点发展重工业，是因为重工业主要是对外竞争，而中国对外竞争的道路已经堵塞，“中国之力，亦非与人并驾之时”。他以苏联正在筹备的二五计划为例说明自己的观点，声称：“观苏俄第二五年计画，转移对外之目光，以注重对内之生计，可为炯鉴。”[1]可见，张元夫是位以农立国论者，反对中国以重工业发展为重心。他的这个观点与苏联以工业尤其是重工业发展为重心的五年计划建设模式是完全相反的。但他仍以苏联正在筹备的二五计划为例论证自己的观点，一方面说明苏联五年计划建设之受国人关注，另一方面也说明他对苏联尚未正式公布的二五计划有误解，以为苏联二五计划侧重于改善国内民生和发展轻工业。

历史学者连士升以苏联一五、二五计划的巨大发展，说明中国经济由沉沦到复兴的历史必然趋势。他于1936年10月9日在天津《大公报》“史地周刊”版发表文章分析，中国经济处于不断演变之中，尤其是，“近八十年来，中国在外交上节节失利，被列强迫得订定许多不平等条约，弄得百业破产，民不聊生”。但是，大家对此不要太失望，世界其他国家也有经济沉沦而又复兴的先例，“俄国在1917年革命以前，何曾不是腐败不堪。然自第一次五年计划成功之后，接着又实行第二次五年计划，发展集体农场，振兴大规模的重工业、轻工业，提高而又普及教育，注重国民的健康，十年之间，就称霸全球了”。他以此鼓励国人说：“我们现在的情形虽然很恶劣，但我们的自然环境极优良，我们的老百姓非常勤敏，只要领袖得人，大家能够一心一意地努力国民经济的建设工作，我们不但能转危为安，而且，我们相信，一二十年之后，我们的国家也可以变成世界上一个最富强的国家。”[2]

中国经济学界学者总体上非常看重苏联经济建设的进展和成果。先后任复旦大学、暨南大学、交通大学教授的经济学家李权时于1932年5月在《经济学季刊》介绍美国人艾迪撰《苏俄之挑战》一书时，就注意到苏联一五计划中的工业发展计划。[3]1935年，南开大学经济研究所的丁洪范、鲍觉民在天

1 张元夫：《外寇、赤匪与灾民》，《大公报》（天津版）1932年1月17日，第2张第8版。
2 连士升：《研究中国经济史的方法和资料》，《大公报》（天津版）1936年10月9日，第3张第11版。
3 李权时：《介绍研究苏俄五年计划的五本英文书》，《经济学季刊》第3卷第1期，1932年5月，第215—216页。

津《大公报》"经济周刊"版发表文章，关注苏联经济建设。在丁洪范看来，苏联已是世界几大经济体系之一。他于当年 8 月 28 日称，"大国之已有经济地位，概努力维持其集团势力，尽量封锁以自保，如美系经济集团、英系经济集团、法系经济集团、苏联经济集团等是了"[1]。当年 12 月 16 日，鲍觉民由苏联水利建设尤其是第聂伯河水电站建设，提出中国经济建设的重点问题。他注意到，苏联的水力开发和利用发展迅速。"近年苏俄之建设猛进，其第一次五年计划之中心事业，即为举世瞩目之聂伯河（R. Dnieper）上之水电厂，年前业已完成，规模极大，计可发生八十一万匹马力，为世界最大电厂之一。"他由此想到，中国的经济建设应有一个建设重点，"窃意以为，一切建设，须有整个之计划。我国目前最应致力之建设大计，不外复兴农村、振兴工业及开发交通诸端，但兹事体大，断非短时间所能望其成功，是则应有一提纲挈领之中心建设，以为一切建设之先导"[2]。也有一些自由经济理念比较坚定的经济学者，不太关注苏联经济建设成绩。在这方面，唐庆增较为典型。他于 1931 年 12 月在《经济学季刊》发表文章表示，欲研究经济学，通晓英文、德文、法文、日文，较为重要，而是否通晓俄文，无关紧要。"如意大利、西班牙、俄罗斯诸国文字，则应用之处较少。""有志于研究经济学者，于西班牙、俄罗斯等国文字，不解尚无大碍，独于日文，则不可不通晓也。"[3]透过唐庆增对俄文的忽视可见，直到 1931 年底，他仍不重视苏联的经济理论论著及苏联社会主义建设经验。

中国文艺界人士经常在其撰写的文艺评论和文学作品中赞美苏联五年计划建设和经济建设气象。天津《大公报》刊登的一些文学作品就极力赞美苏联五年计划建设。1929 年 11 月，蔡咏裳、董绍明夫妇将苏联作家革拉特珂夫撰写的长篇小说《士敏土》译为中文，由上海启智书局出版。天津《大公报》于 1933 年 11 月 18 日刊登了一篇介绍这部小说的文章。这部小说虽然以苏联 20 年代新经济政策时期的经济建设为题材，但文章却由这篇小说联想到苏联五年计划的成功，并认为苏联五年计划建设成为全世界经济萧条风

---

1　洪范：《中日经济提携》，《大公报》（天津版）1935 年 8 月 28 日，第 3 张第 11 版。
2　鲍觉民：《经济建设与水力利用》，《大公报》（天津版）1935 年 12 月 16 日，第 2 张第 6 版。
3　唐庆增：《经济学自修指导》，《经济学季刊》第 2 卷第 4 期，1931 年 12 月，第 113 页。

浪中的孤岛。文章表示，“最近几年来的世界经济恐慌，弄得各资本主义国大有不可终日之势”。“然而，恐慌的洪水猛兽，却不能侵入社会主义国家之门。在各国连财政维持现状都感困难的时候，苏俄却大规模地从事各项建设。”苏联是“恐慌中繁荣的孤岛”。苏联之所以没有受到经济危机“狂风骇浪”的冲击，就是因为“五年计划之成功”。[1]1933年8月31日出版的天津《大公报》“小公园”版刊登了一篇描述一个中学教务会议的中篇小说。小说中描写的一位心理学教员说道：“看看现在左倾的苏俄，五年计划为什么能够成功？右倾的德意，恢复运动为什么能够收效？再看看资本主义和帝国主义的几个蒸蒸日上的强国，为什么有进无退？这种原因，总括起来说，是不是因为他们全国人民都恰恰做了他们国家需要的工作？是不是因为他们全国教育设计，都恰恰注意他们学生应该分任的职业？”[2]在这篇小说作者看来，苏联五年计划建设使苏联成为与西方列强一样的先进国家。张央于1936年11月15日在上海《大公报》“大公俱乐部”版发表影评，在介绍英国影片《莫斯科情网》时，赞扬莫斯科的新建设气象。他介绍，这部影片描写了一战时期俄国军队中的一段三角恋情，“《莫斯科情网》给我们看了快要崩溃的旧俄罗斯底一角”。写到这里，他笔锋一转，说道：“至于现在，苏联建国十九年正热烈被庆祝过，莫斯科早已成为新的莫斯科了！”[3]

民间个体发表的关于苏联五年计划建设进程的看法构成30年代中国舆论界关于苏联经济建设进程观念的重要组成部分。他们纷纷在《独立评论》、《中苏文化》、天津《大公报》等中国各种报刊发表文章，表达其对苏联经济建设进程的观点和感受。除《中苏文化》杂志的作者具有宣传苏联经济建设的主观愿望外，其他报刊的文章作者的言论多表达了其较为真实的内心感受。苏联五年计划建设的成绩，对当时的自由主义论者产生巨大心理冲击，使他们在中国经济建设的实际层面疏离于其自由主义基本理念，主张中国学习苏联的建设经验。《中苏文化》作者虽以宣扬苏联建设成绩为目的，但他

1 龙孙：《士敏土》（书报介绍），《大公报》（天津版）1933年11月18日，第3张第12版。
2 维一：《教务会议》（8月26日），《大公报》（天津版）1933年8月31日，第3张第12版。
3 张央：《莫斯科情网（Moscow Night）》（影评），《大公报》（上海版）1936年11月15日，第4张第16版。

们的这种目的本身，亦说明这些人对苏联经济建设进程的某种认知。天津《大公报》的文章作者总体上认可苏联经济建设成绩，并以苏联五年计划建设进程为例，具体探讨中国社会发展问题。中国经济学界的学者从专业研究角度，对苏联经济建设进程表现出很大关注。在这方面，仅唐庆增等自由主义理念较为坚定的作者是例外。文艺界人士在其文艺作品中对苏联建设进程的赞美，则说明苏联经济建设在中国舆论界的影响面是很大的。总体而言，对苏联经济建设的肯定和认可是30年代中国舆论界民间个体的主流意见。

通过上述30年代中国舆论界不同舆论主体的相关言论可见，中国舆论界对苏联经济建设进程是极为关注的。当时的中国媒体对苏联五年计划建设进程作了大量报道和介绍，使中国社会对苏联经济建设的进展和成绩有了较为全面的了解。而且，中国舆论界对苏联经济建设进程总体上是认可的。尽管这些舆论主体有着不同的理念、立场和视角，但他们大多认定苏联经济建设的成绩是真实的。而且，中国各个舆论主体对苏联经济建设进程产生了极大的思想触动，很多人以苏联经济建设为榜样，讨论中国社会尤其是经济发展问题。由于各舆论主体的认知视角的不同，他们对苏联经济建设进程的认知具有不同的倾向，这也导致他们结合苏联经济建设进程对中国自身问题的认知存在不同的关注点。实际上，中国舆论界对苏联经济发展进程的认知是随着苏联两个五年计划建设进程的演变而演变的。这突出表现在一些访苏人士对苏联的观感逐渐由负面转向正面。一方面由于当时苏联经济发展过程中存在的严重结构性矛盾在当时还未充分显现，另一方面由于当时中国舆论界了解苏联的许多依据是苏联对外宣传的材料，而且一些中国访苏人士参观的地点多是苏联有关部门特意安排的，所以，中国舆论界对苏联经济建设进程的认知不一定符合苏联的真实情况。但是，当时中国舆论界对苏联经济建设进程的认知，确实反映出当时中国舆论界的一种客观的思想状态。

## 第二节

# 对苏联工业建设的认识

实现工业化是苏联一五、二五计划的核心目标。所以，在30年代，苏联将工业建设当作各项经济建设事业的重中之重，投入巨额资金和人力，大力推进工业建设。苏联一五、二五计划时期的工业建设采取了优先发展重工业的方针，并追求工业建设的高速度和大规模。在30年代，苏联成为世界上实现工业高速发展的典范，在短短的几年内，由农业国转变为工业国，尤其是重工业得到全面发展。苏联工业建设取得的这些进展，被中国媒体大量报道出来，在当时的中国舆论界产生了巨大的思想影响。然而，中国舆论界对苏联由农业国转变为工业国的认知经历了怎样的思想过程？中国舆论界对于苏联工业高速发展的印象是如何形成的？中国舆论界为何高度关注苏联自力更生的工业资金的筹集方法？中国舆论界认识到了苏联工业建设存在的哪些问题和不足，认识深度又如何？在研究中国舆论界对苏联工业建设认知过程中，这些都是需要厘清的问题。

### 一、对苏联由农业国转变为工业国的认知过程

中国舆论界由将苏联视作农业国，转变为将苏联视作工业国，有一个转变过程。在30年代前期，舆论界仍将苏联看成农业国，而到30年代中期，在舆论界眼中，苏联已经成为工业国了。

30 年代前期，苏联在一些人眼中还是一个以农业为主的国家。1932 年 4 月 11 日，时任江西省政府农村合作委员会委员的老同盟会员文群在江西省县政研究会发表演讲就称，苏联“农产品占十之八九，工业品不过十之一二。苏俄最近五年计划拟用倾销政策，即重在发展农产品”[1]。在文群看来，在苏联各类产品中，农产品仍占绝大多数，而且苏联一五计划向国外大量倾销农产品，说明苏联仍重点发展农业。当然，文群为了论证发展中国农业的重要，刻意回避了苏联一五计划期间的工业发展计划，突出强调苏联经济中的农业成分之大。在 1932 年夏天的时候，苏联在国际舆论中仍为一个正处在工业化过程中的农业国家。同年 7 月 25 日，天津《大公报》刊登的一篇报道也称：“苏俄虽努力工业化，但仍为一农业国家。”[2]积极倡导中国工业化建设的清华大学社会学教授吴景超分别于 1933 年 11 月 5 日和 1934 年 11 月 4 日在《独立评论》发表《世界上的四种国家》《我们没有歧路》两文，将苏联看作尚在走工业化道路的国家。他在《世界上的四种国家》一文中注意到，苏联在实施五年计划以前，“还是一个农业的国家”，农业人口占全国人口的 86.7%，同时，农业“用机械的地方很少”。目前，苏联一方面正设法“使农业机械化”，另一方面正积极推进工业化，“设法发展农业以外的实业，如工业、交通业之类”。“假如有一天，俄国能使在农业中的人民，降到百分之三十以下，同时，在农业以外谋生的人，也能加增到相当的程度，那么，俄国人的生活程度，一定比现在要提高许多，远非欧亚诸国所可及了。”[3]他在《我们没有歧路》一文中观察到，苏联正在步英美之后，处于工业革命的进程之中，“工业革命的工作，有的早已完成，如英美；有的正在进行，如苏俄”[4]。在吴景超看来，苏联还算不上工业国。

从 30 年代中期开始，中国舆论界开始将苏联视作工业国。陈丕士于

1 《如何救济农村？——文群演讲农村合作社要点》，《大公报》（天津版）1932 年 4 月 13 日，第 2 张第 5 版；《如何救济农村？——文群演讲农村合作社要点（续）》，《大公报》（天津版）1932 年 4 月 14 日，第 2 张第 5 版。

2 《苏俄力谋增加农产》，《大公报》（天津版）1932 年 7 月 25 日，第 1 张第 4 版。

3 吴景超：《世界上的四种国家》，《独立评论》第 75 号，1933 年 11 月 5 日，第 7—8 页。

4 吴景超：《我们没有歧路》，《独立评论》第 125 号，1934 年 11 月 4 日，第 2 页。

1935 年 5 月与梅兰芳剧团的演员一起，由海参崴乘船抵达上海。[1] 回国后，他于当年 6 月 15 日至 18 日在天津《大公报》发表文章，向中国读者介绍，随着重工业的发展，苏联已经成为工业国家，苏联的装备制造业已经自给有余，“苏俄现一变而为工业国家。五年计画之目的，在发展重工业，故不仅制造轻工业用之机器，且生产为发展机器制造工业用之原料与机器。此政策无疑业告成功。苏俄现有多数制造机器之工场，其出品足以供给其本国轻工业工厂之需要而有余也”[2]。吴景超于 1936 年 11 月 1 日在《独立评论》发表文章，将苏联视作与美国一样的已经实现工业化的国家。他将世界工业化国家分为美俄式、英日式两类。所谓美俄式工业化国家，就是工业原料、供应工业人口的粮食产自本国，工业品市场主要在国内，“这种工业化的国家，人口密度是不高的”。所谓英日式工业化国家，就是工业原料、供应工业人口的粮食主要依靠从国外进口，工业品市场也主要在国外，“以本国的工业品，去换原料及食物，来维持本国的工业及工人，乃是英日式工业化的国家的特色”，这些国家的人口密度很高，同时，有广大的殖民地作为工业原料和销售市场。他认为，中国作为工业化后进国家，“只有采用美俄式，而不能追随英日式”。[3] 同年 12 月 1 日，《中苏文化》编辑袁孟超在该刊发表文章说道：实施二五计划以来，苏联已经由农业国变成工业国，“在‘赶上和超过’先进资本主义的猛进中，成为了占欧洲第一、占世界第二位的工业国家”[4]。

到 1937 年，更多论者将苏联视作工业国。陈之迈在《独立评论》连续发表文章，认为苏联已由农业国转变为工业国。1937 年 6 月 20 日，陈之迈在介绍英国费边社会主义者韦伯夫妇（Sidney and Beatrice Webb）撰写的《苏维埃共产主义：一种新的文明？》（*Soviet Communism: A New Civilisation?* London, 1936, 2 vols）一书时，认为迅速将苏联由“农业的社会”转变为“工业社会”是一个巨大成就，“苏联在这方面之所以值得注意，

---

1 陈丕士：《中国召唤我——我参加中国革命的历程》，郭济祖译，北京：商务印书馆 1983 年 8 月第 1 版，第 218—220 页。

2 丕士：《中俄商务关系（续）》（寄自上海），《大公报》（天津版）1935 年 6 月 18 日，第 1 张第 4 版。

3 吴景超：《中国的人口问题》，《独立评论》第 225 号，1936 年 11 月 1 日，第 8 页。

4 袁孟超：《以武力为后盾之和平政策》，《中苏文化》第 1 卷第 7 期，1936 年 12 月 1 日，第 8 页。

是因为他们要在一二十年里做到英美等国费了一二百年才做到的事情”[1]。同年7月4日，他又在《独立评论》发表文章认为，苏联经过两个五年计划建设，将一个落后农业国发展成为工业国，“苏联近年来各方面猛烈的进步，尤其是斯大林领导下两次五年计划敏速的完成，早已震惊世界”。苏联由一个落后国家，跻身于“世界强国之林”，“苏联这种惊人的发展当然要归功于斯大林所主张的现代化，尤其是工业化机械化的运动”。[2]1937年5月1日，《中苏文化》也发表了一系列文章，认为苏联已成为世界工业强国。黄甘棠注意到，苏联党和政府致力于工业化建设，“不到几年工夫，居然由落后的农业国，转变为近代的工业国了”。“这里已若明镜一样清晰，十年的奋斗，苏联的工业生产，已经占了卓越的世界地位。”[3]秦涤清[4]注意到，苏联人民经过十几年努力，“终于完成了苏联的工业化，达到了经济独立的地位”[5]。“苏联在全世界各工业国中，是占了第二名的地位。”[6]

中国舆论界从苏联由工业品进口国转变为工业品出口国角度，分析苏联向工业国转变的问题。天津《大公报》于1935年1月17日报道，苏联此前属于纯粹的机器进口国，现在开始向国外出口机器产品。土耳其已经以长期借款方式购买苏联的棉纺机器，希腊、意大利、比利时、荷兰、丹麦等国已订购苏联的农业机械，此外，苏联的肥料、水泥、电气设备、服装等出口亦多。[7]《中央日报》也对此作了大量报道。1936年12月13日，该报报道，苏联将减少机械产品进口，“苏联进口货，将于明年减至最低限度”，“俾一切农具、拖车及摩托卡车，不复仰给外国”。[8]1937年2月11日，该报又报道了

---

1 陈之迈：《苏维埃共产主义》（书评），《独立评论》第239号，1937年6月20日，第15页。

2 陈之迈：《论苏联的党狱》，《独立评论》第241号，1937年7月4日，第2页。

3 黄甘棠：《苏联二十年来工业建设之成果》（1937年4月20日脱稿于上海），《中苏文化》第2卷第4、5期合刊，1937年5月1日，第60页。

4 秦涤清笔名抱朴，曾于1921年初作为中国社会主义青年团员被派往苏联学习，并于同年冬加入中国共产党。1927年四一二政变后，他脱离中国共产党组织，但仍关注苏联的情况。

5 秦涤清：《苏联重工业与轻工业的发展》，《中苏文化》第2卷第4、5期合刊，1937年5月1日，第61页。

6 秦涤清：《苏联重工业与轻工业的发展》，《中苏文化》第2卷第4、5期合刊，1937年5月1日，第73—74页。

7 《苏俄开始输出机器》，《大公报》（天津版）1935年1月17日，第2张第5版。

8 《苏联进口货将减少》，《中央日报》1936年12月13日，第2张第1版。

苏联工业品由依靠外国进口到实现自给自足，甚至有所出口的情况："帝俄时代之国民经济水准，过于低微，故必要之机械类，几全部倾给于国外之输入。此外，盐、肥料、洋灰等之重要物资，亦皆由输入而补其缺乏。然而，现在之苏联对于以上之物资，不但不必要，反而有剩余输出，即苏联基于国内工业之再建，无论经济的、技术的，可以完全独立。"[1]

苏联由工业品进口国转为工业品出口国，对中国实业界产生了相当大的思想影响。许冠群于1926年5月创办上海新亚化学制药公司，至30年代在西药生产领域颇有建树，成为外国制药业的有力竞争者。1936年10月10日，许冠群在天津《大公报》发表文章分析，非常羡慕苏联通过两个五年计划建设实现工业品由入超转为出超的发展成就。他介绍说："当西历1928年前，苏俄革命，方兴未艾，入超问题之严重，不亚于我国。乃者第一、二两个五年计划之成功，轻重工业，相继告成，于是，入超问题一变而为出超。"[2]

中国舆论界对于苏联由农业国向工业国的思想转变，有两方面因素：一是随着苏联两个五年计划建设的推进，苏联的工业尤其是重工业有了长足发展；二是随着时间的推移，中国舆论界自身也在越来越重视苏联工业发展问题。

## 二、对苏联高速工业化印象及其思想影响

1928年至1937年苏联一五、二五计划时期，苏联的工业经济尤其是重工业经济取得了超常轨快速发展，在短时期内实现了工业化。苏联工业建设的高速度，在中国舆论界产生了巨大思想影响。

苏联走了一条高速工业化道路，是中国舆论界的共识。1934年12月2日，一位署名"明生"的论者在《独立评论》发表文章认为，苏联工业化进程在世界各国中是最短的。最早开始工业化的英国时程最长，之后开始工业化的法国、德国、美国时程缩短了许多，日本仅用了30年时间，"而现在苏

---

1 《苏联对外贸易现势》，《中央日报》1937年2月11日，第2张第1版。
2 许冠群：《国难时期与劳资纠纷》，《大公报》（天津版）1936年10月10日，第5张第20版。

俄竟想在五年十年之间（当然一半也因为自然财源丰富的缘故），变成世界上工业生产最高额的国家了”[1]。1936 年 12 月 1 日，钱穆在《中苏文化》发表文章注意到，在两个五年计划期间，苏联“机器制造业”得到“昂进”。苏联机器制造业在一五计划期间，已打破了美英德诸国的“霸权”，在二五计划期间，得到了进一步发展。到 1936 年，国民经济所需要的大部分机械设备，实现了自给，“就全部机器之总产量言，苏联已占世界第二位，仅次于美，其中，农业耕作机的生产，竟突过美国，雄居世界第一位了”[2]。谢世珍于 1937 年 2 月 23 日在《中央日报》发表文章认为，“在苏联第一次五年计划的结果，虽认为不能完全成功，但就其工业发展的速度，实有惊人之处”。苏联重工业产品，“如炼钢、采煤之类，不但不仰给他人，还能供给别的国家了”。[3] 显然，舆论界普遍认为，苏联一五、二五计划期间，苏联工业经济实现了高速增长。

1937 年 5 月 1 日，《中苏文化》刊登文章，将苏联工业生产与资本主义国家进行对比，强调苏联工业生产快速发展，资本主义国家则呈衰退趋势。黄甘棠注意到，自 20 年代末至 30 年代，苏联工业生产呈急剧上升趋势，而资本主义国家则呈下降趋势。他列举了一份《苏联与各国工业生产比较表》：将 1928 年苏联与资本主义各国工业生产指数分别设定为 100，苏联的工业生产指数在 1929 年为 125.8，而 1936 年为 480.9。资本主义国家 1929 年为 106，1936 年仅为 101。[4] 他分析，“根据上表，资本主义各国的工业生产，年复一年地衰退”，1936 年还未接近 1929 年的水准。而“苏联的工业生产，却

1　明生：《双周闲谈》，《独立评论》第 129 号，1934 年 12 月 2 日，第 19 页。“明生”很可能是社会学家陶孟和的笔名。据杨琥考证，在 1919 年 3 月 9 日至 8 月 10 日出版的《每周评论》第 12 至 34 号上发表《欧游记者特别通讯》《欧游记者特别通信》的作者“明生”，实为陶孟和。参见杨琥：《〈每周评论〉等报刊若干撰稿人笔名索解》，《历史研究》2009 年第 3 期，第 171—173 页。而且，《独立评论》刊登的署名“明生”一文的倾向与陶孟和的观念相吻合。

2　钱穆：《以国防为基点之苏联经济建设》（1936 年 11 月 25 日），《中苏文化》第 1 卷第 7 期，1936 年 12 月 1 日，第 16 页。

3　谢世珍：《苏联的教育》，《中央日报》1937 年 2 月 23 日，第 2 张第 4 版。

4　黄甘棠：《苏联二十年来工业建设之成果》（1937 年 4 月 20 日脱稿于上海），《中苏文化》第 2 卷第 4、5 期合刊，1937 年 5 月 1 日，第 58 页。

年年增加”。“这正活绘出‘恐慌’与‘建设’的大分野。”[1]秦涤清认为，苏联工业发展速度比美国快得多。俄国 1913 年的工业产值不及美国 1869 年的水平，“苏联最近十年的努力，已赶上 1932 年的美国，即美国费了 63 年（自 1869 年至 1932 年）所经过的路程，苏联在十年间就走到了，因此，苏联工业发展的水准虽然不及美国，但是，它那种发展的飞快的速度，却不可轻视”[2]。

苏联的对外宣传是促成中国舆论界形成苏联工业高速增长印象的一个重要推动力。苏联驻华外交人员在各种场合宣传苏联工业快速发展的情况。1935 年 7 月 4 日，苏联驻华大使鲍格莫洛夫在国民政府立法院举行的谈话会上就宣称，通过两个五年计划建设，苏联工业发展极为迅速，“在最近数年中，一切重要工业生产，较前俱增两倍至五倍”[3]。1934 年 9 月 14 日，天津《大公报》转载苏联国家计划委员会公布的材料。这份材料称：在一般机器的制造及机关车、载货车、曳引机、混用机、农业机器的生产方面，至 1932 年，苏联已居世界第二、欧洲第一。1933 年，苏联机器生产量超过除美国之外的一切国家，尤其是，超过德国 1.3 倍、英国 1.6 倍、法国 8.2 倍。[4]苏联当局也积极在国际社会大力宣传其工业建设的快速进展。1934 年 12 月 4 日，国际工业关系研究会在美国纽约举行演讲会，苏联经济统计局副主任奥辛斯基在会上发表演讲声称，1937 年第二个五年计划完成后，苏联工业将占世界第二位，仅次于美国。[5]

中国舆论界对苏联工业化高速发展的介绍，促使中国社会各界普遍看重苏联的工业经济。1935 年 4 月 12 日晚，南开大学电台通过无线广播方式向社会播送了国民政府建设委员会全国电气指导主任恽荫棠撰写的《苏俄的电

---

1 黄甘棠:《苏联二十年来工业建设之成果》（1937 年 4 月 20 日脱稿于上海），《中苏文化》第 2 卷第 4、5 期合刊，1937 年 5 月 1 日，第 59 页。

2 秦涤清:《苏联重工业与轻工业的发展》，《中苏文化》第 2 卷第 4、5 期合刊，1937 年 5 月 1 日，第 74 页。

3 《苏联大使鲍格莫洛夫出席立院谈话会》，《中央日报》1935 年 7 月 5 日，第 1 张第 2 版。

4 《苏俄机器制造业居欧洲第一、世界第二》，《大公报》（天津版）1934 年 9 月 14 日，第 2 张第 5 版。

5 《俄工业猛进》，《大公报》（天津版）1934 年 12 月 6 日，第 2 张第 5 版。

气工业》一文。[1] 这说明，苏联的电气工业引起了建设委员会官员的高度关注，南开大学电台对此选题亦很看重。上海协昌东记公司专门经销苏联制造的缝纫机。1937 年 4 月，该公司老板沈君山觉得，中国有必要集资设厂，自行制造缝纫机，决定派其子沈耀庭赴莫斯科考察苏联缝纫机制造业，以资借鉴。[2] 可见，苏联的机器制造业在 30 年代的中国企业界人士心中逐渐占居较高地位。苏联工业建设成就也引起了国民党当局人士的关注。1936 年 9 月 27 日，上海市市长吴铁城在中国经济学社第十三届年会开幕式上致辞时，以苏联为例说明开展国民经济建设运动、推动中国经济建设的重要性。他表示，蒋介石于 1935 年倡导的国民经济建设运动，“非但是完成本党革命建设的中心工作，尤其是救民建国的基础运动”。“从外国的历史来看，近代欧洲各国的富强，固然是受了产业革命的影响，即如革命后的苏俄。他的国力，所以能有异常的发展，也是全国上下一致经济建设的结果。”[3]

一些自由主义论者通过实地考察，对苏联工业建设的欣欣向荣气象有了切身感受。1933 年 8 月底至 10 月上旬，丁文江对苏联做了 40 天的考察。他到了列宁格勒、莫斯科、高加索地区、第聂伯河大水坝等地。在参观高加索地区的巴库油田后，他对苏联一五计划期间石油工业的快速发展感到震撼。他注意到，苏联已经成为仅次于美国的第二大产油国。苏联石油产量的增长速度是同时期其他任何国家所不及的，“别国不但没有增加，而且减少”。他认为，“这当然是五年计画中很大的成绩”。[4]1934 年 8 月下旬至 11 月上旬，蒋廷黻考察苏联期间，乘火车经过西伯利亚，从苏联铁路运输的货物尤其各类机械中，看到了苏联工业建设的新气象。他注意到，“我们每天总要遇着好几十列货车，满载大松木、石油、各种机器，尤其是载重的汽车和耕田的机器。有的站上，同时摆着三四列，每列有三四十辆车子。愈到西部，工业空气愈紧张”[5]。一位随苏炳文东北抗日部队退入苏联境内的陈姓人士也对他经

---

1 《广播无线电今日节目》，《大公报》（天津版）1935 年 4 月 12 日，第 4 张第 13 版。

2 《沈耀庭赴俄研究缝纫机》，《大公报》（上海版）1937 年 4 月 15 日，第 4 张第 15 版。

3 编者：《中国经济学社第十三届年会纪事》，《经济学季刊》第 7 卷第 3 期，1936 年 11 月，第 228 页。

4 丁文江：《苏俄旅行记（十六）》，《独立评论》第 156 号，1935 年 6 月 23 日，第 15—16 页。

5 蒋廷黻：《欧游随笔（二）》，《独立评论》第 124 号，1934 年 10 月 28 日，第 15 页。

过的苏联西伯利亚、远东地区的工业建设印象深刻。1933 年 4 月 16 日，他在天津《大公报》“小公园”版发表的日记中描述说：他坐火车经过赤塔、伊尔库茨克、托木斯克、伯力、海参崴，还经过茫茫的贝加尔湖。他在火车上经常看到很粗的烟囱冒着“插天凌云的黑烟”。一位熟悉苏联情况的人告诉他：“那都是大工厂，因为苏联自开始五年重工业计划之后，把许多的大工厂都移到乡间去了。在没有完成的期中，是不准人看的，待到计划成功，像变戏法的毯子一样，一揭开，一定使世界各弱小民族惊喜，同时，也一定会使世界各帝国主义者肉跳！”[1]

苏联为了向国外购买工业建设所需设备，通过拍卖文物，获取外汇的做法，颇受中国舆论界的肯定。[2]实际上，时人所看重的，并不是苏联这种筹集外汇方法的本身，而是从中看到了苏联对于工业建设的决心和努力。1934 年 4 月 29 日，胡适在《独立评论》杂志《编辑后记》中认为，苏联勇于扔掉自己的旧文化，去建设科学与技术的新文化，是值得赞扬的。他注意到：“苏俄的革命领袖认清了这个新世界的最伟大的工具是科学与工艺，此外都不足爱惜，所以，他们肯把俄皇所藏的一部世界最古的圣经写本卖给伦敦博物院，卖了十万金磅，拿来购买最新的机器。”[3]苏联通过拍卖文物筹集经济建设资金的做法，此前也曾受到其他论者的赞赏。叶蓁于 1932 年 10 月 13 日在天津《大公报》“读者论坛”版发表文章提出，为了筹措资金，加快经济建设，以增强国力，应效仿苏联通过拍卖文物筹措资金的办法。他认为，中国之所

1 《苏俄边境流亡记》,《大公报》(天津版) 1933 年 4 月 16 日，第 3 张第 12 版。

2 1935 年 3 月 7 日，北平图书馆的严文郁在天津《大公报》“图书副刊”版发表文章，详细介绍了苏联收藏的圣经写本的价值和苏联的拍卖过程。严文郁介绍，苏联政府于 1933 年 12 月将“西乃写经”以 10 万英镑卖给英国不列颠博物院。这份写经有巨大的文物价值，是四世纪埃及以希腊文抄写的耶稣教经典，原藏于埃及西乃山的一个寺院，19 世纪中叶由该寺院赠给沙俄政府。苏联政府之所以卖掉这份无价之宝，是为了换钱买供经济建设之用的机器。“西乃经归俄之后，帝俄视为异宝，如意维护。俄国革命的时候，这部经典未遭损毁，真是万幸！苏俄政府力谋物质建设，想把它费掉，换钱去买机械。曾与美国接洽一次，索价二十五万磅。美人以价昂，不肯承买。后来英国 Maggs 书店，代英国与苏俄接洽，仍要价二十万磅。经过三年的谈判，于一九三三年十二月以十万磅售与不列颠博物院。英国垂涎多年的古经，现在公然到手了。”参见严文郁:《英国收购古本西乃写经》(1935 年 2 月于北平图书馆),《大公报》(天津版) 1935 年 3 月 7 日，第 3 张第 11 版。

3 适之:《编辑后记》,《独立评论》第 98 号，1934 年 4 月 29 日，第 18 页。

以外侮不断，根本原因是“国弱民贫”，所以，“图强”是救济国难的根本途径。而要加快国防与经济建设以“图强”，“是则不能不需要筹措一特别之巨款，以应此急者矣”。他进而认为，“特别之谓何？即拍卖此种古物是。环顾中国，生财之道，舍是又将谁属？”他以苏联为例说：“昔者，苏俄为积极完成其五年计划起见，固尝售卖俄前皇室之宝品及一切古物，以充建设费用矣！今日中国又何为而不可效法以自救？此所以吾人尤不能不望其善价而沽以作实用者也。”[1]

在特别看重苏联快速发展的工业建设的情况下，人们纷纷将中国工业的落后与苏联快速增长的工业建设进程对比。这使人们更加认识到苏联工业高速发展的可贵。一些与工业建设关系密切的工程技术人员对这方面的感受尤其深切。在 1930 年 10 月 26 日召开于沈阳的东北矿学会第二届年会上，东北矿学会会长薛桂轮介绍了五年来苏联矿业的巨大发展。他介绍，苏联在近五年内建设了两大钢厂，一个在西伯利亚，每年可出产 100 万吨钢，1932 年即将开炉投产，另一个在欧亚之间，每年可出产 250 万吨钢。苏联的石油开采“更占一重要位置”。煤矿在近五年内也开采了 13 处之多。苏联可谓“日进千里”。他反问道：“可是在敝会呢，对于中国有什么建设呢？这是一件可耻的事。”[2]1933 年 8 月 29 日，中国工程师学会第三届年会在武汉大学召开。在开幕式上，武汉分会会长邵逸周致开会词时，以苏联钢铁工业的发展说明中国钢铁工业的落后。他介绍：“武汉之问题可供会员研究者，首为炼钢工业。武汉有全国最著之钢铁厂，1919 年曾出五万吨钢，但不幸于 1929 年停工。现全世界莫不致力于钢之炼造，如我国之两大强邻，日本炼钢达二千万吨，苏俄亦五百万吨。我国则并五万吨之采炼亦宣告停工，此殊足痛惜而值得吾人研究者也。”[3]一些论者将苏联石油开采业与中国石油开采业进行对比，感叹苏联石油开采业发展之快，中国石油开采业之落后。1933 年 5 月 13

1　叶蓁：《对于北平古物应否拍卖之讨论》，《大公报》（天津版）1932 年 10 月 13 日，第 2 张第 8 版。

2　《东北矿学会第二届年会交相砥砺，语多沉痛》，《大公报》（天津版）1930 年 10 月 29 日，第 1 张第 4 版。

3　《中国工程师学会会员昨赴湘游览》，《大公报》（天津版）1933 年 9 月 2 日，第 1 张第 4 版。

日，天津《大公报》刊登该报特约记者菁如撰写的文章，认为苏联石油开采业发展很快，有赶超美国之势。文章说："世界产油最多的当算美国了。美国每年能产八千九百八十万桶油。其次是苏联，近年苏联用他们的社会主义的生产方法，产额的增加，且有凌驾美国之势。"由此，文章感叹中国石油开采业的落后，说道："在中国，油的储藏量既不多，更因连年军阀的割据，战争和土匪的抢劫，使工业毫无发展，以致连每年出产十余万斤的延长油矿都不能继续开采，甘肃、新疆虽产石油，因为困于交通不便，最近亦没有开采的希望。奉天抚顺产油虽多，又被日本帝国主义者强占了去。于此，中国的煤油只得完全仰给于外国了。"[1]还有人将苏联钢铁业与中国钢铁业进行对比。1937年5月19日，《大公报》社编辑马季廉[2]在该报撰文分析世界钢铁生产情况时注意到，苏联生铁产量已超过德国，跃居世界第二位，仅次于美国。他介绍，1935年各国生铁产量，美国为2171.6万吨，苏联为1245.3万吨，德国为1235.7万吨，英国为653万吨。他感叹，中国1934年仅生产生铁15.564万吨，"惟中国近年集中精力，筑建铁道，发展公路，以及桥梁、房舍等等，所需之钢铁材料，几乎全部来自外国"。"此种仰赖他人之处境，在承平时，虽有不利，尚可勉强支持。设一旦战争爆发，或来源断绝，或钢价昂贵，中国建设大业，其不因缺乏材料而趋停顿者几希。故补救之道，除迅速树立钢铁工业基础，力谋给自外，别无妥善方法。"[3]马季廉对中国钢铁产量的微小，具有很大的危机感。

苏联工业经济的快速增长与中国工业经济的落后之间的巨大反差，促使中国舆论界深感学习苏联工业建设经验的必要性。陈丕士于1933年5月16日在《大公报》发表通信建议，中国政府应向苏联派遣实业经济考察团。考察团应考察苏联在短时期内迅速实现工业化的方法。"苏俄四五年前，仍属农业国。现已为极发达之工业国家。中国应派调查团来俄之重要原因，即为

---

1 菁如：《最普遍的燃料，煤油市场的竞争》，《大公报》（天津版）1933年5月13日，第4张第13版。

2 马季廉原名马全鳌，早年毕业于清华大学。1930年，他毛遂自荐，进入天津《大公报》社工作，编辑《国闻周报》，经常在《国闻周报》发表文章。参见郭贵儒主编：《20世纪中国经世文编》（4）《民国卷三》，中国和平出版社、天津教育出版社，1998年，第45页。

3 季廉：《世界钢铁恐慌与中国经济建设》，《大公报》（天津版）1937年5月19日，第1张第4版。

调查其所以成此伟业之方法。”他建议，中国考察团在考察苏联电气化时，考察重点不在苏联使用电力的情况，而在于苏联在短期内迅速实现电力设备生产的自主化，“中国人所最应知之事实，即俄国以五年之短期，即能制造电气化所需用之一切机械及器具，不须再向外国购进昂贵复杂之器械。最重要者，即苏联在电气工业中，已能自立，无须倚赖外国”。苏联工业建设经验对于中国现代化尤其工业化建设很有帮助，“使中国欲立于近代国家之林，必工业化而后可。则研究苏俄，可助吾人之对近代之进化，择长去短。他国曾走之迷途，吾人亦知所趋避矣”。[1]

中国舆论界主张学习苏联发展工业的具体做法和经验。1936 年 1 月，时任《申报》社主任会计、后到生活书店工作的孙洁人在《经济学季刊》发表文章，讨论中国工业发展问题。他认为，苏联工业建设的某些做法值得中国借鉴。中国在发展工业过程中，应充分利用本国因农村破产而产生的庞大的失业劳动力，这方面，应学习苏联二五计划的经验，“彼使农村电气化，工业大规模之二次五年计划，工程浩繁，而不感劳动力之缺乏者，足予吾国国情借鉴”[2]。中国亦应学习苏联特许外国人经营某些工业的做法，“吾人固不反对举借外债，以及准予外人经营本国工业（尤其是重工业）。彼苏俄行之而无流弊，足资引证”[3]。国民党当局地方官员非常赞赏苏联引进西方技术的做法。1934 年 1 月 11 日，甘肃省主席朱绍良、宁夏省主席马鸿逵、青海省主席马麟以及胡宗南、邓宝珊等 30 余人发起成立西北建设促进会。他们在成立宣言中提出，利用发达国家的过剩资本和剩余产品，与发达国家进行国防技术合作，以开发、建设西北，从而“奠定民族复兴之基础”。他们注意到，“苏联五年计划，亦藉欧洲技术而成功”。[4]中国舆论界亦提出，中国应学习苏联一五计划建设期间在工业领域聘请外国技术人员的做法。1932 年 5 月 1 日，天津《大公报》发表社评提出，可以仿效苏联的做法，在国营重工业

---

1　丕士：《实业经济调查团应研究苏俄》（莫斯科特别通信，4 月 6 日），《大公报》（天津版）1933 年 5 月 16 日，第 1 张第 3 版。

2　孙洁人：《中国工业诸问题之研讨》，《经济学季刊》第 6 卷第 4 期，1936 年 1 月，第 110 页。

3　孙洁人：《中国工业诸问题之研讨》，《经济学季刊》第 6 卷第 4 期，1936 年 1 月，第 111 页。

4　《建设西北——朱绍良等发起组西北建设促进会》，《大公报》（天津版）1934 年 1 月 13 日，第 1 张第 4 版。

中聘请外国人才。“重工业之创办，自赖政府，然管理之难，将尤甚于私人企业。”中国自晚清以来的官办企业经营效果不良，说明政府的企业经营能力并不强。所以，中国的“官营工业”应多聘任“专门家”，不能让“谋差官吏”混迹其间。大规模的国营重工业企业，可以聘请外国人管理，“一如苏联政策”。[1]1936 年 7 月 29 日，杨学通在天津《大公报》“经济周刊”版发表长文，以苏联的经验论证中国聘用外国技术人员对于加快中国经济建设的重要性。他表示：“我国技术人材缺乏，故于利用外资时，须同时利用外国人材以增高生产效率。苏俄五年计划之成功，固由政府人民之努力，但德、法、英、美、荷兰、瑞士、日本诸国七千以上专门人材之功劳，亦未可泯灭。”[2]

苏联两个五年计划期间的大规模工业建设，成为中国舆论界论证中国问题的重要论据。1935 年 6 月 28 日，天津《大公报》发表社评，以苏联的工业化进程论证中国必须走工业化道路的必要性，批驳“以农立国”论的错误，强调“除了走向工业社会的路，我们是没有第二条生路的”，“只有借发展工业，才能救济农村，只有工业化才是民族经济建设的出路”。针对有人以为中国受帝国主义的经济压迫，不可能发展起本国工业的观点，社评认为，“这种论调不只是悲观，并且是忽略了事实，自绝了生路。生产落后的国家，在最初想发展工商业，当然要受到许多摧残。然而，如肯挣扎，困难终可胜过”。社评以苏联等国家的例子说明这个问题，指出：“晚近很不少这种史例，德国工业化了，日本工业化了，苏俄工业化了”，所以，“中国近年来也在工业化中，工业界也有几许模范人才。我们不能以‘帝国主义压迫’一类的魔语，来推卸自己一切的责任”。[3]1936 年 9 月 17 日，天津《大公报》发表社评，以苏联工业产品技术含量和质量的日益提高为例，讨论中国提高工业产品质量问题。社评认为，国货的振兴关键在于提高产品质量，为此，工厂企业须增添新设备，聘请一流技术人员，“吾人因此曾为国货界设想，

---

1 《中国之工业问题》（社评），《大公报》（天津版）1932 年 5 月 1 日，第 1 张第 2 版。

2 杨学通：《利用外资问题之过去与将来》，《大公报》（天津版）1936 年 7 月 29 日，第 3 张第 11 版。

3 《经济建设的出路》（社评），《大公报》（天津版）1935 年 6 月 28 日，第 1 张第 2 版。

今后固应设法推销，尤应改进出品。用一分改进工夫，当然得到一分效果。对付国外同业与国内同业，不在市价上之角逐与经济上、政治上之制裁，而在技术上之制胜。苟技术优良，出品精美，在市场上可操胜算无疑”。社评以苏联等国的经验说明这个问题，表示：“最近自苏俄、德、意等邦考察归国者，盛道彼邦工业之发达，无一不从技术与品质上之改进而来，今日与昨日不同，本年与去年迥异，进步之速，出人意外。以视我国，相去太远。”[1]

将一五、二五计划时期的苏联看成工业高速增长的国家，是中国舆论界的主流意见和共识。人们将苏联工业的高速发展与中国工业的落后进行对比，进一步强化了这种看法。而实际上，对于中国舆论界此种看法的形成，苏联的对外宣传起了很大作用。在舆论界将苏联看作工业高速成长的国家的情况下，中国社会各阶层人士都非常看重苏联工业经济。看到苏联工业的高速发展，舆论界开始提出学习苏联工业发展经验。而且，苏联工业发展问题也成为很多时人讨论中国问题的论据和依据。

## 三、对苏联工业建设资金筹集方法的分析与认知

苏联是在经济基础非常薄弱的情况下全面推进工业化进程的，苏联工业建设的资金储蓄极少。同时，苏联作为一个与西方资本主义国家相对隔离的社会主义经济体，一方面，国内体制和政策不允许大量引进资本主义国家资本；另一方面，西方资本主义国家也不乐意向苏联进行投资，苏联必须在本国筹集进行工业建设的巨额资金。在这种情况下，苏联为了筹集工业建设的资金，向国外大量出口农产品、原材料，以换取购买外国工业设备的外汇，同时，要求人民减少消费，压低人民的生活水平，以积累经济建设资金，同时，从农业中榨取经济建设资金。中国舆论界对苏联这些工业建设资金筹集方式有了较为全面的了解，从各方面进行了分析。

向国外大量出口农产品、原材料，以换取购买工业设备的外汇，是苏联筹备工业建设资金的一个重要方法。这种筹备资金方法主要发生在苏联一五

---

1 《改进国货工业之新途径》（社评），《大公报》（天津版）1936 年 9 月 17 日，第 1 张第 2 版。

计划期间。一五计划期间，很多工业用的先进机械设备苏联国内不能制造，需要从国外进口。这是一笔极大的资金。为了筹集这些资金，苏联大量向国外出口农产品和原材料。对于苏联这种筹备资金的方式，中国人士在 30 年代初就有所了解。1932 年 3 月发表的中国银行 1931 年度营业报告就注意到，苏联一五计划建设，需要保持进出口的平衡，为了弥补大量工业设备的进口，需要使出口量递增。1930 年以前的三年中，苏联五谷、木材的出口额比以前增加两三倍之多。[1]在德国留学的萧淑宇于 1931 年 6 月 7 日和 8 日在天津《大公报》发表文章介绍，由于向国外订购先进机械等工业设备的资金不足，苏联政府"不能不令全国人民，节衣缩食，以一部分的原料品和食物，运向国际市场，去换取机器"[2]。

对于一五计划期间苏联大量出口农产品和原材料以换取外汇的做法，在 30 年代，中国舆论界表示理解和赞赏。对于为何苏联需要大量出口农产品和原材料产品，曹谷冰作了解释。他于 1931 年 7 月 11 日分析，苏联卢布在国际市场上币值很低，在国际市场上不能流通，所以，苏联对外支付只能用外国货币。苏联为了购买外国机械设备，只能大量出口，以换取外汇。他介绍，苏联卢布"在国外兑换，那就便宜多了"，"俄国纸币在国外的价值，比较国内约低八倍"。卢布在国际上币值如此之低，在国际上的支付也就不能通用，所以，"俄国近年向外国购买机器，纯用外国货币。而外国货币的来源，又只有输出贸易一项"。[3]1931 年 7 月底 8 月初，天津《大公报》连载在本报社工作的费彝民的文章，对苏联出口农产品，换取国外工业设备的做法表示钦佩。文章表示，中国"要竭力先把农业做到可以自给自足。我们固然不敢奢望如苏俄的以屯并政策，把国内的农产品廉价向国外抛卖，换进机器和一部分的工业品，但是，我们至少要做到把每年买'洋货粮食'和'洋货原料品'的钱，省下来在外国买机器和必需的工业品"[4]。

---

1 《中国银行报告书（四）》，《大公报》（天津版）1932 年 3 月 28 日，第 2 张第 6 版。

2 萧淑宇：《苏俄的新兴工业及其经济建设之情况（续昨日第三版）》（5 月 20 日自柏林寄），《大公报》（天津版）1931 年 6 月 8 日，第 1 张第 2 版。

3 曹谷冰：《游俄印象记（二）》，《大公报》（天津版）1931 年 7 月 11 日，第 1 张第 3 版。

4 费彝民：《产业救国及其政策（续）》（1931 年 7 月），《大公报》（天津版）1931 年 8 月 2 日，第 1 张第 2 版。

苏联筹集工业建设资金的另一个方法，是强迫人民节衣缩食，从而将人民用于日常生活消费的资金积累起来，用到工业建设上。苏联这种工业建设资金筹集方法，一直持续于整个一五、二五计划建设时期。苏联这种工业建设资金筹集方法，更加受到中国舆论界的重视和认同。舆论界之所以如此重视和认同苏联这种工业建设资金筹集方法，是因为中国也面临着同样的任务。在 30 年代，一方面，中国工业经济极端落后，需要大量建设资金，以振兴民族工业；另一方面，日本侵华导致的日益严重的民族危机，也需要在国防上投入大量资金，而国防建设又需要尽快发展中国自己的重工业。然而，中国虽然属于农业国，但农业亦极端落后，粮食不仅不能出口，还需要进口，不像苏联那样可以拿出大量农产品和原材料出口。在这种情况下，要求人民勒紧裤腰带，节约消费，以积累经济建设和国防建设资金，就成为一种无奈的选择。

苏联为了积累工业建设资金，强迫人民节衣缩食的政策，早在 1930 年末即引起一些人的关注。负责鸦片税务的两湖特税局局长李鸿基于当年冬向国民政府财政部建议实行鸦片公卖制度。他认为，由于鸦片生产和消费"在中国现状上，一时本难禁断，不如限定年限，寓禁于专卖"，这样，"在财政收入上可得绝大之巨款，以为建设之用"。李鸿基以苏联减低人民生活消费筹集建设资金为例，说明通过鸦片公卖筹集建设资金的可行性。他说道："近年俄国厉行五年实业计画，苦于无资本，至不惜任本国人之冻馁饥寒，而将所有出产贬价以倾销于他国，只求主义之能贯彻。甘于牺牲本国人如此之大，吾人师意其，而行所牺牲者仅一部分年已中龄以上之烟民而已。其吸烟原本出于自动，今纵其意而许吸，较之俄人之政策，尚可谓仁至义尽者也。"[1]

陈振先希望中国的达官贵人，像苏联人民那样刻苦节约，将奢侈挥霍的钱用于中国工业建设上。1934 年 4 月 1 日，他在天津《大公报》"星期论文"版发表文章，认为如果达官贵人不过奢靡的生活，就可以将节省的财力投入中国的工业建设，"我国而不欲自立则已，不欲图存则已，如其欲之，无论从经济方面着想，抑从国防方面着想，均有从速工业化、机械化之必要。顾

1　天流：《鸦片公卖酝酿之经过》（2 月 20 日），《大公报》（天津版）1931 年 2 月 24 日，第 1 张第 4 版。

此等事业，种种设备，无一不需巨额之资本。此项资本，如非倚靠举外债，便须由国民节约得来”。在这方面，苏联的经验值得中国借鉴。“不观夫革命后之苏俄乎？数年前苏俄工业落后，贫窭已极，彼邦领袖人物，知非工业化不足以致富强，非行节俭不足以积资本，于是，上至最高当局，下至一般民众，无不节衣缩食，自甘粗粝，衣食居处，万分刻苦，腾出品质较优之物产，运售外国市场，以易取基本工业应需之机械与原料。用能于甚短之岁月，将五年伟大计划提早完成。”陈振先问道，“吾国朝野上下，其亦有此志气与决心乎？”[1]显然，在陈振先眼中，苏联尽量压缩人民的日常消费，以累积工业建设资金的做法，实在值得中国学习。

1935 年 10 月 28 日，丁洪范在天津《大公报》“经济周刊”版发表长篇文章，将苏联减少人民消费以积累工业建设资金的政策称为“强制积储”、“自力积储”（即强制储蓄）政策。他认为，苏联一五计划建设成功的关键在于强制储蓄，苏联一五计划的建设资本几乎全部来自“自力积储”，“救了苏维埃社会主义联合共和国的国难并且轰动了全世界的五年计划的建设曾被视为历史上的奇迹。其实，五年计划算不得什么奇迹，五年计划所使用的偌大资本怎样储积而成乃是奇迹”。苏联强制储蓄政策的成功是克服了巨大困难的结果，“在一个比中国目前的民还要穷，比中国目前的财还要尽的当时苏联中，要自力积储免不了种种的困难和牺牲，但是，苏联的官吏和人民不怕困难，不避牺牲，他们终于胜利了”。他分析，“人为的强制力”在苏联实行强制储蓄政策过程中起着核心作用，“比美人穷七八倍的俄人反能储积收益多出二倍有余。这不是根据经济定律的自然作用，乃是人为的强制力有以致之。所以，苏联的资本储积是强制的储积”。丁洪范对苏联的强制储蓄政策是赞赏的。他认为，苏联的这种政策值得中国学习。中国现阶段经济建设的资本来源应以本国的资本积储为主，而不能单纯依靠外资。在中国目前情况下，为了积累经济建设的资本，必须采用强制储蓄的办法。[2]

---

1 陈振先:《新生活运动中应注意的一节》（星期论文），《大公报》（天津版）1934 年 4 月 1 日，第 1 张第 2、3 版。

2 丁洪范:《经济建设与资本的强制积储》，《大公报》（天津版）1935 年 10 月 28 日，第 2 张第 7 版。

苏联通过压缩人民消费积累工业建设资金的做法，受到国民政府实业部长吴鼎昌的赞赏。吴鼎昌于1936年在不同场合反复提到苏联人民为了积累资金而节约消费的情况。1936年3月21日，他在南京首都讲演会上作了题为“国难中之衣食住问题”的讲演。[1]他呼吁国人学习苏联人民为积累建设资金而节衣缩食的精神。他表示，在国难时期，“我们必须各个人在消极方面，有一个极大的决心、极大的忍耐，拿这样决心与忍耐，表现一桩事，就是：‘吃得少，穿得少，住得少，拿多的材料去换外国的生产机器，’‘吃得坏，穿得坏，住得坏，拿好的材料去换外国的生产机器。’这就是苏联两个五年计划成功的秘方”[2]。同年6月16日，他又在中央广播电台发表讲演，阐述国民经济建设运动的意义，再次重申了3月21日他在首都讲演会上所说的中国人应学习苏联人穿得少、吃得少、住得少、吃得坏、穿得坏、住得坏的精神，只用国产消费品，多进口生产工具。[3]同年7月4日，他在国民经济建设运动会成立大会上声称：“在积极方面，固应建设各种重要之事业，消极方面，亦可节衣缩食做去。”他以苏联为例说：“我们看苏俄一次二次之五年计划，实在亦未见有何奥妙，吃得少，穿得少，住得少，剩下好的去换外国的生产机器。中国目前虽不能完全取法，但各人在衣食住方面，自少应该对生产工具，欢迎外资，消费物品，专用国货。故国民经济建设运动，简言之，须人民先在衣食住各方力事节约，方能期求经济之自给。”[4]从吴鼎昌在不同场合反复以苏联人民的节约精神说明国人在国难时期应厉行节约来看，他对苏联人民为积累建设资金、多进口外国工业设备而节衣缩食的精神是极其推崇的。

吴鼎昌的这个说法也引起其他人的共鸣。骆清华在30年代任上海商社常务理事、总干事，并担任上海商社主办的《上海商报》社社长。从1936年7月21日开始，上海国货运动联合会为了宣传国货，与上海电报局合作，

1 《吴鼎昌讲国难中衣食住问题》，《大公报》（天津版）1936年3月22日，第1张第3版。

2 吴鼎昌：《国难中之衣食住问题——三月二十一日首都讲演会演说稿（续）》，《大公报》（天津版）1936年3月30日，第1张第3版。

3 《国民经济建设运动之意义——实业部长吴鼎昌演讲》，《大公报》（上海版）1936年6月19日，第1张第3版。

4 《国民经济建设运动会昨举行成立大会》，《大公报》（天津版）1936年7月5日，第1张第3版。

在国民政府交通部广播电台举办国货播音演讲。8月11日，他们请骆清华发表演讲。[1]骆清华在阐述国人自觉消费国货的必要性时，引用了吴鼎昌所言。他说道："当此国难严重的时会，我们再不能崇拜洋货，鄙弃国货。实业部吴部长曾这样说：'穿得少，吃得少，住得少，拿多的材料，去换外国生产机器。吃得坏，穿得坏，住得坏，拿好的材料去换外国的生产机器。这是苏俄在国难中复兴的妙诀！这就是苏俄两个五年计划成功的秘方！'"[2]从骆清华引用吴鼎昌所言来看，他对苏联人民尽量节约消费，以积累资金，购买外国工业设备的做法同样极为赞赏。吴鼎昌所言也引起吴知的共鸣。1936年7月15日，吴知在天津《大公报》"经济周刊"版发表文章认为，中国要筹集工业建设的资本，就必须通过自我节约的途径，在文章中，他同样引用了吴鼎昌的那段话。[3]

苏联筹集工业建设资金的第三个方法是从农业中筹集资金。苏联一五、二五计划建设期间，从农业中筹集了大量工业建设资金。苏联从农业中筹集工业建设资金的方法有两种。一是压缩人民的粮食消费，将节省的粮食出口到国外，作为进口工业产品和设备的资金，二是实行农产品与工业品的剪刀差，压低农产品价格，提高工业品价格，从而从农业中抽取工业建设资金。对于苏联的这种做法，30年代的许多中国论者表示认同。1932年8月28日，翁文灏在《独立评论》发表文章，非常关注苏联通过人民节衣缩食，将节省的粮食出口国外，换取建设资金和设备的办法。他注意到，包括中国在内的世界各国要开展建设，需要大量资金。"俄国实行经济政策时也有同类的困难。他们的方法是国内节衣缩食，甚至国民吃饭都有限制，省下粮食输出国外，换回一部分资金用以抵制买机器购建设材料的损失。"[4]1934年5月13日，一位署名"永分"的作者给《独立评论》编者写信，认为中国政府不是不应取财于民，而是应该将取自人民的财用于经济建设，人民虽然为了筹集

1 《从走私问题谈到国货运动——骆清华之国货播音演讲（上）》，《大公报》（上海版）1936年8月12日，第4张第14版。

2 《从走私问题谈到国货运动——骆清华之国货播音演讲（下）》，《大公报》（上海版）1936年8月13日，第4张第15版。

3 吴知：《中国国民经济建设的出路》，《大公报》（天津版）1936年7月15日，第4张第13版。

4 翁文灏：《我的意见不过如此》，《独立评论》第15号，1932年8月28日，第4页。

经济建设经费而节衣缩食，但可以求得远期的安乐，“在建设的途上，无疑农民是要吃苦的。不过前途是有希望的”。他举苏联的例子说，“在实行五年计划期间，苏俄的人民也曾被压迫得少吃好多滋养料。可是，他们现在却要走到享乐的路上去了”[1]。可见，“永分”对苏联通过减少人民消费筹集经济建设资金的做法是推崇的。

不过，谷春帆对苏联低价向国际市场倾销产品，换取购买工业设备的外汇的做法，进行了反思。他于 1932 年 3 月 5 日在天津《大公报》发表文章指出，苏联压低价格，向国际市场倾销粮食等消费品，导致国内粮食、日用消费品奇缺，人民生活水平极为低下，而且，这种倾销政策面对各国的关税壁垒，也不可能长期持续。他分析，苏联的进出口贸易随着国家政策而伸缩，而不随着国内供给而伸缩，这无异于使苏联政府严格管理国内人民的消费，苏联人民的消费既受“食物证”限制，又受“特殊商业组织下之特殊物价政策”限制，甚至完全依靠政府的分配。这导致“无论农民与工人，其生活程度，均至恶劣，工业品甚少而价特昂，农产品则特廉。农民至于不愿出售其产物”。这尤其使靠工资生活的工厂工人生活水平大减，“工人群众，则以农民不愿出售农产之故，以政府必需输出农产之故，反常有冻馁之威胁。名目工资虽增高，物价增高更速，实质工资反见降低”。他进而分析，苏联这种向国外大量倾销商品的政策，面临外国政府的关税壁垒，不可能长期为继，“此种政策在国际间亦已遇到强烈之阻碍。苏联政府虽能强制压低其国内之劳动价值，驱此贬值劳动，与世界资本主义作战，然不能抑制国外关税障壁之升高。苏联政府即令凭藉其独占政策之便利，即令其将输出价值减至极低，甚至完全抹杀其中之劳动价值，而以商品随意无价偿赠送外国，然若他国以相等于各该国生产成本较贵之数额作为进口税而征收之，则苏联之廉价商品亦将无从销售，藉令勉强销售，而苏联劳动价值之牺牲太大，所能交换之外国产品过少，不待国际资本主义组织之破坏，而苏联之社会生产组织先将扫地矣”[2]。

1 永分：《话不是这样说的（通信）》，《独立评论》第 100 号，1934 年 5 月 13 日，第 16 页。
2 谷春帆：《中日现局与世界战争》，《大公报》（天津版）1932 年 3 月 5 日，第 1 张第 4 版。

在30年代，中国舆论界对苏联筹集工业建设资金的方法总体持肯定态度。虽然谷春帆对苏联通过向国际市场低价倾销粮食、消费品、原材料产品的政策提出质疑，但这种质疑之声并不占主流。对于苏联通过扩大出口换取购买外国机械设备的外汇、从农业中榨取工业资金的政策，时人多表示肯定。人们尤其赞赏苏联压低人民消费，要求人民艰苦度日，以积累工业建设资金的政策。因为中国也面临着与苏联一样的形势。在日本步步侵华的情况下，中国需要加快国家建设进程，而中国面临的国家建设资金的瓶颈比苏联还要严重，亟须中国人民减少消费，勤俭节约，以积累中国国家建设的资金。

## 四、对苏联工业建设和工业生产存在的问题与不足的认识

苏联工业建设和工业生产在高歌猛进过程中，存在大量严重问题和不足，尤其是，重工业与轻工业之间的失衡是苏联工业建设过程中存在的最严重的结构性矛盾。但是，苏联工业建设和工业生产存在的问题和不足，在苏联一五、二五计划期间，并未引起苏联国内的充分重视，也没有在国内外进行充分的宣传和报道，更没有进行深入的理论研究。这导致在30年代，无论是苏联国内，还是包括中国在内的世界其他国家，对苏联工业建设和工业生产存在的问题与不足，认识得不充分，亦不深入。不过，从30年代中国报刊刊登的文章来看，当时中国舆论界对苏联工业建设和工业生产存在的问题与不足，还是有所反映的。

从天津《大公报》刊登的一系列文章和报道来看，当时的中国舆论界较为充分地注意到了苏联工业建设和工业生产中存在因指标过高导致生产难以实现计划和人民工作过度繁重的问题。1931年2月6日至11日，天津《大公报》连载署名“腾霞”的文章注意到，1929年10月至1930年10月为一五计划的第二年度。苏联政府鉴于第一年度的成功，修改了原定计划，将工业生产增加量规定为21%至31%。但是，这一年度的工业发展却比较困难，“就全体观察，生产的增加，并不照理想所希望的那样”[1]。曹谷冰于同年

1 腾霞：《世界经济衰落声中苏俄最近之工业（续二月六日第三版）》，《大公报》（天津版）1931年2月10日，第1张第4版。

4月12日寄回国内的通信注意到，苏联政府将工业建设抓得过紧，制订的工业建设计划过于激进，力图在最短时间内完成工业化，这导致人民难以承担繁重的建设任务，“苏俄今兹进行急遽之建设，对于人民要求过奢，几为人民精神、体力所不能忍”[1]。天津《大公报》又于同年9月28日报道，由于苏联将1931年重工业计划指标定得过高，计划1931年重工业生产增加46%，“太为急进”，许多重工业领域难以完成生产任务，“如与去年较，大体皆有进步，主要工业生产之增加，在百分之十五至二十之间，实为一年中之大收获，但距百分之四十六则仍甚远”[2]。

中国舆论界注意到了苏联工业产品质量低下的问题。1930年10月10日，天津《大公报》刊登美国记者撰写的通讯介绍，由于过度追求工业发展速度，苏联生产的产品在质量方面存在低陋的倾向，“在若干工厂中，时有生产品百分之十五或二十五，或甚至百分之四十，完全毁坏，不能应用，或则制造方法草潦，不能经久”[3]。天津《大公报》于1931年2月6日至11日连载的署名“腾霞”的文章介绍，1928年10月1日至1929年7月30日为一五计划的第一年度，在工业产量增加的同时，重工业和轻工业产品质量却在降低，“纺织、制革、橡皮工业货物品质恶劣，铁轨、农用机器亦多粗陋。这种退步，一方面因为所用原料不佳，一方面因为工人多无技能”[4]。在1931年6月12日寄回国内的通信中，曹谷冰从企业资金管理方面分析了苏联工业产品质量低下的原因。他分析，苏联生产企业出售产品的价格与商业企业付给生产企业的产品价格不一致。商业企业按照产品出厂的价格付款，而生产企业则仅按生产计划所定的生产成本收款。这两个数字的差额由国家银行记入该生产企业所隶属的托拉斯的存款账上。这个差额的一半充作托拉斯的经费，另一半作为国家银行向生产企业放款的安全准备金，以抵补国家银行向

1　曹谷冰：《赴俄特派员第七信——工业与贸易》，（4月12日寄自莫斯科），《大公报》（天津版）1931年4月30日，第1张第3版。

2　《本年苏联工业生产落，较原定增加率相差甚远》，《大公报》（天津版）1931年9月28日，第1张第4版。

3　《苏联农业问题与其前途》，《大公报》（天津版）1930年10月10日，第1张第3版。

4　腾霞：《世界经济衰落声中苏俄最近之工业（续二月六日第三版）》，《大公报》（天津版）1931年2月10日，第1张第4版。

生产企业放款的意外损失。事实上，托拉斯经费充足与否，取决于其下属生产企业生产成本的下降程度。如果其下属生产企业生产成本超过生产计划规定的数额，托拉斯的经费必会紧张。托拉斯必然会极力要求所属生产企业降低生产成本。曹谷冰认为，“苏俄此种政策，于减低生产成本，确能获得相当的效果，但生产品的质量，也受很大的影响。近来全国嚷着‘增加生产，还得提高质量’，也正为的这个原因”[1]。

苏联工业企业管理水平低下的问题也是中国舆论界关注的重点问题。1930年10月10日，天津《大公报》刊登的美国记者撰写的通讯介绍，苏联企业生产管理水平低下，生产成本高。各工业领域的扩充劳工计划尚未实行，将农民临时充作工人的办法经常发生困难。在管理上缺乏“个人之自动力”[2]。曹谷冰于1931年4月12日寄回国内的通信注意到，苏联工业建设过程中机构、人员变动过于频繁，造成很大损失，“当去年一年中，关于工业上之变动，如机关之改组、职员之进退等等，几于无日无之。此种情形，俄人谓之为除旧布新。顾新设机关有时成立未久，亦即改换名称，变更组织，甚或根本解散，纷更不已，损失殊巨”。他尤其注意到，苏联发生的沙赫特案和工业党案[3]抛弃不少工业经济建设人才，对于国家建设影响极大，“自一九二八年沙赫梯

1 曹谷冰：《苏俄建设中之财政（一）（续）》（6月12日寄自莫斯科第二十一信），《大公报》（天津版）1931年6月27日，第1张第3版。

2 《苏联农业问题与其前途》，《大公报》（天津版）1930年10月10日，第1张第3版。

3 所谓沙赫特案，是自1928年初开始的对于资产阶级旧知识分子的打击运动。1928年初，苏联国家政治保卫局驻北高加索代表叶菲多基莫夫报告斯大林，声称在顿巴斯煤矿的沙赫特地区和其他一些地方存在一个由资产阶级专家组成的庞大的破坏组织。他把因设备落后、缺乏知识和技术、盲目增产而造成的生产事故说成是工程技术人员根据苏联和外国资本家以及外国间谍机关的指令进行的破坏活动。格伯乌逮捕并审讯了50名苏联工程技术人员和3名德国顾问，通过拷打刑讯人为制造出一个反革命破坏组织。当年7月，特别法庭对这些人进行审判，49人被判刑，其中5人被判处死刑。此后，苏联全国掀起清除“沙赫特分子”的政治运动，矛头指向旧知识分子。所谓“实业党案”即发生于1930年底的“工业党案”，是对一些高级工业技术人员的审判案件。1930年11月至12月间，苏联最高法院公开审判了所谓“工业党”骨干分子热工学院院长兼国家计划委员会和最高国民经济委员会成员拉姆津、国家计划委员会燃料部主席拉里切夫、国家计划委员会生产部副主席卡林尼科夫、国民经济委员会科技会议主席恰尔诺夫斯基等8人。苏联当局还说“工业党”有2000多人，是“资产阶级技术知识界上层反革命分子集团”，同外国反动分子有联系，企图在苏联国民经济部门进行间谍破坏运动。所谓“工业党”核心成员多数被判处死刑。虽因西方媒体的抗议，这些人被一度减刑为监禁，但七八年后，他们中的大多数人被枪决。参见徐天新：《斯大林模式的形成》，人民出版社，2013年，第248—249页，第250—251页。

案起，以至最近之实业党案等，被破坏建设阻挠革命之名而遣谪处刑者，何止数百人？若辈对于共产党绝无同情，诚为事实。然在建设期中失却如许经济上、工业上之领袖人才，要为不幸之事”。显然，曹谷冰注意到了苏联通过沙赫特案和工业党案对工业界知识分子的迫害，认为这对苏联工业建设造成了巨大损失。他又介绍，苏联于1930年建成了很多大工厂，如斯大林格勒拖拉机制造厂等。但是，由于人才缺乏、经营管理不善，同一产业链上的各工厂缺乏必要的合作，“因之有若干工厂，历时数月，不能工作，即能工作者，亦仅求生产之丰富，而不计品质之优劣”[1]。

中国舆论界也关注到了苏联工业企业技术人才缺乏的问题。1930年10月10日，天津《大公报》刊登的美国记者撰写的通讯介绍，苏联企业技术工人缺乏，“技巧与半技巧之工人，日见减少，而专门领袖尤形缺乏，仰仗国外技术人材之举，极不经济，且实际不能代本国工人”[2]。1933年8月14日和16日，天津《大公报》连载王嘉谟翻译的美国学者路易斯·费希尔（Louis Fischer）撰写的文章指出，苏联在工业化过程中严重缺乏工程技术人员和技术工人。他介绍，苏联民众工业生产技能的缺乏与工业发展的人才需求存在巨大差距。苏联有千百万人民未用过电话，乘过汽车，“他们没有机器的智识，更没有运用机械的本能”。在进入工厂以前，苏联工人都是没有工业技能的农民，“在第一五年计划年度中，约有五百五十万没有工厂工作经验的人，参加到苏维埃工业的体系中。他们都是从乡村出来的农民”。[3]

除上述中国舆论界注意到的苏联工业建设和工业生产面临的困难和存在的不足之外，苏联工业建设中存在的最大的结构性不足，是重工业与轻工业发展失衡。一五、二五计划期间，苏联工业化进程采取了以重工业为重心的模式。自20年代末开始，苏联的重工业得到了突飞猛进的发展，而轻工业却发展滞后。这导致重工业与轻工业发展的严重失衡。

---

1 曹谷冰：《赴俄特派员第七信——工业与贸易》，（4月12日寄自莫斯科），《大公报》（天津版）1931年4月30日，第1张第3版。

2 《苏联农业问题与其前途》，《大公报》（天津版）1930年10月10日，第1张第3版。

3 Louis Fischer撰，王嘉谟译：《俄工业技术问题》（译自7月份《现代史料》），《大公报》（天津版）1933年8月14日，第1张第4版。

对于苏联重工业、轻工业发展失衡的问题，中国舆论界是有一定程度的了解的。1931年2月6日至11日，天津《大公报》连载的署名“腾霞”的文章注意到，苏联一五计划期间轻工业滞后于重工业，“轻工业的发展远逊于重工业”。1930年苏联许多轻工业产品产量比1929年减少，例如，棉织品产量减少了17%。鞋的产量虽增加很快，但“质品窳败，实无可讳言”。[1]天津《大公报》于1932年4月21日报道了苏联一五计划期间轻工业产品的不足。报道介绍，苏联轻工业人民委员以数字说明“苏俄制造日常用品之退步”，尤其是苏联1932年需要6.5亿卢布的教育用品，实际仅有0.65亿卢布的教育用品。教育用品的实际产量仅为需求量的十分之一，差距极大。[2]

《中苏文化》刊登的文章也注意到苏联一五计划偏重重工业的问题。1936年12月1日，袁孟超注意到，苏联第一个五年计划采取优先发展重工业方针，造成日用品供应紧张，民众生活困难，“第一届五年计划的执行，却是在全国人民极困苦的生活中来进行的。因为‘五年计划’的内容只是注重重工业的发展”，“如果重工业发展在先，必然会形成日常必需品的缺乏，使全国民众的生活极感困难”。[3]1937年5月1日，林雄九注意到，“第一届五年计划的缺陷，是松懈了农业，把主要的重点，置于工业上，而在工业上，又着重力点于重工业，有轻视轻工业的倾向。因此，食料品和生活必需品，颇感缺乏，国民不得不渡其低度的生活”。[4]

曹谷冰经过1931年3月至6月对苏联长达三个多月的考察，深感苏联重工业发展快，轻工业发展滞后。他于1931年4月12日寄回国内的报道注意到，苏联1930年轻工业发展较慢，未完成原定计划。轻重工业比较，“以重工业为最优，轻工业略差”，重工业增产40%，“超过预算数量”，但轻工业仅增产11%，“实未达到预期之数也”。尤其是，“纺织业殊不振”，自1930

---

1 腾霞:《世界经济衰落声中苏俄最近之工业（续）》,《大公报》（天津版）1931年2月11日，第1张第4版。

2 《苏俄缺乏教育用品》,《大公报》（天津版）1932年4月21日，第1张第4版。

3 孟超:《苏联政党发展史概论（续完）》,《中苏文化》第1卷第7期，1936年12月1日，第103页。

4 林雄九:《一九三六年的苏联经济建设》,《中苏文化》第2卷第4、5期合刊，1937年5月1日，第116页。

年10月以后，各大纺织厂因原料缺乏，多半停工两个月或两个半月，产量由1929年的280万米降为1930年230万米，“是故不特未达预期之数，且不得不谓为退步也”。[1]他于1931年7月初回到天津后，再次分析了这个问题。在7月10日发表的第一篇《游俄印象记》中，他说回到天津后，“所遇到的朋友都问我俄国的五年计划毕竟怎样”，关于苏联一五计划建设情况，自己最大的感受就是重工业发展快而轻工业发展滞后，苏联一五计划第二年度（1929年下半年至1930年上半年）的工业建设即偏重重工业，这种情况至1931年仍未改变。他在苏联时又向各国驻苏使馆和专家打听此事，各国驻苏使馆和专家告诉他：“现在俄国工业建设的趋势，还是和去年一样，重工业进步速，轻工业进步缓。所以，煤和煤油、钢铁出产很多，而食品、衣料和一般的生活必需品则感不足。”[2]

《中苏文化》的一些作者指出，苏联二五计划期间仍存在重工业与轻工业发展不平衡的问题。1936年5月15日，该刊编辑黄理文指出了苏联轻工业需求与供给之间存在的巨大矛盾，认为虽然苏联政府计划在1936年大力发展食品及轻工业，但仍不能满足人民的需求，“凡以上种种工业的产量，虽相对地大见增加，但距离实际上的需要，仍然相差很远，摆在各种轻工业及地方工业上的当前急务，仍是为完成并超过生产计划而奋斗，以完成这种任务”[3]。同年6月15日，漆琪生注意到，轻工业的停滞不前是苏联二五计划的重要缺陷。他分析，“轻工业全般的停滞不进，乃是第二次五年计划的缺弱的部份，关系苏联民众生活内容之改善匪浅”[4]。苏联轻工业之所以发展缓慢，是由于过于偏重重工业，对轻工业难以兼顾，“年来因为苏联以全力热中[衷]于重工业与电气工业之发展的结果，对于轻工业颇感兼顾不遑”[5]。同

1 曹谷冰：《赴俄特派员第七信——工业与贸易》，（4月12日寄自莫斯科），《大公报》（天津版）1931年4月30日，第1张第3版。

2 曹谷冰：《游俄印象记（一）》，《大公报》（天津版）1931年7月10日，第1张第3版。

3 黄理文：《苏联国民的文化物质生活》，《中苏文化》第1卷第1期，1936年5月15日，第1—2页。

4 漆琪生：《苏联经济建设的现状及其最近计划》（1936年5月31日），《中苏文化》第1卷第2期，1936年6月15日，第6—7页。

5 漆琪生：《苏联经济建设的现状及其最近计划》（1936年5月31日），《中苏文化》第1卷第2期，1936年6月15日，第6页。

年10月15日，吴铁峰注意到，1935年苏联一些轻工业部门产量并不理想，棉织工业产量比原定计划少6%，麻织工业少8%，纺纱产量比1934年减少4%，毛织工业自1930年至1934年“每年产量递减”[1]。

对于苏联优先发展重工业，将轻工业置于次要地位的工业化模式，不少中国舆论界人士是认可的。曹谷冰就于1931年7月10日分析，苏联之所以重点建设重工业，是为了奠定工业发展的基础。他在苏联时听苏方人士解释，“工业建设须把重工业做基础。重工业建设完成以后，轻工业才能迅速发展”。他对苏方人士的这种解释表示认同，认为“这种解释，从理论上说，自然是可信的”[2]。陈长蘅认为，苏联优先发展重工业，将轻工业置于次要地位，可以限制人民的消费，从而积累国家财富。他于1935年3月在《经济学季刊》发表文章分析，中国应重点发展制造再生产设备的重工业和国防工业，少发展制造人民直接消费品尤其是奢侈品的轻工业，因为一个国家财富的增加，取决于生产与消费的差距。他注意到，一位苏联劳动国防委员会委员对外国工程师说，“我们苏俄人民现在是不用牛奶、油，而把它换成砖头，不食肉品，而把它换成机器”。他理解，这个意思就是“要努力增加再生产的货财和完成各种永久的物质建设”。[3]在一些论者看来，苏联重点发展重工业，导致日用消费品不足，是注重将来的需要，抑制眼前的需要。黄邦桢于1935年12月30日在天津《大公报》“经济周刊”版发表文章说，“俄国偏重基本工业，故时有消费不足之现象，此重于将来之需要也”[4]。1936年11月，陈行在《经济学季刊》发表文章，主张中国应学习苏联一五计划重点建设重工业和国防工业的做法。他认为，在外国侵略日益严重的情况下，中国应“未雨绸缪”，建设重工业和国防工业，“纵未能如他人之坚利精良，然亦足以与敌人一战，不致徒手抗敌也”。他注意到，苏联“第一五年计划，乃

---

1 吴铁峰：《斯达汉诺夫运动中苏联劳动生产力的发展》，《中苏文化》第1卷第4、5期合刊，1936年10月15日，第5—6页。

2 曹谷冰：《游俄印象记（一）》，《大公报》（天津版）1931年7月10日，第1张第3版。

3 陈长蘅：《民生主义之计划经济及统制经济》，《经济学季刊》第5卷第4期，1935年3月，第90—91页。

4 黄邦桢：《中山先生节制资本学说之探讨》，《大公报》（天津版）1935年12月30日，第2张第6版。

积极举办重工业，励 [ 厉 ] 行节约政策，输出农产品，以换取生产机械。不惜重金，聘请他国技师，以训练专门技术人才。曾几何时，而计划完成，飞机火器，皆自制自给，军事准备，突飞猛进，举世为之侧目。其勇往励 [ 厉 ] 进、淬厉奋发之气，诚足令人肃然起敬，而感喟于无穷也”。[1]1937 年 5 月 1 日，黄甘棠对苏联以重工业为重心的工业发展模式表示赞赏。他引斯大林于 1934 年 1 月在苏共第十七次代表大会作的报告所言说明苏联发展重工业的重要性，认为苏联之所以将发展重点置于生产工具，而非消费品，是因为苏联需要对包括工业、农业、林业等在内的各经济领域进行全面的技术和设备改造，这就需要大量的生产设备。[2]

对于苏联工业建设和工业生产存在的问题与不足，诸如制订的工业发展指标过高、产品质量低下、企业管理水平不高、技术人才缺乏等问题，30 年代中国舆论界是有所了解的。当时的天津《大公报》等报刊在刊登的由中外人士撰写的报道、通信和文章中，对上述问题做了一定程度的介绍。其中，曹谷冰通过对苏联的深入考察，更细致地了解到上述问题，甚至做了一些深度思考。对于苏联工业建设过程中存在的重工业和轻工业失衡的结构性矛盾，中国舆论界的了解是比较深入的，只是人们在指出其导致的人民生活消费低下的同时，更多从积极方面看待这种失衡。人们觉得，苏联优先发展重工业，增加工业设备生产，可以为包括轻工业在内的整个工业打下基础；苏联这种工业建设方针，虽然在短期内压制了人民的消费，但可以增加积累，符合人民的长远利益；苏联优先发展重工业，适应了苏联国防建设的需要。其中，苏联优先发展重工业满足苏联国防建设需要的问题，在中国遭受日本侵略的情况下，尤其受到中国舆论界的认可。显然，对于苏联工业建设和工业生产存在的问题和不足，30 年代中国舆论界大部分停留在一般性的了解和介绍层面，认识得并不深入，既缺乏细致的考察，也缺乏深入的理论分析。中国舆论界这种思考态势的形成，有多方面原因。一是当时苏联国内本身就缺乏这方面的认识，在工业建设和工业生产一片高歌猛进的过程中，苏联过

1　陈行：《非常时期之经济问题》，《经济学季刊》第 7 卷第 3 期，1936 年 11 月，第 6 页。

2　黄甘棠：《苏联二十年来工业建设之成果》（1937 年 4 月 20 日脱稿于上海），《中苏文化》第 2 卷第 4、5 期合刊，1937 年 5 月 1 日，第 54—55 页。

于关注工业建设和工业生产的大规模和高速度，从而忽视了其中存在的问题和不足。二是中国舆论界既受苏联这种思想态势的影响，又受中国国内重工业落后、日本侵华导致对与国防建设关系密切的重工业的需求的增加等因素的影响，更多关注苏联工业建设的大规模、高速度，对苏联工业建设和工业生产中存在的问题和不足缺乏理性的、深层面的理论分析和认识。

作为苏联一五、二五计划建设的核心内容，中国舆论界向读者传递了苏联工业建设的大量信息，并对之作了多方面的分析。在 30 年代中期，中国舆论界形成了苏联由农业国转变为工业国的判断。他们认为，苏联走了一条高速推进工业建设的道路，并将苏联的工业建设道路与中国工业经济的落后进行对比，主张中国学习苏联工业建设的经验。中国舆论界认为，苏联在没有利用外资的情况下，通过自身力量筹集了充足的工业建设资金。在出口农产品和原料产品换取购买工业设备的外汇、通过减少民众消费积累工业建设资金、从农业中榨取工业建设资金三种工业建设资金筹集方法中，中国舆论界更看重苏联第二种工业建设资金筹集方法，认为中国在农业生产落后的情况下，应通过人民的节衣缩食积累国家建设资金。中国舆论界虽然认识到了一些苏联工业建设存在的不足和问题，但仅作了表面性的介绍，缺乏深入的理论分析，并从积极方面认识苏联重工业和轻工业失衡的问题，认为苏联优先发展重工业的方针符合苏联的长远利益和国防建设需要。

# 第三节

# 对苏联经济发展的认知视角与倾向

对于苏联一五、二五计划期间的苏联经济建设进程，中国舆论界评价很高。在舆论界看来，苏联在此期间取得了经济的快速、长足发展，尤其是苏联迅速由农业国转变为世界领先的工业国。这成为中国舆论界的一种共识。中国舆论界对苏联经济建设进程的这种看法的形成，有着多方面的原因。如果要分析中国舆论界对苏联经济建设这种看法的思想原因，需要从多方面厘清舆论界认知苏联经济建设进程的认知视角和认知倾向。

## 一、中国舆论界的1929年资本主义国家经济危机视角

20世纪30年代中国舆论界将苏联经济发展置于整个世界经济格局中进行认识，将苏联经济建设的快速推进与1929年经济危机造成的资本主义国家经济衰退进行对比，认为苏联经济引领着世界经济发展的方向。在中国舆论界眼中，苏联经济与资本主义国家经济可谓天壤之别，苏联经济欣欣向荣，而资本主义国家经济则日趋没落。

30年代的世界经济格局呈现出两极分化的态势，一方面，1929年爆发的蔓延至整个资本主义世界的经济危机，造成资本主义国家经济的普遍衰退，甚至在整个30年代，资本主义国家的经济一直未能走出经济低迷的阴影，另一方面，苏联在一五、二五计划期间，实现了经济的超常规快速发

展。这对中国舆论界造成了巨大的心理冲击。中国舆论界将苏联经济与资本主义国家经济进行对比，从而形成了苏联经济迅速上升、资本主义国家经济日趋没落的认知定式。天津《大公报》在一系列报道和文章中反复申述这个看法。

1932年1月4日，该报在报道中将苏联称作“世界经济萧条怒潮”中的“繁荣之孤岛”，认为“在今日世界皆一致向下，苏俄各经济因素，则表示向上”，“各国工厂倒闭，而苏俄新建设工厂，动称世界之最大者”。[1]杨玉清于同年11月16日在该报发表文章注意到苏联一五计划期间经济发展与深陷经济危机的资本主义国家经济停滞之间的不同趋势。他分析，“苏俄自实行新经济政策后，国内秩序即渐渐稳定下来，又以五年计划的实行，更使社会主义的建设与资本主义的没落，形成一个对立的形势。自1928年以来，苏俄生产的发展，是一天比一天增高，而其他各国，则有日暮途穷之势”[2]。1935年1月31日，吴辰仲在该报“图书副刊”版发表书评，也注意到苏联经济与欧美资本主义经济的巨大反差。他表示，1929年经济危机导致资本主义经济的严重衰退，而同时，“在世界经济恐慌的环境底下，苏联的经济不但没有一些恐慌的影子，而且，那被斥为梦想的五年计划更能于四年内完成，农工业生产力都已追上最前进的资本主义国家”[3]。

旨在宣传苏联建设成就的《中苏文化》杂志也刊登了一系列文章，说明苏联经济快速发展、资本主义国家经济倒退的情况。于苇于1936年10月15日描述说：“近年来苏联的全盘建设，飞快地进展，已得到了辉煌的结果。苏联的建设上的结果，与陷在经济恐慌的泥沼中、走到穷途末路的资本主义世界的衰落，形成一个强烈的对照。一方面是‘向上涨’，一方面却是相反地‘向下落’。”[4]在南京《新京日报》主笔方秋苇看来，在全世界经济危机日

---

1 《世界经济萧条怒潮中苏俄为繁荣之孤岛》，《大公报》（天津版）1932年1月4日，第1张第4版。

2 杨玉清：《法西斯运动之政治学的考察（二）》（1932年10月草于东京尽心书室），《大公报》（天津版）1932年11月16日，第1张第3版。

3 吴辰仲：《张肇融著〈国际问题〉》（书评），《大公报》（天津版）1935年1月31日，第3张第11版。

4 于苇：《建设进程中之苏联的农业》，《中苏文化》第1卷第4、5期合刊，1936年10月15日，第1页。

深的情况下，苏联简直就是一道仅存的亮丽风景。他于 1937 年 3 月 1 日感叹说："只有全世界六分之一的苏联，在这战争与恐慌弥漫全世界的今日，它是一年比一年繁荣，的确堪称为黑暗巨涛中的一座照耀万里的灯塔！"[1]苏联工业与农业并进成为世界经济的奇观，"工业繁荣，农业丰稔是苏联经济的两朵鲜花。这两朵鲜花，在被经济危机蹂躏遍地的资本主义世界中寻不到，而只见社会主义国家的苏联'暖室'之内"[2]。

中国舆论界对世界经济格局这种认识，既是中国舆论界对世界经济格局的观察的结果，亦是受苏联宣传影响的结果，或者说是由苏联援引而来。1930 年 6 月 30 日，天津《大公报》就报道，斯大林于当年 6 月 28 日在苏共十六大上宣称，资本主义国家"目前所经受之危机，系生产过剩之危机"，各资本主义工业国与农业国"感卷于其旋涡中"，所以，近年来，苏联与资本主义国家均形成一个"转变点"，"此转变点，对于苏联意味着更大之经济的发展，但对资本主义国家，则仅意味着经济没落之趋势"。[3]在一五计划完成的 1932 年，将苏联建设成就与资本主义经济萧条进行对比，从而彰显苏联社会主义制度的优越性，成为苏联报纸的宣传要点。1932 年五一劳动节当天出版的苏联各大报纸就纷纷"论评比较苏俄之成功与资本主义者之经济萧条"[4]。苏联《真理报》发表文章，"痛论过去三年中，资本主义世界经济恐慌之惨状"，声称"世界上唯有社会主义建设胜利之苏联，乃在勇往直前，制胜自然，同时改进自己也"[5]。苏联的此种论调，经过中国媒体的报道，在很大范围内影响了社会各界，成为当时中国社会关于资本主义经济日趋没落、苏联经济蒸蒸日上的一大思想来源。

中国舆论界将苏联视作上升的经济体、将资本主义国家视作下降的经济体的另一个思想来源是西方资本主义国家人士的看法。曹谷冰在 1931 年采访苏联期间就听在苏联工作的资本主义国家工程技术人员说："各国都患经

1　方秋苇：《论苏联农业之集体化》，《中苏文化》第 2 卷第 3 期，1937 年 3 月 1 日，第 11 页。
2　方秋苇：《论苏联农业之集体化》，《中苏文化》第 2 卷第 3 期，1937 年 3 月 1 日，第 15 页。
3　《苏联之国际观》，《大公报》（天津版）1930 年 6 月 30 日，第 1 张第 4 版。
4　《苏俄热烈庆"五一"》，《大公报》（天津版）1932 年 5 月 2 日，第 1 张第 4 版。
5　《俄报论经济恐慌》，《大公报》（天津版）1933 年 6 月 11 日，第 2 张第 5 版。

济凋敝，杌陧不安，俄国却能利用机会，从事建设，真是全世界倒霉时期，俄国独走好运。”[1]美国记者亨特在采访了日本、苏联西伯利亚、中国东北后，于 1932 年 7 月上旬在北平谈了他对当时世界经济格局的感想。他表示，一方面，“苏俄未感觉经济萧条”，另一方面，美国经济“现时将完全崩溃”，“其他各国之落没，亦不下于美”。[2]1932 年 10 月 17 日至 25 日天津《大公报》连载的日本《经济杂志》的一篇文章认为，1928 年至 1932 年，苏联工业产量实增 86%，而同时期资本主义国家工业产量则减少了 59%。[3]苏联工业经济的快速发展与资本主义国家工业经济因经济危机而停滞形成巨大反差，此消彼长，造成苏联经济独自跃进的局面，“尤须注意者，现在之恐慌已令资本主义工业停止进行，甚至使其后退数十步，却许不受恐慌影响之社会主义工业独自跃进，结果，势力均衡于苏俄甚为有利”[4]。资本主义国家人士这种看法通过中国媒体的介绍，也极大影响了中国社会各界。

显然，1929 年爆发的资本主义国家经济危机是中国舆论界认识苏联经济建设的重要视角。在苏联两个五年计划建设期间经济快速发展和 1929 年经济危机造成的资本主义国家衰退的情况下，中国舆论界形成了这样一种认知定式，即苏联经济发展迅猛、资本主义国家经济日趋衰退。中国舆论界的这种认知定式，既是中国舆论界观察世界经济形势的结果，也来源于苏联的宣传和资本主义国家人士的看法。一方面，苏联官方及其媒体向国内外大力宣传这样一种信息，即苏联社会主义经济取得巨大成就，而资本主义经济日趋衰落；另一方面，一些西方资本主义国家人士也纷纷将自己国家的经济与苏联经济进行对比，从而得出同样的结论。苏联的宣传与西方资本主义国家人士的看法，形成合力，又深深影响了中国舆论界，进一步强化了中国舆论界关于苏联经济蒸蒸日上、资本主义国家经济江河日下的印象。

---

1 曹谷冰：《游俄印象记（二）》，《大公报》（天津版）1931 年 7 月 11 日，第 1 张第 3 版。

2 《美记者旅俄印象谈》，《大公报》（天津版）1932 年 7 月 8 日，第 1 张第 4 版。

3 仲秀译：《世界经济集团对抗之新趋势（续）》，《大公报》（天津版）1932 年 10 月 22 日，第 1 张第 3 版。

4 仲秀译：《世界经济集团对抗之新趋势（续）》，《大公报》（天津版）1932 年 10 月 24 日，第 1 张第 4 版。

## 二、中国舆论界的中国经济建设视角

中国舆论界之所以高度关注苏联经济建设，推崇苏联经济发展成绩，并非仅就苏联说苏联，而是有着强烈的中国建设关怀。以中国自身视角看苏联，是中国舆论界看待苏联的普遍倾向。舆论界深切认识到中国与苏联在经济发展方面的巨大差距，期望学习苏联经济建设的经验，推进中国各方面建设。

中国舆论界重视苏联经济建设进展和成绩，在一定程度上说，是其反观中国的结果。舆论界眼看中国经济的落后与停滞，进而羡慕苏联的经济建设成就。1933 年 3 月 19 日，天津《大公报》发表文章，在介绍苏联民用航空事业发展情况时，认为“目前苏联民用航空之发达，已足与世界诸先进国相抗衡”，并提醒国人猛醒，表示：“我国民众观此，应有所警惕矣”[1]。实业家穆藕初于 1936 年 9 月 13 日在天津《大公报》“星期论文”版发表文章注意到，苏联自 20 年代新经济政策，尤其一五、二五计划以来，致全力于增加生产。他介绍，苏联自 1921 年实行新经济政策以后，“渐向增加生产之大目标迈进”。1932 年一五计划完成时，“苏联农业生产量即恢复战前原状，而工业生产量，较之 1913 年增加四倍之巨”。1933 年二五计划开始后，苏联工业生产指数“若与资本主义各国比较，其增加率尤为惊人”。他反观中国，注意到，中国工农业生产不仅没有增加，反而日益减少，“若言生产，十年来非仅未见增加，且反形减缩”。[2]

时人在论述中国本国经济问题时，经常提及苏联的经济情况。1936 年 5 月 11 日，上海鱼市场举行开幕典礼。兼任上海鱼市场总经理的上海市商会理事长王晓籁在开幕典礼上致词时，以苏联经济建设成就说明中国发展经济的重要性。他强调，国家强盛的基础在于国民经济的发展，“立国于今日经济竞争之国际环境中，欲求解救国难、富强国家之方策，不可不亟起为经济生产之努力”。他以苏联等国家为例证明自己的观点。他说道：“英日之重视商业，苏俄之努力生产，因以成为强国，尤是明显。”[3]同年 10 月 12 日，张其

---

1 《日本之恐慌》，《大公报》（天津版）1933 年 3 月 19 日，第 1 张第 4 版。

2 穆藕初：《复兴中国国民经济之唯一途径》（星期论文），《大公报》（天津版）1936 年 9 月 13 日，第 1 张第 2、3、4 版。

3 《每年外鱼输入达四千万元》，《大公报》（上海版）1936 年 5 月 12 日，第 2 张第 7 版。

昀在上海《大公报》“星期论文”版发表文章，面对 30 年代河北省经济的兴衰，极为感慨。他说道，综观河北经济，“真有悲喜交集之感。喜者即吾民在艰苦备尝之中，仍有相当之进步，悲者则此种进步均为散漫之成绩，迄未尝持宏伟之方针，树远大之规模，国基未固，险象屡生”。在他看来，河北省经济发展仅属零散、局部性质，衰退仍为主流。由此，他想到苏联两个五年计划建设取得的巨大进展，并将之与孙中山《实业计划》作对比，深感中国经济的停滞。他说道：“彼苏俄第一次五年计划既提前成功，第二次五年计划又将完成。中山先生《建国方略·实业计划》作于民国八年，尚在苏俄实行第一次五年计划（民国十八年）之前十年。惜先生建国之理想，至今尚为悬谈，破坏已多，建设太少。”[1]在定县从事平民教育工作的曹日昌于 1936 年 4 月 10 日在天津《大公报》“明日之教育”版发表文章，在讨论中国的儿童问题时，非常看重苏联五年计划建设。他认为，中国儿童存在四大问题，一是儿童数量太多，二是儿童健康状况差，三是儿童受教育程度低，四是儿童经济生活压力大。这四个问题的根源在于中国经济的落后。由此，他非常推崇苏联经济建设的成就。他注意到，苏联经过五年计划的“新经济政策”，已经成为世界最发达的国家，“苏俄因为新经济政策的成功，生产力突飞猛进，已经成了世界生产力最高的国家”[2]。

中国舆论界往往从中国经济发展视角看待苏联的某些政策。1930 年 12 月 21 日，天津《大公报》刊发消息介绍，苏联人民委员会为了奖励人民养牛，颁布命令，规定：“凡杀怀孕母牛以及某种之雄牛与母牛者，均以犯罪论。贫农违悖此令者，罚银可以了事，至富农犯此命，则将判处徒刑二年。”《大公报》编者将这条消息的标题拟作“俄禁杀牛，中国何可不禁”。[3]显然，该报编者在刊发这条消息时，立即想到了中国存在的问题。所以，该报专门为此条消息发表了一条短评，表示：“我们读过这条电讯，狠有感触”，本来“保护耕牛是中国旧法”，但近年来中国各级官吏不重视民生问题，各地

---

1 张其昀：《廿五年来之河北》（星期论文），《大公报》（上海版）1936 年 10 月 12 日，第 1 张第 2、3 版。

2 曹日昌：《儿童年的儿童问题》（1936 年 4 月 10 日于定县），《大公报》（天津版）1936 年 5 月 4 日，第 3 张第 11 版。

3 《俄禁杀牛，中国何可不禁》，《大公报》（天津版）1930 年 12 月 21 日，第 1 张第 4 版。

对于贩牛出口、滥宰牛仔的事，几乎无人过问，“本来机器种地在中国还够不上说，向来牛便是耕田的唯一工具。对于耕牛不加保护，听其滥杀，无异是农业自杀政策”，“今天看见苏俄这道命令，想起中国应该也有同样禁制才对”。[1]可见，《大公报》编者之所以重视苏联禁止屠杀耕牛、鼓励人民养牛的政策，主要是出于发展中国农业生产的考虑，觉得苏联的这种做法值得中国学习。其实，苏联禁止农民屠杀耕牛，很大程度上是鉴于农业集体化过程中农民为了少向集体农场上缴财产而在加入集体农场前将自家的牲畜宰杀掉。《大公报》编者忽略苏联政府的此层用意，而强调苏联政府鼓励农民养牛、发展生产的用意，很大程度上是就苏联政策说中国的事情。

中国舆论界认识到，苏联国际地位的提高是以其经济建设的成功为后盾的。这一点，在中国遭受日本侵略、国际地位低下的情况下，引起舆论界的高度重视。1934 年 3 月 11 日，蒋廷黻在天津《大公报》“星期论文”版发表文章，主张中国应加快工业、农业建设。他进一步指出，中国的外交工作和国际地位“大半要靠我们建设的成绩”。他以苏联五年计划建设为例说：“倘若苏俄第一五年计画失败了，你看他的国际地位能有如今日吗？”[2]天津《大公报》屡次发表社评，以苏联为例，说明中国欲在国际上自立，就必须加快经济建设，增强国力。1933 年 11 月 7 日，在苏联十月革命 16 周年之际，该报发表短评表示，“回想俄国十五年来的历史，虽说经过许多惨苦的失败，但是，新秩序业已确立，新建设多已成功，尤其在对外关系上，差不多是只有收获，没有损折，这更是值得注意的事。试看向来恨苏俄如仇雠的法国，畏共产如蛇蝎的美国，居然也同俄国亲善起来”。短评强调，苏联外交政策的成功，背后有着国家建设成就导致的国力增长作后盾，这值得中国人深刻反省。“尤可见人贵自立，国尤贵自立。我们希望我们全国上下，在今天自己反省检察一下！”[3]1935 年 7 月 6 日，天津《大公报》发表社评分析中国面临的内忧外患。社评认为，中国对日外交的失败，根源在于内政不修，国力

1　真：《苏俄奖励人民养牛》（短评），《大公报》（天津版）1930 年 12 月 21 日，第 1 张第 4 版。

2　蒋廷黻：《建设的前途不可堵塞了》（星期论文），《大公报》（天津版）1934 年 3 月 11 日，第 1 张第 2 版。

3　《俄国革命纪念日》（短评），《大公报》（天津版）1933 年 11 月 7 日，第 1 张第 4 版。

不彰。中国要消除外患，必须改革内政，充实国力。社评以苏联外交为例阐述这个问题说，“世人观于苏俄近年外交之头头是道，崛强不挠，不胜健羡。抑知俄国在往年单独对德媾和时，亦尝备受屈辱，即在五年计划未成功，重工业未发达，国防力未养成以前，对外交涉，固未敢动辄出以强硬”。所以，“外患能否应付，最后当凭国力，断非个人问题”。[1] 在中国舆论界看来，中国要抵御外侮，提高国家的国际地位，必须像苏联那样大规模开展经济建设，以提高国力。

出于对苏联经济建设的重视，中国舆论界就将苏联经济建设视作中国学习的榜样。例如，舆论界认为，中国应像苏联那样，进行大规模水利、港口建设。1934 年 2 月 24 日，天津《大公报》发表通信，由苏联对伏尔加河的水电发开，想到中国工业化的能源供给问题，认为“凡亲见瓦尔加河电力厂之发展者，绝不同意中国之悲观论者，谓吾国煤量供给有限，不能使吾国工业化之意见”[2]。在通信看来，如果中国也能像苏联那样开发水力，根本不存在工业化的能源供应问题。1936 年初，天津港大面积冰冻，导致航运阻断，经济损失极巨。董浩云于 1936 年 4 月 4 日在天津《大公报》发表文章，以苏联海参崴港、波罗的海沿岸港口通过人力保持冬季航运畅通为例，说明冬季天津港人工通航的必要。他表示：“观乎地处甚寒之海参崴。数年来经港务当局努力结果，近已有终年开航希望。苏俄对位处北纬六十度东经三十二度之波罗的克海（Baltic sea）、芬兰海峡（Gulf of Finland）由‘里维’（Revel）港至列宁格勒，在重冰叠围之航道，仍有维持交通之可能。以彼言此，经济与地理诸条件，虽有不同，但天津港苟能置有适宜而健全之破冰设备，维持冬季航运，似决非不可能之事。”[3]

一些自由主义知识分子出于中国经济建设考虑，对苏联经济建设经验非常感兴趣。在中苏复交的情况下，1932 年 12 月 25 日，蒋廷黻在《独立评论》发表文章认为，中国应趁中苏恢复邦交的机会，学习苏联的建设经验。

---

1 《内外煎迫中之时局》（社评），《大公报》（天津版）1935 年 7 月 6 日，第 1 张第 2 版。
2 《苏俄政府努力建设》，《大公报》（天津版）1934 年 2 月 24 日，第 1 张第 4 版。
3 董浩云：《天津港冰难善后诸问题之商榷》，《大公报》（天津版）1936 年 4 月 4 日，第 2 张第 6 版。

他认为，中国应派人到苏联考察，“去学习所可学习者”，“苏俄的经验可资借鉴者正复不少，计画化的经济是其最大端”。[1]在一些自由主义知识分子看来，苏联在经济建设上走的是工农并重的道路，既大力发展工业，又通过集体化大力发展农业。他们认为，中国应学习苏联工农业协调发展的经验。1936 年 8 月，程尚林在《经济学季刊》发表文章提出，中国在发展工业尤其重工业的同时，也要注意农业的发展，使农业实现工业化、科学化。他以苏联为例说，“俄国五年计划声中注重重工业，但并不放弃集体农场的经营与发展，甚至茶叶亦在努力栽培中，可为例证”[2]。

不过，在主张学习苏联经济建设经验的同时，有的自由主义知识分子也意识到中苏两国国情的不同。1932 年 9 月 18 日，傅斯年在《独立评论》发表文章，在赞赏“俄国如此勤劳于其五年计划”的同时，亦注意到苏联与中国经济建设基础的差异。他认为，苏联用以开展经济建设的经济实力要比中国雄厚得多。苏联地广人稀，自然资源的丰富程度仅次于美国，第一次世界大战前社会已很富庶，地主等统治阶级“尤是大富”。所以，十月革命后，苏联“有田可分，有产可共，分田共产之后，国家仍能有大资本”。苏联为了实施五年计划，向国外输出农产品，“到底还有输将之余地”。而中国缺乏建设的经济实力，一些少量的资本几乎均集中于“租界及经济上受租界支配之大城中”，“这地方的资本，不用转地方便‘出国’，而中国乃成全无资本吃菜根嚼秕糠之乞丐国矣”。中国以如此的经济形势，“遑论经济发展”？[3]傅斯年关于苏联开展经济建设的原有基础比中国好得多的认识，是非常深刻的。

30 年代中后期，中国舆论界关注苏联经济建设亦与 1935 年国民党当局开展的国民经济建设运动有直接关系。1937 年 5 月 1 日，南京《苏俄评论》编辑朱惠之即称，“我是很喜欢研究苏联经济问题的”，“同时，我也是很喜欢注意中国经济问题的，在一年前，当我国提倡国民经济建设运动的时候，我就想到苏联工业建设的成功史，其中必有一些可以让我们中国学习与借镜

---

1　蒋廷黻：《中俄复交》，《独立评论》第 32 号，1932 年 12 月 25 日，第 8 页。

2　程尚林：《货币制度与国民购买力——中国经济问题之表里观》，《经济学季刊》第 7 卷第 2 期，1936 年 8 月，第 273 页。

3　孟真：《“九一八”一年了》，《独立评论》第 18 号，1932 年 9 月 18 日，第 5 页。

的东西”。他注意到，1937年2月召开的国民党五届三中全会宣言说明国民党建设运动“已走上实践的阶段了”，“今后所要解决的，已不是应否办理的问题，而是如何办理的问题。所以，对于成功的苏联工业建设之一般原则上的研究，实为当前之急务”。[1]可见，朱惠之想到苏联经济问题，立刻便联想到中国的国民经济建设运动，认为中国应该借鉴苏联经验。时人在谈论中国开展国民经济建设运动问题时，往往将苏联经济建设经验作为中国学习的榜样。1937年5月，汪惠波在《经济学季刊》发表文章，分析中国国民经济建设运动如何借鉴苏联经济建设经验的问题。他表示，“国民经济建设运动今日已由理论之探讨，进而为实践之策划，海内贤达一致著论鼓吹”[2]。他注意到，中国米麦每年有大量入超，导致巨额白银流向国外，杂粮却有出超。他建议，中国应学习苏联两个五年计划的做法，多消费杂粮，少食米麦。“观于苏俄为完成五年计划，国民皆宁愿吃黑面包，而将小麦倾销于世界市场，我国国难严重如此，国民宁无卧薪尝胆之精神，多食杂粮，少食米麦，则可以挽回三分之一以上之入超，是在邦人君子之提倡耳！”[3]

综上所述，中国经济建设问题是中国舆论界认知苏联经济建设的重要视角。中国舆论界之所以非常看重苏联经济建设的进展和成绩，有着强烈的中国经济建设关怀。舆论界由中国与苏联在经济建设上的巨大差距，说明中国加快经济建设的必要性。同时，苏联经济建设的快速进展，成为舆论界讨论中国经济建设问题的重要案例。在舆论界看来，苏联是中国加快经济建设事业的学习榜样。由此，舆论界认知到学习和借鉴苏联经济建设经验和做法的重要性。

## 三、中国舆论界的民族危机视角

在30年代中国舆论界对苏联建设进程的关注中，从1931年九一八事变

1 朱惠之:《论苏联工业建设的经验与中国经济建设——献给中国国民经济建设之运动者》,《中苏文化》第2卷第4、5期合刊，1937年5月1日，第154页。

2 汪惠波:《粮食统制方案》,《经济学季刊》第8卷第1期，1937年5月，第14页。

3 汪惠波:《粮食统制方案》,《经济学季刊》第8卷第1期，1937年5月，第28页。

开始的日本步步侵华起着重要的推动作用。自九一八事变起，中国媒体关于苏联经济建设的文章大量增加。诸多文章认识到，中国遭受日本侵略的根源在于中国经济的落后，期望中国像苏联那样快速推进国家建设，并以苏联为例，说明国人在经济建设上不应丧失信心。同时，中国各界人士在各种场合分析苏联一五、二五计划建设问题，关注苏联五年计划建设与国防建设的关系，分析其对中国抗战的影响。

九一八事变后中国严重的民族危机促使中国舆论界从经济角度探究中国民族危机的根源，认为中国经济落后导致的国力微弱是招致日本侵略的重要原因，而攫取经济利益亦是日本占领东北的一个重要目的。首先，东北的沦陷使中国舆论界深切认识到，日本之所以敢大举侵华，根本原因是中国国力的弱小。这种焦虑感促使舆论界急于寻求发展中国经济之道。1932 年 9 月 16 日至 23 日，中国经济学社第九届年会在杭州举行。学社理事部特意将会议日期定于九一八事变一周年之际，并将会议主题确定为国难时期之经济问题，“盖欲乘社员集会之时，举行悲壮之国耻纪念，而以勾践复耻之心，广征众议，期于国难经济有所裨补也”[1]。9 月 16 日，中国经济学社社长马寅初在年会开幕式上致开会词就表示，东北沦陷已一年，“今天在杭州开幕，觉得非常悲痛，有很多的感触”[2]。其次，舆论界在寻求中国经济发展途径的同时，又深切认识到，日本侵华的根本目的在于掠夺中国的经济资源，经济侵略是日本侵华的本质。1932 年 5 月，侯厚培在《经济学季刊》发表文章，从经济角度分析日本侵华的本质。他指出，“辽吉事件发生以来，国人的目光，差不多全注重在日本对华的侵略问题。所谓日本对华的侵略，实际上就是对华的经济侵略”。日本自明治维新以来，集中力量，“对华投资，以攫取所谓特殊的权利，几十年来始终不懈”。所以，“我们要追求日本这次侵占辽吉的原因，研究比较有效的救济办法，不得不首先明了日本在我国经济侵略的

1　王永新：《中国经济学社第九届年会纪详》，《经济学季刊》第 4 卷第 2 期，1933 年 6 月，第 211 页。

2　王永新：《中国经济学社第九届年会纪详》，《经济学季刊》第 4 卷第 2 期，1933 年 6 月，第 218 页。

程度，及在我国经济投资上所占的势力”。[1]1932年7月，李炳焕[2]在《经济学季刊》发表文章指出，日本的经济需求是其侵略东北的根本原因。他分析，“日本侵略东北，彻底讲起来，是资本主义发达到极点的结果”。商品市场和投资地是资本主义生存的两大条件。日本利用南满铁路，一方面垄断东北市场；另一方面，向东北投下大量过剩资本，“国家靠财阀维持而向外发展，资本家以国家为后盾，到处实行经济侵略”[3]。王雨桐亦有如此看法。1932年9月，他在《经济学季刊》发表文章分析，日本之所以侵略东北，是为了攫取东北的经济资源，向东北倾销日本商品。1929年经济危机后，欧美各国不仅设置关税壁垒，还积极向中国倾销商品。这导致日本商品不仅向欧美国家销售困难，而且，中国市场亦有被欧美国家占领之势，“令日货之销路，愈益狭窄”。同时，苏联实施一五计划后，也向中国大量倾销产品，“此尤足以予日本一大深痛之打击”。[4]章乃器在1933年8月下旬在青岛召开的中国经济学社第十届年会上也认为，九一八事变以后中日间的斗争“这是事实上不可免的经济斗争”[5]。

将日本侵华的本质视作经济问题，进而导致中国舆论界将发展经济视作拯救中国民族危机的重要手段。1933年6月，具有国民党背景、在中央政治学校任教的经济学者刘振东[6]发表文章表示，“现在的中国，已经到了生死存

1 侯厚培：《日本对华企业投资及其内容之解剖》，《经济学季刊》第3卷第1期，1932年5月，第26页。

2 李炳焕于1927年获得美国伊利诺伊州立大学经济学硕士学位，回国后，历任暨南大学、中央大学、上海商学院、光华大学、上海法学院、复旦大学等校经济学教授。王增藩主编：《复旦大学教授录》，复旦大学出版社，1992年，第546页。

3 李炳焕：《日本对东北的经济侵略》，《经济学季刊》第3卷第2期，1932年7月，第1页。

4 王雨桐：《日本侵略东北之经济原因的解剖》，《经济学季刊》第3卷第3期，1932年9月，第27页。

5 章乃器：《关于中国经济改进的几个问题》（中国经济学社第十届年会论文），《经济学季刊》第4卷第4期，1933年12月，第69页。

6 刘振东于1920年秋赴美国留学，进入哥伦比亚大学读本科，主修历史与经济。1922年本科毕业后，他升入哥伦比亚大学政治经济学院，继续研究政治、经济、财政、历史等科。1926年，他赴英国伦敦大学研究经济，并赴德、法、意、奥等国考察。1927年回国后，他在广州中山大学任教。他于1928年任中央大学教授，讲授货币经济，同时，在中央政治学校讲授世界近代史，并任该校财政系主任。1934年，他任国民政府立法院立法委员。唐荣智主编：《世界法学名人词典》，立信会计出版社，2002年，第761页；中国第二历史档案馆《中国抗日战争大辞典》编写组：《中国抗日战争大辞典》，湖北教育出版社，1995年，第273页。

亡的难关。在这个空前国难关头，我们的整个民族与国家，究竟是生存还是死亡，要看我们竞存力量的大小，而经济建设尤为充实民族力量的要道”[1]。30 年代中后期，随着 1935 年华北事变导致的民族危机的深化，中国舆论界更加感到国难的严重，产生更大的焦虑感，更深切地感到中国必须加快经济建设，以积蓄抵御外侮的国力。1936 年 9 月 27 日至 10 月 1 日在上海召开的中国经济学社第十三届年会即将主题确定为非常时期的经济和财政问题，讨论在国难严重的情况下中国应采取的经济与财政政策。[2] 1936 年 11 月《经济学季刊》发表的一组关于非常时期经济政策论文，即为此届年会的会议论文。王雨桐在其中的论文中就说："溯自九一八事变以来，我国国难之严重，煎迫而来，疆土日促，主权凌削，举国人民咸处于含垢忍辱之状态下，苦闷殆难言宣。"中国必须"急起共图挽救"，"对于未来事变之迎备，应具极大决心以临之"。[3] 由于国人将发展经济视作拯救民族危亡的重要途径，所以，苏联蒸蒸日上的经济建设就成为国人学习的重要榜样。

在中国舆论界看来，1931 年九一八事变造成的国难可谓创巨痛深。事变发生后，舆论界以苏联一五计划经济建设取得的巨大进展为例，说明中国人不应丧失从事经济建设的信心。1931 年 10 月 2 日，高永晋在天津《大公报》发表文章表示，国人应有进行经济建设的自信心，应知耻而后勇，"誓将此种奇耻大辱，刻骨铭心，永不敢忘，为终身为国奋斗之原动力"，国人如全力进行经济建设，"则国必有繁昌之一日，吾先人之大好山河，失去者及已被侵略者，吾人誓必收回，以完整无缺让之于我民族之后人"。他以苏联一五计划建设为例说："苏俄施行'五年计画'，尚未完成，即能令彼列强感觉威胁。故收回我主权，恢复我领土，苟万众一心，绝非难事。"[4] 同年 11 月 1 日天津《大公报》"读者论坛"版发表天津市立 37 小学教师李砚田的文章，

1　刘振东：《国难时期之经济政策》（1933 年 3 月于南京中央政治学校），《经济学季刊》第 4 卷第 2 期，1933 年 6 月，第 11 页。

2　编者：《中国经济学社第十三届年会纪事》，《经济学季刊》第 7 卷第 3 期，1936 年 11 月，第 219 页。

3　王雨桐：《非常时期之中国经济问题》（1936 年 9 月 3 日于上海），《经济学季刊》第 7 卷第 3 期，1936 年 11 月，第 9 页。

4　高永晋：《现在国人可以觉悟矣》，《大公报》（天津版）1931 年 10 月 2 日，第 2 张第 5 版。

以苏联五年计划为例，呼吁大家勿苟且偷安，积极从事国家建设，充实将来驱逐日本出国土的国力。他表示："愿国人共起，群策群力，作整个之计划，定彻底之办法，无使苏俄五年计划独美于前，是当积极建设若干年后可战之准备者也。"[1]在 1931 年的最后一天，天津《大公报》发表题为"送民国二十年"的社评，历述这一年的内忧外患，认为东北尽失、宁粤对立、国家财政枯竭、东南大水，"不惟民国二十年来所未经，实海通数世纪来所创见"。社评以苏联埋头建设使国家富强为例，告诫国人不要灰心丧气。社评介绍苏联的情况说："即观苏联，其对建设之努力，可谓至勤，而对外肆应，则小心翼翼，深谋远虑以处之。彼在四面楚歌之境遇，而能着着实行其工业计画，全国之人，节衣缩食，力图建设，而同时以巧慧避外人之相加，能忍尽忍，惟埋头拼命于完成建设之一大事业。"社评以苏联埋头建设的做法鼓励国人，"中国在此创巨痛深之时，惟有全国同胞一致发生深切之觉悟，对过去大忏悔，对未来大奋斗"[2]。

九一八事变后，中国舆论界从提高国力，抵御外侮出发，将苏联五年计划建设视作值得中国学习、踏踏实实从事国家建设的榜样。1932 年 1 月 10 日，一位署名"铁生"的作者在天津《大公报》"读者论坛"版发表文章，主张中国应学习越王勾践"卧薪尝胆"的故事，励精图治，踏踏实实从事国家建设。此文以苏联为例说，"最近之苏俄，在举世厌恶弃绝之环境压迫下，其亿万人民，正一致献其才智、劳力于其所谓五年计划，以期实现其赤色帝国主义矣。近其国内轻重工业以次完成，进而实施其倾销政策，俨成世界金融市场上之一有力角逐份子，觇国者固已知其势力之不可轻侮矣"[3]。

东北沦陷后，人们进一步从日本侵华、远东国际关系角度深刻认识到苏联五年计划建设与中国的密切关系。北平震东印书馆于 1932 年 1 月出版了张毓宾著《苏俄积极建设论》一书。天津《大公报》当月刊登的该书出版广告称："苏俄问题关系我国极巨。本书依五年建设计划，将其对内对外之政策

---

1 李砚田：《勿苟安，勿麻醉，积极作最后之准备》，《大公报》（天津版）1931 年 11 月 1 日，第 3 张第 11 版。

2 《送民国二十年》（社评），《大公报》（天津版）1931 年 12 月 31 日，第 1 张第 2 版。

3 铁生：《卧薪尝胆与救国》，《大公报》（天津版）1932 年 1 月 10 日，第 2 张第 8 版。

影响及社会、共产两主义之区别，并俄国施行之状况，均加以深刻之批评。”[1]张毓宾介绍，《苏俄积极建设论》于1931年8月撰成于沈阳。九一八事变后，他携书稿逃至北平，又经两月修改，最终完成书稿。1932年1月15日，张毓宾将此书的一章改为文章，发表在天津《大公报》“读者论坛”版。张毓宾此文深入分析了苏联一五计划建设对远东地区经济与国际关系格局的影响，尤其分析了苏联一五计划与九一八事变的关系。张毓宾分析，苏联一五计划建设的成功，促成了日本发动九一八事变。日本为了与英、美等国竞争，必须控制中国北方地区尤其东北地区的农业资源和自然资源，“不料苏俄国基日渐稳固，元气日渐恢复，全国舆论，均主张向外发展了。已经实行到三年的五年计划，尤使日本朝野寝食不安，感觉有急速并吞满蒙之必要，迟则恐难如意了”[2]。张毓宾将苏联一五计划与日本侵华相联系的观点，得到天津《大公报》编者的赞同。1932年2月3日出版的天津《大公报》“园景”版，刊登了一篇小品文，将日本发动九一八事变、侵占东北视作对付苏联五年计划建设和国防力量增进的结果。文章说道：1927年苏联共产党第十五次全国代表大会，决定1928年至1933年进行第一个五年计划建设，“日本望而生畏，惧人之发展，以己度人，乃先蹂躏我满蒙，进据要隘，并欲取得战时军需煤、铁、石油等，对于国际正义之制裁，竟悍然而不顾，直接间接足以引起世界之不宁”[3]。天津《大公报》又于1932年3月28日发表社评认为，日本之所以贸然占领东北，对付苏联五年计划建设造成的军力强大是一个重要因素。社评分析，“日本之为此，固基于其传统的侵略中国之野心，而近因则为世界经济恐慌中日本政治、经济一切问题之僵化，人民思想倾向之危险与不安，加以畏虑苏联五年计画完成后之军备进步，而适乘欧洲之多事，与美国海军尚无意向远东取攻势之事实，对内对外几经酝酿，然后决心为此猛烈之一击”[4]。

---

1 《张毓宾著〈苏俄积极建设论〉出版了》，《大公报》（天津版）1932年1月3日，第3张第9版。

2 张毓宾：《苏俄五年计划与远东之关系》，《大公报》（天津版）1932年1月15日，第3张第10版。

3 用三：《东鳞西爪（其一）》，《大公报》（天津版）1932年2月3日，第3张第9版。

4 《建国雪耻之一大问题》（社评），《大公报》（天津版）1932年3月28日，第1张第2版。

国难越严重，越能激发国人众志成城、努力奋斗的精神。1932年一·二八上海抗战后，在国难当头的情况下，中国舆论界更加感到苏联一五计划建设成绩的可贵。一位署名“天民”的读者在1932年2月12日天津《大公报》“读者论坛”版发表文章，认为“至于救国之道，治本之计，则俄国五年计划，大可参照。以吾国土地之广，物产之富，衣食二项，尽足自给，抵制外货，不仅永杜漏卮，且可恢复丝绸纺织业之旧观，在工厂未实施之过渡时期，并可解决半数同胞之生活问题，其效果更比俄国为易见，只须视执政者之能否如俄当局之赤诚为国以为断耳”[1]。舆论界试图以苏联一五计划建设的成绩勉励国人的奋斗精神。1932年5月21日，谭炳训在天津《大公报》发表文章，在讨论中国国防工业建设计划建设资金的筹集问题时，以苏联为例说明，只要国民政府筹资得法，是可以完成的。他介绍，1928年至1933年，苏联政府工业投资额高达600多亿卢布，“并且没有借分文的外债，外资经特许输入的也不到投资总额的百分之一”。他分析，“俄国革命后外受封锁，内遭饥荒，环境的恶劣不下我国今日”，十月革命后仅仅十年就能筹集这么多发展经济的资金，“我国今日完全由政府的力量筹十五六万万元的国防建设费，不是一件不可能的事。问题是在一个甚么样的政府去筹，以及这一政府所行的是什么样的经济政策”。[2]1932年6月，日本议会宣布承认伪“满洲国”，国民政府行政院于当月17日发表宣言，声明坚决反对日本的这种做法。天津《大公报》于次日发表社评，坚决支持行政院的宣言，表示：“中国之国家及民族，一日存在天壤间，即一日不能承认日本此种行为之有效！上述行政院之宣言及通电，诚完全代表中国国民最低限度之主张，而获全国一致之拥护者也。”社评进而警告国人，中国处在非常时期，“故必须以非常之努力，迅速改造建设起来”，“自今以往，惟有各掬天良，竭诚工作，节缩一切，以养民力，作建设”。社评以苏联人民在一五计划期间团结一心在几年内迅速实现富国强兵的例子，激励国人的建设精神。社评说：“此非

1 天民：《全民起负救国责任之先决条件》，《大公报》（天津版）1932年2月12日，第3张第10版。

2 谭炳训：《初步国防工业建设计划大纲（续）》，《大公报》（天津版）1932年5月21日，第1张第3版。

空言也，彼苏联以数年之短日月，而能完成国防工业，能训练数百万之陆空军，则可见事在人为，惟问有志与否而已。”[1]九一八事变后，中国社会各界发起提倡国货、抵制外货的热潮。时人以苏联一五计划建设为例，提振大家抵制外货、发展民族经济的信心。1932年10月15日，由河北省国货陈列馆筹办的河北省第四届国货展览会在天津召开。河北省实业厅厅长史靖寰在开幕典礼上阐述展览会意义时表示，希望国人通过此次展览会，下决心抵制外货，并一致努力改良国货，以代替外货，“如举国上下抱定有志者事竟成之心，将来无论任何之大事业，终有成功之日”。他以苏联五年计划建设为例说，“现苏俄之五年计划，即为铁证”。[2]

1933年长城抗战的失败，导致日军控制长城沿线，冀东成为非武装区，中国的民族危机更加深化。当年5月9日是日本以最后通牒方式迫使袁世凯政府接受二十一条要求18周年纪念日，也是中国与日本签订塘沽协定的前夕。为此，天津《大公报》发表社评，感叹18年来中国不仅没有进步，反而国难日益严重，并以苏联、德国迅速实现国家发展为例，勉励国人努力建设。社评表示：“吾人今日，回顾十八年前之国耻，固不胜其愤懑，而盱衡十八年后之现状，尤不胜其慨叹。盖德国战败复兴，不过数年，俄国破坏建设，未历十稔，以视我之屈辱十八年依然故吾，而国难转增十倍者，我国民宁有面目与世界相见？”“今当痛定思痛之日，宜深自反自责之思，一言以蔽之曰：真觉悟，真努力是已！”[3]同年10月11日，天津《大公报》发表社评提出，在日本占领东北、国际形势日趋紧张的情况下，中国应尽快谋划应对之策，“今兹所应注意者，即吾人如何绸缪未雨，规定立国之百年大计，谋在此池鱼卵石之情势下，不徒供他人之醢菹而已”。由此，社评认为，中国应像苏联制订并实施一五计划那样，制定并切实执行国家建设的长远方针，“欧战以来国家，其能困心衡虑，计划缜密，为他人所不能为，终之而克奏肤功者，当首推苏联。苏联采用第一次五年计划，振兴重工业，一切建设，均按整个计划，着着进行，遂令举世不得不改容相看”，“此无他，能刻

1　《行政院对外宣言》(社评),《大公报》(天津版) 1932年6月18日，第1张第2版。
2　《国货展览会昨晨举行开幕典礼》,《大公报》(天津版) 1932年10月16日，第2张第7版。
3　《何以对此十八年？》(社评),《大公报》(天津版) 1933年5月9日，第1张第2版。

苦努力，进行有计划之程序耳”。[1]

1933年长城抗战期间，教育界人士深刻认识到经济与国防的密切关系，看重苏联通过发展工业促进国防建设的经验。在日本进攻热河的情况下，中央大学校长罗家伦于当年2月28日发表广播讲演，对苏联以国防为导向的工业建设模式极表钦佩。他认为，一个国家的工业建设必须以国防为导向，“所有一切工业均应当顾到国防”。他希望中国“能大规模从事于工业建设，建设工业区于敌人压力不能达到的地方，作为我们军事的总粮台”。他介绍说，苏联将国防当作工业建设的重要目的值得中国学习，“苏俄五年计划现已完成，已将其工业最低的地位，移至最高地位去了。其工业设备，实在是对外作战的准备，实在是以对外战争为目标”[2]。同年3月19日是位于天津的河北工业学院建校30周年纪念日。此时，日本刚刚占领热河。该校于3月18日和19日举办纪念展览会，并于3月19日举行纪念典礼。该校校长魏明初在典礼上致词，以苏联等国家为例，阐述工业教育和工业经济对于社会经济和国防的重要性。他表示，“兹当国难严重时期，工业教育，使命尤为重大，缘工业生产，不惟于社会经济有关，且亦在在关系国防”，例如，“俄国之五年计划成功，世界群相惊叹”。他又分析中国现状说，“反观吾国受如此之侵略，皆莫可如何者，其原因全在生产落后，工业不振之一点”。[3]

日本于1935年制造的华北事变使中国民族危机进一步深化。这进一步使中国舆论界认识到苏联经济建设的可贵。华北事变前夕，1935年新年伊始，天津《大公报》发表短评，痛感中国国难的深重，羡慕苏联等国家的快速发展和强大。短评写道：“大家贺新之时应该牢记，中国庆贺新年，比各国还多一层重大意义！”社评以欧洲发展有成的国家为例说明中国的落后，表示：“近代新建之国甚多，欧战后的新邦，如土耳其，如波兰，如捷克，皆成了文明有为之邦。德国也算是新国家，在万钧压力之下，还挣扎着前进，现在谁也不能轻视他。苏联呢？又成了世界一等强国。”而中华民国的

1 《战争恐怖与国际趋势》（社评），《大公报》（天津版）1933年10月11日，第1张第2版。
2 《民族的复兴》，《大公报》（天津版）1933年3月1日，第1张第4版。
3 《工业学院卅周纪念》，《大公报》（天津版）1933年3月20日，第3张第9版。

成立，“比他们早七八年，但现在却无端失掉四省，还岌岌乎维持不住！”[1]。中国地理学会从国防建设角度考虑，高度关注苏联在乌克兰、乌拉尔山脉地区建设新工业区，从而改变国家的工业布局的做法。1936 年 4 月，中央研究院评议会举行第二届年会，提出中国科学研究应注重研究国家与社会实际急需的问题，并以此征询各学术团体的意见。中国地理学会提出了中国地理学界应重点研究的 11 个问题，函复中央研究院评议会。其中的一个问题是“内地工业重心之研究”。中国地理学会认为，从国防考虑，应改变中国工业重心偏于沿海的局面，在四川等内地建立工业基础。这方面，苏联的经验值得借鉴，“苏俄之五年计划，由农业国改造而为工业国，并于乌克兰、乌拉山等地，建设伟大之工业中心，成效彰著，可供借镜”[2]。胡适也非常关注苏联经过一五、二五计划建设带来的国力增强和苏联在远东地区的军事力量的壮大，及其对日本在东亚地区扩张的影响。1936 年 12 月 3 日晚，上海国际问题研究会、太平洋学会上海分会等团体在上海国际饭店宴请胡适。席间胡适用英语发表题为“演变中的太平洋”的演说。胡适分析，30 年代太平洋形势的演变，受苏联五年计划建设及其导致的苏联国防实力的增强影响很大。苏联国力的增强尤其对日本在太平洋地区的扩张影响更大。“苏俄自第一五年计划成功后，第二五年计划亦将告竣，不论在军事、实业诸方面，俱有极大之进步。尤其军备方面，诸如陆军之机械化、空军数目之庞大，在在均予日本以威胁，而使日本在太平洋上，有后顾之忧。”[3]

中国舆论界对于苏联五年计划建设进程的关注，有着强烈的中国民族危机视角。纵观 30 年代中国舆论界对苏联五年计划建设进程的关注过程，我们会发现，舆论界这种关注度是随着九一八事变、一·二八上海抗战、长城抗战、华北事变这几个节点步步提升的。中国舆论界在民族危机视角下，对于苏联五年计划建设进程与取得的成绩，主要关注三个方面的问题：（1）以

---

1 《建国纪念》（短评），《大公报》（天津版）1935 年 1 月 1 日，第 2 张第 8 版。

2 张其昀：《中国地理学会概况与其希望》，《大公报》（天津版）1936 年 8 月 19 日，第 3 张第 11 版。

3 《演变中的太平洋——胡适昨晚之讲演》，《大公报》（上海版）1936 年 12 月 4 日，第 1 张第 4 版。

苏联五年计划建设的成绩提振国人进行中国经济建设、增强国力、抵御外侮的信心；（2）学习借鉴苏联五年计划建设的做法和经验，开展中国的经济建设，以充实抗日的国力；（3）分析苏联五年计划建设对中国抗战国际形势的影响。

## 四、宣传苏联建设精神的倾向

对于苏联的经济建设，中国舆论界的一个明显的倾向就是非常看重和钦佩苏联的建设精神。介绍苏联建设精神的文字经常见于 30 年代中国的报端。这是因为在日益严重的经济衰退、民族危机的境遇中，舆论界鉴于国民党当局的腐败无能、中国民众的庸散苟且，期望国民党当局和中国民众学习和发扬苏联人民、党和政府刻苦努力、艰苦奋斗、勇于创造、举国一致、团结一心的建设精神，推进中国的经济建设事业。尤其是在九一八事变后民族危机日深的情况下，舆论界期望中国民众和国民党当局发扬苏联的建设精神，致力于中国经济建设事业，充实抗战的力量。

苏联的建设精神首先受到中国媒体、知识界、普通民众等民间舆论主体的赞扬和推崇。各媒体、知识界、普通民众对苏联建设精神作了大量的阐释和宣传，将苏联的建设精神理解为如下几个方面：

第一，发奋图强、埋头苦干、刻苦努力的精神。

在苏联的建设精神中，舆论界非常重视其中的埋头苦干、刻苦努力的方面。舆论界对这方面苏联建设精神的推崇和阐释，与日本侵华造成的民族危机密切相关。九一八事变后，天津《大公报》刊登了一系列文章，掀起宣传苏联这种建设精神的高潮。1932 年 1 月 29 日，该报“读者论坛”版发表无署名的文章强调，国人在“多难”之中，只有像苏联人民那样“发奋图强”，才能兴邦。“观夫苏俄仅以被列强封锁或不合作之故（较之我国土被蹂躏，国民被凌辱者何如），全国上下努力建设，第一个五年计划尚未满期，现又准备第二个五年计划。至其高级官吏生活享用不及一个工程司（较之我国高官大吏坐拥巨万，擅作福威，养成特殊阶级者又何如），一般大学生于课余之暇，皆到军队去练习（以视我国学生整日不读书，反而跳舞，听戏，打麻雀，以消磨时光者，能不愧死），如此国家，何能不强？”[1]居住在北平的署名“俊林”的作者于同年4月23日在该报“小公园”版发表散文，钦佩苏联民众刻苦自强的精神。“俊林”提到，在他北平街头散步时，经常看到“洋货店陈设着鲜艳的仇货，出入咖啡店的现代青年，形影不离的红男绿女”。在东北沦陷的情况下，他对这些景象感到压抑，认为“久处安乐窝的男女，要从刻苦的精神作起，苟且因循的劣根性不根本克服，是太不容易了”。说到这里，他想到苏联人民的刻苦工作精神，“苏俄近年来的繁兴，也全赖他们的民众不断从刻苦中谋出路的结果”。[2]九一八事变一周年之际，一位署名“荒野”的作者于1932年9月20日在该报“小公园”版发表散文，感叹中国人像活在“猪圈”里的“行尸走肉”，而苏联人则勇敢地做着人类的新“试验”，说道：“啊，雪之国里的人是如何勇敢，努力啊！而这‘猪圈’似的‘中国’国度里的‘中国人’是如何的不长进！”[3]苏联人民为国家建设艰苦努力的精神，深深感动了“荒野”，而“荒野”反观中国人在国难中的麻木、世俗、不振，更使他感到无限悲凉。

30年代中期，天津《大公报》继续刊登文章，阐释苏联埋头苦干的奋斗精神。1934年10月10日，该报为了纪念中华民国成立23周年，刊登该报社编者撰写的文章指出，国人面对东北沦陷、外交失措、天灾人祸等困局，应发扬苏联人民“埋头苦干”的精神，继续努力。文章说道：“我们一息尚存，就得拼命去干，人心一日不死，国事终有可为。”“我们再看看苏俄，他们在列宁革命初成之时，世界各国差不多不以同类相待。他们也就埋头苦干，仿佛是自惭形秽似地，避开同外国人交际，不和人家争一日之短长。宁可忍饥受寒，也不购用华美舒适的外货。接连苦斗了十多年，现在又差不多变成为国际的骄子。”[4]吴景超于1935年11月3日在该报“星期论文”版发表文章，希望即将召开的国民党四届六中全会和第五次全国代表大会制定一个“积极的经济政策”，像苏联党和政府那样“苦干”和“有计划的干”。他表

1 《论多难兴邦》,《大公报》(天津版)1932年1月29日，第3张第10版。
2 俊林:《平浦道上》,《大公报》(天津版)1932年4月23日，第3张第9版。
3 荒野:《半封信》,《大公报》(天津版)1932年9月20日，第3张第9版。
4 《民国二十三年国庆纪念辞》,《大公报》(天津版)1934年10月10日，第2张第6版。

示："我们希望政府要取法于苏俄，学他们那种苦干以及有计划的干。我们也需要一个五年或七年或十年的计划，明白的规定，明白的宣示大众，我们在民国二十五年年底以前，要完成几件工作，在民国三十年以前，我们又要完成那几件工作。"[1]

一些知识界人士也在各种场合宣传苏联的埋头苦干的国家建设精神。1934年10月10日至12日，乡村建设派在河北定县召开第二届乡村工作讨论会。12日，在会议闭幕式上，晏阳初以苏联的建设精神为例，号召乡村建设人员埋头苦干，推进乡村建设工作。他表示，"苏俄在十七年前革命之始，曾为世界各国所不齿。在十七年后之今日，举世大国均以缔结亲交为荣，加入国联，致使国联受宠若惊。他们这样的收获，完全由认清题目，埋头苦干中间得来的。有为者亦若是，望大家认清题目，咬定牙关，快干与苦干"[2]。在他看来，苏联国际地位的提高，完全是苏联党、政府和人民埋头苦干换来的。1935年3月3日，何廉在天津青年会发表演讲说：中国的社会教育应"造就硬干的民众及社会"，"民众虽不要俄国主义，应有苏俄民众精神"。[3]在他看来，中国可以不学苏联的马列主义，但须学习苏联人民的苦干的建设精神。出席柏林奥运会的中国代表团国术教练郝铭和篮球队管理李清安于1936年8月下旬启程经苏联西伯利亚回国。他们于9月6日回到天津。郝铭接受记者采访，谈到他途经莫斯科的感受。他表示，自己周游了莫斯科全市，感到"苏联群众之于困苦中挣扎图存，亦有显著之成绩"[4]。可见，郝铭对苏联人民艰苦奋斗的精神留下深刻印象。

第二，举国一致的团结精神。

在国难深重的情况下，中国舆论界益加感到中国像苏联那样有举国一致的努力目标的重要性。在1932年4月9日出版的天津《大公报》上，该报"现代思潮"版编者发表文章提出，中国之所以国力衰落，国难日重，一个

---

1 吴景超:《积极的政策》(星期论文),《大公报》(天津版)1935年11月3日，第1张第2版。

2 《乡村工作讨论会决定进行方针》,《大公报》(天津版)1934年10月16日，第1张第4版。

3 《世界经济之趋势及中国应有之准备——何廉昨在青年会演讲》,《大公报》(天津版)1935年3月4日，第4张第13版。

4 《郝铭、李清安世界运动会观感》,《大公报》(天津版)1936年9月10日，第2张第8版。

重要原因是没有一个整个国家、全体人民共同努力的目标。在这方面，苏联是值得学习的榜样，“苏俄之所以有成绩，打算怎样就怎样，并没有甚么秘密，只因为他们整个的民族，全站在同一的立场上，一齐往前干！他们的头全仰望着一个目标，他们的眼全集视在一个焦点”[1]。

天津《大公报》发表了一系列文章，阐释苏联团结一致从事经济建设的精神。1933 年 10 月 17 日，朱亚依在天津《大公报》“自由论坛”版发表文章，指出苏联举国一致，努力于工业建设的精神。他强调，“俄国在未改革以前之工业，亦正如我之今日，以其能利用全国之力，尽量建设，故亦有伟大之成功”[2]。何廉于 1935 年 1 月 16 日在天津《大公报》“经济周刊”版发表文章认为，中国应学习苏联众志成城、举国一致、以坚定决心发展经济的精神，发展中国的现代产业。他分析，苏联在强邻环伺的情况下，“举国一心，众志成城，破釜沉舟，坚忍前进，竟以四年之期间，完成五年之计划，一跃而为工业强国”。“依我国今日之状况，所宜采取之方式，果以何者为宜乎？就吾人考察所及，当仿照苏俄之决心与毅力，以谋中国之产业现代化。”[3]1935 年 4 月 5 日，龙守贤在天津《大公报》发表文章，说明四川建设事业发扬苏联人民团结一致建设五年计划的精神的重要性。他认为，四川当局为政应重在力行，“远仿苏俄之五年计划，合千百万人孜孜以图，近如桂省之共苦均贫精神，官民埋头实干，以图自治自养，继续不懈，期以数岁，自不患无长足之进展”[4]。

第三，勇于征服自然的牺牲精神。

1934 年 1 月 30 日，三位苏联航空专家乘气球升至 20600 米高度，打破了世界纪录。但是，这个气球因下降过速导致滑链绷断，球舱与球囊断开，从高空直落地下，三名航空专家身亡。苏联中央执行委员会决定追授三名牺牲航空专家列宁奖章，并于 2 月 2 日在莫斯科红场举行追悼大会。[5]对此，同

---

1　编者:《我们到那里去》,《大公报》（天津版）1932 年 4 月 9 日，第 2 张第 8 版。

2　朱亚依:《实业救国》,《大公报》（天津版）1933 年 10 月 17 日，第 3 张第 9 版。

3　何廉:《我国今日之经济地位》,《大公报》（天津版）1935 年 1 月 16 日，第 3 张第 11 版。

4　龙守贤:《川局统一善后之管见（续）》,《大公报》（天津版）1935 年 4 月 5 日，第 1 张第 4 版。

5　《苏俄气球同温层飞升成功》,《大公报》（天津版）1934 年 2 月 1 日，第 2 张第 5 版；《苏俄航空三勇士身后哀荣》,《大公报》（天津版）1934 年 2 月 3 日，第 2 张第 5 版。

年2月8日，天津《大公报》“小公园”版编者发表小品文，热情赞扬苏联人民为征服大自然勇于牺牲的“民族性”。此文感叹，三位苏联航空专家因乘坐气球升入同温层而殒命，“这是何等伟大的光荣”。这种牺牲精神表现出苏联“民族性”的伟大，这种“民族性”正是苏联国家建设取得巨大成功的推动力，“我们始终艳羡斯拉夫民族性的伟大，我们应该知道苏俄共产党的成功，并不是偶然的事情。凭着这种伟大的民族性，不要说来征服天空，征服任何世界也并不是什么意外”。此文叹息中国人太缺乏苏联的这种为征服自然勇于牺牲的民族性。“回头看一看我们中国人的民族性，不是死于自家兄弟的火并，便是死于猜疑忌恨的仇杀，有一些青年更不惜把宝贵的生命，牺牲于情人的一封绝交的短简之下。比较起来，这是何等轻贱与渺小！”文章认为，中国要应付国难，必须学习苏联人民勇于牺牲的精神，将中国的民族性伟大起来，“我们以为，为了应付这一个严重的时代，非使我们把民族性伟大起来不可。不然，我们只有等着被抛落在时代后的深沟”。[1]

第四，苏联人民与政府切实合作的精神。

陈谷声于1932年11月11日在天津《大公报》讨论中国的实业发展计划问题时，以苏联为例说明人民与政府真诚合作对于发展实业的重要性。他认为，“一个国家要有生气，不是一件难事，只要人民与政府互相开诚布公，切实合作，决计有法子挽救危局，底于富强”。“我们应该觉悟，凡是政府为建设而要求于人民时，人民应一致尽力设法。”他注意到苏联一五计划建设的成功，就是人民鼎力支持政府的结果，苏联“现在第一次的五年计划已成功，国内的情形变好了不少，这当然是因为他们的人民能够和政府一心一德、刻苦耐劳所获的结果”。[2]

第五，劳动者踏实奉献的敬业精神。

辛东明于1932年1月12日发表文章，主张学习苏联民众的踏实奉献精神。他对学生们的抗日游行、请愿提出批评，认为这均是表面功夫，学生们应努力读书，踏实研究，获取知识，为增强国力做贡献，如果这样，“则国

---

1 梦：《编余·伟大起来》，《大公报》（天津版）1934年2月8日，第3张第12版。

2 陈谷声：《中国的钢铁问题》，《大公报》（天津版）1932年11月11日，第1张第3版。

家不患无雪耻之日”。他提到，苏联工人就致力于为国防建设踏踏实实做贡献，“俄国因国防重要，欲实行国防摩托化，于是，全国工人捐薪一日，以促其速成”。[1]1936年12月19日，中国文化建设协会教育事业委员会主编的上海《大公报》“教育界”版发表署名“正之”的文章，讨论大中学校学生在国民劳动服务运动中的骨干作用。文章认为，大中学校学生不仅应在运动中积极参加劳动，并帮助政府制订运动的实施计划，还应该负责建立一个全国性的通信网，相互交流工作经验，切磋工作方案。文章以苏联为例说，“苏联的建设有如此显著活跃的成绩，就为了这工作兴趣和工作研究这两点，是特别注意到的”[2]。

第六，党政官员廉洁奉公、敢于创造的精神。

九一八事变发生后，面对国家的衰败，中国舆论界深感苏联当局领导人廉洁奉公、敢于创造精神的可贵。1931年10月22日，居住在辽宁盖平县的徐东林在天津《大公报》“读者论坛”版发表文章，对日本占领东北，自己成为亡国奴深感悲愤。他认为，中国官吏的腐败无能是招致外侮的重要导因，“再看年来首都以至全国的政治，是不是腐败贪污？惟其贪污腐败，所以国家混乱，所以外侮就来了”。说到这里，他想到苏联“军政要人”在国家建设上的艰苦努力。“试看苏俄军政要人，谋国的忠诚，建国的苦劳，我国漫说怕赤化，就同情要赤化起来，又怎能配？”[3]徐东林从巨大的国难中，愤恨于中国官吏的腐败无能，深切感受到苏联领导人全力推进国家建设的精神。同年12月8日，天津《大公报》发表社评，越发觉得苏联党和政府韬光养晦、积极建设的精神的可贵。社评表示：“试观俄党处四面楚歌之中，积极建设，寸阴不废，兵力相当养成矣。而对外犹持重养晦，其在各国人民间，皆有伏线，而同时广以经济利益与各国，以缓其攻，又善察国际形势以谋自全。政治宗旨，为另一问题，要可谓深谋远虑，知建国卫国之道者矣。”

---

1 辛东明：《忠告我爱国青年》，《大公报》（天津版）1932年1月12日，第2张第8版。

2 正之：《国民劳动服务运动与大中学青年》，《大公报》（上海版）1936年12月19日，第4张第13版。

3 徐东林：《对〈大公报〉持论态度的批评》（1931年10月15日于辽宁省盖平县），《大公报》（天津版）1931年10月22日，第3张第11版。

社评反观国民党当局，对其工作拖沓、无效率、不努力，深为痛心，表示："中国国民党过去受苏联影响，不能讳言，然只袭用其言论态度之一端。反共以后，流风依然，工作不紧张，政治未努力，惟对外作空疏壮言。"[1]1932年11月7日，在苏联十月革命15周年之际，天津《大公报》发表社评表示，中国虽不必学习苏联的政治制度，但其创造的精神、党政官员的廉洁奉公，确实值得中国学习。"中国环境，自有其特殊困难，非苏联之比，然苏联之创造精神，究足供吾民之参考。近时国人皆已注意苏联五年计画，则应知此大规模事业之背后，赖有精神力为之推动。苏联政制，不可学，亦不能学，顾对于其国执政者之廉俭勤劳，与人民同甘苦，掌政权十五年而无腐化之名，则至宜借镜，以资勉奋。近人有倡尊禹主义者，禹之道，殆行于苏联乎！此国人所宜切切反省者也。"[2]

第七，彻底的革命精神。

1932年9月，一位署名"惜梦"的人在天津《大公报》连续发表自己当年7月在海参崴被苏联拘捕期间的日记。他在日记中介绍，在被拘捕期间，他因病被安排到监狱医院生活。在监狱医院，他读了不少苏联的图书、报纸。他在读《苏俄革命史》时，了解到苏联人民彻底实行的革命精神。他感到，苏联革命之所以成功，就在于苏联人彻底地实行，而中国革命之所以不成功，是因为国人只说不做，"在这里使我感到苏联革命的成功，并不是共产主义的神妙，完全是能够彻底实行的结果。反过来看看我们中国的革命，虽经过几十年了，成绩在那里？自然，也并不是三民主义的落伍，完全是徒在口头上空喊的原因"[3]。显然，苏联脚踏实地的革命作风，给他留下深刻印象。

对苏联建设精神的关注，在30年代的国人中，涉及的人员相当广泛。在1933年1月日本攻陷山海关的情况下，就是像段祺瑞这样的早已退出政治舞台的老一代军阀政客，也真切感受到苏联建设精神的可贵。当年1月24日，由天津赴南京、上海探亲的段祺瑞在上海世界学社对欢迎他的上海政商

1 《士气激昂与政府责任》（社评），《大公报》（天津版）1931年12月8日，第1张第2版。
2 《苏联十五周年》（社评），《大公报》（天津版）1932年11月7日，第1张第2版。
3 惜梦：《海参崴拘留记（续）》，《大公报》（天津版）1932年9月5日，第1张第3版。

界人士表示：日本这次攻陷山海关，国人必须自救。如果中国早做对付日本的准备，“不要说一个日本，即十个日本，亦不足畏”。讲到这里，他想起苏联举国一致努力建设的精神，说道：“我人不观新兴之苏俄乎，其朝野一心一德，努力于国是，故有今日之发达。如国人能在此时觉悟，积极准备，则前途并非无望。须知求人不如求己，故唯有反求诸己，方足以言自救。”[1]他希望中国也能像苏联那样发扬举国团结、努力建设的精神，以增强国家实力，从而消除外患。

苏联的建设精神也引起国民党当局人士的关注。蒋介石试图利用日本侵华激起的团结奋进的抗日热情，以苏联人民服从党和政府的领导，从事国家建设的精神，说明民众服从国民党领导的重要性。九一八事变发生后，中央大学学生开展军事训练。蒋介石闻此，于 1931 年 11 月 7 日到中央大学对学生做了一次演讲，要求大家步调一致，听从国民党当局的指挥。他以苏联为例说明这个问题。他说道：“日帝国主义如何侵略我东省，从另一方面而言，俄国为何不受侵略，简言之，俄国的一切教育，多实行严格主义，文武学校学生多能听从其政府的命令，呆版式的、以军事的性质来施行教育。我们中国不能这样，所以，日本来压迫。俄国五年计划，多以军事训练的精神来施行，政府发令，人民惟命是听，所以，帝国主义多怕他。”[2]在他看来，苏联人民严格服从党和政府的领导，是中国民众服从国民党领导的学习榜样。国民政府主席林森则赞赏苏联人民艰苦奋斗、迅速实现民族复兴的建设精神。1937 年元旦，他在中央广播电台发表广播演讲，号召国人身处国难之中，在新的一年里，自力更生，艰苦奋斗。他表示：“现在我们要救亡图存，只有全国人民从本身做起。”他以苏联人民艰苦奋斗的建设精神勉励国人。他表示：“我们建国比苏联早六年。苏联于推翻旧俄政权后，国家地位也是非常危险，但是，因为全国人民都能在新经济政策指导下，埋头苦干，努力奋斗，数年来，就变成农业、工业都很发达的国家，同时，也完成了强大的国

1 《段祺瑞主张日本交还东北，始有直接交涉之余地》，《大公报》（天津版）1933 年 1 月 28 日，第 1 张第 3 版。

2 《蒋主席讲军事教育——前日在中央大学之演讲》，《大公报》（天津版）1931 年 11 月 9 日，第 1 张第 3 版。

防计划”[1]。蒋介石除关注苏联人民与党和政府团结一致的精神外，又要求国民党当局各级官员学习苏联在五年计划建设过程中的勤俭节约精神。1936 年 5 月 16 日，蒋介石在地方高级行政人员会议闭幕式上发表讲话，以苏联政府和人民的勤俭节约为例，说明各级政府节约经费的必要性。他表示：“即如苏俄近年经济逐渐充裕，各项事业均有巨额经费，其实均从数年前彼国政府、人民极端节约、极端劳苦、减衣缩食、竭汗血劳力从事于生产而来。我们此时情形，亦非节约劳苦不可。”[2]

在赞赏苏联艰苦努力从事国家建设精神的国民党当局人士中，驻德国公使蒋作宾较为典型。蒋作宾通过 1931 年 3 月 17 日至 4 月 16 日对苏联一个月的考察，对苏联人民艰苦努力从事经济建设的精神留下了深刻印象。他于 4 月 16 日离开莫斯科前夕，对天津《大公报》记者曹谷冰说：苏联人的“建设精神”，“殊堪重视”，国人“应多加研究”。4 月 24 日，他抵达哈尔滨，又向记者表示，苏联全国上下，踏实苦干，“发展确足惊人”。[3]蒋作宾抵达沈阳后，又于 4 月 27 日向记者表示，“苏俄之励精图治，撇开空谈，从实际去作，五年计划转瞬成功，颇值得世界之注意”。他强调，苏联最令人惊叹者即“现在苏联全国同心勠力，吃苦耐劳，省衣节食，齐向建设道上努力”。中国应学习苏联的这种精神，“对于本国建设必更加倍努力，庶不致落人之后”，“其建国精神，则诚堪令人钦佩而资效法”。[4]5 月 18 日，他在国民政府外交部纪念周作报告时，再次高度评价苏联人民刻苦耐劳、努力建设的精神。他判断，在苏联人民的刻苦努力下，苏联一五计划“或能望其全部完成”，“俄人节衣缩食，克苦耐劳，以完成此种计划，其精神殊堪钦佩”。[5]

邵力子、何应钦、李宗仁、张学良也在不同场合提到苏联的建设精神。邵力子于 1933 年 2 月 19 日在南京开发西北协会发表演讲，就开发西北问题发表自己的看法。他认为，开发西北虽有困难，但必须勇于去做。他以苏联勇于建设的精神为例阐明自己的观点。他说道：“现在苏俄五年计划成功，

1 《林主席讲自力更生》，《大公报》（天津版）1937 年 1 月 3 日，第 1 张第 3 版。
2 《蒋院长之闭幕训词（续昨）》，《大公报》（天津版）1936 年 5 月 18 日，第 1 张第 3 版。
3 《俄人精神至为可惊》，《大公报》（天津版）1931 年 4 月 28 日，第 1 张第 4 版。
4 《蒋作宾过沈谈话，对俄应彻底研究》，《大公报》（天津版）1931 年 4 月 30 日，第 2 张第 5 版。
5 《国际现状 ——蒋作宾在外部报告》，《大公报》（天津版）1931 年 5 月 20 日，第 1 张第 2 版。

他们的眼目中没有‘不能’两个字。”[1]1934 年 7 月 2 日，国民政府军事委员会北平分会委员长何应钦在军分会纪念周上发表演讲，一方面，反对学习苏联的政治制度和马列主义，另一方面，主张学习苏联五年计划推进国家建设的精神。他声称，“我们要紧的是学俄国，不是学他的政制或主义，而是学他的自造资源的精神。苏俄从一九二〇 [ 年 ] 颁布新经济政策时代起，上下一心，节衣缩食，以造资源，以举建设。第一次五年计划的固定资本为八百六十万万卢布，都是十年撙节所得，外资仅占百分之一而已。这是我们所最该取法的”[2]。1935 年 8 月 12 日至 15 日，中国工程师学会、中国化学会、中国地理学会、中国科学会、中国动物学会、中国植物学会六个学术团体在广西南宁召开联合年会。李宗仁在开幕式上发表讲话。李宗仁以苏联埋头建设的精神为例，说明中国人民只要发奋图强，国家的前途就会有希望。他表示，“俄国在欧战的时候，国家祸难也很严重，但俄国国民，能够牺牲奋斗，整理内部，抵抗外患，后来，又节衣缩食，埋头建设，结果仍能使俄国国基，日趋巩固，国际地位，亦一天天的提高起来”[3]。发动西安事变前夕，1936 年 10 月 5 日，张学良对西安各部队军官发表讲话时，以苏联为例说明，只要中国人都从自己做起，扎实肯干，中国就可以复兴。他表示：“我们再把五年计划实施前的俄国，和现在的俄国比一比，简直判若两个世界。可见，凡事没有不可能的，只看肯不肯努力去作。我们中国人，是黄帝的子孙，一定要马上起来干！”[4]

看重苏联建设精神是中国舆论界在认知苏联经济建设方面的一个明显的思想倾向。不仅中国媒体、知识界、普通民众等民间舆论主体，就是国民党当局人士，甚至一些退出政治舞台的军阀政客，均非常看重苏联的建设精神。当时的舆论界对苏联建设精神持褒扬态度，从积极正面视角对苏联国家建设精神做了大量阐述，形成了明确的认知和界定。民间舆论主体对苏联建

---

1 《开发西北》,《大公报》( 天津版 ) 1933 年 2 月 23 日，第 1 张第 4 版。

2 《自立自卫与世界大同——何应钦昨在军分会纪念周之讲演》,《大公报》( 天津版 ) 1934 年 7 月 3 日，第 1 张第 3 版。

3 《广西建设经过与三自三寓政策》,《大公报》( 天津版 ) 1935 年 9 月 12 日，第 1 张第 4 版。

4 《张代总司令讲中国复兴的前途（续）》,《大公报》( 天津版 ) 1936 年 10 月 14 日，第 3 张第 10 版。

设精神的这种褒扬，既是看到国民党当局腐败无能、中国民众庸散苟且精神状态的结果，也是出于拯救民族危亡的视角。虽然国民党当局人士对苏联建设精神的阐述与民间舆论界有所区别，尤其是蒋介石更多出于维护国民党统治的目的阐述苏联建设精神，但是，不少国民党当局人士看重苏联建设精神的本身也说明，他们受日趋严重的民族危机的刺激，也期望通过学习苏联建设精神，推进中国的经济建设。

## 五、对苏联报道的情感倾向

中国舆论界在认知苏联经济建设时，既对苏联宣传抱有好感，又主观上尽力介绍苏联经济建设存在的问题和不足。由于对苏联宣传抱有好感，舆论界受苏联宣传影响，传递的信息有诸多失真之处，其对苏联经济建设的评论和感受，也是以一些失真信息为基础的。由于主观上尽力介绍苏联经济建设存在的问题和不足，舆论界的一些报道和评论又反映出了一些有关苏联经济建设存在的问题和不足的真实情况。

苏联极为重视向中国宣传其五年计划的建设经验及成就，这种宣传促使中国舆论界形成对苏联经济建设的美好印象。苏联驻华使馆人员利用各种场合向中国各界介绍其五年计划的实施方法与成果。1934 年 6 月 4 日，苏联驻华大使鲍格莫洛夫在燕京大学与学生交流时，竭力宣传苏联两个五年计划的建设成就。他声称，“首次五年计划之主要目的，为将苏俄由农业国转为工业国。至二次五年计划之目的，则在发展各业，俟提高苏联国民之生活也。现首次五年计划已告成功，二次五年计划亦将达到目的”[1]。在 1935 年 7 月 4 日国民政府立法院举行的谈话会上，鲍格莫洛夫向立法院长孙科及 30 余名立法委员介绍了苏联实施五年计划的经验及做法，描绘了一幅政府充分协商、合理制订五年计划方案，同时人民积极参与的五年计划建设图景。他介绍，苏联实施五年计划的前提条件是“中央政府能统制全国经济及一切资源”，亦即中央政府对全国经济实现全面控制是建设五年计划的基础。他又

1 《讨论苏俄——俄大使答燕大学生问》，《大公报》（天津版）1934 年 6 月 7 日，第 1 张第 4 版。

重点说明，苏联政府对经济的统制基于人民与政府的充分合作。一方面，五年计划方案的制订是苏联政府各部门、工矿企业、农场、全国人民充分讨论的结果，“计划委员会通过议案后，尚须送交各级政府、各个农村工厂单位，共同研究，必要时并得变更计划委员会之决议”，另一方面，全国人民亦对五年计划的实施，抱有高度热情，“惟实行时，全国上下，均以全力赴之”，“人民亦甘愿受苦，以助计划委员会之成功”。[1]1936年11月8日，在中苏文化协会举办的庆祝十月革命19周年大会上，苏联驻华大使馆参赞梅拉美德大力宣扬苏联工业化、农业集体化成就，声称：“现在，苏联已建设了他们自己的重工业、铁路网，在许多工业部门中已占世界上生产的第一位。”“集体农场制度在苏联已有了很好的结果，去年和今年的丰收即可表明该制度之进步。”[2]1937年5月25日，鲍格莫洛夫在上海国际问题研究会等团体举行的午餐会上声称，苏联1936年农产品产量比一战时期增加一倍半，工业品则增加7倍以上。与其他国家相较，1935年，苏联机器工业产品“在欧洲居首位，在世界中列第二位”，“电力列世界之第二位，煤产列欧洲之第二位，铁矿列第二位，石油列欧洲之第一位，小麦及糖均列第一位，金矿列第二位”。[3]在苏联外交人员口中，苏联工农业生产已进入世界最强者之林。

中国舆论界对苏联关于本国建设成就的宣传是抱有好感的，认为苏联的这种宣传反映了苏联的实际。苏联外交人民委员李维诺夫于1933年6月14日在伦敦经济会议上发表演说称：“苏俄因特别经济及政治制度，未受资本主义国家所蒙受之经济恐慌。”[4]6月16日，天津《大公报》发表短评，对李维诺夫此言表达了相当的好感。短评说道：李维诺夫所言确为苏联的宣传，“其实，宣传无用，最雄辩的是事实。苏联是否有经济恐慌，这是事实问题。若事实如此，难怪他宣传了。换句话说，假如资本主义的各国，能解决了世界恐慌，那么，也就不怕他宣传了”[5]。中国舆论界对苏联宣传的好感，从天

1 《苏联大使鲍格莫洛夫出席立院谈话会》，《中央日报》1935年7月5日，第1张第2版。

2 《会务纪要》，《中苏文化》第1卷第7期，1936年12月1日，第177页。

3 《鲍格莫洛夫讲苏联新宪法》，《申报》1937年5月26日，第3张第9版。

4 《李维诺夫呼吁经济休战》，《大公报》（天津版）1933年6月16日，第1张第4版。

5 《开口便是宣传》（短评），《大公报》（天津版）1933年6月16日，第1张第4版。

津《大公报》对鲍格莫洛夫演讲的态度也可以看出来。1933年7月6日，鲍格莫洛夫在北平对记者大谈苏联经济建设的成就。他宣传说，苏联一五计划取得巨大成功，苏联“已成为一工业国家”。苏联的外交成就乃基于国内建设的成功，“盖内政与外交，从来即系互相联系者。因苏联内政之成功，外交随之亦获得胜利”[1]。针对鲍格莫洛夫所言苏联外交的成功基于内政的成功，天津《大公报》编者极受触动。该报为此发表短评感叹道：“我们浪费光阴了！”短评认为，鲍格莫洛夫所言“极值得中国人的倾听”。“五年的岁月，是很短的。我们在混乱中浪费的渡过，人家却拼命的在建设上显了成绩，可见事在人为，祸福都是自造。”[2]

在一五计划完成、二五计划开始实施之际，苏联当局和新闻媒体从1933年初开始向国内民众、世界各国高强度宣传其经济建设取得的成就。苏联的各种宣传活动和文件，中国媒体大多作了即时报道和登载。中国媒体的相关报道和介绍，给中国各界人士造成了苏联经济蒸蒸日上的印象。天津《大公报》于1933年2月16日刊登了一篇通信，引述苏联军事委员长瓦洛沙洛夫在莫斯科驻军的演讲内容。瓦洛沙洛夫声称，苏联已跻身世界头号经济强国之列，“实施列宁政策之结果，苏联已变成最强的实业化国家”[3]。1933年底，苏联集中宣传其经济建设成就。在当年12月19日俄罗斯加盟共和国中央执行委员会全体大会开幕之际，苏联各报纸纷纷宣传莫斯科经济建设成就，声称莫斯科“在整个方面已变为大工业之中心，且已由一消费区，变为生产区”，“刻下无论何人至莫斯科时，对全市各处所进行之巨大建设未有不惊异者”[4]。12月23日，苏联航空动力研究院举行成立15周年纪念大会，斯大林、伏罗希洛夫、奥尔忠尼启则及苏联航空界要人出席会议。伏罗希洛夫代表苏共中央和苏联政府致词宣称：“在航空事业中，苏联现在已近于列宁口号之完成，即在技术上亦追上并越过先进资本主义国家。”[5]

---

1 《俄大使演辞，昨宴报界时发表》，《大公报》（天津版）1933年7月7日，第1张第3版。
2 《我们浪费光阴了！》（短评），《大公报》（天津版）1933年7月8日，第1张第4版。
3 《苏联实业》，《大公报》（天津版）1933年2月16日，第2张第5版。
4 《第二五年计划第一年之成绩》，《大公报》（天津版）1933年12月21日，第1张第4版。
5 《俄航空实力已超过欧美各国》，《大公报》（天津版）1933年12月26日，第1张第4版。

在受苏联宣传影响的同时，中国舆论界又主观上尽力客观介绍苏联经济建设存在的问题和不足，所以，出现了一些批评与质疑之声。尤其是天津《大公报》《独立评论》就刊登了一些反映苏联经济建设中存在的问题与不足的报道和文章。

早在 30 年代初，中国舆论界就注意到了苏联一五计划期间农业与工业发展的不平衡问题。1930 年 8 月 25 日，天津《大公报》发表短评注意到，苏联过于偏重工业，导致农业与工业发展不平衡，进而引发农村与城市之间矛盾。短评分析道："苏俄表面上是劳农并重，实际上总是把工人的利益看得重些，工业品显然有压迫农产物的趋势。因此，便发生出农民怠业、食粮缺乏种种不良的影响，工农之间也显然有一种说不出的恶感存在。所以，农村与城市的冲突，在这个红色国家里，闹得或许竟格外重些，亦未可知。"[1]

天津《大公报》记者曹谷冰于 1931 年春夏在采访苏联期间，发现了苏联一五计划期间由于推进经济建设过于急剧而出现的种种问题。他于 1931 年 4 月 8 日从莫斯科寄出的通信介绍了苏联因建设资金紧张而超发纸币，导致通货膨胀的情况。他介绍，"苏俄实行大规模之建设，需款至多，但以国库支绌，且无一定数额之外国资金流入，故财政上措施极感不易"。尤其是，苏联因进口机械设备、雇用外国专家，需要大量外汇。这导致苏联 1930 年对外贸易出现巨额入超，财政"遂感困难"。同时，苏联工业生产成本的降低未达到原计划指标，导致"企业赢余并不甚巨"，于是，建设经费及其他各种投资不得不依靠国民公债、国民储金、国家银行增发的货币。苏联于 1930 年增发巨额纸币导致苏联纸币币值"日渐低落"，形成"自由市场物价腾涨之现象"，劳动阶层和公务员等因有购物凭证和公共食堂、合作社等组织维持，"生活未感若何困难"，而自由经营的小工商业者和无业者，"则感极度之痛苦"[2]。曹谷冰在同年 4 月 10 日寄回国内的通信中又注意到，1930 年，由于苏联当局急剧推进工业化和农业集体化，苏联出现了许多不稳定现象，人民的精神和物质生活也极为紧张，苏联人民"处于种种紧张状态之

1　芸：《农村城市的不均衡》（短评），《大公报》（天津版）1930 年 8 月 25 日，第 1 张第 4 版。

2　曹谷冰：《赴俄特派员第五信——苏俄财政之艰难》（4 月 8 日寄自莫斯科），《大公报》（天津版）1931 年 4 月 27 日，第 1 张第 4 版。

下，工作繁重，营养不足，均达极度”，“盖不特时虞食粮不足及生活必需品之不能充分供给而已，其精神及体力，亦因国家急欲完成建设、达展国民经济之故，常苦运用过度，遂致发生空前之紧张也”。[1]

苏联开始实施二五计划后，天津《大公报》报道了苏联经济建设过程中存在的工业生产未完成计划、农业机械使用率不高、食品涨价问题。1933 年 11 月 6 日，该报发表通讯介绍，1933 年头六个月工业生产数字“只及预定计划当中的百分之四十三”。在 1933 年的秋收工作中，由于组织缺陷和技术工人不足，一些国营农场的收割机的使用效率不高，“‘巨无霸国家农场’的收获欠佳，因为是在工作组织上有缺点。收获和打粮食的机器，构造繁复，是需要精炼的工人的。但是，这种工人显然是很少。在这区域，有 374 架‘联用机’（Combines），但是，只使用了 156 架”。虽然 1933 年苏联各地农业丰收，但是，各城市面包的价格“反而高涨起来了”。[2]

中国舆论界指出了苏联经济建设过程中食品匮乏、人民生活水平低下的问题。天津《大公报》屡次报道了苏联食品缺乏的情况。该报于 1932 年 6 月 27 日刊登的报道介绍，“苏联各地食粮之缺乏，反映于莫斯科分配物品之缺乏”。虽然莫斯科的情况比其他地区较好，但当年 5 月始终未向居民供应鲜肉，咸肉也仅供应过一次，其他食物如鱼、糖、茶、菜油、白薯、麦粉、面包，供应数量亦极少，“此分配之物品，显然不能维持生活”，各私人市场和政府商店均空空如也。即便有商店出售东西，门外也排成长队，“此种行列时常达二三千人”。[3] 该报于 1934 年 11 月 26 日再次报道，乌克兰大部分地区出现因牛奶缺乏导致的恐慌。苏联政府被迫决定，牛奶等日用品实行凭票购买，医院婴儿对牛奶有优先权。[4] 一些论者指出了苏联人民生活水平低下问题。丁文江于 1933 年 5 月 21 日在《独立评论》发表文章认为，苏联工人的工资远低于 1929 年至 1933 年经济危机期间英国失业工人从政府领取的“失业津

---

1 曹谷冰：《赴俄特派员第六信 —— 苏俄之农业》（4 月 10 日寄自莫斯科），《大公报》（天津版）1931 年 4 月 29 日，第 1 张第 3 版。

2 《俄第二五年计划明年初宣布》（9 月 27 日丕士自莫斯科），《大公报》（天津版）1933 年 11 月 6 日，第 1 张第 4 版。

3 《苏俄社会之特色》，《大公报》（天津版）1932 年 6 月 27 日，第 1 张第 4 版。

4 《苏俄牛奶恐慌》，《大公报》（天津版）1934 年 11 月 26 日，第 2 张第 5 版。

贴”。[1]

对于 1932 年至 1933 年乌克兰等地大饥荒，中国媒体是有所报道的。1933 年 4 月 21 日，天津《大公报》报道，素来富足的乌克兰居民“现因饥荒，皆向大城市，如莫斯科、列宁格勒及哈 [ 尔 ] 科夫等处逃难”[2]。1934 年 6 月 3 日，天津《大公报》在“国际简讯”栏内，刊登了一条 80 余字的短新闻，内称：“按去春苏俄荒灾，饥死百万人。近因得甘霖，或不致再演惨剧，但若干区之人民，已因饿而患肿。”[3]

中国舆论界认识到了苏联向集体农场强制低价征收公粮制度的弊端。1933 年 5 月 10 日，李陵在天津《大公报》“经济周刊”版发表文章介绍，苏联政府每年制订向集体农场征收公粮的指标。征收价格由政府规定，“此种价格恒较市价低至十倍以上”。政府动用各种“劝告与强迫方法”，进行征收。这样，虽然农民在法律上拥有“自由处置产品之权”，“但在此种方法之下，农民除将产品售与国家外，别无他道”。政府往往不考虑当年农业生产的丰歉，强行按预定的指标进行征收。例如，1931 年东部发生旱灾，收成比上年大减，但政府的征收指标却比上年还多。“农民终年辛勤所得，以贱价强制售与政府，如遇自行需要时，反须以高价向市场购买。以是，农民恒破坏其所贮藏之谷物，屠杀其牲畜，以作消极的抵抗。粮食损失，颇属不少。”他认为，“此种过度征收，足以损害农民生计，扑灭农民努力耕种之欲愿，减低农民贮畜之兴趣”。[4]同年 8 月 27 日和 28 日，天津《大公报》连载长篇通信，详细介绍了苏联政府与集体农场、个体农民在粮食征购问题上的矛盾。通信介绍，虽然集体农场日益发展，个体农民减少，“但谷类之收集，仍多高压及冲突”。1933 年苏联政府发布的命令，要求集体农场在一定期限内将收获的一定比例的农产品上缴政府，这引起农民的不满。而 1932 年地方政府与集体农场的合同未规定缴纳农产品在全部收获中的比例，一些

---

1　丁文江：《评论共产主义并忠告中国共产党员》，《独立评论》第 51 号，1933 年 5 月 21 日，第 9 页。

2　《乌克兰饥荒》，《大公报》（天津版）1933 年 4 月 21 日，第 2 张第 5 版。

3　《国际简讯》，《大公报》（天津版）1934 年 6 月 3 日，第 2 张第 5 版。

4　李陵：《苏联农业集体化概况》，《大公报》（天津版）1933 年 5 月 10 日，第 3 张第 11 版。

管理好、产量多的农场往往缴纳更多的农产品，“去年之计划，不能满足比额之地方，当局常强迫集合农场农人之管理良好，有过剩生产者，较其所应缴者为多，其结果，管理良好之集合农场，遂受管理不良者及不称职之地方当局所累，甚至一农场有受四五次之征发者”。政府向集体农场大量征收粮食，“此均为农人最不满意之原因，去冬各处，多有受饥荒者，其原因亦即以此”。[1]

对于苏联的经济情况，中国舆论界一方面对苏联的宣传抱有好感，往往轻信苏联方面的一面之词，从而大量鼓吹苏联经济建设取得的成绩，另一方面，只要掌握苏联经济建设过程中的弊端和不足的信息，就会予以客观的介绍和分析。这两种思想现象在30年代的中国舆论界同时存在。这种看似矛盾的思想现象，其实并不矛盾。这源于当时中国舆论界所掌握的有关苏联经济建设真实情况的信息的缺乏。由于不了解苏联经济问题的真实情况，中国舆论界对于苏联经济建设的批评和质疑声音非常零星，显得极其微弱，在中国舆论界不占主流。

综上所述，30年代的中国舆论界将苏联视作高速发展的经济体，积极肯定苏联经济建设取得的进展和成绩。虽然中国舆论界对于苏联经济建设存在的弊端和不足有一些批评声音，但只是零星、个别的情况。中国舆论界这种思想现象的形成，有着多方面的思想原因。20年代的世界整体经济格局呈现1929年爆发的经济危机导致资本主义国家经济衰退与苏联两个五年计划高歌猛进并存的局面。中国舆论界面对这样的世界经济格局，往往从感性上看好苏联经济发展进程。同时，本来就严重落后于世界经济发展进程的中国经济，又受到1929年爆发的资本主义经济危机的冲击，呈现出工业破产、农业衰退、商业凋敝的局面。舆论界将落后、停滞的中国经济与苏联经济进行对比，更加高看苏联经济发展。而且，在日本侵华日急的情况下，舆论界急于找寻实现中国经济快速发展以充实抗日国力的路径，苏联实现经济快速发展的经验和做法，就成为舆论界羡慕的榜样。正是出于这样一种考虑，舆论界为提振中国建设精神，就大量阐释苏联的建设精神。舆论界对苏联经济建

---

1 《苏俄农工业》,《大公报》(天津版) 1933年8月27日，第1张第4版。

设的看法，又深受苏联宣传的影响，从苏联的宣传信息中，获得了大量有关苏联经济建设的正面信息。这些因素共同促成了中国舆论界对苏联经济建设的高度评价。

中国舆论界对苏联经济发展问题的认知是其探寻中国经济发展道路的重要组成部分，其对苏联经济发展进程的认知过程亦是其探寻中国经济发展道路的过程。由此形成的中国舆论界苏联经济发展观，呈现出对苏联经济发展问题的认知、对世界经济格局的观察、对中国经济问题的分析的三位一体的态势。通过对苏联经济发展问题的认知，舆论界将苏联视作高速发展的经济体，认为苏联在一五、二五计划期间实现了经济的超常轨快速发展，尤其是在短期内迅速实现了国家的工业化。在对世界整体经济格局的观察中，舆论界注意到苏联是当时世界上唯一快速发展的国家，相对于深陷 1929 年爆发的经济危机泥潭而不能自拔的资本主义国家经济，苏联一枝独秀。舆论界对中国经济问题的认知则呈现多样化样态，既看到了中国经济原有的落后，又看到了中国经济受各种内乱和资本主义经济危机影响而导致的停滞甚至衰败，甚至看到了中国经济落后导致的各种社会问题，同时，在日本侵略导致中国民族危机空前严重的情况下，急于寻找中国经济发展的出路。实际上，中国舆论界苏联经济发展观的三个方面，又是相互影响的。对苏联经济高速发展的判断，凸显了中国经济的落后和停滞，使舆论界认识到学习苏联经济发展经验和做法的重要性。对世界整体经济格局的观察，使舆论界看到苏联经济发展在当时世界上的优势。对中国经济问题的分析，更进一步彰显出中苏两国在经济方面的巨大差距。舆论界这三个方面的认知思路，共同促成了其对苏联经济发展的肯定和认可。当然，中国舆论界对苏联经济情况的认知，既由于掌握苏联经济信息有限，又深受苏联宣传影响，与苏联实际经济情况有相当的差距。舆论界虽然尽力发现苏联经济发展的弊端和不足，并对苏联经济发展提出了一些批评和质疑，但这种批评、质疑非常零星，声音也极为微弱。在某种程度上说，在当时世界各国包括苏联本国均没有充分认识到苏联经济存在的问题和结构性矛盾的情况下，中国舆论界的此种认知态势也是一种合乎逻辑的思想现象。

# 第 三 章

# 20 世纪 30 年代舆论界的苏联经济制度观

苏联是世界上第一个社会主义国家，也是20世纪30年代唯一的社会主义国家。十月革命后，苏联逐步建立起迥异于其他国家的社会主义经济制度。20世纪前期，苏联社会主义经济制度的建立经历了一个发展过程。在战时共产主义政策时期，苏俄实现了土地国有化，并将绝大部分工商业收归国有。在新经济政策时期，苏联在保持土地国有的前提下，将土地分给农民耕种，在一定范围内给予农民生产自主权，并允许小型私营工商业的存在。在一五、二五计划时期，苏联全面推行工商业领域的国营，并大力推进农业集体化，建立起以计划经济为核心，以公有制经济为基础的社会主义经济体制。对于苏联社会主义经济体制，中国舆论界作了大量介绍、分析和评论，这成为30年代中国舆论界的一个焦点话题。所以，中国舆论界的苏联经济制度观成为其整体苏联观的重要组成部分。考察中国舆论界苏联经济制度观，有几个关键问题需要厘清：在苏联建立起完善的社会主义经济制度的情况下，中国舆论界是如何看待苏联社会主义基本经济制度及其发展进程的？中国舆论界是如何看待农业集体化等构成苏联社会主义经济制度的一系列具体制度的？中国舆论界是如何从整个世界经济制度发展趋势角度分析作为苏联社会主义经济制度核心要素的计划经济制度的？

## 第一节

# 对苏联社会主义基本经济制度的认知

十月革命后，苏联建立起系统的以公有制经济为基础的社会主义经济制度。苏联社会主义经济制度的形成过程经历了十月革命后的战时共产主义政策时期、20 年代的新经济政策时期、一五和二五两个五年计划时期。在战时共产主义政策时期，苏联在奠定公有制经济的同时，实行彻底的国有化、去商业化和实物配给制。新经济政策时期，在保持公有制经济的同时，扩大农民、小型工商业者的经营自主权，部分恢复商业经营。一五、二五计划时期，苏联又取消了社会主义经济制度中的自主经营因素，推行工商业领域的全面国营，全面建立集体所有制的集体农场。苏联的社会主义经济制度是中国舆论界相当感兴趣的问题。中国媒体刊登了大量文章，对苏联社会主义经济制度作了全方位、多角度的介绍和分析。透过时人对苏联社会主义经济制度的广泛关注和赞赏，可以看出苏联社会主义经济制度在 30 年代中国产生的广泛社会影响。

## 一、30 年代初对苏俄战时共产主义政策和苏联新经济政策时期社会主义经济制度的批评与思考

30 年代初，在苏联一五计划经济建设成果尚未引起中国舆论界关注的情况下，中国舆论界一度聚焦于十月革命后的苏俄战时共产主义政策和 20 年代的苏联新经济政策。尤其是具有欧美留学背景的《经济学季刊》作者从西方自由经济理论角度，指出了苏俄战时共产主义政策的弊端，并深入思考了苏联新经济政策对苏联战时共产主义政策的调整。

1918 年至 1920 年苏俄国内战争时期，苏俄的粮食、煤炭、钢铁等主要工农业产品产地陷入敌手，苏俄经济状况十分困难。为了克服经济困难，苏俄政府实行一系列战时共产主义的经济政策，将国内贸易国有化，一切粮食、日用品均由国家和合作社供应；实行余粮收集制，将农民自用之外的余粮全部由国家征收；对非农业人口实行实物配给制，粮食和日用品由合作社统一配给，从而使货币失去意义；将大、中、小全部工业国有化。战时共产主义政策一方面奠定了苏俄（苏联）社会主义公有制基础；另一方面存在很大弊端，过度的公有制和去商业化，使苏俄经济陷入僵局。

诸多论者在《经济学季刊》发表文章，指出苏俄战时共产主义政策的弊端和危害。1927 年 6 月，在美国哥伦比亚大学经济学院留学的寿勉成[1]撰成《我国经济改造声中的货币问题》一文。回国后，他于 1930 年 7 月将此文发表在《经济学季刊》上。寿勉成在此文中指出了苏俄战时共产主义政策取消货币的弊端。他表示，苏俄于 1918 年至 1920 年取消货币，分配货物，全凭票据，“他们愿意回到物物交换的时代去。人民纳税亦用货物”。但是，苏俄当局发现，没有货币有许多不方便之处，“交易没有相当的媒介，定价没有

---

1 寿勉成于 1923 年进入美国华盛顿大学攻读经济学，获经济学硕士学位，之后，又到纽约哥伦比亚大学经济学院学习。1927 年回国后，他先后任复旦大学、大夏大学、安徽大学等校教授。之后，他于 1929 年任中央政治学校社会经济系主任，又于 1936 年任中央政治学校合作学院院长。参见钟水浩：《合作经济学家寿勉成》，浙江省政协文史资料委员会编：《浙江文史资料》第 64 辑《史海钩沉》，浙江人民出版社，1999 年，第 287—288 页；杨德寿、朱中健、傅德宝：《中国合作社经济思想研究》，中国财政经济出版社，1998 年，第 135—136 页；叶世昌、李宝金、钟祥财：《中国货币理论史》，厦门大学出版社，2003 年，第 436—437 页。

相当的单位，借贷没有相当的标准，发生了许多无谓的问题”。[1]苏俄在战时共产主义政策时期实行的余粮收集制尤其受到时人的批评。1930年4月，实业家穆藕初在《经济学季刊》发表文章介绍，由于政府将农民除自食之外的所有粮食收归公有，农民便大面积减少耕种面积，拥有百亩土地者，只耕种十亩，只求收获的粮食够自家食用，土地被大量抛荒，“以致共产革命后，全俄农业生产物突然大减。向之以农产物为出口之宗者，至是竟不足以供给其本国其他人民之需要。全国大饥荒之惨剧，几使政府无法维持”[2]。1931年春节，尚在法国巴黎留学的姚庆三[3]撰写《平均地权的理论和实行》一文。他回国后，于1931年9月将此文发表在《经济学季刊》上。他在此文中介绍，苏俄政府于1918年实行征收农产政策，将农民除自食之外的所有剩余农产品全部由政府征收。农民为了抵抗这种政策，“就消极的减少农产的出产”，导致1921年的农产量仅为一战前年产量的一半。[4]

鉴于战时共产主义政策的弊端，在国内战争结束后，苏俄政府于1921年开始实施新经济政策，以征收粮食税代替余粮收集制，农民交纳一定的粮食税之后，剩下的粮食归农民所有，允许自由出卖；恢复部分私商的自由贸易，恢复商品货币关系对生产的调节作用；恢复部分私营经济，将一些小工厂恢复私营，将一些国家暂时无力经营的企业租给外国资本家。

在30年代初中国论者看来，1921年苏俄由战时共产主义政策向新经济政策的转变，是一个重大的政策转型。1931年3月，朱通九在《经济学季刊》发表文章认为，新经济政策的实施证明了苏俄“共产主义”的失败，“这个新经济政策就救了贫乏和饥饿的苏俄。共产主义的试验，确实失败

---

1 寿勉成:《我国经济改造声中的货币问题》(1927年6月8日于纽约哥伦比亚大学经济学院)，《经济学季刊》第1卷第2期，1930年7月，第107页。

2 穆湘玥:《劳资协调与生产》,《经济学季刊》第1卷第1期，1930年4月，第31—32页。

3 姚庆三于1928年毕业于上海复旦大学后，赴法国巴黎大学学习政治经济学。他于1931年回国，任职于上海交通银行总管理处。1932年后，他担任上海法学院、复旦大学、大夏大学教授，期间，兼任上海农村复兴委员会社会经济调查所专员。1935年，他任国民政府资源委员会国民经济研究所专员。曾康霖、刘锡良、缪明杨主编:《百年中国金融思想学说史》(第2卷)，中国金融出版社，2015年，第519页。

4 姚庆三:《平均地权的理论和实行》(1931年春节脱稿于巴黎)，《经济学季刊》第2卷第3期，1931年9月，第75页。

了”。苏俄在战时共产主义政策时期，将绝大部分企业收归国有，并将土地全部国有，农产品除农民自食外，全部上缴政府，“结果，生产力减退，农夫怠耕”。1921年，苏俄“政府不得已，改行新经济政策”，废止农产品的征发，部分停止企业国有政策。[1]

由于将新经济政策视作对战时共产主义政策的修正，强调新经济政策与战时共产主义政策的区别，所以，30年代初的中国论者对新经济政策表示认可。姚庆三在1931年9月发表的《平均地权的理论和实行》一文中，从总体上认可20年代苏联新经济政策。他将世界“社会主义”的演化分为“乌托邦社会主义”“马克思的科学社会主义”“现代合理社会主义”三个时期。他认为，“乌托邦社会主义”“马克思的科学社会主义”都是错误的，只有“现代合理社会主义”适合人类社会发展的需要。而苏联新经济政策属于“现代合理社会主义”，不属于“马克思的科学社会主义”，“俄国1917年十月革命以后至1921年实行新经济政策为止，所实行的社会主义是乌托邦社会主义，因为它是不顾现实的物质环境的。新经济政策后，俄国所实行的就是合理社会主义”。[2]他尤其认同新经济政策时期苏俄将国有土地分给农民自主经营的政策。他介绍，列宁鉴于苏俄农业生产的急剧低落，于1921年决定，在继续保持土地国有的情况下，农产品“都归农民所有”，这样，“所谓土地国有不过是一个虚名而已”。这种政策很有成效，如果将1913年俄国农业生产指数设定为100，1928年的农业生产指数已经达到101.6，农业生产恢复到了一战前的水平。他认为，“列宁在理论上很平庸，他的应付事实的勇敢却不能不使我们佩服”[3]。

李权时和毛起鵰在《经济学季刊》发表文章，认可苏联新经济政策时期的税收制度。1931年6月，李权时阐述了苏联新经济政策时期的营业税政策。他介绍，苏联从1926年10月1日开始实施征收营业税政策。苏联政府

1　朱通九：《经济学家的四大派别》，《经济学季刊》第2卷第1期，1931年3月，第91页。

2　姚庆三：《平均地权的理论和实行》（1931年春节脱稿于巴黎），《经济学季刊》第2卷第3期，1931年9月，第116—117页。

3　姚庆三：《平均地权的理论和实行》（1931年春节脱稿于巴黎），《经济学季刊》第2卷第3期，1931年9月，第76页。

征收营业税有两个目的：一是增加国库收入，二是加重资产阶级的负担，抑制私人企业。苏联政府征收的营业税分为特许税、平衡税、奢侈品营业税三种。苏联政府征收的特许税，经营规模越小，税率越低，反之，税率越高；越偏远的地区，税率越低。苏联的平衡税的目的在于补特许税的不足，在商业领域，小商人比大商人负担重；在制造业领域，税率相同。在奢侈品营业税方面，对于奢侈品制造业，每年征收五成的特许税；对于奢侈品贩卖业，对于大商业，每年征收四成；对于小商业，每年征收六成。[1]1933 年 6 月，在复旦大学任教的毛起鹏注意到，苏联新经济政策时期所得税最低免税点随纳税者所在地区的生活费用的高低而有差异，同时，所得税税率采用"累进制度"，其税率"不是说百分之几"，而以"赋税单位办法"（tax unit method）为标准。他认为，中国应学习苏联这种税收政策，"至于免税的限度，最好是仿效苏俄制度，视各地生活费用的大小而定免税的限度。采用赋税单位的税率，以适应币值的变动，而减轻一般劳动者的负担。这是我国极应仿效的"。尤其是以"赋税单位办法"为标准的累进税率，"这种办法要比别的方法好。他是可以随着货币价值的低落而加以修正，因此，人民也可以不致负担过重"。[2]

除《经济学季刊》作者外，国民党当局人士也认可苏联新经济政策时期将土地使用权分给农民的政策。1930 年 6 月 9 日，国民政府立法院长胡汉民在国民党中央党部纪念周作报告，介绍立法院起草土地法的情况。胡汉民以苏联新经济政策时期农民获得土地使用权进行个体耕种为例，说明中国实行土地私有的必要性。他介绍，立法院在起草土地法过程中，在中国应实行土地私有还是实行土地公有问题上，经过讨论，仍承认土地私有权。他分析，苏联自十月革命后，虽推行土地国有，但经过多年的波折，仍未完全实现。苏联鉴于战时共产主义政策时期完全土地国有的危害，在新经济政策时期，承认农民的土地使用权，"苏俄初共产时，全将土地收为国有。嗣即农业荒废，人民多饿，结果仍不能不变更采用新政策，仍将农民土地发还"，农民

1　李权时：《中国目前营业税问题概观》，《经济学季刊》第 2 卷第 2 期，1931 年 6 月，第 7 页。
2　毛起鹏：《中国所得税问题》（1931 年 1 月 1 日于复旦大学草峻），《经济学季刊》第 4 卷第 2 期，1933 年 6 月，第 139—141 页。

虽无土地所有权，但获得的土地使用权与所有权相当接近，“农民仍实不啻有私权存在”。[1]

显然，在 30 年代初，中国舆论界对苏俄战时共产主义政策持批评态度。时人尤其反对苏俄战时共产主义政策时期的余粮收集制和取消货币的去商业化。同时，时人对苏联新经济政策多表示肯定，尤其认可在保持土地国有情况下，将土地使用权分给农民的政策。时人对苏俄战时共产主义政策的批评，说明他们是不赞成苏联社会主义经济制度中的彻底的公有制或国有化的。时人对苏联新经济政策的认可，说明他们看重苏联社会主义制度中的自主经营因素。这在苏联 30 年代计划经济时期农业集体化、工商业领域的全面国营制度尚未引起中国人士充分关注的情况下，乃是中国舆论界对苏联经济制度的一种普遍的认知倾向。

## 二、对苏联一五、二五计划时期苏联社会主义经济制度的观察与赞赏

随着苏联一五、二五两个五年计划建设的进展和成绩受到中国舆论界越来越强烈的关注，同时，一些中国人士有机会实地了解苏联社会主义经济制度，时人开始对苏联一五、二五两个五年计划时期的社会主义经济制度有了更多的了解，并表现出越来越多的赞赏态度。

从 30 年代初开始，一些有机会实地访问苏联的中国人士对苏联的社会主义经济制度有了切身的感受。赴莫斯科参加中苏会议、谈判中东路问题的莫德惠于 1930 年 5 月 4 日乘火车行至苏联西伯利亚下乌金斯克时，感受到苏联国有化的经济影响。当地一位老人向他介绍，当地原有人口 2.5 万人，多以经商为业，“自革命以后，资本国有，政府设贸易部，取商人而代之，而此二万五千人遂不得不改营他业，有田者，有猎者，有伐木采薪者，糊口而已”[2]。1931 年春在苏联采访的曹谷冰非常关注苏联的私有财产问题，并怀有强烈的好奇心。他表示，“在实行共产制度之苏俄，人民犹有私产否乎？如

1 《胡汉民报告土地法大部份已完成》，《大公报》（天津版）1930 年 6 月 14 日，第 1 张第 3 版。

2 莫德惠：《使俄日记》，《大公报》（天津版）1930 年 5 月 20 日，第 1 张第 4 版。

曰有之，则其数额亦有限度否乎？其性质，如土地、房产及商业企业者，均得视为私产否乎？私产所有人死亡后，遗产由私人继承乎，抑由国家承受乎？凡此问题，度为国人所急欲知之者”。关于苏联是否存在私有财产问题，曹谷冰介绍，苏联法律并不禁止个人拥有私有财产，“惟就法律上言，今日苏俄人民不仅可以保有私产，且可保有无量数之私产也”，但实际上不可能产生富人。一方面，苏联严惩贪污，“设有贪污行为，则罪款惟重，宁杀不辜”，通过“掠夺、侵占、投机”致富，绝无可能，另一方面，苏联法律对于经营工商业者限制甚严，使之“无由扩张”。他介绍，苏联个人是拥有私产的，但数量不会太多。苏联个人私有的不动产以本人及家属居住的房屋为限，“超过需要者，即收归国有，不得自由出租，收取租金”。私产所有人死后，“其遗产仍由继承人承受，并不收为国有”。[1]1933年4月16日，天津《大公报》“小公园”版刊登随苏炳文东北抗日部队退入苏联境内的陈姓人士的日记。这位陈姓人士记述了苏联消灭私有财产的情况。他介绍，虽然苏联尚未完全消灭私有财产，但正在努力消灭过程之中，“在共产的制度之下，是绝对不能容私有财产制的存在的。苏联对于这一层，似乎还没有彻底的完成，不过，他们却也正在逐渐努力消灭中”。他坐火车经过的伊尔库茨克、赤塔、伯力等地，“除了食馆、担贩、小商之外，其余中外大商，都在被没收，挤荒，或残喘其最后之一口了。这样一来，私有营业灭亡了，国有营业便起来了”。[2]新疆外交特派员吴霭辰于1934年4月6日抵达南京，向国民政府行政院长汪精卫汇报新疆情况。吴霭辰除考察新疆外，还参观了苏联莫斯科、列宁格勒、乌克兰、高加索、中亚细亚等地。吴霭辰在南京介绍苏联贸易国营体制时说：“全国商业，均归国营，对外设有贸易专局，私人经营，悬为厉禁，投机分子，国有常刑。”[3]蒋廷黻在1934年8月下旬至11月上旬对苏联的考察中意识到，苏联的社会主义经济制度是一个完全不同于资本主义的全新的经济制度。他发现，在苏联，金钱不是万能的，商品的购买力

---

1 曹谷冰：《苏俄人民之私产问题，法律不禁，实际无富人》（5月6日寄自莫斯科第十四函），《大公报》（天津版）1931年5月26日，第1张第3版。

2 《苏俄边境流亡记》，《大公报》（天津版）1933年4月16日，第3张第12版。

3 《吴霭辰谈新疆现状》，《大公报》（天津版）1934年4月9日，第1张第4版。

不完全体现在金钱上，“这个世界断非金钱的世界”。“在苏联现行的经济制度之下，无论一个人怎样聪明，绝对不能发财。”“就是有了钱，钱的使用有种种限制。”土地全部属于国家，一个人有钱，想买块地作私人花园，政府不会卖给他或租给他。物价都由政府决定，必需品价格很低，奢侈品价格很高。人人可以进去买东西的公开商店，商品价格较高，为特殊团体设立的不公开的劳工商店或合作社，商品价格较低。“金钱在苏联可说没有一定的购买力，要看钱是在什么人手里，在什么店里买什么东西。”[1]

中国舆论界注意到了马克思主义倡导的共产主义理论与苏联社会主义之间的区别。时在北平闭门著书的老同盟会员刘揆一在 1932 年 2 月 1 日出版的天津《大公报》发表文章，以苏联为例，论述中国实行三民主义，不能实行“共产主义”问题。他表示，“至吾国则经外国资本主义之侵略，近已沦于赤贫地位。人人无产，有何共之可言？且即以共产之苏俄言之，其特殊过程中，亦未能实行其主义。现所行者，只可谓为社会主义。最近若无五年计划以救济之，恐苏俄早已根本动摇矣”[2]。应该说，刘揆一对苏联经济制度的理解大致准确。他注意到，苏联目前所实行的并非共产主义，而为社会主义，而五年计划建设则为苏联社会主义建设的重要组成部分。还有论者重点辨析了苏联实行的“各尽所能，各取所值”的社会主义分配原则与苏联倡导的“各尽所能，各取所需”的共产主义目标的区别。1932 年 5 月 17 日出版的天津《大公报》“读者论坛”版发表署名“箕”的文章，阐述“各尽所能，各取所需”这一“共产主义”目标的现实不可行性，并认为“各取所值”的“社会主义”目标是一个现实可行的目标。此文认为，“共产主义根本之错误，在于忘记或忽略一最重要之事实。此最重要之事实维何？即人类个人之私利心是也。人类欲实现‘各尽所能，各取所需’之社会，必须社会中各个人之道德高至极点，牺牲争先（此牺牲包括牺牲金钱，牺牲劳力，牺牲快乐，牺牲私爱，牺牲生命等等皆在内），享利互让”，“此其需要社会道德之高，实远过社会主义者所标榜‘各取所值’之义也”。此文认为，“惟‘各取所值’之

1　蒋廷黻：《欧游随笔（五）》，《独立评论》第 129 号，1934 年 12 月 2 日，第 10—11 页。
2　刘揆一：《救国方略之我见（续）》（1932 年 1 月 16 日），《大公报》（天津版）1932 年 2 月 1 日，第 3 张第 10 版。

社会，则比较容易实现也”。正是在这个意义上，此文认为，苏联只是一个共产党执政的“社会主义”国家，而非“共产主义”国家，“共产主义理论上之共产，与共产党人作出之共产，截然两事。苏俄系共产党执政之国，而非共产主义实行之国”。[1]不过，30 年代一些对苏联了解不多的人亦有将苏联社会主义误认作共产主义的认识偏向。哲学家熊十力于 1933 年 8 月 17 日在天津《大公报》“世界思潮”版发表文章，阐述“循环”与“进化”二者“交参互涵”的原理。他以苏联为例说，“苏俄共产，亦得说为元始社会共产制之复兴。此皆受循环法则之支配，莫之预期而自尔者。然经过资本主义之技术及工场组织等等积累而复兴之共产，其与元始社会共产制，质量迥别。此稍有识者所共知也”[2]。熊十力将苏联社会主义制度视作原始共产主义社会的复兴，似有误解之处，但又注意到两者之间的区别，又对苏联社会主义制度有客观认识之处。不过，熊十力将苏联社会主义制度视作原始共产主义的复兴，仍然误解多于客观。

中国舆论界对苏联社会主义经济制度表示赞赏。在九一八事变后国难深重的情况下，中国论者日益感到苏联万众一心、团结奋斗致力于国家建设的可贵。这也导致时人对苏联社会主义制度的认可。在 1932 年 4 月 9 日出版的天津《大公报》上，该报“现代思潮”版编者发表《我们到那里去》一文，认为中国应像苏联那样有一个举国一致的目标。基于此，文章对苏联“共产主义”抱包容态度，表示：“如果共产主义当真能拯救我国民于水深火热之中，能使我们的国家走入正当的途径，那末，我们又有甚么理由可以反对共产？”[3]徐炳昶曾任北京大学哲学教授、北平师范大学校长，时在西安做考古工作。1934 年 1 月 28 日，他在《独立评论》上发表了他在陕西政务研究会的一篇讲演稿。他提到，有人由苏联国家实力的日益增强而认同苏联的社会主义，声称：“俄国自改了共产，国势蒸蒸日上。就是对于强邻，也敢挺起腰板，说一声：你再来，我就同你拼！比我们中国的忍气吞声好多了！我们

1　箕：《共产主义先天的矛盾》，《大公报》（天津版）1932 年 5 月 17 日，第 2 张第 8 版。

2　熊十力：《小言》，《大公报》（天津版）1933 年 8 月 17 日，第 3 张第 11 版。

3　编者：《我们到那里去》，《大公报》（天津版）1932 年 4 月 9 日，第 2 张第 8 版。

也改了共产，不就也好了吗？”[1]南开大学经济学教授何廉注意到苏联社会主义经济制度对于资本主义世界经济危机的屏蔽作用。1934年3月14日，他在天津《大公报》“经济周刊”版发表文章，讨论国际银价变动对中国的影响问题。他分析，在1929年至1931年世界经济衰退的情况下，只有苏联和中国工商业情况比较良好，未受经济衰退的影响。他分析，中国之所以受经济危机影响较小，是受惠于世界银价猛跌。而苏联之所以未受世界经济危机影响，是因为采用计划经济和国营贸易政策，向国外大量低价倾销商品之故，“苏俄有计划经济之保护，采用国营贸易之政策，低价出售商品于国外，从全国收入观点，虽有其相当之损失，然人民得因此而免去经济衰落之痛苦”[2]。在一些论者看来，苏联社会主义经济制度将国家、集体利益与个人利益有机结合起来。黄理文时任《中苏文化》编辑。1936年5月15日，他在《中苏文化》发表文章，指出了苏联劳动者的个人利益与国家利益的一致性，认为这是苏联劳动者生产积极性的最大源泉。他分析，苏联劳动者之所以努力超额完成生产任务，是因为知道“为国家建设事业致力，即直接的是为自己的生活改善而努力”[3]。1937年3月1日，南京《新京日报》主笔方秋苇在《中苏文化》发表文章描述说：“苏联之胜利和发展，可说是在努力寻求个人利益与集体原则之合一。最使人惊奇的，今日之苏联是集体的所有形态和集体的行动方法之与个人底幸福和生活相结合。”[4]

中国舆论界将苏联社会主义经济制度与资本主义经济制度进行对比，看好苏联社会主义经济制度，将资本主义自由经济理论视作过时之物。1935年1月，马寅初在《中国经济改造》一书中注意到，自由主义经济理论在18世纪初至19世纪末的200年间，极度兴盛，但在20世纪初受到苏联社会主义经济制度的巨大挑战，影响力大不如前，“迨二十世纪初年，社会主义之理想，始逐渐具体化，俄国且已实行社会主义经济组织著闻于世。第一次五年

1 徐旭生：《中国革命与欧洲革命（在陕西政务研究会讲演稿）》，《独立评论》第87号，1934年1月28日，第10页。

2 何廉：《银价问题与中国》，《大公报》（天津版）1934年3月14日，第3张第11版。

3 黄理文：《苏联国民的文化物质生活》，《中苏文化》第1卷第1期，1936年5月15日，第8页。

4 方秋苇：《论苏联农业之集体化》，《中苏文化》第2卷第3期，1937年3月1日，第11页。

计画结果，颇收相当成效，几为资本主义国所梦想不到。惟今日资本主义国家之经济组织，与百年前相较，亦面目全非矣。故自由主义经济思想之势力，其在今日之各国，已大不如前”[1]。1935 年 5 月 19 日，陶孟和在《独立评论》发表文章表示，如今西洋文化尚未实现科学技术与社会关系之间的平衡，一方面，西洋文化在自然科学技术方面达到了很高水平，“他的知识的探险已经钻入了电子、核心、染色体，已经扩展到天边、星云的世界、膨胀的宇宙。他的知识的应用已经能够节省人力，缩短时间，缩小空间，出入气层界”，但另一方面，西洋文化在人与人的社会关系方面还停留在 17、18 世纪，“他的社会组织、社会制度、国际关系，还保存着部落的形式、封建制度残留的色彩、民族主义初兴时代的偏狭的观念”。他认为，苏联已经在这方面进行探索，“除了苏俄在本国内有一番企图以外，其他各国还没有觉得应该将人类关系修正，对于整个的文化计划并实行均衡的发展”[2]。

漆琪生是一位马克思主义经济学者。1936 年 6 月 15 日，刚刚就任中山大学教授的漆琪生在《中苏文化》发表文章，从苏联两个五年计划的成功实践中，看到了社会主义制度的优越性和资本主义制度的落后性。他认为，“社会主义国家的计划之经济之圆满的收效，无疑的是证实了社会主义的经济体制之优越，相反的，证明了资本主义的经济体制之落后与腐朽”。他主张，经济落后的中国亟应学习苏联的社会主义经济发展模式，“苏联的经济建设之功绩，是具有伟大的历史意义，它的精神和决心，以至其建设的法则和方式，无一不是值得我们钦佩与学习，特别的是，经济机构极度落后、经济危险至为严重的中国，更须积极的、合理的诚意效法，以救危亡，以谋生路”[3]。

苏联社会主义经济制度也受到国民党当局人士的推崇。卜道明在 30 年代历任国民党中央组织部国际问题编审、中央陆军军官学校俄文教官、国民政府军事委员会航空委员会秘书。1936 年 11 月 1 日，他在《中苏文化》发

---

1 马寅初:《中国经济改造》，上海：商务印书馆 1935 年 1 月初版，1935 年 5 月 3 版，第 14 页。

2 陶孟和:《国粹与西洋文化》,《独立评论》第 151 号，1935 年 5 月 19 日，第 16 页。

3 漆琪生:《苏联经济建设的现状及其最近计划》( 1936 年 5 月 31 日 ),《中苏文化》第 1 卷第 2 期，1936 年 6 月 15 日，第 1 页。

表文章认为，苏联落后民族可以直接进入社会主义阶段是值得中国借鉴的一个经验。他分析，十月革命爆发后，尚未进入资本主义社会阶段的俄国境内的各弱小民族，直接开始社会主义建设，这说明，“前资本主义的社会是可以不经过资本主义的发展而径直开始社会主义的建设”。他认为，“这种经验是空前的”，这“对于我们现代工业落后的半殖民地的中国经济建设，足以借鉴之处甚多，尤其是农民与小手工业者的合作化，值得仔细研究”。[1]

30 年代，中国舆论界对苏联社会主义经济制度的认可有着多方面思想动因。这些思想动因主要包括如下方面：对苏联五年计划建设成就的羡慕；1929 年经济危机导致的对资本主义经济制度的批判与否定；受西方资本主义国家人士的影响。

不少论者对社会主义制度的赞赏，很大程度上是受苏联五年计划实践的感召。在民族危机日益严重的情况下，时人看到苏联五年计划建设取得的巨大成就，期望中国也能像苏联那样实现经济的快速发展。姚庆三虽然并不根本上认同马克思主义劳动价值论和剩余价值论，但苏联社会主义建设的巨大成就，促使他对西方的反社会主义理论提出修正。他曾在法国巴黎大学学习政治经济学，对法国经济学理论较为熟悉。1933 年 9 月，他在《经济学季刊》发表书评，介绍巴黎大学教授阿夫达利盎（Aftalion Albert）1923 年出版的《社会主义基础论》（*Les Fondements du Socialisme*, Paris, 1923）一书。阿夫达利盎是心理学派的经济学家，也是马克思主义和社会主义的批判者。他在书中认为，社会主义没有实行的价值。他预测，在社会主义国家，一方面，企业管理者多有政治背景，而非技术专家，并受工人的牵制，不能自由管理，而且，企业的成败对这些管理者没有切身的利害关系，其努力精神要比资本主义社会中的企业家差得多；另一方面，工人工作时间短，管理松弛，也导致工人工作效率降低，这就导致社会主义国家的生产要比资本主义国家的生产大为减少，从而难以增进人民的幸福。社会主义国家的储蓄也会比资本主义国家大为减少。由于储蓄的责任完全由国家负责，国家为了迎合人民的消费欲望，不会拿出很多资本进行储蓄。社会主义国家的发明也减

1 卜道明：《俄国十月革命与中国新文化》，《中苏文化》第 1 卷第 6 期，1936 年 11 月 1 日，第 2 页。

少，因为发明虽受发明家好奇心的驱动，但大多受利益追求的驱动，"在社会主义国家里，利益的希望既然消灭，发明也自然将比现在减少了"[1]。姚庆三不认同阿夫达利盎关于社会主义无实行价值的观点。他表示，阿夫达利盎"推论社会主义因为将使生产减少，储蓄减少，发明减少，是不可实行的，我们却不敢同意。或许阿氏现在再写这本书时，也会变更论调的"。他认为，苏联五年计划建设实践完全推翻了阿夫达利盎的推论。他表示："真的看了苏联这几年来，生产飞速的发展，资本庞大的累积，技术日新月异的进步，我们能说社会主义的国家将使生产减少，储蓄减少，发明减少吗？"[2]

随着苏联一五计划的成功，李权时对社会主义经济制度的看法有了很大改变。他在 1930 年 3 月上海东南书店出版的《经济学原理》一书中，对社会主义经济制度提出了七点质疑：第一，私产占有欲是人类的天性，社会主义完全消灭私产制违反人类的天性。第二，社会主义把一切生产要素归国家所有或支配，而代表国家者又是政府和官吏，政府和官吏不可能永久保持廉洁干练、清慎勤公。第三，人们的工作能力有高低，工作态度有勤惰，社会主义使一切劳动者的报酬完全平等，貌似平等，实际不平等，亦不能激发人们的工作热情，势必难以持久。第四，如果完全消灭私产制，那么，与之有密切关系的自由竞争制也将不存在。"试问人类若无相当的竞争心，一切事物又何能进步？"第五，社会主义取消货币，代之以"实物或劳动给付"，是不科学且违反人情的，"苏俄废了货币三年，而终久是仍旧恢复原状者，岂不是一个很好的殷鉴吗？"第六，社会主义国家的政府只注重以现成的生产品满足民众的消费，不注意积累生产这些产品的生产资料和新发明，"则其经济状况之必不能有进展，其生活程度之必不能有改善，乃是可以预定之事实"。第七，由于私产制与婚姻、家庭制度密切相关，所以，极端的社会主义取消婚姻和家庭制度。如果这样，男女的乱交会导致性病盛行和无限制的生育。苏联五年计划的成功，极大消除了李权时对社会主义的误解。1937 年

1　姚庆三：《介绍阿夫达利盎著社会主义基础论》（*Aftalion Albert: Les Fondements du Socialisme*, Paris, 1923），《经济学季刊》第 4 卷第 3 期，1933 年 9 月，第 213—216 页。

2　姚庆三：《介绍阿夫达利盎著社会主义基础论》（*Aftalion Albert: Les Fondements du Socialisme*, Paris, 1923），《经济学季刊》第 4 卷第 3 期，1933 年 9 月，第 216—217 页。

3月，他在《统制经济研究》一书中表示，“上述七个批评，自从苏联五年计划有很大的成功之后，觉得有重新估量一下的必要”。他表示，关于第一个批评，“观乎苏俄近年国营产业之日占优势，则知人类天性内的占有欲，固不如吾人从前所假定之根深蒂固也”。关于第二个批评，“苏俄在五年计划的奋斗中，的确能处处尽良好政府、干练官吏的能事”。关于第三个批评，苏联近年来对于人们的劳动报酬“不复固执成见，一律从同”。关于第四个批评，“苏俄近年来竭力鼓励社会主义的工人的相互竞争，颇著成效”。第五个批评也不成问题了，“苏俄自实行新经济政策以来，对于货币制度早已恢复，是社会主义之下，并不见得不能采用货币也”。关于第六个批评，“苏俄在实行五年计划之内，政府励精图治，人民节衣缩食，以勉强节省下来的原料及消费品倾销世界市场，以期源源输入机器，以创国兴业，以完成社会主义的生产计划”。关于第七个批评，“苏俄近年来对于男女同胞性的关系非常关心，婚姻虽非常自由，但性病与娼妓据说已绝迹，而对于节制生育一节，政府亦能善为指导，想不至发生人口过剩的危险”。对于苏联观感的改变，使李权时对社会主义制度也产生了相当的好感。他表示，如果苏联“现在的治绩能永久这样的维持下去”，“我们平心静气研究观察一下之后，对于经济组织前途之展望是不得不倾向于社会主义或民生主义的了，因为民生主义就是社会主义，民生主义是社会主义或共产主义的实行，而社会主义或共产主义是民生主义的归宿啦”。[1]

1929年爆发的席卷整个资本主义世界的经济危机促使诸多论者认识到资本主义经济制度的弊端，从而形成对资本主义经济制度的否定性认识。此次经济危机受到中外时人的高度关注，成为时人讨论的焦点话题。姚庆三在提交1932年9月杭州中国经济学社第九届年会的论文中，就描述了人们热烈讨论1929年经济危机的景象：“自从1929年11月美国证券风潮以来，‘经济恐慌’成了社会上极流行的名词，新闻记者和一般著作家更把它当作口头禅，在报纸杂志里我们常可以看到关于这个名词的文字。”[2]人们从对这次经济危机

1 李权时：《统制经济研究》，上海：商务印书馆1937年3月初版，第131—135页。

2 姚庆三：《世界经济恐慌之性质与中国经济之出路》，《经济学季刊》第3卷第4期，1932年12月，第83页。

的分析中，认识到资本主义经济制度的弊端。在1933年8月下旬召开于青岛的中国经济学社第十届年会上，时任上海浙江实业银行副经理的章乃器提交论文，从分析1929年经济危机入手，否定了资本主义的合理性。他分析，在资本主义分配方式之下，资本家所得到的利润不可能全部用于资本家的消费，而工人的消费却不能超过工资，这样，社会上商品的生产量必然超过消费量，社会上多余的商品数量就是资本家不能消费的部分。随着生产设备的增加和科学发明的进步，机械越来越多地排挤工人，失业工人逐渐增多，致使资本家的所得日益增加，而工人的所得日益减少。"这就成为目下生产过剩和失业互为因果的经济恐慌。"由此，章乃器认为，资本主义制度已经不能适应当时社会发展的需要，"目下的恐慌所以严重若此，简单的说一句，是因为目下的经济制度，不能容纳目下的文明，也可以说是，目下的分配制度，不能容纳目下的生产力"。"要救治当前的恐慌，根本的，自然只有彻底的改造目下的社会制度。"[1]与《经济学季刊》大部分作者不同，偏向左翼的章乃器对1929年经济危机的分析思路，与马克思主义基于剩余价值理论、从阶级剥削角度理解资本主义经济危机的思路较为接近。不过，章乃器此种观念，说明在经济危机笼罩整个资本主义世界的形势下，相当多的人士开始怀疑资本主义经济制度的合理性。1933年9月16日出版的天津《大公报》"军事周刊"版发表乔平的长文，认为1929年经济危机已使资本主义世界处于崩溃的边缘。他分析道："自从1929年经济恐慌以后，资本主义本身所包含的炸弹，已经快到爆发的程度了！尽管布尔乔亚的学者们怎样努力地解释资本主义将要回复繁荣，然而，四年来铁一般的事实，却证明资本主义日趋没落，快要完结了！"[2]1933年12月，祝世康[3]在《经济学季刊》发表文章，也从

1 章乃器：《关于中国经济改进的几个问题》（中国经济学社第十届年会论文），《经济学季刊》第4卷第4期，1933年12月，第70—71页。

2 乔平：《世界大战即在目前，危弱之中国何以自处》，《大公报》（天津版）1933年9月16日，第3张第11版。

3 祝世康于20年代留学美国，先后获得锡拉丘兹大学经济学硕士、印第安纳大学哲学博士学位。1928年回国后，他任上海交通大学、复旦大学、劳动大学教授。1930年后，他历任国民政府工商部劳工司科长、代司长，国民政府立法院简任首席秘书、中央信托局储蓄处经理等职。参见周川主编：《中国近现代高等教育人物辞典》，福建教育出版社，2012年，第480页；刘晓东主编：《中国当代经济科学学者辞典》，上海社会科学院出版社，1992年，第1125页。

反思1929年经济危机角度，对资本主义经济制度持否定态度。他表示，“个人资本主义的路是走不得了”，欧美国家存在着严重的内在矛盾，一方面是嗷嗷待哺的几十万失业工人，一方面为了提高价格，“把过剩的粮食浸倒在海里，或用火焚毁”；一方面是富豪权贵阶级宴安逸乐，一方面是挣扎求生的劳苦大众。“中国既不愿见有此种不平等的情形，自然不能蹈它们的旧辙，应该迎头赶上去。”[1]

时人在分析1929年经济危机、批判资本主义经济制度的同时，进而认识到中国引进苏联社会主义经济制度的必要性。这反映出30年代中国论者转向认同苏联社会主义经济制度的普遍思路。在1932年9月杭州中国经济学社第九届年会上，姚庆三认为，认识这次经济危机的本质，就可以深刻认识资本主义经济的本质，从而有助于认识中国的经济出路。[2]他认为，经济危机是资本主义经济特有的现象，在社会主义社会是不可能出现的，“经济恐慌只是资本主义的产物，只有当各个资本家为着私利的引诱，盲目地投资生产的时候，才会发生。在一个社会主义的国家里，一切生产由政府根据需要，计划统制，这种生产过剩的经济恐慌是不可思议的”[3]。由此，他对社会主义表示赞赏。他阐述了中国经济发展道路问题。他认为，社会主义经济制度“是中国经济最快的出路”。从资本主义经济危机的历史可见，资本主义社会的经济发展经过了由繁荣到危机、再由危机到繁荣的循环、曲折历程。“我们如果为中国经济的出路着想，我们何必再走这条弯路，何不从头起就走那宽大直通的社会主义生产制度的道路呢？”[4]显然，姚庆三从发展中国经济出发，主张引进苏联那样的社会主义经济制度。

---

1 祝世康：《中国经济改造与建设的基本动向》，《经济学季刊》第4卷第4期，1933年12月，第172页。

2 姚庆三：《世界经济恐慌之性质与中国经济之出路》，《经济学季刊》第3卷第4期，1932年12月，第83页。

3 姚庆三：《世界经济恐慌之性质与中国经济之出路》，《经济学季刊》第3卷第4期，1932年12月，第97页。

4 姚庆三：《世界经济恐慌之性质与中国经济之出路》，《经济学季刊》第3卷第4期，1932年12月，第99页。

在复旦大学经济系任教的章植[1]也从批判资本主义出发，对苏联经济制度表现出极大兴趣。1932年5月，他在《经济学季刊》为李权时1931年出版的《财政学原理》发表了一篇书评。他对资本主义经济制度持批评态度。他认为，在资本主义社会，无所谓"平等"与"自由"。"现代的社会，有经济上的平等权么？倘使有平等的话，为什么造饭的人反而没有饭吃？造屋的人，反而没有屋住？做衣的人，反而没有衣穿？而要做工的人，反而没有工做？现代的社会有经济上的自由权么？倘使有自由的话，为什么造饭的人，自愿没有饭吃？造屋的人，自愿没有屋住？做衣的人，自愿没有衣穿？而要做工的人，自愿没有工做？"[2]正因为他对资本主义经济制度持批评态度，所以，他对苏联经济制度较为重视。他希望李权时再版《财政学原理》时，专门研究一下苏联的预决算制度。他表示，李著对英美预决算制度的讨论特别详细，"我很盼望李博士于再版出书的时候，再添一个'个案研究'，就是苏俄预决算制度。"同时，他希望李权时研究一下苏联的"岁出论"，"鄙见以为，岁出论亦应有二个个案研究。这二个研究，一个应当是美国，一个应当是苏俄，因为这两个国家，是代表两个相对的经济主义，似乎很有研究的价值"[3]。

中国论者对苏联社会主义经济制度的认同也是受西方资本主义国家人士影响的结果。英国作家、费边社会主义者萧伯纳于1931年夏应苏联邀请，考察了苏联的社会经济情况。萧伯纳回到英国后，于同年8月6日发表演讲，谈他访问苏联的感受。他对苏联的社会主义制度表示欣赏，说道：苏联之所以建设情形"变化之速令人可惊"，是因为"俄国国内无轧轹"，驱除了剥削人的"寄生虫"。天津《大公报》于同年8月12日报道了萧伯纳的这次演讲，使国人了解到萧伯纳对苏联社会主义经济制度的态度。[4]1932年5月6日至9日，天津《大公报》刊登了"云燕"翻译的美国伯克·怀特女士对比苏

1　章植于1928年毕业于复旦大学经济系，留校任教，次年，任经济学助教。他于1930年出版的《土地经济学》是近代中国学者撰写的第一部土地经济学著作。张清勇：《中国土地经济学的兴起（1925—1949年）》，北京：商务印书馆2014年6月第1版，第177—178页。

2　章植：《评李权时著〈财政学原理〉》，《经济学季刊》第3卷第1期，1932年5月，第255页。

3　章植：《评李权时著〈财政学原理〉》，《经济学季刊》第3卷第1期，1932年5月，第256页。

4　《萧伯纳游俄印象》，《大公报》（天津版）1931年8月12日，第1张第4版。

联与美国工业制度的文章。伯克·怀特于 1932 年上半年考察了苏联的工业制度。其文章客观介绍了苏联工业的发展，既指出了苏联工业企业生产、管理的不足及其与美国企业的差距，也指出了苏联工业企业的优势。她一方面注意到了苏联企业工业生产比美国企业落后，认为美国企业的生产线非常流畅，效率很高，而“这在俄国工业发展的目前阶段里，仍然未能实现。俄国工厂虽亦有传送带，但时常停滞不动”，另一方面也观察到苏联工业企业的优势，认为苏联工人将自己的利益与企业的利益结合起来，“他希望着工作的效力能够增加，感觉到他是工业制度中不可缺少的一分子，而且没有被上级职员压迫工作的感觉，以为是在自己的工厂里作工，工厂的成功和失败就是他自己的得失，并且相信他自己最大的利益就是工作上的成功”。[1] 虽然伯克·怀特的介绍较为客观，但是，《大公报》编者在发表此文的按语中却强调了苏联工业的快速发展与美国工业的停滞，认为“苏俄工业的进步，极为迅速。不论反对、赞成苏俄政治组织的人们，大概都要这样的承认。美国工业似乎已经在资本主义制度下发展到了顶点”[2]。这说明，在苏联一五计划即将完成之际，中国舆论界开始关注苏联经济的快速发展与资本主义经济的停滞之间的反差，进而阐述苏联社会主义经济相较于资本主义经济的优越性。

马明达在定县从事乡村建设工作多年。他考察日本时发现，日本组合事业也在学习和借鉴苏联合作事业的方法。这使他感到苏联经济模式的可贵。1935 年 7 月 19 日至 9 月中旬，他赴日本参观，考察东京、伊豆、静冈、琦玉、新潟、大阪、山形等地农村更生工作。他在考察日本的组合事业（中国称合作事业）时发现，日本的组合事业“多半采用苏俄方法”，“他们是想用政府的力量，依照苏俄组合事业的办法，来统制全国物品之生产和消费，甚至如粮食价格的涨落，都由政府来规定”。他分析，日本之所以采用苏联的合作事业方法，“因为全世界经过 1928 年以后经济恐慌的巨浪，各国都闹着不景气，失业人数增加，这个时候独有苏俄采用新经济政策，全国上下努力一致的完成第一五年计画，不仅逃脱了全世界不景气的这个难关，躲避了经

---

1 云燕译：《美俄两国工业制度之比较（续）》，《大公报》（天津版）1932 年 5 月 7 日，第 2 张第 5 版。

2 云燕译：《美俄两国工业制度之比较》，《大公报》（天津版）1932 年 5 月 6 日，第 2 张第 5 版。

济恐慌的巨浪，未受丝毫影响，而且运用统制经济的方法，使生产与消费相等——因为社会主义的国家，既是为消费而生产，当然没有生产过剩的危机，也没有劳动者失业的恐慌。因此，日本看得眼红，忘记了它本身是一个资本主义的国家，于是，在组合事业方面，拼命的模仿俄国，用政府的力量来推行”[1]。

苏联一五、二五两个五年计划期间的社会主义经济制度受到30年代中国舆论界的广泛关注。不少人对苏联社会主义经济制度有了较为深入的了解，尤其一些有机会访问苏联的人士对之有着切身的体会。许多人对苏联社会主义经济制度产生了强烈的好感，甚至予以高度评价和赞赏。舆论界赞赏苏联一五、二五计划时期社会主义经济制度，有着多方面的思想动因，既源于分析1929年经济危机导致的对资本主义制度的否定认识，也源于苏联五年计划建设成就的感召，同时，也是受西方资本主义国家人士赞赏苏联社会制度影响的结果。这说明，30年代中国舆论界存在一股否定自由经济、主张国家经济干预论的思潮。

## 三、对苏联社会主义经济制度的反思与认知倾向

虽然中国人士对苏联社会主义经济制度有着较为深入的了解和同情，但是，由于不同的思想观念、政治立场，时人对苏联社会主义经济制度有着不同的认知倾向。还有一些论者基于自身的思想素养和中国国情，对苏联社会主义经济制度进行了一定程度的反思，指出了其中存在的不足和问题。

在30年代，许多论者将苏联社会主义社会看作一种社会大试验。这表现出他们对苏联社会主义社会的矛盾心态，一方面，他们在价值观上不认同苏联社会主义社会；另一方面，他们对苏联社会主义社会有着相当的好感，对其发展前景抱有某种期待。1935年7月21日，胡适在《独立评论》发表文章，将苏联政府对社会经济、政治等方面的操控，称为由“理智”计划、倡导的“大试验”。他认为，世界大部分地区文化的“大趋势”“大运动”，

---

1　马明达：《日本农村更生运动的视察》，《大公报》（天津版）1935年12月4日，第3张第9版。

“都是理智倡导的结果”。他以苏联为例说，“最明白的例子是苏俄这十七年的大试验，无论在经济方面、思想方面、宗教方面、政治方面、教育方面，都是由‘理智’来计画倡导，严格的用理智来制伏一切迷恋残骸的情感，严格的用理智来制伏一切躲懒畏难苟且的习惯”[1]。他将苏联政府对全社会的干预、控制，称作“理智”性的计划与倡导，并将苏联此种建设模式称作一种“大试验”，说明他并不根本否认苏联模式，对苏联的建设模式是乐观其成的。1937年6月20日，陈之迈在《独立评论》发表文章感到，“苏联的确在做着一个广大的社会试验，它的一切应是社会科学今后研究的主要对象之一”。苏联的这种“社会试验”是“最顾虑事实的，最勇于牺牲理论的，最肯看风转舵的”，“苏联领袖不为理论所限正足表现他们是实际的政治家”。他进一步引申说，苏联领袖“之所以不能不以理论来迁就事实，也正足说明在人类社会中原没有一个能够普遍应用的简单公式”。[2]从陈之迈此论可见，他只是将苏联建设模式视作一种“社会试验”，对苏联的社会主义政治、经济制度并不完全认同，但又不绝对排斥。

虽然不少论者认可苏联社会主义经济制度，但是，不认同苏联实现这种经济制度的革命途径。丁文江不认同苏联的无产阶级革命道路，主张通过和平改良方式实现社会的变革。1933年5月21日，他在《独立评论》发表文章表示，政权的转移可以不采取苏联的革命形式，“欧洲许多国家都和和平平地把政权由封建贵族的手里转移到中产阶级手里”，“共产党的革命在苏俄是极残酷的，但是，我们没有理由说在其他各国一定要如苏俄一样的”。[3]他又于1934年5月6日在天津《大公报》“星期论文”版发表文章表示，自己尽管认可苏联社会主义的某些原则，但不主张通过暴力革命途径实现这个目标。他声称，他“不相信革命是惟一的途径”，“我尽管同情于共产主义的一部分（或是一大部分），而不赞成共产党式的革命”。[4]

---

1 胡适：《答陈序经先生》，《独立评论》第160号，1935年7月21日，第16页。

2 陈之迈：《苏维埃共产主义》（书评），《独立评论》第239号，1937年6月20日，第17页。

3 丁文江：《评论共产主义并忠告中国共产党员》，《独立评论》第51号，1933年5月21日，第9页。

4 丁文江：《我的信仰》（星期论文），《大公报》（天津版）1934年5月6日，第1张第2、3版。

有的论者明确反对中国实行苏联的社会主义经济制度。乡村建设派人士不仅反对走英美式的个人自由资本主义道路，而且，也反对走苏联由国家主导的社会主义道路。公竹川于 1933 年 7 月 22 日在天津《大公报》“社会问题”版发表文章认为，个人自由资本主义道路因其本身经济危机的缺陷和中国受帝国主义的侵略而走不通，苏联由国家主导的经济发展道路因中国不统一而走不了。他分析：“个人资本主义是不可走，不能走了。号称文明的欧美，尚有三千多万失业工人无法解决，再去仿效岂非糊涂？自由竞争的路已被帝国主义杜绝，幼稚的民族资产阶级决无力与之争衡，欲走亦不可能了。国家资本主义却是一条道，但必须国家统一，而且很有力量，为之支配调度，如苏联然，始有办法。现在中国不统一是事实，并且翻转来须从建设求统一，国家资本主义是无望的。”他主张中国走乡村建设的道路。他介绍，全国乡村建设协会将于当年 7 月在山东邹平举行成立大会，“这是中国社会改造运动新方向的开始。我们敬祝乡村建设前途无疆，给中国开出一个新的社会组织”[1]。国民党当局一些高层人士也不主张学习苏联的社会主义经济制度。在 1933 年 8 月 7 日举行的南京国民政府纪念周上，国民政府司法院院长居正作报告，声称：中国不能实行自由资本主义，“如采自由资本主义，则仅为少数人谋利益，总理已详言之”。中国也不能采用苏联社会主义经济政策，“如采社会主义的经济政策，虽苏俄曾以此获得好成绩，但中国在此国际资本主义支配下之国际市场之局面下，完成救国之企图，万不能寄之于梦幻”。中国应走统制民族资本主义的道路，一方面发展民族资本主义，另一方面实行统制经济，“惟发展民族资本主义，乃惟一要图，且须由国家统制”。[2]

国民党当局高层人士特别强调苏联社会主义经济制度与孙中山民生主义的一致性。1937 年 5 月 3 日，国民党中央政治委员会主席汪精卫在国民党中央党部纪念周上做报告，将孙中山民生主义理解为“制造国家资本，以从事经营大工业者，中小工业则放任私人经营，由国家予以适宜之保护”。他

---

1　公竹川：《为‘以建设求统一’进一解》（1933 年 6 月 25 日），《大公报》（天津版）1933 年 7 月 22 日，第 3 张第 11 版。

2　《实行统制经济，发展民族资本——居正在国府纪念周之报告》，《大公报》（天津版）1933 年 8 月 8 日，第 1 张第 3 版。

认为，孙中山的民生主义不仅适用于中国，还适用于世界各国，“最近十年、二十年的世界，事实已经明白告诉我们，总理所倡导的民生主义，不但是中国不可不由之道，而且是世界各国必由之道。即如苏联已由战时共产主义而改变为新经济政策，更改变为两次五年计划了”。所以，汪精卫主张，中国应认真研究苏联经济建设的经验，“如今有些人因畏惧赤祸，对于苏联之一切建设皆处以摇头闭目之态度，固然愚昧，然若不将苏联经济建设之蜕变及其演进加以分析的研究，也是同样无益于事理的”。[1]

虽然中国舆论界对苏联社会主义经济制度表现出相当的同情或认同，但是，其中的一些自由主义论者立足自由主义立场看待苏联社会主义经济制度，又是他们认识苏联经济制度的一个重要视角。由此，他们对苏联社会主义经济制度表现出某种矛盾心态。一方面，努力从苏联经济制度中寻找能够与自由经济相通的因素；另一方面，他们在自由资本主义经济制度与苏联社会主义经济制度之间徘徊，试图各取所长，各去所短。

清华大学政治学教授陈之迈努力从苏联经济制度中寻找有别于苏联教条的东西，强调苏联现行的经济制度与苏联共产党原来的设想有很大差距，期望从自由主义理论视角在苏联社会中尽量多地发现自己能够认同的因素。1932 年 5 月，英国费边社会主义者韦伯夫妇（Sidney and Beatrice Webb）以年逾七旬的高龄赴苏联考察。他们用两个月时间，考察了苏联从波罗的海到黑海、从西部边界到乌拉尔山的广大地区的城市和农村、工厂和学校。1936 年，他们出版了《苏维埃共产主义：一种新的文明？》（*Soviet Communism: A New Civilisation?* London, 1936, 2 vols），详细介绍了苏联的社会主义制度及建设成就，批驳了西方资本主义国家报刊对苏联的歪曲。此书受到陈之迈的关注。陈之迈于 1937 年 6 月 20 日在《独立评论》发表书评，予以评介。陈之迈从此书中观察到，苏联的社会制度是一种理论与实际相结合的制度，并未完全照搬“共产主义”教条。他表示，从韦伯夫妇的描述中，可以看到，在所有制和雇佣关系上，苏联并未将生产、分配、交换机构全面收归国

1 《汪主席在纪念周讲演，要加强国家的抵抗力》,《大公报》（天津版）1937 年 5 月 4 日，第 1 张第 3 版。

家，也非每个人都成为国家的雇员。虽然交通业、重工业由国家直接管理，但22万多个集体农场则是生产者组织管理的事业，苏联有无数人自己有生产工具，自己工作，苏联有成千成万的用人机关“也能以工资来雇人佣工”。“虽然这是违反主义的，但为事实所限也只得牺牲主义。”苏联也未实行收入分配的完全平等制度，每个人可以根据其工作的质量收到应得的报酬。陈之迈由此认为，苏联建立起一种“新颖的社会结构”，即不同于英国工党、法国社会党主张的“社会主义”，也不同于列宁、斯大林设想的“共产主义”。斯大林是一位美国人所谓“俄国革命热情与美国实事求是精神的混合物”。苏联“是最富有实际精神的。为事实，它牺牲理论，曲解理论，甚至于揭橥相互矛盾的理论”。[1]

周亚伯作为非马克思主义者，虽不否定苏联社会主义经济制度，但试图从中寻找与资本主义相通的因素。高尔松（笔名高希圣）、高尔柏（笔名郭真）、高乔平、龚彬等编《社会科学大词典》于1929年6月由上海世界书局出版。这部词典具有明显的马克思主义倾向。周亚伯于1934年3月14日在天津《大公报》“经济周刊”版发表书评，对词典中的诸多说法提出质疑。周亚伯认为，苏联与资本主义国家一样，有工资制度。他注意到，词典称“工银制度为资本主义之生产关系”。他分析，依词典的说法，“则社会主义社会宜无工银制度矣”。但是，“在苏俄，固仍有工银也”。周亚伯不同意词典将苏联称为“实行共产主义之国家”的说法，认为“盖今日之苏俄，与其谓之为实行共产主义，不如谓之为国家资本主义及国家社会主义之混合物，较为适当”。[2]显然，周亚伯试图从苏联社会主义经济制度中寻找资本主义成分。

还有一些论者徘徊于资本主义与社会主义之间，试图调和两种制度的优长，各去其弊。这反映出他们既崇信自由资本主义、又赞赏苏联社会主义的矛盾心情。

天津《大公报》于1933年10月24日发表社评注意到，苏联社会主义与美国资本主义正在相互趋同，一方面，美国罗斯福新政实行统制经济等国

---

1 陈之迈：《苏维埃共产主义》（书评），《独立评论》第239号，1937年6月20日，第16—17页。
2 周亚伯：《社会科学大词典》（书评），《大公报》（天津版）1934年3月14日，第3张第11版。

家干涉主义政策，另一方面，苏联自结束战时共产主义政策后，也放弃了对个人自由的极端干涉。社评分析，面对严重的经济危机，罗斯福就任美国总统之初，"即下封闭银行、停止支付之令"，"彼干涉范围广泛无限之美国产业复兴法，通过两院之后，大总统直成独裁官。此与美国个人自由主义之传统思想，不啻有南北极之距离"。"吾人试与苏联所行之国家社会主义对照观之，当知彼此之间，实多共通之点。""俄国试行共产主义迭遭失败之后，凡所设施，一以国家社会主义为依归，对于个人自由之干涉，稍稍改变其极端政策，是不啻由左而转右；世界其他各国，受环境之逼迫，又渐弃其极度的自由竞争主义而倾向干涉态度，更不啻由右而转左，美国之产业复兴法，即其实例。"[1]

1934年4月，时任中央大学经济学教授的陈其鹿[2]在《经济学季刊》发表文章认为，欧美资本主义与苏联社会主义有相互趋同的趋势。他认为，资本主义国家美国于1933年实行罗斯福新政，"逐渐向左"。而社会主义国家苏联"逐渐向右"。"聪明之资本主义国家当局，正在采取社会主义国之良法，以弥补其本国之缺憾。而聪明之共产主义国家当局，亦正在利用资本主义国之善制，以改良其生产。"他分析，"资本主义国家之下，有许多组织近于共产。"例如，交通事业的国有国营、烟草与食盐的专卖，"虽尚未普遍，然在采用之国，其办法已与苏俄大体相同矣"；一些县市政府"往往办理公用事业、公共卫生、公共医院、公共学校、公共图书馆，与苏俄几完全相同也"。[3]苏联也正在采用资本主义的某些做法。例如，苏联放弃战时共产主义政策时期废除货币的政策，货币的恢复使私人可以积聚财富，既可留作他日使用，又可投资于生产，"复趋向资本主义之途径矣"；苏联采用差别工资制度，工人工资根据工人的技能、工作速度和准确度、工作的重要性而不同，

---

1 《美俄接近之经济的动向》（社评），《大公报》（天津版）1933年10月24日，第1张第2版。

2 陈其鹿早年毕业于北京大学经济系。1919年赴美国留学，考入美国哈佛大学工商管理研究院，于1922年获经济学硕士学位。旋归国，从事高等教育，先后任江苏法政专门学校教员，上海中国公学、光华大学、厦门大学工商科、中央大学经济系教授。参见张耘田、陈巍主编：《苏州民国艺文志》（上册），扬州：广陵书社2005年11月第1版，第423页。

3 陈其鹿：《资本主义与共产主义之调和论》，《经济学季刊》第5卷第1期，1934年4月，第13—14页。

“而与资本主义国家无异”；苏联采用计件工资制度，导致工人之间收入的不平均，“贫富愈益悬殊，此与共产主义各尽所能、各取所需之原则相背”；苏联采用资本主义国家的分红制度，各工厂生产如超过规定的数额，给工人红利。[1]陈其鹿对苏联的这种认识，虽有误解之处，将苏联的某些社会主义激励机制视作资本主义性质，但表现出其偏重由资本主义视角认知苏联的倾向。

马寅初也徘徊于英美自由经济制度与苏联社会主义经济制度之间，在崇信英美自由经济制度的同时，又对苏联社会主义经济建设成就产生强烈思想触动。1935 年 1 月，他在《中国经济改造》一书中将世界现代经济思想划分为英美自由主义与苏联社会主义两大派别。他如此描述苏联社会主义经济理论：“其消费财虽可私有，而生产工具则绝对共有，故亦称集产主义（Collectivism）”，人人皆为公众而生产，因劳动而得生产物的享受，不劳动者不得食，“故无所谓自由竞争”。[2]马寅初认为，一方面，中国不可过度采用自由经济理论。在国际竞争日益剧烈的情况下，世界各国政府均正在集中国力，以图民族生存，“民族主义，弥漫全球，各国政府正以团结其民族以图生存竞争之胜利”，而中国“向以自由著称”，一盘散沙。如果中国进一步提倡“个人主义”，“其能自免于天演之淘汰乎？”另一方面，中国尚无采用苏联社会主义经济制度的能力。“社会主义国家生产事业，皆以政府负其全责为原则”，这要求政府具备“高尚道德”“伟大人才”“强固权力”。而中国政府承“数千年之积弊”，“官僚敷衍颟顸”，国民政府“积重难返”，“中央政府实力微弱”。所以，马寅初认为，“言乎前者，既为世界潮流所不许，甚至资本主义少年时代之日本，亦已励行经济统制政策矣。言乎后者，又为国情所不许。故宜权衡轻重，斟酌损益于二者之间”。[3]

实际上，一些论者对苏联社会主义经济制度的看法是开放的，认为一些经济管理原则，既适用于资本主义国家，也适用于社会主义苏联。1936 年 7 月 15 日，吴知在天津《大公报》“经济周刊”版发表文章认为，企业的科学

---

1 陈其鹿：《资本主义与共产主义之调和论》，《经济学季刊》第 5 卷第 1 期，1934 年 4 月，第 14 页。

2 马寅初：《中国经济改造》，上海：商务印书馆 1935 年 1 月初版，1935 年 5 月 3 版，第 4 页。

3 马寅初：《中国经济改造》，上海：商务印书馆 1935 年 1 月初版，1935 年 5 月 3 版，第 5 页。

管理是为了提高生产效率，不仅仅是资本家增加对工人的剥削，不仅适用于资本主义国家，也适用于苏联社会主义国家。“科学管理之首先产生于资本主义的美国，乃偶然之事。许多人误会科学管理是资本家加紧剥削劳工的方法，这是绝大的错误。科学管理的最大目的是增进工作兴趣与效能，以增加劳资的报酬或利益，所以，工业管理的应该科学化，乃是不易之理。资本主义的国家是如此，社会主义的苏俄，又何尝不是如此？”[1]

30 年代的中国舆论界对苏联社会主义经济制度存在着不同的认识倾向。一些自由主义论者将苏联社会主义经济制度视作一种社会试验，在价值观上并不认同苏联社会主义经济制度，但又对苏联社会主义经济制度的发展前景抱有较高的期待。他们试图从苏联社会主义经济制度中寻找与自由资本主义相通的因素，并试图融会苏联社会主义经济制度和自由资本主义制度，各取两者之长。还有的论者虽认可苏联社会主义经济制度，但反对苏联实现社会主义的革命途径。也有一些论者反对中国实行苏联那样的社会主义经济制度。而国民党人士则往往从民生主义角度看待苏联社会主义经济制度。

对于苏联以公有制为基础的社会主义基本经济制度，中国舆论界既表示认可，甚至表示赞赏，又不完全认同，从而呈现出多种认识歧异和思想倾向，甚至存在诸多误解。中国舆论界之所以认可、赞赏苏联社会主义基本经济制度，既是受苏联一五、二五计划时期经济发展成绩感召的结果，也是观察 1929 年爆发的资本主义经济危机暴露出的资本主义经济制度弊端的结果。但是，时人基于西方自由经济理论视角，对苏联社会主义经济制度又提出了诸多质疑，进行了一系列反思。这既表现在 30 年代初时人在分析苏俄战时共产主义政策和新经济政策时，更重视苏联社会主义制度中的自主经营因素，也表现在一些自由主义论者，徘徊于苏联社会主义经济制度与资本主义自由经济制度之间，试图融会两种经济制度，呈现出从资本主义自由经济制度看待理解苏联社会主义经济制度的倾向。

1 吴知：《中国国民经济建设的出路》，《大公报》（天津版）1936 年 7 月 15 日，第 4 张第 13 版。

# 第二节
# 对苏联社会主义具体经济制度的认知

中国舆论界在观察和分析苏联社会主义基本经济制度的同时，也非常关注苏联一系列社会主义具体经济制度。在苏联大力推进农业集体化进程的情况下，中国舆论界重点观察和讨论了苏联农业集体化问题。而且，苏联的国营经济、按劳分配制度、进出口贸易国营制度、银行金融体制、税收制度、预算制度、会计制度也成为中国舆论界观察和分析的对象。这进一步说明，中国舆论界对苏联社会主义经济制度抱有很大热情。

## 一、对苏联农业集体化的认知与分析

苏联从1929年开始全面推行以集体农场为主要形式的农业集体化，将小农经济转变为社会主义农业集体经济。30年代是推进苏联农业集体化的关键时期，至30年代中期，基本实现了农业集体化。中国舆论界高度关注苏联农业集体化进程。早在苏联全面推行农业集体化之初，从1930年初开始，关于苏联农业集体化的文章就经常见诸报端。随着苏联农业集体化的深入推进，舆论界对苏联农业集体化的关注度越来越高。在30年代，虽有部分论者对苏联农业集体化进行了反思和质疑，但更多的论者对苏联农业集体化给予极为正面的评价，将之视作改造与发展中国农业的楷模。

30年代中国社会各界对苏联农业集体化的关注度是非常高的。例如，

1932年6月9日，北平民国学院就邀请中苏会议中国代表处秘书长王印川作了题为“苏俄之集体农村”的演讲。[1]苏联集体农场也受到中国文化理论界的关注。张语还、初太古创办的《世界文化讲座》于1933年11月25日在创刊号上刊登了一篇《苏联集体农场底故事》的译文。天津《大公报》刊登的“书报评介”介绍，此文用文学形式讲述的苏联集体农场的16个故事反映出苏联一五计划的成功，“每一个故事里面，可以理解政治的、经济的情形”。[2]时人在讨论中国国营农场建设时，经常会提到苏联集体农场，认为苏联集体农场的经营体制值得中国国营农场借鉴。1936年12月2日，上海《大公报》刊登通信，介绍国民政府于1935年春在武昌南面金水流域建立的国营农场。文章在介绍这个农场前，首先提到了苏联的集体农场，表示：“苏联的集团农场，各国均为注意。我们时常可从各种文字的杂志上，看见它的介绍文字。这原因是此种制度实在值得推许，值得效法。而我们这样的同是一个农业国家，尤应走这个途径。”[3]苏联集体农场制度对一些省级行政部门也产生了影响。1937年3月初，江苏省政府拟订了一份全省荒地清理垦殖计划，打算对全省荒地进行清理统计，实施开垦。这份计划提出，对于民有的荒地，仿照苏联的办法，“奖励合作农场”，以促成农业的集体化。[4]

苏联开始全面推进农业集体化不久，天津《大公报》于1930年初就对苏联在农业集体化过程中的消灭富农政策表现出了极大关注。从1929年11月开始，苏联以剧烈的手段，在全国范围内推进农业集体化，迫使贫农、中农加入集体农场，同时，采取消灭富农的政策，剥夺富农的全部财产，将富农扫地出门，一部分被关进集中营，一部分被流放到偏远地区。对于苏联消灭富农的政策，天津《大公报》于1930年1月28日报道说：“反对小康农户运动，进行甚力，限三日均须迁出，一切所有物件均应遗下，某地两日中逐去农户一百家。”[5]同年2月9日，天津《大公报》又刊登美国合众国际社记者李昂斯撰写的通讯，详细报道苏联消灭富农的进程。李昂斯在通讯中称，苏

1 《王印川演讲》，《大公报》（天津版）1932年6月9日，第1张第3版。
2 慕云：《世界文化讲座》（书报评介），《大公报》（天津版）1934年3月7日，第4张第13版。
3 《武昌附近的金水流域农场》，《大公报》（上海版）1936年12月2日，第3张第10版。
4 《苏计划清荒施垦》，《大公报》（上海版）1937年3月6日，第3张第10版。
5 《苏联进攻农民》，《大公报》（天津版）1930年1月28日，第1张第4版。

联政府正以“丝毫不存姑息之态度”，向富农宣战，对于富农，“今日之新政策，则欲一鼓而将其歼灭者也”。[1]2月19日，天津《大公报》又刊登英国路透社的一篇报道，介绍苏联将富农扫地出门、流放到偏远地区等消灭富农政策。这篇报道称，“按照近顷苏俄中央执行委员会之议决，在共产制成立地方，富农必须驱出，并没收其财产”，“被驱逐之富农将遣送至边远人工或户口稀少地点”。[2]

中国舆论界对苏联农业集体化推进的高速度表示钦佩，并判断，迄30年代中期，苏联已经实现了农业集体化。1935年3月，吴德培[3]在《经济学季刊》发表文章介绍，一五计划期间，苏联农业集体化取得了很大进展，“第一次五年大计划，国营农场与集团农场之进展亦至速”[4]。同年5月1日，方显廷在天津《大公报》发表文章认为，“苏俄集团农场的成功是非常之快的”。到1933年，集体农民占全国农户的三分之二，集体农场耕地面积占全国耕地面积的四分之三，“这些数字明白地告诉我们，苏俄的‘集团农场’已经由计划而成为事实了”[5]。尤其是，《中苏文化》杂志发表了一系列文章，介绍苏联推进农业集体化的高速度。1936年10月15日，于苇介绍，二五计划期间，“集体化已大致完成，集体农场成为主要的农业形态”，截至1935年11月，90%的农户加入集体农场。[6]同年12月1日，钱穆介绍，苏联“掀起了农民集体化运动空前未有的巨浪，集体农场就像雨后春笋一般普遍地生长起来”。至1936年，苏联的“私耕农民”仅占全国农民的6%。[7]1937年3月1

1 《苏俄农民政策之深刻化》，《大公报》（天津版）1930年2月9日，第1张第4版。

2 《苏俄富农之危》，《大公报》（天津版）1930年2月19日，第1张第4版。

3 吴德培于1925年留学美国，获得伊利诺伊大学经济学硕士学位。自1930年起，他先后担任河南大学法学院、复旦大学商学院工商管理学系教授。赵永利：《教育变革与社会转型——近代上海高等商科教育活动研究（1917—1937）》，华中科技大学出版社，2014年，第173页；刘卫东主编：《河南大学百年人物志》，河南大学出版社，2012年，第316页。

4 吴德培：《统制、计划、技术三种经济与中国》，《经济学季刊》第5卷第4期，1935年3月，第117页。

5 方显廷：《苏俄农业的工业化》，《大公报》（天津版）1935年5月1日，第3张第11版。

6 于苇：《建设进程中之苏联的农业》，《中苏文化》第1卷第4、5期合刊，1936年10月15日，第2页。

7 钱穆：《以国防为基点之苏联经济建设》（1936年11月25日），《中苏文化》第1卷第7期，1936年12月1日，第20页。

日，朱惠之介绍，到 1936 年，“百分之九十以上的农民已经加入集体农场，亦可证明苏联农业的社会化或农村全部社会主义改造的伟大任务，是将近全盘完成的了”[1]。

李陵、葛磊士先后在天津《大公报》“经济周刊”版发表文章，考察了苏联集体农场的管理机构。他们介绍，苏联集体农场的最高权力属于全体大会，由全体大会选举出场长、理事会、监事会。场长和理事会负责管理农场的各种事务，监事会负责监督农场负责人的行为。这体现了某种民主和群众监督原则。李陵于 1933 年 5 月 10 日介绍，整个农场的综合事务由农场全体大会管理，并组织管理委员会处理日常具体事务，同时，组织监察委员会负责监察事宜。[2]1937 年 3 月 3 日，葛磊士介绍，集体农场的最高权力机构是全体大会，由全体大会选举一个人担任场长。全体大会选举出理事，组成理事会。全体大会选举出监事，组成监事会。监事会的职责是监督农场领导人的行为。这体现了充分的民主原则，“有好些事是在全体大会里讨论议决，例如允许新会员的加入，对于不良的会员的除名，通过一年的生产计划，通过和农机分站（machine-tractor station）的合同，报告一年的决算，事业年度终了后，决定获利息应如何分配等”[3]。

《中苏文化》、天津《大公报》“经济周刊”版刊登了一系列文章，介绍了苏联集体农场的生产经营方式。这些文章介绍，苏联集体农场的土地所有权属于国家，农场拥有土地使用权。苏联集体农场生产工具实行集体所有，对土地实行集体耕种，成立“突击队”（生产队），由队长带领，进行分片耕作。除集体耕作外，集体农场划给农民小块土地，由农民进行个体种植。1937 年 3 月 1 日，《中苏文化》杂志刊登赵康、何大忠的文章，阐述苏联集体农场的经营方式。赵康介绍，苏联集体农场的土地所有权与使用权相分离，土地所有权属于国家，集体农场拥有土地使用权。同时，集体农场划出一小部分土地供农民个人使用，“如菜园、果园之类”。他又介绍，苏联集体

---

1 朱惠之：《苏联集体农场组织之理论与实际》，《中苏文化》第 2 卷第 3 期，1937 年 3 月 1 日，第 33—34 页。

2 李陵：《苏联农业集体化概况》，《大公报》（天津版）1933 年 5 月 10 日，第 3 张第 11 版。

3 葛磊士：《苏俄之集体农场》，《大公报》（天津版）1937 年 3 月 3 日，第 3 张第 11 版。

农场将所有生产工具实行公有，“凡在农业合作社内，一切耕畜、农具、种子、饲养社内公共牲畜所必需的刍草、耕作必须的建筑物，以及各种制造农产品的企业，全部应充作公产”[1]。何大忠介绍，农民加入集体农场后，要将自己的土地与其他农民的土地混合在一起，由所有场员共同耕种。集体农场的土地为国家公有财产，使用权永远属于集体农场，不准买卖或租佃。集体农场可以分出一部分土地归个人使用，如园圃等。一切用来耕作的农具、耕牛、种子等生产工具均由集体农场公有。[2]天津《大公报》“经济周刊”版先后刊登李陵和葛磊士的文章，介绍了苏联集体农场的耕作方式。李陵于 1933 年 5 月 10 日介绍，集体农场将成员分为若干“突击队”（生产队），由一名队长领导，负责耕种一定面积的土地，或负责某种专门工作。[3]1937 年 3 月 3 日，葛磊士介绍，在生产组织方面，农场将农民组织成若干生产队，由理事会指派一人担任队长。农场分给生产队一块地或牲畜场进行生产，由农场提供农具、牲畜。[4]

苏联集体农场以劳动日为标准的分配制度尤其引起中国舆论界的重视。苏联集体农场在生产过程中，将农场成员的劳动，参照劳动数量、质量、所做工作的难易和技能高低等因素，折合成标准的劳动日。年终农场生产物的分配即以农场成员获得的这种劳动日数量为标准。这种劳动日分配制度体现了按劳分配的原则。诸多论者在文章中频繁阐述了苏联集体农场的劳动日分配制度。在苏联采访的《大公报》记者曹谷冰在 1931 年 6 月 7 日寄回国内的通信中介绍，农场劳动者工作量的计算方法，先设定一个标准的“工作日”（劳动日）应完成的工作量。之后，由“突击队”（生产队）长将每个劳动者的工作成绩依工作的数量和难易，折合成“工作日”，作为分配农场生产收益的标准。[5]1933 年 5 月 10 日，李陵在天津《大公报》“经济周刊”版也发表

1　赵康：《苏联农业集体化之研究》，《中苏文化》第 2 卷第 3 期，1937 年 3 月 1 日，第 20—21 页。

2　何大忠：《苏联集体农场之现状与展望》，《中苏文化》第 2 卷第 3 期，1937 年 3 月 1 日，第 45—46 页。

3　李陵：《苏联农业集体化概况》，《大公报》（天津版）1933 年 5 月 10 日，第 3 张第 11 版。

4　葛磊士：《苏俄之集体农场》，《大公报》（天津版）1937 年 3 月 3 日，第 3 张第 11 版。

5　曹谷冰：《苏俄的农业集产农场中分配问题》（6 月 7 日寄自莫斯科第廿信），《大公报》（天津版）1931 年 6 月 21 日，第 1 张第 3 版。

文章介绍，集体农场的分配以“工作日”为标准。将所有工作依照难易折算为“工作日”。农场发给每个社员一本工账，每五天在工账上记录一次工作日数量。[1]1937年3月3日，葛磊士在天津《大公报》“经济周刊”版发表文章认为，苏联集体农场的“工作日”制度，充分体现了按劳分配、多劳多得的原则。农场的分配以每个农民获得的“工作日”为依据，而且，如果某个生产队产量高，会奖励额外的“工作日”；反之，则会扣除“工作日”，作为惩罚。“以上这些事实，都足以表现集体农场并不是设法使大家的收入都趋于水平。一个工人，天天作工，工作比一般人都努力，工作比一般人都谨慎，或者有他的专长，这样一个农夫的收入，可以比那些作事没有效率，贪懒的农夫的收入，多两倍、三倍以至四倍。”[2]在中国舆论界看来，苏联集体农场的劳动日分配制度促进了农场的劳动效率。1933年10月21日，天津《大公报》刊登报道介绍，“劳动日”制度既可合理衡量农民的劳动成果，又可作为“农场利益分配之基础”。苏联1933年农业收获证明苏联集体农场的这种制度的成效“愈益明显”，不仅农民个人收入大为增加，集体农场的产量亦有较大增加，“故‘劳动日’新制度现在苏联已证明为社会主义建设中劳动分配上一种最有力之制度，在农业集团化事业上，有极大之推动力”。[3]

苏联驻华外交人员也极力向中方人员解释，苏联集体农场实行按劳分配制度，并为农民保留少量土地，归其个人耕种。1935年7月4日，在国民政府立法院举行的谈话会上，苏联驻华大使鲍格莫洛夫特别向中方介绍了苏联集体农场的按劳分配和为农民保留少量个人耕种的土地的制度。他介绍说：集体农场并非“共产主义”，农产品的分配不是“完全依照各人需要为标准”，而是以农民的劳力为“分配标准”，同时，“每个集体农场农民，仍旧有一公顷土地，归其私用。在此种地上，可种蔬菜、果类及饲养牲畜”。[4]鲍格莫洛夫在立法院的演讲概要于同月5日在《中央日报》刊出后，同月21

---

1 李陵：《苏联农业集体化概况》，《大公报》（天津版）1933年5月10日，第3张第11版。

2 葛磊士：《苏俄之集体农场》，《大公报》（天津版）1937年3月3日，第3张第11版。

3 《苏俄集耕农场采用“劳动日”单位制度》，《大公报》（天津版）1933年10月21日，第2张第5版。

4 《苏联大使鲍格莫洛夫出席立院谈话会》，《中央日报》1935年7月5日，第1张第2版。

日，苏联驻华大使馆中文秘书鄂山荫又致函《中央日报》社，强调许多人将苏联集体农场视作一切按需分配的“公社（Commune）”，“此种解释，极为错误”。苏联目前尚处于“过渡之社会主义时期”，距共产主义社会尚远，而“在社会主义社会中，分配之主要原则，系根据劳力”。[1]显然，苏联在华外交人员极力向中方解释，苏联集体农场绝非实行按需分配。

苏联相关文件是中国舆论界获取苏联农业集体化信息的重要来源。苏联农业人民委员雅可夫来夫在 1930 年 6 月召开的苏共十六大上作的报告，极受国人瞩目。在苏共十六大召开前夕，天津《大公报》于 6 月 6 日根据苏联媒体的信息介绍了雅可夫来夫报告稿的内容。雅可夫来夫强调了农业集体化的意义，声称：“如果自地主手中没收土地，为十月革命之第一步骤，则向集体化之过渡，即为决定建筑苏联苏维埃社会主义社会之基础的第二并最后之步骤。”[2]李权时于 1932 年 5 月在《经济学季刊》发表书评，也介绍了雅可夫来夫的这篇报告。[3]1933 年 3 月，《经济学季刊》刊登了张敏之翻译的《苏联的农业计画与发展》（*The Planning and Development of Agriculture in the U.S.S.R.*）一文。此文是 1931 年 8 月苏联代表盖斯特（A. Gayster）在荷兰阿姆斯特丹世界计划经济会议（International planned economic congress）上的演讲稿，后收入英国伦敦出版的《苏俄的社会主义计划经济》（*Socialist Planned Economy in the Soviet Union*）一书。中国自由主义经济学者主办的《经济学季刊》发表苏联人士的此篇演讲稿，说明苏联的农业经济体制已引起了中国自由主义经济学界的较大关注。此刊编者（可能是李权时）在《编者识》中介绍，“虽其所陈述未免有言过其实之处，要不失为研究苏俄计划经济者的一种富有兴趣的参考资料也”[4]。

由上所述，中国舆论界对苏联农业集体化表现出了很大关注，并作了大

1 《苏联大使馆来函，更正本月四日鲍大使在立法院谈话之两点》，《中央日报》1935 年 7 月 22 日，第 1 张第 2 版。

2 《第十六次全俄共党大会定本月十五日举行》，《大公报》（天津版）1930 年 6 月 6 日，第 1 张第 4 版。

3 李权时：《介绍研究苏俄五年计划的五本英文书》，《经济学季刊》第 3 卷第 1 期，1932 年 5 月，第 223—224 页。

4 张敏之译：《苏联的农业计画与发展·编者识》，《经济学季刊》第 4 卷第 1 期，1933 年 3 月，第 112 页。

量介绍。中国舆论界在关注和介绍苏联农业集体化情况的同时，还基于发展中国农业视角，对苏联农业集体化作了较为深入的考察与分析。诸多论者通过深入的考察与分析，普遍认可苏联农业集体化的优越性。

从30年代初开始，中国舆论界就肯定苏联农业集体化对苏联农业的积极作用。早在1930年，天津《大公报》在社评和短评中即注意到，农业集体化对苏联农业是有积极作用的。1930年7月13日，天津《大公报》发表社评，指出苏联以农业集体化为主导的农村发展取得的成绩，说道："俄国革命以来，政府出全力改良农村，以集团式经营农业"，"其于改造国民生活，坚实经济基础之大努力，概可想见"。[1]同年8月25日，天津《大公报》发表短评，看好苏联农业集体化，认为"现在苏俄正竭力推行集体农场运动，而且已有相当成绩。这样继续下去，或许会有达到农村工业化的一天"[2]。北京大学教授陈衡哲非常赞赏苏联农业集体化制度。1932年6月19日，她在《独立评论》发表书评，评介莫瑞斯·罕达斯（Maurice Hindus）于1931年出版的《赤色面包》（*The Red Bread*，Cape and Smith, New York, 1931）。此书集中介绍了苏联的集体农场制度。她在书评中认为，苏联集体农场制度一方面有利于农民尤其是贫农，另一方面实现了耕种与畜牧的组织化与科学化，"所谓用力少而成效大，实不能不说是农业史上的一个大进步。"[3]

天津《大公报》"经济周刊"版先后于1933年5月10日、1937年3月3日刊登李陵、葛磊士的文章，深入剖析了苏联农业集体化制度。由该版发表这两篇文章来看，主编该版的南开大学经济研究所也是非常关注苏联农业集体化的。李陵的文章很长，几乎占了《大公报》"经济周刊"整版。李陵对苏联农业集体化是赞赏的。他认为，苏联实行农业集体化是必要的，解决了城市的社会主义化与农村小农经济之间的矛盾，"惟俄国革命以来，社会主义盛行于城市，而个人主义则流播于乡村。工厂、银行、铁路、公共营业等均收归国有，但土地则原则上虽归国有，实际仍分成许多小资产，入于农民之手"。他对苏联农业集体化成绩的评价是比较高的。他认为，"因集体化

---

1 《再介绍建设新利器》（社评），《大公报》（天津版）1930年7月13日，第1张第2版。
2 芸：《农村城市的不均衡》（短评），《大公报》（天津版）1930年8月25日，第1张第4版。
3 衡哲：《赤色面包（新书介绍）》，《独立评论》第5号，1932年6月19日，第18页。

之施行，农业生产，通盘改革所获成绩，极有可观。丁兹世界农业恐慌时期中，诚不失为‘万绿丛中一点红’也”[1]。葛磊士也对苏联集体农场持赞赏态度。他认为，苏联集体农场实现了农业的大规模经营和机械化，为苏联农业的发展开辟了新道路，“在这种情况之下，可以行大规模的农业经营，可以采用最新式的耕种方法，利用最新式的工具。换句话说，现在大众农民都能得到一个上进的机会”。他介绍，集体农场改善了农民生活，“高利贷在农村里消灭了，因为农民不需要他们。农民没有过于疲劳的工作，因为机器减轻了辛苦的劳力”。他总结说：苏联的集体农场促进了农业机械化，提高了农民生活，缩小了城乡差别。“苏俄的农村改变了。1936年苏俄农业上的工作有百分之六十是用机器工作，将来恐怕会全部都用机器作。各种俱乐部、电影、无线电收音机等，都渐渐的流入乡村，使农民的生活增加了不少的乐趣。集体化的苏俄乡村，已开始铲除城市生活与乡村生活上的不同点了。”[2]

《中苏文化》刊登了一系列文章，从多方面剖析苏联的农业集体化。1936年10月15日，吴铁峰认为，苏联的集体化农业实现了“个人利益”与“集体原则”的完美统一，“今日在苏联，使人觉得惊奇的，是集体的所有形态和集体的行动方法之与个人底幸福和生活相结合”。一方面，苏联集体农场的特征是土地、农业机械的公有公管和劳动者的集体生产，另一方面，劳动者能够“在共同目标之下从事生产与生产技术之推进”，导致“社会的财富是大大地增加了，民众的生活也逐渐改良了”。[3]尤其是，《中苏文化》于1937年3月1日刊登了一组文章，介绍和探讨苏联农业集体化问题。国民党中央组织部党务调查处长徐恩曾剖析了苏联农业集体化的土地国有、计划经济特征。他分析，苏联农业集体化以土地国有为基础，以计划经济为主导。土地国有是苏联农业集体化的核心，“苏联的土地所有权，是属于国家，仅土地使用权属于农民，私人除了使用土地的权利之外，不能将土地作为商品卖买”，这就消除了私人对土地的垄断。同时，苏联的农业集体化处于计划

1　李陵：《苏联农业集体化概况》，《大公报》（天津版）1933年5月10日，第3张第11版。
2　葛磊士：《苏俄之集体农场》，《大公报》（天津版）1937年3月3日，第3张第11版。
3　吴铁峰：《斯达汉诺夫运动中苏联劳动生产力的发展》，《中苏文化》第1卷第4、5期合刊，1936年10月15日，第6—7页。

经济体制之下，执行整个国民经济计划的农业生产计划。[1]赵康强调苏联集体农场的公共性。他说道："苏联这种农业合作社的组织形式，完全在乎以公共的生产工具与有组织的共同劳动，从事集体生产，来建立公有性质的农业经营。"[2]马克思主义历史学者翦伯赞指出，苏联集体农场极大提高了农业生产力。他强调，苏联集体农场"获得一种高度的生产力"[3]。在社会主义制度下，土地国有化的实现、生产工具的共同使用、劳动力的一体化耕作，使苏联农民"变成一个伟大的整个的劳动生产力"，从而极大提高了"劳动的效率"。[4]从这些人对苏联农业集体化的剖析中可见，《中苏文化》作者对苏联农业集体化是赞赏的。1937 年 3 月 1 日《中苏文化》刊登的上述文章，又注意到了苏联集体农场的社会主义特征。赵康从苏联集体农场的经验中，看到了整个世界农村经济发展的非资本主义前途。他认为："虽然各个国家的情形不同，但是，避免农村资本主义的发展，实现农村的改造，把农村推到非资本主义发展的前途，苏联的这个成功带得有国际的意义。在一切农民占优势的国家，怎样从封建的苦梔内避免资本主义的灾难，而争取农村非资本主义发展的前途，苏联的这个经验是值得参考的！"[5]在赵康看来，世界上的封建农业经济应直接过渡到社会主义经济。翦伯赞从社会主义的生产关系角度认识苏联集体农场的优越性。他强调，苏联集体农场的社会主义性质表现在消灭了"阶级剥削"乃至"阶级的本身"，实现了土地的"社会化"，废除了私有制。苏联集体农场将农民从"古旧的资本主义之发展的道路"转化为"新的社会主义之发展的道路"。同时，苏联农业从"微小的落后的个人经营的农业体

---

1 徐思予：《苏联农业集体化与中国农村改造问题》，《中苏文化》第 2 卷第 3 期，1937 年 3 月 1 日，第 1—2 页。徐思予为徐恩曾的笔名。参见刘恭：《我所知道的"中统"》，中国人民政治协商会议全国委员会文史资料研究委员会编：《文史资料选辑》（合订本）第 12 卷（总第 36 辑），中国文史出版社，2000 年，第 63 页。

2 赵康：《苏联农业集体化之研究》，《中苏文化》第 2 卷第 3 期，1937 年 3 月 1 日，第 22 页。

3 林零：《关于集体农场的本质及其他基本诸问题》，《中苏文化》第 2 卷第 3 期，1937 年 3 月 1 日，第 71 页。林零是翦伯赞的笔名。

4 林零：《关于集体农场的本质及其他基本诸问题》，《中苏文化》第 2 卷第 3 期，1937 年 3 月 1 日，第 76—77 页。

5 赵康：《苏联农业集体化之研究》，《中苏文化》第 2 卷第 3 期，1937 年 3 月 1 日，第 24 页。

制”，发展为“大规模发展的、使用机器共同耕种的农业体制”。[1]蒯伯赞以苏联农业集体化为视角对社会主义制度的宣扬，以国民党知苏派主办的《中苏文化》杂志为媒介，提高了社会主义制度在30年代中国的影响力。

中国舆论界之所以关注苏联农业集体化，很大程度上，是出于发展中国农业经济的考虑。这促使舆论界深入思考，中国是否应该学习和借鉴，又如何学习和借鉴苏联农业集体化制度和经验。

30年代的中国舆论界是主张中国借鉴苏联农业集体化的经验的。早在苏联全面推行农业集体化之初，1930年8月7日，天津《大公报》发表社评建议，中国应以“团体之力”，改良农业生产。由此，社评提到苏联农业集体化，介绍说：“如俄国之集团农业，以大规模之机械垦植[殖]，促进农业之工业化，既可消纳建设人才，又可发展地方富力。”[2]1937年3月1日，不少论者在《中苏文化》发表文章，阐述中国借鉴苏联农业集体化经验和集体农场制度的必要性问题。徐恩曾认为，苏联农业集体化对于世界农业经济具有普适性，是“农村经济发展的合理道路”，将“农村散漫的落后的小农经济”转变为“科学的集体经济”，“若能循着这条道路来建设农村经济，才有可能的走向人类社会的乐园”。苏联这种以计划经济管理为主导的农业集体化经验值得中国借鉴，“苏联农村集体化的经验，实给予我们建设农村经济宝贵的参考”，“为要合理的繁荣中国农村经济，又只有将农村经济放在整个经济计划的体系下，采取农村集体化的农业合作形式，作有计划的推进，才有可能”。[3]他强调，中国可以通过建立集体农场，解决地权分配不均和耕地经营零碎的问题。他分析，中国农村经济衰落的原因，主要是地权分配不均及耕地“碎割细分”。发展苏联那样的集体农场，一方面，可以使中国“地权分配不均的现象，逐渐的消除下去”；另一方面，使“散漫的小农耕地”运用

1　林零：《关于集体农场的本质及其他基本诸问题》，《中苏文化》第2卷第3期，1937年3月1日，第70—72页。

2　《中国农村救济问题》(社评)，《大公报》(天津版)1930年8月7日，第1张第2版。

3　徐思予：《苏联农业集体化与中国农村改造问题》，《中苏文化》第2卷第3期，1937年3月1日，第1—2页。

集体农场的形式整合起来。[1]朱惠之认为，中国作为农业国，由于农村经济破产，需要“将农村从根本加以改造”，所以，“苏联的集体农场，实为我们一个理想中的参考借镜，取长舍短，助石他山，我们是更要研究它与理解它了”。[2]

一些论者提出了借鉴苏联集体农场制度开垦苏北沿海、两淮、西北地区荒地的设想。一些在江苏地区工作的人提议借鉴苏联集体农场和国营农场制度，开垦苏北地区盐碱荒地。1932年9月，江苏省前民政厅长缪丕成、实业家荣宗敬等人提议，将长江口北岸至连云港海州的苏北沿海一带的盐碱荒地划为垦殖专区，“筹集巨额资本，利用农耕新机械，博采美国信托制度及工业化农场、苏俄国家农场、集团[农]场，以为改[进]新中国农业之嚆矢”[3]。在中山文化教育馆研究部工作的李百强[4]于1934年4月在《经济学季刊》发表文章提议，以苏联集体农场那样的大农制开垦两淮地区的盐场荒地。他表示，“况大农制度，今日盛行于苏俄，其成效已经大著。夫我国与苏俄同为农业国家，未尝不可以两淮盐区，试行国营之大农制度”[5]。1935年3月，国民政府立法院财政委员会科员杜邦纪在《经济学季刊》发表文章设想，借鉴苏联集体农场制度，在西北地区进行大规模机械化集体耕作。他注意到，“苏俄五年计划，对于农业生产社会化之纲领，即：（1）增设国营农场；（2）提倡集产农场；（3）设立农具借贷所，专以租借耕田汽车及其他农业机械等”[6]。他由此联想到，中国应在西北地区设集体农场，实行机械化耕作，“我国荒地既多，似可在西北地方，由政府划定区域，召集农民垦殖，设立集团农场，利用新式农具，作大规模经营，以增加农业生产”[7]。

---

1 徐思予：《苏联农业集体化与中国农村改造问题》，《中苏文化》第2卷第3期，1937年3月1日，第6页。

2 朱惠之：《苏联集体农场组织之理论与实际》，《中苏文化》第2卷第3期，1937年3月1日，第26页。

3 《苏省五年农垦计划》，《大公报》（天津版）1932年9月15日，第2张第5版。

4 参见李百强：《凯末尔论金本位与纸本位》译后注，《经济学季刊》第6卷第2期，1935年8月，第113页。

5 李百强：《两淮盐垦之过去及今后》，《经济学季刊》第5卷第1期，1934年4月，第132页。

6 杜邦纪：《统制中国粮食问题》，《经济学季刊》第5卷第4期，1935年3月，第161页。

7 杜邦纪：《统制中国粮食问题》，《经济学季刊》第5卷第4期，1935年3月，第162页。

1935 年 6 月 2 日，农业经济学家、南开大学经济研究所教授符致逵在《独立评论》发表文章，以苏联集体农场为蓝本，设想了中国建立农业耕种合作社的基本方式。他设想，中国应将农民互相错杂的小块地合并为合作社的大块田地，由加入合作社的农民共同耕种，“加入合作者将欲脱离合作时，其已合并之田地不能收回，合作社可给以其田地相当之代价，或给以合作农场以外之新地”[1]。他的这个设想是以苏联集体农场为蓝本的。他注意到，苏联农民加入集体农场后，“其田地悉归集团所有，团员间原有田地之界限，完全撤销”，“团员中有出团者，只得请求集团当局给以场外之新地，原有之田地绝对不能收回”。他主张，中国应学习苏联的这种集体农场模式，“中国虽非欲走社会主义国家如苏俄之路，但苏俄政府对于集团农场所行之奖励方法及集团农场组织之内容，大有可供吾人参考之价值也”[2]。符致逵早年获得美国华盛顿大学农学硕士学位，他的这篇文章说明，苏联集体农场制度对 30 年代具有美国留学背景的中国知识分子产生了很大影响。

虽然中国舆论界普遍赞赏苏联农业集体化，并主张借鉴苏联农业集体化经验，但是，在 30 年代，中国舆论界始终存在反思和质疑苏联农业集体化的声音。30 年代初，在苏联推行农业集体化的初期，苏联农业集体化在中国舆论界眼中，一度是一种负面的东西。1930 年初，中国舆论界尚不理解苏联的农业集体化政策，并注意到了苏联在推行农业集体化过程中由过激政策导致的农村混乱。当年 4 月 2 日，天津《大公报》发表社评，对苏联由十月革命后实行土地国有，到新经济政策时期允许农民单独经营土地，再到实行集体化消灭富农的土地政策转变，表示难以理解。社评称：“以苏联论，由没收土地，到容许农民私有，由农民私有，到征伐中农[3]，若大一问题，变去变来，今尚不知其归宿所届。”[4]同年 6 月 12 日，《大公报》在短评中分析了苏联农业集体化过程中因方法过于激烈而引起的混乱，表示：“近来厉行农民集团化，在理想上诚然有其真确理由，但因下级党部奉行之际，操之过激，以

1　符致逵：《提倡耕种合作之必要》，《独立评论》第 153 号，1935 年 6 月 2 日，第 14—15 页。

2　符致逵：《提倡耕种合作之必要》，《独立评论》第 153 号，1935 年 6 月 2 日，第 16—18 页。

3　此处指富农。

4　《忠告苏联》（社评），《大公报》（天津版）1930 年 4 月 2 日，第 1 张第 2 版。

致村镇骚然，反对蜂起。”苏共将农业集体化过程中的混乱归咎于基层领导干部，“这其间只好叫下级党部多负责任，受点牺牲”，这与其他国家“官吏地位越低，责成越重者，同是一样道理”。[1]

顾谷宜曾于1925年初加入中国共产党，后于1926年10月至1928年底在苏联莫斯科中山大学学习，1929年2月回国后，脱离中国共产党，任浙江大学史地系世界史教授。他将苏联农业发展成效与农业集体化制度分离开来。1937年3月1日，他在《中苏文化》发表文章提出，不可将苏联农业取得的成就完全归功于集体化制度，苏联广袤的可供开垦的耕地和现代化的农业技术，亦是苏联农业经济成功的重要因素。他认为，苏联拥有世界上最广大的未经开垦的土地，又广泛利用现代“农业科学、农业机械、农产制造技术”。苏联农业建设的成功是苏联拥有广大的可耕地和广泛运用现代农业技术的结果，而社会主义的经济制度只是促进苏联农业建设成功诸多因素中的一个方面，“假若仅仅从马克斯、列宁、斯达林的理论中来追求社会主义成功的秘密，我以为是不够的”[2]。顾谷宜此言是在唱农业集体化论的反调，所以，立刻受到《中苏文化》编者的批评。《中苏文化》编者认为，顾谷宜过于重视苏联的地理环境因素，苏联丰富的土地等自然资源，只有在社会主义制度下，才能发挥效用。“苏联经济建设（农业也在内）之成功，其土地广大、资源丰富，自属基本因素之一，但若纯以‘新的地理环境’以及未开辟的旷野和森林来解释‘新制度’之成绩，甚至认为这是苏联能够‘试验新制度’之唯一‘物质基础’，则未免太重视了‘地理环境’，而忽略了人与人间的社会生产关系之改造。”苏联丰富而广大的“地理环境”，只有配合社会主义“生产制度”，才能成为“试验新制度”的基本条件。[3]显然，《中苏文化》编者有着强烈的对苏联农业集体化制度的认同感。

中国舆论界讨论了中国如何借鉴苏联经验推行农业集体化问题。一些论者虽然主张学习苏联的农业集体化经验，但主张中国应采取不同于苏联的推

---

1 真：《十六届全俄共党大会》（短评），《大公报》（天津版）1930年6月12日，第1张第4版。

2 顾谷宜：《苏联社会主义农业建设的地理的基础》，《中苏文化》第2卷第3期，1937年3月1日，第67—68页。

3 《编者按》，《中苏文化》第2卷第3期，1937年3月1日，第69页。

行途径。1937年3月1日，徐恩曾和朱惠之在《中苏文化》发表文章，设想了与苏联不同的中国推行农业集体化的途径。他们都认为，中国不应像苏联那样以土地国有，而应以耕者有其田为基础推行农业集体化。同时，中国不应像苏联那样通过暴力手段，而应以农民自愿为原则，推行农业集体化。徐恩曾认为，首先，中国以民生主义为指导，通过“照价纳税，照价收买，及涨价归公的平均地权办法”，实现耕者有其田，在耕者有其田的基础上推行农业集体化，再在集体化过程中，逐渐实现土地公有。而苏联先“用政治手段宣布土地国有”，再实行农业集体化。其次，中国不应像苏联那样采取剧烈、强迫的手段，而应运用政策引导，以农民自愿为原则，逐步实现农业集体化，“中国农业合作之组织，亦应以人民自愿为原则。在组织集体农场之先，政府应作广大的宣传和提倡，使人民明白农业合作的集体农场的意义和利益，然后推动人民自动的去组织，在政府的指导和帮助之下，进行农业的集体经营”[1]。朱惠之也分析，苏联先实行土地国有，再实行集体化，“苏联所行的公式，是土地国有到集体化”。而中国应以平均地权、耕者有其田为基础，实行集体化，“我国所行的公式，是平均地权到集体化（耕者有其田）”。同时，在推行集体化过程中，中国不应像苏联那样采用“暴力政策”，“苏联是没收了土地，采取急进的暴力政策，达到农业的集体化，我国则应采取缓进的步骤，由平均地权，达到自然的土地集中于国家手中”[2]。

孙辅世也有着与徐恩曾、朱惠之相似的思路。他一方面不主张全面照搬苏联集体农场的经验，另一方面反对苏联建立集体农场过程中的暴烈手段。他于1937年1月16日和17日在天津《大公报》发表文章提出，中国农业为了实行机械化耕作，应用先进技术，必须实行大规模经营。他注意到，世界各国农业的大规模经营有三种形式：（1）美国的个人资本主义大农场；（2）丹麦的合作农业，“丹麦是一个小农制度国家，但是，因为全国合作事业的发达，亦能够一样得到大农的利益”；（3）苏联的集体农场，“革命政府

1　徐思予：《苏联农业集体化与中国农村改造问题》，《中苏文化》第2卷第3期，1937年3月1日，第6—7页。

2　朱惠之：《苏联集体农场组织之理论与实际》，《中苏文化》第2卷第3期，1937年3月1日，第34页。

成立后，第一次五年计划中，就由政府用绝大的力量，令农民集合起来。当时很引起了不少的纠纷、扰乱和流血，但是，结果亦达到了大规模耕种的目的。”他认为，对于上述三种方式，中国都不能照搬学习，“三种办法都不能说是完全我们可以仿效的”。美国的个人资本主义“已经不能适合于现在的时代”，丹麦的合作制度“成效很慢”，苏联的集体农场制度虽是一个“革命的方法”，但会造成社会的扰乱，“影响国家的稳固，是我们应该避免的”。他设想，中国的农业改良应通过两个途径：（1）以国营方式垦殖未开发的荒地。中国荒地非常广大，“这一类的荒地，应该一律保留或收归国有，由国家的资力来垦殖同大规模的经营”。（2）对于正在耕种的农田，尽快进行清丈，积极推广农村教育，以便在尽短的时间内彻底推行“合作制度”。[1]由孙辅世的设想来看，他虽不主张全盘学习苏联的集体农场制度，但仍有借鉴苏联农业经营模式的成分，如他设想的农业合作制度，就有苏联集体农场的成分。实际上，他反对的是苏联建立集体农场过程中引起的农村社会动荡，并不反对集体农场本身。

有的论者反对中国实行苏联那样的农业集体化。农业经济学家董时进于 1932 年 5 月 2 日在天津《大公报》发表文章，主张中国应在现有小农经济基础上，加强农业生产的“精细度”，以提高农产品的单位价值，“实行农业经济上之改组，即采用精细式之农业，以增加出产价值是也”。他不看好苏联的农业集体化，认为“虽苏俄有集体农场，然其组织规模殊小，实行困难尚多，现时全恃政府特别维持”。[2]一些论者主张由政府向地主收买土地，转售给农民，以实行耕者有其田，反对实行苏联那样的农业集体化。1935 年 10 月 7 日，刘君煌在天津《大公报》“经济周刊”版发表文章注意到，自 20 年代末，苏联“政府为提高生产能力起见，因特提倡大规模经营而举行机械生产之集团农场”。但是，他认为，中国应实行土地由农民私有的耕者有其田制度，“由政府向地主购入土地，转授农民，令其分年偿还地价本息”。[3]方显

1 孙辅世：《振兴中国农业的途径》，《大公报》（天津版）1937 年 1 月 16 日，第 3 张第 10 版。
2 董时进：《中国之经济的出路》，《大公报》（天津版）1932 年 5 月 2 日，第 1 张第 3 版。
3 刘君煌：《中国农地问题与阎锡山氏之土地村有计划》，《大公报》（天津版）1935 年 10 月 7 日，第 2 张第 7 版。

廷主张借鉴中东欧国家由政府发行公债，收买地主土地，分给农民的办法，从而实现耕者有其田。1937 年 4 月 3 日至 6 日，中国地政学会第四届年会在青岛召开。时任南开大学经济研究所所长的方显廷作为永久会员，虽因有事未能参加会议，但向会议提交了两份提案。其中一份提案提出，确定农民拥有土地的最高额，由政府发行公债，强制收买农民超出拥有土地最高额的土地，将土地转卖给农民，农民分年偿还土地价格，从而实现耕者有其田。这份提案介绍，世界各国实现耕者有其田的办法有三种：一、苏联由国家无偿没收农民土地，实现土地国有，建立集体农场；二、中东欧国家由政府发行公债，强制收买土地，分给无地农民；三、爱尔兰由政府贷款给农民，令农民向地主购地。他提出，“苏俄办法完全否认私产，在我国现状下似难见诸实行。爱尔兰办法则嫌偏于温和，难期短时奏效。因此，主张参照中东欧各国之先例实行改革。既可促‘耕者有其田’迅速实现，同时，地主亦得免受巨大损失，推行或较容易”[1]。

土地国有制度是苏联推行农业集体化的基础。一些论者对苏联的土地国有制度提出质疑，不赞成中国实行苏联那样的土地国有制度，尤其反对苏联通过革命手段实行土地国有的政策。1930 年 4 月，时任上海交通大学教授的马寅初在《经济学季刊》发表文章，批评苏联的土地国有制度。他主张，中国应通过永佃权制度逐步实现耕者有其田，不应实行苏联那样的土地国有制度，“我们不能步俄国的后尘，将土地收归国有，再分配给与农民”[2]。朱通九也于 1936 年 6 月在《经济学季刊》发表文章，不赞成苏联通过革命手段实现土地国有的政策。他表示，苏联运用革命方法，将私有土地无代价地收归国有，“实为识者所不取”。“就公正的立场论之，无代价的没收，殊欠公允。且革命经过，流血极多，牺牲过巨，国民经济，一度整个破产，人生痛苦，莫过于斯。”[3] 他又强调，中国实行土地国有面临极大困难。第一，由于人口

---

1 《中国地政学会第四届年会今日在青开幕》,《大公报》(天津版) 1937 年 4 月 3 日，第 1 张第 4 版。

2 马寅初:《中国租佃制度之研究》,《经济学季刊》第 1 卷第 1 期，1930 年 4 月，第 16 页。

3 朱通九:《土地政策的检讨兼评土地村有制度》,《经济学季刊》第 7 卷第 1 期，1936 年 6 月，第 132 页。

太多，如将土地收归国有，分配给个人耕种，则每人所得土地极少。且中国无确实户口登记，也难以办理。第二，如用革命方法，将全国私有土地收归国有，会引起农民反对。革命与反革命因袭相沿，非国家之福。第三，如果政府向全国地主购买所有土地，政府无此巨额资金，即便发行公债，亦恐无人购买。[1]黄通于 1937 年 4 月 4 日在天津《大公报》"中国地政学会第四届年会特刊"发表文章，不认同苏联无偿没收地主土地、收归国有的政策。他说道："无偿没收，一九一七年曾行之于苏俄，国家用权力夺取地主、皇族及教会所有地，分给农民，这是一种最激烈、最彻底的办法，在'价值批判'上是否'当为'（Sollen），那是另一问题，惟于实行时必引起社会上极大的骚动，非可轻易效颦的。"[2]

综上所述，中国舆论界是非常关注苏联农业集体化问题的。从苏联全面推行农业集体化进程之初，中国舆论界就密切关注着苏联的农业集体化进程，既钦佩苏联农业集体化推进速度之快，又注意到了苏联农业集体化推进过程中因手段暴烈导致的社会混乱。中国舆论界对苏联农业集体化制度的了解也是比较深入的，对苏联集体农场的管理机构、生产方式、分配原则等各方面作了系统而深入的分析。从总体上说，中国舆论界大多肯定苏联农业集体化在制度上的优越性，并认可苏联农业集体化的生产效果。因而，中国舆论界多数论者主张学习、借鉴苏联农业集体化的模式和经验。但是，对于苏联农业集体化，中国舆论界亦有一些反思和质疑声音。在苏联推行农业集体化初期的 30 年代初，中国舆论界尚不完全理解苏联农业集体化进程，之后，中国舆论界也对苏联农业集体化本身提出了一些质疑，这种质疑主要集中在苏联推进农业集体化过程中的暴烈手段上，反对中国引进苏联建立集体农场的这种暴烈手段。同时，亦有一些论者根本反对中国学习、借鉴苏联农业集体化模式。显然，在如何看待苏联农业集体化问题上，以及在是否学习、如何学习苏联农业集体化问题上，中国舆论界是存在一定分歧的。

---

1 朱通九：《土地政策的检讨兼评土地村有制度》，《经济学季刊》第 7 卷第 1 期，1936 年 6 月，第 140 页。

2 黄通：《扶植自耕农与土地金融问题》，《大公报》（天津版）1937 年 4 月 4 日，第 3 张第 12 版。

## 二、在苏联工商业国营经济问题上的意见分歧

除关心苏联农业集体化及其主要形式集体农场外，中国舆论界还关注到苏联国营经济问题。苏联在农业领域推行集体化，建立以集体农场为主要形式的集体所有制经济的同时，又推行工商业领域的国营化，建立起系统的国营工商业企业。苏联农业集体所有制经济与工商业国营经济共同构成作为社会主义经济基础的公有制经济，两者之间有着密切的连带关系。中国舆论界对苏联工商业国营经济是比较关注的，一些在苏联采访的记者往往带着很大兴趣观察苏联的工商业国营经济，舆论界对此也作了一系列讨论。

天津《大公报》记者曹谷冰和中央社记者冯有真在苏联采访期间，对苏联国营经济有了直观的认识。曹谷冰通过1931年春夏对苏联的采访，对苏联国营经济有了较为深入的了解。回国后，他于同年7月13日在天津《大公报》发表《游俄印象记》解释，苏联的国营经济不仅注重"大公"，还兼顾"小私"，在坚持国家所有制的前提下，通过"小私"调动劳动者的积极性。他说道："我在俄国得到的经验，以为俄国近年是在渐渐地趋向大公而小私的路上前进。"苏联改变了以前不考虑劳动者的勤懒、工作好坏，将劳动者收入等齐划一的政策，"现在似乎已经觉得人类私心是没有法子消灭的。如果本领高、工作勤的人，和本领差、工作懒的人一律待遇，那末，一个必将灰心短气，一个必将不求上进。所以，现在俄国工人、农人的待遇，都把工作成绩做标准，不像从前那样不讲优劣勤惰，一律待遇了"。显然，他对苏联的国营经济制度在一定程度上是认可的。但是，他还是觉得苏联小型的"国营事业"或"公营事业"，由于人们的工作积极性不高，往往办不好。他看到，当一个人到莫斯科大旅馆吃饭时，"那侍者见了你，便是一种似睬不睬的神气"。一个人到旅行社购买车票，工作人员总会让他空跑几次，或者把车站名称胡乱告诉买车票的人。他想，"如果是私人经营的旅馆或旅行社，那末，因为顾及本身的利益起见，招待一定不会这样的不周，办事也一定不会这样的不负责任"[1]。可见，曹谷冰虽然对苏联国营

---

1　曹谷冰：《游俄印象记（三）》，《大公报》（天津版）1931年7月13日，第1张第3版。

经济制度持某种程度的认可态度，但又从私营经济的合理性角度，看到了苏联国营经济存在的弊端。

中央社记者冯有真采访1936年8月柏林奥运会后，又于当年9月赴苏联莫斯科采访。到莫斯科的当天，他约《大公报》驻莫斯科记者戈宝权逛街，对苏联的国营经济有了直观的感性认识。他发现，莫斯科街头擦皮鞋、卖饮料、磨刀的小贩，也采取国营方式。戈宝权告诉他，“这些擦皮鞋的、卖汁水的、磨刀的，都是国家雇员呢。他们所用的皮鞋油、汁水、磨刀机，都是由政府发给的，而工作所得的代价，也全得缴给政府，他们的生活是靠政府所给的薪金维持的”。他对此感到惊奇。“我虽然早就知道，在苏联一切财产都是国有，但是，政府的威权伸张到这样微渺的圈里，多少也有点使我惊奇。”[1]

中国媒体的一些报道和一些论者表示赞成苏联国营经济。1932年1月4日出版的天津《大公报》刊登报道，介绍了苏联国营经济的优势。报道介绍说：“苏联一切工业、运输业，皆政府管理，为世界最大之机关。”“普通资本主义之供求定律，宣告无效。”“政府为一大商人，获得工业之利益，赋税自少。”[2]1936年11月，中央银行副总裁陈行[3]在《经济学季刊》发表文章，建议中国学习苏联一五计划期间的国营经济制度。他主张，中国应像苏联那样，通过国营方式发展重工业和军需工业。他表示，“苏俄各企业，多属国营性质”。而中国的重工业和军需工业尚未建立，若由政府举办，不仅易于统制，而且便于战时的征发。[4]

1937年1月1日，《中苏文化》杂志组织了一场有关苏联1936年宪法的讨论。大家在讨论苏联这部宪法关于社会主义经济制度的规定时，对苏联国营经济持完全正面的看法。时在南京《扶轮日报》社主编国际新闻的欧阳敏

---

1 《国营的苏联新闻事业（一）——中央社特派员冯有真通讯》，《中央日报》1936年11月17日，第2张第2版。

2 《世界经济萧条怒潮中苏俄为繁荣之孤岛》，《大公报》（天津版）1932年1月4日，第1张第4版。

3 陈行于1917年留学美国，在俄亥俄大学学习经济、化学，获得硕士学位，又于1919年到哥伦比亚大学研究银行货币学。1928年中央银行成立后，他任副总裁至1948年。参见张宪文、方庆秋、黄美真主编：《中华民国史大辞典》，江苏古籍出版社，2002年，第1086页。

4 陈行：《非常时期之经济问题》，《经济学季刊》第7卷第3期，1936年11月，第6页。

讷肯定苏联的国营经济，认为苏联国营经济实现了国家与人民利益的合一，生产资料、生产工具等社会财产属于国家，亦即属于苏联全体人民，“经济所有权，既为国家的或全体人民的，则全体人民即国家的主人翁”。这就消除了资本主义国家的阶级利益区隔，实现了社会的和谐共处，“比之资本主义各国家，那里存留着两个斗争不已的壁垒，时不时演流血和残杀的惨剧，这里算得平和的园地，已显然不是空想的乌托邦”。[1]

一些论者对苏联国营经济提出质疑，指出了其中存在的弊端。1932 年 6 月 4 日出版的天津《大公报》“现代思潮”版刊登了一篇介绍《再生》杂志创刊号的文章。此文可能是张君劢所写。此文在介绍《再生》杂志的主要观点时认为，苏联实行的“集产主义制度”，“国家营业当然要由政府的人员去负责经营，这样于是很容易产生出所谓‘官僚政治’来。因此，必要想方法来防止这种腐化的现象。苏俄在这一点上，并没有新的贡献”[2]。《再生》杂志指出苏联的国营经济导致政府人员操控经济，容易滋生腐败和官僚主义，这种认识在 30 年代初是较为深刻的。马寅初不赞成苏联那样的包括国营经济在内的全面的公有制经济。1935 年 1 月，他在《中国经济改造》一书中认为，苏联国营经济会泯灭人们的经济创造力。他表示：“苏俄奉行马克斯之共产主义，生产工具，皆复收归为国有，剩余生产品，每由国家征发而去。”“生产工具皆收归国有，则私人因竞争而创造之思想皆将因此消失。”[3]一些国民党当局高层人士也不主张中国学习苏联的全面国营制度。1934 年 7 月 6 日，国民政府实业部长陈公博到天津参加全国矿冶地质联合展览会时，对记者表示，中国工业应由国家和民间分头举办。“予意中国政府不采取苏俄制度，不必各种工业均由国家设厂，即提倡人民办理，收效亦同”。[4]

有的三民主义信仰者试图从民生主义角度认识苏联的国营经济。在北平高校教书的范熙壬于 1933 年 9 月 17 日在天津《大公报》“自由论坛”版发表

---

1　欧阳敏讷:《苏联新宪法的特色》,《中苏文化》第 2 卷第 1 期，1937 年 1 月 1 日，第 49—50 页。

2　《再生月刊》,《大公报》(天津版)1932 年 6 月 4 日，第 2 张第 8 版。

3　马寅初:《中国经济改造》，商务印书馆，1935 年，第 199—200 页。

4　《陈公博谈实部工作》,《大公报》(天津版)1934 年 7 月 9 日，第 1 张第 4 版。

文章认为，苏联通过国营方式进行五年计划建设的做法，与国民党民生主义发展国家资本的理论是一致的，“即最近苏俄所标榜的新经济政策，所夸张的五年计划，将铁路、银行、运输及对外贸易，改为国家专办，且用国家全力，发展重工业大工厂，以握全国生产之主动力，其关键亦不外此”[1]。在范熙壬看来，苏联的国营经济制度与孙中山民生主义发达国家资本的理论有一致之处。

对于苏联的工商业国营经济制度，中国舆论界的态度呈现出明显的分歧，既有赞成者，亦有质疑和批评者。不过，质疑和批评者显然多于赞成者。多数时人从民营经济角度对苏联国营经济投以怀疑的目光，人们尤其不理解甚至反对苏联的全面国营制度，并指出了苏联国营经济存在的弊端。

## 三、对苏联按劳分配制度、进出口贸易国营制度、银行金融体制、税收制度、预算制度和会计制度的认识

除苏联农业集体化、国营经济外，中国舆论界还关注到了按劳分配制度、进出口贸易国营制度、银行金融体制、税收制度、预算制度和会计制度等领域的苏联社会主义经济制度情况。这说明，当时的中国舆论界对苏联社会主义经济制度的关注面是比较广的，了解也是非常全面的。

中国舆论界较为关注苏联的按劳分配制度。1931 年 7 月，天津《大公报》连续报道了苏联改革企业工资制度、奖勤罚懒的情况。7 月 13 日，该报刊登消息，介绍苏联实行计件工资，提高技术水平高的工人工资的情况。[2] 7 月 22 日，该报刊登消息介绍，斯大林决定给予工人、工程师、公务员等充分发挥才能的机会，强化个人的工作责任。[3] 7 月 23 日，该报刊登消息介绍，斯大林强调改革工资制度，停止以前的不公平办法，通过差别待遇，鼓励工人的

1 范熙壬：《创办豫鄂皖三省农村银行意见书》，《大公报》（天津版）1933 年 9 月 17 日，第 4 张第 14 版。

2 《苏俄奖励优良技术》，《大公报》（天津版）1931 年 7 月 13 日，第 1 张第 4 版。

3 《斯他林发表经济改革计划》，《大公报》（天津版）1931 年 7 月 22 日，第 1 张第 4 版。

劳动热情，拉开精工与粗工、勤工与惰工之间的收入差距。[1]《大公报》刊登的这些消息给国人传递了这样一种信息，即苏联在实行公有制的前提下，开始注重个人利益，给予个人较大的发展空间和物质刺激，以强化个人的生产责任和积极性，从而吸取了资本主义制度的某些因素。

诸多学者认识到苏联以差别工资制度奖勤罚懒的政策。1933 年 5 月 13 日至 9 月 2 日，天津《大公报》"社会问题"版连载周逸澜的长文。周逸澜介绍，苏联存在着工资激励机制，苏联"为提高生产计，政府允许计工制的存在"，同时，"工人常可因工作效果的增加而享红利"，工人如果怠工，将被减少工资。[2]同年 10 月 1 日，清华大学经济学教授赵守愚在《独立评论》发表文章注意到，苏联并未实行完全平均的分配原则，更未实行"各人依所需要而享受"的原则，"至于分配，苏俄虽然是奉行共产主义，但是各级工人所得的享受，并不平均。譬如，工厂工人待遇最优，农民和用脑工人便相差狠远，农民中间还分好几级，待遇各有不同"。[3]1934 年 8 月 26 日，吴景超在《独立评论》发表文章也注意到了苏联的差别工资制度。他表示："就是现在的苏俄，各人的所得，也还是极不平均的。工程司可以拿五六百或一千卢布一个月，而粗工有只拿几十卢布一个月的。"[4]

不过，也有论者反思了苏联的"按劳分配"理论。1936 年 6 月，陈长蘅[5]在《经济学季刊》发表文章认为，苏联"按劳分配"理论并没有反映苏联的实际情况。他分析，不仅人们的劳动应参加分配，"资本"亦应参加分配。不能说社会产品纯粹是劳动的结果，因为资本也可以创造社会产品，可以供

---

1　《斯他林说明新计划，根本改革工资制度》，《大公报》（天津版）1931 年 7 月 23 日，第 1 张第 4 版。

2　周逸澜：《苏俄劳动立法之理论与实际》，《大公报》（天津版）1933 年 5 月 13 日，第 3 张第 11 版。

3　守愚：《统制经济与全国经济委员会》，《独立评论》第 70 号，1933 年 10 月 1 日，第 9 页。

4　吴景超：《提高生活程度的途径》，《独立评论》第 115 号，1934 年 8 月 26 日，第 10—11 页。

5　陈长蘅早年留学美国，先后获得哈佛大学经济学学士、硕士学位，20 年代末，任南京中央大学法学院经济系副教授。从 1928 年 11 月起，他担任国民政府立法院立法委员，并长期担任立法院财政委员会副委员长、委员长，曾参与全国财政制度、财政法规、国家预算的编制工作，还参加过五五宪草的起草工作。郭礼淮：《人口学家陈长蘅》，《荣昌文史资料选辑》第 8 辑，中国人民政治协商会议荣昌县委员会，2009 年，第 150—152 页；《中国社会科学家辞典》（现代卷），甘肃人民出版社，1986 年，第 259—160 页。

给劳动者生产之需。如果资本不参加分配，就无人从事节省以增加社会资本，无人积累资本以购置或制造机器。实际上，苏联的资本是参加分配的，只是其资本是归国家或劳动者公有。苏联在实施一五、二五计划过程中，之所以使人民"粗衣恶食，拿黑面包来换黑的钢铁和砖块"，就是要"牺牲一重大部份劳动者可以消费的货物，以增多资本的财富"，"苏俄所以能够发展各种国有的重工业及轻工业，与完成其国防建设及交通建设，正是因为国家的资本亦能与劳动的农工一并参加分配"。只是苏联参加分配的资本归国家或劳动者公有，而不归个人所有。[1]显然，陈长蘅通过指出苏联国有或公有资本参加社会资源分配的角度，指出了苏联按劳分配理论的缺陷。应该说，他的此种分析是具有相当合理性的。

苏联实行进出口贸易国营制度。苏联成立对外贸易人民委员会，对进出口贸易实行严格的行政管理。在对外贸易人民委员会下设各类国营贸易公司，垄断经营进出口贸易。苏联这种进出口贸易制度是计划经济的产物，苏联政府通过这一制度严格管制进出口贸易。中国舆论界对苏联这种进出口贸易制度是比较关注的。天津《大公报》就屡次刊登文章，介绍苏联这一制度。1933年2月18日至25日，该报连载美国人哈沃（Colvin. B. Hunver）撰写的《苏俄国外贸易策》一文，详细介绍了苏联负责对外贸易的行政管理机关和国营贸易机构。1935年1月15日至17日，该报又连载马季廉撰写的《苏俄统制贸易的机构》一文，系统介绍了苏联政府管理和经营对外贸易的机构，尤其是苏联对外贸易人民委员会的机构沿革、主要部门、主要职能和管理对外贸易的主要措施。

国民政府相关部门也非常关注苏联的进出口贸易国营制度。1932年12月下旬，实业部国际贸易局局长何炳贤向记者介绍了苏联的对外贸易国营制度。他介绍，苏联对外贸易完全由政府垄断经营。苏联政府通过国营制度，严格控制对外贸易，一方面尽力进口各种工业所需原料、机械、器具，另一方面使进口额限制在苏联"剩余货物信用"及其他形式的对外偿

1　陈长蘅：《管理的货币制度与计划的银行制度刍议》，《经济学季刊》第7卷第1期，1936年6月，第65—66页。

付能力之内，“国家根据既定之计划、需要之程度、商品生产之剩余，以求国外贸易之合理化”[1]。内政部非常关注苏联对外粮食贸易国营制度。1933年5月，国民政府内政部拟定《粮食管理法》草案，交立法院审议。这个草案规定，“国际粮食贸易逐渐改归国营，其办法另定之”。内政部在作的想法说明中，以苏联为例说明实行对外粮食贸易国营的必要性，表示：“国际粮食贸易改由国家经营，即管理贸易之一种。自欧战以还，管理贸易之说嚣然尘上。就中已见诸实行者，如苏俄等国，皆具成效。而吾国在列强经济势力压制之下，尤非逐渐实行对外粮食贸易国家经营，不足以调剂盈亏，保护农业。”[2]

总体上说，中国各界对苏联进出口贸易国营制度持肯定态度。1930年7月，时任中央政治学校社会经济系主任的寿勉成在《经济学季刊》发表文章，非常看重苏联由政府垄断国际贸易，限制非必需品进口，从而“维持其货币之国际的购买力”的办法，认为这个办法“颇有仿行之价值或必要”。[3]1933年9月13日和14日，陈丕士在天津《大公报》发表通信，认为苏联通过国家垄断对外贸易获得进出口利益的做法，值得工业落后国家学习。他分析，“苏俄工业之极大发展力，已表现于吾人之眼前。此所以如此者，即得有出口之助。诚然，苏俄以合理化之出口方法（即政府之商业专利），可得最好之条件及最大之利益。且以专利之方法，最少可减去百分之六十之出口竞争及浪费。苏俄用此种方法，故出口货物可得最高之价值，并足以补偿其五年计划所需用之机械及其他货物进口者价值”。“凡工业落后国家之政治家，在其他工业发展极高国家激烈竞争下，而欲建设工业及经济者，应于苏俄国际贸易之发展，详加研究。”[4]1936年4月8日，谷源田在天津《大公报》“经济周刊”版发表长篇文章，对苏联的对外贸易国营制度表示赞赏。他分析，苏联对外贸易国营机构不仅经营对外贸易，还可以统制国内某

---

1 《中俄复交后两国贸易趋势》，《大公报》（天津版）1932年12月23日，第1张第4版。

2 《内政部拟定之粮食管理法》，《大公报》（天津版）1933年5月16日，第1张第4版。

3 寿勉成：《从金价问题说到钱币革命》（1930年1月15日于中央政治学校），《经济学季刊》第1卷第2期，1930年7月，第101页。

4 《从苏俄国际贸易上研究中俄商务问题》，《大公报》（天津版）1933年9月13日，第1张第3版。

些商品的生产和销售，从而操纵国内市场的价格。这样，就可以在进口外国产品时，不致引起国内相关物价的高涨，增加消费者负担。同时，苏联的国营出口贸易也“有不少的优点”，“对内可以改善商品的品质，统制商品的产量，对外可以推广销场，并且可以作为商战的武器”。而且，“进出口贸易皆由国营的国家，更可以对凡拒绝购买本国货的国家，施以强烈的报复”。[1]

苏联的银行金融体制也受到中国舆论界的关注。1931年7月15日，曹谷冰在天津《大公报》发表文章，系统介绍苏联工业、农业的贷款方式。[2]陈长蘅对苏联的银行制度很感兴趣。1936年6月，他在《经济学季刊》发表文章，分析介绍了苏联国家银行、工业与电业银行、中央农业银行、全俄合作银行、外国贸易银行、储蓄银行的管理体制和运行机制。[3]一些普通民众也对苏联金融事业感兴趣。天津市读者陈增华向天津《大公报》编者询问苏联的货币制度情况。该报编者于1936年3月7日向他解释了19世纪帝俄时期至30年代苏联货币制度演变的过程。[4]一位名为冯质夫的读者也向《大公报》编者询问苏联币制的情况。该报于1937年1月6日再次讲解了帝俄时期至30年代苏联币制的演变过程。[5]

中国舆论界尤其关注苏联农业金融体系。1935年3月14日，李龙门在天津《大公报》发表文章，在讨论中国建立独立的农村合作金融系统问题时，介绍了苏联的农业金融体系。[6]国民政府财政部于1936年2月饬令中国农民银行经营农村土地抵押放款业务，并公布六项办法，令中国农民银行以5000万元作为农地抵押放款的资金。为此，吴华宝于当年3月9日在天津《大公报》“经济周刊”版发表长篇文章，在讨论中国开展农地抵押放款的必要性和方法时，想到了苏联中央农业银行的放款业务。他表示，“国营机关如德国之中央农业银行、苏俄之中央农业银行等均以农地抵押放款为其主要

1 谷源田：《统制贸易之检讨》，《大公报》（天津版）1936年4月8日，第3张第11版。
2 曹谷冰：《苏俄建设中之财政（二）》，《大公报》（天津版）1931年7月15日，第1张第3版。
3 陈长蘅：《管理的货币制度与计划的银行制度刍议》，《经济学季刊》第7卷第1期，1936年6月，第78—79页。
4 《经济常识问答·币制》，《大公报》（天津版）1936年3月7日，第2张第7版。
5 《经济常识问答·苏联币制》，《大公报》（天津版）1937年1月6日，第2张第7版。
6 李龙门：《为全国合作讨论会进一言》，《大公报》（天津版）1935年3月14日，第1张第4版。

之业务。其资本均由政府拨给之，所得赢利除提一部分充准备金外，余皆以为举办公益事业之用”[1]。

不过，一些论者在讨论中国的银行制度时，并不主张学习苏联由政府严格控制的银行制度。侯树彤于1935年12月1日在天津《大公报》发表文章，主张将中国的中央银行改组为不受政府控制的“超然机关”，认为“政府控驭中央银行之流弊极多”。他分析，世界各国的中央银行制度，以英国、苏联为最典型。英国的中央银行虽在财政、金融各大政方针上无时不与政府切实合作，但在法律上，“英格兰银行实享有绝对的营业自由，政府无丝毫干涉之权力”。苏联的中央银行并非“独立之机关”，只是财政人民委员会的一个机构，“所有营业方针，皆由人民财政委员长指令之”。在世界各国中，“效法英国者多，而仿行俄国制度者则并世无有也”。[2]

苏联的税收制度、预算制度和会计制度也引起中国舆论界的关注。在税收制度方面，正在苏联采访的曹谷冰在1931年6月12日寄回国内的通信中介绍了苏联税收制度由新经济政策时期到计划经济时期的转变。他介绍，苏联实行新经济政策初期，私人农工商业尚有相当规模，同时，国家和合作社经营的企业尚在萌芽时期，还难以向国家提供多少税收。为了满足国家财政需求，国家不得不随时征收新税。所以，当时的税制异常复杂。其征税的方法也和十月革命以前没有明显区别。后来，私人资本日益减少，国营经济日益发展。在这种情况下，用捐税调节生产和物价的意义逐渐消失。所以，近四五年来，苏联逐渐改革税制，取消从前所有的繁复税收，对国营企业征收营业税和企业赢余税，对合作社经营的企业征收营业税和所得税，使税制实现单一化；生产和物价的调节由经济计划实现，税收不再作为调节生产和物价的工具。[3]在预算制度方面，1933年9月26日，天津《大公报》刊登通信，介绍苏联预算制度由无节制地向国营企业提供资金的粗放体制向促使企业

---

1　吴华宝：《我国农地抵押放款问题之检讨》，《大公报》（天津版）1936年3月9日，第2张第7版。

2　侯树彤：《改组中央银行为超然机关之我见》，《大公报》（天津版）1935年12月1日，第1张第3版。

3　曹谷冰：《苏俄建设中之财政（一）》（6月12日寄自莫斯科第二十一信），《大公报》（天津版）1931年6月25日，第1张第3版。

节约资金、注重经济效益的精细管理体制的转变。这篇通信介绍，在 20 年代新经济政策时期，苏联无节制地向国营企业提供经费，“以鼓励国有工业发展，与私人工业竞争”。苏联开始实施五年计划后，各国营企业采用“经济会计制度”，“一切属于国家之工商业，均任其自行奋斗”。[1] 周贻囷[2] 通过分析苏联会计制度，澄清了时人对苏联社会主义经济不注重经济核算的误解。1930 年 12 月，时任湖北罗田财政局局长的周贻囷在《经济学季刊》发表文章，探讨了会计在苏联的功用。他提出了一个问题，在消灭私营企业的苏联，“会计究竟取什么形式？还是随着私人企业的消灭，而失却其作用呢？”他肯定地说，苏联是存在会计的，“广义的会计，在理想社会中——社会主义经济组织之下，一定要大大的见重。如果全部生产分配的事务，由政府集中管理，若没有精确严密的会计，是断断得不到良好的结果的”。不过，他认为，在苏联社会主义制度之下，会计的形式和作用“不免要根本变更”。由于苏联消灭了私有财产制，所以，私人的债权关系、企业所得和盈利均消失了，版权、专利权等无形资产不再包括在资产项目中。因此，所有权不再成为会计科目，“债币”不再成为记账的单位。[3]

从中国舆论界关于苏联按劳分配制度、进出口贸易国营制度、银行金融体制、税收制度、预算制度和会计制度等方面情况的介绍和评论来看，30 年代的中国舆论界对苏联社会主义经济制度的了解是比较全面的。从总体上说，时人对这些具体的社会主义经济制度是赞赏和肯定的。在按劳分配制度方面，不仅天津《大公报》作了一系列介绍，而且，苏联通过差别工资制度奖勤罚懒成为当时知识界人士的一种共识。在进出口贸易国营制度方面，在

1 《苏联的预算》,《大公报》(天津版) 1933 年 9 月 26 日，第 1 张第 3 版。

2 周贻囷是中国第一个会计学博士。1927 年，他获得复旦大学学士学位，担任浙江杭州税务局的主管会计师，同年，调任汉口海关警司办公室主管会计师。1929 年至 1931 年，他担任湖北罗田财政局局长。1931 年至 1935 年，他担任国民政府铁道部铁路会计审计师、招商局助理审计长。之后，他留学美国，1936 年至 1937 年，在美国哥伦比亚大学学习。1938 年至 1939 年，他又就读于美国密歇根大学和伊利诺伊大学。1943 年，他在著名的会计学家利特尔顿 (A. C. Littleton) 教授的指导下，完成博士论文《收益费用的会计理论》(*The Accounting Theory of Revenue Charges*)，并获得伊利诺伊大学博士学位。参见邹进文:《中国第一个会计学博士周贻囷》,《中国社会科学报》2012 年 11 月 5 日，第 A06 版。

3 周贻囷:《会计学研究》,《经济学季刊》第 1 卷第 4 期，1930 年 12 月，第 243—244 页。

天津《大公报》刊登文章进行介绍的同时，国民政府相关部门也表现出了很大关注，各界人士从各方面指出了这种进出口贸易制度的优势。中国舆论界之所以对苏联进出口贸易国营制度呈现出如此思想态势，是因为中国也面临着通过政府管制进出口贸易保护中国经济的任务，只是中国处于半殖民地状态下，经济主权不独立，难以实行苏联这样的进出口贸易制度，苏联此种贸易制度只能是时人仰慕的对象。苏联银行金融体制尤其是农业金融体制引起了中国各界人士的关注，甚至当时的普通民众也很关心。这说明，在中国金融形势日益严峻的形势下，时人非常关心如何活跃、融通金融，以疏解中国经济困局的问题。时人期望从苏联银行金融体制中找到发展中国金融的途径。中国舆论界了解到苏联在国营经济全面发展的情况下，如何转变税收制度、预算制度、会计制度的情况，尤其认识到苏联通过这些制度提高企业经济效益，促使企业重视经济核算，以发展苏联经济的问题。但是，中国舆论界在肯定和赞赏这些苏联社会主义经济制度的同时，也存在着一些质疑的声音。有的论者从理论上反思了苏联按劳分配原则，有的论者指出中国不宜学习苏联由政府严格管控金融机构的制度。

由中国舆论界对苏联一系列具体的社会主义经济制度的观察、讨论和分析可见，中国舆论界对苏联社会主义经济制度的观察面是非常广的，涉及苏联经济制度的许多方面。中国舆论界之所以特别关注苏联农业集体化问题，一方面是由于农业集体化是 20 年代末至 30 年代苏联经济变革的重要方面；另一方面也是由于中国农业变革的巨大理论需求，因为中国农村经济的破败、阶级矛盾的尖锐，急需要进行一场全面性的农业变革，中国舆论界期望从苏联农业集体化的经验和模式中找到中国农业变革和发展的道路。中国舆论界在苏联国营经济问题上存在大量分歧意见，多数论者是以一种挑剔的目光看待苏联国营经济的，并且舆论界对苏联国营经济的关注度没有苏联农业集体化高。这很大程度上是由于以国营方式发展中国经济尚未成为当时的主流舆论。虽然国民政府从 1935 年成立资源委员会开始，着手建设国营重工业企业，一些论者也注意到了发展国营工业的重要性，但 30 年代中国绝大多数论者主张中国工业尤其是轻工业应走民营的道路，所以，苏联在工业领域的全面国营就不是中国舆论界的选项。中国舆论界对于苏联按劳分配制度、进出口贸易国营制度、银行金融体制、税收制度、预算制度和会计制度等问题的分析，一方面表明中国舆论界对苏联社会主义经济制度关注和认识的全面性，另一方面从其分析中可见舆论界感到了苏联社会主义经济注重企业效率和经济效益一面，尽管许多分析流于表面，并存在诸多不客观因素。

## 第三节

# 对苏联计划经济制度的认知

对苏联计划经济制度的认知是30年代中国舆论界苏联经济制度观的重要内容，因为计划经济制度是苏联社会主义经济制度的核心内容。而考察中国舆论界对苏联计划经济制度的认知，又必须将之置于30年代盛行于中国的统制经济思潮之中进行认识。苏联建立计划经济制度的过程与资本主义国家为了应对1929年爆发的经济危机而采取的政府经济干预措施是几乎同时出现的。苏联从1928年开始实施一五计划，又从1933年开始实施二五计划，在这个过程中，逐渐建立起完善的计划经济制度。这种制度以包括工商业领域的国营制度、农业领域的集体化制度在内的公有制经济为基础，对整个经济领域实行严格的计划性管制。苏联开始建立计划经济制度不久，1929年爆发的经济危机蔓延整个资本主义世界。各资本主义国家为了应对经济危机，开始实施不同程度的政府经济干预政策。其中，德国、意大利等法西斯主义国家实施统制经济政策，对私营企业实行严格的国家管制，美国等欧美自由经济国家也对国家经济实行各种形式的政府干预措施。所以，30年代的中国舆论界是将苏联计划经济制度与统制经济等资本主义国家的政府干预政策放在一起进行考虑的。这其中有诸多问题需要厘清：时人所言统制经济概念的确切含义究竟如何？统制经济与计划经济概念的关系怎样？时人所言的计划经济概念的含义又是怎样的？因为我们如果翻开30年代中国各类经济论著，会发现有一个概念频繁出现于纸上，这个概念就是统制经济。而当细品这个概念的含义时，我们又会发现，这是一个非常令人捉摸不定的概念。另外的问题是，时人对所谓苏联计划经济制度以及统制经济制度到底持怎样的态度？时人对苏联计划经济制度作了哪些理论思考？

## 一、统制经济与计划经济概念的歧义

频繁出现于 30 年代经济论著中的统制经济、计划经济是两个内涵、外延极不确定的概念。在有的论者笔下，两个概念几无区别，往往被互换使用；而在另外的论者笔下，两个概念又有着不同的含义。吴德培就于 1935 年 3 月在《经济学季刊》发表文章注意到，对于统制经济和计划经济概念，时人众说纷纭，“黑白难分，鱼目混珠”[1]。而统制经济概念的含义更为模糊，从时间上说，可以泛指各国政府自 19 世纪中叶以后采取的各种经济干预政策；从地域上说，可以涵盖从欧洲、美洲到亚洲的各个国家。为了表述方便，笔者归纳 30 年代论者的表述，对统制经济、计划经济、经济干预政策几个概念作大致界定：所谓统制经济，指德国、意大利等法西斯主义国家在资本主义私有制基础上对经济活动实行的计划性管制；所谓计划经济，专指苏联以公有制为基础对经济活动实行的计划性管理；所谓经济干预政策，指自由资本主义国家自 19 世纪中叶（尤其 1929 年经济危机）以后对经济活动实行的干预政策。

关于统制经济一词在 30 年代中国的流行程度，时人就做过生动的描述。时任中央研究院总干事的丁文江于 1934 年 7 月 8 日在《独立评论》发表文章称，“现在最流行的口号要算是‘统制经济’了！左倾的也好，右倾的也好，大家都承认放任经济的末日到了，统制经济是人类走向极乐世界的大路”[2]。1935 年 1 月，时任交通大学教授的马寅初在《中国经济改造》一书中也注意到，“统制经济问题，为目前我国极有趣味而又极有价值之问题”，“众论

---

1 吴德培：《统制、计划、技术三种经济与中国》，《经济学季刊》第 5 卷第 4 期，1935 年 3 月，第 106 页。

2 丁文江：《实行统制经济的条件》，《独立评论》第 108 号，1934 年 7 月 8 日，第 18 页。

纷纷，嚣然尘上”。[1]盛行于中国的统制经济思潮与 30 年代世界各国的经济干预潮流有着直接关系。在英美等自由资本主义国家、德意等法西斯主义国家、苏联社会主义国家流行的经济干预潮流，极大刺激了中国人士。1936 年 1 月，叶乐群在《经济学季刊》发表的文章中便注意到，“近年以来，世界经济学者感觉放任的资本主义之流弊，提倡统制经济政策，影响所及，风靡一时”，中国各界亦受世界此种潮流的影响，“自苏俄计划经济实施之成功、意大利业团合作之迈进以来，我国朝野人士，多欲借石他山，以资攻玉”。[2]不过，中国舆论界的统制经济思潮最初直接来源于西方资本主义国家，而非直接观察苏联计划经济的结果。清华大学经济系教授赵守愚于 1933 年 10 月 1 日在《独立评论》发表文章介绍，国人统制经济观念的兴起是“欧美海风带过来的余波，碰着顽石，激成大浪”，并非“实际研究苏俄实业计划，或意大利团体经济（Corporate Economy）的结果”。[3]而西方资本主义国家统制经济思潮又与 1929 年经济危机有直接关系。1935 年 3 月，吴德培在《经济学季刊》发表文章注意到，“近四年来，经济恐慌之声浪，满布全球”，“于是，各地专家，集合研究，发表方案。所谓统制经济也，计划经济也，经济之国家主义也，技术统治也，一似雨后春笋，到处怒茁”。[4]李权时亦于 1937 年 3 月在《统制经济研究》一书中描述说，“及至霹雳一声，1929 年美国交易所风潮发出世界恐慌到临的警号，此后数年间，各国民生，无不日益疾苦，于是，补救之方，遂舍‘统制’‘干涉’莫属”[5]。

统制经济思潮在中国的兴起大约是 1933 年的事情。赵守愚于 1933 年 10 月 1 日在《独立评论》发表文章即称，统制经济“这个时髦名词”，“忽然的几月之间”风起云涌。[6]之后，统制经济越发成为中国各界热议的话题。1933 年 8 月下旬在青岛举行的中国经济学社第十届年会集中讨论了统制经济和

---

1　马寅初：《中国经济改造》，上海：商务印书馆，1935 年，第 191 页。

2　叶乐群：《中国古代经济统制之起源及其演进》，《经济学季刊》第 6 卷第 4 期，1936 年 1 月，第 81 页。

3　守愚：《统制经济与全国经济委员会》，《独立评论》第 70 号，1933 年 10 月 1 日，第 8 页。

4　吴德培：《统制、计划、技术三种经济与中国》，《经济学季刊》第 5 卷第 4 期，1935 年 3 月，第 106 页。

5　李权时：《统制经济研究》，上海：商务印书馆 1937 年 3 月初版，第 7 页。

6　守愚：《统制经济与全国经济委员会》，《独立评论》第 70 号，1933 年 10 月 1 日，第 8 页。

计划经济概念，并讨论了如何运用统制经济或计划经济改造中国经济问题。“中国施行统制经济政策之商榷”甚至成为1934年8月下旬在长沙召开的中国经济学社第十一届年会的主题。[1]1935年3月出版的《经济学季刊》第5卷第4期几乎成为统制经济专辑，所发表的论文大部分即为中国经济学社第十一届年会论文。在中国经济学社关注统制经济问题的同时，时任国民政府行政院副院长、财政部长的宋子文也提出中国实行统制经济问题。他于1933年4月至8月底先后访问美国、英国、法国、意大利、德国后，于9月2日在南京发表谈话，主张中国实行统制经济，声称“我国经济疲敝，农村破产，惟厉行统制经济，方可收合作之效”[2]。

对于统制经济概念，30年代论者大多将之置于自由经济的对立面。在清华大学政治学系学生宋士英[3]看来，统制经济是自由资本主义没落的结果。他于1934年7月8日在《独立评论》发表文章称：“就历史的意义而论，列强的统治经济，是根据资本主义的没落而产生的。”19世纪盛行的自由资本主义形成两个结果：一是由生产过剩导致经济危机；二是由剥削劳工导致“阶级敌视”。于是，第一次世界大战后，统制经济成为世界潮流。[4]长期在国民政府立法院工作的陈长蘅也于1935年3月在《经济学季刊》发表文章表示，“统制经济的意义，简单说来，就是自由或放任经济的反面”[5]。1937年3月，李权时在《统制经济研究》一书中表示：“‘统制’是与‘自由’对立，所以，‘统制经济’是与‘自由经济’对立。”[6]正因为诸多论者将统制经济视作自由放任经济的对立面，所以，他们就将统制经济笼统地看成“干涉经济”，将历史上所有政府甚至经济团体对经济的管理与控制均纳入其中，从而导致

1　编者：《中国经济学社第十一届年会纪事》，《经济学季刊》第5卷第4期，1935年3月，第183页。

2　何廉：《宋子文部长返国与国内经济建设》，《大公报》（天津版）1933年9月6日，第3张第11版。

3　胡适称，“宋士英先生的文字是从清华大学寄来的”，他是山西人。参见适之：《编辑后记》，《独立评论》第108号，1934年7月8日，第21页。

4　宋士英：《山西的统治经济》，《独立评论》第108号，1934年7月8日，第15页。

5　陈长蘅：《民生主义之计划经济及统制经济》，《经济学季刊》第5卷第4期，1935年3月，第83页。

6　李权时：《统制经济研究》，商务印书馆，1937年，第1—2页。

统制经济概念的笼统化。

在诸多时人口中，统制经济在时间上非常宽泛，含义亦极广，泛指19世纪中叶以后各资本主义国家政府甚至经济团体实行的各种经济干预政策，并将苏联计划经济视作统制经济的一种。天津金城银行总经理周作民于1932年8月24日在中国经济学社第十届年会开幕式上就认为，统制经济分为两个发展阶段，即30年代以前各资本主义国家政府对经济的零散干预阶段、20年代末30年代开始的各资本主义国家和苏联对经济的整体计划或规划阶段。他表示，“统制经济”很早就有，在20年代以前，只是零散的统制，如19世纪以来德国以发展资本主义为目的进行的政府“干涉保护”、英国在自由主义经济基础上由政府对经济实行的保育政策、美国在产业团体自行统制基础上由政府进行的干涉保护政策、日本政府的经济保育与统制政策。到了二三十年代，一些国家开始对经济进行“统盘计划之新经济统制”，如意大利的法西斯经济、苏联五年计划。[1]

有的论者将统制经济界定为一战后尤其是20年代末30年代初各国实行的经济干预政策，包括苏联计划经济、德意等法西斯主义国家的统制经济、英美等自由资本主义国家的经济干预政策。1933年9月20日，上海银行学会邀请吴鼎昌就“统制经济问题”发表演讲。吴鼎昌认为，统制经济应具有三个属性：第一，“是有系统计划的，不是片段处分的”；第二，“不仅临时的，且要平时的”；第三，“不是消极的，且要积极的”。从这个意义上说，苏联“苏维埃之经济状态”、意大利“法西斯之经济状态”属于统制经济，而英、美、法、德、日等国经济“现在只在往此方面进行中，不得便谓之已完全实行统制经济也”。[2]由于吴鼎昌发表演说时，希特勒上台不久，其全面干预国民经济的措施尚未彰显，所以，他将德国经济置于法西斯统制经济范围之外。同时，他又将英、美、法、日诸国视作正向统制经济迈进的国家。在天津《大公报》编者看来，苏联计划经济、意大利统制经济、美国罗斯福新政时期政府对经济的干预，均属统制经济范畴。1933年10月2日，

1　周作民：《华北产业之发展与金融之关系》（在中国经济学社第十届年会开幕时演讲词），《经济学季刊》第4卷第4期，1933年12月，第5页。

2　《统制经济问题（续）》，《大公报》（天津版）1933年9月23日，第1张第3版。

该报刊登社评认为，苏联与意大利先实行统制经济，随后，美国亦学习苏联，实行统制经济，“统制经济因时代之需要，应运产生，最初行之而颇著成效者，有苏俄与义大利。晚近二三年来，世界领袖资本主义国家，皆蒙萧条之恐怖，咸思挣扎，而得一光明的出路。…… 今年三月，美国罗斯福总统就职后，仿效苏俄先例，采用统制经济办法”[1]。陈长蘅于1935年3月在《经济学季刊》发表文章表示，资本主义国家的统制经济始于一战，发展于1929年经济危机之后，“考现在资本主义各国的统制经济运动大致是胚胎于欧洲大战，发展于战后十数年的经济恐慌”[2]。同时，庄智焕[3]亦在《经济学季刊》发表文章认为，统制经济是应1929年经济危机而生的产物，“社会主义的国家在运用这个新时代的产物，而资本主义的国家也在运用着这个新时代的产物”[4]。祝世康于1933年12月在《经济学季刊》发表文章所说的统制经济和计划经济两词的含义几乎一致。他表示，在中国经济政策未决定前，“最前的前提便是经济统制，或名为计划经济”。世界各国统制经济有两种方式，“一是全部统制，苏俄是确当的例子；二是局部统制，美、德是确当的例子”[5]。刘大钧[6]于1936年6月在《经济学季刊》发表文章将一战后各国的统制经济政

1 《美国统制经济的难关》（社评），《大公报》（天津版）1933年10月2日，第1张第2版。

2 陈长蘅：《民生主义之计划经济及统制经济》，《经济学季刊》第5卷第4期，1935年3月，第85页。

3 庄智焕早年留学法国巴黎高等电气学校。20年代国民革命时期，他曾任黄埔军校教官、汉口无线电信局局长、武汉国民政府财政部无线电管理处处长。1928年，他任南京无线电台台长、国民政府交通部电政局局长，后改任交通部参事、交通大学教授。参见张宪文、方庆秋、黄美真主编：《中华民国史大辞典》，江苏古籍出版社，2002年，第743页。

4 庄智焕：《中国施行经济统制步骤之商榷》，《经济学季刊》第5卷第4期，1935年3月，第124页。

5 祝世康：《中国经济改造与建设的基本动向》，《经济学季刊》第4卷第4期，1933年12月，第171—172页。

6 刘大钧于1915年4月获得美国密歇根大学经济学和统计学学士学位，后在密歇根大学研究院研究半年。他于1929年任南京国民政府立法院统计处长，1931年，任国民政府主计处主计官兼该处统计局长，1932年底，到上海从事会计师业务，并于1933年初创建中国经济统计研究所，任所长，1935年，担任国民政府资源委员会委员。参见《民国人物小传·刘大钧（1891—1962）》，《传记文学》第28卷第4期，1976年4月1日，第116页；孙大权：《刘大钧与〈上海工业化研究〉》，刘大钧：《上海工业化研究》，商务印书馆，2015年，第480—481页；曾康霖、刘锡良、缪明杨主编：《百年中国金融思想学说史》（第2卷），中国金融出版社，2015年，第192页。

策分为苏联"极端统制"；意大利和德国统制经济；美国和英国经济统制三类。他强调，"英、美两国向来称为个人主义的大本营，而英国又为传统的放任政策之策源地，然而，现在已局部实行经济统制了"[1]。

何廉虽将统制经济称作计划经济，但其所言计划经济的含义与时人所言统制经济无异，既包括苏联式计划经济，也包含资本主义国家对私营企业的调节和管制。1933年12月18日，他在中央大学发表演讲，将计划经济分为四种方式：一、"绝对社会主义式的计划经济"。这种方式是"最激烈的方式"，只是一种"社会主义者"的理想，至今没有一个国家实现。在这种方式之下，人民的生产、消费、生活水平等所有经济活动都受中央机关的节制，各种生产工具归社会所有。二、"国家社会主义式的计划经济"，即苏联实行的"计划经济"。苏联式的计划经济并不像"绝对社会主义式的计划经济"那样，由政府直接控制人民的消费欲望和习惯，只是控制生产的方法和种类，而且，对生产的控制并不十分严格，苏联还存在许多私人经营的工业，"这种私人经营的工业固然不居大多数，但是，势力实在是不小的"。显然，何廉过高估计了苏联国内存在的私营经济。三、"自动企业式的计划经济"。这种方式，"美国人谈得最多"，"他们主张在保持私产制度和人民的经济自由权，如消费自由、迁徙自由、职业自由、契约自由等等的立场，把个人企业家的决断稍加限制"。四、"社会进步式的计划经济"。主张这种计划经济者以美国人为多。他们既不赞成苏联式的计划经济，也不赞同美国"自动企业式的计划经济"主张，认为应采用某种方法，例如，每周五天、每天六小时工作制，各种社会保险等，调节社会收入的分配。[2]

30年代，论者所说的统制经济呈现两歧态势。一些论者所说的"统制"主要指政府对企业的规划、调节和扶植，甚少政府直接对企业实行的计划、管理。祝世康于1933年12月就在《经济学季刊》发表文章表示，所谓经济统制，就是"着眼于全国，作通盘周详的设计"，依据轻重、缓急、先后的次序，进行经济建设，"凡事关全国的利害，自属重要，自宜先办；否则，

1　刘大钧：《中国今后应采之经济统制政策》，《经济学季刊》第7卷第1期，1936年6月，第4页。

2　何廉：《计划经济——十二月十八日在中央大学演讲》，《大公报》（天津版）1933年12月27日，第3张第11版。

概宜暂缓举行”。[1] 因而，这些论者所说的统制经济是以欧美资本主义国家的政府干预政策为蓝本的。1934 年 8 月下旬，时任国民政府委员、立法院副院长的邵元冲在中国经济学社第十一届年会开幕式上，一方面表示“统制经济问题，在当今日中国之内忧外患、农村经济破坏时，实系一重要问题”；另一方面又注意到，在美国，“经济统制与人民生活有关系者，由政府指导帮助。欧洲国家，许多有关系事业，悉由政府支配调剂，是以各国得臻于富强”。[2] 而另一些论者所说的统制经济则是以苏联计划经济为样板的。赵守愚于 1933 年 10 月 1 日在《独立评论》发表文章所言的统制经济的七个方法，即政府的强迫权、政府的计划、统制国际贸易、统制生产、统制金融、统制商业、统制劳工，就大致是以苏联为蓝本的。他在介绍政府的计划时，就重点介绍了苏联经济计划的制订程序。[3]1935 年 1 月，马寅初在《中国经济改造》一书中将统制经济等同于苏联计划经济。他表示，“统制经济，亦称计画经济（Planned economy），原于苏俄之五年计画，成绩卓著”[4]。

显然，虽然统制经济一词自 1933 年开始在中国各界流行，但在多数论者口中仍是一个非常笼统的概念，大家尚未将自由资本主义国家的经济干预政策、法西斯主义国家的统制经济、苏联社会主义计划经济三者区别开来。不过，从 1933 年开始，也有论者初步将三者区别开来。穆藕初虽仍将统制经济与计划经济两词混用，但初步注意到了苏联计划经济与资本主义国家的经济干预政策之间的区别。1933 年 9 月 25 日，他在天津《大公报》发表文章表示，第一次世界大战后，资本主义经济体系和社会主义经济体系“趋向于计划经济之途则一”，“所谓计划经济，一言以蔽之，即为对于某一大单位之经济活动之有计划的统制，在社会主义国家称之为‘计划经济’，而在欧美各国则通称之为‘统制经济’”。他将世界统制经济分为三类：一、以产业国有为基础，实行全部经济的计划与统制，“以苏联之计划经济为其典

1 祝世康:《中国经济改造与建设的基本动向》,《经济学季刊》第 4 卷第 4 期，1933 年 12 月，第 173—174 页。

2 编者:《中国经济学社第十一届年会纪事》,《经济学季刊》第 5 卷第 4 期，1935 年 3 月，第 183 页，第 187 页。

3 守愚:《统制经济与全国经济委员会》,《独立评论》第 70 号，1933 年 10 月 1 日，第 9—10 页。

4 马寅初:《中国经济改造》，上海：商务印书馆，1935 年，第 191—192 页。

型”；二、通过卡特尔、托拉斯实现“个业联合”，企业家“以联合之方式分别控制各部门之生产事业，作有计划之活动，甚且将企业家及被雇者强迫组成一同业团体，构成一社会之诸级体，下级受上级之全权统制与支配”；三、资本主义国家的经济干预政策，“政府运用其政治上之管理权，对于人民之经济活动作有计划的统制”，“此一方式，目前欧美列强多采用之，德法英意日无不以此一方式为原则”，“即当前美总统罗斯福之经济复兴运动，亦即以此为其骨干”。[1]他分析的这三种统制经济类型，除卡特尔、托拉斯等企业间的联合外，大致描述了苏联以公有制经济为基础的计划经济与资本主义国家经济干预政策的特征。张素民[2]于 1934 年 8 月在《经济学季刊》发表文章，将统制经济分为三系：基于民主政治和资本主义经济的“英美系”、基于法西斯专政和资本主义经济的“意德系”、基于无产阶级专政和社会主义经济的“苏俄系”。他将 19 世纪中叶以来各国政府或社会团体对人们经济活动进行的零散干涉、限制或管理称为广义的统制经济，将 1929 年经济危机以来各国政府（不包括社会团体）对经济的有计划、有系统干涉、限制或管理称为狭义的统制经济。他认为，狭义的统制经济发展到苏联社会主义国家，就变成了整体性“计划经济”。苏联政府为了实行整体性经济计划，便将一切生产机关收归公有，“因为只有在一切生产机关收归公有之后，政府才能对于全国的各种生产，为整个的计划”。[3]张素民虽将苏联计划经济纳入统制经济范畴，但初步将苏联计划经济与资本主义国家统制经济区分开来，指出了苏联计划经济的公有制基础。

1935 年 3 月，诸青来、吴德培、邓峙冰、陈长蘅等在《经济学季刊》发表文章，集中阐述了苏联计划经济与资本主义国家统制经济之间的区别。诸青来[4]

---

1　穆藕初：《统制经济与中国》，《大公报》（天津版）1933 年 9 月 25 日，第 3 张第 9 版。

2　张素民早年留学美国，获宾夕法尼亚大学博士学位。30 年代，历任中央大学工商管理系主任、光华大学经济系主任、沪江大学商学院教授、暨南大学教授兼会计银行系主任。参见张宪文、方庆秋、黄美真主编：《中华民国史大辞典》，江苏古籍出版社，2002 年，第 1053 页。

3　张素民：《统制经济的意义》（在大夏大学演讲稿），《经济学季刊》第 5 卷第 2 期，1934 年 8 月，第 55—56 页。

4　诸青来早年留学日本，1910 年回国后，在清政府农商部、财政部等部门任职。他曾创办上海神州大学，任总务长。之后，他先后执教于上海交通大学、光华大学、大夏大学、中国公学。他曾主编上海《时事新报》《银行周报》。参见熊月之主编：《上海名人名事名物大观》，上海人民出版社，2005 年，第 242 页。

认为，统制经济“不过限制自由竞争而已”，对于国民经济要素“承认其独立性”，因而，在自由经济之下，亦可实行统制经济。而计划经济“则废除自由竞争”，对于国民经济要素及其相互关系由“集权的中央机关”决定。计划经济又分为“纯粹的计划经济”与“局部的计划经济”两种。“局部的计划经济”仅由中央政府统筹办理“特种实业或国民经济之一部分”。而“纯粹的计划经济”将整个社会经济纳入中央政府管理，将生产、分配、消费各经济领域置于“一定计划”之下，实行公有制，生产资本“不许各别所有”。[1]诸青来对于“计划经济”“统制经济”，尤其是“纯粹的计划经济”与“统制经济”的划分，已经认识到苏联式计划经济的两个特征，即公有制与中央政府的整体性严格计划。吴德培和邓峙冰也指出了统制经济与计划经济之间的经济所有制基础差异。吴德培强调，统制经济指以私有制为基础由政府或经济团体对社会经济活动进行的有计划的干预与管制，“乃一国政府与实业团体协力同心，以一定目的，整理、限制并改良全国之经济事项也”，“统制之方针虽互异，而殊途同归，总以维持私产制度为前提”。计划经济即苏联实施的以公有制为基础、由政府对社会经济活动进行的严格计划性管制，“其主旨在‘以政府力量，收全国一切企业为公有，为国营’”，“真意如此，故惟苏俄可以行之”。[2]邓峙冰强调，资本主义国家为了克服1929年爆发的经济危机而实行的“统制经济”，“不得谓为计划经济也”。而苏联“计划经济以劳动阶级掌握国权，即从生产工具移为国有始”。[3]陈长蘅只强调了统制经济与苏联计划经济实施程度与范围的不同、主义与目标的差别，并未指出两者私有制与公有制基础的不同。他认为，资本主义国家的统制经济的实施范围“多为局部的、特种的或临时的，并非普遍的、彻底的或永久的”，而苏联计划经济“范围更为广大，办法更为彻底”。同时，两者还因“主义”“目标”的不同，而有“实质的差别”。[4]除陈长

1 诸青来:《统制经济与中国》,《经济学季刊》第5卷第4期，1935年3月，第73—74页。

2 吴德培:《统制、计划、技术三种经济与中国》,《经济学季刊》第5卷第4期，1935年3月，第106—107页。

3 邓峙冰:《中国统制经济应取之政策》,《经济学季刊》第5卷第4期，1935年3月，第97页，第103页。

4 陈长蘅:《民生主义之计划经济及统制经济》,《经济学季刊》第5卷第4期，1935年3月，第83页。

衡外，诸青来、吴德培、邓峙冰均认识到了苏联计划经济的公有制经济基础特征。

徐恩曾于 1937 年 1 月 1 日在《中苏文化》发表文章，更准确地阐述了苏联计划经济和资本主义国家统制经济的区别。他认为，计划经济是根本推翻资本主义的社会主义的经济制度，是“根本改造资本主义经济”的经济制度；统制经济仅是对资本主义的一种改良，是“救济资本主义一时病症”的经济政策。他重点说明，统制经济与计划经济的最大区别，是所据的经济基础不同。他分析，统制经济是以资本主义私有制为基础对个别企业实行政府统制的制度，“统制经济政策的实施，是在资本主义经济制度私有生产机关和分配不公平的条件之下进行着，故所施行的统制政策，仅及干个别的企业，而不能普遍至国民经济各部门”。计划经济以建立“社会化的民生主义经济”为前提。所谓“社会化的民生主义经济”，就是“一切生产工具和分配机关”渐趋公有化。“苏联自革命成功后，即把全国的土地、矿山、工业、银行、商业、交通等，都收归国有，使生产工具社会化，以奠定施行计划经济的基础。”[1]

虽然自 1933 年开始，中国舆论界基本厘清了统制经济、计划经济两个概念之间的区别，但这种区分在 30 年代论者中远未普及，在诸多论者口中，统制经济仍是一个涵盖范围极广的笼统概念。例如，1936 年 1 月 20 日，方显廷在天津《大公报》“经济周刊”版发表文章，将欧洲中世纪的城市行会管理、重商主义的商业管制，19 世纪末各资本主义国家的垄断企业、国家对经济的干预，第一次世界大战期间各国的战时经济统制，1929 年经济危机之后苏联的计划经济和资本主义国家的经济管制，均纳入统制经济范畴。他认为，欧洲中世纪的城市行会经济和重商主义经济即含有统制经济意味。现代统制经济起始于 19 世纪末各资本主义国家的垄断企业，发展于美国的“科学管理”运动和德国的“产业合理化”运动。一战期间各国的战时经济统制更将统制经济推向高潮。统制经济的全面兴起始于 1929 年经济危机爆发之

---

1　徐思予：《从计划经济与统制经济之比较的研究说到“民生主义的计划经济”》，《中苏文化》第 2 卷第 1 期，1937 年 1 月 1 日，第 24 页，第 26 页，第 28 页，第 29 页。

后，苏联五年计划建设是促进统制经济兴起的重要原因，“是时也，统制经济之声浪，复漫弥于全世界。东起日俄，西讫英美德法，莫不以局部的或全部的经济统制为经济复兴之要策。而苏俄之第一次五年计划，得于四年内超过原定限度而告完成，实为促进统制经济之主因也”[1]。李焕文于 1937 年 5 月在《经济学季刊》发表文章，也将英美“资本主义体系”、德意“法西斯主义体系”、苏联“社会主义体系”均纳入统制经济范畴，表示“考目前世界各国经济主要体系，虽分有资本主义、法西斯主义与社会主义诸体系，然此三种不同之体系，确有一共同相似经济政策之趋势。此经济政策为何，即统制经济是也”[2]。

综上所述，统制经济是 30 年代中国舆论界极为关注的话题。虽然部分论者初步厘清了苏联计划经济与统制经济之间的差异，但时人所言统制经济仍是含义极为宽泛的概念，包括 19 世纪中叶以后各资本主义国家的各种经济干预政策、30 年代德意法西斯主义国家的统制经济、苏联计划经济等各方面内容。由中国舆论界所言统制经济概念的笼统性来看，30 年代盛行的统制经济思潮最初主要着眼于一战尤其 20 年代末 30 年代初之后日渐盛行于世界各国的经济干预论，只是随着苏联经济建设成就在中国思想影响的扩大，苏联计划经济越来越成为中国论者所言统制经济的主体内容。

## 二、经济干预论的盛行与对苏联计划经济的认知

30 年代，被中国舆论界频繁谈论的统制经济与计划经济概念的背后，存在着一股浓厚的经济干预论思潮。值得注意的是，在 30 年代的中国，大量持经济干预论观点的论者是所谓自由主义知识分子，换言之，相当多的自由主义论者疏离于作为自由主义原则之一的自由经济观念。正是在这种浓厚的经济干预思想风气之中，苏联计划经济越来越成为人们关注的对象。对于苏联计划经济，中国论者虽不乏批评与反思之声，但更多论者持赞赏与推崇态度。

---

1 方显廷:《统制经济与中国》,《大公报》(天津版) 1936 年 1 月 20 日，第 2 张第 6 版。
2 李焕文:《国民经济建设方案》,《经济学季刊》第 8 卷第 1 期，1937 年 5 月，第 66 页。

在 1929 年经济危机导致的资本主义国家经济衰退的背景下，不少具有欧美留学背景的经济学者开始对自由资本主义持批评态度。在 1932 年 9 月杭州中国经济学社第九届年会上，早年获得美国密歇根大学经济学和统计学学士学位的刘大钧和任职于浙江财务人员养成所的韩祖德就表现出这种思想倾向。刘大钧认为，资本集中于少数人之手与私人经营者的牟利之间存在巨大矛盾，"盖资本集中，又无具体的科学的经济设计为之指导，仅由少数之企业家，顺从商人牟利之动机，为大规模之投资，而不问其对于国家及社会之影响为何如，其流弊自非浅鲜"[1]。韩祖德则从 1929 年经济危机的教训中，反思自由经营的私人经济，认为"私人生产，目光往往注重利益。故有利者，人人争赴，无利者，则无人问讯。是以资本主义国家，常有生产过剩与不足之弊"[2]。

对于自由经济的质疑，导致 30 年代中国舆论界兴起一股国家干预论思潮。李权时于 1936 年 12 月 12 日在《统制经济研究》一书自序中就注意到了时人由信仰自由经济到崇尚统制经济的转变，表示："自从欧洲大战之后，人类的经济思想大变，向之崇信自由放任主义者，今则多倾向于统制干涉主义矣，尤以晚近数年来为甚。"[3] 曾获得美国哥伦比亚大学硕士和博士学位、时任北京大学经济系教授的赵迺抟于 1937 年 7 月 11 日在《独立评论》发表文章提出，中国应对经济进行计划与统制。[4] 长期受美国自由经济理论浸染的赵迺抟宣扬经济计划与统制的重要性，其论说又被崇尚自由主义的《独立评论》发表，说明经济干预论日渐受到中国自由主义论者的重视。胡适便对赵迺抟此文非常重视，在编辑后记中表示："这篇短文提出的都是大问题，我们很希望他将来能有机会对这些问题一一都有更详细的发挥和更具体的主张。"[5]

---

1　刘大钧：《世界经济潮流与我国国难》，《经济学季刊》第 3 卷第 4 期，1932 年 12 月，第 59 页。

2　韩祖德：《应付国难应有之经济政策》（1932 年 8 月 8 日完稿于浙江财务人员养成所），《经济学季刊》第 3 卷第 4 期，1932 年 12 月，第 107—108 页。

3　《自序》（1936 年 12 月 12 日），李权时：《统制经济研究》，上海：商务印书馆，1937 年，第 1 页。

4　赵迺抟：《经济计划与统制》，《独立评论》第 242 号，1937 年 7 月 11 日，第 14 页。

5　适之：《编辑后记》，《独立评论》第 242 号，1937 年 7 月 11 日，第 19 页。

李权时是30年代倡导统制经济的较有代表性的学者之一。他于1937年3月在《统制经济研究》一书中非常看好统制经济的前景，表示："统制经济的过去既有丰富的历史，统制经济的现在复有'实迫处此'的环境，则统制经济的将来，其前程远大，自亦在吾人意料之中。"[1]对政府经济功能的重视是他认同统制经济的重要原因。此前，他于1933年9月就在《经济学季刊》发表文章，强调了政府的经济功能，表示政府亦为一种"生产要素"，"国家或政府（当然是贤能的政府）为劳力生产要素的一部分"，而租税就是政府提供经济服务应得的报酬。[2]他看重政府经济功能又受30年代弥漫于世界各国的经济干预模式的影响。他表示："苏俄之所谓'计划经济'，意大利、德意志、英吉利、美利坚和日本等国之所谓'统制经济'，再推而广之之所谓'经济外交''经济的国家主义''帝国主义''武力推广贸易''和平侵略''经济集团'，何一非表示最近的世界大势是把经济与政治打成一片呢？"[3]

30年代日益兴盛的经济干预论思潮导致人们越来越看重苏联计划经济。大家认识到，正是苏联五年计划建设的成功推动了世界各国经济干预论的兴盛。赵守愚于1933年10月1日在《独立评论》发表文章注意到，苏联自1928年实施一五计划以后，成就斐然，而1929年后各资本主义国家"继以衰落平疲，工人失业的人数，动逾数百万"，于是，"起初疑恨经济统制的"欧美各资本主义国家政府和人民觉得"统制经济亦许是于无法之中的一个救济方法"。[4]1935年1月，马寅初在《中国经济改造》一书中也认为，美国、德国、意大利等国实行的所谓经济统制，均来源于苏联计划经济模式。他分析，由于苏联在短时期内取得了惊人的经济建设成绩，"故各国特各就其国情与历史之所适，酌量采用"[5]。同年3月，邓峙冰在《经济学季刊》发表文章也认为，统制经济源于资本主义国家对苏联计划经济的学习。苏联五年计划

1 李权时：《统制经济研究》，上海：商务印书馆，1937年，第7页。
2 李权时：《生产要素论答客难》，《经济学季刊》第4卷第3期，1933年9月，第200页。
3 李权时：《生产要素论答客难》，《经济学季刊》第4卷第3期，1933年9月，第198—199页。
4 守愚：《统制经济与全国经济委员会》，《独立评论》第70号，1933年10月1日，第7—8页。
5 马寅初：《中国经济改造》，上海：商务印书馆，1935年，第192—193页。

的成功和 1929 年资本主义世界经济危机的双重影响，促使日本、美国、英国等资本主义国家纷纷学习苏联，“倡经济的计划化”[1]。

应该说，中国媒体对苏联计划经济原理的介绍是比较早的。早在 1930 年上半年，天津《大公报》通过刊登外国人撰写的文章，向中国读者初步介绍了苏联计划经济原理。当年 4 月 15 日至 18 日，该报连载日本人中平亮撰写的文章，介绍了苏联经济运行的计划性原则。文章介绍，“不外国家经济一切置于单一综合计画之下。何物须造若干，如何使用，如何分配，所需劳力如何，材料若干，价值几何，某物应输出若干，某物须输入若干，因今后发展，应如何施设，均须作成预算。全经济即依此进行，而运转此种组织，以最少消费与最大效果为目标”[2]。之后，一些国人也撰写文章，介绍苏联计划经济制度。同年 10 月 10 日和 14 日，天津《大公报》在“社会科学”版以大版面连载了张抱横以节译西方作者文章为基础撰写的近万字的长文。张抱横全面阐述了苏联实施一五计划以来的经济管理体制。他认为，对经济实行严格的统制与计划是苏联社会主义经济政策的核心，“共党统制苏俄的历史，只是党与政府努力于建立有效力的经济统制的记录而已”。“共党所标榜的宏大的计划，很可以看成是一种由资本制度的无政府式的生产与分配，到计划与统制均有统一性的社会主义的过渡。”[3]

从 1932 年开始，中国舆论界更密切地关注苏联五年计划建设情况和计划经济原理。1932 年 5 月，李权时在《经济学季刊》上介绍了英、美两国出版的关于苏联五年计划的五本书：美国人华尔舒（Edmund A. Walsh）撰《最后的挣扎》（*The last stand, an interpretation of the Soviet five-year plan*, 1931, Boston. U.S.A.）；美国人艾迪（Sherwood Eddy）撰《苏俄之挑战》（*The challenge of Russia*, 1931, New York, U.S.A.）；苏联建设委员会副主席格林可（G. T. Grinko）撰《苏联的五年计划》（*The five-year plan of the Soviet Union*, a political interpretation, 1930, London）；苏联农业委员会主席雅可夫来夫

1　邓峙冰：《中国统制经济应取之政策》，《经济学季刊》第 5 卷第 4 期，1935 年 3 月，第 97 页。

2　中平亮：《劳农俄国之考察》，《大公报》（天津版）1930 年 4 月 16 日，第 1 张第 3 版。

3　张抱横：《三年来之苏俄实业》（据 Hopper 文简译），《大公报》（天津版）1930 年 10 月 10 日，第 3 张第 11 版。

（Y. A. Yakovlev）撰《苏俄之农村》（*Red Villages, The 5-year Plan in Soviet Agriculture*, translated by Anna Louise Strong, 1931, New York, U.S.A.）；英国人波恩（Emile Burns）撰《苏俄的生产制度》（*Russia's Productive System*, 1930, London）。[1]这是《经济学季刊》第一次系统介绍苏联一五计划建设情况和计划经济原理。陈丕士于1933年5月16日在天津《大公报》发表通信，系统介绍了苏联计划经济制度。他介绍说，苏联计划经济的基础在于土地、大工厂、运输业、银行、金融信用、国际贸易"尽属于政府"，即经济的公有制。苏联整个经济尤其工业发展完全根据"中央计划"。苏联经济计划对产品生产的数量、成本，工厂的工人数量、工资，政府财政等方面，均有规定。[2]

人们之所以从1932年开始更密切地关注苏联五年计划建设情况和计划经济原理，有着多方面的原因：一是苏联宣布一五计划于1932年提前完成，引起国人的强烈关注；二是1929年经济危机后资本主义世界的经济衰退，迫使国人不得不在自由资本主义经济体制之外寻求中国经济的出路；三是九一八事变后的民族危机迫使国人关注发展经济、增强国力问题，而苏联一五计划的成功则在国人面前树立起经济腾飞的样板。杭州市商会主席王祖耀在1932年9月中国经济学社第九届年会上的一席话，就表明了时人的这种思路。他表示，九一八事变以来，"一看现在经济衰落的情形，全国都受到了普遍的影响。再加之全世界没有一国不充满了经济的恐慌"。要解决中国的经济问题，必须有一个通盘的计划，"我们试看苏俄的五年经济计划，现在已得到很好的结果。可晓得我们如果来谈国民生计，而根本没有一个计划，即使拼命去干，也是茫无头绪，得不到效果的"。[3]

30年代，诸论者从不同角度对苏联计划经济制度进行了多方面的分析。姚庆三在提交1932年9月中国经济学社第九届年会的论文中认识到，苏联

---

1 李权时：《介绍研究苏俄五年计划的五本英文书》，《经济学季刊》第3卷第1期，1932年5月，第205—206页。

2 丕士：《实业经济调查团应研究苏俄》（莫斯科特别通信，4月6日），《大公报》（天津版）1933年5月16日，第1张第3版。

3 王永新：《中国经济学社第九届年会纪详》，《经济学季刊》第4卷第2期，1933年6月，第227页。

计划经济只有在经济公有制的社会主义社会中才能实行，在经济私有制社会中是不可能实行的。他表示："计划经济是以资本国有为前提的，要是资本仍归私有，自由竞争终于存在，政府将怎样把全国经济统盘计划呢？"[1]一些人认识到苏联公有制经济对实施计划经济的促进作用。国民政府实业部长陈公博于1933年2月16日在上海对记者介绍实业部起草十年实业计划的情况时说道："俄国之实施五年计划，因经济劳力均为国有，指挥调度极易。"[2]有论者分析了苏联五年计划建设与劳动保护的关系。1933年8月5日，周逸澜在天津《大公报》发表文章介绍，提高劳动保护水平是苏联五年计划建设中的一项重要内容，苏联五年计划对于劳动保护的量与面"颇有野心的计划"[3]。钱穆注意到苏联经济建设的精确计划性。他于1936年11月25日在《中苏文化》发表文章介绍，苏联国家"设计委员会"组织极为健全，将千万个工厂、几万公里铁路、25万个集体农场准确地计划在一起，"各部门保持着相辅的进展，而贯以精确的计算"[4]。一些论者将苏联五年计划视作以科学为基础、以国防为导向的建设。刘咸于1937年1月16日在天津《大公报》"科学副刊"版发表文章表示："苏俄之第二次五年计划，本年为完成之期。所谓五年计划者，无一不以科学建设为主干，如资源之探采，农工业之兴建，皆获超过预期之成功，因之苏俄东西国防，藉以增强。"[5]

苏联工业建设的整体计划性尤其引起时人的关注。曹谷冰在1931年7月发表的《游俄印象记》中注意到了苏联工业建设的"通盘计划性"。他介绍，苏联对工业建设有通盘计划，"俄国的工业建设，是统筹全局的，不是局部的"。苏联工业建设的通盘计划，是中央政府通过各行业的托拉斯对各工业企业实行统一管理实现的，"所有全国的工业，都按照生产品的

---

1 姚庆三：《世界经济恐慌之性质与中国经济之出路》，《经济学季刊》第3卷第4期，1932年12月，第99页。

2 《实业部十年计划，陈公博谈五月前起草完竣，创设硫酸厂现正筹商手续》（17日），《大公报》（天津版）1933年2月20日，第1张第4版。

3 周逸澜：《苏俄劳动立法之理论与实际（六）》，《大公报》（天津版）1933年8月5日，第3张第11版。

4 钱穆：《以国防为基点之苏联经济建设》（1936年11月25日），《中苏文化》第1卷第7期，1936年12月1日，第15页。

5 刘咸：《一九三七年科学界之展望》，《大公报》（天津版）1937年1月16日，第3张第11版。

种类，组织托辣斯，负责经营。各业的托辣斯，统由国民经济最高议会管理”。[1]吴知于1936年7月15日在天津《大公报》“经济周刊”版发表文章，对苏联在五年计划建设过程中制订整体工业发展计划的做法表示赞赏，认为值得中国借鉴。他表示，“我们要建设一个工业化系统的中心，就是迅速完成钢、铁、机器制造、煤、煤油等重工业，水力电气等动力工业以及三酸、酒精等基本化学工业，以奠定我国工业化的基础。这些工业，需要国家通盘筹划，以整个力量来担当，非私人能力所及。关于这点，苏俄的榜样是值得注意的”[2]。

中国舆论界对苏联五年计划的制订与实施程序也有了深入了解。1932年4月16日，天津《大公报》报道了苏联二五计划的具体编制过程。报道注意到，苏联人民委员会要求各地制订具体计划时，“须有寻常农工参加，各处举行之民众大会时，须博采舆论，俾能获得下层之切实提议”[3]。1933年9月24日，翁文灏在《独立评论》发表文章注意到，苏联“国立计画委员会”（State Planning Commission）负责五年计划的研究工作，“最高经济委员会”（Supreme Economic Council）负责五年计划的决策，最后，由具有立法职能的“全苏维埃大会”通过，交由各部门执行。他又注意到，苏联五年计划制订后，在执行过程中，随时根据实际情况进行修订，“有时候也不能不因时制宜”。他认为，苏联根据实际情况，逐年修订产业发展指标的方法“也很有可以供我们参考的地方”[4]。同年10月1日，赵守愚也在《独立评论》发表文章介绍，苏联经济计划的制订是自下而上的过程，先由各行业、团体、研究机关提出意见，再由“国家计划委员会”通盘考虑，制订统一的计划，“低级的计划委员会所有计划，均须高级的整理综核，所以，很少冲突或重复的地方”[5]。徐恩曾于1937年1月1日在《中苏文化》发表文章介绍，

1 曹谷冰:《游俄印象记（二）》,《大公报》（天津版）1931年7月11日，第1张第3版。

2 吴知:《中国国民经济建设的出路》,《大公报》（天津版）1936年7月15日，第4张第13版。

3 《苏联人民委员会令速定第二五年计划》,《大公报》（天津版）1932年4月16日，第1张第4版。

4 君达:《经济建设中几个重要问题》,《独立评论》第69号，1933年9月24日，第3页。翁文灏，字咏霓，号君达，后号悫士。

5 守愚:《统制经济与全国经济委员会》,《独立评论》第70号，1933年10月1日，第9—10页。

苏联五年计划的编制是由上而下、再由下而上的过程。首先由“最高政治机关”确定经济发展的“政策和目标”。“国家计划委员会”按照这个“政策和目标”，制订“标准计划”。之后，“下层各级计划机关”根据国家计划委员会制订的“标准计划”，详细制订“各部门各企业的计划”。“下层各级计划机关”将自己制订的计划，逐级呈交“国家计划委员会”。“国家计划委员会”将这些计划加以整理，汇总成为“全国整个的经济计划”。苏联最基层的“计划机关”是各工厂企业的“计划组”。徐恩曾认为：“苏联经济计划的编制既如此精密和实际，故其实现的可能性自然就有绝对的保障了。”[1]

中国大部分论者对苏联计划经济持正面肯定态度。这很大程度上是他们看到苏联五年计划建设取得巨大成就的结果。一些论者将苏联五年计划建设视作世界各国实现经济高速发展的典范。1932年10月15日，梁父在天津《大公报》发表文章，将苏联视作运用国家的强大统制力推行庞大的经济建设计划并取得成功的典范。他表示：“现在一观跨东欧与亚洲的苏俄，拥有庞大的领土，正向伟大的经济建设之途迈进。与其说是经济复兴，不如说是运用国家的绝对统制权的经济建设。殆以人类史上未曾有过的专制力，来实施五年计画，着着进行，步步加紧，至有飞跃的惊人成绩。迨至完全成功之日，苏俄以其一大经济单位，施展其伟大的力量。”[2]1936年11月19日，中央社记者冯有真在《中央日报》发表通讯注意到，苏联自1928年进行五年计划建设后，“关起大门，埋头建设”，经济有了迅速发展，“有很多地方，以前是人烟稀疏的荒僻之区，现在因工业建设的原因，已成为近代的都市”。[3]钱穆于1936年11月25日在《中苏文化》发表文章认为，苏联两个五年计划取得了巨大成就，“由于苏联和平奋斗的结果，在将近十年的计划经济中，以最科学、最前进的方法，奠定了社会主义的稳固的基础”。[4]

---

1 徐思予：《从计划经济与统制经济之比较的研究说到“民生主义的计划经济”》，《中苏文化》第2卷第1期，1937年1月1日，第29—30页。

2 梁父：《所谓“日满经济统制”》，《大公报》（天津版）1932年10月15日，第1张第4版。

3 《国营的苏联新闻事业（三）——中央社特派员冯有真通讯》，《中央日报》1936年11月19日，第2张第2版。

4 钱穆：《以国防为基点之苏联经济建设》（1936年11月25日），《中苏文化》第1卷第7期，1936年12月1日，第21页。

由苏联五年计划对苏联经济的巨大推动作用，中国舆论界进而肯定苏联五年计划的世界意义。天津《大公报》于 1935 年 9 月 6 日发表社评注意到，苏联五年计划建设对世界各国具有很强的示范性和宣传性。社评表示，“苏联之第二五年计划，不但在事实上本为一种国防计划，且从其对整个资本主义体制的关系言之，实等于一种最有效、最深切的赤化宣传，亦即为一种最有力的不战而胜之进取工具”[1]。同年 11 月 20 日，于永滋在天津《大公报》“乡村建设”版发表文章注意到，“自从苏联创制经济发展五年计划著有成效之后，各国多有仿效之而制定各种事业发展计划者”[2]。1937 年 1 月 1 日，徐恩曾在《中苏文化》发表文章认为，苏联计划经济制度已成为世界瞩目的经济制度，“当此资本主义国家内外矛盾尖锐化的时候，苏联经济建设的成绩，实给予资本主义各国以绝大的刺激，都企图效法苏联的计划经济，以摆脱这种危机，于是，计划经济制度就成为现世界众目所注视的经济制度了”[3]。

人们由对苏联五年计划建设成就的推崇，发展到对苏联计划经济建设模式的肯定。这其中，苏联的宣传起了很大的推动作用。苏联驻华使馆人员利用各种场合向中方介绍其五年计划的实施方法与成果。例如，在 1935 年 7 月 4 日国民政府立法院谈话会上，苏联驻华大使鲍格莫洛夫便描绘了一幅政府充分协商、合理制订五年计划实施方案，同时人民积极参与的五年计划建设图景。[4]诸多人士纷纷发表文章，肯定苏联计划经济建设模式。翁文灏于 1933 年 9 月 24 日在《独立评论》发表文章，赞赏苏联一五计划既侧重工业又兼顾其他领域的发展原则，认为“他们的建设计画是在努力工业化，尤其是工业电气化，一方面比例的发展交通，但是，对其他方面也并不完全搁置”，“这是很可供我们参考的”。[5]蒋廷黻在 1934 年 8 月至 11 月对苏联的考察中，从国防建设角度对苏联一五计划偏重重工业表示肯定。他认为，有了重工业，苏

1 《苏联与第二次世界大战危机》（社评），《大公报》（天津版）1935 年 9 月 6 日，第 1 张第 2 版。

2 于永滋：《介绍两个促进合作社质的发展的办法》，《大公报》（天津版）1935 年 11 月 20 日，第 3 张第 11 版。

3 徐思予：《从计划经济与统制经济之比较的研究说到“民生主义的计划经济”》，《中苏文化》第 2 卷第 1 期，1937 年 1 月 1 日，第 23—24 页。

4 《苏联大使鲍格莫洛夫出席立院谈话会》，《中央日报》1935 年 7 月 5 日，第 1 张第 2 版。

5 君达：《经济建设中几个重要问题》，《独立评论》第 69 号，1933 年 9 月 24 日，第 3 页。

联足以应付日本、波兰、德国的威胁，“别国如要起衅，苏联是不怕的。换句话说，有了五年计画的成功，苏联脱离危险时期了”[1]。吴德培于1935年3月在《经济学季刊》发表文章，看好苏联计划经济，不看好资本主义国家统制经济。他表示，“统制经济主张者，以生产过剩、失业贫困，乃思用统制手段，维持现实而改良之，故不免悲观。计划经济之领导者，早已大刀阔斧，以乐观态度，革除旧有之一切，昂首直进，不肯瞻前顾后，故第一次、第二次五年大计划，得于全国欢呼声中大告成功也”[2]。

不少人成为苏联计划经济的明确赞赏者。祝平就是如此。他于1936年6月21日至24日在上海《大公报》发表文章，介绍了自己对苏联计划经济的认识历程。他于1929年留学英国，随伦敦大学教授迈泱道夫（A. Meyendarff）研讨各国土地政策。迈泱道夫原为帝俄贵族，曾任圣彼得堡大学土地法教授、帝俄国会（Duma）副议长。他与迈泱道夫研讨各国土地政策之余，也讨论到苏联五年计划的实施情况。当时苏联五年计划实施未久，各国学者多抱“冷嘲热讽”态度，将苏联五年计划视作空想。但是，他当时就非常看好苏联五年计划建设，觉得苏联五年计划“周详缜密”，“而其制度与方法，尤为生产落后国家发展经济建设之唯一途径”。于是，他在英国广泛收集苏联计划经济的资料。1929年冬，他应中国留学界之邀，在国民党伦敦支部作题为“苏俄五年实业建设计划”的讲演，“对于计划经济制度之本身，颇多好评”，引起一些人的责难，“盖以其时一般人对于苏俄五年计划之本身认识尚浅，每多以五年计划与共产主义相提并论，故不免谈虎而色变也”。之后，他由英国赴德国，进一步搜集苏联五年计划的资料。回国后，他目睹中国经济状况，“益信计划经济之实施为吾国经济发展之唯一途径”。1935年春，国民党当局发起国民经济建设运动，他“对于计划经济之信念，乃复益坚”。[3]

一些论者从世界整体经济潮流角度肯定苏联计划经济，认为苏联计划

---

1 蒋廷黻：《欧游随笔（五）》，《独立评论》第129号，1934年12月2日，第14—15页。

2 吴德培：《统制、计划、技术三种经济与中国》，《经济学季刊》第5卷第4期，1935年3月，第108页。

3 祝平：《国民经济建设实施方案之商榷》，《大公报》（上海版）1936年6月21日，第1张第2版。

经济符合由自由放任到统制干涉的世界经济潮流。在天津《大公报》编者看来，苏联计划经济是30年代世界经济干预潮流的重要组成部分。1934年7月9日，该报发表社评，强调政治力量对于经济建设的决定作用。社评认为，经济建设不一定能促使政治上轨道，反之，“经济建设如不借政治力量，简直便是不可能的”。社评以30年代流行于世界的统制经济或计划经济潮流为例说：“若说到一个有计划的经济建设时，自然更需要政治力量了。看苏俄的五年计划、德义法西斯党的扶助工业和美国大规模的繁荣复兴运动，那一个不是借政治力量来做经济事业？”[1]方显廷的看法与天津《大公报》编者基本一致。1936年9月20日，他在天津《大公报》“星期论文”版发表文章认为，世界工业化进程存在由自由放任到计划干涉、由民营到国营的发展过程，“综观工业化政策之演变，由放任而干涉而计划，由民营而国民兼营而完全国营，殆为十九世纪以来共同趋向”。由此，他非常关注苏联以国营为基础的计划经济制度，“1917年苏俄革命告成，计划经济奉为国家施政之圭臬，于是，第一、第二五年计划，俱以工业化为纲要，而全国之产业，尽以国营为原则矣”。[2]

不少论者从克服资本主义经济危机角度指出了苏联计划经济的优越性。1931年2月6日至11日，天津《大公报》连载署名“腾霞”的文章。此文分析，苏联的严格计划经济，“不能不承认是国民经济的进步”。这是苏联不存在生产过剩的重要原因。苏联国内市场的特有现象“就是物品的生产者，勿庸顾虑到购买者或消费者的经济情形，因为苏俄政府以同样态度来制裁生产者与消费者的财政状况”。在苏联，“生产者就是政府”，政府能统制一切，“由原料、雇佣到价格、金融、工资、利润的大小、储蓄的多寡，都受一定计划的支配，所以，他们没有司空见惯生产过剩的问题”。再加上政府管制国际贸易，“生产者可以完全不用顾虑世界市场的变动”。[3]此文认为，苏

1 《修明政治与建设》（社评），《大公报》（天津版）1934年7月9日，第1张第2版。

2 方显廷：《政治统一与工业化》（星期论文），《大公报》（天津版）1936年9月20日，第1张第2版。

3 腾霞：《世界经济衰落声中苏俄最近之工业》，《大公报》（天津版）1931年2月6日，第1张第3版。

联社会主义经济制度尤其计划经济制度是医治资本主义经济由自由放任导致的生产消费失衡等病症的良药，“现代社会的经济病症，完全在生产、消费不能均衡。生产分配，毫无计画，是以生产过剩，失业严重，贫穷普遍，关税战争，种种矛盾现象，同时并存。要想诊治这种病态，对症发药，自然只有施行社会主义，或能补救于一时”[1]。何廉也由反思1929年经济危机出发，对苏联取消市场和价格机制的计划经济产生好感。1933年3月1日，他在天津《大公报》“经济周刊”版发表长文认为，导致资本主义国家各种经济病态的原因在于经济行为纯以获利为目的，不以服务社会为指针。要从根本上消除资本主义国家的经济病态，必须改革现有以获利为目的的经济制度，代之以“功用经济”制度，“各种经济行动，获得财富，宜视其行动对于社会功用之如何以为断”。他将苏联经济视作这种“功用经济”之一种，“功用经济，苏俄自国家社会主义之基础上采而行之，已有相当之成功”[2]。显然，他从对1929年经济危机的分析中得出经济行为必须以服务社会为目的之结论，进而反思纯以市场和价格为调节手段、纯以获利为目的的市场经济，并依此思路，肯定苏联取消价格和市场机制、强调企业经营以服务国家经济建设为目的的计划经济制度。

国民党当局人士试图将苏联计划经济制度纳入国民党的理论框架之中。1933年4月3日，国民党中央组织部长陈立夫在国民党天津市党部扩大纪念周上发表演讲时就称：“共产主义乃是大目的理想，民生主义才是实行的办法，就是以苏俄所谓五年计划、新经济政策等，也是走向民生主义的路上去。”[3]在陈立夫看来，苏联计划经济制度符合国民党的民生主义轨道，而民生主义的最终目标又是“共产主义”。由此，陈立夫就从国民党理论角度赋予苏联计划经济制度更多的合理性。胡汉民去世后，为纪念其功绩，1937年初，其门生、旧属筹备在南京创立汉民学院。他们起草的《汉民学院简明计

---

1 腾霞：《世界经济衰落声中苏俄最近之工业（续）》，《大公报》（天津版）1931年2月11日，第1张第4版。

2 何廉：《矛盾的经济世界》，《大公报》（天津版）1933年3月1日，第3张第11版。

3 《人类进化中的组织与道德（续）——陈立夫在纪念周演词》，《大公报》（天津版）1933年4月7日，第1张第4版。

划》在阐述设立该学院经济学系的宗旨时，也牵强附会，将苏联计划经济纳入孙中山民生主义理论系统，声称："孙先生之民生主义，实为世界经济理论辟一新系统。即今苏俄之计划经济及各国之统制经济，实均为民生主义经济之一部。"[1]

虽然相当多的论者倾向经济干预论，但仍有不少论者坚持自由经济理念。胡适是主张自由经济的。他于1931年3月在《经济学季刊》发表文章认为，自由经济导致的贫富分化是人类社会发展的自然结果，"这种自然主义的放任政策是资本主义初发达时代的政治哲学。欧洲十八世纪的经济学者，大都倾向于这条路。但资本主义的社会自然产生贫富大不均的现象"[2]。唐庆增亦主张自由经济。1932年9月，他在《经济学季刊》发表文章认为，私产制度、企业自由是现代物质文明的基础。如果政府限制、干涉人民的经济自由权，那么，人民就会遏制其私人利益，个人与社会都会受损失，"惟其个人有健全之意识，故政府无干涉之必要，否则不特多此一举，或反致有流弊发生也"[3]。1934年7月8日，作为商人的区少干[4]在《独立评论》发表文章，表达了对自由经济的正面看法。他表示，"只要政府能做到警察权，有治安，有公道，人民就可以自由发展"。虽然此言有悖于"现在的统制政策"，但"自由主义之在中国"并未成功实施过，中国未蒙其利，也谈不到"他的害处"，"我们尽先取得他的利处，然后慢慢地本人家的经验来除去他的害处，也未为迟"。[5]

实际上，中国舆论界对苏联计划经济还是不乏批评与反思之声的。1930年至1931年，天津《大公报》刊登了不少文章，指出了苏联五年计划建设的不足和计划经济制度的某些缺陷。一些论者指出了苏联一五计划建设过程中存在的一系列问题。张抱横于1930年10月10日在该报发表文章注意到，

1 《汉民学院简明计划（续）》，《大公报》（上海版）1937年1月19日，第4张第14版。

2 胡适：《司马迁辩护资本主义》，《经济学季刊》第2卷第1期，1931年3月，第4页。

3 唐庆增：《经济学与现代文明》，《经济学季刊》第3卷第3期，1932年9月，第242页，第247页。

4 区少干自称："我是一个逐末的商人，在昔看起来，是不配插嘴谈什么国家大计的。"参见区少干：《单靠政府去建设便成了吗？》，《独立评论》第108号，1934年7月8日，第5页。

5 区少干：《单靠政府去建设便成了吗？》，《独立评论》第108号，1934年7月8日，第6—7页。

苏联一五计划的成功是建立在人民勤劳工作、艰苦生活的基础上的，这使人民工作过于劳累，生活水平过于低下，“五年计划之成功，可在苏俄民众之苦作与牺牲上预言之。俄国农工永也享不着安乐与奢侈的生活的”。苏联多半的精力全用于建设机器厂、铁工厂等基本工业上，而纺纱厂等制造生活必需品的工业“却没人来注意”。他又注意到，农业统计得不准确是苏联经济计划编制工作中的最大问题，“计划中之最困难的问题，就是关于农业统计等不可靠”。[1]1931 年 10 月 24 日，该报在一篇报道中注意到苏联五年计划制订的指标过高的问题。这篇报道介绍，苏联当年 9 月的工业产量虽大有进步，但完成当年“过于野心之工业计划”，似不可能。苏联当年 1 月至 9 月的工业产量，与上年同期相比，增加 24%，其中，重工业增加 34%，“在工业本身却为一大进步”，但与当年的工业计划相比，“苏俄当局却甚失望”。因为苏联政府计划 1931 年工业产量增加 45%，仅重工业即应增加 58%。实际工业增产量与计划数字之间的差距，很难在 10 月至 12 月之间弥补。[2]该报编者一度对苏联一五计划建设的前景和计划经济的合理性表示怀疑。1931 年 4 月 26 日，该报发表社评分析，“苏联五年计划，是否能实际成功，成功是否有永久性。其生产及制造品倾销海外之政策，经济原则上是否能持久。以俄民对于工业经验之浅，一般民度之陋，其仓促建设之重工业，是否能有良好效率。凡此尚皆为疑问。故国人闻五年计画云云，殊不必过惊，亦不能遽致无条件之赞佩”[3]。

曹谷冰在 1931 年 7 月发表的《游俄印象记》中对苏联计划经济制度作了一定的理论反思。他分析，苏联计划经济的弊病就是生产计划很难与社会需求相适应。由于苏联的生产计划是根据以前的统计数字预先制订的，“就理论上说，是很合理的，但就事实上观察，则不能不说是错误了”。他以巧克力糖和儿童玩具为例说，“譬如说制造巧格力糖罢，他们看看统计，革命以

1　张抱横：《三年来之苏俄实业》（据 Hopper 文简译），《大公报》（天津版）1930 年 10 月 10 日，第 3 张第 11 版。

2　《五年计划四年完成，依苏俄本年情形恐有困难》，《大公报》（天津版）1931 年 10 月 24 日，第 1 张第 4 版。

3　《舍短取长》（社评），《大公报》（天津版）1931 年 4 月 26 日，第 1 张第 2 版。

前有多少人口，每年消费多少巧格力糖，现在有多少人口，所以，每年应该制造多少巧格力糖。又譬如说制造儿童玩具罢，他们看看统计，欧美各国有多少小孩，每年消费多少玩具，本国有多少小孩，所以，每年应该制造多少玩具”。但是，实际上，巧克力糖和儿童玩具的社会消费量受多种因素影响，既受人民的购买力影响，也受人民的消费心理和社会风尚的影响，“因为这样，有许多货物的消费量，是极难计算的”。所以，苏联一部分工业“生产数量和消费数量不能适合。俄国市场上现在有许多货物供过于求，甚至无人过问，就为着这个原因”。[1]

《经济学季刊》和《独立评论》介绍了一些外国人士对苏联五年计划建设的批评意见。李权时于 1932 年 5 月介绍的美国人华尔舒撰《最后的挣扎》一书就认为，“苏俄为欲注重重工业起见，所以，轻工业似有所牺牲的。因为轻工业不注重，所以，人民日常的用品很感缺乏，所以，人民的生活状况很觉可怜”[2]。1933 年 5 月 4 日出版的《独立评论》发表了丁文治译美国驻苏联莫斯科记者张伯伦（H. Chamberlain）撰《苏俄五年计划的结算》一文。张伯伦在文章中着重指出了苏联一五计划建设的缺陷。他认为，苏联计划经济体制是不合理的，计划的制订和执行“有不少的很显明的错误”，一方面，苏联并不具备“编制平衡的准确的国家经济计划的技术”，一些长久性计划“只可以说是猜想或是希望”；另一方面，计划与实际执行并不相符，“很可笑的是，苏俄计划每种物品在一年之后或五年之后要出产多少，往往计算数字到小数点以下很多位，而每个工厂常常胡乱的改它们工作的计划”。胡适等《独立评论》编者认为此文“对于五年计画的批评，似乎很公道”。[3]这说明胡适等人对苏联计划经济是持负面看法的。马寅初注意到了苏联经济计划不周密、不符合实际情况的问题，并指出了苏联一五计划实施过程中的不足之处。他于 1935 年 1 月在《中国经济改造》一书中介绍，苏联是一个庞大的国家，仅由“几个委员会”制订全国经济计划，“当然不能使各种生产手段，

---

1 曹谷冰：《游俄印象记（四）》，《大公报》（天津版）1931 年 7 月 17 日，第 1 张第 3 版。

2 李权时：《介绍研究苏俄五年计划的五本英文书》，《经济学季刊》第 3 卷第 1 期，1932 年 5 月，第 213 页。

3 张伯伦原著，丁文治译：《苏俄五年计划的结算》，《独立评论》第 50 号，1933 年 5 月 14 日，第 15 页，第 9 页。

贯串一起，此呼彼应”。苏联一五计划已经届满，“但计划中所定之各种建设，有依限完成者，亦有不依限完成者”，“足见计划经济之困难，有非事先所能预料者”。[1]

在 30 年代中国统制经济思潮盛行的情况下，长期在邮政总局工作的谷春帆于 1937 年 2 月发表的《用计划经济的观点来观察自由竞争下的静态经济》在反思计划经济方面是较为深刻的一篇文章。谷春帆分析了自由经济与苏联计划经济两种经济体制的运行机制，重点指出了自由经济体制的优势和苏联计划经济体制的弊端。他认为，从长期来看，充分的自由竞争必然导致社会各种生产要素的合理配置，“在充分自由竞争的时候，一个经济社会的各种生产原素，劳力、土地及资本，一定全体均得到最适当的利用与最优良的分配”。而在计划经济下，不是限定社会需要的数量，就是限定社会生产的数量，这就丧失了自由竞争下生产与消费相互发挥的效果。一方面，自由经济造成的生产、消费脱节的损失，“比计划、统制为大”；另一方面，自由经济使生产与消费相互充分发挥，所实现的最终社会经济收益，又“比计划经济为大”。[2] 在谷春帆看来，虽然自由经济会造成生产与消费脱节，但其损失比计划经济武断地限制生产与消费所造成的损失要小。

总之，在 1929 年经济危机导致的资本主义世界经济衰退、1928 年至 1932 年苏联一五计划建设的快速推进、九一八事变后中国主权与经济危机等各种现实情况之下，中国舆论界日益看重经济干预论，疏离于自由经济原则。在这种风气之下，人们越来越重视苏联计划经济的价值，大力介绍苏联五年计划建设成就，并对苏联计划经济体制有了较系统、深入的了解。同时，中国舆论界对苏联计划经济不乏批评与反思之声，只是这种批评与反思，无论从人数、气势，还是从深刻度上说，均处于赞同计划经济的声音的下风。

---

1 马寅初:《中国经济改造》，商务印书馆，1935 年，第 192 页。

2 谷春帆:《用计划经济的观点来观察自由竞争下的静态经济》,《经济学季刊》第 7 卷第 4 期，1937 年 2 月，第 7 页，第 9 页。

## 三、关于统制经济与苏联计划经济在中国可行性的讨论

既然30年代中国舆论界相当多的论者认同统制经济或计划经济体制，那么，紧接着的问题就是，这种经济体制在中国的可行性如何，又怎样将这种体制应用于中国的经济建设事业？诸多论者对这些问题做了集中、深入的讨论。另外一个问题是，诸论者所主张的应用于中国经济建设事业的统制经济或计划经济体制，包含多少苏联计划经济体制成分？

时人主张学习苏联计划经济，很大程度上出于试图挽救九一八事变后中国民族危机的焦虑心情。在1932年9月中国经济学社第九届年会上，韩祖德就提出，为了应付日本将来的进一步侵略，中国必须以“国家资本主义”方式发展各种基本工业，尤其是与国防有关的基本工业。中国如由政府兴办国营产业，“则可取法俄国，实行五年计划，谋定而后动”。[1]所以，倡导学习、引进苏联计划经济成为中国舆论界的普遍风气。1937年5月1日，任职于国民政府外交部的曹树铭即在《中苏文化》发表文章表示：“在中国由落后之农业国进而为前进之工业国及农业国的过程之中，欧美各先进国足资我国效法者固多，而苏联计划经济之步骤与方法要为我重要之参考。”[2]中国经济学社历次讨论会在研究中国经济建设问题时，多将苏联计划经济视作中国应该取法的模式。在1935年11月20日中国经济学社武汉座谈会上，董修甲主张中国应工农并重。他以苏联为例说，“苏俄是以农立国的国家，但现在不能不有第一个五年重工业计划，与第二个五年轻工业计划”[3]。同月26日，在中国经济学社南京座谈会上，与会者在讨论中国经济政策时，将苏联经济建设视作中国学习的榜样。张家骧提出，苏联自实施五年计划以来，工业发展“均为迅速”，“而重工业之发展，尤为突飞猛进”，中国亦应“与苏俄一样”，“亟应迅速于发展重工业”。[4]1936年9月27日在上海举行的中国经济学社第

1 韩祖德：《应付国难应有之经济政策》（1932年8月8日完稿于浙江财务人员养成所），《经济学季刊》第3卷第4期，1932年12月，第107—108页。

2 曹树铭：《由中苏贸易谈到中苏商约》，《中苏文化》第2卷第4、5期合刊，1937年5月1日，第12页。

3 《中国经济学社武汉社员座谈会纪录》，《经济学季刊》第7卷第1期，1936年6月，第190页。

4 《中国经济学社南京社员座谈会纪录》，《经济学季刊》第7卷第1期，1936年6月，第182页。

十三届年会专门举行辩论会，就“中国施行新金融政策应求外汇稳定乎，抑求物价稳定乎”问题，展开辩论。不少学者主张学习、借鉴苏联计划经济的某些做法。陈长蘅表示，中国可以实行苏联计划经济由国家垄断经营对外贸易的方法稳定外汇，积极的稳定外汇的方法“则为实行计划经济，把对外贸易完全由国家独占经营”[1]。

在时人看来，苏联五年计划简直就是政府积极作为、推动经济发展的典范。许多论者在《独立评论》发表文章提出，国民党当局亦应像苏联政府那样积极致力于推动经济建设事业。1932年12月18日，蒋廷黻希望国民政府能“建设几件全国有关的事业，如粤汉及陇海二路的完成”。他以苏联五年计划为例说，“就是最震动世界的苏俄革命，还须第一个第二个，将来必有第三第四个五年计画，然后能产生一个健全的共产国家”[2]。陈伯庄自1932年开始担任国民政府国防设计委员会委员及交通组长，同时在交通大学研究所主持社会经济调查研究工作。他于1934年4月15日认为，国民政府不能像汉代曹参那样无为而治，而应像苏联斯大林实行计划经济那样，有计划地全力推动国家的经济建设，“现在国际环境，迫得与时争命，不可要政府当局学饮酒的曹参，而要学史丹林的计划经济”[3]。1935年10月13日，协和医学院教授吴宪表示，“革命后的俄国和现在的中国”都是生产落后的国家，“但是，现在的俄国在第二个五年计画当中，我们已经不能望其肩背了”。中国的建设亦“非有一整个建设计画不可”，应将各项建设事业“作一五年或三年计划，克期竣事”。[4]

时人主张将苏联计划经济的一系列建设原则引入中国。翁文灏提出，中国也应像苏联那样，制订整体性的经济建设计划。他于1933年9月24日在

---

1 《辩论会各家讲词原稿》，《经济学季刊》第7卷第3期，1936年11月，第202页。

2 蒋廷黻：《南京的机会》，《独立评论》第31号，1932年12月18日，第2页，第3页。

3 伯庄：《愈贫弱愈要有为》，《独立评论》第96号，1934年4月15日，第7页。

4 涛鸣：《双十节应如何纪念》，《独立评论》第172号，1935年10月13日，第9页，第11—12页。“涛鸣”即为协和医学院教授吴宪。据胡适在《独立评论》第172号《编辑后记》中称，涛鸣是《独立评论》社里的一个科学家。参见适之：《编辑后记》，《独立评论》第172号，1935年10月13日，第21页。又据胡适在《独立评论》第201号《编辑后记》中称，“他在国内一个最好的医学校做过十几年的教授”。参见适之：《编辑后记》，《独立评论》第201号，1936年5月17日，第50页。而《独立评论》社中的医学教授，只有吴宪一人。

《独立评论》发表文章建议，中国经济建设一方面应有轻重缓急的建设次序，"不能一切同时并举"，另一方面又应"统筹全局"，"连络并进，不能独举偏废"。由行政院经济委员会负责制订集中、统一的经济建设计划，"将各部分的计画汇集参证，求出一个系统，定出一种实行的次序来，然后方有头绪，方能实行"。[1]陈长蘅提出，中国应像苏联那样，通过国营方式，首先发展基本工业尤其重工业，再发展次要工业尤其轻工业。他于1935年3月在《经济学季刊》发表文章注意到，"苏俄第一个五年计划和第二个五年计划便有此种显著差别，可供我们的设计参考"[2]。在30年代中国以农立国与以工立国的讨论中，如何处理农业发展与工业发展之间的关系是一个重要话题。时人试图从苏联五年计划建设中寻求中国可借鉴的经验。主张发展大型城市工业的吴景超就主张学习苏联五年计划工业化与农业机械化并重的发展模式。他于1933年4月9日提出，中国既应发展都市工业，亦应以现代科技和农业机械改良农业，苏联五年计划给予中国很大启示，"英美的经济史以及最近俄国的五年计划，都表示无意的或有意的，工商业的发展，与农业的革命，是要并进的"[3]。一些国民政府的外交官员也主张学习苏联计划经济制度。1937年5月1日，曹树铭在《中苏文化》发表文章表示，"在中国由落后之农业国进而为前进之工业国及农业国的过程之中，欧美各先进国足资我国效法者固多，而苏联计划经济之步骤与方法要为我重要之参考"[4]。

祝平和郑林庄非常赞赏苏联经济计划的制订方法，认为中国也应借鉴苏联这种方法，从而使中国的建设计划符合实际，切实可行。祝平于1936年6月22日在上海《大公报》发表文章，对中国在国民经济建设运动中实行计划经济的方法，基本是按照苏联模式设想的。他设想，由中央计划机关根据各生产单位的具体报告，依照国民经济建设之原则，制成国民经济建设之初步纲领。中央计划机关再将制定的纲领逐级下发各地方和各生产单位，由各

---

1 君达:《经济建设中几个重要问题》,《独立评论》第69号，1933年9月24日，第2页，第3页。

2 陈长蘅:《民生主义之计划经济及统制经济》,《经济学季刊》第5卷第4期，1935年3月，第88页。

3 吴景超:《讨论"中国农民何以这样多"》,《独立评论》第45号，1933年4月9日，第20页。

4 曹树铭:《由中苏贸易谈到中苏商约》,《中苏文化》第2卷第4、5期合刊，1937年5月1日，第12页。

地方和各生产单位依照纲领和其实际情形，制成各地方和各生产单位的生产计划，呈送中央。中央将各地方和各生产单位的生产计划汇集起来，进行综合整理，制成整个国民经济建设计划。然后，再将计划逐级下发给各地方、各生产单位，具体实施，“如是按程计功，循序迈进，国民经济建设计划之实现，可操左券也”[1]。时任燕京大学经济学教授的郑林庄[2]认为，中国应借鉴苏联经济计划的制订方法，使中国的建设计划切实可行。他于 1936 年 11 月 15 日介绍，自己于当年夏天到河北、山东、江苏、浙江、江西、湖北、陕西等省考察，听一些县政府人员说，“上边的命令他们实在没有力量能够实行”。他表示，“计划应该是一种最切合实际的东西”，“提及这一点，使我想起苏联计划经济中一件可以让我们效法的东西来，那就是叫做对照计划（Counter Plan）的办法”。他介绍，苏联每次制订经济计划时，都制订两种计划，一份是由最高机关制订的计划，一份是由最下级机关甚至基层工作人员制订的“对照计划”，“为的是准备作总计划的参考，使其所计划的内容不至与实际相离太远”。[3]

不过，一些论者对于中国实行苏联式计划经济的心情是矛盾的。他们一方面觉得中国不具备实行计划经济的条件，但又觉得在中国国力衰微、内忧外患严重的情况下，自由经济更走不通。1933 年 8 月 24 日，梁漱溟在青岛中国经济学社第十届年会开幕式上的一席话生动地表达了人们的这种心情。他表示，无论是自由经济，还是苏联计划经济，中国都不具备实施条件。前者需要国家具备法律有效、社会秩序安定、政府有能力进行奖励和保护工作等条件，后者需要国家具有强有力的清明的政府、政府有能力总持经济建设事业等条件。但是，一方面，中国“二三十年扰攘不宁，国家法律总是无效，社会秩序几时可得安定，今后仍无把握，更高的政治条件，益不可望”，

---

1　祝平：《国民经济建设实施方案之商榷》，《大公报》（上海版）1936 年 6 月 22 日，第 1 张第 2 版。

2　郑林庄于 1927 年夏考入燕京大学经济系，1931 年夏毕业。同年，赴美国哥伦比亚大学研究生院学习，1933 年夏获经济学硕士学位。1933 年 7 月回国后，任南京金陵女子文理学院经济系专任教师。1934 年，调到国民政府实业部中央农业实验所任农业经济技正，从事研究工作。1935 年到北平燕京大学经济系任讲师，以后任教授，并曾担任经济系主任和法学院代院长。参见周传南：《农业经济学家——郑林庄》，《中国人民大学学报》1991 年第 3 期，第 125 页。

3　郑林庄：《漫谈社会改革》，《独立评论》第 227 号，1936 年 11 月 15 日，第 13—14 页。

另一方面，“从中国社会而分析推断之”，难以产生“强有力的统一政府”。但在两者之间，他更倾向苏联计划经济。他认为，作为产业落后的国家，中国走苏联“计划的统制的路”，更为“经济捷便”，而且，目前世界各国均以整个国家的力量进行国际经济竞争，中国如循自由经济路向，“即不啻以我们零星散碎的私人资本与国际的强大力量竞争，安有容我们立足的余地？”[1]。可见，梁漱溟对中国经济前景的心情是苦闷和矛盾的。他虽看不到中国经济发展的前途，但在自由放任、计划统制之间，更相信政府统制、国家经济统一团结的力量。

由上述梁漱溟所言可见，一些论者虽认同统制经济或计划经济体制，但又觉得中国尚无实行这种经济体制的条件。大家普遍认为，中国尚未实现国家的独立与主权的完整，如实行统制经济或计划经济，会招致外国的干涉；中国处于分裂局面，中央政府对各地控制力不足，难以在全国切实推行经济计划；中央行政机构落后，效率低下，腐败盛行，既不可能制订科学合理的计划，也不可能高效地实施经济计划。1933 年 10 月 1 日，赵守愚在《独立评论》发表文章指出，中国对于国际贸易的统制，受到各种不平等条约的束缚；在统制生产方面，外国的商品倾销，会破坏中国政府的生产计划；中国四分五裂，中央政府对全国的控制力很弱，“强迫力难期生效”；在统制金融方面，中央银行“还未十分健全，不能发挥他应尽的特别职责”；在经济计划的制订方面，“我们向来只有闭门造车不问事实的空谈，绝对没有脚踏实地的计划”。“在这几种情形之下，施行经济统制，前途真是暗澹”，统制经济“恐怕在中国，只能成个时髦名词”。[2]1934 年 7 月 8 日，丁文江也在《独立评论》发表文章认为，中国要实行统制经济必须具备三个条件：建立“真正统一的政府”，实现经济的通盘谋划；收回租界，取消不平等条约，实现经济独立；行政制度彻底现代化，既要有廉洁的官吏，又要实现行政组织的健全，实现政府行政的高效与科学。他强调，一些主张中国实行统制经济者“眼看着国家危亡，急不暇择”。“譬如把一个心脏很弱的人交给一个毫无经

---

1 梁漱溟：《解决中国经济问题之特殊困难》（在中国经济学社第十届年会开幕时演讲词），《经济学季刊》第 4 卷第 4 期，1933 年 12 月，第 1—3 页。

2 守愚：《统制经济与全国经济委员会》，《独立评论》第 70 号，1933 年 10 月 1 日，第 11 页。

验的医生，用重量的麻醉剂麻醉过去，再用没有消过毒的刀子把肚子破开看看。这种病人没有不死在解剖台上的！”[1]1935年3月，吴德培在《经济学季刊》发表文章认为，中国不具备“生产公有”的大前提，谈不上实行苏联式计划经济，“只可俟之异日”。而且，中国没有实行统制经济的“强有力之中枢政府”；中国的海关、银行、对外贸易公司多为外人把持，尚未实现国家的独立自主；中国尚无统制经济需要的资源、人口、经济的精密统计，尚未制订“适合国情之精密计划”。[2]

费彝民一方面赞赏苏联计划经济，另一方面又认为中国不具备实行苏联计划经济的条件，尤其不具备人才条件。他于1931年7月31日在天津《大公报》发表文章认为，苏联的计划经济是一种理想的经济制度，“一个理想的产业政策，当然最好是如同苏俄的五年计划一样”。但是，中国目前尚无条件实施这样的经济制度，“这种制度在中国终究还是理想中的最理想的，事实上，不容易办到”，因为中国政府目前的任务是平定内部的纷争、促成廉洁整齐的政治系统，“至于理想的产业政策的实施，暂时只可以责之于社会，由国内的产业界、金融界和一般的专门家来领导这个运动”。[3]显然，他不主张由政府制订和实施经济发展规划，而由民间社会担负这个责任。他又于1933年1月23日至25日在天津《大公报》发表文章认为，中国还没有实行计划经济的人才条件。他分析，实行计划经济，须以“产业动员”为前提，一方面，“要有一大部分的民众，受过新式生产的技术训练，而又有坚忍不拔的生产兴趣”，另一方面，“居于领导地位的政府，要真有这种埋头工作的魄力”。所以，“在国家内忧外患紧迫到这般地步的今日，主张计划经济，理论上实在不能说他不对，不过，要注意的是人的问题有无办法”。[4]

一些论者虽主张借鉴苏联计划经济制度，但不主张全盘照搬苏联计划经济模式。徐恩曾提出，中国计划经济的建立应走与苏联不同的路径。他

1　丁文江：《实行统制经济的条件》，《独立评论》第108号，1934年7月8日，第18—20页。

2　吴德培：《统制、计划、技术三种经济与中国》，《经济学季刊》第5卷第4期，1935年3月，第123页。

3　费彝民：《产业救国及其政策》（1931年7月），《大公报》（天津版）1931年7月31日，第1张第2版。

4　彝民：《经济危机的救济策》，《大公报》（天津版）1933年1月24日，第2张第6版。

于 1937 年 1 月 1 日在《中苏文化》发表文章设想，虽然中国“三民主义的计划经济制度”应像苏联那样，以生产工具和分配机关“社会化”（即公有制）为前提，但是，中国由于经济形态比苏联复杂，包括自给自足经济、商品经济、近代资本主义经济等各种要素，所以，必须经历“国家资本主义的统制经济”的过渡阶段，通过“逐步改进”的“国家资本主义”方法，暂时保存“私有财产制度”，逐步实现生产工具和分配机关的社会化和国有化，从而建立计划经济体制，而不应像苏联建立计划经济那样，通过“急进”的手段，将一切生产工具和分配机关立即国有化。[1] 朱惠之于同年 5 月 1 日申明，中国不应照搬苏联经验，“照样画葫芦的做一套”，应“站在研究的立场”，将苏联的“理论”与中国的“实际”相结合。他反对全盘引进苏联以全面公有制为基础的计划经济体制，主张既由国家经营“某些企业”，又“由国家管理和统制私人企业”，“酌量采行计划性的统制经济政策”。[2]

在不少论者主张中国实行苏联式计划经济的同时，更多论者强调在中国实行更为宽泛的统制经济的重要性。只是这些论者口中的统制经济也包括苏联计划经济要素。天津《大公报》刊登的一些文章即表达了这种想法。穆藕初于 1933 年 9 月 26 日在该报发表文章分析，中国内部经济破产，外受列强经济侵略，“若此时我国而尚不准备实施统制经济，以有计划之行动打破当前经济之紊乱状态，则长此以往，国脉民生难延续，其结果终必沦于列强经济共管之惨局”。[3] 同年 10 月 2 日，该报发表社评表示，“抑吾人观察俄美施行统制经济，其规模之博大，魄力之雄伟，计议之缜密，与夫困难之众多，有道高一尺，魔高一丈之概。吾人对此，诚不胜其彷徨与憧憬。当局果能具有魄力与决心，审度国势，博访周谘，自拟一博大深宏之整个统制经济计划，昭示民众，征求合作，一脱向来琐碎支离之建设计划窠臼，固吾人所馨香祷祝，而不敢漫存此奢望者也”[4]。吴鼎昌一方面赞成中国实行统制经济，另一方

1 徐思予：《从计划经济与统制经济之比较的研究说到“民生主义的计划经济”》，《中苏文化》第 2 卷第 1 期，1937 年 1 月 1 日，第 33—34 页。

2 朱惠之：《论苏联工业建设的经验与中国经济建设——献给中国国民经济建设之运动者》，《中苏文化》第 2 卷第 4、5 期合刊，1937 年 5 月 1 日，第 154 页，第 159 页。

3 穆藕初：《统制经济与中国（续）》，《大公报》（天津版）1933 年 9 月 26 日，第 3 张第 9 版。

4 《美国统制经济的难关》（社评），《大公报》（天津版）1933 年 10 月 2 日，第 1 张第 2 版。

面看重制定一个中国经济建设的整体计划。苏联计划经济是他所说的中国经济建设整个计划的重要参照。1933年9月20日，他应上海银行学会邀请就“统制经济问题”发表演讲。他提出，中国应当根据本国政府权力的特点，针对不同的产业，制定切实可行的统制计划。他又注意到，苏联社会主义经济尤其计划经济在世界统制经济的兴起过程中具有引领作用，“尤其苏俄之新经济政策、五年计划逐步成功，更予英美各国刺激不少，均认为现代式国家非有一种经济政策及计划，用统治力控制不可”[1]。李伯强所说的统制经济不仅包括苏联计划经济成分，也包括德国和意大利统制经济成分。他在1935年11月26日中国经济学社南京座谈会上表示，苏联、土耳其、德国、意大利实行国家统制政策“已见成效”，“如果中国政府再不讲究统制，将来要受外人的干涉了”。[2]

不少论者主张中国应融会苏联计划经济、德意法西斯主义统制经济、英美自由资本主义经济干预政策三种模式。1937年5月，李焕文在《经济学季刊》上讨论中国国民经济建设运动的实施方案时建议，在对外贸易方面，中国不必实行苏联那样的国营贸易制度，应实行资本主义国家那样的统制对外贸易制度，这“较苏俄之国营制度和缓”。同时，国民政府应效仿苏联“国家计划委员会”，在行政院设立“国民经济建设计划委员会”，“负责于整个国民经济建设之设计，指导并监核其权责”。[3]1935年1月，马寅初在《中国经济改造》一书中不主张中国实行苏联以公有制经济为基础的全面的“统制经济”，主张实行部分的“统制经济”，以欧美资本主义国家那样的私有经济为基础，借鉴苏联某些做法。他表示，“统制之范围有广狭，广者如苏俄，狭者如欧美，中国固不必梦想俄制，始得称为统制”，“要知俄制过于极端，欧美制未尝不可效法也”。[4]李权时赞同马寅初的此种统制经济主张。1935年3月，他发表书评表示，“此种根本主张，非常中肯。盖舍此中庸的经济思想

1 《统制经济问题（续）》，《大公报》（天津版）1933年9月23日，第1张第3版。

2 《中国经济学社南京社员座谈会纪录》，《经济学季刊》第7卷第1期，1936年6月，第184—185页。

3 李焕文：《国民经济建设方案》，《经济学季刊》第8卷第1期，1937年5月，第102页，第77—78页。

4 马寅初：《中国经济改造》，上海：商务印书馆，1935年，第199页。

而外，恐无其他的经济思想可以救目前垂危的中国也”。[1]

有的论者根本否认苏联计划经济制度在中国的适用性。天津《大公报》就一度持此观点。1931年6月30日，天津《大公报》发表社评表示：“各国历史不一，文化不一，环境不一。故改革之道，亦不必一，不能一。就中俄论，适于彼者，未必适于我，而不适于彼者，未必遂不适于我。是以中国自有中国应取之途径，不必以任何国相衡，故亦不必与苏俄相衡。五年计画云云，正无需震惊，亦无事模仿者也。”[2]何廉虽不根本否认中国实行统制经济的合理性，但不主张学习苏联计划经济模式。他于1933年9月6日在天津《大公报》“经济周刊”版发表文章，明确表示，中国目前不宜学习苏联对全部经济进行统制的经济模式，而应学习德国、意大利、英国、美国等国家的局部统制，“吾人以为，我国实行统制经济应有限制。欲统制全部经济活动，一如苏俄者然，则以经济组织之不同，实为不可强能之事，否则，亦必将今日之经济制度推翻而后可。故统制之方式似不过如意、德、英、美之实行局部统制，如公用事业、交通事业之统制等”[3]。1935年1月16日，他又在天津《大公报》“经济周刊”版发表文章，只是主张中国学习苏联努力从事国家建设的精神，而非苏联计划经济的体制。他说道：“惟所采者，非苏俄之计划，乃苏俄之精神耳。”[4]在何廉看来，由于中国的经济组织和经济制度与苏联不同，不应像苏联那样对国民经济进行全面统制，而应像西方资本主义国家那样，只统制部分经济领域。

另外一些论者主张中国实行的统制经济包含的苏联计划经济成分极少。1935年3月，蔡燿民、何有藻在《经济学季刊》上所说的统制经济主要指加强对外贸易管制、统制国内经济等方面：抵御外国经济侵略，防止外货倾销，实行关税保护政策；发展内地经济；实行金融统制，对各工厂加强管理；管制重要原料的出口。[5]这些统制措施主要是借鉴资本主义国家的某些统

1 李权时：《评马著中国经济改造》，《经济学季刊》第5卷第4期，1935年3月，第179页。
2 《国府纪念周之痛言》（社评），《大公报》（天津版）1931年6月30日，第1张第2版。
3 何廉：《宋子文部长返国与国内经济建设》，《大公报》（天津版）1933年9月6日，第3张第11版。
4 何廉：《我国今日之经济地位》，《大公报》（天津版）1935年1月16日，第3张第11版。
5 蔡燿民、何有藻：《统制经济之基本建设》，《经济学季刊》第5卷第4期，1935年3月，第145页。

制政策，所含苏联计划经济要素极少。张素民虽对统制经济抱有好感，但反对在中国实行苏联式的计划经济，主张实行自由经济下的国家干预政策。他于 1936 年 5 月 10 日在《独立评论》发表文章表示，“政府对于经济事业作相当的统制，这是向来已有的事实，谁也不会反对。我个人也曾提倡过”。而时人所言的“统制经济”都是苏联式“计划经济”，苏联式“计划经济”又建立在“一切生产工具的公有”基础上，中国“是否需要一切生产工具的公有，还成问题”。中国经济建设应走的途径，应该是“当统制的，应统制；不当统制的，应放任”。[1]

综上所述，主张中国应走统制经济道路，几乎成为 30 年代中国舆论界的普遍风气。这种思想态势与九一八事变后日本侵华导致的民族危机以及 1929 年经济危机导致的中国经济衰退有关。人们普遍期望，通过政府的主导和推动，实现中国经济的快速发展。大家期望中国实行的统制经济，虽内容庞杂，涵盖 30 年代各国实行的各种经济干预政策，但苏联计划经济则是更多论者讨论中国实行统制经济时的蓝本。尤其是，不少论者明确主张将苏联计划经济引入中国。这说明，主张借鉴、引进苏联计划经济，确成为 30 年代中国舆论界的普遍观念。

30 年代中国舆论界兴起了一股浓厚的统制经济和计划经济思潮。人们对统制经济与计划经济的宣扬，缘于其在国家主权与经济双重危机下渴望由政府主导实现国家经济快速发展的心理动机。诸论者所言统制经济内容庞杂，包括 19 世纪中叶以后各自由资本主义国家的经济干预政策、30 年代德意法西斯主义国家的统制经济、苏联计划经济等诸多方面。由诸多论者将苏联计划经济纳入统制经济范畴可见，人们对苏联计划经济体制的关注，主要是从弥漫于当时世界各国的经济干预论思潮着眼的。从 1934 年开始，一些论者逐渐将苏联计划经济与自由资本主义国家的经济干预政策、德意法西斯主义国家统制经济区别开来，而且，苏联计划经济越来越成为人们所说的统制经济的核心内容，受到越来越多人的推崇。虽然 30 年代的中国舆论界不乏对苏联计划经济的批评与反思之声，但这种声音远低于赞赏与宣扬。在喧嚣于

---

1　张素民：《发展中国经济的简单途径》，《独立评论》第 200 号，1936 年 5 月 10 日，第 14 页。

30 年代的统制经济与计划经济思潮背后，呈现出人们对中国应采用的经济体制的认知的多歧与矛盾。

总体观察 30 年代中国舆论界的苏联经济制度观，其对苏联社会主义经济制度的本质内容和特征缺乏准确认识。国营经济、集体农场等公有制经济是苏联经济制度的基础，计划经济是苏联经济制度的核心特征。对于苏联经济制度的这些关键要素，中国舆论界的认识并不深入，亦不明晰，更谈不上准确，存在着大量认识误区。例如，从大量论者将苏联计划经济制度与资本主义国家为克服经济危机而采取的统制经济等政府对私营经济的干预和管制政策一体看待，甚至混淆它们之间的区别来看，中国舆论界对苏联计划经济的本质特征是缺乏准确认识的。认识的表面性、模糊性以及认识误区，再加上各论者自有的认知理念、立场、视角的差异，导致各论者对苏联同一种制度形成不同的看法和结论，从而造成对苏联社会主义经济制度肯定与赞赏、批评与质疑并存的局面。尽管中国舆论界对苏联经济制度得出的结论、形成的看法存在极大差异，但有一点是明确的，即中国舆论界的绝大多数论者均不主张全面学习、引进苏联的社会主义经济制度。而且，时人对苏联社会主义经济制度的认同和赞赏，大多出于一种功利性的动机。时人之所以认同苏联社会主义经济制度，很大程度上是看到苏联经济发展的高速度的结果。同时，时人将苏联经济发展的高速度与 1929 年资本主义经济危机暴露出的资本主义经济制度的弊端进行比较，进一步强化了其对苏联社会主义经济制度的认同。在这种情况下，时人面对在严重民族危机下中国经济的破败，试图借鉴苏联社会主义经济制度的部分要素，求得中国经济的快速发展。也就是说，中国舆论界对苏联社会主义经济制度的赞同，并非是从价值观上全面认同的结果。这也同时说明，大部分论者或囿于掌握信息的有限，或由于各自的思想理念和政治立场而不情愿，均没有真正正视苏联的社会主义经济制度。而且，中国舆论界很多人在学习苏联经济制度方面的观点，又受中国经济制度、中国经济形势、中国论者各自的思想理念的制约。中国封建小农经济、民营工商业、外国资本交错并存的经济局面，尤其是中国农业经济和民营工商业受到外国资本的冲击而呈现的停滞和衰退，以及大量中国论者所持的资本主义自由经济理念，乃至国民党当局推进中国经济建设的努力和政策，都深刻影响着中国舆论界对苏联经济制度的认识。上述种种因素交杂在一起，就形成中国舆论界对苏联社会主义经济制度评论和认知的多歧、矛盾和复杂。

# 第 四 章

# 20 世纪 30 年代舆论界的苏联文化观

苏联文化观是中国舆论界苏联观的重要内容。苏联几乎所有的文化领域，诸如文学、电影、戏剧、美术、博物馆、新闻事业、科学技术等，都成为中国舆论界的关注和评介对象。虽然中苏外交、政治、经贸关系进展不大，但两国文化关系有所发展，两国文化人士在30年代开展了一系列文化交流活动。在文化交流活动中，中国相关人士对苏联文化事业有了一定直观了解。而且，苏联文化问题与两国之间现实的政治、国家利益瓜葛较少，现实敏感度较低，成为中国各媒体文艺副刊的重要评介、讨论对象，时人往往在媒体上较少顾忌地表达自己的见解。所以，中苏文化沟通在当时被两国人士视作发展两国关系的重要突破口。中国舆论界对苏联文化事业的发展状况、发展道路以及苏联的文化艺术风格和水平，做了大量评析。尤其是，苏联文化艺术的现实主义风格，由于与中国当时挽救民族危亡、推进国家建设的现实需求相契合，受到中国舆论界的重点关注。

# 第一节

# 1930年至1937年中苏两国的文化交流

中苏两国文化交流对于30年代中国舆论界苏联文化观的形成起了非常大的作用。在中苏两国外交、政治、经贸关系停滞的情况下，30年代中国戏剧、电影、科学、图书馆、无线电广播等文化领域的人员赴苏联访问，与苏联相关领域的人员展开了一系列直接的、当面的交流活动。两国人员的文化交流活动早在1932年中苏复交前就存在，两国复交后逐渐增多。两国间的文化交流活动在1935年达到高潮。这一年，中国电影界人士参加莫斯科电影节、梅兰芳剧团赴苏演出成为30年代中苏文化交流的佳话。中苏文化协会也于这一年成立，并在全面抗战爆发前的两年间组织了一系列两国文化交流活动。通过与苏联相关人士的交流，中国文化界人士直观地了解了苏联各领域文化事业，并将他们的观感和看法通过舆论媒体等渠道传递给中国社会各界人士。

## 一、1935年莫斯科电影节期间中苏电影界人士的交往

莫斯科电影节是苏联最负盛名的国际性电影节。首届莫斯科电影节举办于1935年2月21日至3月2日。在这届电影节期间，中苏两国电影界人士进行了面对面的直接交流。上海联华影片公司经理陶伯逊、上海明星影片公司经理周剑云、影星胡蝶等人在与苏联电影界人士进行艺术交流的同时，也

受到苏联电影界人士的盛情接待，苏联电影界人士为他们安排了各种活动。尤其是，上海联华影片公司拍摄的《渔光曲》在电影节上获得荣誉奖。中苏两国在1935年莫斯科电影节上的艺术交流一时传为佳话。

上海明星影片公司和上海联华影片公司派7名人员参加了1935年莫斯科电影节。这些人分三批赴苏。上海联华影片公司经理陶伯逊、编剧余一清、翻译孙桂藉3人于2月10日从上海启程，经满洲里赴苏。上海联华影片公司副导演黄谦、上海明星影片公司摄影颜鹤鸣2人于2月10日从上海启程，转道日本赴苏。上海明星影片公司经理周剑云和该公司演员胡蝶于2月21日随颜惠庆、梅兰芳剧团启程赴苏。中国参展影片有8部，包括：上海明星影片公司的《姊妹花》（有声）、《空谷兰》（有声）、《春蚕》（配音）、《重婚》（无声）；上海联华影片公司的《渔光曲》（配音）、《大路》（配音）；上海艺华影业公司的《女人》（无声）；上海电通影片公司的《桃李劫》（有声）。陶伯逊、余一清、孙桂藉、黄谦、颜鹤鸣抵达莫斯科时，正在电影节进行期间。莫斯科电影节于3月2日闭幕。陶伯逊在闭幕式上致词。[1]

在电影节上，中国电影受到苏联电影界和观众的瞩目。《渔光曲》获得荣誉奖。据天津《大公报》报道，此片在莫斯科上演后，"深得观众的赞许，惟苏俄人士对于《渔光曲》一片的批评，就是配音太幼稚，且又采自西洋不成熟的歌曲"[2]。陈丕士也介绍，"《渔光曲》虽为一旧片，技术尚觉落后，但在题材、技术、摄影方面之大无畏精神，极为观众所称赞"。当陶伯逊接过《渔光曲》的获奖奖章时，"博得彩声，为苏联及其他各国所不及"。陶伯逊在发表获奖致词时，介绍了上海联华影片公司取得的成绩，称："吾人努力之方向，在从艺术与技术两种观点，使工作日有进境。"[3]对《渔光曲》获得荣誉奖，天津《大公报》于1935年3月12日在报道中极为兴奋，表示："我国影片在国际影坛上能占一席地，此次尚为嚆矢。此不独联华公司之光荣，抑

1 《胡蝶在莫斯科，俄人欢迎中国影片》（4月16日），《大公报》（天津版）1935年5月11日，第1张第4版。

2 《胡蝶在莫斯科，俄人欢迎中国影片》（4月16日），《大公报》（天津版）1935年5月11日，第1张第4版。

3 丕士：《俄电影展览，中国影业颇得赞誉》（3月6日），《大公报》（天津版）1935年3月28日，第1张第4版。

亦中国影界之光荣也。”[1]《渔光曲》在莫斯科电影节获奖与梅兰芳剧团赴苏演出几乎同时，成为30年代中苏文化交流的一段佳话。

陶伯逊等人受到苏联相关单位热情招待。据陈丕士介绍，他们在莫斯科电影节“所至皆受热烈欢迎”。苏联对外文化协会还邀请他们参加莫斯科犹太戏院成立15周年纪念大会。陈丕士认为，苏联热情招待陶伯逊等人说明苏联重视发展两国文化关系，“苏联之招待中国有声电影代表团，足以表示苏联欲与吾国发达健全文化关系之热诚”。同时，中国电影代表团通过与苏联电影同行的接触，会深入了解电影的社会教育功能，“在近代生活中，有声电影殊为重要，因其不仅有艺术价值，且有教育功用也。故陶君等一行参加苏联电影展览大会，与苏联有声电影界重要人员得一接触之机会，可使彼等注意电影业于娱乐观众之外，尚有一重要责任，即对于中国之教育与文化应有所贡献也”[2]。

陶伯逊等人也受到中国驻苏联大使馆的热情接待。3月9日，中国驻苏联大使馆设宴招待他们，吴南如代办发表演说，对中国影片所获荣誉表示欣慰，并勉励中国电影界取得更大进步。[3]陶伯逊等人于3月10日离苏返沪。

胡蝶、周剑云于3月12日抵达莫斯科时，莫斯科电影节已经闭幕。不过，他们仍然受到苏联各方面的热情欢迎和接待。胡蝶下榻旅馆后，苏联电影输出公司经理奥司埃维区来访。奥司埃维区对胡蝶一行未能赶在莫斯科电影节闭幕前抵达莫斯科表示惋惜，但保证其他电影节代表所见者，胡蝶均能见到，又微笑着说，“所见且较多焉”。奥司埃维区赠送给胡蝶等人莫斯科电影节纪念册。[4]胡蝶每次出入戏院或舞厅时，往往受到苏联人的鼓掌欢迎。莫斯科各大报纸还刊登了胡蝶的访苏新闻和照片。苏联对外文化协会于3月13日和17日宴请了梅兰芳和胡蝶。苏联对外影片贸易局安排周剑云和胡蝶

1 《联华荣誉》，《大公报》（天津版）1935年3月12日，第4张第15版。

2 丕士：《俄电影展览，中国影业颇得赞誉》（3月6日），《大公报》（天津版）1935年3月28日，第1张第4版。

3 《我国影业代表在俄京应中俄当局招待》，《大公报》（天津版）1935年3月11日，第1张第3版。

4 丕士：《梅兰芳、胡蝶在莫斯科受热烈欢迎》（3月13日），《大公报》（天津版）1935年4月8日，第1张第3版。

等人参观了莫斯科的电影制片厂和电影学校，并安排他（她）们观看苏联电影，“终日宴饮，席无暇暖”。3 月 24 日晚，苏联电影事业总管理处处长苏密支基、苏联对外影片贸易局局长乌善也维区设宴欢迎周剑云和胡蝶。苏联电影界参加宴会者有著名导演道夫任科、亚力山德洛夫等。宴会前，上映了《姊妹花》。宴会上，周剑云在致词时高度评价苏联电影事业的发展，表示：他在国内时就非常佩服苏联电影《生路》，到莫斯科后，又通过观看《恰巴也夫》（《夏伯阳》）、《爱与恨》等苏联新片，感觉苏联电影艺术发展很快，“苏俄是一个新的国家，异常重视电影事业，十五年来的刻苦，成绩已斐然可观”。周剑云又称赞苏联电影设备的国产化，表示：“至于摄制影片的机器和工具，皆系本国制造，这是格外值得使人起敬的。”苏密支基也致词称赞中国电影，他表示：中国电影体现了世界近代电影的两个新趋向，即基于民众立场、偏重写实，“中国的电影事业，其前途是不可限量的”。道夫任科发言称，他最近通过观看中国电影，对中国电影有了深入了解，“及至最近看到真正的中国电影，才觉得中国的电影片，不仅是摄制的技术好，就是表演也非常的好”。[1]

3 月 28 日，周剑云、胡蝶启程前往列宁格勒。他们在列宁格勒参观了列宁格勒电影制片厂，并游览多处名胜古迹。《姊妹花》也在列宁格勒公映，“甚得好评”。他（她）们返回莫斯科后，4 月 2 日晚，招待苏联电影界人士观看《空谷兰》。苏联方面对剧场作了精心布置，剧场门口挂着大幅中文标语“苏俄的艺术创作人员向中国电影界工作人员致敬礼”，沿扶梯两旁挂满了上海明星影片公司男女演员的照片。开映前，著名导演希莱德洛夫致词，并赠送胡蝶一束鲜花。演完后，举行晚餐，参加者有中国大使馆馆员、苏联外交人民委员会人员、著名导演蒲道夫金、男女演员等四五十人。进餐时，蒲道夫金发表演说，称赞胡蝶的表演技巧，并祝中国电影事业前途无量。蒲道夫金在与胡蝶交谈中指出了《空谷兰》的不足，认为“这一张片子的对白太多，且类乎演讲，这似乎是须要改良的”。4 月 9 日，莫斯科联合新闻制片

---

1 《胡蝶在莫斯科，俄人欢迎中国影片（续）》（4 月 16 日），《大公报》（天津版）1935 年 5 月 12 日，第 1 张第 4 版。

厂邀请胡蝶、周剑云作了几分钟简短演说，拍成有声影片，留作纪念。4 月 15 日，胡蝶、周剑云乘火车离开莫斯科，赴德国柏林。[1]

苏联对周剑云、胡蝶等人的热情接待使他（她）们深受感动。胡蝶抵达莫斯科之初就对苏联人的热情感到惊讶，对苏联记者表示："常闻俄国人士善于客气，但未能料到如此次欢迎之热烈状况。"[2] 周剑云、胡蝶等人的访苏推动了中苏两国电影领域的交流。1935 年 4 月 16 日，苏联电影总局致函上海明星影片公司和胡蝶称，"胡蝶及该公司代表之此次来俄游历，实有重大意味。盖中俄两国电影事业，藉此已得更密切之联络"。[3]

周剑云和胡蝶于 7 月 8 日回到上海。周剑云对记者谈了他对苏联的观感。他认为，苏联此次举办莫斯科电影节，一方面为了宣传政策，另一方面是一种外交手段。他称赞苏联电影事业的快速发展，尤其称赞苏联电影拍摄设备的国产化，认为"该国影业，可谓一日千里，一切机件，皆不仰给外人"[4]。显然，周剑云既认识到了苏联对他（她）们的招待有政治宣传、外交礼仪的成份，又通过在苏联的访问看到了苏联电影事业的发展。

在 1935 年春莫斯科电影节期间，陶伯逊、周剑云、胡蝶等中国电影界人士与苏联电影界人士进行了直接的艺术交流，双方通过观看对方的影片，并通过一系列交谊活动，增进了双方对对方电影艺术的了解。尤其是中国电影界人士通过这次访问，对苏联电影艺术和电影事业的发展情况，有了直观感受。1936 年 2 月、3 月间，天津大光明影院、新新影院曾上映苏联拍摄的反映 1935 年莫斯科电影节纪录片《苏俄世界电影展览会》，从而扩大了这次中苏电影界的交流在中国社会中的影响。[5]1936 年 3 月 25 日，天津《大公

---

1 《胡蝶在莫斯科，俄人欢迎中国影片（续十二日）》（4 月 16 日），《大公报》（天津版）1935 年 5 月 14 日，第 1 张第 4 版。

2 《颜大使抵俄京》，《大公报》（天津版）1935 年 3 月 15 日，第 1 张第 4 版。

3 《苏俄电影局致函明星公司》，《大公报》（天津版）1935 年 4 月 16 日，第 1 张第 3 版。

4 《胡蝶昨晨到沪》，《大公报》（天津版）1935 年 7 月 9 日，第 1 张第 4 版。

5 《北极探险遇难记》（广告），《大公报》（天津版）1936 年 2 月 4 日，第 3 张第 11 版；《新新将映梅兰芳与胡蝶赴俄盛况》，《大公报》（天津版）1936 年 3 月 23 日，第 4 张第 13 版；《梅兰芳、胡蝶在苏俄情形，新新院明日开映》，《大公报》（天津版）1936 年 3 月 25 日，第 4 张第 13 版；《苏俄三大影片，新新今天开映》，《大公报》（天津版）1936 年 3 月 26 日，第 4 张第 13 版；《新新电影院》（广告），《大公报》（天津版）1936 年 3 月 27 日，第 4 张第 13 版；《新新将映〈呼风唤雨〉》，《大公报》（天津版）1936 年 3 月 27 日，第 4 张第 13 版。

报》刊登文章介绍，“去年苏俄电影展览，我国《渔光曲》得奖情形，亦均映入”[1]。

## 二、1935年梅兰芳剧团赴苏演出

莫斯科电影节稍后，1935年3月、4月间，以梅兰芳为首的剧团在苏联莫斯科、列宁格勒两地进行了一个多月的演出。这次演出活动是在苏联方面首先邀请下实现的。苏联方面对梅兰芳剧团的演出活动高度重视，做了周密的安排和热情的接待。梅兰芳剧团的演出活动在苏联宣传了中国传统的京剧艺术，扩大了京剧艺术在苏联的影响力。中国各界对梅兰芳剧团的演出活动非常关注，天津《大公报》等媒体也做了大量报道和评论。

梅兰芳赴苏演出一事是由苏联方面首先提出的。1934年2月，苏联政府以“文化委员会”名义托中国驻苏联大使馆，邀请梅兰芳赴苏演出。中国驻苏大使馆即电告国民政府外交部，请代为转邀。5月中旬，苏联驻中国大使鲍格莫洛夫在会晤行政院长汪精卫时，亦询问此事，并托汪精卫代为敦劝。当时，中国驻苏联大使颜惠庆正在上海，劝告梅兰芳，“两国文化合作，为复交后应有之举，此行实为最好之机会”，“俄国戏剧地位颇高，彼邦人士，亦颇自负，今诚意相约，实非易事”。梅兰芳没有立即答应，表示仔细考虑后再作决定。之后，梅兰芳复电中国驻苏联大使馆，表示：“倘欧游可成，甚愿前往，惟未定行期。”[2]由苏联政府先后直接与中国驻苏大使馆、行政院长汪精卫接洽，主动邀请梅兰芳来看，苏联政府对梅兰芳演出一事是高度重视的。

1934年下半年，苏联方面直接与梅兰芳接洽，并通过间接途径，催请梅兰芳赴苏演出，并将演出日期告诉梅兰芳。当年9月22日，鲍格莫洛夫致函梅兰芳，告以苏联对外文化协会已做好接待梅兰芳的准备，演出时间定为次

---

1 《梅兰芳、胡蝶在苏俄情形，新新院明日开映》，《大公报》（天津版）1936年3月25日，第4张第13版。

2 《梅兰芳等将赴俄演剧》，《大公报》（天津版）1934年6月2日，第1张第4版。

年 2 月底或 3 月中旬。之后，梅兰芳在上海会晤并宴请鲍格莫洛夫。[1] 同年 12 月 4 日，戈公振电告梅兰芳，苏联对外文化协会议定，请梅兰芳于次年 3 月 15 日前到莫斯科，并请梅兰芳用英文将演出剧目及说明寄往苏联，以便译印小册子，广泛宣传。由莫斯科三大剧院院长、苏联对外文化协会会长、苏联外交人民委员会东方司长以及中国驻苏联大使馆代办吴南如等组成委员会，筹备招待事宜。[2] 苏联方面由鲍格莫洛夫出面与梅兰芳洽商赴苏演出事宜，并透过当时在莫斯科的戈公振告诉梅兰芳行程安排，更显示出苏联政府对梅赴苏演出一事之重视。

1935 年初，苏联向梅兰芳发出正式邀请。苏联对外文化协会会长于当年 1 月 4 日正式电邀梅兰芳于同年 3 月 15 日赴苏演出。[3]1 月 16 日，苏联驻华大使馆中文参赞鄂山荫向梅兰芳递交了苏联对外文化协会的公函。公函称："阁下此次莅临敝国，必可促进中俄两大国文化之关系，而使其日形密切也。"[4]

接到苏联的正式邀请后，梅兰芳等人精心准备演出事宜。据《大公报》记者介绍，"梅兰芳氏以此次赴俄演剧，为发扬我国之文化，俾西方人士对我国能作进一步之了解，其责任甚为重大。是故行前煞费苦心于筹措经费、罗致配角及办理行头等事"。他们由当时梅派京剧最著名的演员组成赴苏演出剧团，"此次梅兰芳剧团中一行人，均为精选之能才。"梅兰芳剧团共有 20 余人，除梅兰芳担任团长，张彭春担任正指导，余上沅担任副指导外，演员和乐师为姚玉芙、李斐叔、郭建英、王少亭、杨盛春、刘连荣、朱桂芳、吴玉玲、徐兰园、霍文元、马宝明、罗文田、唐锡光、崔永奎、何增福、孙慧亭、雷俊、韩佩亭、刘德钧 19 人。另外，吴邦本负责全团庶务。[5] 他们为了宣传中国戏剧艺术尤其梅派艺术，用英文编印了三种书籍：《梅兰芳与中国戏剧》《梅兰芳在苏俄出演之戏剧及歌舞之说明》《美国戏剧批评界对于梅氏艺

1 《梅兰芳赴俄》，《大公报》（天津版）1934 年 10 月 8 日，第 1 张第 4 版。

2 《梅兰芳明年赴俄》，《大公报》（天津版）1934 年 12 月 12 日，第 1 张第 4 版。

3 《梅兰芳赴俄》，《大公报》（天津版）1935 年 1 月 6 日，第 1 张第 3 版。

4 《苏俄欢迎梅兰芳》，《大公报》（天津版）1935 年 1 月 22 日，第 1 张第 4 版。

5 《梅剧团赴俄记（一）· 途中见闻录》（本报特派员寄自海参崴，1935 年 2 月 28 日草于海参崴列宁大街乞留斯金旅舍），《大公报》（天津版）1935 年 3 月 17 日，第 1 张第 4 版。

术之批评》，“此三种书籍装璜甚为精美，同置于一封套中，系供在苏俄及欧洲其他各国赠送之用”。三部书中的部分内容于1935年1月寄往莫斯科，由苏联对外文化协会译为俄文。[1]

梅兰芳赴苏演出经费共计18万元，其中，上海士绅资助10万元，国民政府资助5万元，梅兰芳自筹3万元。国民政府的资助是正在天津家中养病的中国驻苏联大使颜惠庆向行政院长兼外交部长汪精卫请示的结果。实际上，梅兰芳此次赴苏演出的筹备颇有中苏两国官方背景。关于这一点，颜惠庆向汪精卫呈交的请求国民政府资助的报告就有所说明。颜惠庆表示：“苏俄现决以国家名义招聘梅兰芳赴俄表演，并为慎重起见，特组织委员会，以苏俄对外文化协会会长阿罗塞夫氏等为委员，并约驻俄大使馆参赞吴南如参加，专司其事。”“伏思中俄复交以来，在政治方面，因环境关系，一时难以积极进行，而在文化及商务方面，亟应着手工作”，梅兰芳能否成行，“其影响则与我国艺术之宣传、国际感情之联络，在在有关”。[2]显然，颜惠庆很看重苏联以国家名义邀请梅兰芳，也非常看重苏联对外文化协会会长和中国驻苏大使馆人员参与筹备。而且，在颜惠庆看来，梅兰芳此次赴苏演出不仅有益于宣传中国艺术，亦有益于中苏外交。

余上沅与梅兰芳一同赴苏联，是因为余恰有赴欧洲考察的打算，在梅兰芳的邀请下欣然答应。余上沅是戏剧教育家和理论家，时任北平中华教育文化基金会秘书兼北平大学艺术学院戏剧系教授。为了方便，他争取了一个由教育部派往欧洲考察戏剧艺术和戏剧教育的名义。演出结束后，他继续赴欧洲其他国家考察。[3]梅兰芳于1935年2月初向记者介绍，“余为戏剧专家，研求话剧，夙负盛名，且为多年知好，适彼有赴欧之便，约其偕行，早已得其许可”。[4]

张彭春参加梅兰芳剧团是在梅兰芳的一再劝说及国民政府相关部门的

---

1 《梅剧团赴俄记（一）·途中见闻录（续）》（本报特派员寄自海参崴，1935年2月28日草于海参崴列宁大街乞留斯金旅舍），《大公报》（天津版）1935年3月18日，第1张第4版。
2 《梅兰芳赴俄事，俄方筹备就绪》，《大公报》（天津版）1935年1月24日，第1张第4版。
3 《梅兰芳下月赴俄》，《大公报》（天津版）1935年1月15日，第1张第4版。
4 《行将赴俄之梅兰芳谈话》，《大公报》（天津版）1935年2月7日，第1张第4版。

协调下才答应的。张彭春时为天津南开中学校长、南开大学哲学教育学系教授。早在 1934 年 7 月，梅兰芳即邀张彭春一同赴苏。当时，张彭春尚在美国夏威夷大学讲学。张彭春以有既定事务，无法脱身拒绝。张彭春回国后，梅兰芳又于同年夏屡次函邀。张彭春因南开大学课程安排，一直未答应。1935 年 1 月 25 日，梅兰芳又致信张彭春，恳请同往，强调此次苏联邀其赴苏，"纯系诚意对于我国戏剧之研究，关系我国对外文化非常重要，…… 拿此次招待委员会名单来看，在外交、文化上都是有相当地位的人"，"彼方既系研究性质，如果没有一位国际知名学者同往指导，终觉毫无把握"。之后，国民政府行政院秘书长褚民谊、外交部次长唐有壬致电南开大学校长张伯苓，聘请张彭春赴苏考察戏剧艺术，并帮助梅兰芳赴苏演出。张伯苓不得已，给张彭春两个月假期，张彭春所授课程暂停，回国后补课。在这种情况下，张彭春才于同年 1 月 29 日答应与梅同行。张彭春一直未答应赴苏，确实因所授南开大学哲学教育学系课程无法脱身。当时，该系哲学教师只有三人，1934 年夏一人去世，1935 年初，又有一人因病休养。如张彭春再出国，该系哲学课程将无人讲授。[1] 关于邀请张彭春一同赴苏一事，梅兰芳于 1935 年 2 月初向记者介绍，他鉴于张彭春"文学艺术，蜚声国际"，同时，苏联筹备委员均为苏联文化界中心人物、外交界高级官员，"苏俄国家如此郑重将事，且再三声明，此次邀请完全系研求借镜性质"，所以，不得不多约专家指导，遂力请张彭春同行。[2] 之后，国民政府外交部给了张彭春一个聘请他赴苏联考察文化事业的名义。[3] 从梅兰芳屡次邀请张彭春赴苏所言理由中可见，梅兰芳非常看重苏联筹备他演出事宜人员的官方性质和地位之高。

胡蝶和周剑云随梅兰芳剧团一同赴苏联。1935 年 2 月 10 日晚，国民政府外交部次长唐有壬设宴为梅兰芳饯行，并邀周剑云、胡蝶等作陪。[4] 可见，外交部很重视梅兰芳赴苏演出。住在天津家中的驻苏大使颜惠庆也与梅兰芳

---

1 《南大教授张彭春赴俄考察戏剧》，《大公报》（天津版）1935 年 2 月 14 日，第 2 张第 6 版。

2 《行将赴俄之梅兰芳谈话》，《大公报》（天津版）1935 年 2 月 7 日，第 1 张第 4 版。

3 《张彭春将赴俄考察文化》，《大公报》（天津版）1935 年 2 月 13 日，第 1 张第 3 版。

4 《颜将返任》，《大公报》（天津版）1935 年 2 月 11 日，第 1 张第 3 版。

剧团一同回苏联。2 月 15 日，颜惠庆与张彭春由天津一同乘火车赴上海。[1]

天津《大公报》极为关注梅兰芳剧团赴苏演出。梅兰芳启程赴苏前夕，该报于 1935 年 2 月 17 日刊登了梅兰芳的演出剧目，并称："此行事关中俄外交及文化，故一切均有充分之准备。"该报又介绍，梅兰芳鉴于 1930 年在美国演出时，《贞娥刺虎》最受欢迎，此次以该剧为主要演出剧目，"此番赴俄所定剧目，亦以《刺虎》演唱次数最多"[2]。几天后，该报于 2 月 18 日发表短评，希望梅兰芳、胡蝶此行加深中苏两国的相互了解，表示："苏联招待梅兰芳演剧，为使得苏联人了解并欣赏中国趣味，此举应当是有益的。胡蝶女士是为参观国际影片展览会而往。此两大明星，在中国社会最有声誉，两人此行，想必能受苏联人的欢迎，也不啻代表中国普通社会作友谊的访问。"[3] 陈丕士也于 3 月 6 日撰写通信，肯定梅兰芳此次演出对苏联人民了解中国艺术的促进作用。他表示，梅兰芳在苏联演出，"使俄人认识中国艺术发展之程度，对于俄人对中国之观念，将发生深刻之影响也"[4]。

上海各界非常关注颜惠庆回任、梅兰芳赴苏演出。1935 年 2 月 18 日下午，他们在上海国际饭店举行盛大茶会，欢送颜惠庆、梅兰芳一行。上海各界 500 余人与会，包括苏联驻华代办、顾维钧、李石曾、褚民谊、熊希龄、吴铁城、王晓籁、虞洽卿等。上海市市长吴铁城致欢送词称：颜惠庆作为中国使节，梅兰芳作为中国文化使者，"此番同轮赴俄，必能使中俄友谊愈益增进"。上海人士为了配合梅兰芳赴苏演出专门成立"戏剧协进会"。王晓籁代表"戏剧协进会"发言称：梅兰芳这次是代表东方文化赴苏，其重大意义在于沟通中苏文化。颜惠庆也在会上称：希望"中俄国交因梅氏此去，得以文化为基础，并使其他关系，益增密切"[5]。

从 1935 年 1 月开始，苏联方面极力营造欢迎梅兰芳的热烈气氛，苏联各界尤其戏剧界纷纷表达对梅兰芳的欢迎热情。天津《大公报》于当年 1 月

1 《颜惠庆昨过京赴沪》,《大公报》(天津版) 1935 年 2 月 16 日，第 1 张第 3 版。
2 颖:《梅团赴俄公演剧目》,《大公报》(天津版) 1935 年 2 月 17 日，第 4 张第 15 版。
3 《颜大使一行》(短评),《大公报》(天津版) 1935 年 2 月 18 日，第 1 张第 4 版。
4 丕士:《中俄文化关系》(3 月 6 日),《大公报》(天津版) 1935 年 3 月 30 日，第 1 张第 4 版。
5 《沪各界欢送颜梅》,《大公报》(天津版) 1935 年 2 月 19 日，第 1 张第 3 版。

23日报道，该报记者采访了莫斯科数位著名戏剧家，“彼认梅氏此行为本季中最重要之文化事项。苏联戏剧家均认中国舞台为纯粹戏剧艺术的最佳典型”。同时，莫斯科的观察者也表示，“中苏文化之沟通，将为两国间未来经济、政治友好关系之先导”[1]。陈丕士观察到，莫斯科街头已张贴出“中国伟大的戏剧演员梅兰芳氏将来莫斯科和列宁格勒献技”的“揭示”，“一般行人都伫足在揭示板下，仔细地阅看着”。陈丕士采访了苏联戏剧界的两大“泰斗”——戏剧导演梅伊哈德（M. Meierhold，又译麦雅和、麦依荷德、梅叶荷德、梅雅荷德）和电影导演鄂森斯坦因（Eisenstein，又译伊森斯坦）。梅伊哈德表示，非常荣幸能成为招待梅兰芳的委员之一，“梅氏演剧和歌舞的天才，我们已经是久仰了。苏俄的戏剧和扮演，受中国的影响不少，所以，我们这一次乘梅氏来俄的机会，企图要得着最大限度的收获”。苏联新戏剧期望根据“中国旧戏的理论”和日本“歌舞伎的实际经验”，“得着一种基本原则，藉以探求舞台的社会的写实主义”。陈丕士看到，鄂森斯坦因的书桌上放着他于1930年从美国好莱坞购得的梅兰芳的塑像，书架上摆放着关于中国戏剧和梅兰芳的书籍。陈丕士感觉，“此君亦可谓爱梅成癖了”。鄂森斯坦因对陈丕士说：梅兰芳此来“对于苏俄电影和戏剧艺术的发展上，是具有极大的意义的”[2]。陈丕士又介绍说，欢迎梅兰芳的苏联人士几乎囊括了苏联最著名的戏剧和电影导演、演员、编剧家、编制音乐家、大剧院的歌唱家，可谓“俄京艺术界总动员”。同时，莫斯科所有戏剧爱好者也都期待着梅兰芳到来，“这次梅兰芳游俄，可以说是莫斯科爱好戏剧的公众，全在期待着”[3]。

从梅兰芳剧团赴苏演出的筹备来看，此事颇有中苏两国官方背景，鲍格莫洛夫、颜惠庆等中苏两国外交人员均参与此事。苏联在梅兰芳赴苏演出一事上也做了各方面周密的安排。梅兰芳剧团抵达莫斯科后，受到苏联各界的热情接待，并广泛接触了苏联各界人士。

---

1 《梅兰芳赴俄，俄方极为重视》，《大公报》（天津版）1935年1月23日，第1张第4版。

2 丕士：《苏俄戏剧界期待梅兰芳赴俄》（1月21日），《大公报》（天津版）1935年2月22日，第1张第4版。

3 丕士：《苏俄戏剧界期待梅兰芳赴俄（续）》（1月21日），《大公报》（天津版）1935年2月23日，第1张第4版。

苏联派专轮“北方号”赴上海迎接。颜惠庆、梅兰芳、胡蝶、张彭春、余上沅等于 1935 年 2 月 21 日自上海乘该轮启程。[1] 苏联方面对“北方号”轮船做了精心布置，安排了各方面的接待人员。梅兰芳剧团成员郭建英介绍说：“这次苏联派来的招待人员有一位党代表、一位医生，还有一位苏联旅行社的女办事员。船中有雅洁的布置，有舒适的铺位，有热烈的招待。啊！这是苏联对中国艺术的敬礼。”[2] 他们于 2 月 27 日乘船抵达海参崴，之后，乘火车赴莫斯科。

梅兰芳、胡蝶、周剑云等人于 1935 年 3 月 12 日抵达莫斯科，颜惠庆则于次日抵达莫斯科。陈丕士描述了苏联的欢迎盛况。他介绍，梅兰芳等抵达莫斯科的当日，《消息报》《真理报》皆刊登欢迎梅兰芳的专文。苏联方面在莫斯科火车站举行了隆重的欢迎仪式。为了方便拍摄纪录电影，莫斯科火车站被电灯照得非常明亮，苏联对外文化协会、外交人民委员会、教育人民委员会代表及吴南如等中国大使馆人员静立等候。当梅兰芳下车时，电影摄影机和照相机争相摄影。创作《怒吼吧，中国》的苏联著名作家特里亚提阔夫（Treiyakov，又译德里亚可夫、脱里雅谷夫、崔沙可夫）受命到距莫斯科一百公里的车站欢迎梅兰芳，并登车陪赴莫斯科。[3] 对于苏联欢迎仪式的隆重，郭建英也描述说：一下火车，他就看到了欢迎人群，人群中有艺术家、教育家、苏联政府代表、苏联对外文化协会代表、工程师等，“灿烂辉煌的电光下，摄影师成群打伙的忙着摇动他们的镜头”[4]。

梅兰芳一行到达莫斯科后，苏联方面安排了铺张的场面，热情接待梅兰芳一行，营造出两国的友好气氛。梅兰芳“赴各处欢迎会拜客，并接见来访人士，极形忙碌”。梅兰芳感受到苏联的建设气象，表示：“彼自海参崴起，

1 《梅剧团赴俄记（一）· 途中见闻录》（本报特派员寄自海参崴，1935 年 2 月 28 日草于海参崴列宁大街乞留斯金旅舍），《大公报》（天津版）1935 年 3 月 17 日，第 1 张第 4 版。

2 郭建英：《梅剧团游俄记实（一）——旅行时一般情形》，《大公报》（上海版）1936 年 4 月 26 日，第 3 张第 12 版。

3 丕士：《梅兰芳、胡蝶在莫斯科受热烈欢迎》（3 月 13 日），《大公报》（天津版）1935 年 4 月 8 日，第 1 张第 3 版。

4 郭建英：《梅剧团游俄记实——行抵莫斯科（Moskow）》，《大公报》（上海版）1936 年 5 月 3 日，第 3 张第 12 版。

沿途获见苏俄各处着手伟大建设。”[1]3月14日，苏联对外文化协会设宴欢迎梅兰芳一行。出席宴会者有苏联招待梅兰芳委员会委员、苏联外交人民委员会要员、苏联驻华大使鲍格莫洛夫、颜惠庆等中国驻苏联大使馆人员、胡蝶，以及多位苏联作家、艺术家。苏联对外文化协会会长阿罗塞夫、颜惠庆、梅兰芳、苏联各剧场代表泰洛夫、电影界代表爱森德、作家代表特里亚提阔夫分别发表演说，盛赞中苏文化交流。梅兰芳表示，“莫斯科为世界戏剧艺术之重心，希望东西舞台艺术之沟通以此间为滥觞”。阿罗塞夫希望，中苏两国由文化交流扩展到“经济上及政治上之合作”。[2]3月17日，苏联对外文化协会再次宴请梅兰芳，颜惠庆、胡蝶也应邀赴宴，中国大使馆和苏联外交人民委员会人员以及苏联戏剧家、电影导演、电影明星、画家、作家、各国记者等约150人参加。[3]苏联对外文化协会举行的两次宴会可谓场面宏大。

3月21日，鲍格莫洛夫在苏联外交人民委员会办公楼设宴，欢迎梅兰芳。苏方参加者有苏联对外文化协会会长、各剧场经理、电影明星、作家及苏联外交人民委员会人员。中方参加者有颜惠庆、胡蝶及中国驻苏使馆人员。鲍格莫洛夫致词表示：“渠首次获睹梅氏艺术，即有请梅来俄之意，及后接洽结果，竟告成功，不胜欣快。”由鲍格莫洛夫此言可见，苏联以对外文化协会名义于1934年2月邀梅兰芳赴苏演出，可能是当时在莫斯科的鲍格莫洛夫向苏联政府提议的。[4]

梅兰芳、胡蝶、周剑云等人于1935年4月1日抵达列宁格勒，受到列宁格勒艺术界的热情欢迎，“往车站迎接者，多教育界、艺术界及电影界知名之士”。当晚，列宁格勒电影界设宴欢迎胡蝶、周剑云等人，参加者有400余人，“有东方学者、剧场导演、各名伶及艺术家等”[5]。他们在列宁格勒作了十天演出后，于4月12日返回莫斯科。

1935年4月19日，梅兰芳到苏联对外文化协会辞行。苏联对外文化协

1 《颜大使抵俄京》,《大公报》(天津版)1935年3月15日，第1张第4版。
2 《俄文化协进会欢宴梅兰芳等》,《大公报》(天津版)1935年3月16日，第1张第4版。
3 《俄文化协会欢宴梅兰芳》,《大公报》(天津版)1935年3月19日，第1张第4版。
4 《驻华俄使欢宴梅兰芳等》,《大公报》(天津版)1935年3月23日，第1张第4版。
5 《梅兰芳等昨抵列宁格勒》,《大公报》(天津版)1935年4月2日，第1张第3版。

会会长阿罗塞夫表示，希望梅兰芳将在莫斯科演出用的服装、道具，赠给该会。他们准备在戏剧博物馆中辟一专部，陈列中国戏剧文物，将梅兰芳演出服装、道具作为首批文物进行展出，“俾苏联人民，永远留一印象”。阿罗塞夫又表示，希望彼此交换戏剧资料，“使两国文化，藉以继续联络”。当晚，由但真可陪同，前往但真可戏院观看戏剧。但真可是苏联戏剧界老前辈，与斯坦尼斯拉夫司基齐名。开幕前，但真可当众宣布，“今晚之戏乃专为梅兰芳博士而演”。[1]

1935年4月20日，梅兰芳与余上沅离开莫斯科，赴欧洲其他国家游历。苏联对外文化协会会长阿罗塞夫、著名作家特里亚提阔夫、电影导演鄂森斯坦因、中国大使馆和苏联外交人民委员会官员到火车站送行。[2]此前，张彭春于4月15日率领除梅兰芳、余上沅之外的其他剧团成员取原道回国。对于苏联一个多月的热情接待和周到安排，梅兰芳极为感动。他于4月14日晚设临别宴，答谢苏联有关方面。他在宴会上致词，“对苏俄当局及各机关之款待表示感谢”[3]。梅兰芳于同年8月3日返回上海，在接受记者采访时，仍念念不忘苏联对他的热情接待。他表示，“余等此次游俄，极受苏俄方面之热诚招待。如一切演剧、宣传、招待等项，彼方皆有详密组织”，“此不独个人得蒙其惠，实系两国人民间友好之表现也”。[4]

天津《大公报》发表的文章也深感苏联对梅兰芳剧团接待的热情。该报于1935年5月6日刊登陈丕士撰写的通讯，对苏联方面欢迎、招待梅兰芳之盛情印象深刻，称“苏俄之欢迎一伶人尤其是一外国伶人，从无若此其盛者”，而且苏联人对梅兰芳的欢迎是发自内心的，“民众之欢迎并无准备，乃系自然而生者”。[5]该报又于6月4日刊登杂文，惊异于苏联接待梅兰芳的热情，说道：“苏俄各方面对于梅氏之莅临，均异常重视，尤其戏剧界更为极尽敬礼。”此文提到这样一件事：有一天，梅兰芳到莫斯科歌剧院观看《马

---

1 《梅兰芳在欧之行踪》，《大公报》（天津版）1935年5月19日，第1张第4版。

2 《梅兰芳离俄赴波兰》，《大公报》（天津版）1935年4月22日，第1张第3版。

3 《梅兰芳在俄京设临别宴》，《大公报》（天津版）1935年4月16日，第1张第3版。

4 《梅兰芳抵沪谈话》，《大公报》（天津版）1935年8月7日，第1张第4版。

5 丕士：《俄国际文化协会对中国戏剧之佳评》（4月16日），《大公报》（天津版）1935年5月6日，第1张第4版。

戏场情史》。梅兰芳刚就座，剧院负责人亲自将专门为他印制的中文说明书递给他，说明书以中文详细介绍了剧情和演员表。杂文感叹道："此亦可想见苏俄敬重梅氏之一斑矣。"[1]

随梅兰芳赴苏联演出的剧团成员，一方面感到了苏联对他们招待的热情，另一方面也感到了对外宣传中国戏剧艺术的荣誉感。剧团回到北平后，天津《大公报》记者于 1935 年 5 月 8 日采访了剧团化妆师韩佩亭。韩佩亭介绍，"迨抵莫斯科，受苏联人士盛大之欢迎，益觉与普通演剧情形不同，一举一动，似乎皆有代表国家发扬艺术之重任"。苏联招待他们的标准很高，"以食宿一项而论，苏联日常供给吾人者，日需卢布三百金，礼为上宾"，"其郑重之盛况，益使吾人感到责任之重大"。[2]

梅兰芳此次赴苏演出，具有强烈的增进中苏关系和宣传中国文化的意义，而非单纯的京剧演出。1935 年 5 月 5 日，张彭春回到天津，对记者称，此次梅兰芳剧团赴苏演出，并非单纯的"技术之表演"，"骨子里实具有'国际友谊'与'文化介绍'之重大意义"。[3]实际上，梅兰芳赴苏演出对中苏关系还是有一定积极影响的。4 月 29 日，由莫斯科返回南京的鲍格莫洛夫拜访国民政府行政院长兼外交部长汪精卫，便盛赞梅兰芳的艺术。[4]梅兰芳也感受到了苏联在外交上对中国的友好。他于 8 月 3 日回上海后向记者介绍，当他在苏联演出开幕时，苏联政府请颜惠庆对苏联民众作了一次演说，"在苏俄国家，咸认为以一外国大使，对苏俄民众公开演说，此尚系第一次，实为两国邦交，增益不浅"[5]。

梅兰芳回国后，畅述中苏友谊几乎成为各界欢迎梅兰芳回国活动中的一项重要内容。1935 年 8 月 14 日，上海各界人士在国际饭店举行茶会，欢迎梅兰芳回国，到会者有上海市长吴铁城、鲍格莫洛夫、胡蝶、陈其采、杨虎、虞洽卿、王晓籁、杜月笙等 200 余人。吴铁城在致词时，向鲍格莫洛夫

1　聊：《谈梅客话（下）》，《大公报》（天津版）1935 年 6 月 4 日，第 4 张第 16 版。
2　《梅剧团回平后（一）》，《大公报》（天津版）1935 年 5 月 9 日，第 4 张第 15 版。
3　《游俄观感——张彭春谈话》，《大公报》（天津版）1935 年 5 月 9 日，第 1 张第 3 版。
4　《外交局势之一瞥》，《大公报》（天津版）1935 年 4 月 30 日，第 1 张第 3 版。
5　《梅兰芳抵沪谈话》，《大公报》（天津版）1935 年 8 月 7 日，第 1 张第 4 版。

感谢苏联招待梅兰芳的"盛意"。鲍格莫洛夫也发表讲话，在钦佩中国戏剧的同时，又强调梅兰芳、胡蝶赴苏对于沟通中苏文化的积极作用。[1]梅兰芳在茶会上再次介绍了苏联政府的周密安排和热情接待，表示："兰芳这一次在苏俄承他们的种种招待，非常优厚"，这充分体现出中苏友谊之深厚，"由此可以看出两国政府同人民间一种友好的表现"。尤其是，苏联安排颜惠庆和阿罗塞夫在首演场上发表讲话，"是很值得纪念的"。[2]

梅兰芳自 1935 年 2 月 27 日抵达海参崴，4 月 20 日离开莫斯科，在苏联待了一个多月时间。苏联非常重视梅兰芳此次演出，不仅派专轮到上海迎接，而且，由各部门、各界人士出面，进行了热情接待。不仅梅兰芳本人切身感受到了苏联接待之热情，就是中国媒体也深深感受到了此点。梅兰芳赴苏演出及苏联的热情接待，增加了中国各界对苏联的好感，也在一定程度上促进了中苏两国关系的融洽。

梅兰芳剧团先后在莫斯科、列宁格勒进行了一系列的演出活动。苏联观众不仅包括戏剧、电影等艺术界人士，也包括苏联外交、教育、对外文化交流等部门的政府官员，还包括大量普通民众。梅兰芳剧团的演出场面均被安排得非常盛大。

梅兰芳剧团在莫斯科的首场演出几乎被安排成外交活动。1935 年 3 月 19 日晚，剧团在中国驻苏联大使馆举办的茶会上演出《贞娥刺虎》。[3]除颜惠庆等中国大使馆人员外，苏联外交人民委员李维诺夫、教育人民委员司台格等苏联要员，英国、法国、美国等国家的外交官，苏联艺术界人士等约 350 人出席。胡蝶也观看了演出。演出开始前，张彭春用英语介绍《贞娥刺虎》剧情梗概。据陈丕士描述，梅兰芳演出的一颦一笑，"皆得观众之赞美"，"俄人极注意于梅氏之手式及身体其他各部与手相应合之奇异姿态"。苏联著名编剧蒲度夫金总结梅兰芳的姿势道："梅氏之动作，先之以足，其身、手、头、臂皆有一贯之节拍，而最后殿以眼之动作。"[4]梅兰芳这场演出受到苏联艺

1 《沪中外名流昨欢迎梅兰芳》,《大公报》( 天津版 ) 1935 年 8 月 15 日，第 1 张第 3 版。
2 《梅兰芳演说改进中国戏剧》,《大公报》( 天津版 ) 1935 年 8 月 17 日，第 1 张第 4 版。
3 《梅剧团在俄京首次试演》,《大公报》( 天津版 ) 1935 年 3 月 21 日，第 1 张第 4 版。
4 丕士:《梅兰芳剧团在俄表演详记》( 3 月 25 日 ),《大公报》( 天津版 ) 1935 年 4 月 10 日，第 1 张第 4 版。

术界人士的高度称赞。苏联著名电影导演鄂森斯坦因称赞梅兰芳的表演说："表演神奇出乎想象之外。"苏联著名演员莫斯克文称赞说："此种表演技艺，诚令吾人望尘莫及。"[1]此场演出也受到天津《大公报》的关注和肯定。3 月 21 日，该报发表短评表示，梅兰芳的演出"极受欢迎，这是中俄国民交谊进步的表征。自从中东路出卖问题解决以后，日本报纸连篇累纸满载着日俄国交好转的消息，拿来和中苏外交冷淡无为的情形一比，真叫人不胜喟叹。此时幸有梅剧团的一番活动，使得莫斯科社会不至把中国冷却，反而因为对中国艺术之欣赏，将中苏情感兴奋起来。这实在值得称赞"[2]。实际上，就在苏联热情欢迎梅兰芳赴苏演出，营造中苏两国友好气氛的同时，苏联与日本关于出售中东路的谈判已达成协议，即将正式签字。这是苏联对中国采取的两手策略。《大公报》对于苏联的这种两手做法，并无责备之意，而是庆幸梅兰芳赴苏能够带来中苏友好气氛。

1935 年 3 月 20 日，梅兰芳为苏联艺术界人士作了演出。这场演出在莫斯科最负盛名的苏联艺术家俱乐部举行。苏联文学、绘画、雕刻、建筑、电影、戏剧等各界知名人士约 400 人观看演出。梅兰芳的演出在俱乐部大厅中间的平台上进行，观众皆环坐于平台前。特里亚提阔夫致词称："梅博士此来，具有重大之政治、文化之意义，将有裨于两大民族之密切了解。"当梅兰芳致词时，"掌声震人欲聋，致不能发言，约数分钟之久"。梅致词过程中，进行拍摄的电影摄影机挡住了前排观众的视线。观众请其移去，摄影师傲然说道："吾侪正摄取影片，预备演于全苏俄人士之前。"之后，"梅氏登台表演，并有童伶表演武剧。观众对于舞台上之一举一动，极为注意，曲终掌声雷动"。陈丕士介绍，这场演出主要是与苏联艺术界进行交流，"则梅氏一行得有与艺术界之勤劳同志会晤之机缘"[3]。演出前，张彭春还用英语介绍了中国戏剧的发展与表演技艺。[4]

---

1 《梅剧团在俄京首次试演》,《大公报》(天津版)1935 年 3 月 21 日，第 1 张第 4 版。

2 《梅兰芳在俄受欢迎》(短评),《大公报》(天津版)1935 年 3 月 21 日，第 1 张第 4 版。

3 丕士:《梅兰芳剧团在俄表演详记》(3 月 25 日),《大公报》(天津版)1935 年 4 月 10 日，第 1 张第 4 版。

4 《梅剧团在俄京首次试演》,《大公报》(天津版)1935 年 3 月 21 日，第 1 张第 4 版。

梅兰芳于1935年3月22日晚在莫斯科公开试演。演出在可容纳2500人的莫斯科音乐厅举行。这次试演盛况空前，“剧场座满”，“政府官员、新闻界、党中要人及其他各界人士，到者甚多”。“黄幕既揭，采声不绝。”这次演出剧目为《汾河湾》。陈丕士认真观察了苏联观众对演出的反应，注意到，“中国戏剧审美标准之高如梅氏剧团所表演者，显然出于苏俄观众期望之外。中国剧中服装之优美、设备之简单、演员动作之技术，立使其明了。观中国剧不仅须用眼，而须用脑。全剧自始至终，观众之得快感者为其全体观众之眼，记忆并理解伶人之动作者，为真全体观众之脑”。一位观众描述自己的感受说：“观众似已迷惑，而神经紧张，于休息时，若出自新感觉与新反应冲突之紧张中，而已疲惫不堪，但铃声甫动，续演开始，则又突然而兴，抢入座中矣。”[1]这场演出受到天津《大公报》的极大关注。该报记者于次日零点30分向天津报社发出专电，介绍演出成功的消息，称：“梅氏昨晚试演闭幕后，观众全体起立，鼓掌十分钟之久”，“中国戏剧艺术程度之高，为苏联人士始料所不及。彼等承认足资观摩之点甚多。梅氏光荣的成功，殊堪忭慰”。[2]

梅兰芳在莫斯科的公开演出于1935年3月23日开始，3月30日结束。3月23日的第一次公演剧目仍为《汾河湾》。陈丕士看到，许多昨天晚上观看试演的人又来观看演出，“全场一致之采声凡八次，而采声之来，皆在极优美之表演时”[3]。对于剧团在莫斯科的公演，时任《消息报》编辑、负责撰写外事评论的拉狄克评价说：“梅兰芳之天才使吾人能认识数世纪前之妇女。其眼手之奇特表演与身体之动作，能令人忘记一切，惟知注目于演员。……中国民族之天才与努力，反映于其伶人之伟大艺术中。……苏俄民族以最深之同情对中国为自由而奋斗表示关切。梅氏及其剧团能于苏俄民族前表演中

1 丕士：《梅兰芳剧团在俄表演详记》（3月25日），《大公报》（天津版）1935年4月10日，第1张第4版。

2 《梅剧团昨在俄京试演，博得盛大赞誉》，《大公报》（天津版）1935年3月24日，第1张第4版。

3 丕士：《梅兰芳剧团在俄表演详记》（3月25日），《大公报》（天津版）1935年4月10日，第1张第4版。

国民族之特殊天才，此余热诚欢迎者也。”[1]天津《大公报》也高度肯定剧团在莫斯科的公演。该报于4月1日刊登的专电称，剧团演出“大受社会人士欢迎，艺术界招待殷勤，对梅之表演，尤热忱欣赏”。经过在莫斯科的演出活动，梅兰芳提高了他对中国艺术在世界艺术中的应用价值的自信。他在接受记者采访时称：“余此次表演，可藉以证明中国艺术规律，颇有可供世界新剧院采纳之处。又此次表演，承蒙观众不弃，每场满座。余对于观众鉴别之精审，亦获得不少灵感。”[2]

梅兰芳剧团1935年4月1日至11日在列宁格勒的演出，也受到当地观众的热烈欢迎，“梅兰芳在列宁格勒演剧，甚受欢迎，至加演三次之多。一般民众欢迎之热烈，不下于在莫斯科”[3]。

梅兰芳剧团于4月12日返回莫斯科后，又于4月13日晚在莫斯科作临别演出。苏联方面特意将演出地点安排在最著名的莫斯科大剧院（Bolshoi Theatre）。陈丕士介绍，在苏联，只有最著名的艺术家才有资格在这个剧院演出，“该剧院为苏俄戏剧文化发祥之地。苏俄伟大之音乐家、歌舞明星皆在此舞台上获得胜利。外国人在此演剧，为希有之光荣。苏俄艺术家非该院会员者，被邀至此演艺，尤引以为无上荣誉”。梅兰芳之所以被安排在这里演出，是因为“政府一部分高级官吏尤愿一瞻梅氏之艺术也”。[4]苏联教育人民委员布勃纳夫和外交人民委员李维诺夫的夫人、苏联外交人民委员会人员、中国驻苏联大使馆人员观看了演出。张彭春首先致答词，对苏联对外文化协会、全国戏剧协会等部门的招待表示感谢，并希望“此后两国友谊益趋密切”。剧团的表演受到热烈欢迎，“观众赞美之热，赠花之多，为前所未有”[5]。当梅兰芳上台时，“观众采声雷动”。陈丕士感叹道：“盖所谓‘世界名伶梅兰芳’，已博得苏俄民众之欢心矣。”此晚，剧团演出了《打渔杀家》

---

1 丕士：《梅兰芳剧团在俄表演详记》（3月25日），《大公报》（天津版）1935年4月10日，第1张第4版。

2 《梅兰芳剧团俄京公演闭幕》，《大公报》（天津版）1935年4月1日，第1张第4版。

3 丕士：《俄国际文化协会对中国戏剧之佳评》（4月16日），《大公报》（天津版）1935年5月6日，第1张第4版。

4 丕士：《俄国际文化协会对中国戏剧之佳评》（4月16日），《大公报》（天津版）1935年5月6日，第1张第4版。

5 《梅兰芳在俄京作临别表演》，《大公报》（天津版）1935年4月15日，第1张第4版。

《虹霓关》《泗洲城》三出戏，“剧终，观众狂呼，鼓掌不已”。张彭春分析，苏联人之所以喜欢这三出戏，不像美国人那样喜欢《汾河湾》，是因为苏联人喜欢较严肃的剧目，“《汾河湾》在美国最受欢迎，因其有喜剧意味，但在苏俄，一般人似赞赏较庄严之剧”[1]。

梅兰芳剧团在苏联的演出受到苏联戏剧界的高度评价。1935年4月14日，苏联对外文化协会就梅兰芳京剧艺术举行研讨会。苏联戏剧界、电影界重要人士皆出席。苏联著名编剧和导演梅伊哈德在会上表示，他将借鉴梅兰芳的表演艺术重编自己的《智识即痛苦》一剧，“梅氏之表演，动作及色线之运用，对我不啻开一新天地也”。拉狄克表示，透过梅兰芳的表演可见中国悠久的文化遗产，“吾人完全不懂中国剧，但其每一动作，使吾人认识四千年来中国所积聚之文化遗产”。苏联著名编剧鄂森斯坦因则指出研究中国传统戏剧的重要性，认为“传统的中国戏剧，须加保存，因其为新中国剧之基础。吾人须研究而分析之，将其规则加以系统的整理，此乃学者与剧界之宝贵事业也”。张彭春表示，梅兰芳来苏，给苏联戏剧界实地了解中国戏剧提供了机会。中国戏剧有二个要素可作西方戏剧界参考，“一为动作之定型化，一为唱、作、舞之综合”。研讨会结束后，张彭春对记者表示，苏联人研究新戏剧方法的热情“殊足惊异”，“此点可于美俄二国对中国戏剧之态度见之”，“在莫斯科，剧界要人与编剧家多与梅氏及中国剧亲近，但在美国，则吾人与美国编剧家甚少接触也”。[2]显然，参加这次研讨会的苏联艺术家对梅兰芳的表演艺术评价很高，而苏联艺术家对中国戏剧艺术的兴趣，也给张彭春留下深刻印象。

苏联研究中国文艺的学者亚历西夫也于1935年4月14日对记者发表谈话，盛赞梅兰芳的艺术水平说：“在歌舞二者均属出人头地。其于扮演女子，以传统的影像表现美，使人人皆能心领神会，实至可惊叹。”“梅对中国舞台习例之改良，亦大有意义，如将乐师置于幕后，俾观众能专注于演员，即

---

1 丕士：《俄国际文化协会对中国戏剧之佳评》（4月16日），《大公报》（天津版）1935年5月6日，第1张第4版。

2 丕士：《俄国际文化协会对中国戏剧之佳评》（4月16日），《大公报》（天津版）1935年5月6日，第1张第4版。

属一要点。又中国舞台之装饰及戏幕，亦极美丽。”[1]还有位苏联戏剧家也称：“梅此行成绩为从来外国戏剧家来俄表演者所未有。”[2]

张彭春的学识和组织能力也给苏联人留下深刻印象。陈丕士介绍，“凡与张教授交往者，莫不为其中外戏剧智识之广博与其作事及组织之可惊天才所惊服”。张彭春在每出戏开演之前，均对该剧作简短的介绍，“其态度之庄重，能捉住观众之注意”。同时，张彭春的组织能力亦极强，“全剧团自莫斯科至列宁格勒，并带舞台布景与行头等，事颇繁复，而张氏举重若轻，并有余暇与爱森斯坦、麦依荷德畅谈戏剧进化之重要问题”。[3]

梅兰芳剧团演出之所以深受苏联各界欢迎，一个重要原因是他们赴苏联前针对苏联人的欣赏品味慎重选择了剧目，并精心改编了戏剧内容。据剧团化妆师韩佩亭介绍，“此次在苏联所演剧本，系完全经过张彭春、余上沅两先生选择、删改后而上演者，如《打渔杀家》等，描写平民被压迫之情况，深得苏联赞美，盖剧情与布尔雪维克主义颇切近也”[4]。

对于苏联认可其戏剧艺术，梅兰芳也深深感受到了。他于1935年8月3日返回上海后对记者说道：“鄙人此次在俄表演，极承彼邦人民、苏俄诸戏剧领袖与文艺专家，一致赞许。莫斯科及列宁格勒各大报，每日均有记载与评论，揭诸报首。”[5]在8月14日上海各界欢迎他回国的茶会上，梅兰芳对苏联艺术界高度认可他的京剧艺术表示吃惊。他介绍，赴苏之前，自己颇怀疑中国京剧是否会受苏联艺术界和观众欢迎，“因苏联系世界上戏剧最发达之国家，中国戏是不是可以去给人家看呢，有否给人家研究的价值，总觉是一个疑问”。在苏联演出过程中，自己发现苏联观众非常热心，“苏联的民众，对于我们都很有一种热烈之表示”。“我们在俄国表演，每天观众都是很拥挤。我们原定在莫斯科同列宁格拉两处只表演八天，后来因为有好许多人还没有听到，所以，文化协会来同我商议，并再三要求多唱几

---

1 《梅兰芳在俄京作临别表演》，《大公报》（天津版）1935年4月15日，第1张第4版。

2 《梅兰芳明日离俄赴欧》，《大公报》（天津版）1935年4月19日，第1张第4版。

3 丕士：《俄国际文化协会对中国戏剧之佳评》（4月16日），《大公报》（天津版）1935年5月6日，第1张第4版。

4 《梅剧团回平后（一）》，《大公报》（天津版）1935年5月9日，第4张第15版。

5 《梅兰芳抵沪谈话》，《大公报》（天津版）1935年8月7日，第1张第4版。

天。我当时也就答应，所以，又续演了七天，一共是唱了十五天。”同时，自己也感觉到苏联艺术家对自己的艺术很赞赏，“他们把中国戏剧里的优点发现得很多。”[1]

梅兰芳剧团在苏联演出的成功在中国舆论界产生了巨大反响。1935 年 6 月 2 日至 4 日，天津《大公报》连载杂文说道：“盖梅剧团此行，介绍国剧于苏俄艺坛之前，而能得到彼邦大戏剧家深切之认识与热烈之赞美，此诚可为国剧在世界艺林取得相当地位之明证。”剧团在苏联的演出为京剧开辟出一条走向世界、实现世界化的新路，“梅更有认为欣幸一事，则国剧已获得世界的地位。今后国剧之发皇，自将有一种新动向，且可为后来国内伶界开辟一条向外发展之新途径，同时亦更希望国内伶界益自奋勉，共策进行，以促成国剧之世界化”。显然，剧团演出在苏联引起的强烈反响使中国人士倍受鼓舞，重新认识中国京剧的艺术价值。[2]此文通过梅兰芳演出过程中苏联艺术界和民众对不同剧目的反应，对苏联的整个文艺事业有了新的认识，感觉到，苏联文艺作品既注重思想性，亦注重艺术性。此文分析，梅兰芳在苏联演出的《打渔杀家》“写被压迫者之反抗，就意识言，固应为苏俄所赞许”，但是，苏联人在赞许《打渔杀家》之外，又极推崇《虹霓关》，“此颇超出寻常一般人推测之外。”《虹霓关》具有很高的艺术性，“表现妇女之心理，刻刻变化，深入显出，神妙无方，此种表演，实为一种最高深之艺术。”这说明，“苏俄之于戏剧，不专注重剧中之意识，而尤注重于剧中之艺术，所谓为艺术而艺术者，庶几近之”。[3]

梅兰芳剧团赴苏演出的情况后来也通过纪录片的形式在中国社会得到广泛传播。苏联拍摄的纪录片《梅兰芳、胡蝶抵俄盛况》于 1936 年 2、3 月间曾在天津大光明影院、新新影院上映。同时，天津《大公报》频繁刊登影讯和广告推介此片，这说明梅兰芳剧团赴苏演出在当时天津民众中是一个重要

---

1 《梅兰芳演说改进中国戏剧》，《大公报》（天津版）1935 年 8 月 17 日，第 1 张第 4 版。

2 聊：《谈梅客话（上）》，《大公报》（天津版）1935 年 6 月 2 日，第 4 张第 16 版。

3 聊：《谈梅客话（中）》，《大公报》（天津版）1935 年 6 月 3 日，第 4 张第 15 版。

卖点。[1] 此片似乎颇受天津观众欢迎。天津新新影院自 1936 年 3 月 26 日至 28 日连演此片三天，天津《大公报》于同年 3 月 27 日刊登文章介绍说："新新影院今日映演之苏俄影片，如胡蝶、梅兰芳在俄演说，娓娓动听。"[2]

综上所述，梅兰芳剧团赴苏演出是由苏联方面首先提出的。苏联相关部门对演出活动作了极为周密的安排，对剧团作了热情接待，并将梅兰芳剧团在莫斯科、列宁格勒的演出安排得盛况空前。苏联一些外事部门的官员也深度介入此事。苏联方面试图借此营造中苏两国的友好气氛。梅兰芳剧团的演出在苏联各界观众中引起较大反响，使苏联艺术界和普通观众感受到了中国京剧的艺术魅力，向苏联宣传了中国京剧艺术。同时，梅兰芳剧团的演出活动也受到中国媒体的关注和肯定，甚至在中国社会产生了广泛影响。不过，就在苏联热情接待梅兰芳一行之际，苏联与日本达成协议，正式将中东路出售给日本。这表明了苏联对中国的两手策略，也表现出中苏关系的多面性和复杂性。

## 三、中苏文化协会的成立及其组织的中苏文化交流活动

1935 年 10 月国民党知苏人士筹备成立的中苏文化协会是 30 年代中国的一个重要团体。这个团体虽以民间团体的形式出现，但具有中苏两国官方背景，国民政府一些要员和苏联驻华外交人员均参与其中。它的影响不限于中苏两国文化领域，其活动对中苏两国关系、中国舆论界也有较大影响。协会于 1936 年 5 月创办《中苏文化》杂志，大力宣扬中苏友好，一定程度上改变了中国各界对苏联的观瞻。虽然这个团体对中苏关系、中国舆论界影响广泛，但在 1937 年全面抗战爆发前，其组织的活动主要是在中苏文化交流领

1　参见《北极探险遇难记》（广告），《大公报》（天津版）1936 年 2 月 4 日，第 3 张第 11 版；《新新将映梅兰芳与胡蝶赴俄盛况》，《大公报》（天津版）1936 年 3 月 23 日，第 4 张第 13 版；《梅兰芳、胡蝶在苏俄情形，新新院明日开映》，《大公报》（天津版）1936 年 3 月 25 日，第 4 张第 13 版；《苏俄三大影片，新新今天开映》，《大公报》（天津版）1936 年 3 月 26 日，第 4 张第 13 版；《新新电影院》（广告），《大公报》（天津版）1936 年 3 月 27 日，第 4 张第 13 版。

2　《新新将映〈呼风唤雨〉》，《大公报》（天津版）1936 年 3 月 27 日，第 4 张第 13 版。

域。鉴于目前学界对这个团体的筹组过程及其在全面抗战爆发前的中苏文化交流活动尚缺乏应有的研究，本书对此试作深入梳理。[1]

在 30 年代中期，中苏文化协会是中国一个宣扬中苏友好、致力于介绍苏联情况的团体。此协会正式成立于 1935 年 10 月 25 日，其主要发起人和负责人是国民党内的知苏派。对此，《中央日报》于 1935 年 10 月 25 日报道称："中苏文化协会，系京中对于苏俄文化较为熟悉之人士发起组织。"[2]其中，张西曼等国民党亲苏的偏左人士在筹备和成立过程中发挥了主导作用，一些 20 世纪 20 年代曾留学苏联而对苏联了解较深的国民党人士成为积极参与者，同时，孙科及其担任院长的立法院成员、CC 系等蒋介石系人员积极配合协会的各方面工作，甚至一些汪精卫系人员亦参与其中。显然，协会的成立得到了国民党内各方面人员的积极配合。

最初提出成立中苏文化协会者是张西曼，《中苏文化》载《会务记要》即介绍，1935 年 7 月 7 日，"由本会发起人张西曼等声请中央民运会，准予筹设中苏文化协会"[3]。张西曼是一位对苏联有深入了解，并极力主张对苏联友好的国民党人。1995 年 6 月，时任中共中央统战部部长的王兆国将其称为"著名的国民党左翼人士"[4]。张西曼早在 1908 年便加入同盟会。他于 1911 年至 1912 年到俄国海参崴、圣彼得堡、莫斯科等地游历，与布尔什维克党人多有接触。十月革命爆发后，他又于 1918 年至 1919 年在西伯利亚考察了一年多，读了大量有关俄国革命的宣传材料。在二三十年代，他成为宣扬中苏友好的积极分子。他于 1927 年任武汉国民政府顾问、武昌中山大学校务委员、法学院院长兼俄文法政学系主任。他又于 1931 年到北平任国立北平大学法商学院教授和陆军大学政治教官。[5]1932 年，他随陆军大学迁居南京。由

1 目前学界对全面抗战爆发前中苏文化协会的研究仅有王锦辉《中苏文化协会研究》（中共中央党校中共党史专业博士学位论文，2010 年 5 月），但此文对其成立的具体过程、筹备者和参与者人员构成等问题考察并不深入、具体，亦未系统考察《中苏文化》杂志的对苏认知。

2 《中苏文化协会今日举行成立会》，《中央日报》1935 年 10 月 25 日，第 2 张第 4 版。

3 《会务记要》，《中苏文化》第 1 卷第 1 期，1936 年 5 月 15 日，第 6 页。

4 王兆国：《在张西曼教授诞辰 100 周年座谈会上的讲话》（1995 年 6 月 20 日），李长林、张小曼编：《张西曼集》，湖南人民出版社，2010 年，第 345 页。

5 李长林、张小曼：《前言》，李长林、张小曼编：《张西曼集》，湖南人民出版社，2010 年，第 1—2 页。

于他在课堂上大力宣传苏联，于 1933 年被免去陆军大学教职。[1] 在 1935 年中苏文化协会筹备前后，张西曼的正式职务是国民政府参谋本部边务组专门委员、行政院新疆建设委员会委员。其女儿张小曼即介绍，他于 1932 年任国民政府参谋本部边务组专门委员，又于 1933 年任行政院新疆建设委员会委员。[2] 又据《申报》报道，中苏文化协会筹备之初，张西曼的身份是国民政府参谋本部边务组委员。[3] 虽然他主持中苏文化协会期间的长期职务是国民政府立法院立法委员，但他担任此职则是中苏文化协会成立一年之后的事。据张小曼称，他于 1936 年 12 月担任国民政府立法院立法委员。[4]

中苏文化协会的主要发起人还有谁呢？张西曼曾于 1945 年 12 月回忆称，他于 1935 年 5 月"联合徐悲鸿教授、家兄同盟会会员张仲钧和不少文化界人士，毅然担任蓄愿多年的中苏文化协会之发起"[5]。依照张西曼此说，与他一道发起协会者是徐悲鸿和张仲钧。1946 年 10 月，张西曼又称，1935 年，"我联合了家兄张仲钧先烈、徐悲鸿教授、王陆一等创立了中苏文化协会"[6]。依照张西曼此段回忆，与他一道发起中苏文化协会者是张仲钧、徐悲鸿、王陆一。其中，张仲钧为张西曼二哥，亦为老同盟会员。[7] 徐悲鸿时任中央大学艺术系教授，曾于 1934 年春在苏联莫斯科、列宁格勒举办画展。王陆一时任国民政府监察院秘书长兼国民党中央民训会副主任委员，与于右任关系密切，曾任于右任的机要秘书，于 1925 年到莫斯科中山大学学习。而《申报》

1　王昆仑、屈武、朱学范、王炳南、潘菽：《代序：四十年革命为人民，绝不投机背此心——纪念张西曼教授诞辰九十周年》，张小曼编：《张西曼纪念文集》，中国文史出版社，1995 年，第 3 页。

2　张小曼：《张西曼生平年表简述》，张小曼编：《张西曼纪念文集》，中国文史出版社，1995 年，第 416 页。

3　《申报》误作"仲西曼"。参见《中苏文化协会之发起》，《申报》1935 年 7 月 24 日，第 4 张第 13 版。

4　张小曼：《张西曼生平年表简述》，张小曼编：《张西曼纪念文集》，中国文史出版社，1995 年，第 417 页。

5　《中苏文化协会的艰难创办记——纪念它的成立十周年（1935—1945）》（1945 年 12 月 25 日），李长林、张小曼编：《张西曼集》，湖南人民出版社，2010 年，第 178 页。

6　《十月革命怎样地感召了我——庆祝苏联友邦二十九周年国庆》（1946 年 10 月），李长林、张小曼编：《张西曼集》，湖南人民出版社，2010 年，第 196 页。

7　李长林、张小曼：《前言》，李长林、张小曼编：《张西曼集》，湖南人民出版社，2010 年，第 1 页。

于1935年7月24日报道，向国民党当局报备发起协会者为王陆一、张西曼（误作"仲西曼"）、雷震、张炯等。[1]其中，雷震时任教育部总务司司长，张炯时任教育部社会教育司司长。徐悲鸿、王陆一参加了1935年7月25日在南京召开的协会发起人会议，后当选为第一、二届理事，徐悲鸿还主持了7月25日的发起人会议。关于协会最初发起人，张西曼两次回忆都提到徐悲鸿，提到王陆一只有一次，而在张西曼提到的张仲钧、徐悲鸿、王陆一三人中，《申报》报道中只有王陆一。据此可以推断，王陆一从最初就是与张西曼一起发起协会的人。徐悲鸿不一定是列名的发起人，但从一开始就是发起活动的积极参与者。张西曼所说与他一起发起协会的张仲钧，在筹委会、理事、候补理事名单中，均没有他的名字。他是否是协会发起人，值得怀疑，但很可能私下为张西曼出谋划策。至于《申报》所言与张西曼一起发起协会的张炯，曾参加发起人会议，但未出现在筹委会、理事、候补理事名单中，雷震未担任过协会任何职务。显然，张炯、雷震虽与张西曼领衔向国民党当局报备发起协会，但此后参与会务并不积极。综上可见，协会最初的主要发起人是张西曼、王陆一、徐悲鸿。

中苏文化协会正式筹备工作始于1935年7月7日。如前所述，这一天，张西曼等向国民党中央民众运动指导委员会提出申请，并获批准。当月25日，协会发起人在南京召开会议，与会者包括国民党中央民运会代表张皎、苏联驻华大使馆秘书兼苏联对外文化协会驻南京代表沙拉托夫策夫以及张西曼、徐悲鸿、盛岳、赵文炳、王陆一、周伯敏、唐健飞、张炯等50余人。会议由徐悲鸿主持，张西曼报告了发起经过。会议选举张西曼、张冲、西门宗华、徐悲鸿、沙拉托夫策夫、于国桢、段诗园、何汉文、骆美奂等9人担任筹委会委员，张西曼任召集人。[2]此次发起人会议参加者，多为20年代国共合作时期曾留学苏联、在南京国民党当局党政部门任职的人员。例如，盛岳原名盛忠亮，曾于1926年到莫斯科中山大学学习，时在国民党中央党部社会调查科工作。西门宗华于1925年到莫斯科中山大学学习，后在南京创办

1 《中苏文化协会之发起》，《申报》1935年7月24日，第4张第13版。
2 《中苏文化协会昨开发起人大会》，《中央日报》1935年7月26日，第2张第4版。

《中国与苏俄》杂志。何汉文于 1926 年到莫斯科中山大学学习，时任国民党中央民众运动指导委员会编审科主任。于国桢亦曾在莫斯科中山大学学习，于 1929 年 3 月被陈果夫任命为负责接待、甄别被苏联遣返回国留苏学生的留俄归国学生招待所所长。张冲因熟谙俄语，通晓苏联事务，深得陈果夫、陈立夫器重，30 年代先后任国民党中央组织部党务调查科总干事、国民党中央宣传部电影事业处处长等职。此外，发起人会议参加者也包括国民党当局一些相关职能部门人员。张皎是批准成立协会的国民党中央民众运动指导委员会代表。唐健飞则是实业部劳工司司长。周伯敏则代表国民党南京市党部出席会议，时任国民党南京市党部常委。显然，参加发起人会议的国民党当局人员，以曾留学苏联、熟悉苏联情况者居多。

中苏文化协会正式成立于 1935 年 10 月 25 日。参加成立大会的人员，既包括立法院院长孙科，立法院秘书长梁寒操，国民党 CC 系要员徐恩曾、张冲等国民党当局党政要员，以及主要发起人张西曼，也包括鲍格莫洛夫、沙拉托夫策夫等苏联驻华使馆人员。张西曼在成立大会上报告了筹备经过，苏联驻华大使鲍格莫洛夫发表演说。[1] 从与会人员来看，国民政府立法院人员和国民党 CC 系人士在协会成立过程中发挥了重要作用。张西曼在成立大会上报告筹备经过，说明他对协会成立的具体工作最熟悉。他也是协会的核心人物，负责日常工作，在同年 11 月 3 日的第一次理事会议上，被推举为唯一的常务理事。[2] 苏联驻华使馆要员参加成立大会，说明苏联方面深度介入了协会的成立工作。

1935 年 10 月 25 日成立大会选举出协会第一届领导成员。孙科当选会长，蔡元培、于右任、陈立夫、鲍格莫洛夫、颜惠庆、卡尔品斯基当选名誉会长。会议选举梁寒操、王陆一、傅秉常、徐恩曾、徐悲鸿、张西曼、张冲、于国桢、沙拉托夫策夫、黄文山、何汉文、周明、骆美奂、沈苑明、吴经熊等 15 人为理事，又选举西门宗华、段诗园、钟天心、周天僇、马客谈、刘振东、盛成等 7 人为候补理事。[3] 由孙科担任会长来看，协会极具官方色彩。

---

1 《中苏文化协会昨举行成立大会》,《中央日报》1935 年 10 月 26 日，第 2 张第 4 版。

2 《会务记要》,《中苏文化》第 1 卷第 1 期，1936 年 5 月 15 日，第 6 页。

3 《中苏文化协会职员表》,《中苏文化》第 1 卷第 1 期，1936 年 5 月 15 日，第 5 页。

孙科既是被尊为“国父”的孙中山之子，又担任国民政府立法院院长，身居行政高位。由蔡元培、于右任、陈立夫、鲍格莫洛夫、颜惠庆、卡尔品斯基担任名誉会长，亦可见协会的强烈官方色彩。其中，蔡元培、于右任均为国民党元老，又均身居行政高位。蔡元培时任中央研究院院长，具有政治与学术双重身份。于右任时任国民政府监察院院长。陈立夫为实权人物，长期把持国民党组织系统。鲍格莫洛夫、颜惠庆分别为中苏双方驻在国大使，两人担任名誉会长，使协会具有很强的外交色彩。卡尔品斯基时任苏联科学院院长。可见，六位名誉会长使协会兼具政治、外交、学术文化多重色彩。

由于孙科担任会长的关系，在协会理事、候补理事中，立法院人员不少。梁寒操时任立法院秘书长。傅秉常时任立法院立法委员、外交委员会委员长。吴经熊时任立法院立法委员，并任立法院宪法草案起草委员会副委员长。钟天心时任立法院立法委员、宪法起草委员。刘振东曾任中山大学、中央大学、中央政治学校教授，于 1935 年任立法院立法委员。同时，协会理事、候补理事中也有不少 CC 系人员。徐恩曾于 1931 年担任国民党中央组织部党务调查科（1935 年改称党务调查处）科长。骆美奂、沈苑明时任国民党中央组织部秘书，其中，沈苑明曾于 20 年代留学苏联。一些与苏联事务相关的国民党当局党政部门人员也被选为协会理事或候补理事。周明时任国民政府参谋本部第 2 厅第 2 处（苏联处）处长，曾于 20 年代留学苏联。段诗园亦曾于 20 年代留学苏联，时任国民党中央党部秘书处交际科干事。协会理事、候补理事中还有一些学者。黄文山时任中央大学社会学教授。马客谈是儿童教育家，时任南京实验学校校长。盛成于 30 年代先后在北京大学、广西大学等校任教。周天僇的情况比较特殊，其公开身份是国民政府军政部军需署秘书、军需学校教官、苏俄评论社总编辑，但他是中国共产党地下工作者，曾在莫斯科中山大学学习。

1937 年 3 月 28 日，中苏文化协会对领导成员进行了改选。孙科连任会长，陈立夫、邵力子任副会长，蔡元培、于右任、冯玉祥、鲍格莫洛夫、颜惠庆任名誉会长。王陆一、傅秉常、徐恩曾、徐悲鸿、梁寒操、张西曼、张冲、于国桢、沙拉托夫策夫、何汉文、周明、骆美奂、沈苑明、吴经熊、邓文仪、李毓九、刘咏尧、高新亚、赵文炳、徐浩、吴尚鹰、黎照寰、何遂、段诗园、田寿昌等25人为理事。陈希豪、周天僇、马客谈、刘振东、盛成、萧淑宇、王昆仑、卜道明、曹树铭、费侠等10人任候补理事。[1]此次改选，增设副会长一职，由陈立夫、邵力子担任。其中，邵力子在国民党内地位很高，时任国民党中央监察委员，曾在莫斯科中山大学学习。在名誉会长中，增加了冯玉祥。冯玉祥当时挂名国民政府军事委员会副委员长。在理事中，增加了一些新面孔，如邓文仪、李毓九、刘咏尧、高新亚、赵文炳、徐浩、吴尚鹰、黎照寰、何遂、段诗园、田寿昌等，黄文山不再担任理事。候补理事增加了陈希豪、萧淑宇、王昆仑、卜道明、曹树铭、费侠等，西门宗华、段诗园、钟天心不再担任候补理事。

在新当选的理事、候补理事中，增加了不少蒋介石系的复兴社、力行社分子。邓文仪、刘咏尧均是复兴社、力行社重要成员，均曾在莫斯科中山大学学习，刘咏尧时任国民政府军事委员会中央各军校毕业生调查处处长、中国童子军总会常务理事及秘书长。费侠则与CC系关系密切。她原在国民党机关从事中国共产党情报工作，但于1931年背叛中国共产党，后于1938年与徐恩曾结婚。李毓九曾在莫斯科中山大学学习，一度担任南昌行营设计委员、蒋介石侍从室秘书。在新一届理事、候补理事中，孙科系或在立法院任职者也有所增加。吴尚鹰、黎照寰、萧淑宇均与孙科关系密切。吴尚鹰是孙科在美国留学时的同学，时任立法院经济委员会委员长。黎照寰曾任铁道部次长、交通大学副校长，同时期的两个正职为孙科，后于1931年担任交通大学校长。萧淑宇时任立法院立法委员，与孙科交谊甚笃。何遂时任立法院军事委员会委员长。在新一届理事、候补理事中，也有一些国民党其他系统人员。赵文炳曾在莫斯科中山大学学习，与于右任关系密切。陈希豪在30年代历任国民党元老丁惟汾秘书、浙江省地方行政干部训练团教育长。卜道明曾长期在苏联学习和工作，30年代历任国民党中央组织部国际问题编审、中央陆军军官学校俄文教官、国民政府军事委员会航空委员会秘书。值得注意的是，新一届协会理事、候补理事增加了一些中国共产党地下人员，如田寿昌（田汉）、王昆仑。1937年3月协会领导成员改选后，除张西曼外，段

---

1 《中苏文化协会昨开周年会员大会》,《中央日报》1937年3月29日，第2张第4版。

诗园、卜道明亦参与了诸多日常工作。1937 年 5 月“苏联母性与儿童保护成绩展览会”、同年 6 月《中苏文化》高尔基逝世周年纪念专号，即由张西曼、段诗园、卜道明负责筹备。[1]

上海分会是全面抗战爆发前中苏文化协会最大、最重要的分会。上海分会成立大会召开于 1936 年 3 月 1 日。国民党当局上海市党政部门对上海分会的成立，还是比较重视的。国民党上海市党部代表童行白、上海市政府代表章渊若出席成立大会。[2]《申报》报道，黎照寰在成立大会上称，上海分会由张寿镛、褚民谊、王晓籁等负责筹备。黎照寰当选上海分会会长，潘公展、焦积华、李公朴、欧阳执无、方焕如、杜月笙、林柏生、王晓籁、褚民谊、张寿镛、欧元怀等 11 人当选理事，黄任之、陈瀚、周剑云、陆干臣、陈鹤琴、汪亚尘等 6 人当选候补理事。[3]另据《中苏文化》载《会务记要》称：孙科于 1936 年 2 月 15 日批准褚民谊、张寿镛、潘公展、王晓籁、梅兰芳、刘湛恩、杜月笙为上海分会筹备委员。[4]又据《中苏文化》载《中苏文化协会上海分会成立大会纪录》，黎照寰在会上报告筹备经过时称，总会在南京成立后，在沪会员张寿镛、褚民谊、王晓籁、焦积华积极筹备成立上海分会。[5]显然，上海分会筹备委员会虽有 7 人之多，而筹备或发起人员则以张寿镛、褚民谊、王晓籁、焦积华为主。这四人可谓上海教育界、工商界的头面人物。张寿镛系光华大学校长。褚民谊是汪精卫心腹，时任上海中法工学院院长。王晓籁是上海工商界领袖，长期担任上海市商会主席委员，兼全国商会联合会理事长。焦积华时任上海国民军训委员会主任，是上海地区负责民众教育的重要官员。黎照寰出任上海分会会长，是张西曼直接出面促成的，而张西曼找黎照寰，很可能是出于孙科的授意。据于伶回忆，1936 年初，张西曼从南京到上海，“他要我陪着去见当时上海交通大学校长黎照寰先生，商谈请黎出任

1 《中苏文化协会昨开二次理事会》,《中央日报》1937 年 5 月 7 日，第 2 张第 4 版。
2 《会务记要》,《中苏文化》第 1 卷第 1 期，1936 年 5 月 15 日，第 8 页。
3 《中苏文化协会上海分会昨日成立》,《申报》1936 年 3 月 2 日，第 3 张第 10 版。
4 《会务记要》,《中苏文化》第 1 卷第 1 期，1936 年 5 月 15 日，第 7 页。
5 《中苏文化协会上海分会成立大会纪录》,《中苏文化》第 1 卷第 1 期，1936 年 5 月 15 日，第 8 页。

上海中苏文协的会长，因为黎系孙科‘太子派’中的开明学者。黎应允了”[1]。

上海分会理事、候补理事囊括了上海政界、教育界、文化艺术界等各界别的诸多头面人物。他们当中包括许多上海地区的教育家和社会活动家，如大夏大学校长欧元怀、中华职业教育社创办人黄任之（黄炎培）、儿童教育家陈鹤琴、上海新华艺术专科学校教务长兼师范学校校长汪亚尘、上海青年会总干事陆干臣。他们当中还包括一些国民党 CC 系成员，如长期任上海市教育局、社会局局长的潘公展、负责编辑 CC 系旗下《外论通讯稿》《外论丛刊》等报刊的方焕如。汪精卫系人员也成为上海分会理事，如时在上海主持汪系报纸《中华日报》的林柏生。他们当中还包括一些上海地区文化艺术界头面人物，乃至与中国共产党关系密切的左翼文化艺术界人士，如上海明星影片股份有限公司主要创办人周剑云、《读书生活》杂志和读书生活出版社主要创办人李公朴、积极参与上海左翼抗日民主运动的欧阳执无。

张西曼于 1945 年 12 月称，汪精卫等曾阻挠协会筹备工作，协会筹备消息公开后，时任外交部长的汪精卫“除了亲自约我谈话，极力劝我顾全大局，绝不要因此招致国际上的误会外，并派外交次长唐有壬以同乡熟人关系三次到我家反复劝诱，最好不要积极筹备，好使它的生命无形消灭下去”[2]。由张西曼所言，似乎汪系人员是成立中苏文化协会的反对者。而从汪系人员褚民谊、林柏生参与上海分会事务来看，汪系人员似乎又非中苏文化协会的反对者。当时汪精卫、唐有壬之所以阻挠协会的筹备，很可能是由于日本方面对国民政府外交部施加的压力。

中苏文化协会虽具有浓厚的中苏两国官方背景，但其工作并非直接介入两国外交关系，而主要是沟通与交流两国文化。《中苏文化协会会章》即规定：“本会以研究及宣扬中苏文化并促进两国国民之友谊为宗旨。”[3]参与协会活动的中苏双方人员均强调将两国文化交流作为全面发展两国关系的切入

---

1　于伶：《怀念张西曼教授》（原载 1985 年 9 月 11 日《人民日报》第 8 版），张小曼编：《张西曼纪念文集》，中国文史出版社，1995 年，第 94 页。

2　《中苏文化协会的艰难创办记——纪念它的成立十周年（1935—1945）》（1945 年 12 月 25 日），李长林、张小曼编：《张西曼集》，湖南人民出版社，2010 年，第 178 页。

3　《中苏文化协会会章》（1935 年 10 月 25 日成立大会通过），《中苏文化》第 1 卷第 1 期，1936 年 5 月 15 日，第 3 页。

点。协会会长孙科在多种场合表达了以两国文化沟通为基础发展两国关系的愿望。1936年1月11日，孙科在苏联版画展览南京开幕式上致词称："我等应以文化立场，谋中苏两国艺术上的相互发扬，以求两民族益进于亲善。"[1]他于同年2月22日在苏联版画展览上海开幕式上表示，中苏两国交谊"尚未臻十分谅解与密切之境"，尤其中国东南地区人士，"因交通之不便，对苏联更多隔阂，对苏联犹有意见仍偏者"，需要由两国艺术文化的沟通，奠定两国永久和平之基础。[2]1937年2月5日，在普希金逝世100周年纪念日前夕，他致电苏联《消息报》《真理报》表示，中国文化界与苏联一样重视这个纪念日，期望将中苏间此种文化沟通扩展到政治领域，"余深信此种文化沟通及相互理解之工作，具有一般政治的绝大意义，是即因文化沟通之具体方式而向政治相互理解及友好之途迈进也"[3]。参与协会活动的苏方人员也在多个场合表达了同样的愿望。鲍格莫洛夫于1936年5月15日在协会机关刊物《中苏文化》杂志创刊号发表《中苏文化的使命》，强调两国文化沟通对发展两国关系的重要性，声称："彼此文化上的联络，和交换文化上的成功和经验，实为促进我们两国彼此谅解与友谊的重大事项。"[4]同年11月8日，在中苏文化协会举行的庆祝十月革命19周年大会上，苏联大使馆秘书沙拉托夫策夫致词称："我们中苏两国要由文化的提携进到政治经济的真正提携，这是本人的一点希望。"[5]所以，协会成立后至全面抗战爆发前，组织了一系列中苏文化活动。

1936年初，中苏文化协会联合中国文艺社、中国美术会在南京、上海举办苏联版画展。这次版画展展出的作品是由苏联对外文化协会选送的。据《中央日报》于当年1月9日刊发的预报称，"近顷苏联对外文化联合会，选送新出版画百数十帧来京，经中苏文化协会、中国文艺社、中国美术会三团

---

1 《苏联镌版艺展会昨日在中大开幕》,《中央日报》1936年1月12日，第2张第3版。

2 《苏联版画展昨开幕》,《申报》1936年2月23日，第3张第10版。

3 《中苏文化协会筹备俄诗人普式庚百年纪念》,《中央日报》1937年2月6日，第2张第3版。

4 鲍格莫洛夫:《中苏文化的使命》(1936年4月),《中苏文化》第1卷第1期，1936年5月15日，第1页。

5 《会务纪要》,《中苏文化》第1卷第7期，1936年12月1日，第178页。

体负责人员，审议结果，认为有公开展览藉资观摩之必要”[1]。版画展于1月11日在南京中央大学图书馆开幕。孙科、王世杰、罗家伦等国民党当局要员及苏联驻华大使鲍格莫洛夫参加开幕式。版画展极受观众欢迎，每日参观者达千人以上。[2]之后，版画展移至上海展出。2月20日，版画展开始在上海青年会预展。次日，《申报》刊发报道称，此次版画展是中苏文化交流的创举，“此次画展之主旨在交换中苏文化。…… 苏俄画展在中国举行，尚属创见”[3]。2月22日，上海展览举行开幕式。立法院长孙科、苏联驻华大使鲍格莫洛夫、中央研究院院长蔡元培、交通大学校长黎照寰、上海市通志馆长柳亚子、上海市市长吴铁城等参加开幕式。[4]上海展览也很受欢迎，自2月20日至26日，参观者约万余人。[5]苏联版画展闭幕后，上海良友图书公司请鲁迅从参展的苏联版画作品中挑选了200余幅，于当年出版《苏联版画集》。书前有鲁迅撰写的序文，书后附赵家璧翻译的关于苏联版画的文章，“可以帮助读者了解画中的思想流派”[6]。

高尔基于1936年6月18日逝世后，中苏文化协会上海分会积极筹备追悼高尔基的活动。他们于同年6月29日召开理事会议，决议由该会与苏联驻上海总领事馆负责筹备追悼高尔基大会，并准备出版一本纪念高尔基特刊。[7]次年6月18日，在高尔基去世一周年之际，中苏文化协会及其上海分会分别在南京、上海举办了一系列纪念活动。中苏文化协会上海分会于6月18日在上海大戏院举行纪念会。与会者非常踊跃，纪念会召开前45分钟，上海大戏院门口即聚集了不少崇拜高尔基的男女青年。开会时，上海大戏院的楼上楼下挤满了人。参加纪念会者除中苏文化协会会员、苏联领事馆人员、少数作家和新闻记者外，多为青年学生。黎照寰致开会词，鲍格莫洛夫发表演

1 《三文化团体主办苏联镌版艺术展览会定十一日在京开幕》,《中央日报》1936年1月9日，第2张第4版。

2 《会务记要》,《中苏文化》第1卷第1期，1936年5月15日，第7页。

3 《我国首次举行苏俄板画展览》,《申报》1936年2月21日，第4张第15版。

4 《苏联版画展昨开幕》,《申报》1936年2月23日，第3张第10版。

5 《会务记要》,《中苏文化》第1卷第1期，1936年5月15日，第7页。

6 《苏联作家七人集》《苏联作家二十人集》《苏联版画集》(广告),《大公报》(天津版)1937年2月24日，第1张第2版。

7 《中苏文化协会筹备追悼高尔基》,《大公报》(上海版)1936年6月30日，第2张第8版。

说，胡愈之作了题为“高尔基的生平”的演讲。新生合唱队合唱了高尔基作品《囚徒之歌》，业余歌咏团演唱了《高尔基纪念歌》。最后，上映了反映1896年至1905年革命党人反抗沙皇革命斗争的苏联电影《沙皇铁蹄》。[1]中苏文化协会总会于6月19日在南京新都大戏院举行纪念大会，到会者有一千余人。首先由中苏文化协会理事梁寒操致开会词，继由鲍格莫洛夫、国民党中央党部民训部代表费侠发表演说，之后，由田汉报告高尔基生平。接着，由女影星胡萍朗诵张西曼翻译的高尔基的诗《海燕》，由张沅旺唱挽歌，由中国戏剧学会演员表演话剧《母亲》序幕。最后，放映苏联电影《沙皇铁蹄》。[2]

中苏文化协会亦借苏联文化名人纪念日，举办大型活动，营造中苏友好气氛。1937年2月8日是普希金逝世100周年纪念日。9日晚，中苏文化协会在南京举行纪念大会，与会者达一千余人，由张西曼主持并致词。张西曼引高尔基所言，称“普希金的创作有‘国际主义’的‘普遍性’”，“我们来纪念他，更有重大的意义”。[3]

此外，中苏文化协会于1937年5、6月间先后在南京、上海举行苏联母性与儿童保护成绩展览会，介绍苏联在妇女保健、母性教育、幼儿保育方面的成绩。关于这个展览会的情况，本书下章再详细介绍。

中苏文化协会是一个由以张西曼为代表的国民党知苏人士发起的旨在沟通中苏文化、宣扬中苏友好、增进中苏关系的团体。这个团体的最初发起者，仅是张西曼等国民党少数知苏人士，但引起国民党各派系人士的积极响应。一方面，一些曾于20年代国共合作时期留学苏联的国民党人士在协会筹备、成立和日常工作中起着骨干作用；另一方面，国民党内蒋介石派系的CC系与复兴社人员、孙科系及孙科任院长的立法院人员，乃至一些汪精卫系人员，亦积极参与其间。这个组织虽以民间团体形式出现，但极具中苏两国官方背景。透过中苏文化协会，可见苏联影响在30年代中期中国的急剧增强。这表现在不仅国民党人士，且南京、上海等地的大量文化教育、工

---

1 《沪中苏文化协会纪念高尔基》，《大公报》（天津版）1937年6月21日，第4张第13版。
2 《高尔基周年祭》，《大公报》（上海版）1937年6月20日，第1张第3版。
3 《中苏文化协会纪念诗人普希金》，《中央日报》1937年2月10日，第2张第4版。

商界人士亦积极参与协会的组织和活动。该协会在 30 年代中期介绍与宣传苏联情况方面发挥了重要作用。该协会通过举办苏联版画展、追悼高尔基逝世、纪念普希金逝世 100 周年等活动，推动了中苏两国之间的文化交流。

## 四、中苏两国其他文化交流活动

除 1935 年中国电影界人士参加莫斯科电影节、梅兰芳剧团赴苏演出外，一些中国美术、戏剧、图书馆、科学家、无线电等文化领域的人士赴苏，与苏联相关文化领域的人员进行交流。同时，一系列苏联作家的文学作品在中国翻译出版，两国博物馆也曾交换展品。

早在中苏复交前，中苏两国文化界人士就有一些零星的交流活动。1932 年初，京剧艺术家程砚秋趁南京戏曲音乐院邀请他考察欧洲戏剧和音乐的机会，与苏联演艺界人士进行了接触。他于当年 1 月 25 日抵达莫斯科，参观了几处大剧院，苏联演艺界人士还邀请他在莫斯科作了几天演讲。[1]当年 4 月回国后，他将考察所得撰成《程砚秋赴欧考察戏曲音乐报告》，叙述他考察欧洲戏剧和音乐的行程，分析欧洲戏曲、音乐发展情况和改进中国戏曲、音乐问题。通过与苏联人士的交流，他认识到了苏联戏剧的社会主义教育和宣传属性，认为“俄国是社会主义国家，十余年来由其政治的和经济的涵泳而成为普遍的社会主义的民族性，加上有苏维埃政府的国家政策督课于上，所以，他们的剧情的内容也全是描写或宣扬社会主义”[2]。

1934 年 5 月 7 日至 6 月 10 日，徐悲鸿等人参与主办的莫斯科和列宁格勒中国画展是 30 年代中苏文化交流的一件大事。这个画展在莫斯科红场旁的苏联国家历史博物馆举行。这个画展的举办是苏联首先提出的。苏联对外文化协会向中国驻苏联大使馆提出，希望在莫斯科举办中国画展，所有费用

---

1　《程砚秋在法行踪》，《大公报》（天津版）1932 年 4 月 7 日，第 1 张第 4 版；《欧洲之戏曲音乐——程砚秋考察归来之报告（一）》，《大公报》（天津版）1933 年 8 月 19 日，第 1 张第 4 版。

2　《欧洲之戏曲音乐——程砚秋考察归来之报告（一）》，《大公报》（天津版）1933 年 8 月 19 日，第 1 张第 4 版；《欧洲之戏曲音乐——程砚秋考察归来之报告（五）》，《大公报》（天津版）1933 年 8 月 28 日，第 2 张第 6 版。

由苏联对外文化协会负担。苏联的提议得到徐悲鸿的响应。画展展出的中国绘画作品达300余件，分六个展室陈列。[1]画展展出的中国绘画作品，一部分是由苏联奥尔敦堡考察队从中国带回的，其余部分是由徐悲鸿带到莫斯科的。[2]

这次画展受到苏联对外文化协会、美术家协会等苏联文化界人士的重视。在5月7日的开幕式上，苏方参加人员达1000余人。双方人员均表达了通过画展增进两国文化交流和两国人民相互了解的愿望。苏联对外文化协会会长阿罗塞夫致词强调，“此第一次在苏联举行之中国绘画展览会，将为两国文化合作之基石，可使双方人民益加认识”。中国驻苏联大使馆参赞吴南如致词表示，“此次绘画展览，为中苏文化合作之初步，希望两国人民互相了解因此而益加增进”。苏联美术家协会会长伏尔泰发表演说，讲解了中国绘画的特征。徐悲鸿发表演说，说明这次展览的宗旨。[3] 5月8日，中国驻苏联大使馆为展览召开茶会，招待苏联外交、教育、美术、著作、新闻等各界要人，到会者有苏联副外交人民委员克来斯丁斯基等80余人。徐悲鸿在茶会上当场作画，画一马一竹，“意态生动，环而观者无不击掌”[4]。5月11日，苏联对外文化协会宴请徐悲鸿及中国大使馆人员，赴宴者包括苏联诸多美术家和博物院院长，与会者讨论了中苏交换美术作品问题。苏联对外文化协会又于5月20日请徐悲鸿作公开演讲，题为“中国美术界之近况”，“听者颇众”。同时，“图画家及著作家又各有私人招待茶宴，无虚日”。[5]显然，画展期间，徐悲鸿等人受到苏联文化界的高规格接待。

这个中国画展在苏联轰动一时。大量苏联民众参观了画展，画展“开幕一个半月内，参观人数有一万四千位之多”，“连日参观者，络绎不绝，休息之日尤为拥塞”。[6]苏联参观者对中国的写实作品最感兴趣，“尤注意新旧作家

---

1 公振:《莫斯科中国画展博得美评不少》,《大公报》(天津版)1934年6月10日，第1张第3版。

2 乐夫:《中国绘画现在苏联博物院举行展览，一部份作品为徐悲鸿携去》,《大公报》(天津版)1934年5月21日，第4张第15版。

3 公振:《莫斯科中国画展博得美评不少》,《大公报》(天津版)1934年6月10日，第1张第3版。

4 《莫斯科中国画展开幕情形续报》,《大公报》(天津版)1934年5月12日，第1张第3版；公振:《莫斯科中国画展博得美评不少》,《大公报》(天津版)1934年6月10日，第1张第3版。

5 公振:《莫斯科中国画展博得美评不少》,《大公报》(天津版)1934年6月10日，第1张第3版。

6 《中国画展在俄京展览成功》,《大公报》(天津版)1934年6月12日，第1张第3版。

[ 品 ] 不同之点，询问不厌其详”[1]。画展也受到苏联各大报纸的关注。戈公振撰写的通信介绍，苏联报纸刊登了展出作品的照片，“各报皆载有图画，并有赞美之评论”[2]。苏联《消息报》也称：“此次展览会之重要在于苏联京城之广大群众与苏联艺术界获得一机会，领略中国绘画发展之主要阶段与现代中国艺术之多种样式。”[3]苏联对外文化协会鉴于画展在莫斯科的成功，决定将画展移至列宁格勒继续举行。徐悲鸿在苏联待了近三个月时间，迄 1934 年 7 月 30 日才启程回国。[4]陈丕士也于 1935 年 3 月 30 日在天津《大公报》发表通信，描述这次画展的成功。他介绍，这次画展“颇为此邦人士所赞赏。苏俄艺术界自此始有真实认识中国艺术之机会。俄人以为，中国艺术之佳，为其始料所不及”[5]。这次画展结束后，中苏两国又于 1935 年 1 月 14 日在莫斯科举行中苏交换名画仪式。参加仪式的有中国驻苏联大使馆代办吴南如、苏联外交人民委员会官员、莫斯科各博物馆馆长及多位苏联艺术家。苏联赠给中国的名画有 11 幅，而中国赠给苏联的名画已在画展期间由徐悲鸿交给苏方。[6]

1934 年，除徐悲鸿参与主办在莫斯科和列宁格勒举行的中国画展外，还有不少文化界人士到苏联，与苏联文化界人士进行交流。曾任宋庆龄秘书的胡兰畦女士于当年 8 月 24 日在第一届苏联作家大会上发表题为“中国文人的奋斗”的演说，其演说“颇博得听众欢迎，为中国妇女生色不少”[7]。北平图书馆副馆长袁同礼于 1934 年春赴欧洲，代表故宫博物院出席在瑞士日内瓦举行的国际博物院会议，并考察欧洲各国图书馆事业。[8]袁同礼于同年 9 月 6 日抵达莫斯科。中国驻苏联大使馆于 9 月 7 日举行宴会，欢迎袁同礼和正在莫斯科访问的蒋廷黻，并邀苏联图书馆联合会会长伏克斯参加。[9] 9 月 13 日，苏

1　公振：《莫斯科中国画展博得美评不少》，《大公报》（天津版）1934 年 6 月 10 日，第 1 张第 3 版。
2　公振：《莫斯科中国画展博得美评不少》，《大公报》（天津版）1934 年 6 月 10 日，第 1 张第 3 版。
3　《莫斯科中国画展，苏联报纸争相描述》，《大公报》（天津版）1934 年 5 月 16 日，第 1 张第 3 版。
4　《徐悲鸿回国》，《大公报》（天津版）1934 年 8 月 2 日，第 1 张第 3 版。
5　丕士：《中俄文化关系》（3 月 6 日），《大公报》（天津版）1935 年 3 月 30 日，第 1 张第 4 版。
6　《中俄名画在俄京行交换典礼》，《大公报》（天津版）1935 年 1 月 16 日，第 1 张第 4 版。
7　《中国文人的奋斗》，《大公报》（天津版）1934 年 8 月 26 日，第 1 张第 4 版。
8　《袁同礼由欧返国已抵沪，赴京谒王后北返》，《大公报》（天津版）1934 年 12 月 6 日，第 1 张第 4 版。
9　《袁同礼抵俄京》，《大公报》（天津版）1934 年 9 月 7 日，第 1 张第 4 版。

联对外文化协会设宴招待袁同礼和蒋廷黻。苏联对外文化协会会长阿罗塞夫致辞，“力言发展中苏文化关系，对于敦睦两国邦交之重要”[1]。袁同礼对苏联文化事业的发展和尊重知识分子印象深刻。他于同年12月9日回到北平，在北平火车站向记者介绍，他访问了欧洲20余国，感觉十年来“欧洲文化事业之进步，飞腾猛进，而印象最深者则为苏联及义大利两国。该两国对专门学者均能特别优礼待遇，而有其特殊地位。学者在社会上均颇有权威，故能专心研究，故贡献甚大”。他觉得，中国应学习苏联、意大利两国对知识分子的尊重。[2]

中国科学界人士通过参加1935年8月9日至17日在列宁格勒召开的第15届国际生理学大会，直接了解到苏联的科学发展水平。中国生理学会派出了15位中国学者，包括北平协和医学院林可胜、吴宪、林宗扬、沈隽淇、张锡钧、柳安昌、刘思职、汪猷、周金黄，齐鲁大学江清，北平大学医学院鲍明鉴、侯宗濂，雷氏德医学研究院侯祥川，川至医学专科学校兰晋祥，平民教育促进会陈志潜。[3]对于多达15位中国学者参加这次会议，天津《大公报》于同年7月19日发表短评，表示欣喜。短评说道：“中国人代表赴会者居然有十五人之多，科学论文，亦复不少，这至少表现出中国科学之有进步，实在是一个可喜的事实。”短评认为，中国学者可以趁此机会与苏联学者多进行科学文化交流。“此次生理学大会在俄集会，俄国一定也有许多表现，供我们的观摩切磋。从这一点说，中俄两民族很可以在科学文化上合作一下，比较梅畹华的艺术宣传，还更有价值。我们在此为这一帮代表中国科学界的青年学者们祝福，盼望他们为国努力！”[4]在短评看来，中苏两国科学界的交流，比梅兰芳在苏联进行的京剧艺术宣传还有价值。这次会议为各国学者提供了相互交流的机会，尤其使各国学者有机会“接触苏俄科学界”。会上，“各国代表对于苏俄政府便利及奖进科学研究工作之种种努力，无不

1 《袁同礼等受俄热烈款待》，《申报》1934年9月15日，第3张第11版。

2 《袁同礼昨到平》，《大公报》（天津版）1934年12月10日，第1张第4版。

3 《国际生理学会定下月在俄开会》，《大公报》（天津版）1935年7月19日，第1张第4版。

4 《一个可喜的事实》（短评），《大公报》（天津版）1935年7月19日，第1张第4版。

异口同声，加以赞扬”[1]。通过这次会议，中国科学界人士对苏联生理学研究取得的成绩有了相当的了解。8月19日，颜惠庆在中国大使馆举办茶会，招待中国与会代表，苏联卫生部长和苏联著名医学专家、对外文化协会工作人员亦应邀参加。[2]

中国翻译出版了一系列苏联作家的文学作品。例如，1936年，上海良友图书公司出版了曹靖华编译《苏联作家七人集》、鲁迅编译《苏联作家二十人集》等苏联小说集。《苏联作家七人集》由曹靖华直接从俄文译出，收录了拉甫列涅夫、赛甫琳娜、伊凡诺夫、亚洛赛夫、左祝梨、左琴科、捏维洛夫七位苏联作家的15篇短篇小说，书前有鲁迅去世前三天撰写的序文。关于鲁迅编译的《苏联作家二十人集》，据天津《大公报》刊登的图书广告介绍，这是一部“有系统的现代苏联作家短篇集，从十月革命至今所产生的重要作家，这里都有他们的代表作品”。此书共选译了苏联20位作家的20篇短篇小说，“书前另有长序，书后附加传记。对现代苏联文学有兴趣的人，这是一部最理想的结集”。[3]

广播专家吴道一于1936年4月参观了苏联莫斯科广播电台和信号发射塔。他于4月18日前往苏联交通委员会，拜访了该委员会国际局局长雅孔。经雅孔允许，他于当天晚上参观了位于交通委员会办公大楼的广播电台的播音室、增音室、唱片储藏室、话剧演播室等处。他注意到，广播电台所有节目“由宣传委员会主持，而技术则归交通委员会负责”。在雅孔提议下，他在电台录制了一段演说唱片。他又听了唱片的录制效果，“觉得原音尚不失真”。19日，他在雅孔、广播电台英国工程师威尔斯、苏联无线电委员会国际部主任史可白尔陪同下，参观了距广播电台近70公里处的500千瓦信号发射塔。他对苏联在五六年内迅速实现发射塔设备的国产化表示钦佩，称“全部机件之无一非俄产，尤足令人惊赏，因自广播事业在俄开始，迄完成该台时，仅五六年之历史焉”。同年9月12日出版的天津《大公报》“电信特刊”

1 《国际生理学会十五届大会闭幕》，《大公报》（天津版）1935年8月19日，第1张第4版。

2 《国际生理学会我国代表离俄返国》，《大公报》（天津版）1935年8月23日，第1张第4版。

3 《苏联作家七人集》《苏联作家二十人集》《苏联版画集》（广告），《大公报》（天津版）1937年2月24日，第1张第2版。

刊登了吴道一叙述这次参观经过的文章。在文章中，吴道一高度评价苏联无线电广播事业的快速发展。他表示，“苏俄自 1917 年改易赤帜后，曾一度孤立于北冰洋南岸，成为世界之谜，与世不相往来者多时，但今工业兴，国力足”，在广播事业方面，迄 1933 年，已建成 500 千瓦信号发射塔，其他 100 千瓦以内的发射塔达 70 余座，“一切制造，全能自给”[1]。

1937 年初，列宁格勒和天津两地曾交换两国的农具和农副产品。当年 1 月，苏联列宁格勒人种学博物馆为了沟通两国文化，致函位于天津的河北博物院，请代为征集中国的农具和农副产品，以便展览，并允诺向河北博物院赠送一批苏联的农具和农副产品，作为交换。河北博物院院长姚品侯指派下属搜集、选定了一些中国各地使用的最新式农具，稻槁、麦秆、柳条等纺织物，彭城粗瓷等 50 余种产品，共计百余件，于 2 月 17 日寄往苏联列宁格勒。[2]

综上所述，除 1935 年中国电影界人士参加莫斯科电影节、梅兰芳剧团赴莫斯科演出外，中苏两国文化界人士从 1932 年开始，便有所接触。尤其徐悲鸿等人参与主办的莫斯科、列宁格勒中国画展以及两国之间的名画交换，成为 30 年代中苏文化交流的盛事。而且，程砚秋与苏联演艺界的交流、袁同礼访苏、中国学者参加第 15 届国际生理学大会、吴道一与苏联无线电广播机构人员的交流、列宁格勒与天津两地博物馆之间的展品交换，以及苏联文学作品在中国的翻译出版，都在一定程度上加深了两国文化界的相互了解，尤其使中国文化界人士直接了解到苏联文化事业的发展情况。

总之，中苏两国之间的文化交流在 30 年代一直存在，并有所发展。尤其是，梅兰芳剧团赴苏演出、中国电影界人士参加莫斯科电影节、徐悲鸿等人在苏联参与主办中国画展、中苏文化协会主办的苏联版画展，不仅加深了两国文化界人士的相互了解，还在两国产生了较大的社会影响，甚至营造两国间的友好气氛。在两国外交、政治、经贸关系发展不尽如人意的情况下，文化交流成为两国关系的亮点。中苏两国也试图将文化交流作为全面发展两

1 吴道一:《苏俄广播事业视察记》,《大公报》(天津版) 1936 年 9 月 12 日，第 3 张第 11 版。
2 《中俄交换农具农产》,《大公报》(天津版) 1937 年 2 月 17 日，第 2 张第 6 版。

国关系的切入点。不仅中苏文化协会会长孙科和参与中苏文化协会活动的苏联驻华大使鲍格莫洛夫屡次表达这个愿望，中国其他论者也表达了同样的想法。例如，在1936年初苏联版画展举行前夕，郭曼在1935年12月28日出版的天津《大公报》“艺术周刊”版发表关于苏联版画的译文时称：“吾人希望此文化事业之发轫，乃两大民族亲密接近之开端。”[1] 其实，这也是人们在两国外交、政治、经贸关系得不到发展的情况下的一种无奈的说法。作为与现实政治、经济利益关联度较低的领域，文化交流就成为对两国现实利益不那么敏感的合适的突破口。

1　郭曼译:《苏联版画》,《大公报》(天津版)1935年12月28日，第3张第9版。

## 第二节

# 对苏联文学、电影、戏剧的评介

苏联文学、电影、戏剧是中国舆论界最关注的三种艺术形式，各种媒体的文艺副刊作了大量的介绍和评论。之所以这三种苏联艺术形式受到中国舆论界的密切关注，是因为它们最为读者或观众喜闻乐见，受众面极大。在30年代，苏联各种文学作品在中国被大量翻译出版。仅以苏联革命现实主义作家高尔基为例，就可见苏联文学作品在中国翻译出版之多。高尔基撰《我的童年》有1930年亚东图书馆、1934年中学生书局、1936年大光书局、1937年启明书局等多种版本。高尔基作品在中国翻译出版的还有《我的大学》（杜畏之、萼心译，湖风书局1932年版）、《俄罗斯的童话》（鲁迅译，文化生活出版社1935年版）、《英雄的故事》（华蒂译，天马书店1933年版）、《高尔基短篇小说集》（惟夫译，文成书店1930年版）、《高尔基杰作选》（巴金等译，文化编译社1937年版）、《青年文学各论》（石夫译，世界文艺研究社1937年版）、《我的文学修养》（逸夫译，天马书店1936年版）、《学生中的生活》（李思浩译，时代书局1933年版）、《给青年作家》（绮雨、靖华等译，生活书店1937年版）、《苏联文学诸问题》（伍蠡甫、曹允怀译，黎明书局1937年版）、《高尔基论苏联文学》（新生出版社1937年版）、《高尔基论文》（萧参译，出版者不详，1937年版）等。中国许多城市上映了不少苏联电影，观众众多，社会影响很大。虽然苏联戏剧不像苏联文学书籍、电影那样易于在中国传播，但也有一些剧团演出了不少苏联戏剧。显然，苏联文学、电影、戏剧在中国产生了巨大的社会影响。所以，考察、厘清中国舆论界对苏联这三种艺术形式的评论和看法就成为一个非常重要的学术问题。

## 一、对苏联文学现实主义风格的认识

苏联文学是中国舆论界重点关注的领域。中国舆论界在大量介绍苏联文学作品的同时，尤其赞扬苏联文学的现实主义风格。高尔基作为20世纪前期苏联革命现实主义文学最重要的作家，受到中国舆论界的广泛推崇。

苏联文学的现实主义风格首先表现为政治宣传性。中国舆论界对苏联文学的政治宣传性有充分认识，并表示认可。邱椿就以苏联文学的政治宣传性为例论证文学的政治工具价值的普遍性。他于1935年11月25日在天津《大公报》"明日之教育"版发表文章认为，文学除具有独立性的"内在价值"之外，还具有政治性的"工具价值"，两者并不矛盾，"一个文学作品的内在价值亦决不因其有工具价值而减少"。他以苏联文学为例说："俄国现代文学家，如李阿诺夫、利比丁斯基、格拉得可夫（Leonov, Libedinsky, Gladkov）的作品多半是共产主义的宣传品，但其内容在价值或因是而增高"。[1]

苏联文学的现实主义风格又表现为它以满足社会需要为宗旨，从而摆脱了资本主义文学单纯的娱乐功能。1934年8月20日出版的天津《大公报》刊登的一篇文章就深刻指出了苏联文学满足社会需要的宗旨与资本主义文学"消遣"功能的本质区别。这篇文章分析，苏联人的文学观念与资本主义国家有本质区别，资本主义国家的人们只将文学视作一种"消遣"，而苏联人则视作"社会的需要"，"资本主义社会认为听戏看电影，为的是消遣。苏俄人民对于艺术的鉴赏，普通认为是一种社会的需要，绝对不是奢侈。苏俄人民每人每日都有工作，所以，需要一种调剂。这与资本主义社会有闲阶级的享乐，根本不同"。[2]

正是由于苏联文学以满足现实社会需要为宗旨，所以，苏联文学强调与

1　邱椿：《民族文学与教育》，《大公报》（天津版）1935年11月25日，第3张第11版。
2　龙译：《苏联戏剧界现状》，《大公报》（天津版）1934年8月20日，第4张第13版。

现实社会相结合，面向社会现实，描写人们的现实工作和生活。对此，中国舆论界是有所认识的。1936年8月31日至9月4日出版的《中央日报》刊登的一篇美国译文介绍，苏联作家为了真实反映社会现实，往往深入工厂、农场的生产和生活。苏联作家“一定要广大的描画着所有各种社会关系的变化，他要实地去和工厂以及农场接触”[1]。苏联文学作品一方面以社会需求为导向，另一方面，深刻反映社会的创造，“人民要求怎样的作品，他们也便创造了怎样的艺术。这样的艺术，所受感应的对象，是机器的胜利，集体的征服自然，以及一个新人物在一个新世界里面的创造”[2]。

苏联文学与现实社会相结合、面向社会现实的导向，集中体现为文学内容的反映工农生活和生产的写实主义。中国舆论界对苏联文学内容的写实主义是比较关注的。1934年3月22日和23日，天津《大公报》“书报评介”栏发表文章，批评刚刚出版的《文学》杂志翻译专号忽略了对苏联文学写实主义潮流的介绍。文章指出，虽然专号的编者声称编辑专号的目的在于“略示世界文学现状之一斑，并藉此引起关于翻译诸问题的商讨”，但是，“在介绍各国文学典型的创作上是嫌不充分，尤其对于苏联文学的介绍，完全忽略了最近苏联文学之新阶段上的动向，如工农通讯文学之蓬勃的发展，及表示着‘社会主义写实主义’的若干伟大的划期的作品等等。这使人不得不认为是一种很大缺憾”。[3]不过，这篇文章又注意到，虽然这本翻译专号对苏联作品的介绍“有使人感到缺憾的地方”，但专号刊登的苏联年轻作家莱奥诺夫的《伊凡的不幸》“却是一篇典型的力作”。文章认为，这篇小说的优点在于对社会上平凡小人物的刻画，“对于无知的市井的平凡人的兴味，被革命的伟大的车轮压碎了的‘小人物’的悲剧，这是莱奥诺夫作品的重要的基调”。而且，在这位被高尔基热烈赞扬的年轻作家的作品中，“时常可以感受到一种平澹忧郁的情调，而这种充溢着整篇作品的脉络的这种平凡的人物的无言

1 Stong原著，惠君译：《苏俄的文化事业（三）》（译自四月号《亚细亚杂志》），《中央日报》1936年9月3日，第3张第4版。

2 Stong原著，惠君译：《苏俄的文化事业（四）》（译自四月号《亚细亚杂志》），《中央日报》1936年9月4日，第3张第4版。

3 莉美：《文学翻译专号（上）》（书报评介），《大公报》（天津版）1934年3月22日，第4张第13版。

郁闷，也是成为作者的作品之一般的基调，而被处理着的”。这篇小说对于聋子伊凡的悲剧的描写“完全是采用一种客观的自然主义的笔法，因而更加强调着全篇的忧郁的情调”。[1]

中国舆论界又认识到，苏联文学内容的写实主义是以现实社会物质为基础的。田毓和于1934年10月28日在天津《大公报》“小公园”版发表小品文指出，苏联文学所具有的现实社会物质基础是其与美国等资本主义国家文学的重要区别。美国文学由于缺乏现实社会物质基础，所以，缺乏深刻性。他说道：“一般文艺作品的意识形态，都是依附在现实的物质基础之上，由社会客观的环境来决定。所以，在目前，苏俄新产生的作品中所有的那种尖锐意识，在美国的作品中是没有的，这便是他们无形或有形中在受着社会条件的束缚。”[2]

苏联文学的现实主义风格不仅内在地体现在文学宗旨、导向和内容上，又外在地体现在与普通民众相结合上。苏联普通民众既是文学作品的热心读者，又积极参与文学创作活动。中国舆论界深切感受到了苏联文学的这一特征。中国舆论界注意到，苏联民众喜爱文学阅读。1936年12月27日，《中央日报》报道，苏联民众对小说的兴趣很大，肖洛霍夫《静静的顿河》销量达200万册，“足为明证”[3]。中国舆论界又注意到，苏联民众积极从事文学创作。1936年8月31日至9月4日，《中央日报》连载惠君翻译的美国人斯壮（Stong）撰写的文章。这篇文章介绍，苏联广大普通民众积极进行文学创作，并以其文学创作热情讴歌自己的生活、工作。苏联普通民众“一变而为小说家、诗人、戏剧家”，“文学的工作，在苏俄变成了所有劳动者的事务”。[4]“各种不是专家的艺术的活动，无论在乡间或是都市，它的广大的范围是很难以估计的。风行苏俄各处的四行短诗，大都是歌颂妇女的自由、机器

---

1 莉美：《文学翻译专号（中）》（书报评介），《大公报》（天津版）1934年3月23日，第4张第13版。

2 田毓和：《落花片片》，《大公报》（天津版）1934年10月28日，第3张第12版。

3 《苏俄的出版界》，《中央日报》1936年12月27日，第3张第4版。

4 Stong原著，惠君译：《苏俄的文化事业（一）》（译自四月号《亚细亚杂志》），《中央日报》1936年8月31日，第3张第4版。

车夫的英雄主义、集体生活的增进和繁荣的，当在万万以上。”[1]

苏联文学的现实主义风格成为中国舆论界学习的榜样。中国舆论界认识到，中国文学应该学习苏联文艺作品反映民众现实生活的创作方法，起到宣传、教育民众作用。罗荪主张中国作家应像苏联作家那样，深入民众的社会生活，创作反映社会现实的作品。他于 1934 年 3 月 2 日在天津《大公报》“小公园”版发表文章，批评中国作家局限在一个特殊的小圈子里，不与民众接触，进行闭门造车式的写作。他说道：“实际上只是因为使自己们的生活挤得狭笼一般，离开现实社会的生活环境太远，致使创作的题材越发的狭隘，乃至于除了身边琐事起居注式的东西而外无创作。”“所以，凡是躲在特殊阶级里的文艺家，他绝不会产生坚实的时代的作品的。最坚实的作品是须由接近现实的生活环境、和一般民众一起生活着的人。”他引高尔基的演讲说明这个道理：“我们应该参加这些社会的过程，我们应该研究他们。要不然的话，我们就会甚么东西都写不出来。那就是说，凡是足以表现我们这个时代的现实，如那现实所应得表现的那样的东西。”[2]

出于对苏联文学的喜爱，一些论者将苏联作家的写作技巧视作中国文学创作的典范，认为苏联文学将现实主义的内容与高超的写作技巧完美结合在一起。主编天津《大公报》“文艺”版的沈从文于 1936 年 1 月 22 日在该版发表给读者的回信，指导读者写作技巧。他以苏联作家亚历山大·绥拉菲靡维奇撰写的长篇小说《铁流》为例，说明写作技巧的重要性。他表示，《铁流》的成功一方面由于其内容，另一方面也靠写作技巧，“苏俄的《铁流》，照许多人说，不是靠技巧成功的。您且承认它，不妨事。但苏俄有许多用革命战争为题材的作品，只《铁流》最著名，成功的理由是‘写的特别好’。这‘写的特别好’靠的是什么？您问问他们”[3]。

高尔基是 20 世纪前期苏联革命现实主义文学的最重要代表人。由于对苏联现实主义文学的热爱，中国舆论界极其推崇高尔基的文学成就。1936 年

---

1 Stong 原著，惠君译：《苏俄的文化事业（三）》（译自四月号《亚细亚杂志》），《中央日报》1936 年 9 月 3 日，第 3 张第 4 版。

2 罗荪：《文艺家不是特殊阶级的》，《大公报》（天津版）1934 年 3 月 2 日，第 3 张第 12 版。

3 《答辞》，《大公报》（天津版）1936 年 1 月 22 日，第 3 张第 10 版。

6月高尔基去世前，中国媒体刊登了大量文章，介绍高尔基的作品，高度评价高尔基的文学成就，分析高尔基的创作道路。高尔基去世后，中国各界举行了一系列的追悼和纪念活动。

中国社会各界普遍具有一种崇拜高尔基的热情。1936年6月26日，黄源在上海《大公报》发表文章描述道："记得在上海大戏院开映《夏伯阳》时，在开映正片之前有一张苏联运动会的新闻片，许多苏联要人在司令台上检阅运动会。一个镜头突然映出高尔基的身像，戏院中马上响起一阵手掌声。高尔基为我国无数的文学青年所爱好敬崇的，差不多每一家书店都印行过一些高尔基的手译本。"[1]黄源又于同年7月24日在天津《大公报》发表文章注意到，高尔基的文艺作品极适合具有反抗精神的中国青年的口味，"他的作品差不多吸住了每一个爱好文艺的人，尤其是富有反抗性的青年"[2]。中国舆论界尤其对高尔基充满着敬仰之情。1934年3月29日，天津《大公报》刊登署名煤的文章就表示："活在这时代的每个青年人以至老年人，谁不认识他，爱敬他呢？""如果中国的出版家愿意少出一些风花雪月的文章，把伟大的文学作家，如高尔基一类的作品介绍过来，我想，得益亦不只读者吧。"[3]同年3月29日，张佐华在天津《大公报》发表文章，将高尔基称作"苏联的大作家""世界的大文豪"，认为高尔基"受着全世界的欢迎，在中国也有着许多的译品介绍给我们，同样的受着国人们的欢迎"。[4]可见，高尔基的文学作品受到中国社会各界尤其舆论界的欢迎。在民族危机日益深重的情况下，中国舆论界乃至社会各界深切感受到了高尔基作品对激发中国人民斗争精神的巨大现实价值。

中国舆论界深切感受到了高尔基作品中体现的反映社会革命、社会创造的现实主义。人们从高尔基自传式作品《我的大学》中看到了鲜明的现实主义创作方法和强烈的革命反抗精神。高尔基此书由杜畏之、萼心译为中

1　黄源：《高尔基是不死的》（6月24日），《大公报》（上海版）1936年6月26日，第3张第12版。

2　黄源：《高尔基的〈文艺书简集〉》，《大公报》（天津版）1936年7月24日，第4张第14版。

3　煤：《高尔基生辰杂感》，《大公报》（天津版）1934年3月29日，第4张第13版。

4　张佐华：《英雄的故事》（书报评介）（2月22日于东北大学），《大公报》（天津版）1934年3月29日，第4张第13版。

文，1932年由湖风书局出版。1935年8月14日，天津《大公报》刊登村荫撰写的文章认为，此书体现出“客观反映的新写实主义”，是高尔基“对苏俄革命前夕回想的真实记录”，“里面没有单个的主角，所有的完全是集体的人——小偷的团体、搬运夫的集团、面包工人伙、大学生的团体、妓女窟。在每个集团，高尔基都用他有力的笔，把他们活生生的刻画在纸上，真有唤之即出之慨”。村荫尤其赞赏其中表现的被压迫民众的集体主义的反抗精神，介绍说：“虽然这些不幸的人类终日在饥饿里挣扎着，但他们绝不屈服，在愤怒的呼号中，不断的搜求他们的光明。有时他们也有相互的诅咒，但一遇着须要共同的防预时，他们即刻又形成了集体的力量。”[1]还有论者关注高尔基与伊凡诺夫等30余位苏联作家集体创作的纪实文学作品《白海波罗的海运河之建设》体现的人定胜天和对人的改造的思想主题。1934年3月25日出版的天津《大公报》刊登文章介绍这部作品说，这部书描写了在建设沟通白海、波罗的海的运河过程中“将囚徒变为社会主义劳动者之伟大事迹”，“力述人类集团意志征服自然之情况和改造社会上危险分子之艰苦工作”。书中的插图“足以反映在北方特殊艰难之自然环境中建造大运河之英勇事迹”。[2]

中国舆论界尤其肯定高尔基作品体现的革命精神对中国革命的现实意义。1934年3月29日，天津《大公报》刊登张佐华撰写的书评，介绍华蒂翻译、天马书店出版的高尔基撰《英雄的故事》。张佐华介绍，此书描写“智识阶级的革命者，在伟大的革命期中的幻灭、动摇和变节”，“把握住了游移不定、忽左忽右的许多中间层分子的一些典型”。他认为，这对于中国革命具有启发意义，“在目前的中国，也正在被卷入一个大的革命期中，和那个时期的俄国一样，许多智识份子的青年，把握不住他们的意志，他们的行动也因之忽左忽右了。革命不是儿戏的事情，要认识清楚了之后，再加入革命行动，这样，才能使革命不受影响，使民族国家也不要因为革命，而步入衰亡之途”[3]。村荫于1935年8月14日在天津《大公报》发表文章认为，

---

1 村荫：《我的大学》（名著介绍），《大公报》（天津版）1935年8月14日，第3张第12版。
2 《文化情报》，《大公报》（天津版）1934年3月25日，第4张第13版。
3 张佐华：《英雄的故事》（书报评介）（2月22日于东北大学），《大公报》（天津版）1934年3月29日，第4张第13版。

《我的大学》描写的十月革命前夕俄国社会的悲惨、混乱和贫困，对中国人思考自己的社会出路有借鉴意义。“那时候俄国社会的悲惨、混乱、人民贫困的遭遇，正有许多地方和我们目前中国的现实社会相仿佛。在一个如《我的大学》那样悲惨的现实里，假定我们处在里面，究竟该怎样去找寻自己的正确出路？”此书描写的反抗精神值得中国人学习，“最要紧的，他更给我们一种反抗现实的精神”。[1]

有的论者指出，高尔基在旧社会中经受的磨难和具有的抗争精神是其取得文学成就的重要原因。天津《大公报》于 1934 年 3 月 29 日发表的署名煤的文章分析说：“他之所以有这么伟大的成就，这与他的生活，尤其是前期那种流浪的生活是有着极大的关系。”高尔基当过水手、囚犯、伙夫、面包师，“受着巨重的压迫，饮尽人生的苦酒”，这些经历“把他锻炼成为一个在文学以及社会学的原野上的坚强的人”。他在各种磨难中，不断体验、认识现实，“这种宝贵的经验使他的作品更加深确而又伟大”。文章又分析，高尔基出现于俄国文坛的时候，俄国正处于压迫大众的“地主制度”统治之下，“这时候，他就对这罪恶的制度作着光荣的严酷的斗争”。[2]

高尔基于 1936 年 6 月 18 日去世后，中国舆论界深切缅怀他的文学成就和革命精神。高尔基逝世仅仅几天后，上海《大公报》“文艺”版于同年 6 月 26 日出版“追悼高尔基专刊”，刊登黄源的《高尔基是不死的》、克夫的《高尔基与我们》两篇文章，并刊登萧军的诗《死了！我们伟大的母亲！》。黄源在文章中讴歌了高尔基的文学成就和革命生涯，指出高尔基本身就是一只在暴风雨中翱翔的海燕，不仅全身心从事文学创作，而且致力于革命斗争，“他实在便是‘海燕’，便是‘暴风雨的歌颂者’，不，还是暴风雨的掀起者”，“他的生活是作家和革命家的生活，他能够很巧妙地把伟大的文学才能和对于社会主义的献身精神结合在一起。他不仅是艺术上的伟大的巨匠，更是革命史、劳动运动史上的伟大的斗士”。黄源强调，中国文学界要以高尔基为楷模，学习高尔基的艺术和革命精神，“高尔基的精神、高尔基的艺

1　村荫：《我的大学》（名著介绍），《大公报》（天津版）1935 年 8 月 14 日，第 3 张第 12 版。
2　煤：《高尔基生辰杂感》，《大公报》（天津版）1934 年 3 月 29 日，第 4 张第 13 版。

术，是不死的。我们要以他为模范，学习着他的对于文学事业和社会公义的斗争之正当的态度”。[1]克夫在文章中阐述了高尔基作品中蕴含的反抗黑暗旧社会的斗争精神，认为高尔基的伟大不仅在于他给我们留下“最丰富、最宝贵的文学遗产”，还在于给我们指出了“艺术创作的正确道路”，更在于告诉了我们怎样去反抗、推翻“腐旧及其支持者”，建设“新的生活与社会”。克夫强调，高尔基是全世界被压迫人民的“灯塔与号筒”，处于民族危难中的中国人更应以高尔基为楷模，“尤其对于我们，处在民族危机已达到了生死关头，将由半殖民地变为完全殖民地奴隶状况的我们，高尔基更是我们抗战的一面大纛旗”。中国人应学习高尔基指示的反抗和战斗的精神，“不屈不挠，勇往直前来从事救亡的工作，以达到民族与社会的解放”[2]。萧军在诗中将高尔基称作“伟大的母亲”，说道：“死了！伟大的母亲，你最后的一滴血，也作了喂养人类的乳浆。”[3]这个专刊刊登的文章和诗，不仅指出了高尔基的高超艺术成就，而且指出了高尔基及其作品的反抗压迫的革命斗争精神，并指出在中华民族的危机存亡之秋，中国文学界乃至全社会应以高尔基的革命斗争精神为楷模，为中华民族的复兴而努力奋斗。

高尔基逝世后，除本章上文提到的中苏文化协会组织的悼念活动外，中国各地人士纷纷组织追悼高尔基的活动。1936年7月10日，经求知学会、北方文学会、世界编译社筹备，北平市文化界追悼高尔基大会在燕京大学举行。北平各大学教授、学生400余人与会。会场上高悬高尔基遗像，全体与者向高尔基遗像致敬，与会人员纷纷发表演说，表示哀悼。[4]

中国舆论界对苏联文学现实主义风格的认识是深刻的。时人认识到，苏联文学具有的政治宣传性是其现实主义风格的重要表现。时人又进一步分析，苏联文学的现实主义风格在内容上表现为以满足社会需要为导向，强调与现实社会相结合，描写人们的现实工作和生活，从而体现出鲜明的写实主

---

1 黄源：《高尔基是不死的》（6月24日），《大公报》（上海版）1936年6月26日，第3张第12版。

2 克夫：《高尔基与我们》（6月22日），《大公报》（上海版）1936年6月26日，第3张第12版。

3 萧军：《死了！我们伟大的母亲！》（6月22日），《大公报》（上海版）1936年6月26日，第3张第12版。

4 《平市文化界追悼高尔基》，《大公报》（天津版）1936年7月11日，第1张第4版。

义写作方法，同时，外在地表现为与普通民众相结合，为普通民众喜闻乐见，并使普通民众参与文学创作。以对苏联文学的现实主义风格的深入分析为出发点，时人认为苏联文学对中国文学具有启发和指导价值。从中国舆论界对高尔基文学成就的赞赏和认知中，可见时人对高尔基文学作品体现的反抗旧社会的革命精神及描写新社会创造的现实主义的推崇。在中国民族危机日深、面临日益紧迫的革命任务的情况下，时人深切认识到高尔基作品中蕴含的革命反抗精神对中国社会的现实意义。

## 二、对苏联电影的认识

苏联各类影片从1932年起，陆续在中国上海、天津等大城市上映。在中国上映的苏联影片虽然在总体数量上比美国等资本主义国家的影片少，但由于其独特的现实主义风格，仍给中国观众留下了极为深刻的印象。而且，苏联电影艺术对中国电影界人士也产生了一定的影响。

30年代，中国进口苏联影片数量远远少于美国等资本主义国家。以1936年为例，中国引进的苏联电影有《铁马》《冰天雪地》《复仇艳遇》《忠心为国》《血花》《苏俄新青年》《怒海》《马戏团》《黑海洗心记》《无国游民》。在进口电影数量上，美国电影占居绝对多数，达317部。英国次之，有21部。苏联影片居第三位，有10部。[1]苏联电影在30年代中国的市场占有额不仅不高，而且观众的认可度较低。据1937年1月14日上海《大公报》介绍，上海等地上映的外国影片拷贝数量以美国片居首，“苏联影片有向我推进趋势，惟因观众对之都不甚了解，故推销无甚成绩”[2]。

虽然中国上映的苏联电影数量比美国等资本主义国家电影少，但由于苏联电影所具有的与资本主义国家电影迥异的风格，在中国上映的一些苏联影片仍给中国观众留下了深刻印象。1937年1月30日天津《大公报》刊登的一篇文章即介绍，苏联影片由于具有鲜明的思想主题，不同于欧美国家的情色影片，在天津越来越受到观众的欢迎，苏联影片“不类多软性之欧美片，

---

1 《一九三六年外国影片输入概况》,《大公报》(上海版)1937年1月1日，第2张第6版。

2 《电影业巨子何挺然访问记》,《大公报》(上海版)1937年1月14日，第2张第8版。

任何出品，都有一种强烈之灵魂在，故能风行欧美，我国人亦乐观之”。在天津上映的《马戏团》《血花》《无国游民》等“甚受欢迎”。[1]尤其是苏联影片包含的鲜明的积极向上的具有教育意义的主题，极大吸引了中国青年。天津《大公报》于1937年5月19日刊登的一篇文章介绍，观看苏联电影的上海观众不下30万人，这些观众“以青年与学生居最多数”，“揆其主因，还在于苏联片给予彷徨中之中国青年很多刺激和发泄”。[2]在苏联影片上映数量较少的情况下，在一些中国论者眼中，苏联电影的重要性似乎可与美国电影等量齐观。1937年2月7日上海《大公报》“戏剧与电影”版刊登的一篇文章就说：“美国片好，那是美利坚特殊的‘好’。苏联片好，那是苏维埃特殊的‘好’。”[3]

从天津、上海《大公报》刊登的电影广告、影讯、影评来看，苏联影片在上海、天津等中国城市的上映，自1932年至1937年全面抗战爆发前，一直未断，尤其在1936年达到高峰。

故事片《民生真路》英文片名为“Road to Life”，又译为《生路》《人生大道》，描写了苏联政府将经常做坏事的流浪儿童改造成社会主义劳动者的故事。[4]1932年3月底4月初、1932年7月，天津蛱蝶影院、新新影院先后上映了此片。[5]之后，此片又于1933年11月在天津光明影院、河北电影院上映。[6]1934年初，此片又在北平平安影院上映。[7]此片在天津上映期间颇受观众

---

1 幼：《欧美影片公司驻津代理人小记》，《大公报》（天津版）1937年1月30日，第4张第13版。

2 沙：《苏联彩色声片〈夜莺〉（上）》，《大公报》（天津版）1937年5月19日，第4张第15版。

3 甘琪：《我对于中国电影的意见》，《大公报》（上海版）1937年2月7日，第3张第12版。

4 若英：《苏联名片〈生路〉的新的评价》，《大公报》（天津版）1934年1月30日，第4张第13版。

5 参见《影剧消息》，《大公报》（天津版）1932年3月21日，第2张第7版；《影讯》（广告），《大公报》（天津版）1932年3月24日，第2张第7版；《影讯》（广告），《大公报》（天津版）1932年3月27日，第2张第7版；《影讯》（广告），《大公报》（天津版）1932年3月30日，第2张第7版；《民生真路》（广告），《大公报》（天津版）1932年4月1日，第3张第9版；《新新新影》，《大公报》（天津版）1932年7月14日，第3张第11版。

6 《苏联名片〈生路〉今天在光明开演》（影讯），《大公报》（天津版）1933年11月5日，第4张第13版；《苏联影片〈生路〉河北电影院明天起公映》，《大公报》（天津版）1933年11月14日，第4张第13版。

7 若英：《苏联名片〈生路〉的新的评价》，《大公报》（天津版）1934年1月30日，第4张第13版。

欢迎。天津《大公报》刊登的报道介绍，此片于 3 月 31 日开始在天津蛱蝶影院上映后，极受欢迎，“此为纯粹苏俄对白之有声片第一次在华北之公映，颇引起中外人士之注意，以故昨晚座客奇满，为蛱蝶院希有之盛况”[1]。

苏联故事片《金山》于 1933 年 10 月 22 日至 25 日在天津河北电影院上映。[2]此片描写了十月革命前俄国工厂中工人与资本家的斗争，在苏联的一个大型工厂中拍摄。10 月 22 日，天津《大公报》刊登影讯，宣传此片表现的阶级斗争主题和作为拍摄场地的苏联工厂的规模之大，介绍说：“该片系苏俄巨制，以劳资争议为题材，对双方生活情况，有极有力的对照。全片率由苏俄大规模工厂实地摄制，景事逼真，一新耳目。”[3]《大公报》在同一天又刊登河北电影院发布的广告。广告极力宣传影片的现实主义风格和作为拍摄场地的苏联工厂的宏大规模，声称此片“以劳资争议为题材，写双方不同之点，演出极有力”，“没有女人的大腿，只有粗壮的铁腕，没有绅士的高帽，只有工人的血肉，没有灿烂的明星，只有集团的生活，没有个人的存在，只有大众的呼声”，影片“由国营机关内实地摄制，一切设施均属伟大无伦”。[4]此片在天津河北电影院上映期间，极受观众欢迎。天津河北电影院于 10 月 23 日在《大公报》刊登广告称：“连日满座，惠临请早。”[5]此语虽是广告用语，有夸大之嫌，但仍可反映出该片上座率较高的情况。

1935 年 4 月 4 日，天津平安电影院开始放映苏联故事片《狂风暴雨》。[6]此片由 19 世纪俄国剧作家亚历山大·尼古拉耶维奇·奥斯特洛夫斯基原著，反映了旧俄时期俄国人民在沙皇专制统治下的悲惨生活和蕴藏的反抗精神。此片在平安电影院的上座率应该是比较高的。平安电影院上映此片两天后，天津《大公报》于 4 月 6 日刊登文章，在介绍天津平安电影院在票房上取得

---

1　《游艺消息》，《大公报》（天津版）1932 年 4 月 1 日，第 2 张第 7 版。

2　参见《〈金山〉河北影院今天起演》，《大公报》（天津版）1933 年 10 月 22 日，第 4 张第 13 版；《金山》（广告），《大公报》（天津版）1933 年 10 月 22 日，第 4 张第 14 版；《金山》（广告），《大公报》（天津版）1933 年 10 月 23 日，第 4 张第 14 版。

3　《〈金山〉河北影院今天起演》，《大公报》（天津版）1933 年 10 月 22 日，第 4 张第 13 版。

4　《金山》（广告），《大公报》（天津版）1933 年 10 月 22 日，第 4 张第 14 版。

5　《金山》（广告），《大公报》（天津版）1933 年 10 月 23 日，第 4 张第 14 版。

6　参见《狂风暴雨》（广告），《大公报》（天津版）1935 年 4 月 4 日，第 4 张第 13 版；《震撼全球之〈狂风暴雨〉今日在平安公映》，《大公报》（天津版）1935 年 4 月 4 日，第 4 张第 15 版。

的成绩时，就突出介绍了苏联电影《狂风暴雨》。文章介绍，平安电影院之所以营业蒸蒸日上，是因为选片慎重，上映的影片质量上乘，而不是在广告中过分吹嘘。“《狂风暴雨》的映出，更证实了该院的缜密态度。的确，这张苏俄有声产物是值得介绍过来的，诚如广告中所说‘毫无革命的意识’，纯粹是部唯美的作品。”[1]

中国引进了几部苏联北极探险类影片，主要包括《北极英雄》《北极探险遇难记》《冰天雪地》等。《北极英雄》描写了苏联北极探险队的冰上生活，以及探险队失事时的情形、被救后苏联人民热烈欢迎的场面，曾于1935年春先后在上海、天津上映。[2]《北极探险遇难记》描写苏联“芝鲁斯金号”考察船在北极遇险沉没、科考人员克服困难返回的情况。[3]天津大光明影院、新新影院先后于1936年2月、3月放映这部影片。[4]天津《大公报》2月4日刊登的电影广告极力渲染这部影片表现的苏联人民的探险精神，声称：这部影片反映出“无处不伟大，无处不惊人，苏俄到底是苏俄”，“人类的奋斗，再接再励[厉]，百折不回，含意至深”。[5]此片受到天津观众欢迎。天津《大公报》于3月27日刊登文章介绍，“《北极探险遇难记》亦能使观众十分满意”[6]。《冰天雪地》原名“The Daring Seven”，直译是“七英雄”，描写了七位苏联青年一同前往北极探险的故事，将苏联探索北极过程中表现出的不怕牺牲的探险精神，生动地表现在国人面前。1936年10月，此片在上海上映。当年10月3日，上海《大公报》刊登影讯介绍，“这片子完全是反映出

1 《平安院巨片云集，业务增繁》，《大公报》（天津版）1935年4月6日，第5张第18版。

2 《苏联新片〈北极英雄〉》，《大公报》（天津版）1935年4月24日，第4张第16版。

3 《梅兰芳、胡蝶在苏俄情形，新新院明日开映》，《大公报》（天津版）1936年3月25日，第4张第13版。

4 参见《北极探险遇难记》（广告），《大公报》（天津版）1936年2月4日，第3张第11版；《新新将映梅兰芳与胡蝶赴俄盛况》，《大公报》（天津版）1936年3月23日，第4张第13版；《梅兰芳、胡蝶在苏俄情形，新新院明日开映》，《大公报》（天津版）1936年3月25日，第4张第13版；《苏俄三大影片，新新今天开映》，《大公报》（天津版）1936年3月26日，第4张第13版；《新新电影院》（广告），《大公报》（天津版）1936年3月27日，第4张第13版。

5 《北极探险遇难记》（广告），《大公报》（天津版）1936年2月4日，第3张第11版。

6 《新新将映〈呼风唤雨〉》，《大公报》（天津版）1936年3月27日，第4张第13版。

苏联青年，现在负起新社会、新人类的克服自然的新使命”[1]。天津明星戏院从 1937 年 1 月 14 日起上映这部影片。天津《大公报》于当天刊登的文章介绍此片说，此片反映了“苏俄革命后开发北极之壮举、人类征服自然之表现。所有工作人员，艰苦奋斗，克服环境，发现新大陆。其探险精神，极为伟大，冒死前进，决不退后，诚不可多得之佳构”[2]。显然，中国观众从这三部影片中看到了苏联人民勇于征服自然、与恶劣自然环境抗争的探险精神。

1935 年夏，天津大光明影院、新新影院先后上映了苏联歌舞片《齐天乐》和战争片《抵抗》。《齐天乐》是苏联拍摄的一部有声歌舞片。7 月、8 月，天津大光明影院、新新影院先后上映此片。[3] 7 月 12 日晚，这部影片在天津大光明影院试映时，即受到观众欢迎，观众尤其喜欢片中的喜剧内容。天津《大公报》报道，大光明影院试映该片时，“中外观众，同声赞美，尤以片中充满笑料，在苏俄影片中，极为少见”[4]。此片的音乐歌舞、喜剧娱乐性在天津电影市场上似乎是一个重要卖点。天津《大公报》于 8 月 15 日刊登影讯，将此片称为“苏俄第一部滑稽爵士音乐笑片”，声称：“这是一部乐无穷尽的笑片”，影片“从头到尾，都是笑柄。你看过马牛羊鸡犬豕开音乐会吗？看见过畜牲禽兽唱歌跳舞吗？本片在音乐与摄影以及演员各方面都有极大的成功，颇有一看价值”。[5] 8 月 16 日，天津《大公报》再次刊登影讯，宣传《齐天乐》的喜剧效果和音乐冲击力，声称：“很明显的，它的讽刺力量和喜剧空气，特别是它音响方面大大的成功，新奇特异的苏俄乐队，使观众耳鼓里装着一种雄伟澎湃的情绪。各种对于大自然的配音，也都发生一种紧凑的力量。”[6]《抵抗》是一部苏联战争题材故事片，描写第一次世界大战

---

1 《苏联影片〈冰天雪地〉》,《大公报》(上海版) 1936 年 10 月 3 日，第 4 张第 14 版。

2 《今日电影》,《大公报》(天津版) 1937 年 1 月 14 日，第 4 张第 13 版。

3 《齐天乐》,《大公报》(天津版) 1935 年 7 月 14 日，第 4 张第 13 版;《齐天乐》,《大公报》(天津版) 1935 年 7 月 16 日，第 4 张第 13 版;《新新院装置新有声机器》,《大公报》(天津版) 1935 年 8 月 14 日，第 4 张第 13 版;《〈齐天乐〉乐无穷》,《大公报》(天津版) 1935 年 8 月 15 日，第 4 张第 13 版;《〈齐天乐〉公演》,《大公报》(天津版) 1935 年 8 月 16 日，第 4 张第 13 版;《〈齐天乐〉开演》,《大公报》(天津版) 1935 年 8 月 17 日，第 4 张第 13 版;《新新声机今日装竣》,《大公报》(天津版) 1935 年 8 月 19 日，第 4 张第 13 版。

4 《齐天乐》,《大公报》(天津版) 1935 年 7 月 14 日，第 4 张第 13 版。

5 《〈齐天乐〉乐无穷》,《大公报》(天津版) 1935 年 8 月 15 日，第 4 张第 13 版。

6 《〈齐天乐〉公演》,《大公报》(天津版) 1935 年 8 月 16 日，第 4 张第 13 版。

期间德、法两国军队间的作战情况。8月、9月，此片先后在天津大光明影院、新新影院上映。新新影院在上映《抵抗》时，加演分别反映苏联五年计划建设期间巴库油田、五大海港建设的两部纪录片。[1]从新新影院加演反映苏联国家建设的纪录片可以看出，苏联国家建设事业也受到中国电影放映界的关注，并将之作为一个重要卖点，向国人推送。新新影院上映的《抵抗》和两部反映苏联五年计划建设的纪录片的上座率是很高的。天津《大公报》于9月3日刊登的影讯就介绍，"苏俄战争片《抵抗》及其社会主义建设'五年计划'之实况，在新新院上演，颇有叫座力"[2]。关于这三部影片受天津观众欢迎的情况，天津《大公报》于9月7日刊登的一篇短文也有所反映。这篇文章在分析1935年夏天津市电影业萧条的原因时认为，当年夏天津电影业之所以萧条，"其中重要原因，依然是影片公司不肯把好片子出手"。只要有好片子，观众还是踊跃观看电影的，例如，当年9月1日（星期日），天津三家影院同时上映好片子，明星大戏院上映《珍珠岛》，新新影院上映《抵抗》和两部纪录片，光明影院上映《小天使》，三家影院的上座率都很高，并未出现相互影响客源的现象，"观众之多，依然有使三院同满的人数，只要有好片子的话"[3]。9月11日，天津新新影院又将《齐天乐》《抵抗》两部苏联影片放在一起上映一天。[4]一年半后，《抵抗》《齐天乐》又在天津重映。天津光明影院于1937年3月18日开始重映《抵抗》，并加映苏联纪录片《幸福的青年》，"将苏联一年一度的运动游行，完全摄入银幕"[5]。同年5月19日，天津明星大戏院重映《齐天乐》。[6]

---

1 参见《〈抵抗〉——苏俄战事第一片》，《大公报》（天津版）1935年8月13日，第4张第13版；《〈抵抗〉——新新九月一日上演》，《大公报》（天津版）1935年8月27日，第4张第13版；《〈抵抗〉——新新日内将映演》，《大公报》（天津版）1935年8月29日，第4张第15版；《新新院明日换片》，《大公报》（天津版）1935年8月30日，第4张第13版；《〈抵抗〉——新新定明天上演》，《大公报》（天津版）1935年8月31日，第4张第13版；《新新明日映〈真好女子〉》，《大公报》（天津版）1935年9月4日，第4张第13版。

2 《〈真好女子〉——新新订下期演映》，《大公报》（天津版）1935年9月3日，第4张第13版。

3 幼：《银灯杂感（上）——津市影业衰落之原因》，《大公报》（天津版）1935年9月7日，第4张第13版。

4 《荷莱坞秘史》，《大公报》（天津版）1935年9月11日，第4张第13版。

5 《〈抵抗〉光明今日开演》，《大公报》（天津版）1937年3月18日，第4张第13版。

6 《〈齐天乐〉明星今天上演》，《大公报》（天津版）1937年5月19日，第4张第15版。

故事片《空中英雄》描写了苏联空军男女战士，在训练中以精巧的飞行技术，赤胆忠心，以死报国的故事。天津大光明影院于1935年11月上映这部影片。[1]1936年12月，天津新新影院又上映此片。[2]这部影片向中国观众宣传了苏联空军战斗力的强大和作战水平的高超。1936年12月9日，天津《大公报》发表影讯介绍，此片是苏联空军“示威之作”，表现的飞行技术“更动魄惊心”。影讯预言，在未来的第二次世界大战中，苏联空军将为世界各国空军之首，“二次大战即在眉睫，军事家早预言为空中战。世界空军首领已为苏俄”[3]。

故事片《夏伯阳》又译《恰巴耶夫》，描写1919年苏俄内战时期一位名叫夏伯阳的红军将领的英雄事迹和传奇的成长经历，在1935年莫斯科电影节上获得最高奖。1935年12月20日，《夏伯阳》开始在天津平安影院上映。[4]上海大戏院从1936年4月12日起上映此片，[5]“备受沪上人士之热烈欢迎”，突破上海票房纪录。[6]此片在上海大戏院连演十多天，“卖座仍未稍减，且每场客满，恒有向隅者。卖票处更形踊跃，拥挤状况，不可言述，步伐所至，途为之塞。民众都一致欢迎，争先恐后”。放映结束后，上海大戏院经常接到各界人士来信，要求重映。于是，上海大戏院决定于5月26日和27日重映此片两天。[7]后来，上海大戏院因胡汉民去世公祭，将原定5月26日和27日的上映延至5月28日和29日。[8]同年11月14日，高冈在上海《大公报》发表文章认为，《夏伯阳》（他称作《却派也夫》）是世界上描写英雄的划时代的

---

1 《苏俄航空巨片》（广告），《大公报》（天津版）1935年11月7日，第4张第13版。

2 《〈空中英雄〉新新明天起演》，《大公报》（天津版）1936年12月9日，第4张第13版；《今日电影》，《大公报》（天津版）1936年12月10日，第4张第13版。

3 《〈空中英雄〉新新明天起演》，《大公报》（天津版）1936年12月9日，第4张第13版。

4 参见《〈夏伯阳〉，国际影展冠军，将在平安公映》，《大公报》（天津版）1935年12月17日，第3张第11版；《平安院今日公映〈夏伯阳〉》，《大公报》（天津版）1935年12月20日，第3张第11版；《夏伯阳》（广告），《大公报》（天津版）1935年12月20日，第3张第11版；《夏伯阳》（广告），《大公报》（天津版）1935年12月21日，第3张第11版。

5 《苏俄巨片〈夏伯阳〉今天在上海开映》，《大公报》（上海版）1936年4月12日，第2张第6版。

6 《〈铁马〉苏俄趣味军训巨片，上海大戏院献映》，《大公报》（上海版）1936年5月6日，第2张第8版。

7 《〈夏伯阳〉将重映》，《大公报》（上海版）1936年5月27日，第2张第8版。

8 《夏伯阳》（广告），《大公报》（上海版）1936年5月27日，第2张第8版。

影片，对中国观众有巨大警世作用，“更警醒了在炮火血光中沉睡的人”，抓住了中国观众的内心。[1]显然，上海大戏院放映《夏伯阳》掀起了一场国人崇拜苏联英雄的旋风。作为描写苏联红军革命烈士的影片，《夏伯阳》在中国的上映极大改变了国人对苏联社会主义革命和红军战绩的看法，在国人面前树立起积极向上的苏联革命形象。

《黄金湖》是一部苏联侦探片，反映了在苏联五年计划社会主义建设过程中建设者的积极奋斗及其与破坏者之间的斗争。天津新新影院从1936年4月2日起上映此片。[2]4月1日，天津《大公报》刊登影讯介绍这部影片说：“该片表现着苏俄五年计划之到处兴奋生活和一种在国内内哄的斗争。一方面固可以看作社会主义国家之五年计划建设的真况，另一方面，也可以看作当初他们的建设破坏时的靖内工作。”[3]《黄金湖》的上映使中国观众对苏联社会主义建设过程的艰难曲折有了直观的感受。

《铁马》是一部反映苏联军队训练情况的故事片。上海大戏院从1936年5月6日起上映苏联影片《铁马》。[4]上海大戏院在上映此片时，还加映关于苏联军队检阅的新闻纪录片，“包括苏俄红军领袖检阅骑兵大队操演及莫斯科空军检阅等等”[5]。天津新新影院也于1936年5月29日上映《铁马》。新新影院于当天在天津《大公报》刊登的广告极力渲染苏联军事装备和军队训练的先进，以“热烈紧张，军事训练，武装卫国，惊人贡献”，“战场上最新利器，水陆兼用唐克炮，为强国军事训练，大操演惊人贡献”，“沙场血战，新奇利器”等词汇描写这部电影。[6]通过观看《铁马》，中国观众直观地了解到苏联红军的强大，尤其对苏联红军武器装备的先进留下了深刻印象。

故事片《黑海洗心记》反映了苏联改造罪犯的事迹，主题与《民生真

---

1 高冈：《苏俄底电影事业》，《大公报》（上海版）1936年11月14日，第4张第16版。

2 参见《黄金湖》，《大公报》（天津版）1936年4月1日，第4张第13版；《苏俄片〈黄金湖〉，新新日内将演》，《大公报》（天津版）1936年3月31日，第4张第13版；《黄金湖》（广告），《大公报》（天津版）1936年4月3日，第4张第13版。

3 《黄金湖》，《大公报》（天津版）1936年4月1日，第4张第13版。

4 参见《〈铁马〉苏俄趣味军训巨片，上海大戏院献映》，《大公报》（上海版）1936年5月6日，第2张第8版；《铁马》（广告），《大公报》（上海版）1936年5月6日，第2张第8版。

5 《铁马》（广告），《大公报》（上海版）1936年5月6日，第2张第8版。

6 《铁马》（广告），《大公报》（天津版）1936年5月29日，第4张第13版。

路》相近。上海大戏院于 1936 年 5 月上映此片。[1]天津新新影院也于同年 6 月 6 日开始放映此片。[2]当日，新新影院在天津《大公报》发布广告，将此片与《民生真路》联系起来介绍，称："数年前苏名片《生路》第一步成功，津平热烈欢迎"，而此片反映出苏联国家建设的第二步成功，是"苏俄五年计划强国第二步的成功显示"。[3]

故事片《苏俄新青年》描写了苏联青年努力学习和工作的精神。[4]上海大戏院自 1936 年 6 月 19 日起上映此片。[5]天津新新影院也于同年 7 月 3 日至 5 日上映这部影片。[6]北平真光影院亦于同年 7 月 15 日上映此片。[7]此片在上海、天津上映前后，上海、天津《大公报》刊登的影讯和电影广告在介绍此片表现的苏联青年的青春朝气和埋头苦干精神的同时，又将苏联青年视作中国青年的学习榜样。6 月 19 日，上海《大公报》"大公俱乐部"版刊登文章介绍，"全片充满着青春的朝气、新气象、新生活"。苏联青年"为全世界民族所需要的好榜样，亦为吾国负有重大责任的现代青年中国主人翁所需要的良好模范"，这部影片"的确是一部十足道地指示青年应具的一种百折不回、悬崖勒马、孜孜不倦奋斗恶环境的警世巨片，是青年们非看不可的名作"。[8]7 月 2 日，新新影院在天津《大公报》刊登广告称，"全片充满着苏俄的新气象、新生活、新气概、青年的新朝气"，苏联青年"是我国青年的当头棒喝，是我国爱国份子的好榜样"，"要作百折不回的模范青年，愿国人耗费片时光阴，一看这部伟大巨片"。[9]天津《大公报》也于 7 月 3 日刊登影讯，介绍

1　《苏俄名片〈黑海洗心记〉在上海大戏院开映》，《大公报》（上海版）1936 年 5 月 19 日，第 2 张第 8 版。

2　参见《〈黑海洗心记〉，新新今日公映》，《大公报》（天津版）1936 年 6 月 6 日，第 4 张第 13 版；《黑海洗心记》（广告），《大公报》（天津版）1936 年 6 月 6 日，第 4 张第 14 版。

3　《黑海洗心记》（广告），《大公报》（天津版）1936 年 6 月 6 日，第 4 张第 14 版。

4　张央：《苏俄新青年》（影评），《大公报》（上海版）1936 年 6 月 24 日，第 4 张第 16 版。

5　《上海大戏院最新惊人贡献》，《大公报》（上海版）1936 年 6 月 19 日，第 4 张第 16 版。

6　参见《苏俄新青年》（广告），《大公报》（天津版）1936 年 7 月 1 日，第 4 张第 14 版；第 4 张第 14 版；《苏俄新青年》（广告），《大公报》（天津版）1936 年 7 月 2 日，第 4 张第 14 版；《苏俄新青年》（广告），《大公报》（天津版）1936 年 7 月 3 日，第 4 张第 13 版；《〈苏俄新青年〉明天在新新公演》，《大公报》（天津版）1936 年 7 月 3 日，第 4 张第 13 版。

7　《北平游艺》，《大公报》（天津版）1936 年 7 月 15 日，第 4 张第 15 版。

8　《上海大戏院最新惊人贡献》，《大公报》（上海版）1936 年 6 月 19 日，第 4 张第 16 版。

9　《苏俄新青年》（广告），《大公报》（天津版）1936 年 7 月 2 日，第 4 张第 14 版。

《苏俄新青年》说：此片“内容叙苏俄现代青年们埋头苦干，有志竟成，得着最后胜利”。[1]中国观众通过观看此片了解到了苏联青年奋发向上、努力工作的精神面貌，并对中国观众产生了巨大的教育意义，进而使苏联青年在中国观众中树立起鲜明的积极正面形象。而且，苏联青年朝气蓬勃的生活风貌在30年代中国社会成为一个重要的商业买点。

苏联驻上海、天津、南京外交机构分别在上海、天津、南京邀请中国人士观看两部记述苏联红军军事演习的纪录片，即《为基也夫而战争》（又译《基夫之奋斗》《为基也夫而战》）和《予打击者以打击》（*Blow for blow*，又译《一九三六秋季红军检阅》）。《为基也夫而战争》记述1935年苏联红军在基也夫（Kiev）地区的演习实况。1936年7月17日晚，苏联驻华大使鲍格莫洛夫在苏联驻上海领事馆邀请上海新闻、文化界人士观看此片。次日晚，苏联方面又在上海大戏院放映该片，邀请上海市各界人士观看。[2]7月24日，苏联驻天津领事馆在天津大光明影院招待各界人士观看这部影片。[3]苏联驻上海、天津领事馆放映此片后，此片引起中国媒体和民众的极大兴趣。7月25日，天津《大公报》在介绍此片时感叹：苏联红军的飞机“能运载坦克车飞翔高空，洵近代科学战之奇观”[4]。又据10月18日上海《大公报》“戏剧与电影”版刊登的一篇启示称：“本刊接到读者来函三封，均系恳切要求上海大戏院即日公映苏联军事纪录影片《为基也夫而战》，藉以唤起中国民众一致起来抗 ×[日]救亡者。”[5]《予打击者以打击》记述1936年苏联红军在白俄罗斯军区举行秋季大演习的实况。1937年5月29日，苏联驻华大使馆在上海大戏院放映此片，邀请上海各界人士观看。此前，苏联驻华大使馆在南京招待各界人士观看此片。[6]苏联驻华大使馆非常重视此片在上海的放映工作。由苏联驻华大使鲍格莫洛夫邀请，而非由苏联驻上海领事馆出面邀请上海各界

1 《〈苏俄新青年〉明天在新新公演》，《大公报》（天津版）1936年7月3日，第4张第13版。
2 《苏联大使昨晚招待新闻界，参观军事影片》，《大公报》（上海版）1936年7月18日，第2张第7版。
3 《苏俄领事馆招待各界参观军事影片》，《大公报》（天津版）1936年7月25日，第2张第8版。
4 《苏俄领事馆招待各界参观军事影片》，《大公报》（天津版）1936年7月25日，第2张第8版。
5 编者：《要求公映〈为基也夫而战〉》，《大公报》（上海版）1936年10月18日，第3张第12版。
6 《苏联大使馆放映军事影片》，《大公报》（上海版）1937年5月29日，第4张第15版。

人士参看这部影片，后因鲍格莫洛夫在南京有事，特派驻华使馆一等秘书比野门罗到上海招待。[1]6月4日晚，苏联驻天津领事馆邀请天津各界名流在馆内观看了这部影片。[2]这部影片在南京、上海、天津放映时，在中国各界引起较强烈的反响。例如，1937年5月29日出版的上海《大公报》报道，观看此片后，“中外人士对苏联之军力，莫不赞叹”[3]。由苏联驻中国外交机构邀请中国各界人士观看《为基也夫而战争》《予打击者以打击》来看，苏联外交人员非常重视向中国各界宣传苏联的军事实力和军事建设成就。影片反映的苏联红军武器的先进、士气的高昂、军民的团结，给中国观众留下了深刻印象。在抗日救亡已经成为社会主题的情况下，中国民众对苏联军队的先进武器、战斗力、战斗精神充满着强烈向往。

中国上映了两部反映苏联民族团结和平等的故事片，即《无国游民》《追求幸福者》。《无国游民》描写了苏联政府改造到处流浪、没有固定职业、受压迫的吉卜赛人的故事，让他们加入集体农场，与其他民族的人民一样生产和生活。1936年9月，此片在上海上映。当年9月20日，上海《大公报》“戏剧与电影”版发表影评，介绍这部影片。影评从电影中看出了苏联各民族之间团结和平等的实况。影评说道：“它要表示在苏联是怎样和在别的国家不同，种族的论见非但不能存在，而且，先进的民族怎样协助一切落后的小民族。它不单说明了‘无国游民’在苏联的花园里得到了安息，更由此启示了种族平等与人类的兄弟之情的伟大原则。”[4]同年10月，天津大光明电影院、明星大戏院先后放映此片。[5]《追求幸福者》描写了苏联境内犹太人的生活和流浪情形。天津明星大戏院于1937年5月5日至7日上映苏联此片。[6]

故事片《复仇艳遇》又名《杜布洛夫斯基》，改编自普希金的同名小说，

---

1 《苏联使馆昨邀各界参观苏联军事影片》，《大公报》（上海版）1937年5月30日，第2张第7版。

2 《苏俄领馆招待观影》，《大公报》（天津版）1937年6月5日，第2张第6版。

3 《苏联大使馆放映军事影片》，《大公报》（上海版）1937年5月29日，第4张第15版。

4 未名：《评一：〈无国游民〉》，《大公报》（上海版）1936年9月20日，第3张第12版。

5 《〈无国游民〉大光明今日公演》，《大公报》（天津版）1936年10月17日，第4张第13版；《〈无国游民〉明星今日公演》，《大公报》（天津版）1936年10月27日，第4张第13版。

6 参见《〈追求幸福者〉明星今日开演》，《大公报》（天津版）1937年5月5日，第4张第13版；《〈雾夜拯美记〉明星明日开演》，《大公报》（天津版）1937年5月7日，第4张第13版。

反映了19世纪初俄国农民对农奴制度的反抗斗争。[1]天津大光明影院于1936年10月上映此片。[2]天津明星大戏院也于同年11月上映此片。[3]通过观看《复仇艳遇》，中国观众对旧俄时期沙皇的腐朽统治和人民的反抗精神有了直观而深刻的认识。

故事片《血花》（*Three girl friends*）描写了从俄国旧社会走出来的三个姑娘勇敢投身十月革命期间红军战斗的英雄事迹。[4]此片先于1936年10月在上海上映。[5]天津明星戏院也从1937年1月6日起放映此片。[6]明星戏院为了方便观众了解剧情，专门翻译了详细的中文字幕。[7]

《今日之苏联国》（又译《今日的苏联》《今日之苏联》《今日的苏联国》《今日之苏联建设》《苏联之建设》）是苏联为庆祝十月革命19周年制作的一部宣传苏联各方面建设成就的纪录片。此片将苏联描绘成充满生机、快速建设、人民康乐幸福的人间天堂，依《申报》报道所言，"它告诉我们整个苏联是在积极地建设着，每一幅画面使人相信'苏联是为人类谋幸福的'"[8]。苏联十月革命19周年纪念日之际，苏联驻上海领事馆将此片交给中苏文化协会上海分会，于1936年11月7日在上海大戏院放映此片，招待中外各界人士观看。[9]此片本来不是一部商业性影片。但11月7日上映后，许多观看此片的人士建议公映此片。苏联驻上海领事馆遂交给上海大戏院从同年12月12

1 草：《苏联影片〈杜布洛夫斯基〉》，《大公报》（天津版）1936年10月19日，第4张第13版。

2 参见草：《苏联影片〈杜布洛夫斯基〉》，《大公报》（天津版）1936年10月19日，第4张第13版；《〈复仇艳遇〉大光明今晚公演》，《大公报》（天津版）1936年10月21日，第4张第13版。

3 《〈复仇艳遇〉明星今日起映》，《大公报》（天津版）1936年11月10日，第4张第13版。

4 若愚：《从〈血花〉谈到苏联的电影》，《大公报》（上海版）1936年11月2日，第4张第16版。

5 未名、唐纳：《〈血花〉的推荐》，《大公报》（上海版）1936年11月1日，第3张第12版。

6 参见《〈血花〉明星今日起演》，《大公报》（天津版）1937年1月6日，第4张第13版；《〈血花〉明星明日公演》，《大公报》（天津版）1937年1月5日，第4张第13版；《〈血花〉明星今日起演》，《大公报》（天津版）1937年1月6日，第4张第13版。

7 《〈血花〉明星今日起演》，《大公报》（天津版）1937年1月6日，第4张第13版。

8 《苏联十九周国庆纪念上海放映〈苏联之建设〉》，《申报》1936年11月9日，本埠增刊第5版。

9 《昨日苏俄国庆纪念，俄总领招待各界》，《大公报》（上海版）1936年11月8日，第2张第7版；《〈今日之苏联〉光明今日起演》，《大公报》（天津版）1937年4月13日，第4张第15版。

日起公映。[1]在此片公映前，上海《大公报》于 12 月 7 日刊登长文，全面介绍此片的内容。此文介绍，这部影片向观众展现出一个“朝气勃勃、有无限光明前途的苏联”，看了这部影片，“我们不能否认他在世界上是一个伟大的存在”。[2]上海大戏院公映此片后，苏联驻上海领事馆又派人将此片送到北平，由真光影院公映。之后，又送到天津，从 1937 年 3 月 21 日起，由天津平安电影院公映。天津《大公报》于 3 月 21 日刊登影讯介绍，此片在北平上映时就引起了轰动。[3]3 月 21 日，平安电影院在天津《大公报》刊登广告，强调此片是了解苏联建设成就的窗口，以吸引观众的眼球。广告声称，这是一部直观了解苏联的珍贵影片，是“苏俄建设政治、经济、社会、军事、教育巨片”，看这部影片是一个千载难逢的“免费游历苏俄”的机会，“欲知新俄近况不可不看，研究苏联国情不可不看”！[4]由于北平真光影院、天津平安影院公映《今日之苏联国》时，“两地卖座俱极可观”，所以，天津光明大戏院也于 1937 年 4 月 13 日至 16 日放映此片。天津新学中学全体学生、教职员预定了数百个座位，其他学校学生集体订票者亦不少。[5]天津河北影院也于 1937 年 4 月 21 日上映《今日之苏联国》。[6]河北影院位于大胡同一带，属于华界，更加平民化。此影院上映该片，说明苏联的国家建设成就也颇受天津底层百姓的瞩目。《今日之苏联国》将苏联建设的成就直观而生动地展现在国人面前。此片的上映，既有苏联驻华外交人员宣传苏联建设成就的成分，亦在中国各界引起轰动，使中国观众更直观地了解到苏联的建设成绩。

《马戏团》是一部以描写苏联马戏团演出活动为内容的娱乐片。上海大戏院于 1936 年 11 月上映此片。[7]同年 11 月 14 日，高冈在上海《大公报》发表文章认为，此片表明苏联电影艺术已达到很高水平，能与西方资本主义先

---

1 《〈今日之苏联〉光明今日起演》，《大公报》（天津版）1937 年 4 月 13 日，第 4 张第 15 版。
2 《在上海看〈今日之苏联〉》，《大公报》（上海版）1936 年 12 月 7 日，第 4 张第 15 版。
3 《〈今日之苏联国〉平安电影院定今日起演》，《大公报》（天津版）1937 年 3 月 21 日，第 4 张第 13 版。
4 《今日之苏联国》（广告），《大公报》（天津版）1937 年 3 月 21 日，第 4 张第 14 版。
5 《〈今日之苏联〉光明今日起演》，《大公报》（天津版）1937 年 4 月 13 日，第 4 张第 15 版。
6 《今日之苏联国》（广告），《大公报》（天津版）1937 年 4 月 21 日，第 4 张第 14 版。
7 未名：《评〈马戏团〉》，《大公报》（上海版）1936 年 11 月 8 日，第 3 张第 12 版。

进国家的电影“较一日之短长”[1]。

故事片《忠心为国》原名“月长石”（Moonstone），描写苏联建设者忠心为国，不怕威胁，意志坚强，在高原地区勘探矿藏，经过无数挫折，终于取得成功的故事。上海大戏院从1936年11月28日起上映此片。上海《大公报》“大公俱乐部”版于当天刊登影讯介绍，这部影片说明，人民应当在产业方面为祖国效劳，“不应以一己之欢苦而贻害国家”[2]。从此片中，中国观众深切感受到了苏联人民大公无私、坚忍不拔的建设精神。

1937年1月至2月，上海大戏院上映纪录片《阿比西尼亚》。此片是苏联新闻电影制片厂摄影师在1935年10月至1936年5月埃塞俄比亚抗意战争前线随军拍摄而成的，内容除包括意大利与埃塞俄比亚之间的战争场面外，还系统介绍了埃塞俄比亚的政治、军事、经济、教育、人民生活习惯等情况，又介绍了埃塞俄比亚的国际地位、抗意战争的远因与近因。此片尤其介绍了埃塞俄比亚人民踊跃参战、英勇战斗，但终因武器装备悬殊而失败的情况。[3]上海《大公报》于1月23日刊登影评，对埃塞俄比亚人民以原始的武器英勇抵抗意大利飞机大炮的精神表示感动。影评作者身处中国遭受日本步步侵略的情况下，对埃塞俄比亚人民英勇抵抗意大利侵略感同身受，表示：这部影片“尤其对于现状下的中国，更是有着特殊的启示和激刺”。埃塞俄比亚虽然被意大利亡国，但其国民抵抗外来侵略的精神极为可贵，“文化落后的阿国，在防御武器上，虽说比不上意国的新式利刃，但她国民的一腔单纯的爱国狂热，却已组成了一个不可蔑视的力量”[4]。

1937年6月11日，上海大戏院一度准备上映苏联军事故事片《克隆斯达海军》。这部影片片名最初译作“我们来自克隆斯达”，记述了十月革命后1919年苏俄克隆斯达海军英勇抵抗进攻彼得格勒的外国军队的故事。[5]由于德国驻上海领事馆的抗议，此片尚未上演，遭上海市政府禁演。上海大戏院

---

1 高冈：《苏俄底电影事业》，《大公报》（上海版）1936年11月14日，第4张第16版。

2 《上海大戏院开映苏联新片〈忠心为国〉》，《大公报》（上海版）1936年11月28日，第4张第16版。

3 《文化界》，《大公报》（上海版）1937年1月20日，第4张第14版。

4 一芹：《阿比西尼亚》（影评），《大公报》（上海版）1937年1月23日，第4张第16版。

5 《〈克隆斯坦［达］海军〉明日开映》，《大公报》（上海版）1937年6月10日，第5张第17版。

临时换映《火中的西班牙》。[1]《火中的西班牙》是一部由苏联摄影师在西班牙内战战场实地拍摄的纪录片，反映了 1936 年爆发的西班牙内战的实况。上海大戏院从 1937 年 7 月 1 日起正式开始放映此片。[2] 在中国民族危机日益严重的情况下，中国观众从《火中的西班牙》中，既感到与遭受外来干涉的西班牙之间的同命相怜，又从西班牙人民反对外来干涉斗争中受到了争取民族独立的巨大鼓舞。1937 年 7 月 3 日，上海《大公报》"戏剧与电影"版刊登署名"泉良"的文章表示，看了《火中的西班牙》，感到"我们目前的命运正跟西班牙人民的命运有着相同的地方"。西班牙人民在国外"黑色魔王"的进攻下，将陷入"最黑暗的深渊"，而中国人在日本的刺刀下，"将过着奴隶的生活"。文章从西班牙人民英勇的反侵略斗争中受到了抗日的鼓舞，表示西班牙英勇的战士举起"反侵略的旗帜"，这部影片的上映"有着极大的意义"。"特别是在东方的我们国家里，打破了恐 ×[日] 的变态心理，向我们坚决地肯定说：'在打击者的面前，只有予以打击！'"[3]

此外，30 年代曾在中国各地上映的苏联影片还有《国魂》(又译《亚洲之光》)、《亚洲风云》《守卫帕米尔》等。《国魂》曾于 1933 年初在上海、广东上映，极受国人欢迎。[4] 天津新新影院于 1933 年 11 月上映《亚洲风云》。[5] 天津明星大戏院于 1937 年 3 月上映《守卫帕米尔》。[6]

30 年代在中国各地上映的苏联影片既有故事片，也有纪录片。这些影片均具有强烈的社会教育意义，生动反映出旧社会的黑暗和人民的反抗精神、十月革命时期苏俄人民的英勇的革命精神、苏联人民投身国家建设的巨大热情和幸福生活、苏联国家建设的巨大成就、苏联国防建设的新进展，还有的影片反映出苏联支持被侵略民族的反侵略斗争的国家政策。这些影片极大感

---

1 《苏联抗战影片〈克隆斯达海军〉，警局昨晚临时禁映》，《大公报》(上海版) 1937 年 6 月 12 日，第 2 张第 7 版。

2 《娱乐场》，《大公报》(上海版) 1937 年 7 月 1 日，第 5 张第 17 版。

3 泉良：《谈〈火中的西班牙〉》，《大公报》(上海版) 1937 年 7 月 3 日，第 3 张第 12 版。

4 《德片〈西线活地狱〉将在光陆影院映演》，《大公报》(天津版) 1933 年 2 月 3 日，第 3 张第 11 版。

5 《新新今日开演〈亚洲风云〉》(影讯)，《大公报》(天津版) 1933 年 11 月 16 日，第 4 张第 13 版。

6 《明星影讯》，《大公报》(天津版) 1937 年 3 月 10 日，第 4 张第 13 版。

染了中国观众，在中国民众中构建起积极正面的苏联形象。值得注意的是，中国放映的许多苏联影片有着较多的苏联宣传因素。例如，许多苏联影片是由上海大戏院放映的，而位于上海北四川路虬江路口的上海大戏院是由苏联侨商创办、经营的。[1]苏联方面往往通过这个戏院推送苏联电影，以宣传苏联的建设成绩和国家政策。

时人将苏联电影归于以现实主义题材为特色、以民众教育为目的的电影类型，认为苏联电影具有鲜明的以民众教育为目的的现实主义风格。1933 年 2 月 2 日出版的天津《大公报》“本市附刊”版发表文章称，苏联影片“所描写的又是我们所罕见的苏俄的现代生活，其中，工业计划中工人生活、军队生活，片中都有描写”。苏联电影的精彩之处“全在它能够以真正的大众生活为背景，而选取社会现存的事实，作为主要题材，以实际化、大众化的影艺，表演给现代大众主义勃兴时期的大众们观赏”[2]。1934 年 5 月 26 日至 29 日，苏卫斯在天津《大公报》发表文章认为，苏联电影多以苏联五年计划建设为题材，绝不以迎合观众、赚取金钱为目的，“它绝不像金元的美国一样，专门采取迎合观众口味的题材，来攫取金钱。它们的电影是成为大众的教育，在这第二次五年计划中，电影的题材都是以这二次五年计划内的经济技术改造为中心。它是用特别的力量，最明显指示给大众一种教育和指导”[3]。时人注意到，苏联电影以民众教育为目的的现实主义风格导致其强烈的大众性。1933 年 2 月 20 日至 22 日，天津《大公报》连载署名“漂浮”的文章认为，苏联的电影迥异于其他国家，体现出鲜明的大众化，“这影片与他国不同，而都是向着大众方面努力，求电影普遍深入民众，绝少拜金主义的无聊气息”[4]。

时人尤其赞赏苏联电影来源于现实生活的积极向上的思想主题。《民生真路》将做坏事的流浪青年改造为社会主义劳动者的思想主题，就受到人们的强烈认同。1932 年 3 月底 4 月初，天津蛱蝶影院上映此片期间，放映此片

1 《上海大戏院昨被义水兵捣毁》,《大公报》(上海版) 1937 年 2 月 21 日，第 2 张第 7 版。
2 《苏俄的影片》,《大公报》(天津版) 1933 年 2 月 2 日，第 3 张第 11 版。
3 苏卫斯:《最近世界影坛概况（四）》,《大公报》(天津版) 1934 年 5 月 29 日，第 4 张第 13 版。
4 漂浮:《现代电影讲座（三）》,《大公报》(天津版) 1933 年 2 月 22 日，第 4 张第 15 版。

的天津电影放映界人士及观看此片的天津《大公报》记者从这部影片中，看到了苏联对民众进行思想和行为改造的成功，并看到了苏联人民刻苦工作的精神。3月30日，天津《大公报》刊登广告，在介绍《民生真路》的剧情时设想，中国在收复东北三省后，也可以学习影片描写的苏联通过深刻而有效的社会改造将大量落后分子改造为国家的优秀建设者的经验，开展东北地区的建设，“将来东省收回，倘我国亦能采用此种方式，移民殖边，开发富源，强邻自不敢窥我矣”[1]。天津《大公报》于同年4月1日刊登报道注意到，此片反映了苏联人民努力工作的精神，“片中主旨，完全注意工作，自始至终，表示劳工之神圣”，尤其是，突出描写了苏联政府对民众的感化与教育工作。蛱蝶影院经理亦向《大公报》记者表示，“此片实负有重大之使命，指示人生真路在于刻苦工作”。影片表现的刻苦工作的精神值得中国学习，“吾国地大物博，尤患人口过多，失业者众，此片可资借镜”。《大公报》记者对此亦甚有同感，表示：“记者亦以苏俄影片每多宣传一种主义，此片以全力宣传劳工，颇足激发吾国一般社会之观感。”[2]同日，天津蛱蝶影院在《大公报》发布的广告也渲染此片反映的苏联人民努力建设的精神，并说明中国在国难中学习苏联民众此种精神的重要性。广告声称：苏联“建树成功，国家定兴”，“发挥人民真精神，指导人民真出路”。“我民族处在外患最烈最险之国难期间，当应彻底醒悟吾人失败之重大缘故。假使都能负责尽职，抱定大无畏精神，实求民生真路，又何愁外患之胁迫。”[3]显然，不久前发生的九一八事变促使大家期望国人发扬影片表现的刻苦工作精神，增强对国家和社会的责任，并希望国人像苏联那样改造自己的思想和行为，为国家的发展努力工作。

1932年7月，天津新新影院上映《民生真路》时，署名“心冷”的天津《大公报》编辑于当月18日在天津《大公报》发表观后感，也肯定此片表现的苏联青年热爱劳动的思想主题。他认为，虽然此片主题仅是将贫穷的惯偷青年改造成努力生产的有为青年，情节并没有“多大的曲折”，“粗看起来，只是一个普通的伦理教育影片而已”，但是，它“一洗美国式荒淫的享乐”，

---

1 《影讯》（广告），《大公报》（天津版）1932年3月30日，第2张第7版。

2 《游艺消息》，《大公报》（天津版）1932年4月1日，第2张第7版。

3 《民生真路》（广告），《大公报》（天津版）1932年4月1日，第3张第9版。

体现出鲜明的“罪人要感化，青年们应有相当的生产力”的主题，从而使之成为“一部使人兴奋的影片”。他进而认为，这种鲜明的突出生产和工作的主题对于中国青年有着强烈的启发意义，“至于把工作和生产勉励青年，这也正是习于游惰的中国青年应有的鞭策”，“许多穷小子们得到工作时的快慰，听说建设铁路时的兴奋，处处都是生气勃勃。他们赤了脚锄地，他们站在水里工作，愉快浮露在每个人的面部。这种以能工作生产为荣的精神，我不知道那班看这影片只当看热闹的阔少爷们看了，有什么感想？每日闲着要乐，究竟是不是有愧于心？”。他又认为，此片凸显的青年劳动主题也值得中国电影界学习，“我不知道中国的影片公司中人，可曾把这部影片细细的玩味。若是能有心得，我想以后中国影片的描写淫靡社会的地方，也许可以减少一些，因为目前的中国，也正需要人人能去工作，人人能够生产，而并不是在高帽白领绅士派那种享乐的时期呀”。[1] 7月19日，“心冷”又在天津《大公报》“小公园”版发表小品文，再次强调此片体现的青年劳动的思想主题对中国青年的启发价值。他表示，“片中把不学好的孩子们诱掖到光明的道路上去，结果每人都觉得有工可做是光荣的事。这种影片若给北平那班不大读书，专讲恋爱，同着情侣游公园，看电影的青年们看看，真可以算得是当头棒喝咧”[2]。可见，“心冷”非常期望中国青年学习和发扬影片体现的苏联青年的劳动精神。

1934年初，北平平安影院上映《民生真路》时，署名“若英”的论者在同年1月30日天津《大公报》发表观后感，对影片体现的改造人性的思想主题印象深刻。他介绍，这部影片说明，人性的恶不是天生的，是由恶劣的社会环境造成的，所以，通过良好的教育，坏人是可以改造成好人的。影片描写的儿童流氓“最初真是什么坏事都作，然终变成最可爱的少年公民”。这启示人们，“要改善不良儿童的习性，必须承认儿童不良乃社会不良的结果，并非儿童‘天生’如此”。所以，社会应负责教育这些流浪儿童。[3]

---

1 心冷：《苏俄影片的欣赏，〈民生真路〉谈》，《大公报》（天津版）1932年7月18日，第3张第11版。

2 心冷：《吗啡针》，《大公报》（天津版）1932年7月19日，第3张第9版。

3 若英：《苏联名片〈生路〉的新的评价》，《大公报》（天津版）1934年1月30日，第4张第13版。

时人将苏联电影与美国等资本主义国家的电影进行对比，对苏联电影的现实主义风格评价很高，对美国等资本主义国家电影持批评态度。1934年3月24日至26日，一位署名“倩天”的作者在天津《大公报》发表文章认为，美国好莱坞电影的特点是表现资产阶级没落生活的肉感，“谁都知道，好莱坞电影的特色是‘肉感’，每部片子差不多都不外是男女之间的哀艳故事，而每个场面又差不多都离不了接吻与拥抱。它们那里面的男主角是纵欲、风流的少年，女主角则是淫荡、风骚的美女。他们的生活是颓废，他们的心情是没落。但这正是资产阶级的生活”[1]。苏联影片则充满着劳动的勃勃生气，“只有蓬蓬勃勃的生气，那里没有香艳歌，只有铁响和着歌喉的劳动曲。”“倩天”最后总结说，“看了好莱坞的肉感的、颓废的片子，总是使我们郁郁不乐，不知是与他们（资产阶级）表同情呢，还是可怜他们？……而苏俄的片子，则会使我们唱着雄壮的歌走向人生的大道”[2]。同年5月5日出版的天津《大公报》刊登的署名“士忠”的文章注意到，由高尔基创作的小说《母亲》改编的苏联电影《一九〇五年》即将在美国上映。文章感叹说：“美好莱坞是制作不出来这样题材的影片的”[3]，并且，好莱坞的演员也没有演好这种故事的演技。

苏联电影的现实主义风格对中国一些现实主义电影编导、电影评论人士乃至社会其他界别的人士产生了很大影响。《民生真路》即是如此。此片对电影编导蔡楚生产生了很大影响。1936年8月17日，上海《大公报》“大公俱乐部”版刊登张央撰写的影评，介绍蔡楚生编导的电影《迷途的羔羊》。《迷途的羔羊》描写了农村儿童小三子在上海的流浪生活。张央介绍，“蔡楚生是用着很现实的手法，是坚决地确定了作为一个艺术家的立场”，而“被介绍到中国来的苏联影片《生路》以及美国底《无上光荣》，显然给了蔡楚生很大的影响”。[4]电影评论者马翎于同年10月23日在上海《大公报》“大公

1　倩天：《泛论现代电影（一）》（1934年3月12日于北平），《大公报》（天津版）1934年3月24日，第4张第13版。

2　倩天：《泛论现代电影（三）》（1934年3月12日于北平），《大公报》（天津版）1934年3月26日，第4张第13版。

3　士忠：《〈母亲〉将在美国放演》，《大公报》（天津版）1934年5月5日，第4张第13版。

4　张央：《迷途的羔羊》（影评），《大公报》（上海版）1936年8月17日，第4张第16版。

俱乐部”版发表影评，主张中国电影不应仅具备优美的表现形式和拍摄技术，还应具备《民生真路》那样的丰富、实在的内容。他表示，自从金擎宇编剧、卜万苍导演的《人道》，陈瑜编剧的《三个摩登女性》等上映后，中国电影“受到了西洋电影的刺激”，提高了编剧、导演的技巧，“采取一种比较时髦的流露形态”，但是，“在电影的灵魂上，并未见有改变过（就是西洋电影也没有），只有见着苏联曾有着惊人的把电影内容转变得非常优越，如《生路》等。可见，电影的内容是离不了实在的”。[1]《民生真路》描述的改造不良少年的故事在中国其他界别人士中也产生了广泛影响。1936年11月26日上海《大公报》发表的一篇文章，在介绍上海游民习勤所救济、改造“堕落”游民情况时提道：“我们看过苏联的影片《生路》，那是一张怎样使流浪儿童参加生产的故事，我觉得，那些方法是我们这一个游民众多的社会应该参考一下的！”[2]在文章看来，影片表现的苏联改造有不良行为的流浪人员的做法值得中国借鉴。

中国舆论界特别看重苏联电影的教育性。1936年11月14日，高冈在上海《大公报》“大公俱乐部”版发表文章认为，苏联电影不同于“极端商业化的色情怪异的含毒的作风”的电影，而是“教育群众的”电影。在苏联电影中，“我们找不到大腿粉靥，找不到迷歌狂舞。这就是说，没有在片中掺进去毒药，更不会使人销沉退缩。所以，苏联的电影是良好的教育、正常的指导，正是苏联人民的生命底食粮”[3]。1936年12月4日，上海《大公报》“大公俱乐部”版刊登署名“舟子”的影评，在介绍苏联电影《忠心为国》时指出，在指示社会的前进方向、鼓舞人们进取的精神方面，苏联影片要强过资本主义国家影片，“以一种新的姿态，朝着整个人类的光明的前途，往前迈步，反映到银幕上去，而给与观众极清醒、极兴奋的感觉，这是除了苏联的影片之外，一切资本制度国家所摄制的影片绝对不相同，也绝对及不上的”。

1 马翎：《从〈人道〉谈到国产电影的内容》，《大公报》（上海版）1936年10月23日，第4张第16版。
2 济平：《上海游民习艺[勤]所的现况》，《大公报》（上海版）1936年11月26日，第4张第15版。
3 高冈：《苏俄底电影事业》，《大公报》（上海版）1936年11月14日，第4张第16版。

影评又认为，这一点还体现在上海放映过的《血花》《北极探险遇难记》《冰天雪地》《马戏团》等苏联影片中，“仅就在上海一个地方而论，这些影片所鼓舞起人们的兴奋和深留在人们头脑里的印象，已经就颇可称扬的了”。[1]

时人尤其看重《民生真路》富含的社会教育意义。1933 年 11 月此片在天津光明影院、河北电影院上映时，天津《大公报》于当月 14 日刊登的影讯就非常赞赏此片的教育意义，介绍说：此片题材“以儿童教育为主”，叙述将“孤苦无告”的流浪儿童教育成“有纪律的群众”的故事，充分证明“良好的环境足以左右人生，改良社会”。此片的教育价值“当不可等闲视之”，“其价值更绝对不能与一般鸳鸯蝴蝶派仅供娱乐影片相提并论”。[2]一个月后，同年 12 月 29 日出版的天津《大公报》“小公园”版发表小品文，再次赞叹此片的社会教育意义。此文表示，“电影在一个国家里，对内是社会教育最有力的宣传，对外是文化侵略最有力的工具”，“尤其苏俄，他们对于电影事业是特别的注意。全苏俄的电影界在政府的积极指导、托拉斯的组织之下，更有簇新的动向，只要是看过《真路》——这是几年前的一部苏俄影片——便可以知道他的含意是如何的大”。此文认为，中国电影在社会教育意义方面做得非常不够。“谈到我们中国的电影，是一任几个贪利的资本家和几个无聊的艺术家在那里混干，有几部所谓国产的影片既够引起来我们一点向上的情绪？”[3]在此文看来，《民生真路》的社会教育性非常值得中国电影界学习。

《苏俄新青年》的教育意义也受到时人赞赏。张央于 1936 年 6 月 24 日在上海《大公报》发表影评认为，这是一部富有教育意义的影片，告诉人们，新社会所产生的英雄是“为科学而奋斗、为人类谋幸福的英雄”，而不是美国电影描写的“个人的英雄行为”。他强调，中国的影片亦应学习此片的教育价值，“中国的电影制作家们实在有认清一点电影的教育意义之必

1　舟子：《忠心为国（Moonstone）》（影评），《大公报》（上海版）1936 年 12 月 4 日，第 4 张第 16 版。

2　《苏联影片〈生路〉河北电影院明天起公映》，《大公报》（天津版）1933 年 11 月 14 日，第 4 张第 13 版。

3　梦：《编余·电影》，《大公报》（天津版）1933 年 12 月 29 日，第 3 张第 12 版。

要”。[1]

1936 年 11 月 2 日出版的上海《大公报》“大公俱乐部”版发表署名“若愚”的影评，在评论上月在上海上映的《血花》时，非常肯定苏联电影的社会教育意义。影评认为，苏联影片具有强烈的社会大众教育性，“电影在苏俄，并不做为一种商业化的娱乐品，而是把它视为一种最普遍的、最有力的教育的工具，用以教导民众，使养成社会主义国家的国民所应有的一些品性（人格）”。苏联影片往往触动观众的心灵，给观众以力量。“看过苏俄的片子，如同读过一部苏俄新文学作品一样，觉得那末结实而有力，你的灵魂总会被它征服，激动。它绝不让我们看过之后，起有空虚之感！”影评认为，《血花》可以给予处于国难中日益苦闷的国人以新的力量，“处于现下非常时期的人，或感觉沉默的上海朋友，你们不妨去看一看《血花》，于沉寂中，来一点兴奋剂，不是无意义的事。假如我们说它是一部‘国防电影’或‘教育电影’的话，才是当之无愧呢”[2]。显然，时人对《血花》的社会教育意义评价很高，认为这部影片描写的苏联青年投身革命的英雄事迹及其体现的革命斗争精神在中国遭受外来侵略的情况下对于中国人也有很强的现实意义。

虽然《马戏团》是一部描写马戏团演出活动的娱乐片，但时人从这部影片中看到了苏联电影寓教于乐的风格。1936 年 11 月 8 日，上海《大公报》“戏剧与电影”版刊登署名“未名”的影评表示，“马戏表演和马戏班中的生活供给这张影片很丰富的趣味与欢乐”，但是，影片带给观众的大笑中却有“极严肃的教育意义”。影评认为，中国电影界可以从《马戏团》中得到这样的启示：将重大的教育意义置于娱乐之中，制作“正当的娱乐片”，反对各种麻醉观众、使观众堕落的“恶劣的娱乐片”。[3]

早在 30 年代初，国民党当局试图借鉴苏联运用电影教育民众的做法。1931 年 2 月，国民党中央监察委员吴稚晖、中央执行委员褚民谊在提议成立国民党中央电影文化宣传委员会的提案中，以苏联运用电影宣传马列主义思想为例，说明以电影教育民众的必要性。他们表示，“立国大本，在于教育，

---

1 张央：《苏俄新青年》（影评），《大公报》（上海版）1936 年 6 月 24 日，第 4 张第 16 版。

2 若愚：《从〈血花〉谈到苏联的电影》，《大公报》（上海版）1936 年 11 月 2 日，第 4 张第 16 版。

3 未名：《评〈马戏团〉》，《大公报》（上海版）1936 年 11 月 8 日，第 3 张第 12 版。

电影尤能辅助教育之不及，其功能可以转移社会习尚，改良民众思想”，例如，“苏俄为固定其民众思想起见，专摄制彼帝制时代贵族之残暴行为，烘托其赤色主义之需要，以集中民族思想”[1]。苏联电影的社会教育性也受到国民党派文人的肯定。1936年11月7日，由国民党CC系操控的中国文化建设协会教育事业委员会主编的上海《大公报》“教育界”版刊登署名“荷生”的文章认为，中国电影还没有担负起苏联电影那样的社会教育责任，“以目前国产电影的实质而论，不能说是全部要不得，但也不能说已可担负起教育上的使命。至少以已有的国产电影而论，并没有产生过像苏联建设性、国防性的影片那样有力”[2]。

苏联电影的政治教育性也深刻影响了在国民党官方电影机构工作的电影导演。1937年2月，中国上映张道藩编剧、中央电影摄影场出品的《密电码》。此片具有很强的国民党的政治宣传意味，描写了国民党人在西南某省成立国民党党部、依靠群众和倾向国民党的军队推翻不与国民党合作的军阀省长的故事。这部影片的导演黄天佐对苏联电影理论和拍摄艺术有着深入了解。他曾于1935年春用两周时间考察苏联电影事业，参观了莫斯科的电影学校，并与苏联导演普特符金讨论电影艺术理论。黄天佐在中央电影摄影场创办之初，根据苏联艺术家沃托夫（Vertov）“电影眼”理论，以半记录式的表现手法，摄制了一部短片《农人之春》，描写中国农民的生活实况。[3]

中国舆论界从苏联电影中直观了解到苏联国家建设取得的成绩。时人从苏联有声歌舞片《齐天乐》和娱乐片《马戏团》中看到了随着国家建设的推进苏联人生活水平的提高。1935年7月天津大光明影院上映《齐天乐》时，天津《大公报》刊登文章认为，影片的娱乐题材反映出苏联人生活水平的提高，满足了苏联建设成功后民众的“享乐”需求，“现在他们已经由创造而迈进成功时期，所以，他们也需要享乐，《齐天乐》又是他们现时期的产

1 《注重电影宣传》,《大公报》(天津版)1931年2月21日，第2张第5版。

2 荷生:《社会教育在行政上的研究（上）(一)》,《大公报》(上海版)1936年11月7日，第4张第13版。

3 季仲:《记艺人黄天佐》,《大公报》(上海版)1937年5月12日，第4张第16版。

物”[1]。1936 年 11 月 8 日，上海《大公报》“戏剧与电影”版刊登署名“未名”的影评认为，《马戏团》带给观众的大笑反映出苏联人民生活水平的提高和生活的幸福，“这反映出苏联人民生活中的‘狂欢节一般的欢乐’‘永久的假日一般的幸福’。这决不是偶然的，这是该国人民‘物质与文化水准一般也提高’的结果”[2]。

尤其是，《今日苏联国》给时人留下了苏联飞速发展的印象。1936 年 11 月至 12 月，此片在上海大戏院上映后，不少论者在上海《大公报》发表文章，表达对苏联建设成就的钦佩。何陵于 1936 年 11 月 7 日在上海大戏院观看这部影片后，于当月 15 日在上海《大公报》“戏剧与电影”版发表文章，将中国社会的停滞和落后与苏联的快速发展相对比。他认为，此片使国人更深切地了解到“关于苏联经济文化飞速发展的事实”。他感叹道：在苏联建设日益增进的同时，“我国的领土主权被人宰割和掠夺，人民大众被人奴役和屠杀。我国工业的命脉是掌握在敌人的手里，受着侵略势力压榨的影响。农民虽丰收而更加贫困，儿童是大多数在苦难着，流浪着，一切都与这新闻片告诉我们的苏联不同。这真使我们有无限的感触和悲愤”。[3]1936 年 12 月 20 日，一位署名“钦于”的论者在上海《大公报》“戏剧与电影”版发表影评表示，这部影片不是虚假的宣传品，“看完了这张影片，犹如读了一本最真实、最详细的记录”，看了这部影片，“我们不能不承认该国的发达”。自己通过观看这部电影，发现德国报纸所谓苏联粮食歉收、人民因饥荒大量饿死的事，都是谣言，“德国的报纸时而传出苏联闹饥荒的消息，不是粮食歉收，就是人民饿毙，而且，也登出许多照片，以为证明。读了这些新闻，看见这许多证据，如果我们没有成见的话，我们也不能不相信的。所以，我知道这些消息后，听到别人否认的话，总是保持沉默，甚至看了塔斯社更正的电报，我也不完全不信，或完全置信，而静待事实的证明，因为我相信历史

1 《齐天乐》，《大公报》（天津版）1935 年 7 月 16 日，第 4 张第 13 版。

2 未名：《评〈马戏团〉》，《大公报》（上海版）1936 年 11 月 8 日，第 3 张第 12 版。

3 何陵：《苏联国庆纪念会上的〈今日的苏联〉》，《大公报》（上海版）1936 年 11 月 15 日，第 3 张第 12 版。

永远不会欺骗的，终有一天，它将会证明谁是说谎者”[1]。显然，此片宣传的苏联建设成就给中国人士造成错觉，使一些人不再相信 1932 年至 1933 年乌兰克大饥荒的真实存在。1937 年 3 月至 4 月天津平安电影院、河北影院放映《今日之苏联国》后，一位署名“学勤”的人于同年 4 月 16 日在天津《大公报》发表文章表示，由此片可以了解到，苏联无论是物质建设，还是人民的生活享受、文化建设，都取得了巨大成就，“在物质建设方面，苏联是优越的；在人类生活的享受方面，苏联更是优越的；其他如文化普遍的成长等，亦有惊人的设施与发展”[2]。

中国舆论界对苏联电影的拍摄技术评价是比较高的。北平平安影院于 1934 年初上映《民生真路》后，署名“若英”的论者在 1 月 30 日出版的天津《大公报》发表观后感认为，影片的导演、摄影、布景、音乐、发声，“实为美不胜举”。影片极能用“声”增加“艺术的力量”。儿童们流浪时唱的歌与劳动时唱的歌形成鲜明对照，尤其是儿童们筑路时一边打着铁轨，一边唱着雄快的歌，极富感染力。而且，影片的场景布置也极具感染力。“尤以最后一幕，少年英雄墨斯他登的尸体静悄悄的躺在冷清的轨道上，晨光曦微之中，树枝拂动，微闻小鸟喈喈，令观众于沉默当中更体会死者的伟大。乃至火车载了牺牲者开头欢迎的群众面前时，群众慢慢脱帽，落下哀悼的眼泪，火车呜呜一叫，又壮又悲，那个观众不为感动呢？”[3]

时人也非常赞赏苏联有声彩色故事片《莺与雏莺》（又译《黄莺》《夜莺》）的拍摄和表演艺术。1934 年 2 月 26 日，天津《大公报》刊登文章，赞叹此片的色彩运用艺术。文章认为，此片将色彩的运用与故事性、声音、现实心理完美地结合起来。影片以色彩生动表现了红彤彤火舌中奴隶们的生命。“工场事务所里有好多的职员，在顽强地同火焰搏斗，抢取账册，面上返照着火焰的青色里带着殷红的反光。”“还有一家市立医院里，一个母亲坐

1　钦于：《〈今日的苏联国〉观后——谈看电影与读历史》，《大公报》（上海版）1936 年 12 月 20 日，第 3 张第 12 版。

2　学勤：《今日之苏联》，《大公报》（天津版）1937 年 4 月 16 日，第 4 张第 13 版。

3　若英：《苏联名片〈生路〉的新的评价》，《大公报》（天津版）1934 年 1 月 30 日，第 4 张第 13 版。

在病了的儿子的榻旁，灯光摇曳着，临街的窗中印进了苍白的冷光，在夜的黑暗中颤动着”。所以，“在很多的场面上，是应用着色彩的心理学的。在这个场面上不用字幕来说明，也不用声音来表现，在将近息灭的瞬间，灯光和色调，及垂死的孩子的绝望的状态，这一些都是应用客观的传达，来给与了观众。我们想，此情此景会使人忘了那是银幕上的映像的吧”[1]。1937年5月19日和20日出版的天津《大公报》连载署名“沙”的文章认为，这部影片“无论剧旨、摄影、光线、音响配置、剧情演出，均获到至美的成功”[2]。影片的许多演员是首次上银幕的新演员，但演得非常“真切和生动”[3]。

《血花》于1936年10月在上海上映，未名和唐纳于同年11月1日在上海《大公报》“戏剧与电影”版发表影评，赞赏此片的艺术手法，认为这部影片将严肃的题材和轻松的艺术手法结合起来，“《血花》虽然采用了较为轻巧的形式，却包含了一个非常严肃的题材。它以大战前夜的俄国劳工生活状况和内战时代为背景，穿插着三个女朋友可歌可泣的生活与战斗。虽然没有《夏伯阳》那样强烈的魄力，但是，仍不失为一个伟大的作品”。影片甚至运用了一些“闹剧的手法”，“这里许多穿插非但没有破坏影片的统一，而且，可以增加它的兴趣和感动力”。由这部影片，未名和唐纳感到，“苏联电影的进步即是，一方面保持它所习用的有意义的题材，同时，却在形式上有了新的进步”[4]。

时人从《忠心为国》中看到了苏联电影编剧、导演、表演水平的高超。1936年12月4日，上海《大公报》“大公俱乐部”版刊登署名“舟子”的影评认为，这部影片的编剧水平很高，情节构思非常合理，“剧作者很有把握地处理全剧的空气，像潮水般地一分比一分高涨，一分比一分紧张，使全剧顺利地发展下去，不容人寻什么毛病”；“导演者的手法，也非常值得夸赞，他那优越的才能，处置许多紧张的场面，很能抓住观众激动的情绪”；演员的表演水平也很高，“剧中人个性的适合，在表情中得到十分真

1 《苏联新片〈莺与雏莺〉》，《大公报》（天津版）1934年2月26日，第4张第13版。
2 沙：《苏联彩色声片〈夜莺〉（上）》，《大公报》（天津版）1937年5月19日，第4张第15版。
3 沙：《苏联彩色声片〈夜莺〉（下）》，《大公报》（天津版）1937年5月20日，第4张第13版。
4 未名、唐纳：《〈血花〉的推荐》，《大公报》（上海版）1936年11月1日，第3张第12版。

切的效果”。[1]

中国舆论界对苏联电影界改编古典名著的水平评价颇高。时人高度评价《狂风暴雨》的改编水平。1935 年 4 月天津平安电影院放映此片后，林深于同月 8 日和 9 日在天津《大公报》发表文章认为，此片对奥斯特洛夫斯基原著的改编，既忠实于原著，又根据新的社会需求进行创新，“在这部片中，剧中人表现原作底本事，又使人对于原作得到一个整体的而清楚的认识。由于导演人把握着了原作者用意的中心，而把这中心地方着重地表现出来。因而这部影片又给人一种新的力量。这力量就是对原作上发出了一种社会的而哲学的观念”[2]。一位署名“弃扬”的论者于 1936 年 10 月 18 日在上海《大公报》“戏剧与电影”版发表影评，高度评价《复仇艳遇》对普希金原作的改编技巧。他认为，“这部作品是一部十分好的接受古典遗产的文艺电影，无论在题材、编剧、处理以至演员方面”。在继承和改造传统文学遗产方面，这部电影值得中国人学习，“遗产是建设新文化的大众所需要的材料。大众并不把这些材料当作宝贝，当作古董，只把它们当作一种原料，拿来消化过，以增加他们新的创造力量。关于如何接收遗产的争辩，这部作品实是一个很好的注解，值得我们学习的”[3]。但是，也有论者对《复仇艳遇》女演员的表演提出批评。天津《大公报》于 1936 年 10 月 19 日刊登的影评认为，“饰马莎的女主角很美丽，但她的美貌却无补于她的表演。她呆板的表演是失败的”[4]。

30 年代中国上映的苏联影片主题各异，既有历史题材影片，也有反映苏联人民现实生活和国家发展面貌的影片；类型不一，既有故事片，亦有纪录片。这些影片的共同特点是具有强烈的社会教育意义，历史题材影片多反映旧俄时期的黑暗和人民的反抗精神，还有的反映十月革命时期苏俄人民的革命精神；现实题材影片反映苏联国家建设的日新月异、人民生活的幸福、苏

1　舟子：《忠心为国（Moonstone）》（影评），《大公报》（上海版）1936 年 12 月 4 日，第 4 张第 16 版。

2　林深：《〈狂风暴雨〉评价》，《大公报》（天津版）1935 年 4 月 8 日，第 4 张第 15 版。

3　弃扬：《普式庚的〈复仇艳遇〉》，《大公报》（上海版）1936 年 10 月 18 日，第 3 张第 12 版。

4　草：《苏联影片〈杜布洛夫斯基〉》，《大公报》（天津版）1936 年 10 月 19 日，第 4 张第 13 版。

联人民努力投身国家建设的精神、苏联红军的强大。还有一些纪录片反映了世界被压迫民族反抗侵略者的斗争。苏联电影在30年代世界影坛有着迥异于资本主义国家电影的艺术风格。苏联影片虽然在中国上映的数量不及美国等资本主义国家的电影，但由于具有强烈的社会教育性和浓厚的面向大众、反映国家建设和人民生活的现实主义风格，给中国电影界人士和观众留下了深刻印象。时人大多肯定苏联电影的现实主义风格，认定苏联电影摄制水平的高超。时人还将苏联电影的这种风格与资本主义国家以娱乐为功能的电影进行对比，进一步感到苏联电影这种艺术风格的优点。尤其是，苏联影片的这种具有社会教育性的现实主义风格，正符合九一八事变后中国人民抗日御侮的精神追求。也正因为如此，苏联电影的这种风格得到一些中国现实主义电影评论者和电影编导的肯定，甚至得到国民党当局的认可，并对30年代中国电影艺术产生了一定影响。

## 三、对苏联戏剧的介绍与评论

苏联戏剧深受中国媒体的关注。天津、上海《大公报》等媒体刊登了大量文章，介绍苏联戏剧事业的发展状况，评析苏联戏剧创作、演出的特色和风格。中国舆论界对苏联戏剧有了系统了解，尤其注意到苏联戏剧的社会教育意义。《怒吼吧，中国》等苏联剧作被介绍到中国，梅伊哈德等苏联戏剧家的戏剧改革实践也被中国媒体介绍给中国读者。梅兰芳剧团成员在苏联演出期间较为直观地了解到苏联戏剧的演出情况。中国普通民众也对苏联戏剧抱有很大兴趣。

中国舆论界认定，苏联戏剧事业正在日益繁荣。苏联戏剧演出的盛况经常见诸中国报端。1934年8月20日，天津《大公报》刊登署名“龙泽”的文章，介绍苏联戏剧演出的繁荣盛况。文章介绍，苏联的戏剧演出很多，“莫斯科的大街小巷贴满了新的戏剧出演、新的音乐演奏的广告”，“仅莫斯科一个地方，有七十二处戏院、十几处音乐会，同许多电影院”。苏联人民观看演出的热情很高，“每个戏院或是音乐会都非常拥挤。戏票常常在出演前三四个星期就出卖，戏院门口常贴着票已卖完的告白”。文章描绘了莫斯科“国家大戏院”的恢宏，称赞该戏院“实是世界最大的戏院”。[1]同年 10 月 28 日出版的天津《大公报》“艺术周刊”版刊登的一篇译文也描述说，苏联人踊跃观看戏剧，“在莫斯科每夜有六十四所剧场开演，而且人人都踊跃前去”。而且，观众大多是普通的工人，“最使得一个西方的游客惊异的就是现在走进一间往昔俄国出色的贵族约会之所的大剧场，如莫斯科的大歌舞剧院。不消说，拥挤其间的观众就只有工人、乡人及办公室里的职员。毫无打扮上的破费，各人都穿着工作的衣服到这里”。[2]1937 年 4 月 3 日和 10 日，上海《大公报》“戏剧与电影”版刊登了一篇译文介绍，6 月初至 7 月底的盛夏，苏联的剧坛非常热闹。一方面是莫斯科的主要剧团到苏联各地演出，一方面是苏联各地的剧团到莫斯科、列宁格勒演出，“这样，即使在乌克兰仅仅逗留一星期，在莫斯科仅仅两个星期，竟也能够领略到苏联的内容优美的、可为代表的八种乃至十种的剧场艺术的演出”[3]。同年 6 月 23 日，《中央日报》报道，到 1938 年，苏联剧场将达 813 所。[4]

中国戏剧评论人士认为，苏联戏剧艺术达到了世界领先水平。天津《大公报》于 1934 年 3 月 2 日发表署名“可陵”的文章认为，在与人民群众相结合方面，苏联戏剧走在世界前列，“莫斯科可以戴上全世界戏剧城的皇冠，因为除此以外没有一个地方的戏院能像苏联那样接近广大群众的”[5]。马翎于 1937 年 1 月 5 日在上海《大公报》“大公俱乐部”版发表文章认为，“几年来，苏联的戏剧，是世界最进步、最伟大的表露”。苏联戏剧艺术的进步不仅体现在整体艺术水平上，也体现在舞台灯光的布置、戏剧人才的培养等具体水平上，“他们灯光、人才的注意，也跟着戏剧同时的推进”。他又认为，中国戏剧界应该学习苏联的戏剧艺术，“当然，咱们的环境不能和他们相较，可是，最少也不能没有一人去负责这些工作，如布景、化装、灯光、音响、

1　龙译：《苏联戏剧界现状》，《大公报》（天津版）1934 年 8 月 20 日，第 4 张第 13 版。

2　Paul Gsell 著，余实二译：《苏俄的戏剧》，《大公报》（天津版）1934 年 10 月 28 日，第 3 张第 9 版。

3　玛耶鲁·易拉斯原作，寒流摘译：《一九三六年苏联观剧杂记》，《大公报》（上海版）1937 年 4 月 3 日，第 3 张第 12 版。

4　《苏联政府重视艺术》，《中央日报》1937 年 6 月 23 日，第 2 张第 1 版。

5　可陵：《一九三四年的莫斯科戏剧节（上）》（1933 年 2 月 24 日于北平），《大公报》（天津版）1934 年 3 月 2 日，第 4 张第 13 版。

效果等一切后台工作”。[1]

中国普通民众对苏联戏剧非常感兴趣。例如，苏联著名独幕话剧《蠢货》即受到天津观众的欢迎。1936年10月10日既是双十节，又是天津私立慈惠学校建校十周年纪念日。该校于当日召开纪念大会，“藉祝校禧，兼贺国寿”。纪念大会上演了契诃夫创作的苏联著名独幕话剧《蠢货》。[2]

国人对苏联的戏剧艺术成就有了较为系统的了解。时人翻译出版了苏联关于该国戏剧艺术的书籍。前国立杭州艺术专科学校教授吴润荪及其友人张人鬯将苏联戏剧家玛柯夫（P. A. Markov，又译马尔珂夫、马尔可夫）著《苏联的剧院》一书，以《当代苏俄戏剧》为题，译为中文，于1935年6月由天津大胡同南洋书店出版。天津《大公报》刊登的出版消息称，“际兹本市话剧浓厚空气中，又值著名之戏剧译作出版，自必可引起一部分读者之注意也”[3]。6月27日，南洋书店在《大公报》刊登售书广告，宣传此书对于了解十月革命以后苏联戏剧事业的价值，声称：“欲明了最近十六年苏俄剧坛动向者不可不读。”[4]

梅兰芳剧团于1935年春在苏联演出期间，直观地了解到了苏联的戏剧艺术。张彭春对苏联戏剧事业努力吸收外来文化与传统文化的优秀要素印象深刻。他于1935年5月5日回到天津时向记者介绍，苏联政府为了建立社会主义新文化的稳固基础，需要从传统文化中寻求营养，所以，对于传统文化并非一概抹杀，而是发展其优秀成分；苏联在发展新的社会主义“写实剧”方面，勇于试验，除了创新本国戏剧外，更吸收国际戏剧的优长。苏联之所以热情欢迎梅兰芳剧团，“盖其正可乘机欣赏中国之艺术与试验中国戏剧精长之点也”[5]。梅兰芳对苏联戏剧事业的快速发展印象深刻。他于同年8月3日返回上海后向记者介绍，他在苏联期间，“除演戏外，几无时不往观剧，曾参观戏剧之种种组织”，感到苏联戏剧“蒸蒸日上，大有一日千里之势”。[6]

---

1 马翎：《剧圈语（三）》，《大公报》（上海版）1937年1月5日，第4张第16版。
2 《慈惠学校庆十周纪念》，《大公报》（天津版）1936年10月10日，第6张第23版。
3 《〈当代苏俄戏剧〉今日出版》，《大公报》（天津版）1935年6月26日，第4张第16版。
4 《当代苏俄戏剧》（广告），《大公报》（天津版）1935年6月27日，第1张第2版。
5 《游俄观感——张彭春谈话》，《大公报》（天津版）1935年5月9日，第1张第3版。
6 《梅兰芳抵沪谈话》，《大公报》（天津版）1935年8月7日，第1张第4版。

8月14日，他在上海各界举行的欢迎茶会上又介绍，“自从革命后，他们政府用全副的精神来创造新的戏剧，但是，同时对于他们旧的戏剧文化，依旧的想法子来把它保存”。从苏联戏剧事业的发展可以看出苏联人埋头苦干的精神，“俄国人的性情，是非常刚毅的，对于一切的事情，都肯埋头去苦干。他们对于戏剧也是这样”。“俄国人这种勇猛前进的精神，真令人佩服。至于其他的一切建设情形，我们也不用多说，单从戏剧上这一点看来，也就可以推想得到了。”[1]

吴邦本在梅兰芳剧团中负责庶务。在莫斯科演出期间，他参观了当地的戏剧博物馆、展览馆，并到各大剧场观看了不少舞剧、歌剧、话剧等戏剧演出。他对苏联舞台布景的逼真和丰富多彩感到惊讶，认为这说明苏联剧团的经费充足。他介绍道：“有些舞台装置家，喜欢使用极复杂的布景，不但样样求真，而对于颜色的讲究，甚至超过真。这种富丽堂皇的布景，当然最容易博得观众的赞扬。不过，倘若经济不充足，像如今中国的一些戏剧团体，哪个吃得住？”[2]他注意到，苏联的舞剧、歌剧、话剧从演员表演、舞台布置、布景设计，到音乐效果、灯光技术，都达到了很高水平。他在莫斯科看了芭蕾舞剧《天鹅湖》，对该剧的艺术水平叹为观止，表示：“这是一出名震世界的古典舞剧。对于舞蹈完全外行的我，也不能不说好到极点！舞剧没有对白，没有歌唱，没有别的动作，只用舞蹈和音乐表达剧情。这种形式的戏剧，我还是初次看见。初次就看到名剧，真是幸运！”“这出舞剧最使我赞扬的，就是女主角的舞蹈技能。各种转身舞蹈的迅速灵活，以及身段之美，我真不知道应当怎样描写才对！”[3]他对苏联由100余位演奏家组成的歌剧乐队留下了美好的印象。他介绍在莫斯科观看一场歌剧的体验说，“我对于大剧场，最感觉兴趣的，就是它那一百来位音乐家所组成的大音乐班。这样复杂的音乐班，所奏演的种种曲调，真太浓厚，太动听了”[4]。他对苏联歌剧的舞台设计也印象极深。他介绍一场歌剧的舞台设计时说：“布景和光线，真

---

1 《梅兰芳演说改进中国戏剧》，《大公报》（天津版）1935年8月17日，第1张第4版。
2 吴邦本：《戏剧在苏联（二）》，《大公报》（天津版）1935年7月5日，第3张第12版。
3 吴邦本：《戏剧在苏联（六）》，《大公报》（天津版）1935年7月15日，第3张第12版。
4 吴邦本：《戏剧在苏联（六）》，《大公报》（天津版）1935年7月19日，第3张第12版。

调和到极点。一启幕就表现一种非常凄惨的景象。时间在夜晚，地上的雪很厚，模糊的圆月，悬挂空中，一棵枯树长在边上，干枝一直伸到舞台的另一端。树的左近只有黑暗房屋的一角。这样极其简单的景物，摆在观众眼前，任何人看见，一定知道不幸事件，立刻就要爆发。果然，后来所展开的是决斗的场面。"[1]

中国舆论界极为关注和赞赏苏联剧作家特里亚提阔夫创作的剧本《怒吼吧，中国》（*China Roar*，又译《中国怒吼》）。特里亚提阔夫是苏联文学界"左翼前线"运动中最重要的代表人。他积极参加 1917 年十月革命。革命后的内战时期，他一路流浪，经西伯利亚到海参崴。1922 年，他回到莫斯科，开始从事戏剧创作。1923 年，他参与组织文学团体"左翼前线"，并创办《左翼前线》杂志。他于 1924 年来到中国，任北京大学教授，了解到许多中国情况。[2]1924 年 6 月，四川万县发生沙船苦力打死美国人郝雷（Edwin G. Hawley）的案件。郝雷当时为英商买办。1924 年，万县沙船业者抵制轮船运输。为此，郝雷请英国军舰司令怀彬（Whiteborn）派兵保护他往上海运输木油，期间打死一个中国人，众人遂将郝雷打死。怀彬胁迫中国官吏处死了打死郝雷的中国人。[3]崔沙可夫根据此事于 1924 年 8 月撰写了一部名为"Cockchafer"（那个英国军舰的名字）的剧本。之后，特里亚提阔夫又将此后发生的一系列美、英帝国主义侵略中国的事件写入剧本，于 1926 年 1 月将剧本改编为《怒吼吧，中国》。这个剧本于 1926 年在莫斯科上演。[4]这个剧本的故事情节如下：一个在华美国商人雇用中国人的船只而不付钱，并踢打船主。中国船主乃将这个美国商人推入水中淹死。英国海军逼迫中国地方官吏交出这个中国船主。中国船主被英军施以酷刑而死。[5]显然，这个剧本的故事情节与郝雷案有一定出入，意在宣传外国侵略者对中国的侵略罪行及中国人

---

1 吴邦本：《戏剧在苏联（七）》，《大公报》（天津版）1935 年 7 月 20 日，第 3 张第 12 版。

2 真空译：《名剧本〈怒吼吧，中国〉及其作者》，《大公报》（天津版）1934 年 3 月 30 日，第 4 张第 13 版。

3 民犹：《欧美文坛近讯》，《大公报》（天津版）1931 年 3 月 30 日，第 3 张第 10 版。

4 真空译：《名剧本〈怒吼吧，中国〉及其作者》，《大公报》（天津版）1934 年 3 月 30 日，第 4 张第 13 版。

5 民犹：《欧美文坛近讯》，《大公报》（天津版）1931 年 3 月 30 日，第 3 张第 10 版。

民的反帝斗争。

天津《大公报》先后刊登了两篇文章，在介绍这个剧本的同时，肯定此剧反映中国人民反帝斗争的思想主题。该报“文学副刊”版于1931年3月30日刊登署名“民犹”的文章认为，虽然“此剧作成之时，正苏俄开始向中国推广共产运动之际，其为一种宣传作品无疑”，但表现了“残暴无义之野蛮英人压迫孤立无援之爱国华民”。文章又认为，此剧情节有一定事实依据。与1924年6月郝雷案相比，此剧“虽形容不无过分之处，然大体不离乎是”，“按肇事之时，本是中国苦力之内争，固未尝侵及外人，只因郝雷先击死华人，遂亦自送其命，结果，在外人威逼之下，戕民辱国，中国除自叹力弱而外，亦复何言”。[1]1934年3月30日，该报再次刊登文章介绍，这个剧本“是中国反帝国主义革命运动在苏联戏曲中最早的反映之一”。文章认为，剧本反映了帝国主义在中国的暴行和中国人民的反帝斗争，“这个剧本同许多的苏联剧本一样，不看重某一个中心人物，主角不是个人，是当作整个看的在挣扎中的中国百姓”，剧本是“侵略中国的帝国主义者的一般的暴露”，“它惊奇地预见了自从它出世以来的帝国主义对中国的更大的暴行”。[2]

苏联儿童剧的发展也深受中国舆论界的瞩目。林蜚在上海《大公报》发表文章，说明中国儿童剧与苏联儿童剧的巨大差距。1936年11月20日，他在上海《大公报》“大公俱乐部”版发表文章，在介绍上海演出儿童剧情况时联想到，“在苏联等国，他们儿童戏剧都是异常的发达，返顾我国儿童戏剧的如此落后，使人非常的遗憾”[3]。他又于1937年1月17日在上海《大公报》“戏剧与电影”版发表文章注意到，苏联等国儿童戏剧极为发达，“在苏联、美国、英国等国，儿童戏剧是异常的发达。尤其是苏联，他们都有特为儿童们建造的儿童剧场”。他反观中国说：“儿童戏剧在中国是非常的落后，所以，在过去的蓬勃戏剧运动声中，很少有人去提到儿童戏剧的。”中国不仅没有苏联那样的专门为儿童建设的剧场，“就是普通专门上演话剧的剧场

---

1　民犹：《欧美文坛近讯》，《大公报》（天津版）1931年3月30日，第3张第10版。

2　真空译：《名剧本〈怒吼吧，中国〉及其作者》，《大公报》（天津版）1934年3月30日，第4张第13版。

3　林蜚：《下月每周将有儿童戏剧演出》，《大公报》（上海版）1936年11月20日，第4张第16版。

还没有哩！”[1]。一些演艺界人士以苏联儿童剧的发达说明中国发展儿童剧的重要性。1936 年 12 月初，正在排练儿童剧《野孩子》的导演刘流向采访他的林蜚说：“儿童戏剧的提倡在现阶段是异常需要的。”“我们看到，英、美、苏联等国儿童戏剧的特殊发展，尤以苏联的儿童戏剧更足惊人。”所以，“我们应该怎样的利用戏剧去教育一般儿童，使他们将来在社会上成个良好的公民、勇敢的青年，加强我们抗敌救亡国防的联合阵线，这是我们的动机”。[2]

在苏联，戏剧是发动、教育民众的重要手段。中国舆论界深切认识到了这一点。王文显于 1935 年 2 月 9 日在天津《大公报》“艺术周刊”版发表文章，主张中国学习苏联运用戏剧宣传、教育民众的做法，抱怨中国现代戏剧没有起到苏联戏剧那样的宣传、教育民众的作用。他表示，“中国人和俄国接近，然而，真也奇怪，就没有得到这样一个教训。不用说，我们从俄国学来宣传的教训，然而，在俄国，宣传最大的工具，却是戏剧。我并不劝人用戏剧做宣传，然而，即使中国人鼓励现代戏剧，单只为了实用的宣传目的，那么，至少戏剧不会像眼前这样被人冷落”[3]。

苏俄戏剧工作者在十月革命胜利之初因陋就简、深入民众的演出作风，深受中国舆论界赞赏。在国难日益严重的情况下，时人越发感到中国戏剧界像苏俄戏剧工作者那样通过简易的演出方式投身抗日救亡的民众宣传的必要。1936 年 11 月 15 日，蒲牢在上海《大公报》“戏剧与电影”版发表文章提出，中国的戏剧工作者应走入群众，肩负起发动民众的职责，积极投身于抗日救亡运动，“在国难日益严重的这个时候，在落后的民众还没有十分醒觉的这个时候，努力戏剧运动的人，不但应该自己避免捧角儿，出风头，争取自己的名利与地位，造谣挑拨等一切不良的现象之产生，而肩负起真正自己所应负的责任与工作，切实地把戏剧的救亡运动开展起来”。他认为，苏俄十月革命成功之初戏剧工作者因陋就简、深入民众的作风值得中国戏剧工作者学习。他介绍，“苏俄十月革命成功不久，人们都在露天演戏，也没有

---

1 林蜚：《关于儿童戏剧》，《大公报》（上海版）1937 年 1 月 17 日，第 3 张第 12 版。

2 林蜚：《儿童戏剧活跃声中“我们的儿童剧社”访问记》，《大公报》（上海版）1936 年 12 月 7 日，第 4 张第 16 版。

3 王文显：《现代中国戏剧落后原因种种》，《大公报》（天津版）1935 年 2 月 9 日，第 3 张第 11 版。

舞台，也没有特别的器具，就不过几个穿蓝衣的人，借街头巷尾，随处表演。拣一个适宜的建筑作为布景，或是银行前面，或是学校旁边，或是墙根，或是树下，随便拿个布蓬一围，就化妆演了起来”。他认为，在民族危机的特殊时期，苏俄的这种演出方法“是值得效法的”，“每一个学校，每一个城市，每一个乡村，全中国的每一个壁角，都有待于我们去启发，千百万笼罩于毒氛中的落后的群众都有待于我们去援助，千百种不同形式的戏剧都有待于我们去携手的”。[1]

参加1935年春梅兰芳剧团赴苏演出的吴邦本看到了苏联运用娱乐性很强的戏剧表演向民众宣传政治思想的做法。他看到马戏团表演了一场剧情简单的哑剧，描写在旧社会，一个贵族欺压百姓，无恶不作，导致发生民变。剧中穿插几段马戏班的杂耍，还用真马真牛上场表演。他感到，“故事虽然非常简单，而且演出方面还带有很浓厚的文明戏色彩，演员的表情又是那样平凡。不过，如此已然足能受到一般普通观众极其热烈的欢迎”。他通过这出戏觉得，“苏联当局在这种迎合一般普通观众心理的娱乐中，绝对不肯忽略它的宣传工作。对于一般没有受过多大教育的民众，高深而沉滯的宣传戏剧，简直等于向他们试验催眠术，倒不如利用这种票价最低的民众娱乐，只要剧情意识正确，尽管用迎合一般普通观众心理的方式演出，绝对不会于民众有害，而于主义无利。我认为，这的确是使宣传深入民间最好的一种方法”。[2]

在日本对中国的侵略日益深入的情况下，有论者提出中国也应举办苏联那样有社会意义的戏剧节，以团结和发动全国人民，抗日御侮。朱起于1937年3月6日在上海《大公报》“戏剧与电影”版发表文章，提出举办中国戏剧节，以鼓舞、动员人民的抗日热情。他提到苏联戏剧节的情况，说道：“如果苏联的戏剧节反映了这个新的制度、新的国家的不可抗拒的胜利，反映了民族间的融合与民族不平等的消灭，那末，让我们，让中国戏剧节来燃着民

1 蒲牢：《漫论戏剧运动》，《大公报》（上海版）1936年11月15日，第3张第12版。

2 吴邦本：《戏剧在苏联（十三）》，《大公报》（天津版）1935年7月26日，第3张第12版；吴邦本：《戏剧在苏联（十四）》，《大公报》（天津版）1935年7月27日，第3张第12版。

族抗战的火炬，烧毁那地方分裂，不统一的黑暗罢。”[1]在朱起看来，中国要发动全国抗战，消灭地方割据势力，结束不统一的局面，就应该举办苏联那样的戏剧节。

苏联的剧场改革是中国舆论界关注的焦点话题。早在30年代初，时人就深切认识到了苏联剧场改革的无产阶级革命性和无产阶级大众性。1930年9月24日至10月22日，天津《大公报》“戏剧”版连载署名“麟村”“麟”的文章。这篇文章注意到，十月革命后，苏联站在无产阶级艺术立场上，对旧有的剧场形式进行了彻底的改革，建立起“与别国全然不同的剧场”，“苏俄剧场是立在民众基础上的，是革命的剧场，是普罗的剧场”。[2]苏联用剧场“表现革命的问题”，苏联的剧场成为建设“共产主义底世界”的工具、“民众教育问题”的工具。[3]

苏联著名戏剧导演梅伊哈德的舞台改革极受中国舆论界关注。梅伊哈德为了增强戏剧的感染力，试图将台上的演员与台下的观众连为一体，增加演员与观众的互动，并对舞台的布置大加改革。天津《大公报》于1930年10月22日刊登的一篇文章就介绍说：梅伊哈德导演的戏剧撤除舞台前部的拱门和箱式的舞台隔断，并将三面式的台子伸向观众中，观众紧靠舞台，将观众与演员混合在一起。鄂森斯坦因把富豪公馆的寝室当作剧场，舞台呈圆形，大部分演员一直留在台上，而不退场。[4]在1930年的时候，肯定苏联这种舞台布置改革的中国论者还不多。当年8月30日，天津《大公报》刊登文章，反对将剧院中的观众与戏剧融为一体，主张将观众与戏剧分隔开来，观众只看戏，尽量不与演员互动，以保持剧场的秩序，从而使观众获得观戏的享受。此文注意到，苏联新戏院打破台上、台下的界线，将演员与观众融为一体，“其戏台之构造，闻系三角形，使戏台伸入观众中，俾其易于上下参

---

1 朱起：《关于中国戏剧节》，《大公报》（上海版）1937年3月6日，第3张第12版。

2 麟村：《苏俄新剧场之鸟瞰》（1930年4月30日），《大公报》（天津版）1930年9月24日，第3张第11版。

3 麟村：《苏俄新剧场之鸟瞰（续）》（1930年4月30日），《大公报》（天津版）1930年10月1日，第3张第11版。

4 麟：《苏俄新剧场之鸟瞰》（1930年4月30日），《大公报》（天津版）1930年10月22日，第3张第11版。

加”。此文对苏联的此种做法持否定态度，认为这只是苏联戏剧界进行政治宣传的手段，并不能提高戏剧艺术水平，“吾人冷眼旁观，觉苏俄之事，多偏重于宣传，以致一切自有立场之文学、艺术等多化为政治或主义的手段、附属品。则其所谓最新的剧场之艺术及戏剧本体，能否保持健全，尤不能无疑焉”。[1] 进入 30 年代中期，中国媒体开始从正面看待梅伊哈德的舞台改革。1934 年 3 月 16 日和 17 日，天津《大公报》连载“梅雨”翻译的文章，将梅伊哈德称作苏联“舞台实验的领袖”。文章介绍，梅伊哈德创造了一种圆式戏台，将戏台置于观众中间，“现在是观众围在它的四周，演员以新的舞台运动的方法表演出来”。文章认为，梅伊哈德试图将舞台从伤害戏剧艺术的旧形式中解放出来，创造“群众的与为群众的舞台”，使舞台贴近群众，为群众服务。[2]

中国舆论界不仅关注和肯定梅伊哈德的舞台改革，还赞赏梅伊哈德的戏剧导演艺术。1934 年 4 月 21 日、22 日，天津《大公报》刊登署名“洛之”的文章，认为梅伊哈德剧场的演出活动“开了演剧史上的新纪元”。文章介绍，梅伊哈德在戏剧实践上以革命的精神，进行大胆的实验，“完全破坏了演剧的旧的原则”，“开拓了新的演剧体系”。[3] 梅伊哈德改进演员表演方式，“他教给俳优以运动统制自己的肉体，在复杂的音乐的旋律中表演”。同时，梅伊哈德将戏剧与时代生活密切结合起来，“演剧是应该演出时代的。各各的时代，有着独特的样式的近代演剧，是非正确的将其步调与生活合而为一不可的”[4]。梅伊哈德的戏剧艺术也受到中国电影评论界的推崇。1936 年 10 月 18 日，卢敦在上海《大公报》“戏剧与电影”版发表影评，在评论史东山根据果戈理剧本《巡按》（今译《钦差大臣》）改编、导演的电影《狂欢之夜》时，就很赞赏梅伊哈德导演《巡按》的艺术水平。影评认为，梅伊哈德导演《巡按》的“象征主义的方法”值得中国电影界学习，“这很可以取法，因为

1　《戏场的整个之分析》，《大公报》（天津版）1930 年 8 月 30 日，第 3 张第 11 版。

2　梅雨译：《实验中的苏联舞台》，《大公报》（天津版）1934 年 3 月 16 日，第 4 张第 13 版。

3　洛之：《梅叶荷德剧场与梅叶荷德（上）》，《大公报》（天津版）1934 年 4 月 21 日，第 4 张第 15 版。

4　洛之：《梅叶荷德剧场与梅叶荷德（下）》，《大公报》（天津版）1934 年 4 月 22 日，第 4 张第 15 版。

这故事的描写已经是相当地夸张的了，那末，索性用象征主义的手法演出，是很有可能的”。影评又认为，梅伊哈德导演的《巡按》赋予原作新的含义，“给予了新的生命，加以新的解释”。[1]

梅伊哈德的舞台艺术对中国戏剧表演产生了一定影响。1935年12月21日晚，中华平民教育促进会定县实验区戏剧委员会和定县东不落岗村农民剧团，在东不落岗村露天剧场，演出了熊佛西创作的农村剧《过渡》。张鸣琦于1936年1月11日在天津《大公报》“艺术周刊”版发表文章认为，《过渡》的演出实现了舞台与观众的沟通，将演员与观众打成一片。这种演出方式接近梅伊哈德的风格。梅伊哈德采用了“社会学的机械主义”（Socio-mechanism）方法，而《过渡》演出所采用的方法“极与梅雅荷德底‘社会学的机械主义’相似”。[2]

30年代的苏联戏剧形成了独特的艺术风格，其演出形式和内容努力贴近普通民众，致力于向民众传递符合社会主义意识形态的价值观，成为苏联党和政府教育民众的重要手段。中国舆论界对苏联戏剧的这种艺术风格有了较为深入的认识。时人注意到，苏联戏剧在与民众相结合方面，处于世界领先水平，并且，由于苏联民众对戏剧演出的巨大热情，苏联戏剧演出非常活跃。出于对苏联戏剧与民众相结合的认识，时人特别关注梅伊哈德将观众与戏剧演出融为一体的舞台改革实践。同时，时人深切认识到苏联戏剧的教育属性，认为中国戏剧界也应创作和演出富有教育性的戏剧，以教育、团结民众，培养人民的抗日热情。由于对苏联戏剧教育性的认识，时人赞赏和关注苏联戏剧革命性的思想主题，这是舆论界特别关注苏联《怒吼吧，中国》剧本的重要原因。

对苏联文学、电影、戏剧的现实主义风格和社会教育性的认知、分析和评论，构成中国舆论界关于苏联这三种艺术形式的观念的主轴。时人深切认识到，苏联这三种艺术形式不仅具有鲜明的现实主义思想主题，致力于反映苏联的革命和建设事业，致力于反映工农群众的生产和生活，努力向大众传

1 卢敦：《〈狂欢之夜〉评》，《大公报》（上海版）1936年10月18日，第3张第12版。
2 张鸣琦：《我对于〈过渡〉上演的评价》，《大公报》（天津版）1936年1月11日，第3张第9版。

递积极向上的思想观念，而且，积极与工农大众相结合，创作为工农大众喜闻乐见的作品，也吸引广大民众积极参与创作。时人从苏联电影中既看到了苏联新社会的建设面貌，也深切感受到了苏联电影的社会教育意义。苏联戏剧努力贴近民众的演出风格也极受中国舆论界的关注。苏联文学、电影和戏剧的现实主义的、大众化的、富含社会教育性的风格和特点，不仅得到中国舆论界的认可和赞扬，而且也极大影响了 30 年代中国的艺术创作，不少作家、电影和戏剧编导致力于借鉴苏联的艺术道路，创作现实主义的、具有社会教育性的艺术作品。值得注意的是，苏联文学、电影、戏剧所含的积极向上的思想主题，在国难日益深重的情况下，也符合中国社会培养民众抗日热情、团结民众一致抗战御侮的现实需求。

## 第三节

# 对苏联美术、博物馆、新闻事业、科学技术的认知

美术、博物馆、新闻事业、科学技术是苏联文化建设的几个重要领域。随着苏联一五、二五两个五年计划的推进，苏联这几个领域的文化建设也取得了巨大成绩。这引起了中国舆论界的较大关注。中国舆论界之所以关注苏联这几个领域的文化建设事业，是因为在日益严峻的社会经济危机、民族危机之中，中国这几个领域文化事业处于严重落后状态。时人期望以苏联为榜样，加快中国这几个领域文化事业的发展。

### 一、对苏联美术现实主义风格、博物馆建设的认知与推崇

美术作品、博物馆设施的社会受众面较大。人们在日常生活中经常会赏鉴各种美术作品，并到博物馆参观各种美术、文物等展览。在苏联这方面发展领先于中国的情况下，苏联的美术、博物馆成为中国舆论界关注的对象。天津《大公报》等中国媒体刊登了一系列文章，讨论苏联美术的艺术风格和艺术水平，介绍苏联美术工作者的生活状况。苏联的博物馆设施也成为中国各界人士的羡慕对象。

中国舆论界对苏联美术的艺术水平评价很高，认为苏联美术作品的造诣已领先世界。1934年5月17日，天津《大公报》刊登署名“乐夫”的文章，

在介绍威斯尼第19届国际艺术展览会时，将苏联的绘画、雕刻作品称作“向上发展的新兴艺术”，将资本主义国家的作品称作“没落期资本主义艺术”。文章注意到，这次展览会特设一部，专门陈列现代苏联著名画家、雕刻家的作品，受到各国艺术界的瞩目。文章认为，参加这届展览会的苏联绘画、雕刻作品的艺术水平达到了世界最高水平。苏联绘画作品展现了“象形艺术之新的途径”，“他们在绘画的表面上的浓艳式光泽，透明或不透明采择上，是极端的绵密，而每个绘画之一切的细部及构图，也非常细心”，苏联木雕、石刻、建筑美术的水平也“超过世界任何国家的高度了”。[1]而且，中国舆论界认定，苏联美术事业是非常繁荣的。1934年10月28日出版的天津《大公报》“艺术周刊”版刊登的一篇译文，通过介绍1934年4月在莫斯科国家历史博物馆举办的“苏联艺术家十五年来作品展览会”，向读者展现了苏联绘画艺术的繁荣局面。文章介绍，这个展览会是十月革命以来苏联绘画艺术发展的缩影，“那里包括着革命初年未来派的蓓蕾直至今日的发展”。展览会上的作品色彩丰富，题材广泛，内容隽永，“随着历史博物馆长连贯的各室参观，我们是被各画色素的兴奋、富丽与光彩和表现力的魁伟所眩耀。在极端特殊作风的分歧以外，是一种非凡的题材之富裕和内容隽永的愉快”。[2]

时人在介绍、品鉴苏联美术作品时，深刻感受到了其中富含的现实主义风格。1936年1月、2月间中苏文化协会、中国文艺社、中国美术会在南京、上海举办苏联版画展览前夕，1935年12月28日出版的天津《大公报》“艺术周刊”版刊出了一个“苏联木刻展览特辑”。这个特辑刊登的郭曼译《苏联版画》一文，在介绍苏联代表性版画家及其主要作品、创作风格的同时，将苏联版画的艺术风格总结为“社会主义的写实主义”。文章介绍：“苏俄版画艺术，正如其他苏俄艺术，一年一年的更坚决的证实了新的写实体裁，在社会主义的写实主义名称下著名。”“苏俄版画作风，以及整个苏俄艺术作风，逐渐变成了写实的，其程度到了使得苏俄艺术家更明了苏俄的时代、苏俄的生动的现实及其新的人民与历史的景色——工业建筑中的烟囱与棚架、

---

1　乐夫：《国际艺术展览会现在威尼斯举行第十九届会，苏联绘画雕刻作品另设一部》，《大公报》（天津版）1934年5月17日，第4张第15版。

2　曾眉译：《苏俄的绘画》，《大公报》（天津版）1934年10月28日，第3张第9版。

集体农民耕种着的田地。”[1]2月26日苏联版画展在上海闭幕后，柳辛在《申报》发表文章表示，苏联版画的“现实性”给了他“深刻的刺激”。他认为，“苏联那样崭新的建设”，“人民充满了蓬勃的活力与朝气”，是苏联版画取得成就的土壤。所以，苏联版画充满着强烈的“艺术的现实性”，将“苏俄的生动的现实及其新的人民与历史的景色，工业建筑中的烟囱与棚架，集合农民耕种着的田地”生动地表现出来。“钢铁的嘶鸣、自然的征服，这里，我们才看见了人类战斗的最高的表现！”[2]柳辛透过苏联版画，看到了苏联人定胜天、战胜自然的经济建设成就，看到了苏联民众朝气蓬勃的生活风貌。

中国舆论界注意到，与劳动相结合的艺术样式是苏联美术作品现实主义风格的重要表现。天津《大公报》于1934年5月17日刊登的署名“乐夫”的文章注意到，苏联美术界开创了与社会劳动相结合的新的艺术样式，“在苏联，绘画的美术者，是到印刷所去，在那里，他们作制本、石板写真的全机械的过程的工作。绘画者作宣传广告及壁的装饰。雕刻人学习用金属铸造及刻石。每一个艺术者都是与劳动世界有密切的接触”。这种新的艺术样式“从过去旧社会的艺术样式中出来而迅速的长成，不但它确立了新姿态的艺术独立的地位，而且显示着世界艺术的未来”，并受到大众的爱赏。[3]

中国舆论界分析，苏联画家在政府组织下深入国家建设的实际生活中，是苏联绘画作品现实主义风格的源泉。由此，苏联画家创作出大量反映社会现实和民众生活的作品。天津《大公报》于1934年3月6日至13日连载署名“英若”的文章介绍，苏联相关部门组织由画家们参加的“艺术委员会”，深入“新建设区域”，到“集体农场”去，“或是参加地理的及其他的种种远征”。“这种旅行委员会对于艺术家非常普及，选择机会极大”，苏联各地的造船厂、机械制造厂、国营农场、茶叶种植园、化学工厂、大型水电站等，“都是艺术家活动的好地方”。画家们“或是集中精力为突击工人画像，或是专描写新型妇女。爱画野景的便到农场去，爱机械的到工场去。艺术家是到

1 郭曼译：《苏联版画》，《大公报》（天津版）1935年12月28日，第3张第9版。
2 柳辛：《苏联版画展记略》，《申报》1936年3月1日，本埠增刊第3—4版。
3 乐夫：《国际艺术展览会现在威尼斯举行第十九届会，苏联绘画雕刻作品另设一部》，《大公报》（天津版）1934年5月17日，第4张第15版。

处受欢迎的。处处是动人的题材，处处充满了生命”。[1]

中国舆论界认为，中国美术界应学习苏联美术的现实主义风格。1936 年 4 月 18 日，天津《大公报》“艺术周刊”版以整版的篇幅刊登文章，介绍苏联木刻家克拉甫兼珂的艺术道路、艺术风格的转变、代表性作品，将其木刻艺术总结为社会主义的现实主义。文章称：“克拉甫兼珂的创作的路子，是从资产阶级艺术家的那种狭窄的、个人主义的世界观，逐渐转到一切现象的综合观与苏维埃艺术尖锐的现实主义的概念来的。”“他给我们展开了——也许不免有点夸张和加以英雄化的地方——革命与社会主义建设的史诗中的鲜明而动人的影像与伟业。”[2]该版编者在《编余》中认为，苏联木刻作品“言之有物”，“步步踏着实地去描写和表现现实”，中国应赶快学习苏联木刻的“技巧”，“克拉甫兼珂可谓我们绝好的模范”。[3]

时人深切感受到苏联现实主义美术作品的社会宣传价值。1936 年 12 月 8 日出版的上海《大公报》“大公俱乐部”版发表署名“冀南”的文章，在讨论叶浅予漫画创作的现实主义风格时，以苏俄十月革命之初具有宣传意义的漫画，说明漫画的社会宣传价值。文章说道：“在苏俄革命之初，做为他们最便捷的宣传利器的，不外是标语与绘画（连续漫画、壁画等）。这件事在苏俄革命伟人的口中曾提述过的，得有颇大的功效，因为绘画较比文字的宣传，其普遍（文盲也可懂）性既大，对情感染力又强”，所以，“将它当做了宣传工具、教导利器，也未始不可收见很大的功效”。[4]

苏联画家们优渥的生活深受中国舆论界的羡慕。时人认为，苏联政府为画家们提供的良好待遇是苏联绘画艺术得到巨大发展的重要原因。“英若”于 1934 年 3 月 6 日至 13 日在天津《大公报》发表的文章，详细介绍了苏联画家受到的政府的优厚待遇。他介绍，“许多国度的许多从事艺术的人们，往往因为衣食逼迫不能好好干他们的事业”，这种情况在苏联是不存在

---

1　若英：《苏联艺术家的生活（三）》（1934 年 3 月 3 日），《大公报》（天津版）1934 年 3 月 8 日，第 4 张第 13 版。

2　S. 拉苏莫夫斯卡亚作，郑效洵译：《苏联艺术家 A. 克拉甫兼珂——一个主要的苏联木刻家的发展小记》，《大公报》（天津版）1936 年 4 月 18 日，第 3 张第 11 版。

3　《编余》，《大公报》（天津版）1936 年 4 月 18 日，第 3 张第 11 版。

4　冀南：《艺人素描——叶浅予》，《大公报》（上海版）1936 年 12 月 8 日，第 4 张第 16 版。

的。在苏联，“艺术家是最得社会的优遇的”。[1]1929 年，苏联政府为“革命艺术家社”建成了一所公共住宅，让 100 名艺术家及其家属居住，“每家占屋一至三间，附有美术工作室。另外，还有若干大工作室，为集体工作之用”。住宅还附设有公共食堂、日间托儿所、幼稚园。“宅内还有良好的沐浴设备、机械洗衣房、理发所、图书馆及读书室。”1933 年，苏联又建成了第二所这样的住宅，并计划建设一个“艺术家城”，“以树立新生活与工作方法的模范”。[2]他分析，苏联画家们之所以创作出很多优秀作品，是因为生活的安定与优裕，“因为生活得到稳定，不致有任何经济的阻挠，苏联艺术家才能把全部精神献于艺术”。他反观中国艺术家的生活状况，无限感慨，说道：“写到这里，想到老大中国的贫穷混乱、民生凋敝，固然还有人能玩玩笔墨，弄弄风花雪月而外，可是，那里谈得到培植艺术家，发展新艺术，使民众得享艺术的教养？一般有机会学艺术的青年，还不多数是坎坷潦倒吗？搁开纸笔，真是‘我欲无言’呢！”[3]显然，在他看来，中国美术创作之所以水平低下，一个重要原因是中国艺术家迫于生活贫困，只能创作迎合民众低下品位的庸俗作品。

除苏联美术作品外，苏联完备的博物馆设施也成为中国舆论界的羡慕对象，在中国社会各界人士中产生了极大社会影响。中国舆论界通过苏联博物馆的丰富陈列和活动，看到苏联民众多彩的文化生活。1934 年 9 月 13 日，天津《大公报》刊登文章，描述了莫斯科儿童书画博物馆中丰富多彩的儿童文化活动，介绍说，儿童们可以在该馆参与各种模型制作的活动，进行绘画，相互解答各种问题。[4]中国舆论界又注意到，苏联博物馆具有很强的社会教育功能。1934 年 10 月 28 日出版的天津《大公报》“艺术周刊”版刊登的一篇译文介绍，苏联的博物馆“是只为社会而存在的”，“苏俄尽量地将博物

---

1 英若：《苏联艺术家的生活（一）》（1934 年 3 月 3 日），《大公报》（天津版）1934 年 3 月 6 日，第 4 张第 13 版。

2 英若：《苏联艺术家的生活（七）》（1934 年 3 月 3 日），《大公报》（天津版）1934 年 3 月 12 日，第 4 张第 13 版。

3 英若：《苏联艺术家的生活（八）》（1934 年 3 月 3 日），《大公报》（天津版）1934 年 3 月 13 日，第 4 张第 13 版。

4 《苏俄儿童书画博物馆》，《大公报》（天津版）1934 年 9 月 13 日，第 2 张第 5 版。

馆变成附插图的、劝导社会的教科书”。[1]

中国舆论界进而认为，苏联博物馆不仅以服务民众为宗旨，而且重视以科学方法，发掘所收藏的文物中的文化价值，古为今用。1934 年 2 月 21 日，天津《大公报》刊登署名“乐夫”的文章介绍，苏联建立起中央、省、郡县各级博物馆和艺术、人类史、博物学等各类博物馆，将公有的和私人收藏的一切艺术品和文物“均搜集齐全”，进行统一、分类收藏。苏联各类博物馆致力于使这些文物为人民所享用，“它在搜集上，是完成了不朽的大事业，而极接近人民。它完全是民众化，而且常常极活跃。每届展览，参观人达几十万之多”。这篇文章又认为，苏联文物工作不同于资本主义国家之处在于，资本主义国家只将文物视作一种古董，“但在苏联，他们是将历史上的有价值的学术文化保存，并以科学的方法，去循译和辩证其特点，其可取的精华部份，使之发展，以充实现代”。文章介绍，苏联历史博物院当年初举办的中国画展、乐器展览、希腊艺术展览等展览重视通过古代文物探究古代社会、文化状况，“上述各展中，均按时间与空间切面而布置。盖其布置乃表现人类对数千年经济环境之反应，实用以表现中世纪西方与东方的各时代之经济组织，及形成生产物品种类原因，并标名解释数千年来人类经济组织的变迁和产生某种物品的某种社会”。[2]

人们由苏联完善的博物馆设施，反观中国博物馆设施的落后，期望中国像苏联那样重视博物馆建设。1935 年 4 月 8 日伦敦中国艺术国际展览会预展在上海开幕后，陆丹林在天津《大公报》“艺术周刊”版发表文章，建议中国应在北平、西安、南京、广州等地建设专门的展览馆，以便陈列中国的珍贵文物。他由此想到，苏联就在各大城市建立起大量博物馆，“甚至共产主义的苏俄，他的博物馆，也普遍在各大都市”[3]。1936 年 10 月 13 日下午，家庭问题座谈会第二次会议在上海华龙路中华职业教育社举行。儿童教育家陈鹤琴在会上提出，应在上海多建设博物馆。他介绍，在这方面，苏联的做法

---

1　R. Huyghe 著:《苏俄的博物馆》,《大公报》( 天津版 ) 1934 年 10 月 28 日，第 3 张第 9 版。

2　乐夫:《中国绘画现在苏联博物院举行展览，一部份作品为徐悲鸿携去》,《大公报》( 天津版 ) 1934 年 5 月 21 日，第 4 张第 15 版。

3　陆丹林:《对于艺展一点感想》,《大公报》( 天津版 ) 1935 年 4 月 20 日，第 3 张第 11 版。

值得学习，“对于这种博物馆最注重的是苏联。世界上没有一个国家的博物馆能够比她多的。这种气象很好，我们应该效法”[1]。1937 年上半年，上海市政府计划筹建新生活陈列馆、水族馆、自然物产馆、中华历史馆、工业馆 5 个陈列馆。负责筹建工作的上海市博物馆馆长在介绍筹备情况时，以苏联等国家的博物馆建设说明筹建这些陈列馆的必要性。他表示，“现世界各国，如德国，如苏联，无论何项运动，莫不有一陈列馆或展览会以表现之。故陈列表现极为重要”[2]。

中国舆论界对苏联美术、博物馆事业的发展成绩是非常羡慕的。在苏联美术领域，时人尤其推崇苏联美术作品中蕴含的现实主义风格。时人认识到，苏联美术的现实主义风格体现为积极表现苏联建设面貌、民众劳动生活的写实主义，往往具有较大社会宣传价值，这与资本主义国家为艺术而艺术的风格形成巨大反差。由此，时人对苏联美术作品的艺术水平评价很高，并主张中国美术界学习苏联美术的现实主义风格，深入社会现实，创作反映中国社会面貌、陶冶民众精神的美术作品。中国社会各界人士非常羡慕苏联完善的博物馆设施，期望中国能像苏联那样加大博物馆建设力度。对于苏联博物馆，时人较为看重苏联博物馆发掘文物中的历史文化价值的做法。

## 二、对苏联新闻事业发展道路的不同认识

作为同行，中国新闻界较为关注苏联的新闻事业。在苏联新闻事业中，报纸的内容、编辑、经费问题更受中国新闻界的关注。同时，苏联无线电广播、塔斯社也成为中国新闻界的关注对象。

一些在苏联采访的中国记者重点采访了苏联的新闻事业。天津《大公报》记者曹谷冰在采访苏联期间，曾于 1931 年 6 月实地访问了苏联政府机关报《消息报》社。中央社记者冯有真在采访 1936 年 8 月柏林奥运会后，于当年 9 月采访了苏联新闻事业。[3]他写成的长篇通讯《国营的苏联新闻事业》，

1 《家庭问题座谈会第二次会议记录》，《大公报》（上海版）1936 年 10 月 24 日，第 4 张第 14 版。
2 《市府筹建五陈列馆》，《大公报》（上海版）1937 年 6 月 11 日，第 2 张第 7 版。
3 《中央社特［派］记者冯有真月底归国》，《中央日报》1936 年 12 月 13 日，第 1 张第 4 版。

1936年11月17日至22日，在《中央日报》上分六次连载，全面、系统地介绍了苏联新闻事业情况，既有总体情况的介绍，又分别介绍了苏联塔斯社及《真理报》《消息报》《农民新闻》《工业化》等主要报纸的情况，还介绍了负责苏联报刊发行工作的杂志报纸联合出版局的情况。对于苏联新闻事业，曹谷冰和冯有真有着不同的认识。作为民营报纸记者，曹谷冰指出了苏联新闻事业党政机构性质造成的诸多弊端；而作为国民党主办的新闻机构的记者，冯有真则认可苏联新闻事业的党政机构性质。

在曹谷冰和冯有真眼中，苏联新闻事业是快速发展的。他们出于对苏联同行的职业敏感，对苏联报纸品种和发行量的快速增长印象深刻，并分析了其中的原因。冯有真惊叹于苏联报纸品种和发行量的发展速度。他注意到，1932年苏联出版的报纸品种比20年前增加了7倍以上，总销量增加了13倍以上，“《真理报》《新闻报》两种报纸的销数，就超过1913年全俄所有报纸的总销数几达一倍”。他感叹，“十月革命后，苏联新闻事业的突飞猛晋，确实是一件可惊的事情”。[1]曹谷冰则分析了苏联报纸品种和发行量快速增加的原因。他认为，苏联报纸品种和发行量之所以增加很快，有两方面原因：第一，人民的工作收入日益增加，购买力渐强；第二，苏联人识字率大幅提高，能读报的人数日益增加。同时，苏联小城市报纸发行量的快速增加说明“苏俄之宣传工作，不仅注意于政治中心及各大都会，而对于各省区小城市，较之大都会尤为重视也”[2]。

苏联新闻事业的党政机构性质是时人最感兴趣的问题。冯有真在苏联采访期间就对苏联报纸的党政机构性质表现出极大兴趣。他表示，苏联国营新闻事业，对自己而言带着一种神秘的面纱，“私有财产制已经消灭了的苏联，大概不会有私人创办的报纸与通讯社吧。如果是这样，那么，国家又用怎样的方式去经营新闻事业呢？人民在言论上是否还有一点自由呢？我带了这些愚蠢的问题，抱了无限的兴趣，由柏林到莫斯科，用十天光阴，想探讨这社

---

1　《国营的苏联新闻事业（二）——中央社特派员冯有真通讯》，《中央日报》1936年11月18日，第2张第2版。

2　曹谷冰：《赴俄记者第十八信——苏联新闻事业》（6月5日寄自莫斯科），《大公报》（天津版）1931年6月18日，第1张第3版。

会主义国家的新闻事业底情形”。他认识到，苏联报纸因为均由党政机构主办，所以，成为党和政府的舆论喉舌。这是苏联报纸与其他国家报纸的最大区别。他介绍，苏联报纸“没有一种不是由国家经营”，分别隶属于各级党部、政府机关、工厂企业，“在苏联，决没有一个私人可以办报。德国是以统制政策，来统一新闻事业的步调，苏联则干脆的由国家经营。这是社会主义国家的新闻事业，与任何国家不同的第一特点”。他又进一步认识到，苏联报纸的党政机构性质使其不仅起着引导舆论的党政机关“代言人”的作用，而且，在实际工作中，对广大民众起着实际的组织和教育作用，成为民众的组织者和先导者，“苏联的报纸不但是社会的先导者、机关的代言人，同时，还是良好的组织者、实际的工作者。例如，苏联党中央委员会的机关报《农民新闻》，不只发行各种报纸给农民看，并且在国家农场、集体农场中，做许多实际的组织与教育工作。重工业人民委员会的机关报《工业化》，也不只发行各种报纸给工人看，并且在各工厂里做许多实际的组织与教育工作”。他感叹，反观中国，“中国的新闻纸与政府人民不能合拍，苏联的新闻纸则站在社会的前线”。[1] 显然，作为国民党当局主管的新闻机构的记者，他对苏联报纸的党政机构性质是认可的。

与在国民党当局机构任职的冯有真不同，作为民营报纸记者，曹谷冰于 1931 年 6 月通过实地采访苏联政府机关报《消息报》社，认识到了《消息报》党政机构性质的弊端。他从《消息报》社党委书记马寅（Marhin）口中了解到了《消息报》刊登新闻的重点。马寅告诉他，《消息报》刊登的新闻以关于五年计划建设的消息为重点，“如某厂某日落成，某地垦荒若干，上月炼铜几何，上旬产煤多少等等，莫不大书特书，详细登载”。他注意到，《消息报》以刊登宣传性的正面新闻为主，导致该报版面不多，再加上采访各地消息的通信网的不完善，导致该报的新闻编发量和丰富度与资本主义国家的报纸存在很大差距。他介绍，虽然该报发行量约为 110 万份，但是，由于该报每份仅为一大张，所以，印刷量不是很大，“较之欧美、日本之各大

---

1 《国营的苏联新闻事业（一）——中央社特派员冯有真通讯》，《中央日报》1936 年 11 月 17 日，第 2 张第 2 版。

报，则相去似尚辽远"，同时，"其通信网之组织，亦未臻周密之境地也"。作为中国著名的民营报纸的记者，他通过与马寅的交流，从苏联报纸的党政机构性质与报纸民营性质的区别角度，对苏联新闻业同行的工作流程形成了自己的认识。马寅向他介绍《消息报》社的工作流程说：每晚十点以后送到的消息，不论多么重要，一律留待次日编辑，这是为了避免排齐稿件太迟，延误出版时间。曹谷冰分析，《消息报》之所以将每晚十点以后的稿件留到次日编辑，另有原因，"因其性质与私人经营之报纸不同，绝无同业间之竞争。故虽有迟到之重要消息，可不必临时改版也"[1]。在他看来，苏联报纸缺乏商业竞争是《消息报》社不急于编发新闻的重要原因。显然，他从苏联报纸刊登新闻的时效性较差角度，看到了苏联报纸缺乏商业竞争的弊端。

曹谷冰和冯有真很关心苏联报纸不登商业广告的现象。曹谷冰从马寅口中了解到，《消息报》刊登的广告"多半为党政机关之公告及戏院、电影院等之广告，商业广告与人事广告仅占极小部分"[2]。冯有真也注意到，与其他国家不同，苏联的报纸不登广告，报纸经费不依靠广告收入。他介绍说，"广告的收入是维持报纸生命的一个最重要的原素。这已成为任何国家办报的人所坚信的铁律，可是，这个铁律却给苏联的新闻纸完全摇动"。在莫斯科出版的几百种报纸中，只有《莫斯科晚报》以半页篇幅刊登各戏院的节目单，"用极小的字排了几行，只能算是一种公告性质的文字"。许多报纸连这种小篇幅的节目预告也没有。他分析，苏联报纸之所以不登广告，是因为苏联不存在商业竞争，所有工厂商店都由国家经营，"不如资本主义的国家以营利为目的，没有竞争的必要，因此，便无需在报纸上刊登广告"。而且，苏联的报纸主要起"社会的组织与先导者"作用，"目的不在牟利，所以，报纸的本身，也无招徕广告的必要"。[3]

与苏联报纸不登商业广告现象相关，曹谷冰和冯有真分析了苏联报纸的

---

1　曹谷冰：《赴俄记者第十八信——苏联新闻事业》（6月5日寄自莫斯科），《大公报》（天津版）1931年6月18日，第1张第3版。

2　曹谷冰：《赴俄记者第十八信——苏联新闻事业》（6月5日寄自莫斯科），《大公报》（天津版）1931年6月18日，第1张第3版。

3　《国营的苏联新闻事业（二）——中央社特派员冯有真通讯》，《中央日报》1936年11月18日，第2张第2版。

经费问题。曹谷冰注意到，苏联报纸由于没有赢利来源，所以，享受着政府巨额财政补贴，“俄国新闻事业，十余年来，完全在党政机关势力支配之下，是以全国报纸除国营及公营企业机关所办之机关报，各有其经费的来源外，其为社会公众发行之报纸，悉受政府之直接补助”。他分析，苏联报纸之所以需要由政府补贴经费，有两方面原因：第一，苏联商业基本均为国营，“国营商业，又不必竞争，不需广告，致报馆广告收入极少”；第二，“办报宗旨，崇尚宣传，故报纸印刷数量，有时超过需要，而纸张等于浪费”。[1] 与曹谷冰客观看待苏联报纸享受政府经费补贴不同，冯有真却误认苏联报纸可以通过自身发行实现赢利。他认为，苏联的报纸虽不登广告，但赢利丰厚。这主要有两个原因，第一，由于报纸版面少，所以，开支小，“只就纸张说，一张或一张半的篇幅，就用不到好多成本”；第二，销量大，“如《真理报》《新闻报》销数均二百万份，每天卖报的收入就是二十四万卢布。”冯有真对此表示赞赏，“苏联报纸的经营方法，替全世界经营新闻事业的人，开辟了一条光明的途径”。[2]

除曹谷冰和冯有真外，还有一些其他人士关注苏联新闻事业。《中苏文化》编辑黄理文对苏联报纸不登商业广告提出批评。他于 1936 年 5 月 15 日在《中苏文化》发表文章认为，虽然社会主义国家的广告不能像“资本主义国家的商业广告，专以欺诈的宣传，骗取买主”，但苏联商业仍应该运用广告，“以吸引买主”，“使需要者知道有些什么东西，俾得及时供给”。苏联商业广告的缺乏导致商品流通不顺畅，或使商品失去“时效性”。[3] 作为国民党当局的外交官员，曹树铭关注和肯定苏联新闻机构的党政机构性质。1937 年 2 月 1 日，曹树铭在《中苏文化》发表文章注意到，苏联对通讯实行国家统一经营。他介绍，“在苏联任何事业都是国营，新闻事业当然也不能例外”，而且，苏联国营的通讯社只有塔斯社一家，“除掉‘塔斯’，苏联没有任何其

---

1 曹谷冰：《赴俄记者第十八信——苏联新闻事业》（6 月 5 日寄自莫斯科），《大公报》（天津版）1931 年 6 月 18 日，第 1 张第 3 版。

2 《国营的苏联新闻事业（二）——中央社特派员冯有真通讯》，《中央日报》1936 年 11 月 18 日，第 2 张第 2 版。

3 黄理文：《苏联国民的文化物质生活》，《中苏文化》第 1 卷第 1 期，1936 年 5 月 15 日，第 3 页。

他国营的新闻事业，民营的新闻事业就更谈不到了”。[1] 他对苏联的新闻事业的党政机构性质持赞赏态度。他表示，“于此，不得不颂扬苏联电政之国营与夫电政之统一”。[2]

在苏联新闻事业中，苏联无线电广播也成为中国舆论界关注的对象。1936 年 10 月 10 日，天津《大公报》刊登侯敬盦节译的文章，介绍苏联广播事业的发展历史、管理机构以及广播机构的种类、收费制度、收音方式。这篇文章介绍，通过两个五年计划建设，苏联广播事业有了长足发展，“在五年计划以前，苏俄广播事业，异常幼稚，但在五年计划纲领中，将此广播计划列入，并逐渐趋于完成后，迄今遂成为广播事业发达国家之一”[3]。中国舆论界注意到，苏联致力于通过无线电事业向民众进行社会主义宣传。1934 年 3 月 19 日，天津《大公报》刊登的一篇文章认为，苏联无线电广播在向广大民众宣传社会主义文化方面起着重大作用，“每个劳动者俱乐部、集体农场俱乐部、乡村公共图书馆、红军兵营中，无处不有无线电收音机的设置。无疑地，这对于苏联文化工作的进展是有着巨大的影响”[4]。一些论者认同苏联无线电台的政治文化宣传功能。1935 年 8 月 12 日，天津《大公报》发表的一篇文章批评天津市几家无线电台播送封建的、低级趣味的、娱乐化的节目，建议在播送民众娱乐类节目的同时，应多播送民众教育类节目。文章以苏联等国家的无线电台为例说明这个问题，表示：“在苏联，把整个无线电事业，除了小部分的民众娱乐——戏剧、音乐，大部都作为文化宣传的工具。”[5]

苏联新闻事业均由党政机构主管、主办，成为党政机构的喉舌，内容以宣传苏联党政机构的方针政策为主。由于不刊登商业广告，苏联报纸的编辑、出版经费的大部分依靠政府财政补贴。这与西方资本主义国家以民营为主的新闻事业有很大区别，也与存在大量民营媒体的中国有很大区别。对于

---

1　曹树铭：《苏联新闻事业之组织》，《中苏文化》第 2 卷第 2 期，1937 年 2 月 1 日，第 1 页。

2　曹树铭：《苏联新闻事业之组织》，《中苏文化》第 2 卷第 2 期，1937 年 2 月 1 日，第 3 页。

3　《苏俄之广播事业》，《大公报》（天津版）1936 年 10 月 10 日，第 3 张第 11 版。

4　《苏联的无线电播音是文化工作的武器》，《大公报》（天津版）1934 年 3 月 19 日，第 4 张第 13 版。

5　澎：《由津市剧人播音说到津市无线电（三）》，《大公报》（天津版）1935 年 8 月 12 日，第 4 张第 15 版。

苏联新闻事业，中国新闻界较为关注苏联新闻事业的传播内容，认识到苏联新闻媒体起着宣传苏联当局方针政策的舆论喉舌的作用。对于苏联报纸的编辑出版工作，中国媒体比较关心其编发内容、出版经费、不刊登商业广告问题。在这些问题上，民营天津《大公报》记者曹谷冰和国民党当局主办的中央社记者冯有真的看法有很大不同。曹谷冰从报纸民营角度指出了苏联报纸的党政机构性质、缺乏商业竞争导致的诸多弊端。而冯有真则对于苏联报纸作为苏联党政机构喉舌的功能持认同态度。

## 三、对苏联科学技术事业的推崇

苏联在科学技术领域的新发明、新成果，是中国媒体新闻报道的要点。读者从当时媒体的各种报道中可以直观地感到苏联科学技术事业比中国先进得多。正因为如此，苏联科学技术事业就受到中国舆论界普遍推崇。时人看到苏联政府对科学技术事业的重视尤其巨额经费投入、苏联科学技术的快速发展、苏联科技界为国家建设做出的巨大贡献，期望中国以苏联为楷模，大力发展科技事业。时人的这种思路与当时中国在严重的民族危机下科技事业的滞后密切相关。时人期望通过发展中国的科技事业，推动国家建设，拯救民族危机。

中国舆论界判断，苏联科学技术事业得到了长足发展，处于世界领先水平。这一点，从中国媒体的一系列报道中就可以看出来。天津和上海《大公报》就热衷于报道苏联科学研究取得的成就，关于苏联科学技术的报道经常出现在报端。例如，1933 年 8 月 5 日，天津《大公报》报道说：苏联政府拨款扩充海参崴植物及土壤学研究所、海兰泡豢畜研究所等机构，重点研究远东地区的植物。[1]1934 年 1 月 27 日，天津《大公报》报道了苏联年轻数学家取得的世界领先的研究成果：年仅 26 岁的果尔芳得解决了困扰国际数学界 50 年的“吉尔贝特问题”；年仅 30 岁的果尔玛洛夫著有数学书籍 30 余种，被译成各国文字；年仅 25 岁的庞特里亚金自幼双目失明，其著作多发表于世

---

1 《俄学者研究远东植物》，《大公报》（天津版）1933 年 8 月 5 日，第 1 张第 4 版。

界著名数学刊物上。[1]天津《大公报》于1937年6月8日报道，苏联北极探险队在北极地区建立科学研究所，从事苏联莫斯科至美国旧金山之间跨越北极的航线及北极磁力、浮冰动向、北冰洋深度、北极空气热流来源等问题的研究。[2]上海《大公报》也于同月24日报道，苏联科学家维诺格拉道夫破解了18世纪高尔巴赫提出的困扰世界数学界的难题。[3]《中苏文化》也刊登文章介绍苏联科学事业的发展。1936年7月15日，该刊刊登南京板桥农村服务社职员曾鼎的文章介绍，苏联已成为世界学术研究的重镇，“全国各种科学研究院与科学实验室之设立，普遍各地，不下千余所。对科学从事有系统之专门研究者，现已有数万余人，若以学习专门科学之青年学生而言，其数量之众，则当在百万左右。苏联实为世界重视学术、提倡科学之国家”[4]。在中国舆论界看来，苏联的基础科学研究、应用科学研究已达到世界领先水平。

苏联三位飞行员驾驶飞机于格林尼治时间1937年6月18日自莫斯科起飞，跨越北极，于格林尼治时间当月20日飞抵美国华盛顿州温哥华市（Vancouver）。[5]对于苏联飞行员驾驶飞机越过北极抵达美国这一壮举，上海《大公报》于同年6月22日发表短评认为，“这是世界空前的伟举”，“这是世界交通上一种革命，是科学的伟大胜利，而这种革命与胜利，成于苏联航空家之手！”[6]显然，上海《大公报》对于苏联航空界取得的这一成绩极为兴奋，敬佩之情溢于言表。中国官方对此次苏联飞行员直飞美国亦极关注。中国驻苏大使蒋廷黻专门于同年6月23日致函苏联外交人民委员李维诺夫，表示“深致欣佩”。[7]时人由这次飞行感到，苏联已经是世界上航空技术最先进的国家之一。

苏联政府高度重视科学技术事业成为中国舆论界的共识。1934年12月2日，蒋廷黻在《独立评论》发表文章注意到，苏联对于科学家非常优待，

---

1 《苏俄数学界三杰》，《大公报》（天津版）1934年1月27日，第2张第5版。

2 《苏俄在北极建立研究所》，《大公报》（天津版）1937年6月8日，第2张第5版。

3 《二百年来数学难题，苏联科学家获得解决》，《大公报》（上海版）1937年6月24日，第2张第6版。

4 曾鼎：《莫斯科学术文化之建设》，《中苏文化》第1卷第3期，1936年7月15日，第1页。

5 《苏联飞机已安抵美国》，《大公报》（上海版）1937年6月21日，第2张第6版。

6 《俄美飞行之成功》（短评），《大公报》（上海版）1937年6月22日，第1张第4版。

7 《蒋大使函贺俄美直达飞行》，《大公报》（上海版）1937年6月24日，第2张第6版。

苏联政府和人民对科学家的尊重“是达极点的”，“在苏联，作个科学家总算不错了”。苏联政府竭力供给科学家需要的设备和经费。[1]苏联政府花费巨资在莫斯科建设苏联科学院新院址情况受到中国舆论界的关注。天津《大公报》“科学副刊”版于 1936 年 8 月 22 日介绍，“苏联科学院之新院舍，将于本年开始建筑，须占地五百英亩。建筑设计，现已宣布，规模极为伟大”[2]。所以，中国舆论界将苏联政府对科学事业的重视当作中国学习的楷模。1936 年 9 月，天津《大公报》为了纪念复刊十周年，决定设立文艺、科学两种奖金，征求文艺、科学论文，择优奖励。1937 年 7 月 1 日，该报在科学征文奖励名单揭晓的当日发表社评，在阐明该报此次征文的用意与意义时，以苏联重视科学研究为例，说明中国政府与人民应尽力发展科学事业。社评希望，该报此次征文“引起社会有力人士之同情及政府之深切注意，对于发展吾国科学，更进一步作大规模之计划与努力，如苏联之发展科学然，则在相当期内，吾国科学事业，不难迎头赶上，步武欧美矣”[3]。

中国舆论界非常羡慕苏联政府的巨额科研经费投入。1937 年 7 月 5 日出版的天津《大公报》“科学副刊”报道，苏联 1937 年科研经费达 9.242 亿卢布。撰写这条消息的记者感叹，“读者试以国币计之，将见苏联预算之浩大矣”[4]。时人将苏联的巨额科研经费与中国科研经费短缺进行对比，呼吁国民党当局加大科研经费投入力度。1936 年 5 月 20 日，韩柏林在上海《大公报》发表文章提到，虽然中央研究院等科研机构每年获得的经费有相当数量，但是，“这数字若与美国年费二万 [ 万 ] 五千万元、苏俄年费十万万卢布相比，诚属落后”[5]。植物学家胡先骕也对苏联政府的大量科研资金投入印象深刻。1936 年 8 月，中国科学社、中国数学会、中国物理学会、中国化学会、中国植物学会、中国动物学会、中国地理学会在北平清华大学、燕京大学举行第三次联合年会。当月 19 日，他代表中国科学社在天津《大公报》“七科

1 蒋廷黻：《欧游随笔（五）》，《独立评论》第 129 号，1934 年 12 月 2 日，第 12 页。

2 《科学新闻》，《大公报》（天津版）1936 年 8 月 22 日，第 3 张第 11 版。

3 《本报科学奖金征文揭晓》（社评），《大公报》（天津版）1937 年 7 月 1 日，第 1 张第 2 版。

4 《科学新闻》，《大公报》（天津版）1937 年 7 月 5 日，第 4 张第 13 版。

5 韩柏林：《从科学研究谈到工程学的研究——写在五工程学术团体联合年会以前》（1936 年 5 月 17 日于钱塘江桥），《大公报》（上海版）1936 年 5 月 20 日，第 1 张第 2 版。

学团体联合年会特刊”发表文章，感叹中国各级政府对于科学研究事业拨款不足，表示：“今日政府当局虽号称提倡科学，然征诸事实，尚未能以充分财力以兴办、维持各种科学研究事业。”他以苏联为例呼吁当局提供更多科研经费。他表示：“苏俄革命较吾国晚几十年，而国力之膨胀远非吾国所能望其项背，宁非彼知奖励科学，而我不知耶？”[1]

中国舆论界认为，苏联科学研究应成为中国科学事业的学习楷模。1933 年 7 月 20 日，天津《大公报》“世界思潮”版翻译刊登了英国科学家柯乐兹（J. G. Crowther）介绍苏联科学发展情况的文章。该报“世界思潮”版编者表示，这篇文章可以使国人相信“苏联的重视科学、科学在苏联的蒸蒸日上”，苏联科学事业的发展可以给国人以启发。“现在的中国本也可说是周虽旧帮 [ 邦 ]，其命维新的，可惜乃总不大见到兴国事业、兴国现象。看看这个短篇所纪，或者也可以知所兴起罢！”[2] 刘咸于 1936 年 8 月 8 日在天津《大公报》“科学副刊”版发表文章认为，在科研人才、科研水平上，中国中央研究院与苏联科学院相比，可谓望尘莫及。“该院为全国科学最高机关，其地位、名义与我国之国立中央研究院并驾齐驱，但其经济人才之盛，威望成绩之富，我则望尘莫及，有惭名义。”他觉得，在国难日益深重之时，中国也应像苏联那样大力发展科学事业，“吾国之需要科学，较苏联尤为迫切，拯救危亡，复兴民族，舍此莫由。所望政府、国民善事借鉴，下最大决心，大兴科学，将现有之科学事业，扩大其组织，充实其内容，扶助其发展，责课其成绩，并以最善心理，依赖科学，必使科学不致流为时代装饰品，而真正成为复兴民族、建设国家之法宝，一如苏联以科学为五年计划之灵魂然，则国家前途，有厚望焉”。[3]

中国舆论界认定，苏联科学研究对国家建设做出了巨大贡献。1936 年 8 月 8 日，刘咸在天津《大公报》“科学副刊”版发表文章介绍，苏联科学院在五年计划建设中发挥了重大作用。他表示，“苏联自第一次五年计划成功，第二次五年计划开始以还，新型的大规模科学建设，遂为各国所注目。举世

---

1　胡先骕：《中国科学发达之展望》，《大公报》（天津版）1936 年 8 月 19 日，第 3 张第 11 版。

2　柯乐兹：《苏联的科学事业》，《大公报》（天津版）1933 年 7 月 20 日，第 3 张第 11 版。

3　刘咸：《苏联科学院之组织及其使命》，《大公报》（天津版）1936 年 8 月 8 日，第 3 张第 11 版。

之人，莫不惊诧其建设之迅速、规模之宏伟与其人民之苦干精神。殊不知为谋社会主义理想之实现，与奠定新的社会秩序，除利用政治力量之外，一切谋猷筹划，苏联科学院（Academy of Science）实主持其全盘计划”[1]。《中苏文化》刊登了一系列文章认为，苏联科学技术事业与国家建设是相互促进的，一方面国家建设带动了苏联科学技术事业发展，另一方面苏联科学研究又紧紧服务于苏联国家建设。1936年5月15日，黄理文和西门宗华分析了苏联科学研究与国家建设的关系。黄理文分析，苏联国家建设事业的发展对科技工作提出了新的要求，苏联要“完成并发展社会主义国家的技术问题”，就必须不断提高技术水平，而技术水平的提高，必须与实际工作相结合，“要完成这种技术，非要实际的在工厂里应用起来，是不会成功的”。[2]西门宗华认为，苏联的科学研究是以国家建设事业为导向的。他注意到，苏联科学研究事业之所以获得发展，是因为五年计划经济建设成功所致，苏联五年计划建设“蓬蓬勃勃，诚为工业、农业上之一大革命，而苏联之科学文化，亦随之而勃兴”。同时，苏联科学研究又为五年计划建设服务，“应五年计划之需要”。[3]同年7月15日，曾鼎分析，苏联的科学研究事业的迅速发展基于两个五年计划建设造成的国民经济发展，“因为苏联国民经济建设之发展，第一、第二五年底计划胜利，苏联之科学、文化，因此亦突飞猛进，获得巨大显著之进步”。所以，苏联科学研究具有很大实用性，多与实际的国家工业建设有密切关系，莫斯科的科学研究院“大都与国内各种工业具有密切之联系，以便利苏联工业之改良与发展”。[4]

诸多论者纷纷以苏联科学研究为国家建设做出的巨大贡献为例，论证中国科学事业在国家建设中的重要地位。动物学家秉志就反复以苏联为例申述科学研究与中国国家命运与发展的密切关系。他于1936年5月17日以苏联科学事业促进国家发展为例，说明科学研究是中国国防建设的重要推

---

1 刘咸:《苏联科学院之组织及其使命》,《大公报》(天津版)1936年8月8日，第3张第11版。

2 黄理文:《苏联国民的文化物质生活》,《中苏文化》第1卷第1期，1936年5月15日，第6—7页。

3 宗华:《苏联之科学与文化》(写于1936年暮春之夜),《中苏文化》第1卷第1期，1936年5月15日，第1—2页。

4 曾鼎:《莫斯科学术文化之建设》,《中苏文化》第1卷第3期，1936年7月15日，第1页。

动力。他在天津《大公报》“星期论文”版发表文章认为，发展科学是建设中国国防的基础。“吾政府、吾人民，其下最大决心，尽力以兴科学。此学若在吾国有突飞猛进之势，则万象更新，世界观听，为之转移，而吾国民穷财尽，亦有疗治之方。全国用科学之方法，日竞竞以备非常。国家之实力既充，何忧外患之侵入乎？”他以苏联为例说，“俄国改革之后，国势尤濒于岌岌。政府大举提倡科学之研究，国内之研究机关，近数年来，加增数十倍，而所谓五年计划及一切荦荦大者，皆次第促其实现。今则巍然一独立大国，足以力抗强邻而无恐”。[1]他又于1936年8月9日以苏联为例说明科学研究与中国国家命运之间的关系，希望国民党当局努力发展科学事业。他在天津《大公报》“星期论文”版发表文章说：“同是国家，何以有盛衰？同是民族，何以有强弱？曰：科学发展与不发展之故也。”“国家欲避免覆亡，政府宜努力以兴科学，如俄国于扶败救伤之余，大举设立科学研究机关，种类之多，至于不可胜纪。凡国家不急之需，皆宜省节，以之奖励科学之研究，内政、国防、教育、经济、交通等荦荦大者，皆本诸科学以图改进。”[2]胡焕庸以苏联地理学家为国家建设做出的巨大贡献为例，说明中国成立专门的地理研究所的必要。1936年8月17日至21日，中国科学社、中国数学会、中国物理学会、中国化学会、中国植物学会、中国动物学会、中国地理学会在北平清华大学、燕京大学举行第三次联合年会。胡焕庸在同年8月20日出版的天津《大公报》“七科学团体联合年会特刊”发表文章，提议成立专门的地理研究所。他以苏联地理学家对五年计划建设的贡献为例说明这个问题，“苏俄推行五年计画，曾派遣多数之地理考察队，遍历各地，从事实际考察，两次五年计画之确令与实行，得力于地理学家之赞助者至多。凡此皆为地理研究有助于国计民生之佳例”[3]。金戈于1936年11月14日在天津《大公报》“科学副刊”版发表文章，以苏联科学界对国家建设做出的贡献为例，说明中国

1 秉志：《关于国防之三点》（星期论文），《大公报》（天津版）1936年5月17日，第1张第2版。

2 秉志：《科学精神与国家命运》（星期论文），《大公报》（天津版）1936年8月9日，第1张第2版。

3 胡焕庸：《创设地理研究所之需要与计画》，《大公报》（天津版）1936年8月20日，第3张第11版。

发展科学的重要性。他表示，“彼苏联经两次五年计划，赖科学家之竭尽智能，将混乱、陈旧、腐败之帝俄，一变而为世界上头等强国，举世惊叹。以吾人地大物博，民族颖秀，正不亚于苏俄。前例具在，借鉴不远，复兴国家，重奠邦基，其事之成，可操左券，吾人将胥于发展科学卜之矣”[1]。阚疑生于1937年7月12日在天津《大公报》“科学副刊”版发表文章，以苏联为例，说明中国科学界应在国家建设中发挥更大的作用。他表示，“科学在吾国现阶段，所发挥之威力与效果，远不如在苏俄、德国之成绩。换言之，即吾国科学界尚未负起建设国家全部或大部分之责任，如苏联、德国科学界之所为。彼苏联两次五年计划之成功与第三次之开始，皆科学界负设计、实施之责任；德国之四年自足自给经济计划，亦责成科学界完成之”[2]。

由于特别看重苏联科学研究对国家建设的贡献，所以，中国舆论界非常关注苏联以国家建设为导向的应用技术研究。苏联的一些新的应用技术发明很快引起中国学者的关注。清华大学教授夏坚白于1932年11月22日在天津《大公报》发表文章，讨论中国工程教育的发展途径。他认为，中国的工程教育不应单纯模仿西方，应面向中国实际，解决中国经济发展面临的技术问题。他以苏联借用输电线传递电话信号的技术为例说明这个问题。他介绍说：“自五年计划实行后，电气事业日见发达，故分往各地之电线随之增多，同时，电话之需要亦异常急需。顾限于财力，势难并举。于是，有借用电气线为传电话之想，毕竟成事实，不费一文，不劳一工，坐收其益，谁能致之？其惟实际问题之研究乎。”[3]夏坚白所言苏联借用输电线传导电话信号的技术，是一个专门的技术问题，其实用性非我们所能判断。但是，在夏坚白看来，苏联这项技术确实解决了苏联在缺乏财力同时架设输电线和电话线的情况下广泛传导电话信号的难题，苏联科技界这种解决社会经济发展面临的实际技术问题的倾向，值得中国学习。1935年12月16日，鲍觉民在南开大学经济研究所编的天津《大公报》“经济周刊”版发表文章注意到，苏联的风力发电是一项新技术，受到世界动力专家的瞩目，“近年苏俄建设猛进，且

1 金戈：《科学与建国》，《大公报》（天津版）1936年11月14日，第3张第11版。
2 阚疑生：《庐山谈话与科学建设》，《大公报》（天津版）1937年7月12日，第3张第11版。
3 夏坚白：《我国工程教育今后之途径》，《大公报》（天津版）1932年11月22日，第1张第4版。

已渐有利用风力发电之倾向，试验成绩，极为良好，甚为世界一般动力学家所注目”[1]。

《中苏文化》刊登了一系列文章，向中国读者介绍苏联科学院等科研机构对应用性课题的研究情况。1936年5月15日，西门宗华介绍，苏联科学院每年召开的全国学术讨论会所讨论的主题“必为国家建设中之重要问题”，1931年讨论会主题为“如何使苏联能以技术追及或超越先进之欧美国家”，1932年讨论会主题为“苏联如何开发东部富源”，1933年讨论会主题为“苏联如何实现‘里海’与‘伏尔加’河之联运”，1935年讨论会主题为“苏联应如何解决全国交通网问题”。“凡此种种，足见苏联之学术研究机关，其经常之研究工作，系与国家实际之建设问题，连成一气，而非以研究为职业、以学术为点缀者所可比。”[2]同年7月15日，曾鼎介绍，苏联科学院设有“技术会议”，其任务为“适应国民经济之需要”，组织专门人才，集体讨论国家建设中遇到的各种实际问题，“以便利于社会主义建设之发展”。[3]显然，在西门宗华和曾鼎看来，苏联的科学研究工作大多与苏联国家建设中遇到的实际问题密切联系。

对于苏联科学技术事业，中国舆论界是非常推崇的。中国舆论界判断，在苏联政府的重视和推动下，苏联科学事业得到了长足发展。中国舆论界对苏联形成了科技先进国的印象。苏联政府对科技事业的重视、巨额经费投入，以及苏联科技界为国家建设做出的巨大贡献、苏联应用技术的发展都受到中国舆论界的推崇和羡慕。时人由苏联的情况反观中国，更深切感到国民党当局对科技事业的漠视、中国科技事业的经费不足与发展的停滞，期望中国以苏联为楷模，致力于科技事业的发展。时人尤其感受到苏联应用科技的快速发展及其服务于国家建设事业的功能。时人的这种感知，既与苏联重点发展应用科技，以解决社会经济发展过程中遇到的技术问题有关，亦与中国舆论界在民族危机和社会经济危机日深情况下，期望通过发展与社会经济建

1　鲍觉民：《经济建设与水力利用》，《大公报》（天津版）1935年12月16日，第2张第6版。

2　宗华：《苏联之科学与文化》（写于1936年暮春之夜），《中苏文化》第1卷第1期，1936年5月15日，第4页。

3　曾鼎：《莫斯科学术文化之建设》，《中苏文化》第1卷第3期，1936年7月15日，第5页。

设相关的应用科技推进国家建设，以抵御外侮的诉求有关。

中国舆论界深切感受到了苏联在美术、博物馆、新闻事业、科学技术等文化领域的发展成就，并深入分析了苏联美术的现实主义风格、新闻事业的党政机关性质、科学技术事业的国家建设导向。时人认识到，苏联美术作品注重描绘国家建设面貌、工农群众的劳动生活，并认为中国美术界应学习苏联美术作品的这种现实主义风格，多创作陶冶人们心灵、培养人们投身国家建设和抗日热情的现实主义作品。苏联完善的博物馆设施成为中国各界人士的羡慕对象。时人认为，中国亦应像苏联那样加快博物馆建设。中国舆论界分析了苏联新闻事业党政机关性质的利弊，从不同立场和角度形成了不同的看法。曹谷冰从新闻事业民营角度，看到了苏联新闻事业党政机关性质导致的诸多弊端，而冯有真则基于国民党党办新闻机构立场，对苏联新闻事业党政机关性质持肯定态度。中国舆论界深刻认识到苏联科学技术事业与国家建设之间的密切关系，尤其认同苏联重点发展服务于国家建设事业的应用科技的方针，将苏联科学技术事业视作中国的学习楷模，提出中国科技界应向苏联那样为国家建设做出更大贡献，多发展应用科技，推进国家建设，为充实抗战国力服务。

对苏联文化事业现实主义道路的认知构成中国舆论界苏联文化观的核心内容。换言之，中国舆论界对苏联文化事业及各类文化艺术作品的介绍、评论和分析，也是其对苏联文化事业现实主义道路及各类文化艺术作品蕴含的现实主义风格的认知过程。中国舆论界深切认识到，苏联文化事业的核心目标是为国家建设服务，走了一条面向社会现实和工农大众、与社会劳动相结合的现实主义道路。这条现实主义道路使苏联各类文化艺术作品具有鲜明的现实主义风格，真实反映国家建设面貌，写实性地描写、刻画工农群众的生产和生活。中国舆论界进而认识到，苏联文化事业的现实主义道路又使苏联各类文化艺术作品具有强烈的政治导向性和宣传教育价值。应该说，中国舆论界的这种认识具有相当的客观性，很大程度上反映了苏联文化事业的实际情况，因为 30 年代的苏联文化事业及各类文化艺术作品确实呈现出与资本主义国家文化迥异的现实主义特征。中国各界人士也从苏联各类文化艺术作品中直观地感受到了苏联生机勃勃的国家建设场面。值得注意的是，中国舆论界对苏联文化事业现实主义道路的认知和赞同，切合了九一八事变后中国抗日救亡的社会思想需求。时人真切地感到，中国文化艺术界要投身抗日洪流，就应该学习和借鉴苏联文化事业的现实主义道路，使自己的文化艺术创作反映中国的社会现实，担负起团结和发动民众、培养民众建设热情、提振民众抗日精神的职责。这也说明，苏联文化建设在30年代的中国产生了极大社会影响。

# 第五章

# 20世纪30年代舆论界的苏联社会生活观

苏联社会生活观是中国舆论界苏联观的非常重要的内容。这是因为在民众的社会生活方面，苏联与中国呈现出巨大差异。一方面，苏联随着一五、二五两个五年计划期间国家建设事业的发展，民众的生活水平、精神面貌、婚姻生活、医疗卫生保障、城市生活环境、妇女解放、受教育程度等社会生活的各方面都得到了巨大提高和改善；另一方面，中国却面临着极其严重的社会问题，人民生活、身体素质和文化水平低下，民众精神萎靡不振，缺乏国家建设和抗日热情，妇女社会和家庭地位很低。中国舆论界急于了解苏联提高、改善民众生活方面的情况、做法和经验，试图从中探索中国提高和改善中国民众社会生活的途径。对于苏联民众的社会生活，中国舆论界重点关注、考察和分析了三方面问题：苏联民众的日常生活、苏联妇女解放事业、苏联民众的受教育程度和教育模式。

# 第一节
# 对苏联民众日常生活的认知

苏联民众的日常生活呈现怎样的样态？这是中国舆论界非常关心的问题。在苏联民众日常生活样态方面，中国舆论界尤其关心这样几个问题：苏联民众的生活水平是怎样的？苏联民众具有一种什么样的精神面貌？苏联民众的婚姻生活是什么样的？苏联民众参加体育运动的情况如何？苏联民众拥有的医疗资源和享受的医疗服务怎样？所以，苏联民众的生活水平、精神面貌、婚姻生活、体育运动以及苏联的医疗事业，就构成中国舆论界对苏联民众日常生活认知的几个主要方面。时人在关注这几个方面情况的同时，也在深入思考苏联在这些方面的经验和举措在中国的应用价值问题。

## 一、对苏联民众生活水平的评估与认识

20世纪30年代，由于苏联偏重重工业建设，轻工业发展滞后，导致民众日常生活用品短缺。再加上苏联农业生产的单位产量不高，并在一五计划期间向国外大量出口粮食，导致食品短缺。这些因素使苏联民众的生活水平没有随着一五、二五计划的推进得到相应的提高，仍然较为低下。所以，中国舆论界非常关心一个问题，即在苏联经济建设取得巨大成绩的情况下，苏联民众生活水平是否得到了相应的提高。天津《大公报》等媒体发表了大量报道、通信和文章，对苏联民众生活水平作了一系列介绍和评估。尤其是，

这些媒体刊登的采访或访问苏联的国人撰写的文章，比较直观地反映出苏联民众生活水平的实际状况。

在中国舆论界眼中，苏联人民生活水平仍然是比较低的。在 1930 年的时候，天津《大公报》经常向读者展示苏联人民生活困难的情况。当年 4 月 15 日至 18 日，该报连载日本人中平亮撰写的文章介绍，苏联人民食物、日常用品缺乏，“大都市之政府，直辖百货店与购买组合皆极缺乏物质，在售卖布匹之处，往往有数百人排列成行，静待依次购物，且立候数时间后，而所得极微”。苏联城市民众住房狭小，莫斯科市民人均居住面积仅 9 平方米，有小孩的夫妻仅“平均得占一室”。[1]同年 9 月 7 日，天津《大公报》报道了比利时前首相、第二国际主席万德威尔当月 6 日在北京大学的演讲。万德威尔介绍，他在莫斯科看到莫斯科民众日用品和食物的缺乏，“现在苏维埃人民之生活，仍甚困难。例如，莫斯科之工人欲购工业制造品，如帽及衣服等，则颇感困难，不但价值昂贵，而物品亦甚少。在商店前，必须结成长阵，依次购用，故常有守候三小时，因货物售尽，而买不到者”。莫斯科民众“平常所用面包，均为黑面包，牛油及黄油，则均无之。若鸡子则只有小孩方得享用，若成人则无食用之资格”。[2]

曹谷冰通过在苏联的采访也得出了苏联人民生活水平较低的结论。他于 1931 年 3 月 28 日一到莫斯科就发现，莫斯科不仅市民住房紧张，而且交通工具也很紧张，“自从俄国革命，把莫斯科做了首都以后，莫斯科的居民，增加了一百多万。所以，不但是住房极端困难，就是交通工具也极缺乏。听说莫斯科全城在街头路角，可以随时雇唤的汽车，只有三百辆。电车虽则不少，但把电车和居民总数作一个比例，那末，车辆不够的情形，便会立时显示出来。汽车、电车以外，还有马车。这类马车的式样，和哈尔滨完全相同，但数目也不多，坐一次就得花十来个卢布”[3]。他于 1931 年 4 月先后在莫

1 中平亮：《劳农俄国之考察》，《大公报》（天津版）1930 年 4 月 15 日，第 1 张第 3 版。

2 《第二国际与第三国际 —— 万德威尔昨在北大之讲演》，《大公报》（天津版）1930 年 9 月 7 日，第 1 张第 4 版。

3 曹谷冰：《从赤塔到莫斯科 —— 本报特派赴俄记者第三信》（3 月 29 日），《大公报》（天津版）1931 年 4 月 16 日，第 1 张第 3 版。

斯科、列宁格勒调查了苏联民众的衣食住问题。他发现，苏联人民生活并不富裕，服装、食品较为匮乏，均实行定量供给制，而且，价格实行双轨制，合作社供应价与市场价差距极大。由于实行供给制，民众并不能依其所愿购买衣服、食品，选择住房，而自由职业者由于不能享受政府供应，生活压力极大。他介绍，在服装方面，国营工厂、政府机关人员可以低于市场价的价格向合作社定量领取，“惟合作社供给物品之数量，亦有限止，不得任意缴价领取”。如不够用，“须依市价向合作社以外之商号购买，至商号货物之市价，则较合作社恒高倍蓰”。苏联的食品也实行定量供给制。国营工厂、政府机关人员及其家属可以低于市场价的价格向商店定量购买。如有额外需要，只能以高于定量供应数倍的价格，到普通商号或自由市场购买。“自由经营工商业及不赖工作而生活之人”，“一切食用所需，均须依照市价购买。此类人民受生计上之压迫最大，生活最苦”。[1] 他回国后，又在 1931 年 7 月发表的《游俄印象记》中介绍，苏联人民的生活水平还很低，“现在俄国人民的享用，却尚在水平线以下”，政府分配的食品不够吃，民众需额外到自由市场购买。[2] 苏联定量供应的商品价格与自由市场的商品价格差距极大，往往差好几倍。例如，定量供应的鸡蛋，平均每 10 个的价格是 0.95 卢布，小的、不新鲜的每 10 个的价格是 0.6 卢布。但自由市场的鸡蛋价格就高得多。有一次，他看见每 10 个鸡蛋的价格是 4.5 卢布。所以，自由职业者、私人工商业者、没有公民权的人，由于不享受定量供应，只能到自由市场买东西，他们“生计上所受的压迫是大极了”。[3]

进入 1932 年，反映苏联民众生活水平低下的文章继续见于天津《大公报》报端。该报于 1932 年 6 月 23 日刊登署名“易崧”的文章，介绍了苏联家庭生活条件的简陋：“俄国多数的市面，房屋都是破败得不堪。一个家庭每每只有一间浅陋的小屋为住宅。食粮的问题，亦是非常艰难。”[4]

---

1　曹谷冰：《苏俄的衣食住》（4 月 25 日寄自莫斯科第十一信），《大公报》（天津版）1931 年 5 月 19 日，第 1 张第 3 版。

2　曹谷冰：《游俄印象记（三）》，《大公报》（天津版）1931 年 7 月 13 日，第 1 张第 3 版。

3　曹谷冰：《游俄印象记（五）》，《大公报》（天津版）1931 年 7 月 18 日，第 1 张第 3 版。

4　易崧：《俄国的妇女》，《大公报》（天津版）1932 年 6 月 23 日，第 3 张第 9 版。

一直到 30 年代中期，在苏联完成一五计划建设、开始进行二五计划建设的情况下，天津《大公报》刊登的文章仍然向读者传递出苏联人民生活水平低下的信息。1934 年 12 月 12 日和 13 日，该报连载杨历樵翻译的上海英文《密勒士评论报》发表的通信。通信注意到，苏联人民的生活还较为困难，“从日常生活之立场言之，其首都莫斯科远不及任何其他之欧洲都会，即较之东方大城市，如东京、上海、香港或广州，亦不无逊色也”。虽然近来苏联政府“容许人民稍享受某种之奢侈品”，但是，“即在今日，此种奢侈品亦仅有少数之大城市以及新兴之工业中心有之”。[1]陈丕士于 1935 年 5 月随梅兰芳剧团回国后，又于同年 8 月由上海经海参崴赴欧洲。同年 9 月 12 日，天津《大公报》刊登他讲述在海参崴经历的文章。他介绍，苏联人民的日常生活还是很艰苦的。他以自己在海参崴车站排队买票的经历说明了这种情况。他介绍，“当我在国内旅行时，许多朋友问我，苏联的日常生活怎样？现在，我想写在海参崴买票到莫斯科去的情形，这也是苏联日常生活的一断片”。为了买 8 月 24 日当天的火车票，虽然车站上午 11 点才开始卖票，但他当天凌晨两点就赶到车站排队买票。当天去莫斯科的火车票只有六张，他很幸运地买到了最后一张，“那些没有在上午二时起来排队的人，都尝到这个教训”，没有买到票。[2]1937 年 2 月 27 日至 3 月 4 日，天津《大公报》“家庭”版连载英国小说家黛拉费尔撰写的莫斯科游记。黛拉费尔记述了她 1936 年在莫斯科遇到的一件事：一个莫斯科妇女私下到她住的旅店买她随身携带的东西。这个莫斯科妇女看到她的外衣、披衫、睡衣、手提包、墨水、钢笔、像框、手巾、胸针、小提箱，统统都要买走，“当我在外边遇到她，提说早晨的交易时，她立刻堵着我的嘴说：‘不要高声！’我才明白，我们的交易是不合法的，被官方查出，也许照样要罚做劳役”[3]。当时的中国读者从这个故事中，不难发现苏联的各种日常用品是极端缺乏的。

---

1 《俄积极发展农工业（续）》（历樵译自《密勒士评论报》），《大公报》（天津版）1934 年 12 月 13 日，第 1 张第 4 版。

2 丕士：《赴欧途中过海参崴记》（8 月 24 日），《大公报》（天津版）1935 年 9 月 12 日，第 1 张第 3 版。

3 《一位英国女作家的莫斯科游览印象记（续）》，《大公报》（天津版）1937 年 3 月 4 日，第 3 张第 12 版。

显然，由天津《大公报》刊登的文章可见，苏联民众生活水平不高在全面抗战爆发前的整个 30 年代都是中国舆论界的普遍看法。不过，这种看法并不是完全负面的。许多人觉得，虽然苏联人民生活清苦，但节约下来的钱用在了国家建设上。1931 年 7 月 24 日，天津《大公报》"读者论坛"版刊登了一篇批评熊希龄创办的香山慈幼院的文章。文章批评香山慈幼院提供给学生们的生活用品简陋，食物低劣，学习条件差。文章介绍，学生们洗衣没有肥皂，在洗脸室每人只有一个旧脸盆和一块黑手巾。文章说到这里提到，"读者们亦许疑心这又是学的苏俄，现在是大家都节衣缩食，致力于他们伟大的社会主义的建设了么？"文章又说道，慈幼院学生学习条件不好，自习时只能用煤油灯，不用电灯，上课时没有书，学习数学没有纸，习字没有笔墨。说到这里，文章又提到，"我们知道，苏联对于消费方面，虽力求俭省，但她对于电汽[气]化和教育事业，却是突飞猛进，不遗余力。而该校的节约运动，却与这恰恰相反。"[1]

一些人又看到，苏联民众虽然生活较为清苦，但不存在温饱问题，处在温饱线以上，而且收入很平均，人民的满足感很强。国民党上海市党部常务委员陶百川就持这种看法。他在美国学习一年后，于 1936 年短暂考察了苏联。1936 年 10 月 26 日，上海市市长吴铁城召集上海市政府各局职员举行扩大纪念周，请陶百川报告考察经过。他介绍，苏联民众生活虽很清苦，但受苏联当局宣传的影响，满足感很强，而且，人民收入很平均，都有饭吃。他介绍说，"人民生活很清苦，但很满足。苏俄工人每月工资不过一百四十卢布，连买一双皮鞋都不够，但工人都说，他们有社会工资，如学校、图书馆、运动场等等。尤其是红军，养红军是他们最大的工作。一种宣传的力量，实在很大"。他又介绍，世界各国人民生活水平有四条线：饥寒线、温饱线、储蓄线、挥霍线。苏联处于挥霍线和饥寒线的人都没有，"人民都有饭吃"。[2]

还有论者感到，苏联民众生活水平虽然不高，但比中国老百姓的生活水

---

1　忍冬：《香山慈幼院印象记》（7 月 15 日自北平寄），《大公报》（天津版）1931 年 7 月 24 日，第 3 张第 11 版。

2　《陶百川考察欧美经过》，《大公报》（上海版）1936 年 10 月 27 日，第 2 张第 7 版。

平高多了。蒋廷黻在1934年8月至11月对苏联的考察中感到，苏联人民的消费水平比一般国家低，但比中国要好得多，“从消耗方面看，苏俄的人民，没有问题，是在普通国家水平线之下，但是，一般人民的生活比我们还好的多”。[1]在经济学家马寅初看来，中国农民要比苏联农民穷得多。他于1935年6月6日在天津《大公报》发表文章认为，如果说苏联农民能够承受政府为了以农产品向国外换取机器，以超低的价格收购农产品的话，中国农民根本就承受不起。他分析，“中国之情形不同于苏俄，苏俄能办，中国不能办。苏俄政府以极低之价格征收国内之农产，大批向国外倾销，以所得之款，购生产工具以归，其牺牲之大，恐非吾人所能忍受”。“中国农村经济，不以贱价征收农品，已属不能维持，苟再仿行苏俄办法，更将不堪设想。”[2]

一些有机会进入苏联且收入不高的普通国人更是高看苏联民众生活水平。一位陈姓人士于1933年随苏炳文东北抗日部队退入苏联境内后，特别羡慕西伯利亚林区托木斯克伐木工人的和平、快乐生活。他介绍，伐木工人的衣、食、住都由国家供给。每个星期六下午和星期日全天，工人都到山里打猎，不想打猎者可以去俱乐部看电影。他感到，“一般工人绝感不到工作的劳苦，每天只是很快乐的去作工。到休息日，只是很快乐的去游戏。他们一点也不像中国人，成日价战战竞竞，既顾虑到生活的出路，又顾虑到生命的安全。唉！相形之下，天上人间”。[3]梅兰芳剧团于1935年3月12日抵达莫斯科后，苏联方面安排他们参观了莫斯科的工人居住区。当他们参观工人居住区时，苏联专门指定工人代表介绍莫斯科工人的幸福生活：工人们可以免费住医院，可以吃食堂，子女享受免费教育，业余可以参加运动、唱歌跳舞、读书等各种娱乐活动，不仅有“五日休息制”，每年还有两个长假期。向剧团成员介绍的工人代表特别强调，苏联“致力于生活的改善”，不像资本主义国家被压迫的工人“一天到晚在工厂里工作着”，所以，莫斯科的工人非常幸福，并特别同情资本主义国家“呻吟着的朋友”。梅兰芳剧团成员

---

1 蒋廷黻：《欧游随笔（三）》，《独立评论》第125号，1934年11月4日，第15页。

2 《我国银本位应放弃乎？抑应维持乎？——马寅初对美考察团之意见书（续）》，《大公报》（天津版）1935年6月6日，第1张第4版。

3 《苏俄边境流亡记》，《大公报》（天津版）1933年4月16日，第3张第12版。

郭建英听后特别受感动，非常羡慕莫斯科工人的幸福生活。他感到，莫斯科工人们的生活改善“是一日千里”，“我们听到他们的很忠实、极诚恳的解释以后，不禁的联想到国内的情形，真是相差天渊，然而，我们研究艺术的人，对于中华民族应有什么补助呢？”[1]虽然郭建英的这种感受有受苏联宣传影响的成份，但他的这种感受确实是他当时的真实想法。

中国舆论界又判断，苏联民众的生活处于不断改善之中。天津《大公报》和《中央日报》刊登的一系列报道也向读者展示苏联民众工资和银行储蓄的增加情况。天津《大公报》于1933年4月21日报道，苏联近四年来工资发放量由8亿卢布，增加到30亿卢布。[2]同年5月3日，天津《大公报》刊登通讯，说明一五计划期间苏联工人、雇员、农民银行储蓄额增加的情况。通讯介绍，一五计划期间，苏联储蓄银行个人储户存款总额由2.13亿卢布，增至9.44亿卢布。[3]《中央日报》也屡次刊发报道，介绍苏联工人收入增加情况。1936年4月28日，该报刊登报道称，苏联银行存款的增加，“表示苏联劳动大众物质生活之改进”。[4]1937年4月24日，《中央日报》又刊发报道称：苏联工人工资大幅增长，从1931年至1935年，苏联工人工资增加了3.3倍。[5]倾向宣传苏联建设成就的《中苏文化》也刊登文章，介绍苏联集体农场农民生活改善的情况。1936年10月15日，于苇在该刊发表文章介绍，苏联集体农场农民的生活“日趋好况，不但逐渐与流亡、饥馑及贫困绝缘，并且开始转入小康的境地。虽则这种小康的境地只是在开始的途中，距苏联的理想还有相当的路程”。[6]

一些在苏联短期访问或长期居住的国人也感到了苏联民众生活的改善。曹谷冰于1931年3月28日一到莫斯科就看到市民穿着比以前讲究了。他介绍，“四年以前，我在俄国境内，没有看见穿着丝袜和高根[跟]皮鞋的妇

---

1　郭建英：《梅剧团游俄记实——在莫斯科之各种参观》，《大公报》（上海版）1936年5月10日，第3张第12版。

2　《苏联工资平均增加甚多》，《大公报》（天津版）1933年4月21日，第2张第5版。

3　《苏联人民储蓄》，《大公报》（天津版）1933年5月3日，第2张第5版。

4　《俄劳动大众，物质生活改进，银行存款增多》，《中央日报》1936年4月28日，第2张第1版。

5　《苏联工人生活概况》，《中央日报》1937年4月24日，第2张第1版。

6　于苇：《建设进程中之苏联的农业》，《中苏文化》第1卷第4、5期合刊，1936年10月15日，第4—5页。

女，男子们的衣帽鞋袜，也极不整齐。现在马路上所见的男子，戴领头、打领结的已占大半，穿丝袜和高根 [ 跟 ] 皮鞋的妇女，约略计算，也有百分之五。自然，她们的鞋袜，比不上巴黎、上海等处的好，同时，我还不能断定这少数讲求穿着的妇女，是'爱美'的'女同志'，抑是外侨"[1]。1934 年 9 月 13 日，长期在苏联居住的陈丕士在天津《大公报》发表通信介绍，莫斯科市面日趋繁华，商店日渐增多，店中商品亦日趋丰富，"店铺玻璃窗中陈列之货物，日形繁伙"，"莫斯科已不复感货物缺少之苦"。[2] 他又于同年 12 月 16 日在《大公报》发表通信说："莫斯科逐渐繁荣是很容易看出来的。走路人的服装已比较的整齐了。穿丝袜的人也一天多似一天了。莫斯科最有名的高尔基街（以前叫弗斯卡亚 Tverskayal）现在又逐渐恢复以前繁荣的景况了。"莫斯科市民"现在买肉并不难，不至于受闭门羹了。有些工厂常给礼品给工人们的眷属。全市中央各区买东西的人们虽然十分拥挤，但是，排班购买的情形，现在却很少了"[3]。张彭春作为指导专家于 1935 年 3 月、4 月随梅兰芳剧团赴苏联。他也感受到了苏联人民生活水平的改善。同年 5 月 5 日，他回到天津。他在接受记者采访时介绍，他这次赴苏，看到苏联日用消费品日益丰富，人民生活水平有所提高。自己曾于 1932 年赴苏考察教育，"适为苏俄实行五年计划之第三年，即大的城市商店，外观均颓败不堪，商店窗架虽有，而无装璜之商品，即人民必需之食用品，如鸡卵、面包之类，亦大感缺乏，购者须站排依次购买，不得混乱秩序。而今次赴俄，国内情形已大非昔比。充满死气之城市，竟一变为堂皇丽市。人民之日用品既较前优美，且需要与供给适合，不感缺乏之苦"[4]。

苏联民众生活水平的改善也经常被一些随笔类文章提及。1936 年 11 月 4 日天津《大公报》刊登的一篇评品菊花的文章注意到，随着苏联民众生活的改善和安定，人们养菊的兴趣也日益浓厚。文章说道："我国菊花近年来虽

---

1 曹谷冰：《从赤塔到莫斯科 —— 本报特派赴俄记者第三信》（3 月 29 日），《大公报》（天津版）1931 年 4 月 16 日，第 1 张第 3 版。

2 丕士：《闲话俄京》，《大公报》（天津版）1934 年 9 月 13 日，第 1 张第 3 版。

3 丕士：《俄京闲话（一）》（11 月 16 日），《大公报》（天津版）1934 年 12 月 16 日，第 1 张第 4 版。

4 《游俄观感 —— 张彭春谈话》，《大公报》（天津版）1935 年 5 月 9 日，第 1 张第 3 版。

仍有大批专门人士努力，但看起日本、苏俄、英美等国近年来之对菊花的争奇斗艳来，可以说是自愧弗如。”“苏俄因天寒，养菊最佳。近年因该国生活安定，有闲心情也因之浓厚，去年冬还有菊展，非常令人惊异。今冬莫斯科仍有很盛大的菊展。”[1]

中国舆论界认定，苏联民众普遍享受着充分的社会福利。吴德培于 1935 年 3 月在《经济学季刊》发表文章介绍，一五计划期间，苏联社会福利事业发展迅速，建立起劳动者休养所、疗养院、托儿所、幼稚院、母子保养院、养老院等社会福利机构。[2]在苏联各种社会福利中，时人最关注苏联的社会保险事业。时人对苏联社会保险事业的评价是比较高的。1933 年 5 月 13 日至 9 月 2 日，周逸澜在天津《大公报》发表文章，将建立普遍的社会保险视作苏联的一个伟大社会变革，认为“如果要考察苏俄所经历的伟大社会经验之真价值，社会保险便是一个具体的实例”[3]。中国舆论界认为，苏联社会保险覆盖面非常广。1933 年 3 月 9 日，天津《大公报》刊登通信介绍，“苏联全国工人遇疾病、意外伤害及残废时，得领受物质津贴。妇女生产时亦然。工人失业时，由公家给予津贴，但因苏联并无失业问题，故此项津贴已停止。工人除领受津贴外，并得免费诊治及服药”[4]。同月 11 日，天津《大公报》又报道，“所有工人咸得病痛及意外事件之保障，妇女及失业人士，亦可得相当之周济，非但如此，即一旦发生病痛，所有医药费，概由公家担负”，这与资本主义国家形成鲜明反差，“际此各资本主义国家之社会保障公积金，一落千丈之时，只苏联能逐日增涨”。[5]

中国舆论界发现，苏联工人是不用由个人缴纳保险金的，所有保险费用全由单位支付。曹谷冰在 1931 年 4 月 21 日寄回国内的通信中介绍，苏联工人的社会保险费用悉由工厂支出，不足之数另由政府拨款补助，“工人绝无

1 《闲话菊花》,《大公报》(天津版）1936 年 11 月 4 日，第 4 张第 13 版。

2 吴德培:《统制、计划、技术三种经济与中国》,《经济学季刊》第 5 卷第 4 期，1935 年 3 月，第 120 页。

3 周逸澜:《苏俄劳动立法之理论与实际（五）》,《大公报》(天津版）1933 年 7 月 22 日，第 3 张第 11 版。

4 《苏俄联邦之社会保险》,《大公报》(天津版）1933 年 3 月 9 日，第 2 张第 5 版。

5 《苏联社会保障》,《大公报》(天津版）1933 年 3 月 11 日，第 2 张第 5 版。

负担”。苏联的轻工业和重工业企业将保险费悉数交给社会保险局，由社会保险局统筹支配，“故工人所得保险利益，并不以其服役场所之不同而生差异”，而且，工人无论工龄长短，一经入职，“其工厂即须为之保险”。[1]中国舆论界认为，这种社会保险政策是苏联社会保险制度的最大特点，在世界各国中是唯一的，体现了苏联保险制度的优越性。1933 年 3 月，天津《大公报》刊登的通信和报道屡次说明了这个观点。3 月 9 日，该报刊登通信强调，“在全世界中，工人不付社会保险费者，只苏联一国”[2]。3 月 11 日，该报又报道，苏联人民不用由个人交付社会保险费用，这在世界各国是唯一的，“可谓独一无偶”[3]。时人认为，苏联的这种社会保险政策使工人在工资之外，又增加了一笔收入。1933 年 5 月 13 日至 9 月 2 日，周逸澜在天津《大公报》发表文章介绍，“在苏俄，社会保险非但是预防工业意外的必须步奏，并且是间接增加工资的方法。社会保险费不是由工资扣出，而是由各企业完全负责。社会保险的利益非但是失业、残废、遭遇意外等不幸时期所得的赔偿，并且是工人们在日常生活中所时刻能享受的权利。俱乐部、免费的房屋及医药、休息所、疗养院、丧葬费、孤寡的补助、产母及婴儿的保护及资助，全包括于社会保险范围内”[4]。显然，中国舆论界对苏联社会保险金全由单位负担的政策是赞赏的。

中国舆论界发现，苏联城市居民的城市生活环境有了很大改善。在苏联采访和长期居住的国人对这一点有着直观而真切的感受。1931 年 5 月上旬，曹谷冰在参观当时的乌克兰加盟共和国首都哈尔科夫时，对哈尔科夫的城市建设赞佩有加。他介绍，“全城较大之建筑，如邮电局、医院等等，悉为三五年以内之产物”。哈尔科夫还有一个新建的动物园，“动物虽不甚多，而建筑之优美与布置之整洁，则凡往游者莫不称道之”[5]。陈丕士于 1934 年 12

---

1 曹谷冰：《赴俄记者第十信——工人保险制度》（4 月 21 日寄自莫斯科），《大公报》（天津版）1931 年 5 月 11 日，第 1 张第 3 版。

2 《苏俄联邦之社会保险》，《大公报》（天津版）1933 年 3 月 9 日，第 2 张第 5 版。

3 《苏联社会保障》，《大公报》（天津版）1933 年 3 月 11 日，第 2 张第 5 版。

4 周逸澜：《苏俄劳动立法之理论与实际（七）》，《大公报》（天津版）1933 年 9 月 2 日，第 3 张第 11 版。

5 曹谷冰：《苏俄新工业区乌克兰参观记》（5 月 10 日寄自哈尔可夫第十五函），《大公报》（天津版）1931 年 6 月 3 日，第 1 张第 3 版。

月16日在天津《大公报》发表通信，介绍莫斯科城市建设的快速发展。他描述说：当年11月7日十月革命纪念日的前几天，他早晨醒来，往窗外看，吃了一惊。以前，他往窗外可以看到一垛古墙、几个钟楼，还有一些老旧的建筑。这些建筑都消失了。他顿时觉得眼前豁然开朗，看到窗外的一片新建筑，同时，窗外的狭窄的老街也不知去向，眼前是一条崭新的大街，“荫道两旁，全是些华丽巨厦”，“这种情形不能不叫我的神经感到一种兴奋”。[1]

参加梅兰芳剧团1935年赴苏联演出的郭建英对苏联城市建设留下了美好印象。他于3月10日乘火车途经斯维尔德洛夫斯克时，从车窗看到了这座城市的繁华与活力。他叙述说：他们于晚上8点到这里，“此地的工厂、楼房的灯光，犹如天上银星的一样射在我们的眼帘。电车、汽车是在来往不断的奔驰，男女是一群一群的行动着”[2]。他于3月12日晨乘火车抵达莫斯科，还没下火车，就从火车上看到了莫斯科的建设气象。他介绍说：“当车抵车站的时候，我们首先看到的，便是列宁的铁像，以及铁像上面悬挂着的各种建设的图样与五年计划的说明，其次是闪耀着眼目的各种伟大建筑。”他对莫斯科恢宏的建设气象非常感动，说道：“这一种美丽的现象，在我们老大的中国里是不易见到的啊！”[3]在3月23日正式演出之前，他们有11天的时间，在排戏的同时，到莫斯科各处参观。他进一步看到了莫斯科新建设的气势。他介绍，“凡游历莫斯科最令人注意的，即全城建筑均根据精密计划而进行，其速度颇足惊人”[4]。他对莫斯科城市建设的巨大规模和日新月异感到惊讶。他说道：“我们游览街市，真是心旷神怡”，新式街道、林荫公路、公园、广场，令人眩目。他尤其对即将完工的莫斯科第一条地铁印象深刻。他和梅兰芳剧团其他成员作为外宾，在竣工通车前，获得了优先试乘的机会。他对地铁建筑的精美感到吃惊，说道：“我们走下隧道的时候，看到电灯照耀得如

1 丕士：《俄京闲话（一）》（11月16日），《大公报》（天津版）1934年12月16日，第1张第4版。

2 郭建英：《梅剧团游俄记实——在西伯利亚途中》，《大公报》（上海版）1936年4月30日，第3张第12版。

3 郭建英：《梅剧团游俄记实——行抵莫斯科（Moskow）》，《大公报》（上海版）1936年5月3日，第3张第12版。

4 郭建英：《梅剧团游俄记实——在莫斯科之各种参观》，《大公报》（上海版）1936年5月4日，第3张第9版。

同白昼，试乘的时候，感到每一个座位都是很舒适的，车箱的构造也是一种很精美的、特别是很艺术的各种的图案画。”“每一车站，建筑的都各有不同，而却看到同样的精致。”通过莫斯科地铁建设，他深深叹服苏联人民的“坚苦卓绝的努力”。他说道：“我们真不能不佩服斯拉夫民族的毅力。”“这在别的国家计划着须十年完成的隧道电车，而苏联却三年完成了这种工程。”这是苏联一个“惊人的建筑”，超过了“美洲和欧洲各国一切的伟大工程”。[1]他参观了莫斯科的各大商店。他发现，这些商店卖的东西都是教育用品等实用的商品，化妆品等奢侈品卖得很少。他很赞赏苏联商店的这种经营倾向，认为这说明苏联人民都把用于享受的时间用到国家建设上了。他介绍说，莫斯科的商店门前没有诱人的招牌，“它的内部的设置，多半是国民的一切实用的物品，尤其是国民的教育用品和各种有趣味的儿童玩具，化装品陈列的很少，因为他国内的人民把化装的时间都用到社会主义的建设上去了”。他感叹道：“啊！中国的脂粉市场，较之将作如何的感慨哩！”[2]郭建英对莫斯科商店货品的单一，没有从日用消费品缺乏方面进行理解，而是从苏联人民崇尚俭朴、努力工作方面进行理解，更多关注苏联的积极方面，而非消极方面。

1935年5月15日莫斯科第一条地铁建成通车后，引起了天津《大公报》记者戈宝权的关注。他于1936年6月15日在天津《大公报》发表通信，详细介绍莫斯科第一条地铁的建设过程和先进设施。他介绍，莫斯科第一条地铁横贯莫斯科城区的西北和东南，每个车站在地面和地下都有漂亮的站台。地面站台和地下站台之间有电梯，“乘客不必举足，即可直达地下的站台”。车辆的舒适华丽也“非其他各国所能匹比”。他对莫斯科地铁建设的高速度和苏联工人在地铁建设过程中表现的创新精神赞叹不已。他说道，这条地铁于1932年春开工建设，参加建设的工人“俱无建筑地道车的经验，但凭了他们的毅力及勇敢直进的精神，竟在短促的三年之间，完成了世界上最美丽

---

1 郭建英：《梅剧团游俄记实——在莫斯科之各种参观》，《大公报》（上海版）1936年5月7日，第3张第12版。

2 郭建英：《梅剧团游俄记实——在莫斯科之各种参观》，《大公报》（上海版）1936年5月9日，第3张第12版。

和最完备的全长十一.五公里的地道车线，其迅速之程度，实可惊人”[1]。

30 年代苏联莫斯科、列宁格勒、哈尔科夫等大城市，虽然没有中国上海、天津等城市遍布外国租界的畸形繁华，但建成了地铁等诸多大型城市建设工程，街道普遍得到拓展改造，许多标志性的高楼也建设起来。曹谷冰、陈丕士、郭建英、戈宝权在撰写的通信和文章中，直观而生动地向中国读者展示了苏联城市建设的发展，对苏联城市建设的日新月异感到震撼。他们展示的苏联城市的壮丽面貌，使国人大开眼界，将欣欣向荣的苏联建设景象直观地展现在国人眼前。

应该说，中国舆论界对苏联民众生活水平的评估和认识是比较客观的。他们认识到，苏联民众的生活水平还不高，食物和日用品非常短缺，实行严格的食品和日用品定量供应制，日常生活水平尚比不上一些西方资本主义国家。但是，他们又从积极方面看待苏联人民生活水平的低下问题。他们感到，苏联民众的生活水平比中国民众的生活水平高很多。而且，他们认识到，苏联民众的收入较为平均，人民的满足感很强，尤其是，苏联民众享受着平等的社会福利和社会保险。他们又看到，苏联民众生活虽然比较清苦，但处于温饱线以上，并在逐步改善过程之中。他们又认为，苏联民众生活水平之所以较低，是因为苏联人民将节省的钱用在了国家建设上。一些有苏联生活经历的国人也切身感受到了苏联民众城市生活环境的巨大提高。

## 二、对苏联民众精神面貌的描述和感受

对于苏联民众的日常生活，中国舆论界在注意到苏联民众物质生活虽有所改善但仍较困难的情况下，又关心另一个问题，即物质生活较为贫乏的苏联民众的精神面貌是怎样的？时人注意到，在五年计划建设进程中，苏联民众呈现出全新的精神面貌。他们与党和政府团结一致，积极进取，努力工作，奋发向上。如果说中国舆论界对苏联民众的物质生活有褒亦有贬的话，

1　戈宝权：《莫斯科的地道车》（寄自莫斯科），《大公报》（天津版）1936 年 6 月 15 日，第 1 张第 4 版。

而对于苏联民众的精神面貌，中国舆论界则以褒扬为主。

苏联社会主义社会的一个核心内容就是把旧社会中的旧民众改造为具有新思想、新意识、新道德的社会主义社会的新民众，实现对人的彻底改造。这引起了中国一些具有马克思主义倾向的哲学学者的关注和认同。1934年2月22日和3月8日，由清华大学哲学教授张申府主编的天津《大公报》“世界思潮”版连载清华大学哲学系助教张岱年讨论马克思主义人生哲学的论文。张岱年认为，马克思主义不仅主张人能改造环境，亦主张人能改造人类自身。他提到，“现在苏俄即在依照马恩的遗教，从事‘造新人’的工作”，“社会主义革命之究竟目的，即在创造在新的社会中生活的新的人类”。[1]张岱年认为要实现人的解放，实现人的自由生活，就必须通过“社会主义的世界革命”，消灭资本主义私有制、阶级、帝国主义，“经过社会主义革命，然后，人乃恢复了自然的兄弟之谊，然后人成为自己的社会组织的主人，使一切人都得过人的生活，才能有实际的自由与真正全人类平等，使一切人皆得尽量发展其所有可能性，尽可能地创造人类的美好生活”。由其所言可见，张岱年在当时已具有明显的马克思主义倾向。由此，张岱年对苏联社会主义制度实现人的解放表示赞赏。他表示，“现在苏俄即完全依遵马克思主义的理论而实践，由新社会关系之确立，而能创造新生活”。他引述苏联一位领导人的话说：“人的新关系创造新道德。我们今日在我们新社会里，要人与人兄弟般的在一起过活，兄弟般的在一起工作。我们工作，为的是改善人的生活。而资本家们的工作，是要获得私人的利润，这就是何以他们的人生是无意义的了。我们工作，为创造一个新社会。每一个工人都知道是为自己而工作，他知道国家、工厂、农场都是属于他的，他的善即全体的善，全体的善即他的善。”[2]

在苏联，对党和政府的坚定信仰是社会主义新思想、新意识、新道德的核心内容。中国舆论界对这一点是有所认识的。他们观察到，苏联民众对苏

1 张季同：《辩证唯物论的人生哲学》，《大公报》（天津版）1934年2月22日，第3张第11版。张季同为张岱年的别名。

2 张季同：《辩证唯物论的人生哲学（续）》，《大公报》（天津版）1934年3月8日，第3张第11版。

联党和政府有着坚定信仰。1933 年 3 月 18 日，燕京大学社会学教授许仕廉在天津《大公报》"社会问题"版发表文章认为，苏联民众对革命的宗教式信仰，是他们拥护苏联当局的一个重要原因，"请看世界独裁国家，谁不是宗教信仰极深的国家？即在苏俄，国民原有很深的宗教习惯，今只将对上帝之信仰，转用于社会革命。质言之，共产主义是苏俄民族的新宗教"。"在民智未开，宗教（即一种信仰方法）权威极大之社会，如苏联、意大利、土耳其等，其政治领袖，可用种种宗教方法，半恃武力，半靠信仰，去领导舆论。"[1]1936 年 6 月 19 日出版的上海《大公报》刊登的一篇译自上海英文《字林西报》的文章也注意到苏联民众对党的忠诚和对领袖的热爱，说道：苏联每天有成千上万的人到列宁墓瞻仰列宁遗容，"从这点可以看出苏俄人民对丁列宁崇拜的热烈"。苏联人的袜子都印着红星，"这可证明他们的心，的确是忠于党的"。[2]

中国舆论界注意到，苏联工会组织是联结苏联工人与党和政府的纽带，使苏联工人与党和政府联系在一起。时人注意到，苏联的工会是严格受苏联党和政府领导的。1931 年 4 月 17 日，曹谷冰在从莫斯科寄回天津《大公报》社的短消息中注意到，苏联的工会完全受政府指挥，成为政府的辅助机构，"苏俄为劳农专政之国家，工人对于国家建设之责任观念极重，工会组织几为辅助政府之一种机关"。[3]中国舆论界又注意到，苏联各级工会组织的工作人员都会深入到工厂企业的普通工人之中。1930 年夏，苏联全国总工会要求，各级工会组织工作人员必须有四分之一工作日，在其所代表的工业企业与工人一起"从事实地工作"。同年 7 月 26 日，天津《大公报》在报道中分析，此项政策"系欲令代表与工人可得密切接触"。[4]同日，天津《大公报》发表短评，赞赏苏联工会的这项政策，认为中国应借鉴苏联的这种政策。短

1　许仕廉：《中国社会变迁研究与国家建设》，《大公报》（天津版）1933 年 3 月 18 日，第 3 张第 11 版。

2　荫恩译：《神秘的莫斯科》（译自《字林西报》），《大公报》（上海版）1936 年 6 月 19 日，第 1 张第 2 版。

3　曹谷冰：《游俄短简》（4 月 17 日寄自莫斯科），《大公报》（天津版）1931 年 5 月 4 日，第 1 张第 4 版。

4　《工会职员须实地工作，苏俄防止其自成一阶级》，《大公报》（天津版）1930 年 7 月 26 日，第 1 张第 4 版。

评分析，中国的工会工作人员大多不是工人，而是形成一个特殊阶层，"即以中国的情形说，工运滥觞之后，工会的职员多半不是工人。即使其中有少许工人，也是一天到晚忙着发通告、开大会等类的事情。这种人事实上已拿工会当职业，单独形成一个特殊阶级。他所代表的，可说已竟不是工人阶级的利益"。[1]

中国舆论界充分感受到了苏联民众整齐划一和斗争的精神。随苏炳文东北抗日部队退入苏联境内的陈姓人士感受到了苏联人民整齐划一的精神面貌。他于 1933 年 4 月 16 日在天津《大公报》"小公园"版发表日记记述道：有一次，他在一个俱乐部参观纪念会。他发现，参会的民众唱国歌时不像中国那样由主持人喊起立，而是不论男女老幼"唰"的一声"像机械一样都立起来"，"又都会唱，工整严肃极了"。他表示，"苏联革命之后，那么短促的年限，而一般市民的程度能如此划一，我不知道他是怎么训练的"。[2]1936 年 11 月初，刚从欧美考察回国的陶百川在上海中外文化协会发表演讲，特别推崇苏联民众的斗争精神。他表示，要提高人民的生活，不仅要增强人民的身体素质，还要培养人民的斗争精神。他以苏联为例说，"苏联对于儿童的训练，也很注重培养斗争的精神"。[3]

在中国舆论界看来，苏联人民的集体主义精神是促进苏联国家建设取得快速进展的重要动力。1933 年 8 月，上海良友图书印刷公司出版韩起编译的《苏联大观》一书。同年 12 月 7 日，天津《大公报》刊登署名"筠"的文章认为，由此书可见苏联人民的"社会主义集体主义"精神是促成苏联仅用四年时间就完成一五计划的重要动力，"我个人读完了这本书以后，觉得可以启发吾人深省的，就是为什么'苏联五年计划四年完成'？这个固然是他们领袖和人民一致刻苦、牺牲、坚忍、奋斗所获得的果实，但是，他们为什么能有这种伟大的精神？他们唯一的主张就是厉行'社会主义的集体主义'，而消灭'封建的、资本主义的私有意识'"。苏联人民的这种精神"是任何资本主义国家所赶不上的"。"这种雄伟的、热狂的精神，是为个人主义社会

1 芸：《特殊阶级的工会职员》（短评），《大公报》（天津版）1930 年 7 月 26 日，第 1 张第 4 版。
2 《苏俄边境流亡记》，《大公报》（天津版）1933 年 4 月 16 日，第 3 张第 12 版。
3 《如何复兴中国文化》，《大公报》（上海版）1936 年 11 月 5 日，第 4 张第 14 版。

的发展所不能达到的阶级，苏联五年计划所以四年完成，实在有她的伟大的一种力——社会主义的集体主义！”[1]

苏联民众紧张、勤奋的精神和作风，给中国舆论界留下了很深的印象。天津《大公报》编者就指出了苏联民众的这种精神和作风。1933年10月29日，该报刊登社评表示，苏联社会主义制度的建立，革命性地改变了苏联人民的精神状态，彻底消除了此前俄国人的松懈习惯，使苏联人民形成紧张、勤奋的作风。“尝考革命真谛，在能转换人民之思想，移易颓靡之生活，剔弊去秽，汰旧布新，务使民族立国精神，焕然勃发，然后所谓革命运动者，始能虎虎有生气。”“近之如苏维埃制度之奠立，侧重改变人民精神生活，使往日斯拉夫民族松懈之根性，一变而为紧张与勤奋。”[2]蒋廷黻于1934年8月下旬至11月上旬考察苏联期间，在火车上看到了苏联人民勤奋工作的精神面貌。他介绍，“至于工人，我们在路上及站上所看见的，都是很努力的，尤其是女工。我们看见过男女一道在路旁荷起锄头修路。不仔细看，分不出男女。仔细看，有时还能发现一二个很美的青年女子。每天近中午的时候，车子总要在一个大站停二十几分钟。一停车，就有十几个女人，一手拿楼梯，一手提水桶，到车旁来洗刷，替车子洗过澡”。他从人民的勤奋工作中，看到了苏联国家发展的光明前景。他表示，苏联没有私产，人民节俭少消费，又努力工作，“建设这样勇往直前，这样的国家是有前途的”。[3]

中国各种媒体大量介绍了苏联人民热爱劳动、努力学习、积极进取的精神。天津《大公报》于1934年11月14日报道了苏联集体农场农民的读书热情。报道介绍，“苏联国家出版局最近公布之统计，足以表现集体农民读书兴趣之浓厚”。高尔基的作品在农村销量达88.5万册。肖洛霍夫《静静的顿河》在农村销量达10万册。普希金的作品销量达40万册。契诃夫的作品销量达38.5万册。[4]《中央日报》屡次刊登文章介绍苏联民众热爱劳动、努力学习、奋发向上的精神面貌。该报于1936年3月18日刊登余文豪翻译的英国

1　《新书介绍》,《大公报》（天津版）1933年12月7日，第3张第11版。
2　《土耳其共和十周年感言》（社评）,《大公报》（天津版）1933年10月29日，第1张第2版。
3　蒋廷黻:《欧游随笔（二）》,《独立评论》第124号，1934年10月28日，第15页。
4　《苏联铲除文盲》,《大公报》（天津版）1934年11月14日，第2张第5版。

人坎皮恩（Sidney R. Campion）撰写的文章，介绍了苏联人民崇尚劳动的精神。这篇文章介绍，苏联人民对于劳动抱有高度热情，均期望通过自己的劳动为国家做贡献，“总极力使其工作对于国家有一种贡献。你在他们的工作中，可以看出使得他们兴奋的那种满足得意，以及表现于工作上的那种快悦之情”[1]。同年 5 月 12 日和 13 日，该报又连载郭汉烈翻译的法国人维尔突拉克撰写的文章。此文向读者描绘了苏联民众同心同德，将精神和意志集中于国家建设事业的精神面貌。维尔突拉克介绍说：在苏联的城市与乡村，工厂与商店，“我们都能够看到苏俄民众的那种同心一德，嗜爱完成伟大的公共事业，笃信前途，善寻娱乐消除劳苦的新气象”。他把莫斯科描述成一个人人努力学习、奋发向上的生机勃勃的都市：大量青年农民从乡村来到莫斯科各大学学习，每天下午五点学校课程完毕后，“整个的京城，顿成一极平民大学化的气象”。有的大学生进图书馆，有的大学生匆匆地到剧院参加讲演。而工人们所有的余暇，“都倾注于精神文明和物质文明的事业的努力”。[2]《中苏文化》也屡次刊登文章，介绍苏联民众热爱劳动的精神。1936 年 10 月 15 日，该刊刊登署名“宁然”的文章提到，苏联青年把劳动当作自己的人生追求，“对于劳动，在他们又当作人生的第一要求”。文章注意到，一名乌克兰工人曾说，“我如果得到成功，那就是因为我爱惜自己的工作，爱惜自己的机械，我的灵魂与工作打成一片的原故”。[3]同年 12 月 1 日，该刊刊登钱穆的文章介绍，苏联民众近几个月来通过劳动比赛增加生产的方式庆祝十月革命胜利 19 周年。钱穆认为，“这种工作精神，是工银制度下的资本主义工人所没有的，无怪世界诸国正在生产衰退的苦闷中，而苏联竟在社会主义建设史上创立了不平凡的记载”[4]。

中国舆论界感受到了苏联民众朝气蓬勃、健康向上、意气风发的精神

---

1 Sidney R. Campion 撰，余文豪译：《苏俄印象记》，《中央日报》1936 年 3 月 18 日，第 3 张第 3 版。

2 维尔突拉克著，郭汉烈译：《猛进中之苏俄文化事业》，《中央日报》1936 年 5 月 12 日，第 3 张第 4 版。

3 宁然：《苏联的青年生活》（1936 年 7 月 14 日于开封），《中苏文化》第 1 卷第 4、5 期合刊，1936 年 10 月 15 日，第 5 页。

4 钱穆：《以国防为基点之苏联经济建设》（1936 年 11 月 25 日），《中苏文化》第 1 卷第 7 期，1936 年 12 月 1 日，第 15 页。

状态。1935 年 3 月上旬，坐在行驶在西伯利亚的火车上，参加梅兰芳剧团赴苏演出的郭建英看到铁路沿线苏联民众和军人朝气蓬勃的精神面貌。他叙述道："其他如车站上所看到的红军，一个个都充满了英武的神气，不论是在装束上，或态度上。所看到的各种土人，都在皮毛里裹着身子蠕动着的工作，有时能看到他们的手里拿着很大的黑面包向嘴里输送，都是含着微笑的。"他由衷地赞美苏联人民的这种积极向上的精神。他赞叹道："啊，这又是一种宇宙！啊，这又是一种世界！啊，这又是一种人类！他们好 [ 似 ] 只有幸福而没有悲哀，只有前进而没有退缩！"[1] 1936 年 3 月 18 日，《中央日报》发表英国人坎皮恩撰写的文章，生动介绍了苏联人民健康向上的精神状态。坎皮恩把苏联称作"青年之国"，认为苏联青年均保持着一种完美的精神状态，苏联青年们均有着"一副微笑的面孔"，"他们的装饰很整齐"，但其穿着并非性感的"新的时髦"。每个苏联人民都保持一种健康向上的生活态度，"在报纸上，我也未发现任何关于自杀、暗杀、性犯的事件"，"报纸上所载的新闻，都是关的 [ 于 ] 各种科学，新发现、发明、外交、内政、工业发展、社会进步、文学、艺术、航空、探险等等题目"。《中央日报》编者认为，苏联民众的这种精神也是中国所需要的。该报在此文编者按中表示，之所以刊译此文，是因为从此文中"可以看出苏俄的精神之所在"。苏联民众精神的核心就是"整齐、耐劳、努力工作、爱护国家"，"苏俄有此精神，所以，能成今日之苏俄"。中国同样需要苏联民众的这种精神。"这种精神，恐怕也是风雨飘摇、神州暗淡的目前中国所需要的吧?！"[2] 1936 年 4 月 19 日和 20 日，天津《大公报》连载戈宝权撰写的通信，通过描写当年苏联庆祝三八妇女节的热烈场面，生动展现出苏联人民意气风发的精神状态。他介绍，苏联各地的工厂、农场、机关等单位，从 3 月初就开始筹备庆祝活动。3 月 8 日当天，莫斯科到处挂满了标语。妇女们编写自己的壁报，并在壁报上贴着本单位女性先进工作者的照片。妇女们都兴高采烈。戈宝权在路上遇到几位女熟人，

1　郭建英：《梅剧团游俄记实 —— 在西伯利亚途中》，《大公报》（上海版）1936 年 5 月 1 日，第 3 张第 12 版。

2　Sidney R. Campion 撰，余文豪译：《苏俄印象记》，《中央日报》1936 年 3 月 18 日，第 3 张第 3 版。

她们一开口就自豪地说："今天是我们妇女的节日呀！"妇女们纷纷参加各种庆祝会和聚餐会。[1]戈宝权感叹道："苏联各地的妇女庆祝'妇女节'，真是形形色色，不胜枚举。""从此，我们也就可以知道，苏联的妇女是怎样的热诚和愉快，来庆祝这一个节日了。"[2]

在国难日益严重的情况下，中国舆论界出于开展国防动员的考虑，非常关注和肯定苏联对全国民众开展国防动员的做法。1934年4月27日，天津《大公报》"小公园"版刊登小品文，赞赏苏联训练妇女和儿童战时服务技能的做法。文章注意到，苏联中央执行委员会主席加里宁"为补救俄国防御工程上的罅隙，力主赶即训练妇孺，以备男子应命出战时，则凡不胜军役者，都能够在后方服务"。针对苏联的这种做法，文章指出中国此方面的缺失，"我们觉得中国的危机正不知远过苏俄多少倍，但是，不要说妇孺，就着正在检阅中的各大学的军训，便够我们惭愧死了"。[3]同年12月9日，天津《大公报》刊登了一篇译文，生动叙述了苏联的全民军事化运动。文章介绍，苏联"无论工厂、农场以及家庭中、学校中，对于战争之准备，其紧张之情形，大有如临大敌之势"。苏联的官员、工人、银行人员等，平时皆有备战活动。苏联的民众生活"可谓完全军队化，即日常之一举一动，亦必合乎军人之样式。所谓全国皆兵者，诚不为过言也"[4]。苏联的民众备战也颇受国民党当局官员的赞赏。1934年11月17日，山东省国民军训委员会为促进各学校的军事训练工作，在济南皇亭民众体育场举行大会操，由齐鲁大学、齐鲁中学、高级中学、第一师范学校等四校学生参加。山东省教育厅长何思源在训话中说，为了团结御侮，必须对国民进行军事训练，"我辈生当今世，为求国家民族之存在，不得不求其所以适合国际环境，应付世界潮流，故现在实施军训，即是使民众人人自卫，预防将来的世变"。他以苏联为例说，"如俄

1 戈宝权：《妇女节在苏联（上）》（寄自莫斯科），《大公报》（天津版）1936年4月19日，第1张第4版。

2 戈宝权：《妇女节在苏联（下）》（寄自莫斯科），《大公报》（天津版）1936年4月20日，第1张第4版。

3 梦：《编余·零感》，《大公报》（天津版）1934年4月27日，第3张第12版。

4 Stalin's Ladder原书，白云雪译：《军队化之苏联妇女及儿童》，《大公报》（天津版）1934年12月9日，第3张第11版。

国军备之完善，即至一老妪，均有防毒面具”。[1]

中国各界人士尤其推崇苏联的青年军事训练工作。南开大学校长张伯苓于1934年1月11日晚宴请天津市教育界人士。他在宴会上发表演说，认为中国人的病根在自私，治私为教育的重要目的。对此，天津《大公报》于同月13日发表社评，认为中国应对在校学生和社会青年进行军事训练，并以苏联为例说明军事训练具有很强的治私效果，“吾以为兵队式训练，或较运动竞赛之效果尤宏。何则？竞赛之目标为争胜，兵式训练，则全为服务，就治私论，后者尤尚矣。且多数操练，气象庄严，心理反应之效甚大。不观苏联！常以数十万人列队游行”。[2]苏联青年的军事训练颇受国民党当局人士的关注。1934年4月14日上午，北平市举行全市中等学校学生大检阅。何应钦任总检阅官。检阅式后，何应钦在训话中说明了对国民进行军事训练的重要性，强调“国民军训是国家成立上不可缺少者”，“军训不只为国防之准备，且训练有纪律、有秩序、亲爱团结之精神”。为了说明对青年进行军事训练的必要性，他介绍苏联的情况说，苏联的青年军训分两期，第一期为400小时，注重体育，第二期为360小时，完全是军事训练。苏联的军训机构不下七八千处，受训人数不下250万人。[3]有的论者主张学习苏联对青年进行军事训练的具体经验。1935年5月27日，清华大学学生徐日洪在天津《大公报》“明日之教育”版发表文章认为，应改革中国的大学生军训工作，提高大学生对军训的兴趣，并将狭义的大学生军训扩展为广义的国防教育。他认为，在这方面，苏联的大学生军训经验值得借鉴，“苏联的训练青年备战也是很努力的”，“再看苏俄的大学生怎样注意军事科学和技术，女学生注意卫生和看护术”，不像中国的军训这样敷衍应付。[4]显然，在国难日益严重的情势下，时人越来越感到训练青年的纪律性和团结心，以积蓄抗战力量的重要性。在这种情况下，苏联那种纪律严明的青年军事训练方式，更受到时

1 《济南学生会操》，《大公报》（天津版）1934年11月19日，第3张第10版。

2 《何以治私？》（社评），《大公报》（天津版）1934年1月13日，第1张第2版。

3 《平市中学昨举行军训总检阅》，《大公报》（天津版）1934年4月15日，第1张第4版。

4 徐日洪：《论大学军训之症结及其根本解决方法》（1935年4月26日于清华大学），《大公报》（天津版）1935年5月27日，第3张第11版。

人青睐。

中国舆论界真切感受到了苏联儿童热爱劳动、崇尚科学和机械的精神。1933年3月27日，天津《大公报》发表的一篇文章描绘出从小投身国家建设的苏联儿童形象。文章感叹，“假如儿童是未来世界的主人翁的话，苏俄的儿童真足当之无愧了”。文章介绍，苏联七八岁至十四五岁的儿童“会自己动手建造一座水车或者一架风车，甚至一座发电机”。苏联一五计划用四年时间完成，凝结着苏联儿童的贡献，“第一五年计划是于四年就完成了。在这四年中，我们不要单看见成人们的血汗，里面还有他们这班小把戏的贡献”。文章把苏联儿童热爱劳动的精神与资本主义国家娇生惯养的儿童作对比，认为“在资产阶级的国家里，七八岁以至十四五岁的小孩，都是娇生惯养的。他们会些什么呢？除了会在母亲的怀里撒娇之外，就是只会吃吃奶油糖。可是，在苏俄，这班活泼的、乳臭未干的小把戏，却不能小觑他们”。[1]在这篇文章看来，苏联儿童热爱劳动的精神与资本主义国家儿童的娇生惯养，真有天壤之别。1937年4月19日出版的天津《大公报》“明日之教育”版刊登了一篇苏联译文，介绍苏联小学生对未来职业的设想。文章的作者于1936年调查了苏联的一个乡村小学，问学生们长大后希望从事什么职业。学生们的答案包括：乡村会议的组织者、工厂工人、集体农场农夫、电学专家和无线电工程师、园艺家、飞行家、红军枪手、舞蹈家、医师助手、火车司机、画家、航空工程师、汽车司机、军队指挥官、农艺家、学者、生物学家、机器发明家、医学家、会计师、测量员、科学家、水手等。[2]学生们的这些回答，表明了他们对科学、机械化的向往，对工农业生产的热情，对美好新生活的憧憬。

中国各界人士试图模仿苏联通过儿童、青少年组织教育、组织青少年的做法。江苏省立上海实验小学就曾借鉴苏联儿童十月团“培植浓厚的民族意识”的做法，成立“狮子团”，组织训练该校学生。“狮子团”曾于1936年4

1 《苏俄儿童的成绩》，《大公报》（天津版）1933年3月27日，第4张第13版。

2 M. Kolosov著，中旬译：《我要做什么——苏俄孩子们的愿望》（译自Soviet Land第5卷第5号，1936年5月出版），《大公报》（天津版）1937年4月19日，第3张第11版。

月 4 日儿童节当天，在上海龙华飞机场举行宣誓，并举行检阅典礼。[1] 一些国民党党务人员试图向中国青少年介绍苏联的青少年组织及其经验。1937 年 3 月 21 日，上海市社会局、国民党上海市党部举办中等学校优秀学生联谊会。国民党上海市党部委员陶百川在会上致词，介绍了苏联少年先锋队、共产主义青年团开展青年工作的经验。他介绍，苏联 10 至 16 岁的少年都要参加少年先锋队。他特别向中学生们介绍了少年先锋队的两条愿词：一条是立定志向，将来为工人、农人及平民谋福利；一条是用功学习，准备长大后以知识与技能为工农、平民谋福利。他介绍，少年先锋队之上为共产主义青年团，从前专做"摇旗呐喊、贴标语、喊口号"等工作，但从 1936 年开始，着重组织读书、体育运动、军训等活动。[2]

苏联在每年的五一劳动节、十月革命纪念日等重大节日，都会举行盛大、隆重的阅兵和群众游行。这是苏联对国内外展示国家建设成就、宣传综合国力、凝聚民心、鼓舞人民斗志的重要方法。在世界各国中，苏联这些纪念活动是比较独特的，中国更缺乏这种隆重、热烈的纪念活动。这自然引起中国人士的瞩目和羡慕。

曹谷冰充分感受到了 1931 年苏联五一劳动节气氛的热烈。他介绍，这次苏联五一节活动"格外来得热烈"，表现了五年计划建设成绩带给苏联的"蓬蓬勃勃的气象"。列宁格勒、莫斯科两市的节日装饰"着实可观"。他于 4 月 29 日晚离开列宁格勒的时候，"全城的灯彩已经装札得五光十色，非常壮观了"，第二天早上到莫斯科，"眼帘所接，尤其热闹"，各政府机关、工厂、学校、大商店都札着彩灯，悬挂着红旗，"各地广场上，并有种种关于宣传的布置"。5 月 1 日，他应苏联外交人民委员会情报司邀请，到红场参观了阅兵式和群众游行。他感受到了阅兵式的盛大，看到红场上的队伍，先是军队方阵，后是党员队伍，最后是工人群众队伍，从上午 9 点半开始，至下午 3 点 50 分才全部走完，"计自步兵出发以至殿后的群众，统共走了六个多钟头"。对于阅兵式和群众游行的盛大，曹谷冰感受到了苏联军队和群众的

1 《今日儿童纪念节，各界庆祝》,《大公报》(上海版) 1936 年 4 月 4 日，第 2 张第 6 版。
2 《中学优秀学生联谊会》,《大公报》(上海版) 1937 年 3 月 21 日，第 2 张第 7 版。

组织性。他表示，“由此可以知道苏俄之所谓组织，不是空谈的”，“从这一点，我们可以知道苏联的民众是受了怎样的领导了”。[1]

1933年11月苏联纪念十月革命16周年的盛大场面极大感染了中国人士。当年11月8日，天津《大公报》报道，苏联人民正在以国家建设的巨大成就纪念十月革命16周年，“苏联之劳动大众无不兴高采烈，以所有经济生活与文化建设中新伟大之成绩庆祝十月革命”。莫斯科全市装饰一新，街头各种展示国家建设成就的模型、标语、漫画，“靡不表现苏联之成绩与其特殊之力量”。[2]了解到苏联这次热烈的十月革命纪念活动，11月16日，署名“苏知新”的人在天津《大公报》“小公园”版发表文章，在赞叹苏联建设成就的同时，感叹民国成立以来中国的落后与停滞。文章说：“不久的以前，土耳其举行革命十周年纪念，接着又是俄国的十六周年纪念。在这世界大战的酝酿期中，他们各自逞出全部的威风，一以扬眉，亦以惊敌，人家真是赶上了好运，人丁钱财都旺！”“谁个不说这两位劫后复兴的弟兄，配称得上能干？”文章反观中国，感叹说：“中国人既没有人家的坚忍性，又没有人家的富贵命，干起来又没有精神，二十年来枉担着一个革命的美名。究竟我们的革命成绩在那里？”[3]

先后担任天津《大公报》驻苏联记者的陈丕士和戈宝权从苏联人欢度1935年元旦和1935年十月革命18周年纪念活动中感受到了苏联的歌舞升平气象。陈丕士通过描述苏联1935年元旦的场面，展示了苏联民众的欢乐气象。他描述道：“除夕的一晚，大家熙熙攘攘地庆祝着。触目所见的，有鲜明的衣饰、化装舞蹈、气球、蛇形的花炮和五彩花灯等等。不论在工友们的俱乐部、咖啡馆和在餐饭馆里，都是一般气象。各餐馆在元旦前好多天，已经在报上登着招徕的广告，甚至各工厂的公共食堂，也效尤仿行。大意声明跳舞会从夜间十一时半起，到天明为止，有爵士音乐伴奏等等，去吸引主

1 曹谷冰：《五一与苏联》（5月1日寄自莫斯科第十三信），《大公报》（天津版）1931年5月22日，第5张第18版。

2 《俄革命纪念，昨盛大庆祝》，《大公报》（天津版）1933年11月8日，第1张第4版。

3 苏知新：《比不上》，《大公报》（天津版）1933年11月16日，第3张第12版。

顾。”[1]戈宝权描述了1935年苏联十月革命18周年纪念活动的盛况。他看到，莫斯科新建成的苏维埃大旅馆和劳动自卫院两座高层建筑“入夜皆电炬通明”。高尔基街一带商店橱窗中陈列着莫斯科新建筑的图样和改造莫斯科道路的计划图。沿库斯耐支克桥街的橱窗中，陈列着表现苏联人民新生活的美术作品。他又介绍11月7日莫斯科红场的群众游行队伍说：“在当时的红场中，到处所看见的，都是各式各样的旗帜、标语和图画等。到处所听到的，都是唱歌声、音乐声、呼号声，还有许多男女，穿着农夫、农妇的服装，顺着手风琴的声音，且歌且舞。本来是一处严肃的红场，顿时又变了一番景象。”他又了解到，在7日和8日晚间，莫斯科各工厂、机关都举行庆祝会、游艺会，各大广场上，上演露天电影，还有人们随着乐队奏乐起舞。了解到这些，他感叹道：“真是一片升平气象！”[2]今天的我们不难想象，当时处于国难中的国人读到这些文字，该对苏联的歌舞升平、欣欣向荣景象多么动心！

十月革命前，东正教在俄国具有很高地位。十月革命后，苏联从20年代开始采取压制东正教的政策，没收东正教的宗教设施和财产，教育人们不信仰东正教。尤其20年代末至30年代初，苏联严厉打击宗教，逮捕了800多名高级僧侣和几万名普通教士，关闭了几百座教堂和寺庙，取消了几十个修道院。[3]对苏联的消灭宗教政策，曹谷冰于1931年4月观察到，虽然苏联的东正教会处境日益艰难，苏联信教的人大为减少，但苏联当局的消灭宗教政策是渐进的，主要通过宣传教育人民不信教，并未从法律上强制禁止宗教活动，一些宗教机构及其活动仍然存在。他介绍，“按之实际，则苏俄政府对于人民之宗教信仰，未为任何法律的禁止，其反宗教政策，大半乃藉力于宣传，非用政治势力强迫取缔。今兹教堂礼拜，仍得自由，在莫斯科、列宁格勒各处，大教堂前，并可随时遇见口中喃喃、手画十字之信徒”。“俄国教堂祷告瞻礼及对于成年人之讲经，仍为法律所许，事实上，亦未限制。苏俄首都之莫斯科，今且犹有一神学院存在。”而另一方面，苏联政府的反宗教宣

---

1 丕士：《苏俄近闻（一）》，《大公报》（天津版）1935年1月26日，第1张第4版。

2 宝权：《今年俄京的十月节》（11月10日寄），《大公报》（天津版）1935年11月30日，第1张第4版。

3 徐天新：《苏联史》第4卷《斯大林模式的形成》，人民出版社，2013年，第199页。

传和苏联人民的反宗教思想日益浓厚。近年来，因所在地人民的决议而关闭的苏联教堂日益增多。他介绍，苏联政府的反宗教宣传大概有四种方式，即出版物、标语、戏剧与电影、博物院。他表示，自己“在初到莫斯科之三星期中，观剧五次，又观电影两次，曾三度目睹反宗教之宣传，出版物与标语亦在在可以见之”。“惟各教堂财产既被没收，人民间不信宗教之份子复日渐增多，致全国教堂一方面既感经济之困难，一方面更不知命运之久暂。”[1]显然，曹谷冰既见到苏联尚有宗教活动，但认为苏联东正教会的衰落是大势所趋。

不过，曹谷冰1931年4月的观察只反映了苏联30年代初的情况，随着苏联消灭宗教政策的推进，中国人士越来越明确认识到苏联消灭宗教政策的彻底性和严厉性。中国一些自由主义论者就有如此观察。1934年8月19日，《独立评论》发表署名“小招”[2]的文章，从自由主义理论出发，反对苏联以政治力绝对禁止宗教的方式，主张通过对宗教利弊的自由辩论，使人们认识到宗教的危害，从而达到打倒宗教的目的。文章注意到，“提起反宗教，大家都知道俄国是反宗教的。听说俄国是只有反宗教自由，不容宗教存在，于是，有对教徒迫害、捣毁教堂等等暴动”。文章认为，“这的确不及我们高明。我们要包容一切，容许各反对意见的自由辩论、自由研究，没有受迫害的人而能引出最高深的能较合理的理论来。这些理论摆在下一辈纯净的聪明的国民前面，任他们自由选择，于是，低劣的自然淘汰，高明的永久存在”。[3]胡适作为自由主义者，虽不认同苏联彻底消灭宗教的政策，但认为苏联以国家政治力禁止宗教是彻底消灭宗教的唯一有效方式，要彻底消灭宗教，就不能对宗教实行“自由和涵忍”政策，“苏俄的方式是反宗教的唯一有效的方式，天下决没有在‘最大量的自由和涵忍’之下可以打倒一切宗教的”[4]。

1 曹谷冰：《苏俄与宗教——赴俄记者谷冰第十信》（4月24日），《大公报》（天津版）1931年5月18日，第1张第3版。

2 胡适在《编辑后记》中称，“小招先生是福州的一位投稿者。”参见适之：《编辑后记》，《独立评论》第114号，1934年8月19日，第19页。

3 小招：《反宗教的自由》，《独立评论》第114号，1934年8月19日，第4页。

4 适之：《编辑后记》，《独立评论》第114号，1934年8月19日，第19—20页。

20 年代长期在莫斯科中山大学学习和工作、时任职于国民党中央党部社会科的盛岳从社会主义制度对人民生活的保障角度分析苏联人不信教的原因。他于 1937 年 8 月 1 日在《中苏文化》发表文章认为，资本主义国家在经济上实行自由竞争，生产无计划，经济危机频繁，人民生活无保障，人民往往将自己的命运寄托于神灵，而苏联社会主义制度使人民生活稳定，人民只要肯劳动，就不愁没饭吃，自然不会迷信神灵。他分析，在苏联，“由于新社会工业及农业的成就，科学与劳动组织之进步，只要自己劳动，收获的丰稔是可以预期的”。“有计划的社会主义经济、剥削阶层之消灭、民智的进步、舒适优裕的生活，——这一切好比万丈光芒，照穿了什末天堂幸福一类的神话，揭穿了‘因果报应’、轮回之说的骗局。”[1]

综上所述，对于苏联民众的精神面貌，中国舆论界认识到苏联当局致力于彻底改造民众的思想、观念、行为方式，从而造就出忠诚于党和政府的新公民，并描绘了一幅苏联民众精神生活充实、团结奋发、勤奋学习、努力工作的画面。时人又注意到，在苏联当局的组织与训练下，苏联人民具有很强的组织性和纪律性；由于生活的稳定和有保障，苏联民众不再将自己的命运寄托于宗教神灵。时人从苏联各种节日活动中，看到了苏联民众精神上的快乐和充实。在时人看来，苏联民众的这种精神面貌不仅与中国民众精神生活贫乏、世风日下的状况形成天壤之别，即便与各资本主义国家相比，也呈现出巨大优势。这对于深处国难中的中国人，无疑是一支强烈的兴奋剂。虽然中国舆论界的这些描述存在大量溢美之词，也未必是对苏联实际情况的真实反映，但是，这些积极、正面的描述说明，对苏联民众精神面貌的褒扬是 30 年代中国舆论界的主流观念。

## 三、对苏联婚姻自由的认识转变

中国舆论界非常关心苏联民众的婚姻生活问题。在这方面，中国舆论界

1　盛岳:《苏联的民众教育与反宗教运动》,《中苏文化》第 2 卷第 8 期，1937 年 8 月 1 日，第 59—60 页。

特别关心苏联民众的婚姻自由问题。这是因为十月革命后苏联破除了社会和家庭对婚姻的束缚，实行婚姻自由，人们可以自由结婚，自由离婚。同时，中国舆论界对苏联婚姻自由的关注，也有着追求中国民众婚姻自由的思想动因。

从30年代初开始，天津《大公报》经常报道苏联结婚、离婚自由的消息。1931年7月4日，该报刊登消息介绍，苏联实行离婚自由，不论男女，如欲离婚，可以在不通知对方的情况下，向婚姻登记部门提交离婚申请书。[1]1933年12月10日和17日，该报“妇女与家庭”版刊登文章介绍，苏联实现了彻底的结婚、离婚自由，“今日的苏维埃妇女，是达到了真正的‘婚姻自由’。在成年以后（十八岁以后），可以自由恋爱，自由结婚，家长是毫无权利过问的”。“她们结婚既能极端自由，当然离婚也就自由了。只要到登记处声明，就算完事。”[2]1937年2月27日至3月4日，天津《大公报》“家庭”版连载英国小说家黛拉费尔的文章介绍，莫斯科结婚离婚法庭的手续非常简便。黛拉费尔看到，一个苏联青年人没有通知他妻子，只在办公桌前说了几句话，被登记在簿子上，就办完了离婚手续。她又看到，一对带着两个孩子的同居八年的男女，只用了五分钟就办完了结婚手续。[3]

30年代初，中国舆论界对苏联妇女随意结婚、离婚的现象是持负面看法的。苏联结婚和离婚自由在一些论者眼中是一种负面的东西。1930年6月30日，天津《大公报》“妇女与家庭”版刊登署名“履冰”的文章，对苏联“离婚潮流之风起云涌，不禁惊异”。此文介绍，大量苏联妇女参加社会工作导致苏联妇女的家庭观念日趋薄弱，多数妇女不顾家庭，形成“放荡不羁的习惯”，“视男子为赘瘤”，因而，“离婚潮流更弥漫全国”。苏联政府对于离婚“亦无严格的制限”，“其手续竟较美国为简单”。[4]而且，时人对苏联结婚、离婚自由的看法存在分歧。1931年初，刘馨逸与赵匀之间就苏联结婚、离婚

1 《苏俄之男女关系》，《大公报》（天津版）1931年7月4日，第1张第4版。

2 诗：《苏俄妇女情形（续）》，《大公报》（天津版）1933年12月17日，第3张第11版。

3 《一位英国女作家的莫斯科游览印象记（续）》，《大公报》（天津版）1937年3月2日，第3张第12版。

4 履冰：《俄国的离婚数》，《大公报》（天津版）1930年6月30日，第3张第12版。

自由问题进行了一场争论。刘馨逸于当年 1 月 21 日在天津《大公报》“读者论坛”版发表文章，赞同罗马教皇敕语所言的婚姻神圣，认为男女之间不应轻易离婚。他表示，“所望于国民政府，改善婚姻制度，应如教皇所言，视婚姻制度为神圣，而不稍存玩忽之心。为父母为师傅者，又从而训诲之，督率之，则青年男女当能虚心领会，不复误入歧途矣”。他提到，“俄国自革命以来，男女结婚与离婚，非常自由，结婚时随便向官厅登记，离婚时随便向官厅声明，官厅既不斥其非，社会亦不责其妄”。他认为，苏联男女这样随便结婚和离婚，“并无情欲之可言，夫妇二字便不知作何解释”，“所谓婚姻制度，遂从根本上推翻，所生子女，悉由社会公育，长此以往，姓氏亦可取消，家庭主义亦可打破，人类之退化至此，则国本能不为之动摇乎？”[1]赵匀不同意刘馨逸的说法。他于同年 2 月 2 日在天津《大公报》“读者论坛”版发表文章表示，刘馨逸所言“根本无理”。“刘先生既承认以前礼教的束缚未免过当，则言外之音，当然要同情于被压迫者，妇女解放运动的勃起，要求男女平等，有甚么不合理呢？既然知道礼教下的婚姻，是有‘夫妇之虚名，无夫妇之乐趣’，更为甚么反对离婚结婚的自由？”“俄国结婚离婚绝对自由实行以后，发生了甚么弊端？俄国青年男女现在的成就、将来的希望、勇迈活跃的精神，比较礼教打而未破的中国青年男女们何如？”[2]可见，赵匀对苏联婚姻自由、妇女解放抱有好感。

到 30 年代中期，中国舆论界更多从正面看待苏联结婚、离婚自由。1934 年 3 月 25 日，天津《大公报》“妇女与家庭”版刊登了苏联青年作家凯尔波夫介绍他一段短暂结婚经历的文章。凯尔波夫与一个未经深入了解的女人草率结婚。之后，他发现，这个女人结过两次婚，并与两位前夫各有一个孩子。他很愤怒，到街上领了两个流浪孩子，骗这个女人说，是自己与前妻的孩子。这个女人知道真相后，很生气，便与他迅速离了婚。这篇文章的译者对苏联结婚和离婚的随意表示赞赏，认为“他代表着苏联的乐观的前进的

1　刘馨逸：《图固国本不宜有全脱礼教之婚姻》（1931 年 1 月于北平），《大公报》（天津版）1931 年 1 月 21 日，第 3 张第 11 版。

2　赵匀：《〈图固国本不宜有全脱礼教之婚姻〉引来的话》，《大公报》（天津版）1931 年 2 月 2 日，第 3 张第 11 版。

精神，在这个新进的朝气的国度里的结婚生活，是值得注意的”[1]。在一些文章看来，苏联妇女的婚姻越来越自由，越来越出于爱情。1936年1月21日，天津《大公报》“家庭”版刊登署名“仲青”的文章介绍，苏联妇女经自由恋爱结婚的比例大大上升，苏联妇女结婚前的恋爱期越来越长。十月革命前，俄国妇女结婚很多出于父母强制，“俄国过半数的妇女，结婚前之交际期间，多不足一个月，其间不知演了多少家庭悲剧”。十月革命以后，“另换了一种新气象”，婚前恋爱期在六个月以上者超过半数，苏联妇女结婚动机半数以上是为爱情而结婚。[2]

时人从反思与批判中国男女不平等的婚姻关系出发，对苏联男女独立、结婚与离婚自由的婚姻制度，抱有好感。署名“姒”的论者在1934年7月1日天津《大公报》“妇女与家庭”版发表书评，介绍郑竞毅撰《苏联婚姻法》一书。他认为，这部书介绍的苏联婚姻法为中国乃至世界各国提供了解决婚姻问题的途径。“这部书对于婚姻问题，它是提示了一个正当的说明，那不单纯是正确的婚姻意义，而且阐释给我们婚姻问题解决的途径。”“我们不相信那是单纯苏联婚姻的解决，而更深刻的，那不也就是人类未来的婚姻解决吗？难道还有更自然更适当的婚姻关系出现吗？”他注意到，苏联立法家将夫妻的结合视作男女两个人格的对立，“双方当事人的地位完全平等，意志绝对自由”。妻子没有与丈夫同居的义务。夫妻双方没有相互抚养的义务。苏联婚姻法承认同居的“事实婚”。苏联离婚制度完全采用“无因离姻主义”，承认“当事人得以单方的意思提议离婚”，“苏联的立法，其目的在破坏古代传统的权威，对于妇女的解放用全力以赴之”。书评认为，苏联婚姻法关于夫妻双方没有同居和相互抚养义务的规定是一种“健康的夫妇关系”，“这些关系，除了苏联，如今世界上没有一个社会体系的男女可以享受的。特别是我们半殖民地的中国妇女，婚姻关系更是在一种不自然不合理的矫揉做作中，妻子只是丈夫的奴隶，根本谈不到婚姻上的权利与义务”。[3]在这位论者看来，与苏联男女独立的婚姻关系相比，中国女子附属于男子的夫妻关

---

1 PP:《苏联结婚生活的片断》,《大公报》(天津版) 1934年3月25日，第3张第11版。
2 仲青:《苏俄妇女的婚姻生活》,《大公报》(天津版) 1936年1月21日，第3张第10版。
3 姒:《苏联婚姻法》(妇女读物介绍),《大公报》(天津版) 1934年7月1日，第3张第11版。

系是一种落后的夫妻关系。

有论者从改善中国妇女婚姻和家庭地位考虑，赞美苏联妇女挣脱婚姻的牢笼。1937 年 3 月 8 日，一位署名“柳村”的论者在《中央日报》发表书评，在介绍苏联作家罗曼诺夫撰写的描述苏联妇女婚姻问题的小说《苏联婚姻日记》（*Diary of A Soviet Marriage*, by P. Romenov, Stanley Nott., London, 1936, 2, 6）时，感叹中国妇女仍束缚于婚姻和家庭的牢笼。他将中苏两国妇女的婚姻做了比较，认为无论中国旧式婚姻，还是新式婚姻，均未实现男女平等，“以前卖买式的婚姻，固然没有好结果，就是现在自由的婚姻，又何尝有好结果呢？新式婚姻除了可以自己选择对象而外，其余如男的养家，女的守家，还不是跟着旧式一样？女人依然为家庭的傀儡、男人的奴隶”。在小说中，一个女人离开原夫后，并未投入新欢的怀抱，表示：“我现在要跳出我丈夫的生活牢笼，同时，跳出你的生活牢笼。”对此“柳村”认为，苏联妇女能够勇于脱离男人的牢笼，寻找自己的出路和生命，真正实现了与男人的平等，“现在苏联妇女的地位，已较前增高，她们都有工作，而且，对于社会的贡献，决不再是家庭的傀儡或丈夫的奴隶了”。[1]

从 1936 年起，中国舆论界注意到，苏联改变了允许随意离婚的政策，注重维护家庭的稳定。当年 6 月，上海《大公报》“大公园地”版对苏联这种婚姻政策的调整作了介绍。6 月 6 日，该版发表文章，在介绍苏联修订婚姻法的情况时，说道：“苏俄当局，鉴于从前的婚姻法上所规定的离婚结婚手续过于简单，易使性道德流于堕落，兹拟加以改正。”正在拟议修正的婚姻法规定，增加政府对于夫妻子女的补助，大幅提高离婚手续的费用。如果离婚，男方抚养子女的费用也会大大增加。[2]6 月 12 日，该版又发表文章介绍，苏联当局为了改善家庭关系，解决逃避赡养费、重婚、遗弃家庭等问题，自 1935 年夏天起，加重对逃避赡养费者的惩罚，并限制结婚和离婚的随意性。[3]有论者分析了苏联限制随意离婚政策的社会原因。1936 年 2 月 18 日和 20

---

1　柳村：《苏联婚姻日记（Diary of A Soviet Marriage, by P. Romenov, Stanley Nott., London, 1936, 2, 6）》（书报评介），《中央日报》1937 年 3 月 8 日，第 3 张第 1 版。

2　《苏俄的婚姻》，《大公报》（上海版）1936 年 6 月 6 日，第 3 张第 12 版。

3　《苏俄的婚姻现象》，《大公报》（上海版）1936 年 6 月 12 日，第 3 张第 9 版。

日，天津《大公报》“家庭”版连载祁敏翻译的英文《北平时事日报》（*The Peiping Chronicle*）刊登的文章分析，这说明随着经济的发展，苏联不再需要所有的妇女把全部精力都投入到生产事业中，需要夫妇尤其是妇女更多地照顾家庭，增加生活的情趣。以前，苏联领导人为了将国家建成一个“近代的工业国家”，要求人民苦干，抛弃“家庭观念和个人关系的旧束缚”。在这种情况下，人们居处无常，处于不断迁徙中，尤其妇女必须像男子一样工作。随着五年计划建设的进展和人民生活水平的提高，苏联开始注意保护人民权益，强调父母维持稳定家庭和抚养子女的责任，苏联报纸开始宣传，“在你所喜欢的场合之中为你自已做一番事业，摇船、远足或跳跃，来锻炼你的身体。假若你要竖立一个家庭的话，国家可以给你保护，并且还可以使你的伴侣和你同样的负责管孩子和维持家庭的清洁”[1]。

中国舆论界对苏联民众婚姻自由的看法几经转变。在 30 年代初，中国舆论界对苏联随意结婚、随意离婚现象存在意见分歧，有的论者持负面看法，有的论者表示赞赏。到 30 年代中期，更多论者对苏联随意结婚、随意离婚表示认可，认为这体现了苏联民众乐观、充满朝气的生活态度，并从批判中国男女不平等的婚姻关系、提高中国妇女家庭地位出发，肯定苏联男女在婚姻生活中的独立性，赞赏苏联妇女勇于冲破婚姻牢笼的勇气。随着苏联政府限制随意结婚、随意离婚现象，从 1936 年起，中国舆论界又对苏联政府稳定婚姻关系的政策表示肯定，认为这表明苏联民众生活水平的提高，有利于父母抚养子女。

## 四、在民族危机中对苏联与生产劳动和国防相结合的民众普及性体育方针的认同

体育运动是苏联民众日常生活的重要组成部分。在体育事业领域，苏联在普通民众中大力开展体育活动，并将民众的体育活动与生产劳动、国防建设相结合，致力于提高普通民众的身体素质，尤其注重提高普通民众从事生

1 祁敏译:《苏俄的妇女》,《大公报》（天津版）1936 年 2 月 20 日，第 3 张第 10 版。

产、参加国防建设的体力和能力。在九一八事变后日益严重的民族危机中，中国舆论界深切感到通过体育运动提高中国民众从事生产劳动、参加国防建设的体力和能力，以充实抵御外侮的国力的重要性。所以，苏联与生产劳动和国防相结合的民众普及性体育方针，就受到中国舆论界的关注和认同。

中国舆论界注意到，苏联体育事业的工作重点是提高民众的身体素质。天津和上海《大公报》经常报道苏联普及化、群众性的体育事业的发展。1934 年 1 月 17 日，天津《大公报》报道，“苏联对于体育极为注意。在任何学校中，体育为课程之一部。大多数工厂及公所内，工作前或休息时间时，必有专门导师，指导工人雇员练习体操”。[1]上海《大公报》于 1936 年 5 月 7 日报道，苏联 1935 年参加冬季运动的工人占工人总数的 47%，其中，通过体格测验者占 23%。[2]时人注意到，苏联政府非常重视群众性体育工作，明确规定了每个青年必须达到的体育训练标准。谢树英于 1935 年 4 月 29 日在天津《大公报》发表文章介绍，苏联政府“依照年龄、体重等项，规定每个青年在其固定的年龄须达到数项体育方面的标准。如已得到合格的标准，政府发给奖章，否则还要去求改进，受指导人员的训练”。[3]时人又注意到，苏联普通民众的体育运动热情很高。1936 年 10 月 15 日，《中苏文化》刊登署名“宁然”的文章介绍，苏联民众“不论老少都嗜好运动”。他举例说，在高尔基州举行的集体农场滑雪竞赛上，3 千余名代表从方圆几百里的地方赶来参加，既有青年，亦有老者。[4]天津《大公报》在报道中注意到，苏联建设了许多大型群众性体育运动场。1934 年 3 月 3 日，天津《大公报》刊登消息介绍，苏联正在建设乌克兰最大的体育场，“此馆将用于群众体育教育、体育比赛、民众示威及红军游行之用”。在这个体育场附近，建设一个大型体育文化宫和体育训练研究所。此外，还将建设供儿童使用的特别操场和游泳

1　《大众化、合理化之苏俄体育，将开冬季运动会》,《大公报》(天津版) 1934 年 1 月 17 日，第 2 张第 6 版。

2　《苏联运动热》,《大公报》(上海版) 1936 年 5 月 7 日，第 2 张第 5 版。

3　谢树英:《大学生与国难(续)》,《大公报》(天津版) 1935 年 4 月 29 日，第 1 张第 3 版。

4　宁然:《苏联的青年生活》(1936 年 7 月 14 日于开封),《中苏文化》第 1 卷第 4、5 期合刊，1936 年 10 月 15 日，第 6—7 页。

池，其中，游泳池可容纳 1500 人游泳。[1] 中国舆论界特别羡慕苏联公共体育设施的完善。1936 年 7 月 29 日，上海《大公报》刊登文章，认为上海虹口游泳池的收费太高，上海市民在这里游一次泳，各项收费加上来回车费，非超过 1 银元不可，“这游乐究不是一般的”。文章由此问道：“我们能否希望得到像苏联那样伟大公开而不收费用的游泳池出现呢？”[2]

在 1931 年的时候，中国舆论界对苏联以增强人民体质而不以创造运动纪录为目的的体育方针，了解还不深入，只是抱有好奇心。当年 6 月 29 日，天津《大公报》刊登译自日本的一篇通信介绍，苏联体育运动注重增强人民的体魄，而不注重创造新的运动纪录，“俄运动界注重体育之目的，在养成适于生产、国防及建设之国民，并不置重于纪录，此其特征。”《大公报》在编者按中，对苏联体育发展状况充满好奇心，表示：“苏俄运动界，自革命以还，对外向少宣传，目下究竟达到何种程度，当为世人所急切欲知者”。[3] 九一八事变后，在国难日益严重的情况下，时人日益感到中国民众通过体育锻炼提高身体素质、增强生产和卫国作战能力的重要性。由此，苏联与生产和国防相结合，以提高民众身体素质为中心，注重培养民众劳动能力和军事素养的普及性、群众性体育方针，逐渐受到国人的推崇。

1932 年 8 月，国民政府教育部在南京召开全国体育会议。同月 17 日，《大公报》发表社评，向正在召开的全国体育会议提出建议，主张借鉴苏联注重提高学生整体身体素质的体育教育方针。社评建议，中国学校的体育教学，应注意提高学生的整体素质，“学校学生，重全体平均发达，不重少数选手优良”。社评介绍了苏联这方面的做法，说道：“闻苏联体育，即异于各国。盖定有各项技术之平均标准，须各项一致及格，方为健全。”社评认为，“中国体育，似应师其意，而另定中国自己所认为适当之平均标准”。[4] 8 月 21 日全国体育会议闭幕后，天津《大公报》再次于同月 23 日发表社评，主张

1 《苏俄体育锐意图进》，《大公报》（天津版）1934 年 3 月 3 日，第 2 张第 6 版。

2 奚堪：《虹口游泳池》，《大公报》（上海版）1936 年 7 月 29 日，第 4 张第 16 版。

3 《苏俄运动界之精神，注重体魄，不重纪录》，《大公报》（天津版）1931 年 6 月 29 日，第 2 张第 8 版。

4 《与全国体育会议商榷》（社评），《大公报》（天津版）1932 年 8 月 17 日，第 1 张第 2 版。

学习苏联全民化的、以培养国民劳动能力和军事素养为目标的体育政策，不主张中国发展欧美式的竞技体育。社评分析，中国体育“须适应国家民族今日严重之急需”，“中国体育之目标，须使全国国民军队化、劳动化，故须有更适切迅速之锻炼”，欧美竞技体育“不能符合今日中国之急需”，这是因为“外国体育，在养成强健知礼之绅士，中国今日，则需要其青年国民，为卫国建国而拼命”，“强敌压境，万民困饿，而吾辈仅提倡奖励各种球技或赛跑之类，以为体育已尽其能事焉，此吾断不能苟同者也”。社评进一步说：“中国人民与其翘企阿林比克大会[1]，尚毋宁看苏联。彼即知所以应其国家之急需者，彼亦盛倡体育，而目的则全国军队化、劳动化，不学他国之以养成特殊之竞技选择手为务。此无他，彼之环境不暇为此也。”中国体育事业应以两点为总目标：一、如何能使全国青年胜任军队之服务？；二、如何能使人人有耐久劳作之体力？[2]显然，在国难日益严重的情况下，《大公报》编者认为，中国与其发展竞技体育，只培养几个竞技选手，不如提高国民的整体身体素质，像苏联那样，使体育事业与培养国民的劳动能力、军事素养结合起来，增强国民的国家建设能力和抵抗外敌入侵能力。实际上，这次全国体育会议的一些与会者也非常看重苏联的体育政策。会上一份关于发展儿童体育的提案即以苏联儿童体育发展计划为例，说明发展中国儿童体育的重要性。这份提案说：“儿童为国家民族新生命之原，故属强国强种之远大计划，类以儿童为前提。最近俄国宣布发展儿童体育之具体计划，是明证也。”发展中国体育的“治本之道”，“仍须在将来之国家主人翁儿童身上着想”。[3]

1933年长城抗战的失败进一步促使国人看重苏联普及性、群众性的体育方针。人们感到，苏联这种体育方针是中国强健国人体质、振奋民族精神的榜样。1933年10月10日，在双十节之际，全国运动会在南京召开。当年上半年日军占领热河和长城沿线使时人心情沉闷。参加全运会的东北五省区选手在《致大会全体选手书》中称：“我们绝大信心，便是中国不亡，东北不

1 即奥林匹克运动会。

2 《再论体育问题》(社评),《大公报》(天津版)1932年8月23日，第1张第2版。

3 《全国体育会议江苏省提案全文（续二十二日第四版）》,《大公报》(天津版)1932年8月26日，第2张第5版。

亡！”对此，天津《大公报》在这一天发表社评表示，“吾人愿我全国同胞，三复东北青年悲壮之言，人人抱此信念，则‘完成革命’‘征服环境’绝对不成问题”，国人应“各奋自信之勇，人人以‘有我在，中国不能亡，不许亡’自誓”。社评进而主张通过开展体育运动，锻炼国人体质，振奋民族精神。说到这里，社评对苏联群众普及性体育方针表示赞赏，介绍说：“苏联对于运动竞赛，不甚置重，而于国民体育之普及、民众武力之训练，则异常努力。如本年六月苏俄举行健康大检阅，仅莫斯科与列宁格勒两处，参加者数逾二十万人，工人居其大半，而半数又为女工，比较各国体育检阅之仅为学生者，办法更为彻底。”[1]同年 11 月 2 日，章渊若对苏联体育事业的民众化、生产化、国防化极为推崇。他认为，苏联运动员人数激增“实表示其体育与国民之打成一片”。苏联将全国运动会称作“国防与生产之考试”，对于有特殊生产技术、特殊作战技术的青年，由政府授以“金章”，称其为“全国第一流体育家”，“此其深刻意义所及，实足使全国运动国防化与生产化”。[2]

进入 1934 年，天津《大公报》编者鉴于日益严重的民族危机，明确提出了学习苏联普及性、民众性体育方针的具体方法。该报于当年 5 月 24 日刊登社评提出，中国体育应以提高国民健康水平、满足抗战需要为目标，不宜学习欧美的竞技体育，而应学习苏联以提高国民健康水平为目标的体育方针。社评说道：“宜先定一原则，即今后之体育，必须以普及的提倡国民健康，以适应国家非常需要为目标。”“中国今后，不应专置重模仿欧美通行之竞技式体育方法，至少应参照苏联国内现行之锻炼国民健康方法，而定一折衷的设计。”社评设想，在小学及其以上的各级学校，将体育定为必修课，同时确定一个平均标准，体育不及格者，不得毕业，“其理想状态，应为全国学生，自小学起，即练习耐寒、耐暑、耐晒、耐淋、耐饥渴、耐行路，同时，练习能奔、能跃、能攀登、能泅渡、能骑乘，而一切纳之于团体化、纪律化、劳动化之中”。“一言蔽之，自今以往，凡一学生，皆须使成为健康的有用的公民，同时，皆可为生产者及卫国者！”[3]

---

1 《民国二十二年国庆辞》,《大公报》(天津版) 1933 年 10 月 10 日，第 1 张第 4 版。
2 章渊若:《国防与体育（续）》,《大公报》(天津版) 1933 年 11 月 2 日，第 3 张第 9 版。
3 《今后之国民体育问题》(社评),《大公报》(天津版) 1934 年 5 月 24 日，第 1 张第 2 版。

在1936年8月德国柏林奥运会上，中国共派出69名运动员，除符保卢在撑竿跳高比赛中进入复赛被淘汰外，参加其他比赛项目的中国运动员都止步于初赛和小组赛。针对中国体育代表团的一败涂地，天津《大公报》于同年8月12日发表社评认为，中国不应专求培养出色运动员，应学习苏联体育发展模式，在民众中普及体育运动，提高民众参加生产劳动和国防建设的体力。社评表示，“吾人不反对参加世运，亦不反对以世运标准鼓励中国青年，但以为关于国民体育之设计，则主要宜参考苏联而实施之”。从小学起，将体育列为必修课；对各项运动，制定平均标准，标准不宜高。“一言蔽之，期待全国少年皆能奔，能跃，能掷重，能攀高，能走，亦能泳。其所能者至相当程度足矣，过此以往，则听其自愿。”“苟全国少年皆能达到普通之技术标准，可以胜任劳动及服务国防，斯已为国民体育之成功矣。”如果中国能够普及体育锻炼，自然会有技能优秀者显露头角，“是则为参加世运之计，亦必须如是也”[1]。

中国体育界也非常看重苏联与劳动和国防相结合的普及性、群众性的体育方针。南开学校体育主任、天津体育协进会会长章辑五于1933年11月8日启程赴欧洲。[2]在一年半的时间中，他除在德国柏林大学学习体育外，还考察了19个欧美国家的体育事业。他于1934年春考察了苏联。通过考察，他对苏联体育方针有了较为直观的了解。启程赴欧洲前，他就对苏联民众普及化的体育方针很感兴趣。他于1933年9月对记者表示，“苏俄自五年计划完毕，对于训练全国国民体育之方法，力使民众化、普罗化，亦可为我国之借镜”[3]。章辑五赴欧美考察体育一事很早就被新闻界所知。1933年3月7日出版的天津《大公报》“体育”版刊登小品文，对章辑五打算举债考察苏联等国体育的想法表示赞赏，并认为苏联“大众化的体育”值得中国学习。文章表示，听说章辑五正要“举债”去苏联、德国、意大利、丹麦等国考察和学习，“我们赞助章氏的考查，我们更需要章氏的考查”，“现在俄国、意国

---

1 《今后之中国体育》（社评），《大公报》（天津版）1936年8月12日，第1张第2版。

2 《津市体育协进会长章辑五今晨启程赴欧》，《大公报》（天津版）1933年11月8日，第2张第6版。

3 《本市体协会长章辑五出洋考察体育》，《大公报》（天津版）1933年9月15日，第2张第6版。

‘大众化的体育’，正是中国所急需，但是，他们两国对于体育的设施和方法，直到如今，国人还没有一人注意”。[1]

通过对苏联体育事业的考察，章辑五看到了苏联与生产劳动和国防相结合的民众普及性体育方针的优势。1935年6月末，章辑五回到国内。7月9日，天津市体育协会举行谈话会，章辑五畅谈了考察欧美国家的经过及对今后体育发展方针的设想，重点介绍了苏联体育事业与劳动相结合的问题。他介绍说：“苏联以劳工代体育，辅助其经济物质之建设，渐次达其劳动与自卫之目标。”[2]他又于1936年4月4日至12日在上海《大公报》“体育”版发表文章，讨论国难时期中国国民体育问题。在文章中，他非常赞赏苏联青年与生产相结合的探险、考察活动，并认为这是非常好的一种体育方式。他表示，“社会主义的苏联，立意讲求物质建设，使全国工业化，树立‘劳动与自卫’（Labour and Defense）为全国民众活动之总目标。他们第一步的工作，是要先行调查认识本国俄罗斯境内，有多少天[然]产物，究竟都有些甚么东西，所以，他们组织青年先锋队（Pioneers）至各处旷野山林中去探险，有山掘山，有土挖土”[3]。他提出了12条国难时期国民体育运动方式，其中第三条借鉴苏联与劳动生产相结合的体育方针提出组织劳动服务部，使全国民众尤其青年直接参加国家建设事业，指导地方卫生，救济各类灾民，协助民众教育，参加打扫卫生、修路、筑桥、通渠、建设防御工事等劳动。[4]

苏联与生产劳动和国防相结合的民众普及性教育方针也受到了一些中国地方运动会组织者的推崇。1936年10月10日，由安徽、江西、湖北、湖南四省运动员参加的第六届华中运动会在长沙举行。会前，运动会第19次筹备会通过《第六届华中运动会开幕宣言》。这份宣言强调“体育民众化”原则，表示：“我国过去体育运动，仅注重训练选手，而选手亦视体育为其特殊工作，以致体育运动，提倡数十年，在民间固仍漠然视之，即学校亦多仅

1 颖：《老当益壮》（球场漫话），《大公报》（天津版）1933年3月7日，第3张第10版。

2 《体协谈话会，章辑五谈国外观感》，《大公报》（天津版）1935年7月10日，第2张第8版。

3 章辑五：《关于非常国民体育的实施（续）》，《大公报》（上海版）1936年4月10日，第2张第8版。

4 章辑五：《关于非常国民体育的实施（续）》，《大公报》（上海版）1936年4月12日，第2张第8版。

有少数选手以为点缀。此实本会今后所宜纠正之点。而体育民众化，亦遂成为本会今后共同努力以求实现之工作。”由此，宣言对苏联民众化的体育方针表示赞赏，介绍说：“苏俄革命以后，对于民众体育，极力提倡，体育团体，既分布全国，新式运动，尤普及工农，故能使全国工厂、农田、矿区出品，年有增加，前后五年建设计划均能如期完成。”[1]在宣言看来，苏联大众化的体育发展极大促进了经济建设的开展。1937 年 5 月 17 日至 19 日，第一届河北省运动会在保定举行。这次运动会的《大会宣言》以苏联为例，阐明体育运动对于充实国家实力尤其增强国防力的重要作用，认为苏联将运动会称为“国防与生产之考试”，其意值得“深长思之”。宣言号召河北民众，“愿我多士，借鉴他人，急起直追，交相策励，养成刚健之躯，用备干城之选。国家前途，实深利赖”[2]。

国民党当局官员非常看重苏联体育方针中的与生产劳动、国防相结合的民众普及性内容。1935 年 7 月 15 日，中华全国体育协进会在青岛主办的暑期训练会、讲习会、讨论会，在山东大学礼堂同时举行开幕典礼。青岛市教育局局长雷法章致词强调，中国体育事业应以两个方面为目标：一为以体育充实国力，增强人们的体魄；二为以体育培养公民道德。如此，“自然可由体育产生新的力量，以挽回国运”。说到这里，他联想到，苏联的体育就“以劳动与自卫为目标”[3]。苏联与生产劳动、国防密切结合的民众化体育方针对上海市市长吴铁城产生了很大影响。1936 年 8 月 16 日，他发表广播演讲宣布，利用建成不久的上海市最大的运动场，成立上海市立体育专科学校。他宣称，这所学校既为改造中国体育方针提供试验，又“本着体育国防化、军事化、生产化与普及化的原则，按着民族现实的需要，培养新的健全的体育师资，以为训练全国青年的导师”。他在阐述这所学校的办学方针时提到，“如苏俄则以运动的竞赛是一种‘国防与生产的考试’”[4]。同年 10 月 12 日，这

1 《华中运动会开幕宣言》,《大公报》(上海版) 1936 年 10 月 9 日，第 2 张第 5 版。

2 《大会宣言》,《大公报》(天津版) 1937 年 5 月 17 日，第 2 张第 8 版。

3 《体协三会开幕礼，雷法章致词原文》,《大公报》(天津版) 1935 年 7 月 18 日，第 2 张第 8 版。

4 吴铁城：《中国体育方针之改造与建设——筹设上海市立体育专科学校之广播讲演》,《大公报》(天津版) 1936 年 8 月 18 日，第 2 张第 8 版。

所学校举行开学典礼。他在开学典礼上发表讲话，以苏联体育事业为例，说明体育与国防相结合、建设民众普及化的体育事业的重要性。他表示，“今后的体育应与军事打成一片”，“如苏俄则以运动会视为全国民众的‘生产与国防的考试’”。他强调，上海市立体育专科学校“要造就体育与军事合一的师资，并且要进而谋普及体育于民众，使全国人民的体魄，都很健全，使本校的将来，能够成为一个民众体育的中心”[1]。

显然，中国舆论界认同苏联与生产劳动和国防相结合的民众普及性体育方针，是与九一八事变后中国日益严重的民族危机密切相关的。中国舆论界对苏联这种体育方针的认识，随着九一八事变、长城抗战等事件导致的国难而逐步深化。时人深感，中国民众由于身体素质极其低下，不仅难以胜任生产工作，也难以投身抗战御侮的国防事业，所以，在中国民众中普遍开展体育运动，培养民众从事生产劳动的体力和能力，以充实抗战国力，并为抗战培养体力合格的兵源，就非常重要。在这种情况下，中国各舆论主体，包括《大公报》等媒体编者、体育界人士、国民党当局人士，都主张中国学习苏联的体育方针，建立起中国的为生产和国防服务的民众化体育发展模式，不主张像欧美资本主义国家那样，只注重发展竞技性体育运动。

## 五、对苏联普及化的社会主义医疗事业的认同

一五和二五计划时期，苏联医疗卫生事业不仅取得了巨大发展，而且，建立起国有化的、普及化的社会主义医疗卫生体系，使医疗卫生服务普及于广大城乡民众之中。中国舆论界非常认同和羡慕苏联医疗卫生事业的发展，尤其赞赏苏联普惠于民的社会主义医疗卫生体制。

苏联医疗卫生事业发展情况成为中国媒体经常报道的对象。例如，1933年3月16日，天津《大公报》报道说：“苏联之医药事业，在革命后有显著之进步。”全国“施医站”，1917年仅有487个，1932年达5506个。[2]1936年

1 吴铁城：《复兴民族的体育方针——十月十二日在市立体专开学礼训词》，《大公报》（上海版）1936年10月14日，第2张第5版。

2 《苏联医药事业》，《大公报》（天津版）1933年3月16日，第2张第5版。

5月15日，黄理文在《中苏文化》发表文章介绍，苏联政府在1936年采取各种措施并投入巨资改善健康医疗事业，“俾以后苏联的民众保健问题，得有更佳的条件”[1]。天津《大公报》“医学周刊”版刊登了不少译文，详细介绍苏联的医疗卫生事业。1931年12月16日，该版刊登署名“棠”的人节译美国海纳斯（A. J. Haines）女士撰《苏联健康工作》（*Health work in Soviet Russia*）一书而成的文章，系统介绍苏联的医疗机构，如各地的健康保险所、工厂的“急救所”、各级地方医院、各地基层“出诊部”等。[2]1932年1月6日，该版又刊登署名“猷先”的人节译的英国人的文章，介绍苏联20年代初至30年代初十年间医疗事业的发展，赞叹说：“其目前之医务状况以与十年前之情形相较，真有霄壤之别，苏俄进步之神速至堪惊骇也。”[3]1936年6月2日，该版刊登俞焕文节译的1935年8月美国记者斯壮（A. L. Strong）与苏联副卫生人民委员的谈话记录，简要介绍苏联的社会保健、基层医疗机构、疾病预防与治疗的配合、国家机关对工厂的卫生检查、医学教育等方面的情况。[4]显然，中国舆论界对苏联医疗卫生事业的发展情况有了比较全面的了解。

中国医学界尤其重视苏联疾病预防和治疗工作。卢于道就看重苏联预防、消灭疟疾病的工作。他于1936年12月26日在天津《大公报》“科学副刊”版发表文章，由江苏、安徽两省疟疾的流行，指出防治疟疾对于克服国难、实现民族复兴的重要性。他说道：“我们今日凡有血气者，都在嚷着民族复兴、民族解放。殊不知，民族健康更为一切复兴工作、解放工作之先决条件。疟疾对于我们健康之威胁，正不下于我们当前的敌人。我们应当如何挣扎，与疟蚊战争？”为此，他介绍了苏联预防、消灭疟疾病的经验。他介绍说：“以前苏联在皇俄时代，乌克兰一带农村，也曾被疟疠所蹂躏。近来苏联政府，每年夏季用大队飞机，撒布毒雾，剿灭蚊虫。现在，疟疾差不多

---

1 黄理文：《苏联国民的文化物质生活》，《中苏文化》第1卷第1期，1936年5月15日，第4页。

2 棠：《苏俄的国营健康保险》（节译Health Work in Soviet Russia, by A. J. Haines），《大公报》（天津版）1931年12月16日，第2张第7版。

3 L. H. Guest, M. C. Mr. R. C. S. 原著，猷先节译：《改造中之苏俄》，《大公报》（天津版）1932年1月6日，第2张第8版。

4 俞焕文：《苏联的社会医事》，《大公报》（天津版）1936年6月2日，第3张第11版。

已经绝迹。”[1] 苏联牙科医学的快速发展也受到中国医学界的关注。1937 年 3 月 27 日出版的天津《大公报》“医学周刊”版是一期“牙医专刊”。这期专刊刊登署名“暗然”的《开场白》，为说明中国发展牙科医学及牙科医学教育的重要性，专门提到了苏联牙科医学的快速发展，说道：“近年苏俄改变医学制度，牙科与其他医科并重，蒸蒸日上，真可称得起‘迎头赶上’了！”[2]

一五计划期间，苏联推行医疗机构的国有化，取缔私人诊所和医院。中国舆论界对此表示认同，认为苏联的国有化医疗制度有利于将医疗服务普及于大众。1931 年 10 月 7 日，天津《大公报》“医学周刊”版刊登署名“暗然”的文章，在讨论世界医学发展进程时，对苏联实行的“公医制度”评价颇高。这篇文章认为，世界多数国家实行的私医制度不利于医学发挥社会功能。国家培养一个医师要耗费大量财力，而医生多自行开业，“终日以谋生骛利为怀”，多数国民不能享受医学的利益，无钱得不到治疗。而苏联实行的“公医制度”，所有医院“皆归国营”，“于是，医师得其养，人民蒙其利，而国家财政上，又最经济，故就现代言，可称最完善之制度”。[3]1937 年 4 月 1 日，中华医学会在上海召开第四届年会。4 月 2 日，该学会医学教育委员会秘书朱章赓代表上海全国海港防疫处处长伍连德发表讲话，强调中国建立公医制度的重要性。他提出，如欲使广大普通农民、贫穷城市居民享受新型医学服务，“非施行公医制度不可”。他在介绍苏联公医制度时说：“苏俄之国家医务机关，则有医院、诊所、托儿所及公共卫生并社会医事组织之设备。”[4]

由认同苏联的国有化医疗制度出发，中国舆论界进一步赞同苏联医疗服务的社会普及化，并主张中国学习苏联在社会基层普及医疗服务的做法。一位署名“言者”的人节译美国海纳斯《苏联健康工作》一书内容，在 1931 年 7 月 16 日天津《大公报》“医学周刊”版发表。海纳斯介绍，苏联政府建立起全国统一的卫生组织，为每个公民提供免费的安全的诊疗服务，“苏俄对于医事的制度，仿佛普通教育一样，目的在于使一般公民都有享受的机

1 卢于道：《疟疾与民族前途》，《大公报》（天津版）1936 年 12 月 26 日，第 3 张第 11 版。
2 暗然：《开场白》，《大公报》（天津版）1937 年 3 月 27 日，第 3 张第 11 版。
3 暗然：《医学之进化（续）》，《大公报》（天津版）1931 年 10 月 7 日，第 3 张第 10 版。
4 《伍处长演说辞》，《大公报》（上海版）1937 年 4 月 3 日，第 2 张第 7 版。

会”。“言者”在“译者识”中赞赏苏联普及化的医疗体系，表示：“苏俄对于医学的传统观念确是大大的革命了。他们注意推广实用的医学到民间去，没有钱的平民，也可以得到相当的治疗，尤其是对于平民的卫生教育竭力提倡。”他认为，中国医疗事业正处于“革新草创的时候”，应当研究、参考苏联将医事推广到民间去的做法，“现代医学即使在我国续渐进展，但若是不能到民间去，终归是一种贵族式的装饰品，止有富人们可以享受。这是一般有识之士深以为忧的问题”[1]。1933年6月8日，中央大学卫生教育系主任朱季青在中央政治学校作演讲时，对苏联普及化的医疗事业评价颇高。他介绍，欧洲许多国家普遍设立“医疗机关”，“人民可以免费治病”，“苏俄是比较实行是项政策最完美的一国”，他认为，苏联这种“实惠于民”政策有两方面意义：第一，“引起人民对于政府的信仰心。政治能替人民医病，人民当然对政府表示好感，生出拥护政府的决心”。第二，“减少疾病，增加社会生产力。国家多一个人死亡或患病，即少去一份生产能力，所以，减少人民疾病，间接就能增加社会生产力”。[2]

在天津英租界开诊所行医的沈其震是一位苏联医疗卫生事业发展成就和社会主义医疗卫生体制的崇拜者。他在天津《大公报》“医学周刊”版发表了一系列文章，介绍苏联医疗卫生事业的发展成就。他认为，苏联稳定的社会环境促使苏联医学事业得到了快速发展。1936年9月1日和8日，天津《大公报》“医学周刊”版以大篇幅连载他撰写的长篇文章，介绍苏联医疗卫生事业概况。他在文章中认为，虽然苏联医疗卫生事业与先进国家相比还有差距，但苏联为医疗卫生事业提供了稳定的社会环境，从而使苏联医疗卫生事业得到了快速发展。他表示：“苏联的医学虽然还只在萌芽，还不能够和其他先进国家相比拟，但我们从他的茁起的气概、他的凌厉无前的规模看起来，实在是前途最有希望的了。反观我国不长进的环境使人变得猥琐不堪的样子，苏联那样和平安定的社会是多么迷人啊！”[3]他特别推崇苏联保健人民

---

1 言者：《苏俄医事设施的改革》，《大公报》（天津版）1931年7月16日，第3张第10版。

2 朱季青讲，惠晋笔记：《世界公共卫生行政之新趋势》（1933年6月8日于南京中央政治学校），《大公报》（天津版）1933年7月18日，第3张第11版。

3 沈其震：《苏联保健卫生事业概况》，《大公报》（天津版）1936年9月1日，第3张第11版；沈其震：《苏联保健卫生事业概况（续）》，《大公报》（天津版）1936年9月8日，第3张第11版。

委员卡明斯基对创建苏联医疗卫生事业做出的巨大贡献。他于 1936 年 7 月 7 日在天津《大公报》“医学周刊”版发表文章表示，“他一手奠定了全苏联医学卫生事业的基础。他使苏联的医学卫生事业渐渐走上一条社会主义化的合理化的坦途。他生平的一切努力是值得一般青年医师们学习的”[1]。沈其震非常关注苏联在防治结核病方面的成就。他翻译了苏联莫斯科结核病研究所的一份报告，发表在 1936 年 2 月 11 日天津《大公报》“医学周刊”上。这份报告系统介绍苏联在预防、治疗、研究肺结核病方面取得的成就，指出苏联卫生事业的大众化“使俄国结核死亡率和结核罹病率正式而又急速减低了”[2]。

沈其震从计划经济角度认识苏联医疗体制的优越性，认为苏联医疗事业之所以得到快速发展，是因为苏联将医疗卫生事业纳入整个国家建设计划之中。他于 1934 年创办了一份通俗性医学刊物《医药知识》。在该刊创刊号出版前夕，他于同年 3 月 27 日在天津《大公报》“医学周刊”版发表该刊的《发刊词》。他表示，“世之言建设计划者，莫不注意苏联。良以五年计划成绩所昭，类能与治丝益棼者以极大教训。其成功最大理由，在于政府当局能认清当前最需要解决之问题，且能以统一的计画解决当前最需要解决之问题”。苏联由于将医疗事业纳入整个国家建设计划之中，所以，在建国之初医疗卫生事业极为落后的基础上，取得了医疗卫生事业的巨大发展，“苏联在十月革命以后的医事状况，并不亚于我国目前遭遇之艰难”，“然据近时报告，颇知苏联卫生事业之发展已迎头赶上，而且超过其他国家矣”。[3]

沈其震认识到，社会主义制度是苏联医疗体制的基础。1936 年 6 月 23 日，他在上海《大公报》“医学周刊”版发表文章，在介绍苏联预防医学体系时指出，社会主义制度是苏联建立预防医学体系的基础。世界上只有社会主义的苏联真正建立起完整的预防医学体系，其他国家均未能彻底实施预防医学政策，“二十世纪以还，任何国家莫不感国民健康之必要，徒以历史的

1 沈其震：《苏联保健人民委员长 Cemanschuko 博士》，《大公报》（天津版）1936 年 7 月 7 日，第 3 张第 11 版。

2 沈其震译述：《莫斯科结核研究所苏联防痨运动报告》，《大公报》（天津版）1936 年 2 月 11 日，第 2 张第 8 版。

3 《发刊词》，《大公报》（天津版）1934 年 3 月 27 日，第 3 张第 11 版。

传统与担负，致种种政策不能彻底实行。惟苏联自社会制度改变以后，建设进行比较圆滑，预防医学一道正在全面的大规模施展”[1]。同年 7 月 21 日，他又在天津《大公报》“医学周刊”版发表文章，将苏联医学称作“社会主义的医学”，认为苏联医学“踏上了一条新道路”。[2]

沈其震指出了苏联社会主义医疗体制的三个优势。他认为，苏联社会主义医疗体制的第一个优势是通过改善民众的劳动和生活条件，减少疾病的发生率。1936 年 7 月 21 日，他在天津《大公报》“医学周刊”版发表文章认为，苏联全面改善了劳动者的劳动和生活条件，使疾病发生率大为减少。他分析，“疾病的发生，多数是由于劳动条件和生活条件的恶化”，“改变诱发疾病的各种条件，尤其是社会的各种条件，实在较之应用药品更为重要。在这方面，只有苏维埃医学能够显出他的伟大”。他由此想到，“在天津贫民窟过日子的结核患者，饮食日虞不给，无论医生怎样大发慈悲去往诊，无论医生怎样大发慈悲去施药，结果不过徒劳”。[3]他又于同年 9 月 15 日在天津《大公报》“医学周刊”版发表文章，在介绍苏联结核病防治工作时又分析，结核发病与恶劣的生活状态和劳动条件有极密切的关系，“工人、农民最容易遇见结核这种麻烦，因此，结核是一种社会病，而且，只是属于无产阶级的”。防治结核病的关键是改善患者的住宅、劳动条件等生活环境，“关于这点，苏维埃式扑灭结核的对策，无论在理论上或实际上，都是极正确而可以作为我们的模范”[4]。他认为，苏联社会主义医疗体制的第二个优势是将医疗服务普及于广大民众身上。1936 年 7 月 21 日，他在天津《大公报》“医学周刊”版发表文章介绍，苏联将世界最先进的医疗技术服务于劳动大众，“苏联把世界第一流的医学解放于大众，尽量从德国、美国、法国等先进国家输入优秀的医学，吸取各国医学的精华，努力使她更进一步发展”[5]。同年 9 月 15 日，他又在天津《大公报》“医学周刊”版发表文章认为，苏联将医学普

1　沈其震：《豫防医学之史的考察（续）》（于天津英界十七号路文泉西苑诊所），《大公报》（上海版）1936 年 6 月 23 日，第 3 张第 11 版。

2　沈其震：《苏联的医生》，《大公报》（天津版）1936 年 7 月 21 日，第 3 张第 11 版。

3　沈其震：《苏联的医生》，《大公报》（天津版）1936 年 7 月 21 日，第 3 张第 11 版。

4　沈其震：《苏联的结核诊疗设施》，《大公报》（天津版）1936 年 9 月 15 日，第 3 张第 11 版。

5　沈其震：《苏联的医生》，《大公报》（天津版）1936 年 7 月 21 日，第 3 张第 11 版。

及到大众身上是其结核病治疗工作的优势。苏联在普通民众中广泛开展结核病治疗工作给予中国很大启示，“科学要与勤劳大众的利益联合才能够发展。苏联扑灭结核对策的方案，在这点已经给我们以指示了”。苏联的结核病诊疗所“是仅仅能够在社会主义之上发展的组织，在其他社会机构，没有法子行得通”。他看到了在这方面中国与苏联的巨大差距。他表示，“我们的当局，对于扑灭结核完全没有想到规定什么国策。全国只看见极少极少的结核疗养院，而且，多数是私人营利的组织，与劳苦大众是没有关系的”[1]。他认为，苏联社会主义医疗体制的第三个优势是医生待遇高，没有求利的必要，不像其他国家的医生那样有浓厚的商业气息，医生可以专心于医疗水平的提高。1936 年 7 月 21 日，他在天津《大公报》“医学周刊”版发表文章分析，苏联医科大学的经费全部由国家承担，学生不负担学习费用。苏联医生都有社会保险，“如果有病，可受国家的保障，自己用不着为死后的儿女教育费担忧。养老金也由国家支给”。所以，苏联的医生“没有像其他国家医生那样孜孜为利的必要，他们只求怎样去尽忠自己的职责，他们只求怎样在学术方面黾勉精进”。他反观中国，认为“在中国，医生的生活是没有保障的，一般开业医生的生活非常不安定”，医生为了维持自己的生活，“科学的良心自然渐被痹麻”，“医生对于病人的行为，也就成为商业主义的行为”。他觉得，“在中国许多非常认真而穷于应付日常生活的所谓‘不会做买卖的医生’，如果改变一个环境，譬如在苏联制度之下，一定可以发挥他们的手腕，成为卓越的技术家”[2]。显然，沈其震对苏联社会主义医疗体制是非常认同的。

在中国舆论界看来，苏联民众普遍享受着充分的医疗服务。由此，中国舆论界高度评价苏联医疗事业的快速发展，并将苏联医疗事业的快速发展归因于社会主义的医疗体制。所以，中国舆论界非常认同苏联的社会主义医疗体制。时人认为，一方面，苏联国有化的医疗体制有利于将医疗服务普及于广大民众；另一方面，医疗服务的普及化又是苏联医疗体系的最大特征。时人又认为，通过改善民众生产和生活条件减少疾病发生率、医疗事业的非商

1 沈其震:《苏联的结核诊疗设施》,《大公报》（天津版）1936 年 9 月 15 日，第 3 张第 11 版。
2 沈其震:《苏联的医生》,《大公报》（天津版）1936 年 7 月 21 日，第 3 张第 11 版。

业化，也是苏联医疗事业的重要特征。时人看到了中国在这些方面与苏联的巨大差距，主张中国学习和借鉴苏联国有化、普及化的社会主义医疗体制。

对于苏联民众的日常生活，中国舆论界总体上持肯定态度。对于苏联民众的生活水平，一方面，时人看到苏联民众的生活水平还比较低下，粮食和日用品还很匮乏，另一方面，时人又从积极方面看待苏联民众的生活水平，认为苏联民众的收入比较平均，人们的生活满足感很强，而且生活比较稳定，不存在温饱问题，享受着较为平均和稳定的社会福利和各种社会保险，人民生活也在不断改善，尤其是，苏联民众生活水平比中国民众的生活水平高出很多。同时，时人认识到，苏联民众虽然物质生活比较贫乏，但呈现出与党和政府团结一致、具有很强的组织性和纪律性、奋发有为、努力学习和工作的社会主义的全新的精神面貌。对于苏联民众的婚姻自由，时人由 30 年代初的看法不一，转变到 30 年代中期从改变中国男女不平等的婚姻关系视角所持的肯定态度。时人认识到，苏联民众普遍参加体育运动，苏联体育的民众普及化比较高。在深重的民族危机中，时人非常认同苏联群众普及性的、与劳动和国防相结合的体育发展方针，认为中国亦应学习这种体育发展方针，通过体育运动，提高中国民众参加经济和国防建设的体力和能力，为抗日斗争服务。在苏联医疗事业方面，时人高度认同苏联普惠于民众的医疗事业，尤其认同苏联社会主义医疗体制，认为苏联医疗事业的国有化有利于将医疗服务普及于广大民众之中，苏联医疗事业的非商业化有利于提高医生的医疗水平，也只有在苏联社会主义体制之下，才能彻底改善民众的生活和生产环境，从而有利于疾病预防。显然，对于苏联民众日常生活的认知，不仅构成中国舆论界苏联社会生活观的重要方面，也鲜明表现出中国舆论界苏联社会生活观的总体思想态势。

## 第二节 对苏联妇女解放事业的关注与认知

对苏联妇女解放事业的认知是中国舆论界苏联社会生活观的重要内容。在中国舆论界看来，苏联实现了彻底的妇女解放，是中国妇女解放事业的学习榜样。中国舆论界对苏联妇女解放事业是非常关心的。天津和上海《大公报》在“妇女与家庭”和“家庭”版以及其他栏目刊登了大量文章和报道，介绍苏联妇女解放情况，分析苏联妇女解放取得的成绩及其社会影响。《中央日报》也刊登了大量相关报道和文章。在苏联妇女解放问题上，中国舆论界重点介绍和分析了苏联妇女解放总体进程及其主要内容，尤其关注到苏联在妇女职业化方面的巨大进展，并认识到苏联妇女保健、母性教育、幼儿公育制度对苏联妇女解放事业的社会意义。

### 一、对苏联妇女解放进程的分析与认识

苏联的妇女解放进程深受 30 年代中国舆论界的关注。中国媒体刊登了大量相关文章，介绍和分析苏联的妇女解放问题。苏联妇女解放进程之所以深受中国舆论界关注和认同，有两方面原因：一是苏联妇女解放事业取得了巨大进展，苏联妇女取得了与男子平等的政治、法律、经济地位，普遍投身于社会建设事业；二是中国社会面临着妇女解放的难题，中国妇女的政治、经济地位仍然低下，有自己的职业、参加社会工作的妇女仍然不多，多数

妇女仍然是男子的附属物。时人希望，中国也能像苏联那样实现完全的妇女解放。

从天津《大公报》刊登的文章来看，在1930年的时候，中国舆论界对苏联妇女解放进程还缺乏明确的认识。这一年，天津《大公报》既刊登了赞赏苏联妇女解放进程的文章，又刊登了抹黑苏联妇女解放的文章。一方面，该报"妇女与家庭"版于当年1月16日刊登了一篇译文，赞赏苏联妇女解放，认为在苏联各项社会改革工作中，苏联妇女解放所取得的成绩是比较突出的，成为苏联社会变革的重要标志，"在一切苏俄党人所促成的变动中，最基本的恐怕要算妇女地位的变动吧。我以为，假如一个国家的进步可以拿它的妇女的地位求估计，那吗，苏维埃的文明所远过于旧俄罗斯的，当是无限的了"。[1]另一方面，该报于同年8月2日刊登的另一篇署名"履冰"的文章则将苏联妇女描述成放荡不羁的形象。文章介绍，苏联许多妇女饮酒作乐，放荡街头，莫斯科百分之八十的妇女"均每日无烟不欢，且饮必尽醉，醉后丑态百出，一种狂放不羁情形，见者无不诧为怪事"。文章分析，苏联妇女之所以放荡不羁，以酒为乐，是因为妇女生活贫困，"谋生之道既窄，而所得面包之供给，亦备受限制。环境不良，时多刺激，因此，最初藉饮酒以遣愁者，积久竟风尚流传，弥漫全国"。文章进而认为，这表明苏联妇女解放仍不圆满，"俄国女子解放，已达极点，但解放之结果，仍未圆满"。[2]显然，在这篇文章中，苏联的妇女解放呈现出负面形象。

从1931年开始，中国论者通过实地观察或查阅资料，对苏联妇女解放进程形成较为明确的认识。曹谷冰通过1931年春对苏联的采访，对苏联妇女解放有了明确的认识，并从积极方面理解苏联妇女解放问题。他在1931年4月20日寄往国内的通信中介绍，苏联完全实现了男女平等，"俄国妇女在革命以前，备受种种不平等、非人道之待遇，而农家妇女尤甚"，"自革命而后，女子地位即与男子完全平等，不特法律上、经济上、教育上享有与男子同等之地位，其于建设新国家所负之责任，亦与男子相同，而无或差异。

1　狄龙博士著，棋译：《苏俄的新妇女》，《大公报》（天津版）1930年1月16日，第4张第13版。
2　履冰：《俄国妇女之饮酒狂》，《大公报》（天津版）1930年8月2日，第3张第12版。

是以，苏俄今日已无所谓妇女运动，有之，则妇女对于国家、对于社会之工作而已”。[1] 生活在北平的田泉从 1931 年初开始从各种书报上搜集关于世界各国“摩登”妇女的资料，撰成文章，同年 7 月，由天津《大公报》连载。他在文章中介绍了苏联的“摩登”妇女，说道：“俄国当此革命与维新的时潮之中，所产的摩登女杰更不胜数。”苏联北极探险队中就有一位女队员，“妇女界作此壮图者，则尚未之前闻，且其勇敢耐苦，并不让须眉男子，堪称探险女英雄。”同时，苏联中亚地区的妇女，自土西铁路建成后，逐渐开化，纷纷去掉以前头上的面纱，“且实行参加政治运动，其进步之速殊可赞叹也。”[2] 可见，田泉将苏联妇女勇于探险、参加政治活动等视作“摩登”行为。

中国舆论界明确认识到，苏联妇女实现了完全的解放。1933 年 12 月 10 日和 17 日，天津《大公报》“妇女与家庭”版刊登署名“诗”的文章，将十月革命前后苏联妇女的社会地位进行对比，认为“十月革命以前，苏俄的妇女过的是很悲惨的生活。她们的地位，简直和奴隶差不多。革命时，妇女们勇敢的参加各种工作，这样，才获得解放的机会，此后，才渐渐的站在和男性相等的地位”[3]。对于苏联的妇女解放进程，中国舆论界形成了如下两方面认识：

第一，苏联妇女取得了与男子完全平等的政治和法律地位。署名“诗”的论者于 1933 年 12 月 10 日和 17 日介绍，“苏俄的法律规定妇女与男子享受同样的权利，实现两性完全平等的原则”[4]。苏联妇女有很高的政治地位，许多妇女担任重要职务，如全国苏维埃文化委员会主席、财政部部长、驻挪威和墨西哥公使、中央统计局委员、国际列宁学校校长、卫生部和内务部委员。在苏维埃选举中，参加的妇女达百分之百，大量妇女当选各级苏维埃代表。同时，在各工厂、农场、机关中，建立起妇女代表大会，成为苏联共产党与

1 曹谷冰：《赴俄特派员第九信——苏俄之男女问题》（4 月 20 日寄自莫斯科），《大公报》（天津版）1931 年 5 月 10 日，第 1 张第 4 版。

2 田泉：《一九三一年各国的摩登妇女（续）》，《大公报》（天津版）1931 年 7 月 27 日，第 1 张第 2 版。

3 诗：《苏俄妇女情形》，《大公报》（天津版）1933 年 12 月 10 日，第 3 张第 11 版。

4 诗：《苏俄妇女情形》，《大公报》（天津版）1933 年 12 月 10 日，第 3 张第 11 版。

妇女联系的纽带，“劳动的妇女可以由此享受政治训练。”[1]署名“碧如”的论者于 1936 年 8 月 12 日在《中央日报》发表文章介绍，在政治上，苏联“女子一过了十八岁，即与男子一样的得到选举权”。在法律上，苏联妇女结婚、离婚的权利与义务与男子一样。[2]国民党中央执行委员、国民政府立法院立法委员张知本认为，苏联是世界上赋予妇女完全参政权的典范。1937 年 6 月 12 日，他在上海妇女运动促进会全体发起人会议上发表演讲，呼吁上海妇女积极参与即将召开的国民大会及其制宪工作。为此，他分析了世界各国的妇女参政情况。他认为，英国、德国、意大利、美国对妇女参政都有许多限制，只有苏联的妇女有完全的参政权，苏联 1936 年宪法“规定妇女能享受任何权利，不论在政治、经济、社会、教育、劳动方面，都获得同男子同样的权利和义务，这是其他国家所不能享受的”。[3]

第二，苏联妇女取得了与男子一样的工作权。苏联妇女通过投身国家建设事业，取得了经济的独立。1933 年 12 月 10 日和 17 日出版的天津《大公报》“妇女与家庭”版刊登署名“诗”的文章介绍，苏联男女工作者的工资差异几乎没有，这比欧美资本主义国家好得多，“苏俄妇女在工作上所得的待遇，实超过任何欧洲上的国家。在美国男女工资相差的数目甚大，但苏俄的妇女则和男子一样。作同样的工作，可得同样的报酬。”[4]1936 年 8 月 12 日，署名“碧如”的论者在《中央日报》发表文章介绍，苏联妇女获得工作的机会与男子一样多，“一切的职业和位置一样的公开，工资、假期和保险等种种利益也并无性别和限制。”[5]胡蝶通过在莫斯科的参观，认识到苏联的男女平等基于苏联妇女广泛参与各项建设事业。1935 年 3 月 24 日晚，苏联电影事业总管理处处长苏密支基、苏联对外影片贸易局局长乌善也维区设宴欢迎胡蝶和周剑云。胡蝶在发言中说：“此次在莫斯科，不仅参观过许多电影机关和看过许多名片，又看过许多新社会的建设。在这许多新事业之中，皆

---

1　诗：《苏俄妇女情形（续）》，《大公报》（天津版）1933 年 12 月 17 日，第 3 张第 11 版。

2　碧如：《苏联的妇女与儿童》，《中央日报》1936 年 8 月 12 日，第 3 张第 3 版。

3　《妇女参加制宪问题——张知本昨日在妇女运动促进会演讲》，《大公报》（上海版）1937 年 6 月 13 日，第 2 张第 7 版。

4　诗：《苏俄妇女情形》，《大公报》（天津版）1933 年 12 月 10 日，第 3 张第 11 版。

5　碧如：《苏联的妇女与儿童》，《中央日报》1936 年 8 月 12 日，第 3 张第 3 版。

有妇女参加。这是她最感兴趣[的]。本人以为，一个国家的进步，必须以男女平等为基础。”[1]在时人眼中，中国与苏联在将妇女从家务中解脱出来、实现妇女经济独立方面存在巨大差距。天津《大公报》“家庭”版于 1936 年刊登了两篇文章，注意到这个问题。当年 6 月 18 日至 21 日，该报刊登了一篇夫妇纠纷讨论会的记录。在这篇记录中，李显宗认为，夫妻只要不合，就可以离婚，免得双方苦恼。而姚宁之则认为，在中国社会，夫妻不能轻易离婚。他分析：“李先生之主张，行于苏联是可以的，因为苏联男女经济独立，且社会上已没有蔑视女子之偏见。中国呢，情形不同。法律上虽规定了女子有财产继承权，然得到继承的，只限于少数之少数。若是轻于离异了，在男的固无关系，女的呢，即不啻致生命于死地。”[2]同年 11 月 19 日和 21 日出版的天津《大公报》“家庭”版连载署名“耸天”的文章也分析，中国虽然有少数受过教育的城市妇女有自己的职业，但结婚后多因生育问题又回到家庭。而苏联妇女“同男人一样每人都有工作”，业余可以同男人一样“享受各种娱乐”。她们虽然有家庭，“而实际上并没有什么家务可使她们劳力去经营”。尤其是，苏联妇女没有金钱压力。而且，“她们在家庭里的时间也是很短的，只不过是晚间和假日。如果遇到生育，有托儿所会替她们抚养婴儿”。[3]

有的论者从苏联完全实行男女同校的政策中看到了苏联的男女平等。1934 年 2 月 23 日，一位名为刘子周的读者给主编天津《大公报》“明日之教育”版的明日社成员刘廷芳写信，询问男女同校的现状、利弊和趋势。刘廷芳请明日社成员、在北平大学法学院任教的艾华撰文解答。同年 4 月 23 日，天津《大公报》“明日之教育”版发表了艾华的文章。艾华将苏联的教育模式归入完全的男女同校之列。他介绍，苏联基本上较完全地实行男女同校，“苏俄革命以后，一切男女平等，学校自然是男女同学”[4]。

---

1 《胡蝶在莫斯科，俄人欢迎中国影片（续）》(4 月 16 日)，《大公报》(天津版) 1935 年 5 月 12 日，第 1 张第 4 版。

2 《夫妇纠纷讨论会记录》，《大公报》(天津版) 1936 年 6 月 20 日，第 3 张第 12 版。

3 耸天：《妇女到那里去？回家庭，抑到社会？(下)》，《大公报》(天津版) 1936 年 11 月 21 日，第 3 张第 12 版。

4 艾华：《男女同学问题的再检讨——兼答刘子周君》，《大公报》(天津版) 1934 年 4 月 23 日，第 3 张第 11 版。

苏联妇女组织也极受中国舆论界青睐。1937年6月17日，上海《大公报》“妇女与家庭”版发表短评，针对在当年国民大会代表选举中大量妇女候选人落选的情况，认为最重要的原因是“我们妇女尚未能组织堂堂正正的队伍”。全国妇女如果以地域、职业为单位组织起来，进而形成一个全国的“总集体”，那么，“无论是争取我们的社会地位，或是争取我们应享的权利，甚至从事于救国的活动，必能发生伟大的力量”。短评认为，在这方面，苏联的做法可以成为中国妇女的“他山之石”。短评介绍，苏联有各种“妻会”组织，如“工程师之妻会”“作家之妻会”“红军之妻会”等。这种“妻会”与“各种职业的妇女会”一起，把绝大多数妇女组织起来，“使她们在社会上有充分的集体的行动与机会”。[1]

中国舆论界在看到苏联妇女解放取得巨大进展的同时，又认为苏联妇女解放进程对中国人有极大的启发意义和参考价值。苏联妇女解放成为当时中国妇女解放运动学习的榜样。当时的女权倡导者，在谈论中国的女权运动或妇女解放问题时，往往都会联想到苏联妇女的解放。1933年6月，提倡女权运动的萧声参观了位于天津劝业场的天纬球社。这个球社是一个供客人打台球的商业场所，她的一个高小同学在这里做女招待。她的同学告诉她，如果客人付小费，球社的女招待可以陪客人打台球。萧声对于天津妇女迫于生活压力做这种伺候男人的不体面职业的情况颇多感慨。她说道：“凡是球社，无疑地是小资产阶级的娱乐场所。小资产阶级的娱乐，就能把我们妇女们压迫在脚底下，还提什么男女职业平等和经济平等？这就是十几年女权运动的成绩吗？”她呼吁中国妇女像苏联妇女那样，创造自己的独立的新职业：“姐妹们，我们自今以后最好是迎头冲到男子们的前面去，打破这芜秽不治的旧社会，创造妇女独立的新职业，像苏俄典型的新妇女，那不就是我们很好的榜样吗？”[2]天津《大公报》编者提出，在国民党当局机关任职的妇女应以在苏联教育人民委员会担任要职的列宁遗孀克鲁普斯卡娅为榜样，积极为国家发展事业做贡献。1934年1月28日，天津《大公报》“妇女与家庭”版

1 殊漪：《严整我们的队伍》（短评），《大公报》（上海版）1937年6月17日，第3张第9版。

2 萧声：《天津劝业场的天纬球社一瞥的感想》，《大公报》（天津版）1933年6月29日，第4张第13版。

刊登克鲁普斯卡娅撰写的介绍苏联妇女解放事业的长篇文章。《大公报》在“编者附识”中将克鲁普斯卡娅称作“妇女解放运动的先导”，认为从此文中可以看到克鲁普斯卡娅“对于苏俄教育事业及妇女解放运动，是具有怎样的毅力与积极负责的精神”，这值得在行政机关任职的妇女反省。“中国供职在机关里的女职员，方在被人喻为‘花瓶’，固然出于一般尖刻无聊的讥诮，但自己是否一个美丽的‘时代’点缀品，却是需要猛省的！”[1]1934年4月8日，天津《大公报》“妇女与家庭”版刊登了一篇书评，介绍蔡咏裳、董绍明翻译，由中华书局出版的美国斯密司（Jessica Smith）撰写的《苏俄的妇女》一书。书评认为，此书使读者了解苏联妇女在参加新社会建设和实现自身解放过程中，“如何的去奋斗，怎样才克服的男性轻视女性的心理，而争得了两性间平等，”对于中国妇女解放事业有重要参考价值，“在中国妇女解放运动急剧开展的现在，尚不失其应有一读的价值”[2]。

中国舆论界关注和赞赏苏联的妇女解放进程也是受苏联宣传影响的结果。苏联驻华使馆人员积极向中方宣传苏联妇女解放情况。1937年5月25日，鲍格莫洛夫在上海国际问题研究会等团体邀请他演讲苏联1936年宪法的午餐会上介绍，苏联新宪法规定：“妇女均享有与男子同等之选举与被选举权。”“在法律上、经济上、政治上与文化上，妇女与男子同等享有绝对之平等权利。”[3]几天后，同月27日，鲍格莫洛夫在南京举行的苏联母性与儿童保护成绩展览会开幕典礼上致词时，系统介绍了苏联妇女的政治与社会地位。他表示，苏联致力于使妇女成为“完全平等的国民”，苏联政府将儿童教养事务由妇女手中转移到政府手中，就是为了减轻其教养儿童的压力，从而保证她们“参加政治、经济及文化建设的完满的权利”。他重点说明，在苏联，“无论在政治上或经济上，现在妇女的工作，已经完全与男子平等。敝国在这方面的进步，是很大的”[4]。6月9日，他又在上海苏联母性与儿童保

1 列宁夫人著，克平译：《苏联妇女解放的诸问题》，《大公报》（天津版）1934年1月28日，第3张第11版。

2 禾：《苏俄的妇女》（妇女读物介绍），《大公报》（天津版）1934年4月8日，第3张第11版。

3 《鲍格莫洛夫讲苏联新宪法》，《申报》1937年5月26日，第3张第9版。

4 《苏联母性与儿童保护成绩展览今日开幕》，《中央日报》1937年5月28日，第2张第3版。

护成绩展览会开幕茶会上介绍了苏联男女平等问题，表示："苏联男女平等，女子与男子一样在社会服务，故政府对于儿童[负]完全教养责任，使女子仍旧安心为社会服务。"[1]受苏联宣传影响，中国舆论界对苏联的妇女解放进程深信不疑。

中国舆论界出于推进中国妇女解放事业考虑，对苏联妇女解放进程做了大量介绍，分析了苏联妇女解放进程的主要内容，形成了比较系统的认识。中国舆论界认定，苏联已经实现了较为完全的妇女解放，是世界各国中推进妇女解放的典范。中国舆论界又认为，苏联妇女解放存在两方面的主要内容：一是苏联妇女取得了与男子完全平等的政治和法律地位，具有充分的参政权，实现了婚姻自由；二是苏联妇女取得了与男子一样的工作权，通过参加新社会建设，实现了经济独立和自身解放。中国舆论界对苏联妇女解放进程是赞赏和肯定的，并看到了在妇女解放方面中国与苏联之间的巨大差距，认为苏联妇女解放进程应该成为中国妇女解放事业的学习榜样，中国妇女应该像苏联妇女那样取得充分的参政权，投身于国家建设，实现经济的独立。

## 二、对苏联妇女职业化的赞赏与认知

在苏联妇女解放问题上，中国舆论界尤其看重苏联妇女的职业化。苏联妇女实现了完全的职业化是中国舆论界的一个重要共识。中国媒体刊登了大量报道，介绍苏联妇女广泛参加社会工作的情况，同时，又刊登了大量文章，从各方面分析和讨论苏联妇女的职业化进程。尤其是，在时人口中，苏联妇女的职业化与中国妇女就业问题几乎密切关联。一方面，人们在讨论苏联妇女职业化问题时，往往提及中国妇女的就业问题；另一方面，人们在讨论中国妇女就业问题时，又往往以苏联妇女的职业化为例证。

苏联妇女的职业化一直是30年代中国媒体报道的重要题材。早在30年代初，这个问题就引起天津《大公报》的关注。1931年三八国际妇女节的次日，该报就报道了苏联妇女的职业化趋势，介绍说：苏联将促进妇女参加工

1 《中苏文化协会展览苏联育婴成绩》，《申报》1937年6月10日，第4张第13版。

业建设，将在当年内招收160万妇女投身工业，“以弥补人工之缺乏”。苏联有不少妇女参加政府工作，“苏俄近顷选举中，妇女被选者颇多”，“苏俄各村妇女主席颇多”。[1]进入1933年，天津《大公报》刊登的关于苏联妇女参加生产的消息进一步增多。当年3月7日，该报报道，苏联妇女大量参加工业生产，“因妇女投身工业者之增多，工人家庭之平均收入逐渐增加”[2]。尤其是，同年的该报“妇女与家庭”版屡次介绍一五计划期间苏联妇女参加社会工作的情况。同年11月19日，该版刊登新闻介绍，苏联妇女投身建设事业，为苏联一五计划建设做出了巨大贡献，“苏俄第一次五年计画的成功，妇女占有重要的地位”[3]。同年12月10日和17日，该版刊登文章介绍，苏联一五计划建设为妇女提供了大量工作机会，“她们劳动的方式，在苏俄施行五年计画时期中，工农集合体的突飞猛进，给妇女们一个绝好的机会。她们可以参加建设工作。这样，此前为人妻母的女人，成为生产的劳动者了”[4]。1933年出版的天津《大公报》还报道了苏联边远少数民族地区妇女的职业化情况。当年4月7日，该报刊登通讯，报道了苏联中亚、外高加索地区乌兹别克、亚美尼亚、格鲁吉亚、阿塞拜疆等共和国妇女参加工业生产的情况。[5]同年8月5日，该报又报道了苏联乌兹别克共和国妇女的职业化成绩。[6]1934年，天津《大公报》刊登文章，更详细介绍苏联妇女的职业化进程。有的文章以具体而翔实的数字说明苏联妇女在各行业中做出的惊人成绩。当年4月27日，该报刊登消息，以大量数字说明苏联女科学家、女企业管理和技术人才急剧增加的情况。[7]同年6月18日，该报刊登电讯，以苏联妇女从业者在各业中所占的从业人数比例，说明苏联妇女的工作成绩，列举了如下数字：妇女占卫生机关从业人员的75%，占学校教员的56%，占大学生的33%以上，占医学教师的75%；苏联有女科学家7000人，而男科学家也仅有16000人。[8]

---

1 《将妇女由厨下拉至工厂》,《大公报》(天津版)1931年3月9日，第1张第4版。

2 《苏联妇女之活动》,《大公报》(天津版)1933年3月7日，第2张第5版。

3 《妇女新闻》,《大公报》(天津版)1933年11月19日，第3张第11版。

4 诗:《苏俄妇女情形》,《大公报》(天津版)1933年12月10日，第3张第11版。

5 《苏联远东妇女》,《大公报》(天津版)1933年4月17日，第2张第5版。

6 《妇女状况，俄谋积极改善》,《大公报》(天津版)1933年8月5日，第2张第5版。

7 《苏联真正摩登妇女》,《大公报》(天津版)1934年4月27日，第2张第5版。

8 《女性的尖端》,《大公报》(天津版)1934年6月18日，第2张第5版。

1931 年春夏赴苏联采访的曹谷冰刚进入苏联境内时，看到苏联妇女从事艰苦的体力劳动，还感到费解。他于当年 3 月下旬乘火车经过西伯利亚地区，看到铁路沿线苏联妇女的劳作情景，不知道她们为什么从事如此艰苦的工作。他说道："我在西伯利亚途中看见俄国妇女的工作情形，更发生无限的感想。她们有的在铁道上作铺填路基的工作，有的打柴，有的执着鞭子，驾了冰床式的东西在那里运输货物，有的掮着梯子，等火车一到，就争先恐后地来擦窗子。在零下十几度的气候里，她们做这样坚苦的工作和冰雪的奋斗，究竟她们为的什么？为的求生存？"[1] 曹谷冰通过之后的实地采访，很快对苏联妇女参加社会工作问题有了深切理解。他在同年 4 月 20 日寄回国内的通信中介绍："就女子职业言，则自工厂工程师以至工人，室外服役之'清道妇'以至电车司机人，政界之委员、部长以至书记，教育界之大学教授以至小学教员，无不与男子共，绝无轩轾。"莫斯科、列宁格勒等地纺织厂中，"今兹且有妇女被选为厂长焉。"[2] 他对苏联重工业企业大量使用女工印象深刻。他于同年 4 月 30 日参观了莫斯科两个著名的大工厂，即镰锤钢铁厂和苏维埃电业托拉斯。他介绍说，镰锤钢铁厂和苏维埃电业托拉斯"均属重工业范围，顾女工亦不少"，"除钢铁厂之细铁丝部及电业托辣斯之电灯泡部全用女工外，其他各部亦有女工服务期间"，"据谓女子工作，细心过于男子，而在容易发生危险之部分，尤以女子工作为相宜。是以，苏俄工业界现正致力于女工之培养。有若干重工业工厂，已特设女工养成班，授以工作必需之知识与技能"。[3]

中国舆论界认识到，苏联妇女的职业化为苏联妇女开辟出新的人生道路，并以此说明妇女的能力绝不在男子之下。天津《大公报》"妇女与家庭"版于 1934 年 12 月 30 日刊登署名"普"的文章介绍，苏联妇女与男子一样参加工作，为苏联妇女开辟出一条大道，"整千整万的妇女在苏俄正开辟着一

---

1　曹谷冰：《从赤塔到莫斯科 —— 本报特派赴俄记者第三信》（3 月 29 日），《大公报》（天津版）1931 年 4 月 16 日，第 1 张第 3 版。

2　曹谷冰：《赴俄特派员第九信 —— 苏俄之男女问题》（4 月 20 日寄自莫斯科），《大公报》（天津版）1931 年 5 月 10 日，第 1 张第 4 版。

3　曹谷冰：《列宁格勒商港》（4 月 30 日寄自莫斯科第十二信），《大公报》（天津版）1931 年 5 月 21 日，第 1 张第 3 版。

条为妇女以前从未敢走过的大道。在每一种事业或活动，苏俄妇女没有不是和男子一般平行的工作着，也有拿着解剖刀的，也有爬在建筑架上的，也有营造飞机的。在每个创造的场所或指挥监督的范围内，都可以找到妇女”。这篇文章强调，苏联妇女的职业化进程说明，女子的能力不在男子之下，说道：“苏联妇女种种活动证实了女子能力原不下男子，‘妇女解放’也不是幻想。”[1]

中国舆论界极为赞赏苏联妇女勇于为社会做贡献的精神。在1934年5月菲律宾马尼拉第十届远东运动会上，中国女游泳运动员杨秀琼夺得女子50米、100米自由泳冠军和100米仰泳、200米俯泳冠军，在200米女子接力泳比赛中，她又与刘桂珍、陈焕琼、梁咏娴夺得团体冠军。同年8月初，她在南京运动会上作游泳表演，受到行政院长汪精卫的接见。为此，天津《大公报》于8月3日发表短评，由杨秀琼在游泳运动上的成绩，论到女子的社会作用问题，并以苏联妇女为例，希望中国妇女勇于做社会的强者。短评表示：“杨女士年岁很小，有这样优秀技术，近来竟哄动全国，从奖励体育上言，应该称赞她的功绩。”“苏联妇女，近年简直要达到在任何方面与男子平等的程度。”“中国妇女的智识分子，一部分依然是旧思想，即自居于弱者。要去除此种病根，第一在强身体，其次要打倒一切虚荣心。”[2]1936年4月19日和20日，天津《大公报》连载戈宝权撰写的通信，讴歌苏联妇女投身社会主义建设的热情。戈宝权说道：“苏联的妇女，已得到真正的解放了。在苏联，妇女不再留在家庭和厨房中做洗衣、烧饭以及育儿等类的家庭琐事。她们已成千成万的、勇敢的离开了家庭和厨房，走进了各种生产部门，走进了国营农场或是集体农场，走进了公务机关，和男子一样的从事于建设新社会的工作。”她们在工作中发挥出的能力，往往超过男子。所以，“现在苏联的妇女，在经济上，是个经济独立的人，在工作上，则是个‘新社会建设之一员’”[3]。有的论者认为，苏联妇女参加社会工作，不仅是为了获得经济收

1 普：《今日苏俄之妇女》（11月22日于燕大），《大公报》（天津版）1934年12月30日，第3张第11版。

2 《勉杨秀琼》（短评），《大公报》（天津版）1934年8月3日，第1张第4版。

3 戈宝权：《妇女节在苏联（上）》（寄自莫斯科），《大公报》（天津版）1936年4月19日，第1张第4版。

人，而是有着更高的人生追求。1934 年 7 月 22 日，天津《大公报》“妇女与家庭”版刊登署名“绿茵”的文章提出，中国妇女就业的目的不应仅仅为了讨生活，而应像苏联妇女那样，有更高的理想。“就像今日苏联的妇女，她们个人都有职业，她们的职业只是帮助社会的建设，她们以为人生的目的，是为真理服务，是为正义献身。为全人类解放，为人类前程战斗才是终身的职业。”“这态度是对的，同时，我们也应该有这样职业目的。”[1]

中国舆论界认识到，苏联妇女的职业化极大提高了苏联妇女的社会地位，有力促进了苏联妇女的解放。1936 年 6 月 10 日，缪玉铮在《中央日报》发表文章注意到，苏联妇女已成为各行业劳动者的重要力量和重要的政坛力量，这极大提高了苏联妇女的社会地位，“盖苏联的妇女在社会上已成为有完全权利和有价值的人员了”，“现在苏联的妇女已是真正的解放了，她们每个都有完全自由独立的地位”。[2]同年 10 月 15 日，署名“镜明”的论者在《中苏文化》杂志发表文章认为，苏联妇女参加社会工作是苏联实现妇女解放的重要途径，“妇女尽量参加社会生产事业，才是使妇女真正解放的道路。在这方面，苏联是一个最成功的国家”[3]。

显然，苏联妇女已在中国舆论界树立鲜明的职业化形象。苏联妇女的职业化成为中国女权主义者憧憬的榜样和思想楷模。这些女权主义者认识到，苏联妇女的职业化是中国破除男权社会、使妇女取得与男子平等的社会地位的最恰当的道路。1934 年 11 月 1 日，国民政府立法院三读通过刑法修正案，规定“有夫之妇与人通奸者，处一年以下有期徒刑，其相奸者亦同”，引起南京、上海、北平妇女界大规模的抗议活动。陈西明于当月 18 日在天津《大公报》“妇女与家庭”版发表文章认为，这种抗议活动只限于对狭隘的表面平等的目标的争取，忽视了经济社会的法律改造。他认为，中国妇女平等运动应以从根本上打破男权社会为目标。妇女要摆脱对男子的依赖，使男子不能支配妇女，就应使妇女充分参加社会生产。他注意到恩格斯所言“女子的解放，要到女子得以大范围的参加社会生产事业，…… 才有实现的可能”，

---

1　绿茵：《现阶段妇女的职业问题》，《大公报》（天津版）1934 年 7 月 22 日，第 3 张第 11 版。
2　缪玉铮：《苏联妇女今日的地位》，《中央日报》1936 年 6 月 10 日，第 3 张第 3 版。
3　镜明：《苏联的妇女》，《中苏文化》第 1 卷第 4、5 期合刊，1936 年 10 月 15 日，第 1 页。

而苏联妇女充分参加社会生产，证实了恩格斯的说法，“苏俄妇女参加社会生产事业，与男子特权之消灭，须把恩氏所说的话完全证实”。由此，他认为，如果修改现行劳动法，赋予中国妇女充分就业的权力，“她们必能逐步获得主要产业，大量参加生产过程，而获得经济解放”，“男子再不能以金钱或其经济优越权力，以束缚女子，以压迫女子，而妇女亦再不为经济恐慌或生活无着而受男子摧残蹂躏”。[1]署名“静元”的论者于1936年3月25日在《中央日报》发表文章提出，中国妇女要改善自己的社会地位，就必须走苏联妇女职业化的道路。他认为，中国妇女大多数仍是“家庭的奴隶、丈夫的小鸟儿”。他由此感叹道：苏联广大妇女通过自己的劳动，获得了自身的价值，发挥着与男子一样的作用，苏联妇女“已成为社会的重要份子了，她们积极的参预苏联经济、社会、文化生活各部门的活动，她们的工作范围多么广”，“她们是多么值得我们羡慕和敬佩”。[2]

不少论者以苏联妇女广泛从事各种社会工作为例，说明中国妇女也有参加社会工作的能力。姜国仁于1934年1月21日在天津《大公报》“妇女与家庭”版发表文章认为，中国的女子教育不能仅以培养“贤妻良母”为目标，而应培养女子从事各种工作的技能，使妇女能在社会各领域发挥自己的作用，女子教育“至少须使女子获得与男子相等的智识技术，得参加社会的各种职业，而不再专为男子的便利，专作造就良母贤妻的打算了”。那种认为女子的生理特点只适合做贤妻良母的观点是不正确的。他以苏联女子为例说：“事实是胜于雄辩的。在中国目前女子参加各种社会活动的成绩，虽并不怎样显著，但我们邻近的苏俄女子，已给予世人无可争议的证明了。一般以为女子最不相宜的，无过于军队与农作事业，而苏俄女子有组织过革命军队的，有实际参加过前线作战的。自所谓五年计划实行农业集团化以来，女子在农作方面的活动，尤为惊人。据说1931年春耕、秋收期内，妇女工作的区域，占了全俄面积三分之一。管理人才和技术人才都养成得很多，其他在政治上占重要位置的，如列宁夫人（全苏维埃文化委员会主席）、亚科夫

---

1 陈西明：《妇女今日应争那种法律？》，《大公报》（天津版）1934年11月18日，第3张第11版。
2 静元：《新苏俄的新妇女》，《中央日报》1936年3月25日，第3张第3版。

立业（财部长）、法尔克纳（中委统计局委员）等，都有伟大的表现。”[1]同年 12 月 9 日，陈西明在天津《大公报》“妇女与家庭”版发表文章认为，妇女的天性并不低于男子，那种认为“女子是弱者”“女子天性适于这样，不宜于那样”的观点是错误的。苏联妇女在工厂和集体农场中的贡献，证明妇女的天性并不低于男子。他强调，中国今后的妇女解放运动“不应再限于争空洞的权利，而必需积极的恢复自信心，尽量参加社会生产”[2]。1936 年 11 月 19 日和 21 日，天津《大公报》“家庭”版连载署名“耸天”的文章，反对“妇女回到家庭去”的主张。他以苏联妇女普遍职业化为例，说明妇女的能力并不比男子差。他说道：“妇女并不是没有力量的。这一些在世界最前进的国家苏联，其妇女在社会间的地位、生产和活动诸能力，表现的最明显，最彻底。是男人工做着的团体更或可以说是活动的范围里，都会有妇人同样的在做着她们的工作。集团农场间、每个做为生产手段的工厂间以及文化、政治诸团体里，妇女无不是与男人享着同样的权利，同样的工作着。社会主义苏联国家的建设，妇女是占有一半功绩的。”[3]显然，在这些论者眼中，苏联妇女广泛参加社会生产是妇女天性并不低于男子的有力证据。

在中国舆论界眼中，欧美资本主义国家爱美、爱虚荣的妇女形象已经边缘化，而苏联衣着朴素的职业化妇女形象成为值得关注与学习的模范。时人主张，中国妇女应该学习苏联妇女因专注于工作而不注重穿衣打扮的朴素作风，改变为了讨男人欢心而专注于梳妆打扮的恶习。1933 年 6 月 21 日，李玉洁在天津《大公报》发表文章，号召中国妇女努力践行妇女解放，不要抱有梳妆打扮、衣着华丽的爱美虚荣心。她认为，中国妇女不应效仿欧美女子，“她们的环境是与我们不同，地位也不一样”。“要效法苏俄的妇女，帮助社会去生产，不事虚靡。请看她们有涂脂粉的吗？有考究服装的吗？身体有弱不胜衣吗？”[4]汪文田于同年 11 月 23 日在天津《大公报》发表文章，辨

1　姜国仁：《女子教育目标的探讨》，《大公报》（天津版）1934 年 1 月 21 日，第 3 张第 11 版。

2　陈西明：《妇运复兴与思想净化》，《大公报》（天津版）1934 年 12 月 9 日，第 3 张第 11 版。

3　耸天：《妇女到那里去？回家庭，抑到社会？（上）》，《大公报》（天津版）1936 年 11 月 19 日，第 3 张第 12 版。

4　李玉洁女士：《女子解放声中服装的改善问题》，《大公报》（天津版）1933 年 6 月 21 日，第 4 张第 13 版。

析女子“摩登”的含义。他认为，女子的“摩登”不在于穿衣打扮的时髦，而在于“在适当时代里，要把个人的人格、学识、思想、技能，以及一切的一切，都要作得合乎实际上的需要，的的确确地能与男子并驾齐驱”，“这才算真实摩登妇女”。他强调，在中国国难日深的情况下，中国妇女尤其不应专注于时髦的装束。“目前的中国灭亡无日，如果不振起精神来拼命地奋斗，为女子领导者，将来不论个人、国家，都不堪设想哩！”说到这里，他联想到苏联妇女，说道：“苏俄妇女替社会服务，都以勤苦耐劳为前提，怎地中国没见到一人呢？”[1]1934 年 1 月 5 日，天津《大公报》“小公园”版发表小品文，对苏联妇女衣着朴素、心灵充实赞赏有加。此文表示，“谈到装饰，要以苏俄的女人为最苦，她们几乎连一双新皮鞋都穿不着，别的更是谈不到。然而，最近欧洲举行的一个世界竞美会，第一个当选的女人，还是属于苏俄。可见，女人的美并不在于装饰、妖艳、奇怪，这只能使人肉麻罢了”。由此，这篇文章对中国女子专注于穿衣打扮很是不满，表示：“中国穷得这样，仅仅是化装品每年由外国输入的便要有一百几十万，这未免是太不知道自量了。”“在我们中国，多半的女人都装饰成了妖精，一般女性化的男人，更从而效法，这显然是一个亡国的先兆。这种亡国的先兆，不容不加以严厉的限制。”[2]时人又进一步分析，中国妇女讲究梳妆打扮的习惯是男权社会造成的。要使妇女衣着朴素，就必须打破中国以男人为中心的社会格局，让中国妇女广泛参加社会工作，实现经济独立，不再依附于男人，不做讨男人欢心的花瓶。陈西明于 1934 年 8 月 5 日在天津《大公报》“妇女与家庭”版发表文章，以苏联为例说明，中国女子炫耀妆饰，是中国“男性中心”社会造成的。他分析道：“妇女在这种社会中，只有依旧靠着装饰与美貌来维持生活”，如果打破中国这种社会，“使女子在社会上有活动之机会，则彼等绝不能有闲暇或情愿以装饰来炫耀”。“试观苏联妇女，她们的兴趣和时间尽为事业活动所占据，所吸收，她们已不讲求装饰，并且不论社会上地位之高低，其服装全都没有什么差异。”[3]

1 汪文田：《警告摩登女子》，《大公报》（天津版）1933 年 11 月 23 日，第 3 张第 9 版。
2 梦：《编余·装饰》，《大公报》（天津版）1934 年 1 月 5 日，第 3 张第 12 版。
3 陈西明：《中国普通女子教育究应往何处去》，《大公报》（天津版）1934 年 8 月 5 日，第 3 张第 11 版。

有的论者进而分析了苏联妇女职业化对苏联妇女个人情感的影响。1932 年 6 月 23 日出版的天津《大公报》“小公园”版刊登署名“易崧”的文章认为，苏联妇女由于将大部分时间和精力投入工作中，对父母和子女的感情逐渐淡化，也不再专注于男女爱情。文章介绍，由于苏联妇女将大部分时间用于家庭之外，所以，“爱亲”的心理被“爱大社会”的心理冲淡了。“当爱你们的父母”这一句话，“对于俄国女子好像没有意义了”。苏联妇女不喜欢多生孩子，因为这“会妨碍她们的社会运动的”。在爱情婚姻方面，由于将大部分精力用于社会工作，苏联妇女“每以社会为前提，而不注重于男女之情”，所以，极少打扮，“个个都是衣衫褴褛”。她们极少浪漫的恋爱生活，“能常久享受她们的美满的爱情的生活的是很少很少”，“她们的情感多数发泄于社会事业方面的，无怪一般观察者要断定俄国的女子是缺乏性欲情感的，但是，她们性欲热忱一变而为纯全的社会热忱了”。[1] 此文言语之间流露出对苏联妇女因忙于工作而不再专注于父母和子女之情、男女之情的情感转变的赞赏。

苏联妇女的职业化也引起了阎锡山的关注。1935 年 9 月 16 日，阎锡山在太原公布了一份《土地公有案办法大纲》，提出了一套土地公有实施方案。同时，他又公布了一份实施办法说明问答。在实施办法说明问答中，他从金银本位制货币、货物本位制货币角度理解苏联妇女职业化问题。他在接受记者采访时认为，苏联货币实际上实行货物本位制，所以，将妇女从家庭引入工厂，让妇女的劳动力投入生产中，以增加生产；欧美资本主义国家货币实行金银本位制，所以，将妇女从工厂引入家庭，以减少失业人数，平抑人们对政府的不满。他分析，“现在的俄国五年建设的口号，是‘将厨房里的女子，拉到工厂里来。’你看世界那个国家，敢唱这个口号？不只是不敢，而且反把工厂里的女子，赶回厨房里去。这关键就在货物本位制与金银本位制。苏俄虽仍是金银本位制，但加上不兑现、不汇兑与国营对外贸易，实质上已具有货物本位制的货币之效能。盖货物本位制的货币制下，由厨房里拉到工厂里一个女子，是增加一份造产能力。若金银本位制下，从工厂里赶回

1　易崧：《俄国的妇女》，《大公报》（天津版）1932 年 6 月 23 日，第 3 张第 9 版。

厨房里一个女子，是减少了一个倒政府的武器。拉出来，赶回去，皆因币制之关系，有其不得不然者”[1]。

总之，中国舆论界构建起鲜明的苏联妇女职业化形象。时人大量介绍和充分肯定苏联妇女职业化进程。时人的对于苏联妇女职业化问题的介绍和讨论从1933年起明显增多。时人赞赏苏联妇女投身国家建设的精神及其做出的贡献，并从各方面分析了苏联妇女职业化的社会影响。由苏联妇女的职业化，中国舆论界构建起衣着朴素的苏联妇女形象，认为苏联妇女之所以衣着朴素，不注重穿衣打扮，是因为她们将全身心投入于国家建设事业之中。中国舆论界由苏联妇女的职业化深入思考了中国男权社会的弊端。中国女权主义者反观中国妇女依附于男子、没有自己的职业和经济地位的现状，希望中国妇女也能像苏联妇女那样投身国家建设事业，实现自身的经济独立，并以苏联妇女为例，证明中国妇女也有从事各种工作的能力。他们意识到，要使中国妇女广泛参加社会工作，就必须打破以男性为中心的社会格局，使中国妇女不做依附于男人、讨男人欢心的花瓶。

## 三、以妇女解放为视角对苏联妇女保健、母性教育、幼儿公育制度的介绍与认知

中国舆论界非常关注苏联妇女保健、母性教育、幼儿公育制度。天津和上海《大公报》及《中央日报》等媒体刊登了大量报道和文章，频繁而详细地介绍了苏联这些领域的工作成绩。尤其是，时人从1937年5、6月间中苏文化协会先后在南京、上海主办的苏联母性与儿童保护成绩展览会中，看到了苏联在妇女保健、母性教育、幼儿保育等方面的成绩。时人倾向从妇女解放角度认识苏联在妇女保健、母性教育领域的成绩及幼儿公育制度，认为这从一个侧面反映出苏联在妇女解放方面的巨大进步。

在苏联妇女保健事业方面，中国舆论界非常关注苏联妇女的避孕、堕

1 《土地公有案办法大纲》,《大公报》(天津版) 1935年9月18日，第1张第3版;《土地公有案办法大纲(续)》,《大公报》(天津版) 1935年9月19日，第1张第3版。

胎工作，并从中看到了苏联的妇女解放政策。1934年2月11日，天津《大公报》“妇女与家庭”版刊登署名“翠”的文章介绍，“十月革命后，苏联妇女得到解放，新经济制度使她们得到充分的自由平等”，所以，苏联妇女可以根据自己的意愿采取避孕措施。苏联出于妇女生理的需要，为了尽量减少堕胎，采取各种措施帮助妇女避孕，“避孕的方法在第二五年计划的开始前已改良成一种专门技术，比欧美的方法还来得新。更特色的，是设有中央避孕科学研究会。这研究会的任务不仅是研究现行避孕法与探讨和试验新的方法，他们并管理避孕用品的制造和发卖”。[1]苏联通过各项避孕措施减少堕胎的工作，给时人造成苏联禁止堕胎的印象。1933年2月13日，天津《大公报》刊登署名“菁如”的文章，以苏联禁止堕胎为例，论述减少北平堕胎现象的必要性。这篇文章认为，“年来北平妇女堕胎之风甚盛”是一种社会病态，“因为堕胎这件事的本身，无论由‘人道’‘民族’任何方面讲来，究属是一种残忍不合理的事实”。由此，文章提到，“即在世界最进步的苏俄，堕胎亦在被禁之例”。[2]不论此文所言苏联情况是否属实，但由此文提到苏联禁止堕胎政策来看，苏联妇女避孕、堕胎工作在当时人们心目中具有很高的位置。

苏联的孕妇、产妇权益保障也是中国舆论界关注苏联妇女保健事业的重要方面。天津《大公报》刊登了一系列文章，介绍苏联政府采取的孕妇和产妇权益保障措施。1931年7月4日，该报刊登消息介绍苏联对产妇的福利制度说，每个产妇在9个月的哺乳期内，每月可领取8卢布或同价值的物品。月收入180卢布以下的妇女，产后可以得到30卢布津贴或同价值衣物。产妇必须在医院生产，婴儿可交托儿所养育三个月以上。[3]1934年6月17日和24日，该报“妇女与家庭”版刊登万尧松的文章，高度评价苏联的孕妇、产妇保护措施，说道：“在苏俄宪法中且规定了增进孩子的健康而并不妨碍母亲的健康和工作能力的一切主要条件，且规定了在怀孕和抚婴的母亲禁止在工

1 翠：《苏联妇女节育问题》，《大公报》（天津版）1934年2月11日，第3张第11版。

2 菁如：《残忍行为的暴露，婴儿何辜竟堕胎》（寄自北平），《大公报》（天津版）1933年2月13日，第4张第13版。

3 《苏俄之男女关系》，《大公报》（天津版）1931年7月4日，第1张第4版。

厂做工，尤其是在分娩前后母亲得休假四个月，但是工资仍一样的给与，且在分娩后六个月内工厂的女工每日平均得有二小时例外的休息。”由此，万尧松深感中国在这方面的落后，说道：“今日中国许多的工厂利用女工的地方很多，但是，关于母性保护的规定却很少，有些不仅是不保护母性，抑且有摧残母性的事情发生。”[1]《中央日报》也刊登了不少文章，介绍苏联孕妇和产妇权益保障政策。1936 年 12 月 30 日，该报刊登黄卓甫的文章，介绍苏联妊娠妇女的休假待遇说：苏联女工在产子前后各有四个月假期，机关女职员各有三个月假期，工资照发。产子后，如家庭困难，另由国家发给津贴。[2]1937 年 6 月 16 日，该报刊登秦蕴芬翻译的文章介绍，苏联《劳动法》尽力保护妊娠、哺乳期间的妇女，一方面便于其抚养儿童，另一方面帮助其实现妊娠、哺乳期间的经济独立。苏联《劳动法》对妇女权益的保护，“不但保护了妇女的健康，也帮助减低了婴儿的死亡率，因此，增加了家庭生活的快乐和幸福”[3]。

中国舆论界非常关注苏联的母性教育。1934 年 6 月 17 日和 24 日，天津《大公报》“妇女与家庭”版连载万尧松的文章介绍，在母性教育方面，苏联“有专门设立的母性教育机关施以种种的母性教育”。万尧松反观中国，深感中国在母性教育方面的落后，说道：“关于母性教育，说起来更为可怜，这更没有人注意。国家政府只孜孜于其他的事情，社会上的人士对于母性教育更没有人去注意它。我们在国内简直找不到一个母性教育的学校或司母性教育的机关。这是一种多么使人诧异而奇怪的事情。”[4]1935 年 9 月 24 日，吴骥伯在天津《大公报》“医学周刊”版发表文章，以苏联等国家建立母亲学校为例，说明中国加强母职训练的必要。他表示：“如苏俄、德、比等国，现在都有母亲学校的设立，以训练母亲对于儿童教养职务。”“我国一般作父

---

1 万尧松：《母性教育与母性保护论（续）》，《大公报》（天津版）1934 年 6 月 24 日，第 3 张第 11 版。

2 黄卓甫：《苏联与德国妇女的劳动保护法》，《中央日报》1936 年 12 月 30 日，第 3 张第 3 版。

3 秦蕴芬：《苏联母婴保护的立法》（节译自 Nursery School and Peasant Education in Soviet Russia 第二章），《中央日报》1937 年 6 月 16 日，第 3 张第 3 版。

4 万尧松：《母性教育与母性保护论（续）》，《大公报》（天津版）1934 年 6 月 24 日，第 3 张第 11 版。

母的人，因为教育和卫生不普及的关系，对于儿童‘教和养’的问题，既不知道怎样的去教，又不知道如何的去养。”“所以，在现在我们应该怎样的去训练这班做父母的人，尤其是作母亲的，知道怎样去教，怎样去养自己的儿童，这是在儿童保健上第一件重要的工作。”[1]

苏联在工厂、集体农场普遍建立托儿所等幼儿保育机构，实行儿童公育制度。中国舆论界认识到，苏联的幼儿公育制度将苏联妇女从繁重的养育子女事务中解脱出来，为妇女参加社会工作提供了条件。1931 年 4 月 4 日，曹谷冰参观了莫斯科郊外的新工业区布高罗特司克（Bogorodsk）的托儿所、幼儿园和小学。他注意到，苏联政府为了使妇女都参加工作，建立了许多托儿所，将妇女从带孩子的事务中解脱出来。托儿所接受两个月大至三岁大的幼儿。家长在上班前，将幼儿送入，下班后领回，上夜班时，则在夜间将幼儿送到托儿所。[2]1934 年 12 月 30 日，天津《大公报》“妇女与家庭”版刊登署名“普”的文章分析，苏联妇女之所以能普遍参加工作，是因为她们从繁重的育儿事务中解脱出来，“目前差不多全苏联妇女之大半数都能找到托儿所去照应和安置她们的孩子”[3]。1936 年 11 月初，陶百川在上海中外文化协会发表演讲认为，苏联的托儿所、幼稚园等设施将妇女从育儿事务中解放出来，这是苏联社会进步的重要表现。他说道：“苏联的确是一个新的社会，不管反对他的，赞成他的，都不能否认他们有新的建设。”小孩满二个月，就能送到托儿所，满三岁，就可以送到幼稚园。“妇女从家庭解放出来，就可以供献她们的劳力于社会。”[4]熊芷是熊希龄的女儿，早年在美国学习儿童教育，回国后协助熊希龄办理香山慈幼院。她于 1935 年 6 月至 1936 年 8 月赴意大利、苏联、德国、英国、法国、美国考察儿童教育和慈幼事业。她于 1936 年 9 月初在北平幼师发表演讲介绍，苏联建立起大量工厂公育院、昼夜托儿

1　吴骥伯：《儿童年儿童保健工作改进的意见》，《大公报》（天津版）1935 年 9 月 24 日，第 3 张第 11 版。

2　曹谷冰：《赴俄特派员第四信 —— 苏联儿童教育之一瞥》（4 月 7 日寄自莫斯科），《大公报》（天津版）1931 年 4 月 26 日，第 1 张第 3 版。

3　普：《今日苏俄之妇女》（11 月 22 日于燕大），《大公报》（天津版）1934 年 12 月 30 日，第 3 张第 11 版。

4　《如何复兴中国文化》，《大公报》（上海版）1936 年 11 月 5 日，第 4 张第 14 版。

所、活动的农忙托儿所，从而将父母从抚育幼儿事务中解放出来。苏联绝大多数幼儿每天早晨由父母送到托儿所，晚上领回家。但上夜班的母亲常常把儿童每天 24 小时放在托儿所。[1]李兆麟于 1937 年 3 月 15 日在天津《大公报》“明日之教育”版发表文章认为，苏联大量建立托儿所便于父母全身心投入工作。他介绍，苏联的托儿所是苏联产业发达的结果，“她们的男女，都是积极的生产者，有不容停留在家庭里的事实”。苏联“因为近代生产组织的变动，大多数父母不能不离了家庭而入工厂。向来儿童到六岁才就学的，现在已不能不为学龄以下婴儿，设置‘托儿所’一类的教育机关”[2]。

时人除从妇女职业化角度认识苏联幼儿公育制度外，还将苏联幼儿公育制度的意义提升到妇女解放高度。1934 年 9 月 30 日，陈西明在天津《大公报》“妇女与家庭”版发表文章，针对当时中国一些人主张妇女回归家庭、专心育儿的观点，认为苏联将妇女推向社会工作中，同时实行儿童公育制度，要比妇女在家中专心育儿合理得多，“实行儿童公育才能保证妇女解放成为真正社会建设之一员”。这可以将妇女从育儿事务中解脱出来，充分发挥妇女的才能，并使妇女不受“贤妻良母”教条的影响，得到与男子一样的科学陶冶。[3]

1937 年 5 月、6 月，中苏文化协会先后在南京、上海主办苏联母性与儿童保护成绩展览会，使中国各界直观了解到苏联在妇女保健、母性教育、幼儿保育方面的成绩。这次展览的资料由苏方主动提供。在 1937 年 5 月 5 日中苏文化协会第二届第二次理事会议上，梁寒操称，关于苏联母性与儿童保护成绩的照片、图表等资料，由苏联驻华使馆秘书兼苏联对外文化协会驻南京代表萨拉托夫策夫送到中苏文化协会。[4]这次展览引起中国社会各界的热情关注。南京开幕典礼于 5 月 27 日举行。除孙科、鲍格莫洛夫均出席外，国民政府委员马俊超、财政部常务次长徐堪、交通部常务次长彭学沛等不少国民政

---

1 张益珊记:《苏俄与美国学龄前的儿童教育——熊芷在北平幼师之讲演》,《大公报》(天津版) 1936 年 9 月 7 日，第 3 张第 11 版。

2 李兆麟:《中国推行幼稚教育应走之途径》,《大公报》(天津版) 1937 年 3 月 15 日，第 3 张第 11 版。

3 西明:《论“妇女育儿之天职”》,《大公报》(天津版) 1934 年 9 月 30 日，第 3 张第 11 版。

4《中苏文化协会昨开二次理事会》,《中央日报》1937 年 5 月 7 日，第 2 张第 4 版。

府要员出席。孙科主持开幕典礼并致词。[1]孙科表示，苏联母性与儿童保护工作值得中国借鉴，“苏联在两个五年计划中所注意的，不但是物质建设的方面，同时，也注意到母性与儿童保护的问题”。“这个展览会能够给我国社会一种良好参考。”[2]5月29日，《中央日报》发表特写，详细介绍了展览的内容，包括苏联妇女讨论孕妇保护、产院产床、妇女和儿童身体检查、托儿所、幼儿园、儿童游戏场、妇女社会活动等情况的照片和图表。特写强调，这些照片意义重大，“我们须仔细观察它的实际上所有的东西与精神的表现。”[3]6月9日至11日，展览又移至上海举行。6月9日，展览在位于八仙桥的上海青年会开幕。当天下午，中苏文化协会在上海青年会举行茶会。鲍格莫洛夫、美拉美德等苏联驻华使馆人员及中苏文化协会上海分会会长黎照寰、中苏文化协会南京总会代表张西曼、上海市社会局局长潘公展、上海市卫生局局长李廷安、中苏文化协会特种教育委员会周君尚等50余人参加茶会。[4]这次展览在上海引起了轰动。据《申报》报道，展览会在上海举行期间，“前往参观者极为踊跃，达数千人”[5]。而且，从孙科、马俊超、徐堪、彭学沛、潘公展、李廷安等中方要员及鲍格莫洛夫、美拉美德等苏联驻华使馆外交人员分别参加南京和上海的开幕典礼来看，中苏两国官方对这次展览极为重视。

上海《大公报》非常关注这个展览。6月10日，上海《大公报》不仅刊登长篇报道，还刊登了两篇参观记。一篇参观记由该报记者撰写，另一篇由署名“寄洪”的作者撰写。该报记者认为，展览的照片、统计数字、书籍三类展品“内容颇为新颖有趣”。这位记者从110余幅照片展品中，直观地感受到苏联在妇女、儿童保护方面取得的成绩。他认为，“在百余帧照片中，可以看出苏联对于母性及儿童，是如何的尊崇与爱护”，不但可以从“健康

1 《苏联母性与儿童保护成绩展览今日开幕》，《中央日报》1937年5月28日，第2张第3版。
2 《苏联母性与儿童保护成绩展览今日开幕》，《中央日报》1937年5月28日，第2张第3版。
3 《苏联母性与儿童保护成绩展览会参观记（本报特写）》，《中央日报》1937年5月29日，第2张第3版。
4 《苏联母性、儿童展览会昨起在沪举行》，《大公报》（上海版）1937年6月10日，第2张第7版。
5 《苏联妇婴保护成绩展览会昨开[闭]幕》，《申报》1937年6月12日，第3张第10版。

的母亲和肥壮的儿童”中“体会出苏联今日与将来的国力”，而且，让人对各种母亲与儿童保育场所的“周全的设备与系统的管理”产生“羡慕的心情”，“尤其那些女飞机师、女船长、女工头的照片，态度轩昂，精神饱满，乍见了真令人不敢相信她们是女性”。展出的关于妇女、儿童保护的俄文书籍，“都是我国所需要参考的好材料”。这位记者感叹说：“以苏联的成绩来和我国目前情形相较，在羡慕他人之余，只有鞭策自己，向建设的大道迈进。”[1]署名“寄洪”的作者既表达了自己的赞叹心情，也描述了其他参观者的惊讶。他对苏联在妇女、儿童保育方面的成绩极为吃惊，说道：苏联在减少母亲生育痛苦、育儿负担方面的工作，“真是惊人”！他又描述了其他参观者对苏联妇女、儿童保育成就的惊讶。他看到，许多聚在一起看统计图表的人赞叹说：“呀，这样进步快！”许多小学生聚精会神地欣赏着照片上苏联儿童的“幸福生活”。一个中国儿童天真地对同伴说：“怎么都是胖子，找不到一个瘦点的！”他希望中国“为环境压迫着而过着痛苦生活的妇女们”都去参观这个展览，“它会使你兴奋，给你生气与希望的”。[2]

6月12日，上海《大公报》又刊登署名“浪生”的文章，详细介绍展览会的内容。这篇文章感叹，“看了这些成绩后，真使我们不得不羡慕苏联母性与儿童的幸福了”。这位署名“浪生”的作者从苏联妇产医院的图表和照片中看到，在苏联各工业中心城市，差不多100%的孕妇在产科医院生产，在乡村，也有65%的孕妇在医院生产，而且，“产院里面的设置都是异常新式的”。他从有关托儿所的图表和照片中看到，托儿所在苏联特别普遍，“在工场里，在集体农场里，在大学里，都有托儿所的组织”，而且，“每一个托儿所的儿童，都是那么活泼愉快，肥肥的屁股，快乐的容颜，每一个儿童都好像小天使似的”。他从有关妇女的图表和照片中感到，苏联妇女的“勃勃的英姿”，“实在是使人生羡慕之感的”。“苏联的妇女，无论是政治、文化诸

1 《苏联母性与儿童保护成绩展览会——本报记者昨日参观记》，《大公报》（上海版）1937年6月10日，第2张第7版。

2 寄洪：《苏联母性与儿童保护成绩展参观记》，《大公报》（上海版）1937年6月10日，第4张第13版。

方面，都是与男子处于同等的地位的。”[1]

对苏联妇女保健、母性教育、幼儿公育制度的认知构成中国舆论界关于苏联妇女解放认知的重要内容。在苏联妇女保健方面，中国舆论界重点关注到苏联的避孕和堕胎工作、孕妇和产妇权益保障工作，认为苏联这些方面的工作有益于保障苏联妇女的身体健康。对于苏联的母性教育，中国舆论界认为，这大大提高了苏联妇女的育儿水平，并看到了在这方面中国与苏联的巨大差距。中国舆论界又注意到，苏联在工厂、集体农场普遍建立托儿所等机构，实行幼儿公育制度，将苏联妇女从繁重的育儿事务中解脱出来，有利于妇女投身于国家建设事业乃至妇女解放进程。中国各界人士尤其从 1937 年 5 月、6 月举行的苏联母性与儿童保护成绩展览会中了解到苏联在妇女保健、母性教育、幼儿保育方面的成绩，并看到了中国在这些方面与苏联的巨大差距。对于苏联妇女保健、母性教育、幼儿公育制度的认识进一步深化了中国舆论界对苏联妇女解放进程的认识。

中国舆论界高度评价苏联的妇女解放事业。从对苏联妇女解放进程的考察中，中国舆论界认为，苏联妇女不仅取得了与男子完全平等的政治、法律地位，而且取得了与男子一样的工作权，通过投身国家建设事业，取得了经济的独立。在苏联妇女解放事业中，时人特别看重苏联妇女的职业化，赞赏苏联妇女为社会做贡献的精神，并认为苏联妇女的职业化为苏联妇女开辟出新的人生道路，提高了苏联妇女的社会地位，是苏联妇女实现完全解放的重要标志。由此，中国舆论界分析了苏联妇女职业化对苏联妇女个人生活、情感的影响。中国舆论界通过对苏联妇女保健、母性教育、幼儿公育制度的考察，认识到苏联妇女解放事业也体现在苏联政府对妇女的各项具体政策上。中国舆论界构建出一个鲜明的实现自身解放、为国家建设努力工作、健康朴素的苏联妇女形象。中国舆论界之所以高度关注苏联妇女解放问题，有着现实的中国妇女解放事业的强烈关怀。由苏联妇女解放事业，中国舆论界深切认识到中国妇女社会地位低下、经济不独立、依附于男子的严重社会问题。

---

1　浪生：《苏联母性与儿童保护成绩展览在八仙桥青年会举行》，《大公报》（上海版）1937 年 6 月 12 日，第 4 张第 13 版。

中国舆论界希望，中国也能像苏联那样实现男女平等，中国妇女也能像苏联妇女那样通过广泛参加社会工作，实现经济独立，拥有良好的社会保障，进而打破中国以男子为中心的社会格局。这说明，中国传统的依附于男子、只顾穿衣打扮、过着相夫教子生活的妇女形象，已经日益边缘化，健康朴素、投身国家建设事业的苏联妇女形象日益深入人心。苏联妇女解放事业尤其成为 30 年代中国女权主义者的一个重要思想参照。

第三节

# 对苏联民众受教育水平、教育模式和各类教育事业的认知

对苏联民众受教育水平、教育模式和各类教育事业的认识，是中国舆论界苏联社会生活观的又一个重要内容。中国舆论界非常关心这样几个问题：苏联民众的受教育程度达到了怎样的水平？透过苏联社会主义教育模式和各类教育事业，可以看到苏联民众受到了什么样的教育？苏联教育事业对于中国教育事业具有怎样的启示？中国应该如何借鉴苏联教育事业的做法和经验，又应该学习苏联教育事业的哪些做法和经验？所以，中国舆论界对苏联教育事业的认识，既包括对苏联教育事业本身的认识，又包括中国如何学习、借鉴苏联教育事业发展经验问题的认识。

## 一、对苏联民众受教育水平的评估

苏联民众受教育程度达到了怎样的水平？这是中国舆论界非常关心的问题。对此，中国媒体经常刊登报道和文章，探究和评估苏联民众的受教育水平。中国舆论界在介绍苏联民众受教育整体水平的同时，重点介绍了适龄儿童和青少年入学率、就学人数。一些到过苏联的人也对苏联民众受教育水平印象深刻。

中国舆论界认定，苏联人受教育程度已经达到了比较高的水平。天津

《大公报》在一系列报道和文章中，大力宣扬苏联在教育领域取得的成绩。该报于1933年3月14日报道，一五计划期间，“苏联各项文化与教育之发展俱超过计画所预定”。苏联实现了四年强迫教育制度，“且七年强迫教育制度，亦已有实行者”。苏联扫除文盲工作“更有例外之成功”，1932年全国人口的识字率达到90%。[1]同年4月17日该报刊登通讯，介绍苏联钢铁工业城市马格尼托哥尔斯克教育的发达和民众学习热情的高涨，说道：“孟格尼托高斯克可称一民众学校，自各乡村来此之工人俱受实习教育，以增高学识与经验。该地学校，包括各职业补习科、高等工业学校、建筑冶金及采矿等专门学校。晚上工厂中之办事室一变而为临时学校。除工人外，工程师及技师亦入内听讲。”[2]同年12月10日和17日，该报“妇女与家庭”版刊登文章介绍，苏联妇女的受教育水平得到极大提高，截至1931年，苏联妇女受教育率达到92.9%，“和革命前的百分数比，她们的成就真是惊人了”[3]。《中央日报》也刊登了不少文章，介绍苏联教育发展成绩。1936年5月12日和13日，该报连载郭汉烈翻译的法国人维尔突拉克撰写的文章介绍，苏联的识字运动、中小学与高等教育，与西方资本主义国家相比，并不落后，“规定识字运动，设立中小学校，创办大学，为现代国家机构之一部份。这着，苏俄已不落伍了。如果我们把资本主义国家一看，也只是这种情形”[4]。同年3月25日，该报刊登署名“碧如”的文章介绍，苏联非常重视开发和培养儿童的能力，“他们相信儿童即为将来的主人翁、国家的生产者，所以，儿童的天才必须有极端发展的机会”。例如，苏联很重视儿童服务能力和意识的培养，“儿童以很小的时候起所受的主要训练即为如何服务。依他们的能力，依次的服务于家庭、学校、工厂和政府”[5]。

适龄儿童、青少年入学率和就学人数是一个国家民众受教育水平的重要标志。中国舆论界以具体数字说明，苏联的入学率和就学人数达到了很高水

1 《第一期五年计划苏联文化与教育》，《大公报》（天津版）1933年3月14日，第2张第5版。

2 《俄最大冶金场》，《大公报》（天津版）1933年4月17日，第2张第5版。

3 诗：《苏俄妇女情形》，《大公报》（天津版）1933年12月10日，第3张第11版。

4 维尔突拉克著，郭汉烈译：《猛进中之苏俄文化事业》（二），《中央日报》1936年5月13日，第3张第4版。

5 碧如：《苏联的妇女与儿童》，《中央日报》1936年8月12日，第3张第3版。

平。中国舆论界从苏联入学率的迅速提高中感到了苏联教育普及化的快速进展。1931 年 8 月 16 日，天津《大公报》报道，由于实行强迫教育制度，苏联学龄儿童入学率达 82%，其中，8 岁至 10 岁儿童入学率达 97%。[1]1937 年 8 月 1 日，赵康在《中苏文化》发表文章介绍，到 1932 年末，90% 的适龄儿童接受四年的初等教育，而到 1937 年，"所有全国儿童，莫不入学接受三年期或四年期的初等教育"[2]。这说明了"苏联教育的普及，实现了大众教育与国民教育的要求"[3]。中国舆论界对苏联儿童、青少年就学人数的快速增加表示惊叹。1936 年 5 月 15 日，黄理文在《中苏文化》发表文章介绍，1935 年，苏联中小学在校生人数为 2560 万人，1936 年达到 2790 万人。[4]同年 12 月 27 日，《中央日报》报道，1913 年俄国中小学学生人数仅 700 万人，而 1935 年已达 2600 万人，增加几达四倍。[5]也许中国舆论界列举的这些数字不一定准确，但当时的读者不难从这些数字中看到苏联入学率之高和就学人数之多。

一些有机会到过苏联的人对苏联民众受教育水平评价也是很高的。采访苏联的曹谷冰就看到了苏联民众受教育水平的巨大提高。他在 1931 年 4 月 20 日寄回国内的通信中认为，苏联妇女的文化水平有了巨大提高。他介绍，帝制时代，俄国妇女文盲率极高。现在苏联妇女不仅识字者日多，而且研究专门学问者亦激增。[6]1932 年 7 月，一位自称"惜梦"的人与五名同伴由上海到达海参崴，打算经海参崴到中国东北参加抗日斗争，但被苏联当局拘捕，于同年 8 月被遣返回上海。他于同年 9 月在天津《大公报》发表记述自己这段经历的日记。他在苏联拘留所读到一篇文章，发现苏联非常重视初等教育，尤其重视农村的初等教育，所以，苏联"小学教员的薪金是逐年的增加，他的地位和工程师是同样的优越，同样的在受着政府特殊的保障"。他深感，中国在教育上不如苏联，感叹说："只就这一点说，使我们也不敢拿

1 《苏俄强迫教育制施行一周年》，《大公报》（天津版）1931 年 8 月 16 日，第 1 张第 4 版。

2 赵康：《苏联教育的基本问题》，《中苏文化》第 2 卷第 8 期，1937 年 8 月 1 日，第 15—16 页。

3 赵康：《苏联教育的基本问题》，《中苏文化》第 2 卷第 8 期，1937 年 8 月 1 日，第 18 页。

4 黄理文：《苏联国民的文化物质生活》，《中苏文化》第 1 卷第 1 期，1936 年 5 月 15 日，第 5 页。

5 《苏俄的出版界》，《中央日报》1936 年 12 月 27 日，第 3 张第 4 版。

6 曹谷冰：《赴俄特派员第九信——苏俄之男女问题》（4 月 20 日寄自莫斯科），《大公报》（天津版）1931 年 5 月 10 日，第 1 张第 4 版。

来和中国比较。”[1] 一位姓陈的人随苏炳文东北抗日部队退入苏联境内。他于 1933 年 4 月 16 日在天津《大公报》“小公园”版发表介绍自己对苏联观感的日记。他记述说：他到了托木斯克，发现在这样一个西伯利亚寒带林区，教育也很发达，竟然有 18 所大学，“除军事学科没有外，余者无科不备”，共有 3.6 万大学生。他赞叹说：“这个城市真像是一个大知识底巢穴，每期不知要造就出几千使世界震惊的人材，准备为震惊世界而用。”他分析，苏联之所以把大学设在寒冷偏僻、万山重叠的地方，是为了锻炼青年刻苦耐劳的意志。“我们相信，在那样天然的环境之下，陶熔出来的青年，是有忍苦耐劳的体格，是有卓绝不拔的意志，是有知苦拯群的头脑。所以，苏联仿佛正需要这种钢铁一般的新青年，因此，他把教育区划在接近寒圈的西伯利亚，俾久处温和空气里的西欧青年，也经过一番锻炼。这是怎样的苦心呢！”他还感受到了苏联教育的普及。他介绍：“苏联的人民在未革命以前，有百分之三十受教育者，现在已增至百分之六十。”[2]

从天津《大公报》《中央日报》等中国媒体刊登的报道、文章来看，中国舆论界对苏联民众受教育水平的评价是比较高的。中国舆论界的这种评价，既有苏联教育发展取得巨大进展的因素，随着苏联一五、二五计划的推进，苏联的在校生人数、入学率有了很大提高，亦有中国舆论界高看苏联教育发展水平的主观因素，因为同时期中国的教育水平尤其初等、中等教育水平处于严重落后状态，身处教育落后国家的国人，看到苏联教育事业的快速发展，自然从主观上高看苏联教育发展水平。

## 二、从中国教育视角对苏联社会主义教育模式的认知

在 30 年代的世界上，苏联教育模式是一种迥异于其他国家的教育模式。这种教育模式基于苏联社会主义的政治、经济制度，与资本主义国家的教育模式，尤其是与自由主义的教育模式有着本质区别。苏联教育注重以马列

1 惜梦：《海参崴拘留记（续）》，《大公报》（天津版）1932 年 9 月 6 日，第 1 张第 3 版。
2 《苏俄边境流亡记》，《大公报》（天津版）1933 年 4 月 16 日，第 3 张第 12 版。

主义为指导，对学生进行政治思想教育，使学生树立社会主义思想信念。同时，苏联教育模式具有鲜明的大众化、社会性特征，担负着提高广大民众知识素养、推动社会发展的责任。苏联教育模式的大众化和社会性集中体现为面向生产建设实际、向学生和民众传授应用技术知识的教育方针。中国舆论界非常看重苏联的社会主义教育模式，从多方面做了较为深入的分析，表现出很大认同。而中国舆论界对苏联社会主义的教育模式的分析和认同，有着鲜明的发展中国教育的视角。

中国舆论界对苏联教育模式的社会主义性质有着深切认识，一些论者对苏联社会主义教育模式表示认同。时人认识到，苏联建立起一种全新的社会主义教育模式。例如，赵康于1937年8月1日在《中苏文化》发表文章，将苏联教育视作基于"社会经济制度变革"的"新的人类的教育"。[1]时人又认识到，苏联社会主义教育模式完全不同于资本主义国家自由主义教育模式。1937年6月21日，张玉林在天津《大公报》"明日之教育"版发表文章认为，以前自由主义弥漫于全世界教育界，但近几年来的情形"似乎有点不同了。俄罗斯厉行共产主义，俄罗斯的革命成功了，在共产主义下的俄国教育是不讲什么自由的"，"因为这，一向在教育上根深蒂固的自由主义，便也引起了一般人的怀疑"。[2]时人进而认为，苏联社会主义教育模式引领着世界教育的大趋势。边理庭于1937年4月19日在天津《大公报》"明日之教育"版发表文章分析，美国的自由主义教育理念日益落没，苏联社会主义教育模式日益兴盛，"近来世界大势所趋，个人主义已日趋没落，民主政治的国家如法兰西，独裁政治的国家如意大利、德意志，共产主义的国家如苏俄，对于教育无不采取民族主义或社会主义的训练。即杜威、克柏屈[3]等本是儿童本位的教育家，自游俄国后，已深切忏悔，大变论调，而大倡社会主义的教育了"[4]。所以，一些论者认可苏联社会主义的教育模式。程国扬于1937年3月

1　赵康：《苏联教育的基本问题》，《中苏文化》第2卷第8期，1937年8月1日，第13—14页。

2　张玉林：《〈中华教育界〉"教育与自由主义"特辑之评介》，《大公报》（天津版）1937年6月21日，第3张第11版。

3　克柏屈（W. H. Kilpatrick）是美国著名教育家、哥伦比亚大学教授。

4　边理庭：《建设我们的教育哲学（下）》（1936年12月26日于南京），《大公报》（天津版）1937年4月19日，第3张第11版。

8日在南京金陵女子文理学院发表演讲，对苏联的教育模式表示赞赏。他表示，苏联教育完全否定以前的资产阶级教育，建立一种全新的工农教育模式，“它好像一架新造的机器，炉灶俱新，丝毫没有陈腐的痕迹”[1]。

中国舆论界认识到，苏联社会主义教育模式的一个核心内容是教育的政治性与意识形态化，对学生进行政治思想教育是苏联社会主义教育模式的特色。早在1930年，天津《大公报》就报道了苏联对学生进行政治思想教育的做法。当年5月28日，该报刊登通信，介绍苏联海参崴地区对儿童进行政治思想教育的情况，说道：“苏俄统一共产思想计画，根本在儿童教育，行其盐脑政策。”[2]1937年2月23日和24日，谢世珍在《中央日报》发表文章介绍，苏联的教育乃是“政治的工具”，“苏联教育与政治，乃是互相关联，不可分离的”。“苏联教育，系集合的，个人行动与利益，包含在团体的行动与利益中，绝对以马克思主义为中心，决不容任何主义参杂与调和。”[3]苏联的教育“均带有政治宣传之色彩”，“一切实施与方法，离不了政治色彩，所以，苏联教育为政治工具，毫无怀义[疑]”。[4]《中苏文化》也于1937年8月1日刊登曹树铭和赵康的文章，阐述苏联教育的政治性和意识形态化。曹树铭分析说：苏联在国民教育中大力开展政治教育，使教育方针完全遵循马列主义，“整个苏联的教育，不独不致于违背主义，并且一定适应着主义”，“尽量灌输共产主义思想和阶级斗争的理论，具体的说，即是培养那忠于共产主义、忠于无产阶级、去保卫无产阶级专政和抵御任何干涉或侵略之意识”。[5]赵康也介绍，“在苏联，并且设有特别的政治教育机关，如‘劳动大学’‘共产主义大学’和‘苏维埃党校’。在这些学校里面，培养出大批的政治工作人员、集体农场和工会的工作人员、党的工作人员。”苏联教育政治化的目的就是“使每一个国民都变为新社会制度的信奉者，同时，把党的路线变成为群众的路线，使全国的国民在党的路线下忠诚地工作，这样来保障党的路

1 程国扬：《欧洲教育最近趋势》（三月八日在南京金陵女子文理学院演讲），《大公报》（天津版）1937年5月3日，第3张第11版。

2 《海参崴近状一瞥》，《大公报》（天津版）1930年5月28日，第2张第7版。

3 谢世珍：《苏联的教育》，《中央日报》1937年2月23日，第2张第4版。

4 谢世珍：《苏联的教育（续）》，《中央日报》1937年2月24日，第2张第4版。

5 曹树铭：《苏联教育的分析》，《中苏文化》第2卷第8期，1937年8月1日，第7页。

线的胜利”。[1]

中国舆论界对苏联以灌输政治思想理念为目的的政治性和意识形态化教育模式表现出很大认同。有的论者指出，在日本侵略造成的日益严重的民族危机之中，中国应该学习苏联以政治思想教育为特色的教育模式，仅提高学生知识、为教育而教育的自由主义的办学模式，不符合培养国人国家和民族意识、纪律和道德观念的现实需求。1932 年 6 月 11 日天津《大公报》“现代思潮”版的编者就提出，中国中小学应采用“工具教育原理”，培养学生的国家观念和民族意识，养成学生遵守纪律和道德的习惯，说道：中国此前办教育的人秉持的为教育而教育的观念并不符合中国社会的现实需求，“办教育的人无意识中多半主张以办教育即为最终的目的，以为办教育就是使人有知识。这种理论本来是最高尚的，但是，若站在社会的立场来看，这种放任政策，是不能容许的”。该版编者认为，苏联“完全敢将教育当做一种机器用。这种机器可以为它制造经济史观的思想、辩证唯物的哲学，可以为它养成工农神圣的观念与强烈的阶级意识”。这种教育模式尽管不符合自由主义理念，却有益于国家，“就它私 [ 丝 ] 毫不许发展自由思想的一点来看，你可以说它会劝将思想动进的齿轮给阻住，但从国家的立场来看，它这种办法却有十足的效力”[2]。有的论者赞同苏联在政治思想教育中培养学生刻苦耐劳精神的做法。李建勋于 1935 年 1 月 1 日至 4 日在天津《大公报》发表文章分析，中国教育的一大缺陷是培养的学生“虚浮骄奢，未能刻苦奋斗”。他听其朋友周焕文说，“苏俄教育是造成工人的，中国教育是造成绅士的”。他认为此言极是。“中国无论中学或大学的卒业生，大多数都有这种绅士的态度与思想。虽有一部分人喊着到乡间去，实际上不能久居乡下。盖以学校当初未能培出其刻苦奋斗的习惯，只养成一种虚浮骄奢的习气也。”[3]一些国民党当局人士也认为，中国虽然不能像苏联那样在教育中宣扬“共产主义”，但应学习苏联推行政治思想教育的方式。国民政府教育部于 1932 年 8 月派遣程其保等 5 人组成欧洲教育考察团，考察苏联等欧洲国家教育。程其保于 1933 年 4 月

---

1　赵康：《苏联教育的基本问题》，《中苏文化》第 2 卷第 8 期，1937 年 8 月 1 日，第 20 页。

2　编者：《教育问题》（6 月 1 日），《大公报》（天津版）1932 年 6 月 11 日，第 2 张第 8 版。

3　李建勋：《中国教育之出路》，《大公报》（天津版）1935 年 1 月 1 日，第 4 张第 14 版。

回国后，在同月8日教育部举行的谈话会上说："俄国儿童教育，则注以共产主义，使其脑海深深印入共产之学说。此种整个教育之实质，固不能完全搬入中国，而其实施教育之方式，殊可为我国教育之借镜。"[1]

中国舆论界认识到，教育的大众化和社会性是苏联社会主义教育模式的重要特征。一些论者指出了苏联教育的大众化。程国扬于1937年3月8日在南京金陵女子文理学院发表演讲解释说："苏俄是一个无产阶级社会主义的国家，它的教育对象，自然是这班建设新社会的无产者。和以前帝政时代，教育是地主、资本家、官吏、教士的特权，情形完全相反。教育成为大众的财产，任何人统能免费享受相当的教育。"[2]1937年8月1日，赵康在《中苏文化》发表文章认为，苏联教育实现了大众化，苏联"将特权阶级的教育，变成为大众的教育，奠定了教育的社会性"[3]。所谓教育的大众化，就是将教育普及于全体民众，"使大众能够去认识世界，并且去变革世界。"[4]不少论者在认识到苏联教育的社会性的同时，从中国教育视角对此表示认同。1935年12月9日，常导之在天津《大公报》"明日之教育"版发表文章，以苏联为例说明，中国师范教育和教师不仅具有教育意义，还具有重大的社会意义。他表示："在社会主义的国家之苏联，对于教师在社会的改造上所占地位之重要，亦早具深切的认识。""一般凡庸的教师所以特被重视，自然是因为一个教师的工作，其影响决非囿于教室以内，而且能够及于一般民众"，苏联的教师要参加和领导各种社会运动。[5]赵树辉也注意到苏联教师对国家建设肩负的重大使命。1936年6月5日，他在上海《大公报》"庆祝教师节特刊"发表文章，讨论中国教师如何努力于教育工作的问题。他认为，中国教师必须努力适应新时代的教育目标，中国目前的教育目标是求得民族复兴，民权伸张，实现民生发达。他以苏联为例说明教师对国家所负的使命。他表示，苏

---

1 《教育失败之症结》，《大公报》（天津版）1933年4月12日，第2张第6版。

2 程国扬：《欧洲教育最近趋势》（三月八日在南京金陵女子文理学院演讲），《大公报》（天津版）1937年5月3日，第3张第11版。

3 赵康：《苏联教育的基本问题》，《中苏文化》第2卷第8期，1937年8月1日，第13—14页。

4 赵康：《苏联教育的基本问题》，《中苏文化》第2卷第8期，1937年8月1日，第15—16页。

5 常导之：《最近师范教育上几种显著的倾向》，《大公报》（天津版）1935年12月9日，第3张第9版。

联由帝俄时代的“极端专制”，“而步入社会主义社会，全国教师咸能效忠于党国，可见教师在一个国家的进化上负有如何重大的使命。”[1]

中国舆论界认识到，苏联社会主义的教育模式的一个重要方针是面向经济建设事业，与社会生产相结合，注重培养适合社会生产需要的技能型人才。谢世珍于 1937 年 2 月 23 日和 24 日在《中央日报》发表文章分析，普通教育与技术教育相结合是苏联教育的特色，“将普通教育与技术训练，打成一片，组成一所谓教育工艺化之政策”，“工艺化之原则遂成为苏联教育之根本基础”，“苏联教育形态纯基于生产技术与理论相吻合”。[2]所以，苏联教育注重与工作实际相结合的实用性，“其训练方法，注重实用，应各项特殊之需要，同时，学生智识随时具有工作之技能”。[3]程国扬于同年 3 月 8 日在南京金陵女子文理学院发表演讲解释，苏联的教育是以生产为本位的，注重与工厂、集体农场的生产相结合，“人民经过强迫教育训练，即投身于各种事业。此外，补习教育及研究院的组织，亦皆以生产机关为出发点”。“苏俄学校，从幼稚园起，就使学生熟悉各种工具的模型。教学方面，将劳动与游戏打成一片。鼓励儿童劳工兴趣，对于物质的利用，留下具体的印象。”[4]同年 8 月 1 日，《中苏文化》刊登曹树铭和赵康的文章，分析苏联教育与生产实际相结合的问题。曹树铭注意到，“学用一致”是苏联教育的重要特点。他介绍，“在苏联，除政治教育以外，举凡生产教育无不可用者，尤以各工厂及农场附设之学校更多直接实习之机会。所谓‘实习’者，即‘用’之准备工作”[5]。赵康指出，苏联“将脱离实际的教育，变成为理论与实践相统一、学习与技术相结合的劳动教育，奠定了教育的生产性”[6]。“苏联的各个学校都有自己的工场和工作房。各学校都与名为‘联属企业’的一定的企业取得连络。这样，从学校里面出来的学生，不是毫无技术知识的‘空头文人’，而是能够

---

1　赵树辉:《教师节和老教师们的自觉》,《大公报》(上海版) 1936 年 6 月 5 日，第 4 张第 15 版。

2　谢世珍:《苏联的教育（续）》,《中央日报》1937 年 2 月 24 日，第 2 张第 4 版。

3　谢世珍:《苏联的教育》,《中央日报》1937 年 2 月 23 日，第 2 张第 4 版。

4　程国扬:《欧洲教育最近趋势》(三月八日在南京金陵女子文理学院演讲),《大公报》(天津版) 1937 年 5 月 3 日，第 3 张第 11 版。

5　曹树铭:《苏联教育的分析》,《中苏文化》第 2 卷第 8 期，1937 年 8 月 1 日，第 9 页。

6　赵康:《苏联教育的基本问题》,《中苏文化》第 2 卷第 8 期，1937 年 8 月 1 日，第 13—14 页。

参加国家建设的积极的生产者”[1]。

时人注意到，苏联着重培养经济建设人才的教育模式与两个五年计划的经济建设有着密切关系，是为了满足经济建设的巨大人才需求。1937年8月1日，黄理文在《中苏文化》发表文章指出，“苏联教育的发展，和第一、第二两次五年计划之实行，有着不可分离的联系”。苏联一五计划形成了巨大教育需求，“工业化的进步，使教育不得不加速的发展”，于是，苏联从1930年开始实施全国义务教育。[2]一些论者结合中国经济发展与教育发展之间的关系，更加深切认识到，苏联经济建设的巨大人才需求带动了应用技术教育的发展。1934年8月6日，天津《大公报》“明日之教育”版刊登署名“俊升”的文章认为，中国职业学校毕业生之所以无工作可做，是因为中国没有建立起现代的工业、机械耕种的大农业和现代的商业，不能为职业学校毕业生提供适合其技能的就业岗位。文章以苏联生产教育为例说，“即以最近提倡生产教育的苏俄而论，也是依着先后五年计划一面开创生产事业，一面创设多数的职业学校的。职业学校所造就的人才，即是正开创的生产事业所需要的。所以，生产人才和生产事业的供求相应，既能解决个人出路问题，又能促进生产事业的进展”[3]。苏联经济建设的工程人才需求，成为南开大学电工系主任卢镛培讨论中国工程教育人才培养的重要参考。1935年10月26日，他在天津《大公报》发表文章，在讨论中国社会对工程教育的人才需求问题时，以苏联五年计划建设为例说明，中国社会经济发展对工程技术人才的需求是极大的。他表示，“我国欲脱半殖民地位，非自振兴基本工业不可，而欲振兴工业，则最先应决之问题，为使一般人能明白科学，而能利用科学，以改良生存之环境”。他注意到苏联五年计划经济建设对工程技术人才的需求情况，称：“再观苏俄之从事建设，试思外籍工程人员之被聘者若干人？所幸第一二两期之计划，其创设者，尚系基本工业，故大部可由国家之特别组织管理之。将来他种生产事业逐渐发达，试思尚须几许曾受工程教育者从

1 赵康：《苏联教育的基本问题》，《中苏文化》第2卷第8期，1937年8月1日，第19页。

2 黄理文：《苏联第一次五年计划后之教育改革》，《中苏文化》第2卷第8期，1937年8月1日，第49页。

3 俊升：《职业学校的前途》，《大公报》（天津版）1934年8月6日，第3张第11版。

事设计、管理、生产与推销。吾人知苏俄之第一期计划，不待五年即能大体完成之原因，实赖于能聘得适当之外籍之工程人员，而吾人更知苏俄人民设普遍的有机械知识，并设中级工务员已受相当之工程教育，则计划之进行，必更滑润与迅速无疑。”[1]

中国舆论界对苏联面向社会生产、以培养学生实际能力为原则的教育方针表现出强烈认同。天津市立第 37 小学教师李砚田就很赞赏苏联这种方针。他于 1933 年 2 月 8 日在天津《大公报》“读者论坛”版发表文章表示，教育“在苏俄是完成五年计划的工具”。“各国对于义务教育期后的职业教育，尤其是苏俄以学校和工厂及集团的农场，成了有机体，更是开了‘基本生活教育’的新纪元！中学、大学专门学农、学工的，到了农场上、工厂里，真比农人、工人的本领大。”[2] 中国舆论界之所以认同苏联面向经济建设的教育方针，主要是出于中国视角。30 年代，增强国家实力、抵御外侮是中国各界关注的中心论题。而发展经济又为增强国力的重心，与经济建设直接相关的应用技术教育，自然成为人们关心的问题。所以，时人对苏联这种教育方针的认同，既表现在将苏联这种教育方针当作论述中国教育方针的事例，又表现在主张学习、借鉴苏联的这种教育方针。

许多论者以苏联面向生产实际的应用性教育方针为例，讨论中国教育方针问题。1931 年 8 月 31 日，中央大学校长朱家骅在国民党中央党部举行的总理纪念周上作报告，以苏联为例，反思中国的高等教育方针。他注意到，苏联制订严格的教育计划，针对经济建设的巨大人才需要，培养对口的人才，“在教育计划上都有相当准备的”，“对于一般的教育，尤其是高等教育，也有非常精密的计划”。他由苏联这种教育方针反思中国高等教育存在的弊病，认为中国大学的人才培养没有与社会人才需求对接，是中国教育的“失败”，造成一方面大量大学毕业生“没有出路”，一方面许多事业“处处感觉到专门人材缺乏”。他提出，中国应像苏联那样，对高等教育厘定一个“适当的整个的精密的计划”，使高等教育对接社会具体的人才需求，为

1　卢镛培:《工程教育与技术训练》,《大公报》(天津版) 1935 年 10 月 26 日，第 4 张第 16 版。

2　李砚田:《读完〈杜威教育思想与中国教育前途〉后》(1933 年 2 月 1 日夜写于天津市立第三十七小学校),《大公报》(天津版) 1933 年 2 月 8 日，第 2 张第 8 版。

社会发展尤其经济建设提供应用型、技能型人才。他问道："我们中国的教育如何？我们不是要刷新政治，提倡实业，努力各种建设吗？对于所需要的人材，预算过没有？这几年，对于建设事业的提倡，同时对于建设人材的准备，有特别加以注意没有？在高等教育方面没有一种精密的计算，叫谁来做我们的建设事业呢？"[1]

天津《大公报》刊登了一系列文章，以苏联面向生产实际的教育方针为例，讨论中国的教育方针。天津《大公报》于1933年4月19日刊登署名"菁如"的文章，在介绍北平市立民众教育馆的情况时，以苏联民众教育为例，说明中国教育应与社会生产相结合，着重培养人民的劳动技能。这篇文章表示，中国的教育没有与民众的生存和劳动相结合，导致不能普及到广大劳苦民众之中，尤其不能使民众获得"生存上所必需的知识与技能"。文章进而表示，"于此，我们不由得想起苏俄的民众教育"，"革命以后，政府对于民众教育多所努力"，为不识字的成人设立学校。一五计划期间，苏联消灭文盲1770万人，"期于最近期间文盲将完全淘汰"，"现人口百分之九十为受教育者"。"反观我国，实不啻天壤之别。"文章分析，苏联教育成功的关键在于将教育与民众的生活和劳动相结合，"何以苏俄的民众教育，能如此的成功，这就是因为苏俄的教育切合于'人类获得生存的一种手段、人类劳动领域之一部分'的真义，'教育''生活''劳动'三者打成一片"[2]。同年6月8日，天津《大公报》发表社评，以苏联职业教育为例，提议多建职业学校。社评表示："回顾我国，则普通中学林立，而职业教育寥寥。此种脱离实际社会、专务空泛理论之现象，实为目前我国教育之最大病态。"社评以苏联为例说，"新兴之苏俄固以服务社会为教育唯一目的，故儿童由劳动学校毕业后，因即开始受专门职业及技术教育"[3]。1936年8月10日，吴烈在天津《大公报》"明日之教育"版发表文章，将苏联中小学、大学教育看成劳

1 《大学教育现况及应行革除之弊病——朱家骅在中央纪念周之报告》，《大公报》（天津版）1931年9月4日，第1张第4版。

2 菁如：《北平消灭文盲的机关——市立民众教育馆》，《大公报》（天津版）1933年4月19日，第4张第13版。

3 《对中学会考制之意见》（社评），《大公报》（天津版）1933年6月8日，第1张第2版。

动化的教育，并以此阐述中国发展生产教育的重要性。他认为，为了改变中国落后的生产状况，并培养国人的生产习惯，中国必须发展生产教育，“在现在的中国，非提倡生产教育不可。我们这种说法，并不是为了迎合时髦，而完全是为了救济中国的衰弱生产，及挽回过去的只有消费不知造产的恶劣习惯”。他以苏联为例说道：“譬如目前的苏俄，对于全国人民，均主张‘先劳后食’。他们施行的新兴教育，全国都举办统一劳动学校，课程是以自然、劳动、社会三者组成，由小学而到大学，都是劳动化的。在这产业落后的我们中国，尤其是在这高呼着‘生产教育’的当儿，是可以假他山之石，以作借镜的。”[1]

一些人士主张中国学习、借鉴苏联面向社会生产的教育方针。1933 年 2 月 28 日，接任中央大学校长的罗家伦发表广播演讲提出，中国应学习苏联不尚空谈、踏踏实实从实际出发培养工农业技术人才的做法。他认为，近年来，中国缺乏各种人才。全国同胞不应“空唱高调”，“应以理论及实际联合起来，努力做去，以便建设我们当前所亟需的种种工作”。这就需要效法苏联的人才培养方法，苏联虽然反对“帝国主义”，但聘请了许多西方资本主义国家工程师训练人才，“造成许多的工业上、农业上的人才”，“我们训练人才，有许多地方应当效法苏俄”。[2]《独立评论》于 1935 年 10 月 13 日刊登邵德润翻译的苏联教育行政专家卡瑞托挪娃（Kharitonova）介绍苏联教育与国家生产建设关系的文章，强调苏联教育的目标在于使学生“在离开学校之后，至少要能够在这伟大的社会改造计划中，担负一部实际的工作”。[3]译者邵德润是中央政治学校的学生。[4]他主张学习苏联的面向社会生产实际的教育方针，在译者序言中表示，此文“有不少是改革我国中小学教育可借镜的地方”，希望大家“看看人家的成功，再想想自己应怎样改革”。[5]

实际上，苏联面向生产实际的教育方针对中国教育界产生了相当的影

---

1　吴烈：《复兴民族与生产教育》，《大公报》（天津版）1936 年 8 月 10 日，第 4 张第 13 版。

2　《民族的复兴（续）》，《大公报》（天津版）1933 年 3 月 2 日，第 1 张第 4 版。

3　邵德润译：《苏联的教育》，《独立评论》第 172 号，1935 年 10 月 13 日，第 15 页。

4　胡适在本期《独立评论》中称，“邵德润先生是中央政治学校的学生。”参见适之：《编辑后记》，《独立评论》第 172 号，1935 年 10 月 13 日，第 21 页。

5　邵德润译：《苏联的教育》，《独立评论》第 172 号，1935 年 10 月 13 日，第 15 页。

响。倪亮于 1934 年 6 月 25 日就提道："最近国内教育界受了苏俄所倡导的生产教育的影响，关于职业教育的考虑已超越个人职业问题之外而兼及注意社会整个的生产问题。"[1]孙元璸也于 1935 年 3 月 25 日介绍："国内教育家鉴于教育的失败和社会的不景气，再有外受苏俄的生产的劳作教育的影响，而有生产教育的提倡。"[2]在倪亮和孙元璸口中，中国教育界开始重视发展与社会生产相结合的教育是受苏联影响的结果。不论这种判断是否符合事实，这至少说明苏联面向生产实际的教育方针已引起中国教育界的广泛注意。

在认可苏联整体教育模式基础上，中国舆论界也认可苏联各项具体教育政策。中国舆论界对苏联具体教育政策的肯定首先体现在将苏联教育政策作为阐述自己关于中国教育观点的论据。任职于安徽大学的聂辉扬以苏联免费教育制度为例论证中国实行免费教育的必要性。他于 1934 年 3 月 18 日在天津《大公报》发表文章提出，中国教育应实行免费的"无给教育"，他以苏联为例说，苏联教育就是一种"无给教育"。[3]国民政府教育部以苏联快速普及义务教育的政策说明中国在短期内迅速推行小学义务教育的可能性。1935 年 5 月，教育部拟定了《实施义务教育暂行办法大纲》。教育部长王世杰在提交行政院审议这个大纲的提案中称："考世界先进诸国，其国民教育大都已臻普及，即晚近新兴之国家，如苏俄、波兰等国，仅凭极短期间之努力，亦已由多数国民不受教育之国家而成为教育普及国家。苏俄在革命告成之初，入学儿童仅占学龄儿童百分之二十五，嗣后以十余年不断之努力，国民教育已达普及之阶段"，"足见教育普及问题虽属至大至繁之问题，倘政府对于此事出以决心，持以毅力，则即在比较短期之中，仍可获得比较甚大之成就"。[4]苏联义务教育的学生起始年龄也被许多中国教育专家当作论证中国义务教育起始年龄的重要参照。一位自称"宁远"的人就中国义务教育问题向

---

1 倪亮：《实施生产教育应注意的两项基本工作》，《大公报》（天津版）1934 年 6 月 25 日，第 3 张第 11 版。

2 孙元璸：《教育研究在中国最近的转向》（1 月 5 日写于师大），《大公报》（天津版）1935 年 3 月 25 日，第 3 张第 11 版。

3 聂辉扬：《宪草批评 —— 国民教育章（续）》（1934 年 3 月 9 日于安徽大学第二院），《大公报》（天津版）1934 年 3 月 18 日，第 1 张第 3 版。

4 《教育部推进全国义教》，《大公报》（天津版）1935 年 5 月 31 日，第 1 张第 4 版。

各位教育专家做了一个问卷调查。关于义务教育开始的年龄，大部分接受调查者主张从八岁开始。他于 1936 年 10 月 19 日在天津《大公报》“明日之教育”版发表文章分析，之所以大部人主张中国义务教育从八岁开始，苏联是一个重要借鉴。“现在俄国已正式规定以八岁为正式教育的开端，同时，也是义教的开端。俄国是农业国家，农业经济现在仍然是社会经济的中心。他们的情况是和我们相同的。俄国既是毅然决然以八岁为义务年龄的开始，而获得良好的效果，我们何必犹疑？”[1]

时人对苏联各项具体教育政策的肯定又体现在将苏联教育政策视作中国学习的对象。1930 年 6 月 9 日，天津《大公报》发表社评提出，中国应该学习苏联以公费补助家庭困难学生上学的政策。社评表示，“俄国现行学制，对于有众多子弟入学之家庭，分别以公费补助其学资”，“中国于此，大可采行。盖现在学生费用甚巨，任何家庭，如果同时担负中学生三五人之费用，直有不可能之势。如由政府相当补助之，有裨教育，功在社会，实不在少”，[2]李建勋在讨论中国的教育现状和教育出路问题时，处处以苏联教育为楷模。他于 1935 年 1 月 1 日至 4 日在天津《大公报》发表文章，在分析中国教育失败的原因时认为，中国政府缺乏“整个的教育政策”是中国教育失败的重要原因，“中国教育当局，不察已身应作何事，及将来所收之结果，惟图目前之苟安及公事篇之堂皇，以言政策，非毫未计及，即散乱无章，与俄国整个一贯的政策较，实有愧色”。他又赞赏苏联教育经费投入之高，表示：“吾国教育经费以受政治、军事影响，不但增加困难，而已经核准者亦时有积欠，以致办教育者对于教员之去留，与应有之设置，均感棘手，与俄国各邦之地方文化教育费占岁出百分之四十至八十者较，能勿愧色？强弱之判，其在斯乎？”[3]

中国舆论界对苏联社会主义教育模式的认知是系统、深入的。对于苏联教育模式，中国舆论界形成了这样的认识：苏联教育模式具有深刻的社会主义性质，与资本主义国家自由主义教育模式截然不同；苏联教育模式具有对

1　宁远：《义务教育之研究（下）》，《大公报》（天津版）1936 年 10 月 19 日，第 3 张第 11 版。

2　《青年之烦闷季节》（社评），《大公报》（天津版）1930 年 6 月 9 日，第 1 张第 2 版。

3　李建勋：《中国教育之出路（续）》，《大公报》（天津版）1935 年 1 月 3 日，第 3 张第 10 版。

学生进行政治思想教育的政治性和意识形态化特征；苏联教育模式具有将教育普及于工农群众的大众化和发挥社会建设作用的社会性；苏联推行与生产相结合、重点培养适合国家建设需要的应用型技能人才的教育方针。中国舆论界较为认同苏联这种社会主义教育模式。中国舆论界对苏联社会主义教育模式的认同，主要出于发展中国教育的视角。时人看重苏联政治思想教育，是出于在日益严重的民族危机中培养国民国家与民族意识、纪律和道德观念、刻苦耐劳精神等社会思想需要。时人认同苏联教育的大众化和社会性，是出于希望中国教育担负起提高国民知识素养、推动中国国家建设和社会发展重任的考虑。中国舆论界之所以认同苏联与生产实际相结合的教育方针，是因为在日本侵略日深的情况下，希望中国教育界多培养适合中国经济建设需要的应用型技能人才，以便推动中国的经济建设事业，充实中国国力，抵御外侮。

## 三、对苏联各类教育事业的关注与认知

除关注苏联社会主义教育模式外，中国舆论界又密切关注到苏联各种类型的教育事业。在苏联适龄儿童和青年教育事业中，中国舆论界对苏联幼儿园和小学等儿童教育、中等职业教育、高等教育较为关注，不太关注苏联普通中学教育。同时，中国舆论界对苏联面向成人的民众教育表现出极大关注。作为苏联民众教育重要组成部分的扫盲运动，更受到中国舆论界的强烈关注。

在苏联各类教育中，儿童教育是中国舆论界关注的重点。中国舆论界认识到，苏联儿童教育在国家建设中具有重要作用。1936年8月，江梦生将英国女作家茜碧·史鲍尔（Hebe Spaull）撰写的介绍苏联儿童教育和生活的著作翻译出版。同月12日，上海《大公报》刊登广告，在介绍此书时，极力强调儿童教育在苏联社会主义革命和建设中的重要作用，“苏联革命，并非单纯之政治革命，而为社会革命、经济革命。其革命规模之宏大，诚远驾于法国之大革命之上，故其革命之使命，绝非区区廿余年所可完成。且其究能完成与否，断不能专靠政治力量，而更须兼靠教育力量之培养。所谓培养

教育力量，举其最根本者而言，即就革命后之儿童，予以一种革面洗心之训练，使能继起奋斗之谓也。准是以观，则苏联革命之前途如何，要以儿童教育之进展如何以为断"[1]。中国舆论界又认识到，苏联政府非常重视儿童教育。1934年2月23日，天津《大公报》"小公园"版刊登署名"布衣"的小品文认为，中国儿童教育在兵荒马乱的环境中，得不到国民党当局的重视，而苏联在忙于建军备战的同时，非常重视儿童教育，说道："近来，苏俄境内发现了一个天才的儿童，现在已经给他们的国家收养起来。其实，他们正在秣励兵马，备战忙呢，怎会还有这样闲散的情致顾到一个小孩子？记得我国内战那一回，都战到了十室十空，男妇老幼，流离也罢，死亡也罢，从未见谁悼惜。相形之下，俄国人那种粗壮的体魄，英武的神彩，那一处也比不上中国人和平、慈蔼，何以竟有这样细腻的心肠？他们是伤所当伤、爱所当爱。我们是佛面鬼心，假慈假爱！"[2]萧恩承也于同年4月9日在天津《大公报》"明日之教育"版发表文章说道：苏联政府鉴于儿童社会价值的重要，"于儿童之教育，倍极重视"[3]。中国舆论界注意到，苏联儿童教育注重培养儿童的劳动技能和劳动意识。1936年5月12日，《中央日报》刊登的一篇译文介绍，苏联许多儿童自小即学习劳动技能。这篇文章的作者在莫斯科高尔基文化公园看到，一些儿童在试验室里练习开汽车，"室里面的起重机上，悬着一辆没有车厢的真汽车，车上各部份一目了然。他们练习开机，种种动作"[4]。

中国舆论界非常看重苏联儿童的课外艺术教育。1935年1月21日，张怀在天津《大公报》"明日之教育"版发表文章认为，"使儿童知道艺术与养成独立的创造能力，为苏俄教育中一种根本的责任"。苏联各种儿童艺术团体、先锋队员、学校学生，均参加到雕刻、图画、摄影、歌唱、舞蹈等各种艺术活动中，"不独发扬审美的性情，并使儿童休闲之时，在各种会社中得着有益的娱乐"[5]。1936年10月18日，天津《大公报》"家庭"版刊登署名

1　《今日的苏联青年》（广告），《大公报》（上海版）1936年8月12日，第4张第14版。

2　布衣：《扶植天才》，《大公报》（天津版）1934年2月23日，第3张第12版。

3　萧恩承：《儿童研究之过去与现在》，《大公报》（天津版）1934年4月9日，第3张第11版。

4　维尔突拉克著，郭汉烈译：《猛进中之苏俄文化事业》，《中央日报》1936年5月12日，第3张第4版。

5　张怀：《各国教育状况一瞥》，《大公报》（天津版）1935年1月21日，第3张第11版。

"淑曼"的文章，赞赏苏联建立儿童剧团的做法。文章注意到，苏联"早有儿童剧院之设立"，"今年苏联举行第四届戏剧节，我们已略知其儿童剧团之活动。"文章反观中国，注意到，"'儿童戏剧'的口号，在我国虽有人喊，但却未见有所实行。"[1]

中国舆论界注意到，苏联已经改变以前禁止儿童阅读童话的政策。1936年1月30日，儿童教育家陈鹤琴在天津《大公报》发表文章，将苏联童话读物称为"鸟言兽语"读物，说道："记得苏俄政府在革命之后，曾经一度禁止'鸟言兽语'的读物以及一切神怪的故事。就是幼稚园里的洋娃娃，也在禁止之列。当本人观光苏俄时，鸟言兽语的读物，已经开放了，洋娃娃在幼稚园里也可以公开任小孩玩弄了。"[2]中国舆论界很赞赏苏联儿童童话读物。1935年3月7日，天津《大公报》刊登的售书广告在介绍康日珊翻译的《苏俄童话》一书时，对苏联通过童话读物将儿童培养为"革命战士"的做法表示钦佩。文章介绍，苏联儿童的思想"已得到自由，不再被奴隶教育所薰陶，个个都变成英勇的革命战士了。这种转变，虽基于整个教育设施的功效，然而，用童话改造儿童思想，却也占了最大的力量"。广告极力向中国儿童推荐《苏俄童话》，表示："我想小朋友们把课余的工夫用一些到这本书上时，一定也能变成一个英勇的革命战士。"[3]

时人之所以关注苏联儿童教育，是出于对中国儿童教育的重视，希望从苏联儿童教育中吸取有益于中国儿童教育的经验。例如，在1936年4月4日儿童节之际，童行白在上海《大公报》发表文章认为，儿童是国家的命脉所在，为了复兴民族，国难越深重，就越要重视儿童教育，"我国现在处于帝国主义者重重压迫之下，国难深沉，民族危迫，在此风雨飘摇的险象中，想要解除枷锁，复兴民族，对于国家灵魂、民族命根的儿童，应给予适当的教养"。他认为，苏联儿童教育是一个值得中国学习的例子，"譬如社会主义国家的苏联，他们对于儿童权教养，自摇篮以至于社会生活，都设法用科学的

---

1 淑曼：《全国讨论正热烈的一个重要问题——儿童的娱乐（下）》，《大公报》（天津版）1936年10月18日，第3张第12版。

2 陈鹤琴：《谈谈"鸟言兽语"的读物》，《大公报》（天津版）1936年1月30日，第3张第10版。

3 《本报代办学生课外读物》，《大公报》（天津版）1935年3月7日，第4张第15版。

方法、完密的设备，聘请专家负责管理，以托儿所、幼稚园、少年先锋队的方式，使他们过集体的舒服生活，以养成社会主义化的儿童”。[1]

中国舆论界主张中国学习苏联通过玩具培养儿童劳动意识、国防观念、科学机械知识的做法。1932年11月1日出版的天津《大公报》刊登署名“工”的文章注意到，“苏俄教育家都组织玩物研究委员会。凡是有封建思想的玩物，早经打倒。现在新出的玩物，都是提倡劳工主义，以及激发机器的构造、产业的增进等事。这的确在儿童教育上，有重大效果。”这篇文章认为，中国应学习苏联通过玩具培养儿童劳动意识、激发儿童机器制造和产业发展意识的做法，改良中国尤其是天津儿童玩具的设计与制造，希望“吾国教育当局，也把天津市所出各种玩物，加以研究改良，自动的振作一番”[2]。1934年1月6日，天津《大公报》刊登文章，在描写天津街头“捏面人的”手艺人时，特别钦佩苏联以科学方法创新玩具制作，使儿童通过玩玩具从小接受科学、机械知识的做法。文章认为，天津这些手艺人只会捏些稗官野史中的人物，没有创造性，跟不上时代，“只可惜他们有艺术的天才，无创造的意识。如果他们能作出各种各式的枪炮、飞机、兵舰，以及各种工业机械的玩具来，一定可以给小孩们的幼稚的小心灵一种更有意义和深刻的启示”。文章由此联想到，苏联非常重视用玩具教育儿童，说道：“听说苏联近年来对于儿童们的玩具，都是归纳在社会教育里边，用科学的方法，制造出多少的机械化的玩具来，由国营的玩具公司，卖给各小学和各幼稚园，并且由学校方面，预备各种材料，给小孩们随时仿造。所以，苏联的小孩子们有‘幼时做玩具，长大造飞机’‘帮助家长建设社会主义’的各种口号。”文章希望中国也学习苏联的这种做法，表示：“希望主持教育者，赶快把中国将来的主人翁由儿童时代就栽培起来。改良玩具，自然是其中最重要的一件事情。”[3]1935年2月9日，天津《大公报》刊登署名“一英”的散文，在描述春节期间天津街头出售的花灯时，想到“日本、苏俄的儿童玩具在制作方面，

---

1　童行白：《儿童教养与民族复兴》，《大公报》（上海版）1936年4月4日，第3张第9版。

2　工：《天津杂话》，《大公报》（天津版）1932年11月1日，第3张第11版。

3　《街头雕塑家“捏面人的”——由面人说到了儿童的玩具问题》，《大公报》（天津版）1934年1月6日，第4张第13版。

都从科学上、军备上去立意，去设想的，在玩具里给儿童以科学智识、自卫思想”，认为中国的花灯可以作成飞机、坦克样式，“走马灯里边的转人，设计些关乎科学、军事的式样，来代替那些陈腐不经的男男女女、车马行人的老套，不也很好吗？”[1]可见，这篇散文很赞赏苏联将科学和军事知识融入儿童玩具设计，使儿童通过玩玩具受到科学知识和国防观念熏陶的做法。

苏联儿童教育包括幼儿园教育、小学教育两个阶段。中国舆论界对苏联两个阶段的儿童教育都很关注。苏联幼儿园教育引起天津《大公报》的很大关注。天津《大公报》刊登了一系列文章，介绍苏联幼儿园教育情况。1930年5月28日，该报刊登通信，介绍苏联海参崴幼儿园教育，认为“苏俄幼稚园办理颇善”[2]。1931年4月26日，该报刊登曹谷冰撰写的通信，记述曹谷冰参观莫斯科郊外新工业区两个幼儿园情况。通信介绍，苏联幼儿园非常注意对儿童的劳动教育，园内“有工场，内陈飞机、汽车等各种模型，并置铁工、木工、漆工各种工具与材料，任儿童意愿，随意工作。此虽游戏，而其精神不仅为游戏也”[3]。在天津《大公报》看来，苏联幼儿园教育是值得中国学习的榜样。1933年12月18日，天津《大公报》“小公园”版刊登该版编者撰写的小品文，对苏联幼儿园的纪律性赞叹不已。文章介绍，一位考察苏联回国的教育界朋友说，“他在苏俄曾参观一个幼稚园，正赶上一群小孩子围坐在一个狠大的圆桌上开会，有提案，有决议，秩序是严肃得狠”。由此，文章联想到，中国许多重要的会议，也比不上苏联儿童的会议有秩序。“在中国，任什样重大的会议，那一次没有好多的笑话出来？自然，更是谈不到秩序的严肃。身负着偌大的责任，连人家小孩子这样的训练都没有，也难怪现在的国事竟糟到这样！”[4]

中国舆论界也很关注苏联小学教育。1931年4月4日，曹谷冰在参观莫斯科郊外新工业区布高罗特司克时，对这里小学的设施、教育方式、卫生条

1 一英：《街头赏灯录》，《大公报》（天津版）1935年2月9日，第4张第16版。
2 《海参崴近状一瞥》，《大公报》（天津版）1930年5月28日，第2张第7版。
3 曹谷冰：《赴俄特派员第四信——苏联儿童教育之一瞥》（4月7日寄自莫斯科），《大公报》（天津版）1931年4月26日，第1张第3版。
4 梦：《编余·也难怪，怎敢想》，《大公报》（天津版）1933年12月18日，第3张第12版。

件留下了深刻印象。他看到："校舍极大，仅储衣室一处，即占房屋四间"，"物理试验室、化学试验室、生物学试验室，各占三间，设备完全，布置井然"。学校"有体育室及露天大运动场，设备亦堪满意"。他注意到，苏联小学教授的知识非常实用，"更有木工厂、铁工厂各一，以为学生实习之所。校中教员及工厂指导员，均由布高罗特司克工厂高级职员及技师轮流担任。课程力求切合实用，并重经验，使学生出校置身社会，即能应用，不感扞格"。他又注意到，这里小学食堂的卫生做得不错。食堂女管理员向他要了一块手帕，以之擦拭煮菜锅，手帕上绝无油腻。[1]时人关注到苏联小学的历史教育，认为苏联小学历史教育的目的在于向学生灌输马克思主义阶级斗争和社会发展理论，将学生培养成社会主义的建设者。1934 年 5 月 5 日，天津《大公报》"图书副刊"版发表署名"觉明"的书评，在介绍姚德润、许绍桂翻译的《最近各国的历史教学》一书时注意到，苏联历史课程"是以过去几世纪的阶级斗争和社会发展的近代历史为中心"，目的是培养为社会主义建设而奋斗的战士，"在苏俄，小学的历史教育更其是当作一种训练将来战士的工具"[2]。时人对苏联小学教育评价很高。1933 年 12 月 18 日，天津《大公报》"小公园"版刊登了一篇署名"梦"的小品文，认为苏联小学教育比中国小学教育甚至大学教育先进得多。这篇小品文介绍，"苏俄的小学生都在练习和外国的小朋友通信"，"他们以结交外国的小朋友为光荣"。小品文的作者反观中国，认为中国的儿童、青年连基本的常识都没有，说道："记得上月我到西北去，在宁夏某处教会的小学校里，问了两个十几岁的学生是那一国的人，他们同样把脑袋晃一晃说：'不知道。'北平某处招考的口试，有的大学生说罗斯福是中国人。中国的青年都在这样的教育里，这么，我们又怎敢想到中国的将来？"[3]

除关注苏联儿童教育外，中国舆论界也比较关注苏联中等职业教育。时人对苏联中等职业教育有了较为系统的了解。1937 年 2 月 23 日和 24 日，谢

1　曹谷冰：《赴俄特派员第四信 —— 苏联儿童教育之一瞥》（4 月 7 日寄自莫斯科），《大公报》（天津版）1931 年 4 月 26 日，第 1 张第 3 版。

2　觉明：《最近各国的历史教学》（书评），《大公报》（天津版）1934 年 5 月 5 日，第 3 张第 11 版。

3　梦：《编余・也难怪，怎敢想》，《大公报》（天津版）1933 年 12 月 18 日，第 3 张第 12 版。

世珍在《中央日报》发表文章，介绍了苏联中等职业教育形式。他介绍，苏联七年制初等“普通劳动学校”，“大都设在工厂和农场内，便利一般工人、农人受教育之方便”。三至四年制的中等职业学校，“学生在校一方实习，一方做工，以收实习与理论融会贯通之效。”[1]中国舆论界对苏联中等职业教育持肯定态度。边理庭就以苏联的中等职业学校为例，说明中国多建中等职业学校的必要性。他于 1936 年 12 月 21 日在天津《大公报》“明日之教育”版发表文章，主张中国应多建中等职业学校，“中等职业教育，为造就技术人材的场所，因为一般的国民于完毕义务教育的年限后，或因经济关系，或因智力关系，不能入普通的中学，作为高深研究的准备，所以，国家应斟酌社会的需要，设立中等学校，造成技术人材，以供社会的应用”。他以苏联为例说：“苏联的技术学校（Technicum）招收受过七年工艺教育的学生，修业三年或四年，与中国的中等职业教育相等，专门造就农工技术人才。”“五年计划的成功，当局多半归功于这般技术人材。”[2]

中国舆论界尤其关注苏联高等教育。苏联高等教育深受国人推崇。例如，在中央大学校长罗家伦心目中，苏联高等教育是一个非常值得参考的对象。罗家伦于 1934 年 1 月 22 日在天津《大公报》发表文章，以苏联大学为例，说明中国大学教育应以提高教育质量为重点。他提议，中国大学教育应该重质不重量，“大学对于新生的录取，也应严加选择，因为大学教育本不是普及教育”。说到这里，他联想到苏联的情况，说道：“就是苏俄的教育计划，也只听见他们努力造成多少万工业技术人才，没有听说他们扩充多少万大学生名额。”[3]在中国舆论界看来，苏联高等教育非常重视与生产相关的工程技术人才培养。上海《大公报》于 1936 年 6 月 26 日在报道中注意到，苏联人民委员会和苏共中央通过一项决定，对高等教育进行改革，使高等教育的理论与实践、工业经验与科学相结合，大幅增加学生工业实习的时间。[4]同年

1 谢世珍：《苏联的教育（续）》，《中央日报》1937 年 2 月 24 日，第 2 张第 4 版。

2 边理庭：《改良农业教育刍议（下）》（1936 年双十节于南京），《大公报》（天津版）1936 年 12 月 21 日，第 3 张第 11 版。

3 罗家伦：《中国大学教育之危机（续）》，《大公报》（天津版）1934 年 1 月 22 日，第 1 张第 4 版。

4 《苏联改革高等教育，力求发展应用科学》，《大公报》（上海版）1936 年 6 月 26 日，第 2 张第 5 版。

5 月 15 日，赵演在《中苏文化》发表文章注意到，以服务国家建设为导向是苏联高等教育的一大特征，“苏联之大学，视社会服务为其最重要职务之一种”[1]。苏联农业、医学等类高等学校，主要培养“工程师、农业家及其他种种专家”[2]。向劳苦大众传播科学知识是苏联大学的重要工作。喀山大学“曾在鞑靼共和国某区域内开办一集团农场大学”，其目的“乃在提高集团农场中主要工作人员之教育程度”。“列宁格勒大学亦专设一部，为大众服务”，面向工农举办通俗讲座。[3]

在苏联高等教育中，中国舆论界重点关注了苏联高等医学教育。时人尤其看重苏联高等医学教育的普及化、重点培养学生实践能力、注重研究社会医疗卫生问题、为医生提供再学习机会等做法。1933 年 1 月 3 日至 24 日，天津《大公报》“医学周刊”版刊登文章，系统介绍苏联医学教育和医学人才培养情况，介绍了高等医学院校的数量、学生人数、课程设置，尤其肯定苏联高等医学教育重视培养学生的社会观念和医学实践能力的做法。[4]沈其震于 1937 年 2 月 9 日在天津《大公报》“医学周刊”版发表文章，介绍了苏联医学教育的普及化，尤其半资格医生、看护妇、助产妇的培养情况，又介绍了医科大学的教学情况，包括学生入学、学生生活、学制、课程和实习等情况。他重点介绍，苏联医学教育为了适应社会对医学的需求，更注重医学教育的普及，并注意研究社会医疗卫生问题，“实验室的研究扩充到调查非卫生的工厂与多人聚集的家庭，公共预防保健事业的组织是苏联医学教育的新理想”[5]。有的论者将苏联医学教育纳入以发展社会医学和公共卫生为目的医学教育模式。李涛于 1933 年出版《世界各国的医学教育》一书认为，在苏联，

---

1　赵演：《苏联大学之演进及现状》（1936 年 2 月），《中苏文化》第 1 卷第 1 期，1936 年 5 月 15 日，第 7 页。

2　赵演：《苏联大学之演进及现状》（1936 年 2 月），《中苏文化》第 1 卷第 1 期，1936 年 5 月 15 日，第 5 页。

3　赵演：《苏联大学之演进及现状》（1936 年 2 月），《中苏文化》第 1 卷第 1 期，1936 年 5 月 15 日，第 6 页。

4　《苏俄的医学教育》（转录《中华医学杂志》第 6 期），《大公报》（天津版）1933 年 1 月 3 日，第 2 张第 8 版；《苏俄的医学教育（续）》（转录《中华医学杂志》第 6 期），《大公报》（天津版）1933 年 1 月 24 日，第 2 张第 8 版。

5　沈其震：《苏联的医学教育》，《大公报》（天津版）1937 年 2 月 9 日，第 3 张第 11 版。

"居在僻乡的贫苦农民也一样沾到新医学的恩惠，医学校、医院和医师的数目增加的蓦然惊人"。他认为，中国应学习苏联医学教育模式，"若论我国幅员之大，人民之众，一般人医学知识之低，医学校之稀少，公私医院之寥寥，医师之缺乏，在在都与五年前的苏俄相同"。"固然他们的政治制度与我国不同，难以并论，但是，不能不承认，他们医学教育制度适合自家现代的需要。"[1]苏联高等医学教育甚至受到中国医学院校学生的赞扬。1936年8月11日，湖南湘雅医学院学生何锡祉在天津《大公报》"医学周刊"版发表文章设想，自己将来不仅要办一所医院，做一名内科医生，还要不断再学习，"作学生式的医师"。说到这里，他提道："最近俄国有大规模之学院，以种种方便，使医师于三五年之间，复入该学院，逗留一年或二年，得有机会，吸收新的知识，并藉此以明了医药事业的新趋势。不知道我国将来有此项组织吗？"[2]显然，他非常羡慕苏联医学院校为医生提供再学习的条件。

除苏联幼儿园教育、小学教育、职业教育、高等教育等适龄儿童、青年教育外，苏联民众教育也深受中国舆论界关注。所谓民众教育，就是通过多种方式对成人开展的教育，以提高成人的文化知识水平。中国舆论界之所以关注苏联民众教育，是因为中国存在比苏联还要多的成年人口。中国舆论界期望在开展中国民众教育方面借鉴苏联民众教育经验。

中国舆论界注意到，苏联通过夜大学、党校、工厂学校、农民学校、图书馆、会社、剧院、电影院、歌剧团、博物馆等机构，开展多种形式的民众教育。1931年6月21日，宋之藩在天津《大公报》发表文章介绍："苏俄除各种教育机会均等的学校外，尚有夜间大学，专为业余补习而设。"[3]1936年5月13日，《中央日报》刊登一篇译文介绍，苏联依托工厂、农会、管理处等部门，设立图书馆、会社、戏院等机构，开展民众教育。[4]署名"卜初"的

1 《世界各国的医学教育》（书评），《大公报》（天津版）1933年7月11日，第3张第11版。

2 何锡祉：《我学医的动机及志愿》（1935年12月15日于湘雅医学院），《大公报》（天津版）1936年8月11日，第3张第11版。

3 宋之藩：《介绍一个大规模的美国函授学校（International correspondence schools）给好学而无机会读书的青年》，《大公报》（天津版）1931年6月21日，第3张第9版。

4 维尔突拉克著，郭汉烈译：《猛进中之苏俄文化事业》（二），《中央日报》1936年5月13日，第3张第4版。

论者于1931年11月27日在天津《大公报》"现代思潮"版发表文章介绍，苏联的电影、博物馆、歌剧团"随处宣扬智识"，同时，"党大学""工厂大学""农工大学"都是"为一般平民预备的"，"如此，教育是充分的扩大了，不论男女贵贱，凡是俄国的国民，都有受教育的权利和机会"。[1]

中国舆论界认识到，苏联民众教育的核心目标是实现民众解放，既向民众传播政治意识，也向民众传播各种知识与技能。1934年8月20日，教育家尚仲衣在天津《大公报》"明日之教育"版发表文章，将苏联的民众教育称为"社会思想的社会教育价值论"，认为"它的意义是在大众的解放运动中，用教化底力量的帮助，以促醒他们的政治意识。在他们的最后的胜利的搏斗中，用教育的力量，使他们获得，使他们能运用这个新的利器——知识"。[2]中国舆论界进一步认识到，苏联这种以实现民众解放为目标的民众教育符合将教育普及于社会大众的世界教育潮流。1931年11月27日，署名"卜初"的论者在天津《大公报》"现代思潮"版发表文章认为，教育的社会民众化是世界教育的趋势，"教育的目的不单是为造就个人，同时要为造就社会；不单为造就少数人，同时要造就一般人。教育要普遍，教育要平等"。苏联的平民教育"真能代表二十世纪教育上无上的成功"，"以他们的努力，以他们干的精神，居然站在前头，为世界平民教育运动的领袖"。[3]

中国舆论界往往将苏联民众教育当作讨论中国民众教育问题的重要例证。时人认识到，开展民众教育是挽救当时日益严重的中国民族危机和社会危机的重要途径。人们在讨论中国民众教育问题时，往往联想到苏联的民众教育。山东省立民众教育馆馆长董谓川于1932年4月26日在天津《大公报》"读者论坛"版发表文章，强调发展中国民众教育的重要性，认为"发展民众教育，为救国捷径，平心思之，绝非夸大词"，在帝国主义侵华无所不用其极、中国社会组织日趋崩溃、农村经济日趋没落的情况下，"让全国

1　卜初：《近代教育思想之趋势》，《大公报》（天津版）1931年11月27日，第3张第11版。

2　子钵：《社会教育在现代中国之任务》（1934年8月14日于北平），《大公报》（天津版）1934年8月20日，第3张第11版。子钵是尚仲衣的笔名。尚仲衣是民国时期著名教育家。他于20年代留学美国，获得哥伦比亚大学博士学位。他于1929年回国后，先后任教于中央大学、杭州浙江省立民众教育实验学校、北京大学、广西中山纪念学校、广州中山大学等处。

3　卜初：《近代教育思想之趋势》，《大公报》（天津版）1931年11月27日，第3张第11版。

民众睁开眼睛看看自己，看看世界，在知识上使他们成为现代式的国民，在生活上使他们居于水平线以上，实亦根本解救之道”。讲到这里，他想到苏联民众教育情况，介绍说：“苏俄之民教虽与资本主义之国家异趣，那只是目标的不同，而其力谋提高民众之程度，与他国实无二致。”[1]1936年1月13日，署名“宁远”的论者在天津《大公报》“明日之教育”版发表文章主张，中国在推行儿童义务教育的同时，更应发展以成人为对象的民众教育，“无论就那一方面说，我们不欲推进义务教育，以图民族复兴则已，如欲推行义教，以复兴民族，非同时施行有阶段、有系统的民众教育不可”。他以苏联民众教育在扫除文盲工作中取得的成绩说明这个问题，“苏联已竟把民众教育机关，列入学校系统之内，以全国最大之努力，扫除文盲，已得到最大之成功”，“苏俄之成功，真是给我们加油不少”。[2]同年12月21日，边理庭在天津《大公报》“明日之教育”版发表文章，以苏联“少年农民学校”为例，说明中国民众教育应以农业为中心的问题。他认为，中国民众教育应以农业为中心，服务于农业改良与发展。中国农民占人口的大多数，“我们的民众教育的主要对象就是农民了”。而农民的最大需求就是吃饱饭，所以，“我们的民众教育，要以农业教育为首要”。为了证明这个观点，他提到苏联少年农民学校的例子：“如苏联的少年农民学校，为以农业做基础而建设苏维埃社会起见，在五年计划的期间，功课多关于土地之劳动（耕作、肥料、播种）、河川及贮水池、森林、牧场、养蜂等工作，因此，五年计划才于四年完成。”[3]

中国舆论界进而提出，中国应借鉴苏联民众教育的方法，改进中国民众教育形式。1934年春节前后，河北省立民众教育实验学校实验区在天津小王庄简易教育馆举办“年俗展览会”。天津《大公报》记者参观这个展览后，觉得中国的民众教育方式应更加多样化，“民众教育的工作，在以前除

1 董渭川：《就民众教育之立场论师范教育之方针》（1932年3月12日于济南民教馆），《大公报》（天津版）1932年4月26日，第2张第8版。

2 宁远：《推行义教与民众教育》，《大公报》（天津版）1936年1月13日，第3张第9版。

3 边理庭：《改良农业教育刍议（下）》（1936年双十节于南京），《大公报》（天津版）1936年12月21日，第3张第11版。

了办甚么平民学校、半日学校之外，并没有甚么表现。像‘年俗展览会’似的，以另一种方式来教育民众的事，前此确不多见”。这位记者由此联想到，他曾在《小世界》杂志上读到，“苏联为反对宗教和饮酒，在街头竖起很大的纸人，形容牧师的假貌为善和醉鬼的丑态”。他觉得，苏联这种教育民众的方式“总比贴标语强得多”。[1]1935 年 12 月 23 日，姬振铎在天津《大公报》“明日之教育”版发表文章，认为苏联在工厂附设职业补习学校的办法值得中国学习。他介绍，“苏俄工厂率能附设职业补习学校，除授技术学科、自然学科外，并能顾及苏维埃制度、经济原理及体育等科。因其附设工厂内，故技术实习，较易切实”。他认为，“吾国各工厂迄少附设职业补习学校者。亟宜由政府调查，凡工厂资金较为雄厚，设备较为完善者，均应勒令附设职业补习学校，以资推广，藉收实效”。[2]

苏联扫盲运动是苏联民众教育的重要组成部分。在列宁的提议下，1919 年 12 月，苏俄人民委员会颁布《扫盲法令》，发动扫盲运动。在一五、二五计划期间，苏联扫盲运动取得了巨大进展。迄 1939 年，苏联 89.1% 的人口脱盲。[3]由于中国面临着比苏联还要艰巨的扫盲任务，所以，中国舆论界对苏联扫盲运动表现出很大兴趣，中国媒体刊登了大量报道、文章，介绍苏联扫盲运动成绩。天津《大公报》频繁报道苏联扫盲运动。1930 年 8 月 2 日，该报刊登报道介绍，“劳农联邦现因教育普及，文盲大为减少，报纸读者异常增加”[4]。1931 年 6 月 15 日，该报刊登曹谷冰撰写的通信介绍，苏联政府计划在一五计划完成之际“将全国文盲全部铲除”，认为这是一项“极伟大、极困难之工作”，“其方法尤有研究之价值也”。[5]1932 年 8 月 19 日，该报报道了苏联一五计划期间的扫盲工作。[6]1934 年 11 月 14 日，该报又报道说：“苏

1 《破除迷信的“年俗展览会”》，《大公报》（天津版）1934 年 2 月 7 日，第 4 张第 13 版。
2 姬振铎：《比较职业教育》，《大公报》（天津版）1935 年 12 月 23 日，第 3 张第 9 版。
3 于沛：《苏联扫盲运动（1919—1939）》，《华东师范大学学报》（教育科学版）1984 年第 1 期，第 66—69 页。
4 《苏俄文盲减少》，《大公报》（天津版）1930 年 8 月 2 日，第 1 张第 4 版。
5 曹谷冰：《赴俄记者第十七信——苏俄之教育》（6 月 3 日寄自莫斯科），《大公报》（天津版）1931 年 6 月 15 日，第 1 张第 3 版。
6 《苏俄文盲教育，二年来成绩可观》，《大公报》（天津版）1932 年 8 月 19 日，第 1 张第 4 版。

联文盲之急减，为近年社会主义奋斗最大成效之一。”[1]《中央日报》也经常报道苏联扫盲运动。该报于 1936 年 2 月 29 日报道，苏联政府于 1936 年制定了肃清文盲计划，“此种计划之目的，期于两年以内，将国中五十岁以下文盲，完全肃清”[2]。1937 年 2 月 24 日，该报刊登谢世珍撰写的文章介绍，1920 年后，苏联“铲除文盲运动即因以开始工作，集合全国力量，均致力于此种运动”[3]。《中苏文化》刊登的文章也经常介绍苏联扫盲运动。1937 年 5 月 1 日，林雄九介绍，苏联政府决定，1936 年至 1937 年“完成肃清全部文盲的工作”，“世界上第一个没有文盲的国家，当属于苏联了”。[4]同年 8 月 1 日，曹树铭认为，“苏联肃清文盲运动已经大大地成功，”我们“不得不惊叹苏联肃清文盲成功之大且速”[5]。陈羲伯也感叹：“肃清文盲，在苏联的教育事业上，不能说不是伟大的成功。”“如此惊人的成绩，已打破世界上空前的纪录。”[6]

中国教育界人士主张学习苏联扫盲运动的经验。山东民众教育馆馆长董淮（渭川）受山东省教育厅派遣，于 1934 年 3 月至 10 月赴欧洲考察民众教育。在苏联，他参观了莫斯科、列宁格勒等地民众教育。回国后，他于当年 10 月 23 日接受记者采访时，对苏联的扫盲工作表示赞赏，认为捷克、波兰、苏联的扫盲工作最值得中国参考，“最使吾人注意及参考者，厥为捷克、波兰、苏俄三国。三国对扫除文盲特别注意，且多有因陋就简办法，供我国参考，最为适宜”[7]。杨廉提出，中国应学习苏联扫盲运动的教学方法。他于 1935 年 2 月 11 日在天津《大公报》“明日之教育”版发表文章认为，苏联扫盲运动的群众教学方法很值得中国学习。他介绍，“俄国铲除文盲很快，但并非用学校的方式。他们有一个‘铲除文盲同志会’。加入会者有三百万会员，全是识字的人。每一人每年要教两个不识字的人。如此，一年到头，就可以增加六百万识字的人，次年，就可以增加一千二百万。这样推行下去，

1 《苏联铲除文盲》，《大公报》（天津版）1934 年 11 月 14 日，第 2 张第 5 版。

2 《苏俄定期肃清文盲》，《中央日报》1936 年 2 月 29 日，第 2 张第 1 版。

3 谢世珍：《苏联的教育（续）》，《中央日报》1937 年 2 月 24 日，第 2 张第 4 版。

4 林雄九：《一九三六年的苏联经济建设》，《中苏文化》第 2 卷第 4、5 期合刊，1937 年 5 月 1 日，第 118—119 页。

5 曹树铭：《苏联教育的分析》，《中苏文化》第 2 卷第 8 期，1937 年 8 月 1 日，第 5 页。

6 陈羲伯：《苏联的肃清文盲运动》，《中苏文化》第 2 卷第 8 期，1937 年 8 月 1 日，第 21 页。

7 《欧西各国教育概况》，《大公报》（天津版）1934 年 10 月 25 日，第 3 张第 10 版。

它的速率是很大的”。他觉得，中国也应学习这种方法，“中国应该强迫识字的人，有这种教人识字的义务，和纳税服役的义务一样，所教的人可以随便，家庭的老妈子也好，旧式的太太也好。如果不教，须纳每人五角的代价。中国的教育虽然颇不发达，然而，要是找几百万识字的人，当然还很容易。所以，利用这种方法来推广教育，是很快的”[1]。

更多论者以苏联扫盲运动为例讨论中国教育问题。有论者以苏联扫盲运动为例论证中国实行统制教育的必要性。在 1937 年 4 月 26 日由暨南大学、复旦大学学生参加的“国语辩论比赛会”上，复旦大学学生支才庸以苏联扫盲运动为例说明中国应实行统制教育。他说道：“中国国难当头的现在，实行统制教育是需要的。统制教育可使文盲扫除，像苏俄。他们在第二次五年计划之后，全国文盲减少了许多，而在都市方面可说文盲是没有的了。中国呢，文盲之多竟占百分之六十六！我们应积极的实行统制教育，扫除文盲。”[2]在支才庸看来，苏联是通过统制教育扫除文盲的典范。有的论者以苏联的扫盲运动讨论中国基础教育问题。1930 年 7 月 31 日，天津《大公报》发表短评认为，中国教育过于注重高等教育，忽视中小学等基础教育。“教育根本在中小学，而中国却偏重大学”，“根本问题的中小学，反尔视为卑不足道，听其自然。至于成人识字运动，虽也有人提倡，却终是五分钟热心，决不肯深入民间，切实去干”。这与“苏俄的除文盲运动”相比，“用力的大小冷热，迥乎不同”[3]。显然，短评很赞赏苏联通过扫盲运动提高普通民众的基本文化水平的政策。1937 年 1 月 11 日，杨廉在天津《大公报》“明日之教育”版发表文章，以苏联扫盲运动为例，解释安徽省在开展义务教育过程中推行“教生制”的合理性。他解释，安徽推行的这种制度是在小学四年级以上的学生中选拔成绩优良者充当义务教育的教师。这是安徽在教育落后、缺少教师的情况下，为了迅速普及义务教育，不得已而采取的办法。他以苏联扫除

---

1　杨廉讲，刘问修记：《如何普及义务教育》，《大公报》（天津版）1935 年 2 月 11 日，第 3 张第 11 版。

2　《五大学开始辩论“中国教育应当统制”》，《大公报》（上海版）1937 年 4 月 28 日，第 2 张第 7 版。

3　真：《不切实际的教育》（短评），《大公报》（天津版）1930 年 7 月 31 日，第 1 张第 4 版。

文盲的经验说明这种制度的合理性，说道："试问苏俄当年文盲比我国现在还多，为什么十年功夫竟能完全扫除呢？岂不也是以识字者教不识字者才成功的吗？"[1]有的论者以苏联扫盲运动为例讨论中国民众教育问题。赵冀良于 1935 年 9 月 11 日在天津《大公报》"乡村建设"版发表文章，以苏联扫盲运动取得的成绩为例，论证中国民众学校应以提高民众的基本知识和技能为宗旨。他说道："民众学校就是要训练一般民众，获得基本的教育，以便逐渐提高国民文化水准，使一般国民都能为新国民的拥护者。苏俄于革命后，亦曾致力于扫除文盲运动，认定文盲是五年计划的仇敌，努力打倒文盲，提高文化水准！"[2]

由中国舆论界关注包括幼儿园教育、小学教育在内的儿童教育来看，中国舆论界非常看重作为苏联教育基础的初等教育。中国舆论界比较看重苏联中等职业教育，并看重苏联高等学校对学生应用技术和实践能力的培养以及苏联高等学校向民众普及科学知识的作用。中国舆论界鉴于中国民众素质的低下，非常关注苏联的民众教育，期望借鉴苏联经验，发展中国的民众教育。在苏联民众教育领域，中国舆论界最为看重苏联扫盲运动。在中国扫盲任务比苏联还要艰巨的情况下，中国舆论界看到苏联扫盲运动快速扫除了社会中的文盲，极大提高了苏联民众的文化水平，试图学习苏联扫盲运动的做法和经验，尽快降低中国人口中的文盲比例。

中国舆论界透过苏联教育事业的快速发展，看到苏联民众的受教育程度达到了比较高的水平。通过对苏联社会主义教育模式和各类教育事业的认识和分析，中国舆论界认识到，苏联民众所受的教育完全不同于资本主义国家的自由主义教育，苏联民众受到了系统的社会主义政治思想熏陶，被培养成建设社会主义的新人；苏联教育的大众化和社会性，使苏联民众的文化水平、生产技能得到了普遍提高；苏联大力发展面向社会生产和经济建设事业的应用技术教育，培养出大量适合国家建设需要的技术人才。中国舆论界认识到，中国应该学习苏联在发展教育事业中的一系列做法和经验。在中国面

---

1 杨廉：《安徽省推行义务教育的经验 —— 在教育部义教干部人员讲习班讲演》，《大公报》（天津版）1937 年 1 月 11 日，第 3 张第 11 版。

2 赵冀良：《民众学校的意义和目标》，《大公报》（天津版）1935 年 9 月 11 日，第 3 张第 11 版。

临严重的民族危机和社会危机、民众素养极其低下的情况下，中国教育事业应该尽快提高中国民众的文化水平、生产和生活技能。尤其是，中国应该学习苏联政治教育的方式，提高中国民众的民族和国家意识，提振中国民众国家建设和抵御外侮的精神；中国应该学习苏联面向社会生产和国家建设事业的教育方针，多培养适合中国国家建设事业需要的应用型技术人才；中国应该学习苏联各类教育事业的做法和经验，提高中国的基础教育水平，提高中国失学儿童和青年以及低素质成人的知识素养、生产和生活技能，尽快降低中国民众的文盲率。中国舆论界对苏联教育事业的认可和肯定，既表现在主张学习和借鉴苏联教育模式、做法和经验上，又表现在以苏联教育模式、做法和经验为例，探索中国教育发展模式和方针上。中国舆论界以苏联教育模式、做法和经验，系统探讨了大量中国教育问题。

以解决中国社会问题为视角，考察、认知苏联民众社会生活，是中国舆论界苏联社会生活观的核心内容，构成中国舆论界苏联社会生活观的骨干。所以，中国舆论界苏联社会生活观包括两方面内容：第一，对苏联社会生活各方面情况的认识和分析。时人认识到，苏联虽然民众生活水平有待提高，但生活稳定，城市生活环境有了很大改善，享有比较全面的社会保障和医疗卫生服务，同时，呈现出积极向上、奋发努力的精神状态，实现了婚姻自由。尤其是，苏联妇女得到了彻底的解放，苏联民众的受教育水平得到了巨大提高。第二，由苏联社会生活状况对解决中国社会问题的探索和认知。时人试图借鉴苏联组织、动员民众的方法，借鉴苏联对民众进行政治思想教育的方法，提高中国民众国家建设热情和抗日精神；时人试图学习苏联与生产劳动和国防相结合的民众普及性体育方针，提高中国民众从事国家建设和参加国防建设的体力和能力；时人试图学习苏联妇女解放事业的做法和经验，尤其是学习苏联使妇女普遍参加社会生产的政策，使中国妇女实现经济独立，打破中国男权社会格局，推动中国妇女解放进程；时人试图借鉴苏联社会主义教育模式，解决中国教育面临的一系列问题。显然，在时人看来，相比于欧美资本主义国家，苏联改善民众社会生活的模式、政策和经验更适合中国的社会需求。中国舆论界对苏联社会生活的看法和分析，虽然并不完全符合苏联的实际情况，但是，时人从苏联的社会生活态势中，找到了中国学习的榜样和目标。在中国社会混乱落后，人民身体素质低下、精神萎靡不振，亟须发展经济、增强国力，以抵御外侮的情况下，时人期望中国也能像苏联那样，建立一个积极进取、人民生活幸福的新型社会。

# 结 语

本书运用天津和上海《大公报》《中苏文化》《俄罗斯研究》《独立评论》《经济学季刊》《中央日报》《申报》等1930年至1937年全面抗战爆发前中国出版的报刊资料，全面梳理了同时期中国舆论界对苏联的介绍、考察、分析和评论，系统考察了中国舆论界的苏联观。本书就中国舆论界最为关注的中苏关系以及苏联经济发展、社会主义经济制度、文化事业、社会生活等苏联国家建设领域情况，将考察对象聚焦于中国舆论界的中苏关系观、苏联经济发展观、苏联经济制度观、苏联文化观、苏联社会生活观。

中国舆论界的中苏关系观的核心内容是中国舆论界基于维护中国国家主权和权益立场，对如何处理中苏关系问题的探讨和思考。中国舆论界的中苏关系观既随中苏关系的跌宕起伏而演变，又与中国国家命运尤其日本侵华造成的中国民族危机密切相关。

20世纪30年代的中苏关系曲折而复杂。这导致南京国民政府和中国舆论界在如何处理中苏关系并在中苏关系中如何维护中国国家主权和权益问题上，非常棘手。在30年代前期甚至30年代中期，中东路问题是影响中苏关系的重要因素。在1929年中东路事件中，苏联通过军事干涉手段，强行恢复了对中东路的管理权。1930年至1931年，中苏两国主要就中东路问题举行的中苏会议毫无进展，仅就会议议题问题展开了一系列谈判，在中苏会议是否以《伯力协定》为基础、是否在谈判中东路问题的同时谈判两国复交、通商等涉及中苏关系的一系列全面问题上，争执不下。而且，对于中东路问题，是只谈判中东路管理问题，还是同时讨论中国赎回中东路问题，两国亦意见相左。虽然两国于1930年底就中苏会议议题问题达成了一致意见，但之后的谈判并无任何进展。1931年九一八事变日本侵占中国东北及之后日本大举侵略中国华北，不仅深刻影响了远东国际格局，而且深刻影响了中苏关系。在中东路问题上，东北沦陷导致中苏会议不了了之，苏联于1933年5月向日本提出将中东路卖给日本，经过近两年的谈判，苏联正式于1935年3月将中东路出售给日本。虽然日本侵占东北加快了中苏复交进程，中苏于1932年12月恢复了外交关系，但两国外交关系并没有太大进展，而且，两国经济关系也停滞不前。在日本侵占中国东北的情况下，苏联出于保持苏联远东地区国防安全考虑，在中日之间保持不干预的中立政策，并没有给予中国抗日斗争任何道义和实际的支持。显然，总体而言，在1937年全面抗战爆发前的30年代，在两国关系方面，苏联并未执行对华友好政策，一方面保持其对中国中东路的控制，另一方面在日本侵占中国东北的情况下，并未给予中国应有的支持。

20世纪30年代中苏关系的曲折和复杂性导致中国舆论界的中苏关系观几经转折。中国舆论界最为关心两方面问题：一方面，如何在处理中苏关系中维护中国的国家主权和权益；另一方面，在日本占领东北并大举进犯华北情况下，如何利用苏联在远东地区与日本的矛盾，将苏联转化为牵制日本侵华的积极而有效的国际力量。苏联侵占中国国家主权和权益极大损害了中国国家主权和权益，与中国舆论界维护中国国家主权和权益的立场形成了尖锐矛盾，引起了中国舆论界的强烈不满。这导致中国舆论界在中苏会议、苏联出售中东路等问题上，一方面，与国民党当局维护国家主权的努力保持一致，积极向国民党当局建言献策；另一方面，深入思考如何应付苏联侵占中国主权的问题。在日本侵占东北并积极侵略华北的过程中，中国舆论界从抗日角度思考苏联在远东国际关系格局中的地位和作用，认识到在应对日本扩张政策方面中苏两国国家利益的一致性，察觉到苏联与日本在远东国际关系中的矛盾，认为苏联是值得中国争取的牵制日本侵华的潜在而有效的国际力量，开始改变中东路事件后对苏联形成的“侵略国”的印象，将苏联看作“和平大国”，并非常关注苏联的国防建设及工业建设的国防性。九一八事变发生后，中国舆论界表现出比国民党当局更积极的赞成中苏复交的态度，两国复交后，又积极主张发展和深化中苏两国外交、经济等各方面关系，对中苏两国外交、经济关系的停滞表示失望和不满。但是，苏联对日本侵华采取的不干预的中立政策，又与中国舆论界期望苏联支持中国抗日的主观愿望形成巨大反差。对于苏联的中立政策，中国舆论界表现出了相当的克制，认识到，中国抗战只能依靠中国自己的力量，对苏联牵制日本侵华的期望值不能太大。不过，从总体上而言，中国舆论界对发展中苏关系持积极态度，在苏联大量损害中国国家主权和权益、对日本侵华采取不干预的中立政策的情况下，中国舆论界仍积极主张全面发展中苏关系，深化两国各方面的合作与交流。

中国舆论界的苏联经济发展观是其基于中国经济发展进程的分析，着眼于对整个世界经济格局的观察，对苏联一五、二五计划期间经济高速发展进程的认知，也是中国舆论界由苏联经济高速发展进程认识如何实现中国经济快速发展道路的过程。在苏联社会各领域建设与发展方面，中国舆论界最看重苏联经济的快速发展，这方面的认识深刻影响到其对苏联社会其他方面的认识，尤其是影响到其对苏联社会主义经济制度的认识。中国舆论界将苏联视作高速发展的经济体。他们将苏联一五、二五计划期间经济的高速发展与1929年资本主义经济危机导致的资本主义国家经济的停滞与衰退进行对比，进一步强化了其对苏联经济高速发展的肯定。同时，他们由苏联经济的高速发展进程，反观中国经济的落后与停滞，期望从苏联促成经济高速发展的一系列政策中找到快速发展中国经济的途径。九一八事变后中国民族危机的深化进一步促使中国舆论界努力到苏联寻找如何实现中国经济快速发展的道路。中国舆论界认为，中国要抵御日本的侵略，就必须通过尽快发展经济充实国力。由这种思路出发，中国舆论界越发感到苏联经济高速发展的可贵，从而将苏联经济建设进程视作中国发展经济的榜样。所以，中国舆论界对苏联经济发展进程的关注度是逐步提升的。苏联一五、二五计划期间经济建设进程和中国民族危机的步步深化两个因素交织影响，促使中国舆论界对苏联经济发展进程的关注度逐渐升高。尤其是，1931年9月九一八事变、1932年苏联公布二五计划大纲并宣布用四年时间提前完成二五计划，更加促使中国舆论界关注苏联经济发展进程。出于提振中国民众经济建设精神的考虑，中国舆论界非常看重苏联政府和人民的经济建设精神，系统阐释和总结了苏联刻苦努力、艰苦奋斗的建设精神。

对于苏联经济的高速发展进程，中国各舆论主体都表现出了强烈兴趣。一些访苏人士直观感受到了苏联经济的快速发展。他们的观感通过中国媒体的介绍，在中国产生了巨大社会影响，使包括普通民众在内的中国各界人士深切了解到苏联经济发展情况。《大公报》《中央日报》等中国媒体对苏联经济高速发展情况作了大量报道，并在社评中频繁赞扬苏联经济的高速发展。国民党当局人士也对苏联经济发展表现出极大关注和肯定。中国各民间个体也纷纷在报刊上发表文章，基于不同的理念、立场和视角，表达他们对苏联经济高速发展的赞扬态度。这说明苏联一五、二五计划期间的经济高速发展在中国的思想影响是极其广泛而深刻的。不过，中国不同的舆论主体对苏联经济发展进程的认知倾向有所不同。访苏人士对苏联经济发展情况偏重于直观描述其所见所闻；中国媒体倾向对标苏联经济建设的成绩，就中国经济和社会发展问题提出总体性意见；国民党当局人士关于苏联经济发展问题的言论具有明显的国民党政治色彩；民间个体则基于不同理念，对苏联经济建设的看法较为自由、多元，但表达了他们各自的内心感受。

在苏联经济发展方面，苏联工业建设成为中国舆论界的关注重点。中国舆论界看到了苏联工业的快速发展进程，认定苏联迅速由农业国转变为工业国，将苏联视作快速实现工业化的典范，认为这对于作为农业国的中国有巨大的借鉴价值，希望中国也能像苏联那样推进中国的工业建设，由苏联工业建设分析中国的工业化问题。同时，中国舆论界对苏联重积累轻消费、以重工业为重心的工业发展模式作了多方面的分析。在中国面临由日本侵华造成的严峻国防形势的情况下，中国舆论界对苏联这种工业发展方针持认同态度。他们认为，中国应学习苏联通过限制人民消费积累工业建设资金的做法，以最大限度地将人民手中的资金集中到中国的工业建设上。他们又将苏联重点发展重工业的方针与国防建设相联系，认为中国亦应学习苏联的这种方针，重点建设与国防相关的中国工业体系。

在一定程度上说，中国舆论界的苏联经济发展观是对苏联经济发展情况的客观反映。一五、二五计划期间，苏联在经济建设方面确实取得了巨大成绩。中国当代学者即指出，“1922 年至 1928 年的 7 年期间，整个国民经济部门的投资为 265 亿卢布，‘一五’期间猛增为 600 多亿卢布。工业的年增长率达到两位数字。”苏联工业增长率，1928 年为 19%，1929 年为 20%，1930 年为 22%，1931 年为 20%，1932 年为 15%。“第二个五年计划期间，工业总产值增加 1.2 倍（‘一五’期间仅增加 1 倍），年均增长 17.1%。农业总产值增加 0.5 倍，国民收入增加 1 倍以上”。二五计划期间，苏联重工业有巨大发展，“重工业的产值增长了 1.4 倍，达到 552 亿卢布，超过计划规定的 20% 以上”。[1]

但是，中国舆论界对苏联经济发展进程的认识存在很大主观性和不客观性。虽然中国舆论界指出了苏联经济发展进程中存在的一些弊端，诸如农业与工业发展不平衡、食品和日用消费品匮乏、人民生活水平低下、强制低价征收公粮，以及工业建设中工业发展指标过高、产品质量低下、企业管理水平不高等，但是，对苏联经济发展进程中存在的许多结构性矛盾，如重工业与轻工业失衡、农业生产单位效率低下、为积累工业建设资金而对农民实行经济剥夺等，认识明显不足。中国舆论界出于对中国经济落后的认识，往往过高评价苏联经济发展成绩。他们过于轻信苏联的对外宣传，对苏联经济发展情况的了解也多来源于苏联当时对外宣传的材料。一些访苏人士的观感由于其访问地点多由苏联相关部门刻意安排而存在很大的片面性。种种因素导致中国舆论界对苏联经济发展的认识多浮于感性层面，缺乏深入的理性认知。中国当代学者就指出，一五和二五计划期间，“苏联农牧业的状况，如果按人均产量来看，非常糟糕。谷物的人均产量：1930 年至 1932 年为 460 公斤，1933 年至 1937 年为 440—450 公斤，1938 年至 1940 年为 420—430 公斤，都低于全盘集体化前 1928 年至 1929 年的 470 公斤，更低于沙皇时代 1913 年的 540 公斤”。苏联实际未完成一五计划规定的指标。一五计划规定，国民收入增加 103%，工业产值增加 180%。实际到 1932 年，国民收入

---

1 徐天新：《苏联史》第 4 卷《斯大林模式的形成》，人民出版社，2013 年，第 117 页、第 134—135 页。

只增加 60%，工业产值只增加 102%。工业生产的年均增长率，一五计划规定为 19% 至 20%，苏联官方宣布为 22%，实际为 19.2%。一五计划期间，苏联轻工业生产情况更差，一五计划规定轻工业产值增长 140%，实际只增长 56%。苏联二五计划并未如苏联当局宣布的那样于 1937 年 4 月用 4 年 3 个月时间提前完成，二五计划的 46 项指标，只有 10 项完成，“从总体看，大约完成 70%—77%”[1]。不过，在 20 世纪 30 年代包括苏联在内的世界各国都对苏联经济发展进程中存在的弊端和不足缺乏认识的情况下，我们不能苛责中国舆论界苏联经济发展观中的不客观性。

中国舆论界苏联经济制度观是基于不同的思想理念和政治立场，对苏联社会主义经济制度的价值合理性的认知以及对苏联社会主义经济制度在中国应用价值的探讨。对于苏联社会主义经济制度，中国舆论界虽然也注意到了十月革命后苏俄战时共产主义政策和 20 年代苏联新经济政策时期的社会主义经济体制，但主要聚焦于苏联一五、二五计划时期的社会主义经济制度。在一五、二五计划时期，苏联建立起更为系统的社会主义经济制度，这种经济制度以包括国营经济、农业集体经济在内的公有制经济为基础，以计划经济制度为核心，公有制经济和计划经济制度构成苏联社会主义经济制度的主体内容。

中国舆论界对苏联社会主义经济制度的认识是比较全面的，对苏联由农业集体经济、工商业国营经济组成的公有制经济的建立和管理运行模式、计划经济制度、各项具体的经济制度及其分配制度等都有较多的介绍和分析。虽然中国舆论界对苏联社会主义经济制度有相当全面的了解，但是，各舆论主体从没有将苏联社会主义经济制度作为一个整体看待，而是将苏联的农业集体经济、国营经济、计划经济分割开来，进行单个性的考察和分析。这导致中国舆论界对苏联社会主义经济制度各构成要素之间的关联性缺乏明确认识，就是对于苏联社会主义经济制度构成要素本身本质特征的认识也不深入，更谈不上准确。例如，中国舆论界往往将苏联公有制经济和计划经济制

1　徐天新：《苏联史》第 4 卷，《斯大林模式的形成》，人民出版社，2013 年，第 86、120—121、140 页。

度看成是两样东西，将苏联计划经济纳入盛行于整个世界的统制经济潮流进行认识，甚至混淆苏联计划经济与资本主义国家经济干预政策之间的界限。虽有少数论者认识到苏联计划经济的公有制经济基础，但多数论者缺乏这样的认识。这说明，中国舆论界对苏联计划经济的本质特征是缺乏明确认识的。中国舆论界对于苏联公有制经济的认识也存在这种问题。人们多将苏联以集体农场为主要形式的农业集体经济与工商业领域的国营经济分别看待，将关注重心置于农业集体化，对工商业国营经济关注较少。这就导致两方面的思想倾向，一是对苏联社会主义经济制度的整体价值缺乏明确认识，也不认同苏联社会主义经济制度的整体价值；二是对苏联社会主义经济制度的批评往往聚焦于局部要素，缺乏整体性的反思。

中国舆论界的上述思想倾向，再加上各舆论主体各不相同的思想理念、政治立场，导致绝大多数时人并未从价值观上认同苏联社会主义经济制度的合理性，没有认识到苏联社会主义经济制度的价值合理性。中国舆论界对于苏联社会主义经济制度的赞赏和认同仅限于苏联社会主义经济制度在苏联和中国的应用合理性层面。他们对苏联社会主义经济制度的认同主要是看到苏联一五、二五计划期间苏联经济高速发展的结果。他们看到苏联经济建设取得的巨大成就，在中国急需要通过发展经济拯救民族危机的情况下，就企图在中国现有经济制度的基础上，通过学习、借鉴苏联某些具体的局部经济制度，推进中国的经济建设，甚至有的论者根本反对中国实行苏联社会主义经济制度。也就是说，中国舆论界几乎没有人主张将苏联社会主义经济制度全面引入中国。这一点，从一些自由主义者将苏联社会主义经济制度看作一种“社会大试验”的观念中就可看出。这些自由主义者一方面赞赏苏联经济的高速发展，乐观预期苏联经济发展前景，又不从价值观上认同苏联社会主义经济制度的合理性。同时，中国舆论界对苏联社会主义经济制度的认同，又是看到资本主义国家1929年经济危机暴露出的资本主义经济制度的严重缺陷的结果。人们由西方资本主义经济制度的严重缺陷，形成了大量对西方资本主义经济制度的批判性认识，这也促使他们将目光转向苏联社会主义经济制度。无论是对苏联经济高速发展的认识，还是日本侵华日亟导致的时人对发展中国经济的渴望，还是对资本主义经济制度的批判性认识，相对于苏联社会主义经济制度本身，都是一种外在的认识因素。实际上，无论是中国的自由主义者，还是国民党人士，以及具有其他思想倾向的中国论者，都没有从正面、从整体上认识苏联社会主义经济制度，有的是出于自己的政治立场和思想观念不情愿，有的是受信息来源的限制。这种思想倾向也导致中国舆论界关于苏联社会主义经济制度的价值合理性和在中国应用价值的观点存在很多歧见，认同、赞赏与质疑、反思两种意见并存。

尤其是，一些自由主义论者虽然认同苏联社会主义经济制度的应用价值合理性，在经济发展的实践层面疏离于自由经济理念，主张借鉴苏联社会主义经济制度中的某些具体制度，但在价值观上不认同苏联整体的社会主义经济制度。这就导致他们对苏联社会主义经济制度存在如下思想倾向。他们更看重苏联社会主义经济制度的自主经营因素。这从他们对十月革命后苏俄战时共产主义政策的批评态度和对 20 年代苏联新经济政策的赞赏态度略见一斑。有的人努力从苏联社会主义经济制度中寻找与自由经济相通的因素。也有的人徘徊于自由资本主义经济制度与苏联社会主义经济制度之间，试图各取所长。

实际上，苏联一五、二五计划期间建立的包括农业全盘集体化、工商业的全盘国营化、完全取消市场价格调节作用的计划经济等要素在内的苏联社会主义经济制度，存在严重弊端，不利于国家经济的平衡稳定发展。这在后来中国的改革开放进程中得到了证明。虽然当时中国舆论界从自由经济、民营经济理念出发，指出了其中的一些弊端，但中国舆论界对苏联社会主义经济制度的反思，只限于局部，即便局部的反思，也不深入。

中国舆论界的苏联文化观的核心内容是其对苏联文化艺术作品的现实主义风格和苏联科技事业为国家建设服务方针的认识。中国舆论界的这种认识具有强烈的中国文化、科技事业建设关怀。他们期望中国文化界应学习苏联文化建设经验，从而培养中国民众国家建设精神和抗日思想，建设以充实抵御外侮的国力为导向的中国科技事业。

在中苏外交、政治和经济关系停滞的情况下，中苏两国的文化交流却有相当大的进展。两国文化界人士开展了一系列交流活动，这种交流活动在 1935 年和 1936 年达到高潮。中国文化界人士通过与苏联相关人士的交流，不仅向苏联宣传了中国文化艺术，并且对苏联文化事业发展情况和艺术风格有了比较直接、深入的了解。中苏两国文化交流之所以不像两国外交、政治和经济关系陷于停滞，很大程度上是因为文化的非实利属性，与两国的现实利益瓜葛较少。而且，文化交流也具有较大的象征意义，容易引起社会各界民众的关注，容易产生较大的社会影响，从而在两国社会中营造两国友好气氛。所以，两国官方人士均将文化交流视作深化两国关系的突破口。两国的文化交流通过中国媒体的报道，产生了极大社会影响，很大程度上影响了中国舆论界的苏联文化观。在两国开展文化交流的同时，苏联文学作品也在中国大量翻译出版，苏联一系列电影也在中国上映。尤其是，中国观众通过观看苏联电影，既感知到苏联与欧美资本主义国家迥然不同的电影艺术风格，也从中直观而生动地感知到苏联欣欣向荣的新社会面貌。

在30年代，中国舆论界对苏联各种类型的文化艺术都有了深入的了解。苏联各种类型的文化艺术作品，诸如文学、电影、戏剧、美术等，都受到中国舆论界的高度关注。苏联的博物馆、新闻事业、科学技术等方面的文化建设成为中国舆论界论证中国重视文化建设必要性的重要论据。如果说中国舆论界对苏联经济发展进程、经济制度的认识存在大量不客观因素的话，中国舆论界对苏联文化事业的认识却是非常深入的，也是比较客观的。中国舆论界从苏联文学、电影、戏剧、美术等艺术作品中，深切感受到其中体现的现实主义风格。时人深切认识到，苏联各类艺术作品具有鲜明的现实主义风格，努力面向社会现实，表现无产阶级革命精神，反映苏联民众的现实生产和生活，描写苏联国家建设的新面貌。时人又注意到，苏联文学艺术工作者大都深入社会生产和民众生活中，致力于创作为苏联民众喜闻乐见的现实主义作品。同时，苏联普通民众不仅对文学艺术抱有极大兴趣，并积极参与到文学艺术创作中。时人还注意到，苏联文化艺术作品往往具有强烈的政治导向性和社会教育意义，向苏联民众传递无产阶级革命思想和社会主义价值观。时人尤其关注苏联科学技术事业面向国家建设实际、重点发展解决国家建设中遇到的应用技术问题的方针。

中国舆论界之所以特别看重苏联文化艺术作品中的现实主义风格和重点发展应用科技的方针，是因为他们认为这些是中国文化界学习的榜样。时人希望中国文学界像苏联文学界那样，多创作反映社会现实、具有思想教育性的文学作品，以培养中国读者的团结抗日精神、国家建设热情以及社会变革思想。苏联电影的现实主义风格契合了当时中国社会抗日御侮、渴望加快国家建设的精神需求。时人希望中国电影界多创作苏联那样具有社会教育意义的电影，熏陶中国民众积极向上、努力建设的精神。时人还希望中国戏剧界人士肩负起发动、教育、宣传民众的责任，投身抗日救亡的民众宣传，像苏联戏剧界那样，多创作和演出富有教育性的戏剧。时人也希望中国科技工作者像苏联科技工作者那样将自己的研究与国家建设密切结合在一起，多研究与充实国力、抗日御侮相关的应用技术，为挽救民族危亡、实现民族复兴服务。

中国舆论界的苏联社会生活观是其着眼于中国社会问题的解决，对苏联民众各方面社会生活状况的认识。中国舆论界对苏联民众社会生活的关注与分析，有着强烈的解决中国社会问题的意识。他们由苏联民众各方面社会生活，系统分析了中国存在的各种社会问题，试图从苏联改善和提高民众生活的政策和经验中，寻找中国社会问题的解决之道。所以，中国舆论界苏联社会生活观包括两方面内容，既包括他们对苏联各方面社会生活状况的认识，也包括他们以苏联社会生活状况为榜样和目标，对解决中国社会问题的认识。

应该说，中国舆论界对苏联社会生活的介绍和考察是比较全面的。他们对苏联社会生活的几乎所有方面都做了介绍和考察。他们从积极方面看待苏联民众的生活水平，认为虽然苏联民众生活水平还不高，但比中国人的生活水平高得多，尤其是苏联民众收入稳定，享受着较为稳定的社会保障，苏联民众的生活水平在不断改善之中。他们又认为，苏联民众在物质生活水平不高的情况下，有着积极向上、团结一致、勤奋努力的精神面貌。他们注意到，苏联民众实现了婚姻自由；苏联政府实行的民众普及性体育方针使苏联民众的身体素质普遍得到提高；苏联民众享受着较为全面的医疗卫生服务。中国舆论界尤其关注苏联妇女解放事业。他们认为，苏联妇女实现了彻底解放，取得了与男子完全平等的政治和法律地位，并取得了与男子一样的工作权，通过普遍的职业化实现了经济独立。他们又从苏联妇女保健、母性教育、幼儿公育制度等方面具体考察苏联妇女解放进程。中国舆论界也非常关注苏联民众的受教育情况。他们认为，苏联民众的受教育程度达到了很高的水平；苏联党和政府制定和实施了完整的社会主义教育模式，使人民群众受到系统的思想政治教育，使教育广泛普及到工农大众之中，普通民众的基本知识素养和生产技能得到了巨大提高；苏联的小学等基础教育、职业教育、高等教育、成人民众教育得到了巨大发展。

中国舆论界对于苏联社会生活的认知，有着强烈的解决中国社会问题的意识。由于中国仍然处于半殖民地半封建社会，存在各种极其严重的社会问题，所以，中国舆论界试图从苏联改善和提高民众社会生活的政策、经验和做法中，寻求解决中国社会问题的途径和方法。他们认识到，中国民众的生活水平比苏联低得多，生活也极不稳定，没有任何保障，所以，中国面临着严重的提高民众生活水平的任务。从苏联民众积极向上、团结一致、奋发努力的精神面貌中，他们深刻认识到改变中国民众精神状态的必要性，认为中国民众应改变萎靡不振的精神状态，像苏联民众那样树立起团结一致、为国家建设勤奋工作的精神，像苏联民众那样具有组织性和纪律性。他们从苏联的婚姻自由中，认识到改变中国民众婚姻受家庭和社会束缚的现状、实现中国婚姻自由的必要性，反思了中国男女不平等的婚姻关系，认为应提高中国妇女的婚姻地位，中国妇女也应像苏联妇女那样冲破婚姻牢笼。他们主张学习和借鉴苏联与生产劳动和国防相结合的民众普及性体育方针，不应重点发展竞技体育，而应将体育事业的重点放在提高普通民众身体素质上，使中国民众拥有参加生产和国防建设的体力和能力。日本侵华导致的严重民族危机更加强化了他们的这种认识。他们认识到，为了抵御日本侵略，中国必须努力普遍提高民众身体素质，使民众有体力从事经济建设，并为抗战军队提供合格的兵源。他们主张学习苏联国有化、普及化的医疗体制，提高中国普通民众的医疗健康水平。他们看到了中国在妇女解放方面与苏联的巨大差距，认为中国应以苏联为榜样，推进中国的妇女解放进程，提高中国妇女的社会地位，使中国妇女拥有更多的参政权，中国妇女也应像苏联妇女那样积极参与国家的政治事务。他们尤其认为，中国妇女应向苏联妇女学习，积极参加社会工作，实现经济独立，打破中国男权社会格局。他们又认为，中国社会应努力提高妇女的保健水平，保障妇女的生活权益。他们结合苏联教育发展，认识到了提高中国民众教育水平的重要性。他们一方面主张学习和借鉴苏联各项教育方针和政策，另一方面结合苏联教育方针和政策，探讨了中国各种教育问题。他们虽不认同苏联思想政治教育的马列主义内容，但主张借鉴苏联思想政治教育的方式，提高中国民众的国家建设热情及抗日的民族和国家意识。他们又主张，学习苏联大众化的社会教育方针，普遍提高中国民众的知识水平；学习苏联面向经济建设事业、与社会生产相结合的教育方针，提高中国民众的生产技能，为增强抗日国力的经济建设服务；学习苏联成人民众教育尤其扫盲运动经验，解决中国成人民众和失学青年文化水平低下问题。

总体而言，中国舆论界苏联观是其以维护中国主权和权益、解决中国各种经济社会问题为目的，对中苏关系和苏联各领域经济社会情况的认知。中国舆论界对中苏关系和苏联各领域经济社会情况的认知过程，也是其认识中国对外关系问题、社会经济问题的思想过程。他们对于在处理中苏关系中如何维护中国主权和权益、如何学习借鉴苏联经济社会发展政策和经验以推进中国社会经济发展问题，做了大量讨论。这说明，在30年代，苏联经济社会情况成为中国舆论界讨论中国经济社会发展问题的重要参照，而且，在中国深受日本侵略的情况下，苏联在中国舆论界心目中的国际地位日益提升。

由于中国舆论界对苏联的介绍、观察、分析和评论具有鲜明的中国立场和视角，所以，中国舆论界的苏联观呈现出如下几个方面的思想态势：

第一，在中苏关系方面，具有强烈的维护中国国家主权和权益意识。在全面抗战爆发前的30年代，苏联除通过中苏文化交流营造两国友好气氛外，对中国实质性的友好举措不多。苏联在中东路事件后继续控制中东路，之后，无视中国对中东路的主权，将中东路出售给日本。虽然中苏两国于1932年12月恢复了外交关系，但复交后的两国关系并无实质性的进展。在日本占领东北的情况下，苏联执行不干预的中立政策，没有给中国抗日斗争提供实质性的支持。苏联的这些政策对中国国家主权和权益造成了实质性的损害和威胁，与中国社会希望苏联在东北亚国际关系中牵制日本侵华的愿望形成了较大落差。这引起了中国舆论界的较大不满。中国舆论界要求在处理中苏关系时维护中国主权和权益的呼声在全面抗战爆发前的整个30年代一直未断。

第二，强烈的中国经济建设和社会发展意识。中国是一个半殖民地半封建的落后农业国，面临着巨大的经济建设任务，也存在着一系列严重的社会问题，尤其是，日本的大举侵略更彰显出中国通过经济建设增强抗日国力的必要性。在这种情况下，中国舆论界将对苏联的关注重点置于苏联的经济社会发展领域，期望从苏联各项经济社会发展制度、政策和经验中，汲取对中国有益的成分，以推进中国的经济社会发展。但是，作为由非马克思主义者组成的中国舆论界，没有认识到取得新民主主义革命胜利、最终建立无产阶级领导的社会主义社会才是推进中国经济社会发展的根本途径。所以，他们不认同苏联的无产阶级革命道路，也不认同指导苏联无产阶级革命和建设事业的马列主义，同样不认同苏联通过无产阶级革命建立的无产阶级专政的政治制度。他们采取将苏联国家建设成就与苏联马列主义、无产阶级革命和无产阶级专政政治制度相切割的态度。例如，天津《大公报》就一面主张学习苏联建设经验，一面反对苏联向中国输出马列主义和无产阶级领导的革命。该报于1930年4月2日发表社评，在劝告苏联停止向中国宣传苏联的“主义”和第三国际的“政策”的同时，又羡慕苏联的工业建设，表示：“世之最可已而不已者，其苏联之对华宣传乎。宣传之用，将使中国实行所谓苏联之主义与夫所谓第三国际之政策也。”“吾人对于苏联本身之工业建设，常表示敬意，以为其有人才，有计划，有毅力热心，虽扞格亦多，但成绩尚在。独至其对华宣传，则实拙劣而幼稚。”[1]该报又于1932年11月4日发表社评，在主张借鉴苏联建设经验的同时，指责中国共产党领导的土地革命以及苏联对中国共产党的支持，表示：“苏联干部试思，苏联革命，为工农兵联合。近年第三国际指导中国共产党之主要政策，号称重农，然实际结果，则破坏农村，杀戮地方小资产人民，或单纵情仇杀。如此政策，何以能得中国多数人民之同意？何以能产生与苏俄同类之建设？”“中国政治经济改革之必要，乃另一问题，要之，必为合理而可行者。苏联建设之经验，中国固愿参考，

1 《忠告苏联》（社评），《大公报》（天津版）1930年4月2日，第1张第2版。

即第三国际所标榜之反帝国主义、反资本主义，果其理论可取，中国亦非不倾听。”[1]蒋廷黻也于1932年12月25日在《独立评论》发表文章认为，中国可以学习苏联建设经验，但不应学习苏联的马列主义，“一部马克斯，加上列宁的注解，不足以治国平天下”。他希望第三国际“多认识中国的社会，或能找出些情形是无所不知的马克斯和列宁所未想到的”。[2]这种巨大的意识形态隔阂导致中国舆论界不关心苏联的无产阶级革命、马列主义理论和无产阶级专政政治制度，在多数情况下，他们在介绍和分析苏联情况时，对这些问题采取回避态度，这些问题没有成为他们的关注重点。

第三，认识的客观性与主观性的统一。中国舆论界对苏联的认识确实客观反映了苏联各领域经济社会发展情况。例如，他们对苏联经济发展的介绍和评论，客观反映出苏联经济建设尤其是重工业建设领域的巨大发展；他们对苏联现实主义文化建设的认识是比较深刻的；他们对苏联社会生活也有许多客观的认识；就是对于苏联社会主义经济制度，他们的认识也有许多客观成分，诸如苏联社会主义经济制度与马列主义共产主义理想之间的区别、苏联社会主义按劳分配制度等。但是，他们对苏联经济社会情况的认识也包含大量主观因素，存在大量不客观的内容。这种主观性在一定程度上源于他们对中国经济社会情况的认识，中国比苏联落后得多的经济社会现实，促使他们往往过高评价苏联的发展和建设成绩。中国舆论界对苏联经济社会情况认识的主观性也表现在他们对苏联情况的认识大多停留在表面性的感性认识，缺乏深入的理性分析。他们只看到了苏联经济社会发展取得巨大成绩的表面现象，较少深入认识苏联社会经济发展过程中存在的结构性问题，一些中国人士对苏联的访问也多是走马观花式的流于表面的参观，缺乏深入的调查研究，其访苏观感也存在不少情绪化的内容。不过，在当时中国各界甚至大量西方资本主义国家人士都惊异于苏联经济发展成就，而且苏联本国也对苏联经济社会发展存在的弊端和问题缺乏深入认识的情况下，中国舆论界对苏联经济社会发展情况的过高评价也是一种合乎当时思想逻辑的历史现象。苏联

1 《第三国际与中国》（社评），《大公报》（天津版）1932年11月4日，第1张第2版。

2 蒋廷黻：《中俄复交》，《独立评论》第32号，1932年12月25日，第8页。

信息来源的不够和受苏联宣传的影响，也造成中国舆论界对苏联经济社会情况认识的不客观性。中国媒体关于苏联经济社会情况的报道和介绍，很多来源于苏联官方公布或用于对外宣传的材料，还有的信息来源于苏联驻华外交人员的对华宣传，即便来自西方资本主义国家媒体的信息，也多是这些国家媒体从苏联官方和由苏联官方控制的新闻机构得到的材料。当时亲身访问苏联的中国人士并不是很多，即便一些中国人士有机会访问苏联，其访问地点和访问内容也都经过苏联方面的刻意安排，看到的往往是苏联积极正面的情况，对苏联的消极方面了解不多。

第四，深受中国与苏联之间国力等级差异格局的影响。在30年代，中苏两国的国力水平完全不在同一个等级上。当时的中国是一个以小农经济为主的农业国。在农业领域，不仅仍维持着传统的小农耕作方式，而且农业生产力水平极其落后，现代农业生产技术应用极少。在工业领域，仅在东部沿海地区建立了一些工业，而且主要是轻工业，重工业几乎没有发展。无论是农业，还是工业，中国都受着外国资本的极大制约。尤其是，在1929年爆发的资本主义世界经济危机的冲击下，中国工农业经济益加萧条。经济的不振，导致中国缺乏起码的国防力量。而苏联自十月革命后，经过20年代的新经济政策，尤其是1928年至1937年先后实施的两个五年计划建设，苏联国力有了全面提升，初步实现了工业化、农业机械化，国防实力大为增强。在当时的国人眼中，苏联已经是一个强大的现代化国家。当时的国人有感于中国的停滞、落后，又看到苏联的迅猛发展，对于苏联的赞赏、推崇之情便油然而生。这成为中国舆论界对苏联经济社会发展赞赏和推崇多、批评和反思少的重要原因。

第五，深受日本侵华造成的民族危机的影响。日本于1931年通过制造九一八事变全面占领中国东北地区，又于次年制造一·二八事变，迫使中国不能在上海驻军。1933年上半年，日军占领长城沿线，并使冀东地区成为非武装区，平津等整个华北地区门户洞开。1935年，日本制造华北事变，煽动华北五省自治，导致中国政府对华北地区的控制弱化。日本的步步侵略造成中国极为严重的民族危机。中国舆论界处于这种日益严重的民族危机之中，不得不思考这样几个问题：如何营造有利于中国抗战的国际环境，最大程度地争取国际社会对中国抗战的支持？如何加快抵御日本侵略的国防建设？如何快速推进中国经济建设，以充实抗战国力？如何提振中国民族的抗日精神和信心？这些思想因素导致中国舆论界对苏联的关注热情迅速提高。中国舆论界从中国抗日形势和东北亚国际关系格局中认识中苏关系和苏联在东北亚地区的国际地位，认为苏联是值得中国争取的牵制日本侵华甚至支持中国抗日的潜在力量。所以，中国舆论界在九一八事变后呼吁中国与苏联尽快复交，在中苏复交后，又主张全面发展中苏关系。同时，非常关注苏联的国防建设和苏联以国防为导向的重工业建设。但是，苏联对日政策却令中国舆论界感到失望。七七事变前，苏联在中日之间一直执行中立政策，甚至在中国危难之际对中国落井下石。苏联在中国长城抗战失败之际于 1933 年 5 月主动向日本提出出售中东路。之后，1935 年上半年，苏联一面通过热情接待参加莫斯科电影节的中国电影界人士和梅兰芳剧团，营造两国友好气氛，一面与日本正式签订协议，将中东路出售给日本。中国舆论界出于抗日考虑不仅越来越关注中苏关系，而且越来越关注苏联经济建设。中国舆论界期望中国学习苏联五年计划快速发展经济的经验，加快中国的经济建设，尽快充实抗战国力。中国舆论界又期望中国学习苏联思想政治教育、文化艺术的现实主义风格、苏联民众奋发有为的精神，提振中国民众的抗日精神和信心。

第六，对苏联的关注度和赞赏度呈现逐渐提升态势。中国舆论界对苏联的关注度和赞赏度随着中苏关系的演变、苏联一五和二五计划建设进展和中国民族危机的深化这三条主线逐渐提升。在中苏关系方面，30 年代初，受 1929 年中东路事件造成的对苏恶感影响，中国舆论界一度不赞成与苏联复交。1931 年九一八事变后，中国舆论界要求与苏联复交的呼声迅速增加。1932 年两国复交后，中国舆论界在主张深化两国关系的同时，希望苏联牵制日本侵华。在苏联经济社会发展方面，30 年代初，在苏联五年计划建设成果未充分显现的情况下，中国舆论界对苏联经济发展的关注度不高，甚至指出了一些苏联农业集体化、民众生活困乏等方面的问题和政策失当。随着苏联一五、二五计划的推进和成果显现，也随着中国民族危机的深化，从九一八事变起到全面抗战爆发前，中国舆论界越来越多地介绍苏联经济社会建设成果和经验，对苏联经济社会建设成果和经验发出了越来越多的赞赏和推崇声音。

总体而言，在1937年全面抗战爆发前的20世纪30年代，受中国国内外各种因素的影响，中国舆论界构建起一个较为积极正面的苏联形象。而且，中国舆论界对苏联的关注度和赞赏度在全面抗战爆发后持续增高。一方面，在1941年4月苏联与日本签订《苏日中立条约》前，在欧美资本主义国家对中国抗战保持中立的情况下，苏联出于稳定远东国防的考虑，对中国抗战提供了大量道义和物资援助，另一方面，中国舆论界在全面抗战环境中更加深切思考中国经济建设尤其工业化建设问题，更加关注和赞赏苏联工业化等经济建设进程和计划经济制度，主张以苏联为榜样推进大后方的经济建设尤其工业建设。例如，由中国自由主义知识分子主办的旨在讨论中国经济建设尤其工业化建设问题的刊物《新经济》半月刊在发刊词《新经济的使命》一文中，就将苏联和德国视作中国学习的榜样，表示："近代欧洲有两种新发展的国家，皆足为我们借镜。一是苏联。帝俄时代，工业基础，极为薄弱，共产党革命成功后，力行经济政策，在十年内建设成规模极大的工业，成为几乎可以自给自足的国家。一是德国。欧战之后，德国领土被割，并不得制造军械，受了种种困难，但近数年来，德国突然复兴，取消不平等条约，团结日耳曼民族，成绩斐然。"[1]这种思想态势直到全面抗战中后期才有所改变。尤其是，从1943年开始，随着美英等国家成为中国抗战的盟国、中国人士对美国考察的增多以及西方资本主义国家自由主义思潮的复兴，一些中国人士开始将关注对象由苏联转向美国。例如，吴景超、李卓敏、吴大业、谷春帆等人在1943年至1944年间通过在美国的考察，开始反思苏联计划经济制度，转向认同美国自由经济模式。但是，在全面抗战中后期，中国仍有大量人士认同和宣扬苏联计划经济制度。

总之，在整个20世纪前期，苏联社会主义建设模式对中国的影响是极其深远的。这种影响不仅体现在以中国共产党人为代表的马克思主义者，也体现在中国非马克思主义者。在新中国成立前，虽然以中国共产党人为代表的马克思主义者与中国非马克思主义者对苏联的关注重点有所不同，以中

1 《新经济的使命》,《新经济》半月刊第1卷第1期，1938年11月16日，第1页。

国共产党人为代表的马克思主义者出于推进新民主主义革命考虑，偏重关注苏联无产阶级革命道路，中国非马克思主义者偏重关注苏联经济社会建设模式，但是，新中国成立后，中国共产党人一度全面学习、借鉴苏联以计划经济制度为核心的经济社会建设模式，开展中国的经济社会建设。新中国成立后至改革开放前，中国经济社会建设模式很大程度上以苏联为样板。虽然我们不能断言新中国的计划经济理论和制度与 30 年代中国舆论界关于苏联社会经济建设模式的讨论有直接思想关联，但是，学习、借鉴斯大林主导形成的苏联社会主义经济社会建设模式确实是中国自 20 世纪 30 年代至六七十年代一脉相承的思想潮流。在很大程度上说，中国自 1978 年开启的改革开放进程就是消除中国经济体制中苏联计划经济制度不合理因素的过程。

# 参考文献

## 一、民国时期出版的报刊

[1]《大公报》天津版、上海版

[2]《独立评论》

[3]《俄罗斯研究》

[4]《经济学季刊》

[5]《申报》

[6]《苏俄评论》

[7]《中国与苏俄》

[8]《中苏文化》

[9]《中央日报》

## 二、民国时期出版的图书

[1] A. L. Strong:《苏维埃式的现代农场》，董绍明、蔡咏裳译，上海：良友图书印刷公司，1932年。

[2] 阿达·秋马先珂:《苏俄童话》，康白珊译，上海：大华书局，1934年。

[3] 艾迪（Sherwood Eddy）:《今日之苏俄：我们能从它学得什么？》（*Russia Today: What Can We Learn from It?*），沈秋宾译，上海：青年协会书局，

1934 年。

[4] 艾迪（Sherwood Eddy）:《苏俄的真相》（*Challenge of Russia*），上海青年协会书报部译，上海：青年协会书局，1931 年。

[5] 安德烈·纪德:《从苏联归来》，林伊文译，上海：亚东图书馆，1937 年。

[6] 奥尔金:《怎样了解高尔基》，荃麟译，上海：大风书店，1937 年。

[7] 巴鲁（N. Barou）:《苏联合作银行》，铭竹译，北平：审淇出版社，1936 年。

[8] 贝司杜夫斯基:《苏俄外交秘幕》，杨历樵译，天津：大公报社，1932 年。

[9] 贝叶:《苏维埃联邦》，上海：珠林书店，1938 年。

[10] 本约明·高力里:《苏联诗坛逸话》，戴望舒译，上海：上海杂志公司，1936 年。

[11] 波卡洛夫、雅尼夏尼:《唯物史观世界史》（第 1 卷第 1 册），方天白、徐翔穆、张时进译，上海：神州国光社，1933 年。

[12] 波卡洛夫、雅尼夏尼:《唯物史观世界史》（第 2 册），方天白译，上海：神州国光社，1936 年。

[13] 波卡洛夫、雅尼夏尼:《唯物史观世界史》（第 4 册），方天白译，上海：神州国光社，1936 年。

[14] 蔡葵士:《苏俄的教育》，张迪虚译，上海：新生命书局，1933 年。

[15] 蔡葵士:《苏联与第二次大战》，方正译，上海：新生命书局，1933 年。

[16] 蔡伦采夫:《苏联所见之太平洋争霸战》，方天白、徐翔穆译，上海：神州国光社，1933 年。

[17] 蔡伦契夫:《苏联目中的太平洋争霸战》，邢墨卿译，上海：新生命书局，1933 年。

[18] 蔡运辰:《旅俄日记·俄京旅话》，天津：大公报社，1933 年。

[19] 曹谷冰:《苏俄视察记》，天津：大公报馆出版部，1931 年。

[20] 陈彬和:《苏联现状论》（申报丛书第 36 种），上海：申报，1933 年。

[21] 赤俄研究丛书社:《苏俄的东方侵略》，上海：赤俄研究丛书社，1931 年。

[22] 川西勇、国松久弥:《苏俄经济地理》，许亦非、许达年译，上海：中华书局，1936 年。

[23] 丁汉民:《新俄罗斯考查记（纪）》，北平：京城印书局，1931 年。

[24] 东北行健学会:《苏俄十二讲》，北平：民友书局，1934 年。

[25] 杜威等:《苏联党狱的国际舆论》，李书勋译，上海：亚东图书馆，1937 年。

[26] E. M. Vasilevsky:《苏联的发明故事》，克定、廖甲译，上海：新知书店，1935年。

[27] 樊英：《苏联第二五年计划》，上海：申报，1933年。

[28] 斐尔德：《苏俄妇孺保护政策》，张济川译，上海：中华基督教女青年会全国协会，1933年。

[29] 佛劳林斯基（M. T. Florinsky）：《世界革命与苏联》，董霖译，上海：商务印书馆，1935年。

[30] 佛那特斯基（G. Vernadsky）：《俄罗斯现代史》，陶樾译，吴颂皋校，上海：黎明书局，1933年。

[31] 弗里曼等：《苏俄艺术总论》，克己译，上海：国际书局，1933年。

[32] 弗里曼、库尼兹：《苏俄底文学》，钟敬之译，上海：新生命书局，1933年。

[33] G. Grinko：《苏联五年计画概论》，沈君实译，出版地不详：国际文化学会，1932年。

[34] 冈泽秀虎：《苏俄文学理论》，陈望道译，上海：开明书店，1930年。

[35] 高尔基：《俄罗斯的童话》，鲁迅译，上海：文化生活出版社，1935年。

[36] 高尔基：《青年文学各论》，石夫译，出版地不详：世界文艺研究社，1937年。

[37] 高尔基：《我的大学》，杜畏之、萼心译，上海：湖风书局，1932年。

[38] 高尔基：《我的童年》，艾菲编述，上海：中学生书局，1934年。

[39] 高尔基：《我的童年》，卞纪良译，上海：启明书局，1937年。

[40] 高尔基：《我的童年》，林曼青译，上海：亚东图书馆，1930年。

[41] 高尔基：《我的童年》，蓬子译，上海：大光书局，1936年。

[42] 高尔基：《我的文学修养》，逸夫译，上海：天马书店，1936年。

[43] 高尔基：《学生中的生活》，李思浩译，上海：时代书局，1933年。

[44] 高尔基：《英雄的故事》，华蒂译，上海：天马书店，1933年。

[45] 高尔基等：《给青年作家》，绮雨、靖华等译，上海：生活书店，1937年。

[46] 高尔基等：《苏联文学诸问题》，伍蠡甫、曹允怀译，上海：黎明书局，1937年。

[47]《高尔基短篇小说集》，惟夫译，北平：文成书店，1930年。

[48]《高尔基杰作选》，巴金等译，上海：文化编译社，1937年。

[49]《高尔基论苏联文学》，出版地不详：新生出版社，1937 年。
[50] 佚名：《高尔基论文》，出版地、出版者不详，萧参译，1937 年。
[51] 戈公振：《从东北到庶联》，上海：生活书店，1935 年。
[52] 哥宁列夫、科福利琪、沙波华宁克、马志尼、卢利叶：《苏联集团农场组织方略》，程大森译，上海：国际书局，1934 年。
[53] 顾谷宜：《俄国史纲要》，南京：中国与苏俄杂志社，1935 年。
[54] 顾路兹台夫：《高尔基的生活》，林克多译，上海：现代书局，1933 年。
[55] 顾米列夫斯基：《大学生私生活（原名狗胡同）》，周起应、立波译，上海：现代书局，1933 年。
[56] 顾树森：《苏俄农业生产合作》，上海：中华书局，1932 年。
[57] 郭岚生：《东北与国际》，天津：百城书局，1933 年。
[58] H. Harmsen：《苏俄妇女与儿童》，袁文彬译，上海：中华书局，1934 年。
[59] Hebe Spaull：《今日的苏联青年》，江梦生译，重庆：新民印书馆，1936 年。
[60] 哈尔柏：《苏联公民教育》，马复、曹建译，上海：商务印书馆，1937 年。
[61] 哈朴：《苏俄公民训练》，郑群彦译，上海：青年协会书局，1934 年。
[62] 韩起：《苏联大观》，上海：良友图书印刷公司，1933 年。
[63] 韩希诚：《苏俄一瞥》，上海：光陆印书馆，1931 年。
[64] 豪丽：《苏联新女性》，周育德译，上海：世界书局，1936 年。
[65] 鹤见祐辅：《苏俄访问记（外三篇）》，樊仲云译，上海：新生命书局，1934 年。
[66] 享保罗（Haensel Paul）：《苏俄最近实况》，李百强译，上海：新声通讯社出版部，1932 年。
[67] 胡汉民：《从苏俄建设想到孙总理的建国方略》，上海：华通书局，1933 年。
[68] 胡铭：《从莫斯科归来》，上海：群众图书公司，1933 年。
[69] 胡庆育：《苏联政府与政治》，上海：世界书局，1935 年。
[70] 胡愈之：《莫斯科印象记》，上海：新生命书局，1931 年。
[71] 胡愈之：《苏联革命与中国抗战》，上海：生活书店，1937 年。
[72] 黄峰：《丹霞（苏联文学第三辑）》，上海：世界文学连丛社，1936 年。
[73] 黄锦涛：《高尔基印象记》，上海：南强书局，1932 年。

[74] 黄秋萍:《高尔基研究》，上海：现代书局，1932年。
[75] 黄源:《高尔基代表作》，上海：前锋书店，1933年。
[76] 黄卓:《苏俄计划经济》，上海：世界书局，1934年。
[77] 霍尔（Fannina Halle）:《苏俄妇女》，蒲耀琼译，上海：商务印书馆，1936年。
[78]《活跃的苏俄》，上海：良友图书印刷公司，出版时期不详。
[79] J. Smith:《苏俄的妇女》，蔡咏裳、董绍明译，上海：中华书局，1930年。
[80] Julius F. Hecker:《苏联的宗教与无神论之研究》，杨缤译，上海：青年协会书局，1935年。
[81] Julius F. Hecker:《苏俄革命与宗教》，甘大新译，上海：联合书店，1930年。
[82] Karl Borders:《苏俄的农民生活》，卢逢清译，上海：太平洋书店，1930年。
[83] Karl Bordeys:《苏俄农村生活》，陈泽生译，上海：联合书店，1930年。
[84] 康慈（George S. Counts）等:《苏俄制度、泛系制度与资本制度》，于树生、林光澂、王春元译，上海：商务印书馆，1933年。
[85] 柯勃:《苏联监狱》，费祖诒译，上海：商务印书馆，1937年。
[86] 柯兹:《苏联第二次五年计划》，包玉珂译，上海：商务印书馆，1937年。
[87] 克劳则尔:《苏俄科学巡礼》，潘谷神译，上海：开明书店，1932年。
[88] 克罗守:《苏联科学》，包玉珂译，上海：商务印书馆，1937年。
[89] 科诺黎（Violet Conolly）:《苏俄之东方经济政策》，宦乡译，上海：商务印书馆，1935年。
[90] 拉甫列涅夫等:《苏联作家七人集》，曹靖华译，上海：良友图书印刷公司，1936年。
[91] 雷用中:《苏联经济之史的发展其现况及其前途》，北平：导群书店，1932年。
[92] 李炳焕、沈麟:《苏联计划经济问题》（上、下册），上海：商务印书馆，1936年。
[93] 李待琛、刘宝书:《革命后之俄罗斯》，上海：太平洋书店，1937年。
[94] 李含章:《战后世界资本主义与苏联经济的比较研究》，北平：导群书店，1932年。

[95] 李立侠:《苏联政治组织纲要》，上海：新中国建设学会，1935年。
[96] 李权时:《统制经济研究》，上海：商务印书馆，1937年。
[97] 黎子玉:《苏联农场制度之研究》，指导教授：陶因，武汉大学经济系1935年度毕业论文。
[98] 廖仲贤:《高尔基论文选集》，上海：龙虎书店，1935年。
[99] 林伯修:《第二次五年计划》，上海：良友图书印刷公司，1932年。
[100] 林克多:《苏联闻见录》，上海：大光书局，1936年。
[101] 林孟工:《现代苏联政治》，上海：商务印书馆，1937年。
[102] 刘炳藜、赵演:《苏俄经济生活》，上海：中华书局，1933年。
[103] 刘秉麟:《苏俄之设计经济》，出版地、出版者、出版时间不详。
[104] 陆静山:《苏联五年计划的故事》，上海：儿童书局，1937年。
[105] 陆宁甫:《莫斯科观感录》，上海：生活书店，1936年。
[106] 鲁迅:《高尔基文集》，上海：光华书局，1932年。
[107] 鲁迅:《苏联版画集》，上海：良友图书印刷公司，1936年。
[108] 鲁迅:《苏联作家二十人集》，上海：良友图书印刷公司，1936年。
[109] Mauvice Hindus:《掀天动地的苏俄革命》，陈乐桥译，南京：正中书局，1934年。
[110] Mihail Pavlovich、M. P. Velltman:《苏维埃的俄国及帝国主义的日本》，王之相译，北平：北平大学俄文法政学院出版课，1932年。
[111] 马尔可夫（P. A. Markov）:《当代苏俄戏剧》，润荪、人GGG译，天津：南洋书店，1935年。
[112] 马尔维去:《今日的苏联》，陈世第译，上海：商务印书馆，1937年。
[113] 马寅初:《中国经济改造》，上海：商务印书馆，1935年。
[114] 毛劳道夫:《苏俄革命后之新建设》，王季子译，出版地不详：新时代书店，出版时间不详。
[115] 米留库夫:《苏俄革命之研究》，王希夷译，上海：商务印书馆，1933年。
[116] 莫洛托夫:《苏联第二次五年计划》，韩起译，上海：世界出版合作社，1933年。
[117] 念之等:《中国与苏联》，上海：光明书局，1937年。
[118] 诺台尔:《苏联之商业与供应》，赵恩廊译，上海：商务印书馆，1937年。
[119] 拍夫洛夫（Pavlov）:《苏俄新兴心理学》，郭一岑译，上海：中华书局，

1934年。

[120] 派维尔：《苏联合作事业》，达辛译，上海：商务印书馆，1937年。

[121] 平克维枢（Albert P. Pinkevich）：《苏联的科学与教育》，尚仲衣译，上海：商务印书馆，1936年。

[122] 平克维治：《苏俄新教育》，丁时译，上海：世界书局，1934年。

[123] 平竹传三：《苏联经济地理》，陈此生、廖璧光译，上海：商务印书馆，1936年。

[124] 钱啸秋：《苏联的新妇女》，上海：良友图书印刷公司，1932年。

[125] 日本俄国问题研究会：《苏联母性与儿童之保护》，林启明译，上海：商务印书馆，1935年。

[126] Stalin：《苏俄集体农场》，翦伯赞译，上海：太平洋书店，1934年。

[127] Stalin、Troisky等：《苏俄第一次、第二次五年计划论战》，潘天觉、陈清晨译，上海：神州国光社，1934年。

[128] S. Weinberg：《一个美国工人在苏联》，胡依凡译，上海：天马书店，1937年。

[129] 塞维林、多里福诺夫：《苏联文学讲话》，以群译，上海：读书生活出版社，1936年。

[130] 沙普诺夫：《苏联政治制度浅说》，张任远译，上海：申报，1934年。

[131] 山内一雄：《苏联之政治经济社会》，王锡纶译，上海：新生命书局，1932年。

[132] 山下德治：《苏俄的新兴教育》，朱一民译，上海：黎明书局，1932年。

[133] 山下德治：《新兴俄国教育》，祝康译，上海：中华书局，1931年。

[134] 申报月刊社：《苏联研究》，上海：申报月刊社，1933年。

[135] 申德禅：《苏俄刑法》，上海：商务印书馆，1934年。

[136] 申城生：《苏联对华政策的将来》，出版地不详：大陆社，1937年。

[137] 沈端先：《高尔基评传》，上海：良友图书印刷公司，1932年。

[138] 沈天泽：《苏联底现势》，成都：新新印刷社，1936年。

[139] 沈志远：《苏联的政治》，出版地不详：大众文化社，1936年。

[140] 沈志远等：《苏联与资本主义各国之关系》，上海：中华书局，1934年。

[141] 沈志远、张仲实：《二十年的苏联》，上海：生活书店，1937年。

[142] 昇曙梦：《高尔基评传》，胡雪译，上海：开明书店，1937年。

[143] 史美煊:《苏俄新教育概观》，上海：商务印书馆，1933 年。
[144] 适夷:《苏联短篇小说集》，上海：天马书店，1933 年。
[145] 实业部商业司第二科:《苏联经济概况》，南京：实业部总务司第四科，1933 年。
[146] 司多利亚洛夫:《苏俄哲学论战》，吴友清译，上海：大中华书店，1933 年。
[147] 苏联研究社:《苏俄研究集》，上海：开华书局，1933 年。
[148]《苏俄赤军战法之研究》，唐惠治、丘岳宋、梁可发译，南京：陆军印刷所，1935 年。
[149]《苏俄妇人在法律上之权利》，胡行之译，上海：女子书店，1933 年。
[150]《苏俄新农业法典》，浅野利三郎日译，黄枯桐汉译，上海：金马书堂，1930 年。
[151]《苏俄性教育的理论与实际》，日本苏俄问题研究所日译，张郁光汉译，上海：商务印书馆，1936 年。
[152]《苏俄五年计划之工程分析》，南京：建设委员会，1935 年。
[153]《苏联党案记》，袁文瑞、邓其美、吴伟华译，南京：中苏文化协会，1937 年。
[154]《苏联国版画展览会》，南京：苏联国对外文化协会、中苏文化协会、中国美术会、中国文艺社，1936 年。
[155]《苏联监狱制度》，黄觉非译，北平：好望书店，1933 年。
[156]《苏联经济政策及社会政策》，施复亮、钟复光译，上海：春秋书店，1930 年。
[157]《苏联十五年计划》，王依平译，上海：光明书店，1932 年。
[158]《苏联文化革命——展开建设之道》，姜绍鹤、何声清译，南京：拔提书店，1934 年。
[159]《苏联宪法》，张西曼译，南京：中苏文化协会，1936 年。
[160]《苏联眼中的中日战争》，徐褐夫译，上海：上海杂志公司，1937 年。
[161] 绥维林、托里伏诺夫:《苏联文学》，戴何勿译，上海：读者书房，1937 年。
[162] 荪麦茨古:《苏联保健事业》，王师复译，上海：商务印书馆，1937 年。
[163] Toan Beanchamp:《苏俄农业经济之研究》，李百强译，上海：民智书局，

1934年。

[164] 泰宁:《苏俄外交史》，陆一远译，上海：乐群书店，1930年。

[165] 谭炳训:《苏联五年计划》，上海：新中国建设学会，1933年。

[166] 韬奋:《革命文豪高尔基》，上海：生活书店，1933年。

[167] 陶亢德主编:《苏联见闻》，上海：宇宙风社，1937年。

[168]《托落茨基派危害苏联案》，袁文瑞、邓其美、吴伟华译，冯剑凡校订，南京：中苏文化协会，1937年。

[169] 托洛茨基:《俄国革命与五年计划》，刘镜园译，上海：新生命书局，1933年。

[170] 托洛斯基:《苏俄之前途》，梁鉴舜译，上海：新宇宙书店，1930年。

[171] V. L. Tomashevsky:《苏俄红军》，孔祥铎译，出版者不详，1935年。

[172] 王发泰:《修正追补苏俄民法典》，出版地不详：平凡社，1936年。

[173] 王季平、陈幻:《苏俄党争文献》，上海：新生命书局，1933年。

[174] 王益滔:《苏俄农业政策》，上海：中华书局，1934年。

[175] 王印川:《苏联五年计画奋斗成功史》，天津：大公报社，1932年。

[176] 王悦芬:《今日的苏联》，上海：天马书店，1937年。

[177] 韦勃（Sidney Webb）:《苏联印象记》，邵宗汉译，上海：生活书店，1933年。

[178] 威尔逊:《苏俄新学校》，易鸿译，上海：联合书店，1930年。

[179] 威克斯铁（A. Wicksteed）:《莫斯科十年记》，杨懿熙译，上海：商务印书馆，1934年。

[180] 尾濑敬止:《苏俄新艺术概观》，雷通群译，上海：新宇宙书店，1930年。

[181] 维清（Zara Witkin）:《苏联第一第二五年计划之技术分析》，谭炳训译，上海：新中国建设学会，1935年。

[182] 韦太白:《庶联的版画》，上海：多样社，1936年。

[183] 吴蔼宸:《苏联宪法研究》，上海：上海大公报馆，1937年。

[184] 吴清友:《苏联建国史》，上海：商务印书馆，1937年。

[185] 吴清友:《苏联民族问题读本》，上海：一般书店，1937年。

[186] 吴寿彭:《苏联五年计划》，上海：平凡书局，1930年。

[187] 乌里亚诺夫:《苏联革命过程中底农业问题》，陈晓光译，北平：新光书店，1932年。

[188]《现代苏俄妇女》，胡行之译，上海：女子书店，1935年。
[189] 向绍轩:《中俄两国革命历史背景之研究》，上海：商务印书馆，1931年。
[190] 萧月宸:《建设中的苏联》，上海：青年协会书局，1934年。
[191] 辛梓:《苏俄的生活》，陈维姜译，上海：长城书局，1936年。
[192] 兴度斯:《改造中的苏俄》，杨丹荪译，上海：青年协会书局，1934年。
[193] 徐韫知:《苏俄之欧洲国际关系》，上海：商务印书馆，1933年。
[194] 训练总监部军学编译处:《苏联赤军骑兵操典第二部（第一篇）》，南京：军用图书社，1935年。
[195] Y. A. Yakovlev:《苏联农业五年计划》，高志翔译，上海：申报，1933年。
[196] 亚伯兰丁:《苏联诸民族的文学》，范希衡译，上海：商务印书馆，1937年。
[197] 亚尔钦:《苏联儿童教育讲座》，崔晓立译，吴清友校，上海：商务印书馆，1937年。
[198] 杨剑秀:《苏联的文化》，出版地不详：大众文化社，1937年。
[199] 杨伍:《高尔基文学论集》，上海：天马书店，1937年。
[200] 杨雪轩:《苏联译丛》（申报丛书第37种），上海：申报，1934年。
[201] 杨逊:《苏联之国际贸易》，包玉珂译，上海：商务印书馆，1936年。
[202] 以利亚且夫（Eliacheff）:《苏俄倾销论》，樊华堂译，上海：商务印书馆，1935年。
[203] 伊林（M. Ilin）:《五年计划的故事》，吴朗西译，上海：新生命书局，1931年。
[204] 伊林:《五年计划故事——苏联初阶》，董纯才译，上海：开明书店，1937年。
[205] 英国新费边研究所:《苏联十二种研究》（申报丛书第39种），李公朴译，上海：申报，1934年。
[206] 庸膺:《最近苏联伟人讲演译丛》，上海：潮锋出版社，1936年。
[207] 郁文社:《高尔基短篇小说集》，上海：经济书店，1932年。
[208] 郁再生:《今日之苏联》，上海：乐华图书公司，1933年。
[209] 泽村康:《苏俄合作制度》，唐易庵、孙九录译，上海：商务印书馆，1935年。
[210] 张方文:《五年计划的故事》，上海：良友图书印刷公司，1932年。

[211] 张国忱:《苏联概观及中苏外交述要》，谢琦校，出版地不详：义利印刷局，1933年。
[212] 张家驹:《苏联党狱之真相》，上海：亚东图书馆，1937年。
[213] 张君劢:《史泰林治下之苏俄》，北平：再生杂志社，1933年。
[214] 张其昀:《外蒙古与苏联之关系》，杭州：国立浙江大学季刊，1937年。
[215] 张庆泰:《苏联政治讲话》，香港：华南图书社，1937年。
[216] 张如心:《苏俄哲学潮流概论》，上海：光华书局，1930年。
[217] 张毓宾:《苏俄积极建设论》，北平：震东印书馆，1932年。
[218] 章友江:《苏联经济制度》，出版地不详：北美书店，1934年。
[219] 赵鸿志:《苏联教育现状》，天津：百城书局，1935年。
[220] 这哈·都拔:《苏联经济论》，杨华日译，上海：商务印书馆，1935年。
[221] 郑林庄:《苏俄地理概论》，上海：中华书局，1935年。
[222] 钟苊:《苏联的党案》，上海：良友图书印刷公司，1937年。
[223] 仲宗根源和:《苏俄新教育之研究》，金溟若译，上海：神州国光社，1930年。
[224] 周起应:《高尔基创作四十年纪念论文集》，上海：良友图书印刷公司，1933年。
[225] 周（张）天民、张彦夫:《高尔基选集》（第1—6卷），上海：世界文化研究社，1936年。
[226] 周宪文:《苏俄五年计划概论》，上海：中华书局，1932年。
[227] 祝平、徐思予:《苏俄之国民经济建设》，南京：正中书局，1937年。
[228] 宗华:《俄国革命史概论》，南京：中国与苏俄杂志社，1934年。
[229] 宗华:《苏俄经济政策概论》，南京：中国与苏俄杂志社，1934年。
[230] 宗华:《苏俄农业合作社组织法》，南京：中国与苏俄杂志社，1935年。
[231] 宗华:《苏俄行政区域之组织》，南京：中国与苏俄杂志社，1935年。
[232] 佐佐木一雄:《苏俄军备与日俄战争》，北平晨报编辑处译，北平：北平晨报社，1932年。

## 三、1949年10月新中国成立后出版的图书

[1] 卡比察:《1931—1945年的中苏关系》，赵承先、忻鼎明译，北京：世界知识出版社，1957年。

[2] 李长林、张小曼编:《张西曼集》，长沙：湖南人民出版社，2010年。

[3] 李传明:《苏联史》，上海：上海外语教育出版社，1985年。

[4] 骆晓会:《近代中苏关系史述论》，延吉：延边人民出版社，2001年。

[5] 沈志华主编:《中苏关系史纲：1917—1991年中苏关系若干问题再探讨（第三版）》（上、下册），北京：社会科学文献出版社，2016年。

[6] 田保国:《民国时期中苏关系》，济南：济南出版社，1999年。

[7] 徐天新:《苏联史》第4卷《斯大林模式的形成》，北京：人民出版社，2013年。

[8] 薛衔天、金东吉:《民国时期中苏关系史（1917—1949）》（上、中、下册），北京：中共党史出版社，2009年。

[9] 张小曼编:《张西曼纪念文集》，北京：中国文史出版社，1995年。

[10] 张义德主编:《苏联现代史（1917—1945）》，长春：吉林文史出版社，1988年。

# 后　记

我研究20世纪30年代中国舆论界苏联观的想法，产生于2002年至2006年在清华大学历史系攻读博士学位期间。当时，导师蔡乐苏教授指定我研究全面抗战时期蒋廷黻、翁文灏、吴景超、陈之迈、何廉等从政学人在重庆创办的《新经济》半月刊，在研究过程中，我将史料范围扩展到《大公报》汉口版和重庆版、《经济建设季刊》等报刊。2006年春，我撰成博士学位论文《抗战时期国统区知识界经济建设思想研究》。到天津师范大学工作后，我对博士论文略加修订，出版《国家与经济：抗战时期知识界关于中国经济发展道路的论争——以〈新经济〉半月刊为中心》（中国社会科学出版社2010年）一书。在研究过程中，我发现，全面抗战时期（尤其全面抗战前期），包括自由主义知识分子在内的中国知识界非常看重苏联计划经济制度。当时，我隐隐约约地产生了一个疑问：在全面抗战爆发前的30年代，中国思想界是如何看待苏联计划经济制度的？

博士毕业后，我没能立即将这个研究想法付诸行动。因为我在撰写博士学位论文期间，还产生了另一个疑问：民国时期人文社会科学学科体系的构建情况是怎样的？因为我在收集、解读博士学位论文所用的史料过程中，接触到大量20世纪三四十年代中国知识界的史料，感觉到民国时期人文社会科学学科体系构建是一个值得研究的重要领域。我于2009年申请到了教育部人文社会科学研究项目《民国时期人文社会科学学科体系构建研究》。在此后的几年间，我专心于这个项目的研究工作，出版了《范式的引介与学科的创建：民国时期社会科学话语中的科学观念》（中国社会科学出版社，2017 年）一书。大致完成教育部项目后，我于 2015 年申请到了国家社会科学基金项目《20 世纪 30 年代国统区舆论界苏联观研究》。这样，我能够有条件将萦绕脑际多年的研究想法付诸实施。

我最初设想，利用《俄罗斯研究》《中国与苏俄》《中苏文化》《苏俄评论》等 30 年代国统区介绍苏联情况的期刊，再辅以《独立评论》《经济学季刊》等 30 年代自由主义知识界主办的期刊，展开研究。我先系统查阅了 1937 年七七事变前出版的《中苏文化》杂志，并考察了主办此刊的中苏文化协会的成立情况。为了研究此协会的成立情况，我查阅了《中央日报》《申报》。在这个过程中，我发现《中苏文化》杂志的内容主要是宣传和介绍苏联经济、文化等各方面情况，反映中国作者自己观点的关于苏联的主观议论不多，不太符合我研究这个课题的设想。在查阅了《俄罗斯研究》《独立评论》《经济学季刊》后，我决定放弃与《中苏文化》类似的《中国与苏俄》《苏俄评论》。

我开始集中精力查阅《大公报》。之所以将这份报纸作为我开展研究的基本史料，是出于几个方面考虑。最直接的动机是因为这份报纸创办于我生活的城市天津。2006 年我到天津工作后，对这份报纸的认识越来越强化，天津师范大学中国近现代史专业的研究生，包括我自己带的研究生，多将这份报纸作为撰写学位论文的基本史料。将《大公报》作为进行这个课题研究的基本史料，也延续了我博士学位论文的史料选择思路。而且，《大公报》也具有极大的史料价值。这份报纸自 1902 年在天津创刊，尤其 1926 年吴鼎昌、胡政之、张季鸾接办此报以后，成为中国北方最具舆论影响力的大报，在全国也是最重要的大报之一，在 30 年代中国起着引领舆论的作用。尤其是，《大公报》社位于中国北方城市天津，一方面对于中国北方邻国苏联具有更强的地域敏感性，另一方面对于 1931 年九一八事变后日本侵占东北、侵略华北造成的中国民族危机反应强烈。1936 年《大公报》上海版的创办使这份报纸的内容更为丰富。由于《大公报》是一份内容极为丰富的日报，将此报天津版和上海版纳入考察范围，极大增加了我的史料利用量，导致《大公报》成为这个课题成果的最重要的史料支撑。这同时意味着我的工作量的极大增加。在研究工作最紧张的大约近两年间，我极度压缩休息时间，不仅星期六和星期日全天不休息，就是从星期一到星期五的晚上也专心工作。在教学工作繁重的情况下，除睡觉外，我一度过着除了上课就是查阅史料的单调的生活。这部书稿尽管存在大量缺点和不足，但凝结了我的巨大心血。

这部书稿的内容与我的博士学位论文有一定的关联。我必须再次感谢我的博士导师蔡乐苏教授对我博士学位论文选题的指定。而且，攻读博士学位期间，蔡老师对我耳提面命，使我的研究方法有了极大提升。尽管博士毕业后我一直努力遵循蔡老师的教导，但做得并不到位，这部书稿也与蔡老师的学术要求有很大差距。同时，我深切怀念我的硕士导师兰州大学历史系何玉畴教授。1988 年春季学期，我在何老师指导下撰写本科毕业论文。1988 年 9 月至 1991 年 6 月，我师从何老师攻读硕士学位。何老师把我带入中国近代史研究之门，教给了我基本的、重要的研究方法。尽管这部书稿与何老师的教导有较大差距，但我在撰写过程中，运用了何老师教给我的研究方法。

我由衷地感谢在本书出版过程中诸多师友的帮助。我的清华大学历史系系友、中国社会科学院近代史研究所吕文浩兄热情向学苑出版社推荐本书稿，并向出版社撰写了审稿意见。南开大学历史学院李金铮教授也撰写了审稿意见。学苑出版社的陈佳老师热情接受了本书稿，并做了悉心编辑，使本书增色不少。

阎书钦

2025 年 5 月 7 日于天津师范大学